H. G. Voigt

Adalbert von Prag

Ein Beitrag zur Geschichte der Kirche und des Mönchtums im zehnten Jahrhundert

H. G. Voigt

Adalbert von Prag
Ein Beitrag zur Geschichte der Kirche und des Mönchtums im zehnten Jahrhundert

ISBN/EAN: 9783743671423

Hergestellt in Europa, USA, Kanada, Australien, Japan

Cover: Foto ©ninafisch / pixelio.de

Weitere Bücher finden Sie auf **www.hansebooks.com**

Adalbert von Prag.

Ein Beitrag

zur Geschichte der Kirche und des Mönchtums

im zehnten Jahrhundert

von

Lic. H. G. Voigt,
a. o. Professor der Theologie zu Königsberg i. Pr.

Westend-Berlin.
Verlag der Akademischen Buchhandlung (W. Faber & Co.).
1898.

Adalbert von Prag.

Ein Beitrag

zur Geschichte der Kirche und des Mönchtums

im zehnten Jahrhundert

von

Lic. H. G. Voigt,
a. o. Professor der Theologie zu Königsberg i. Pr.

Mit zwei Original-Heliogravüren, einer Photolithographie und einer Karte.

Westend-Berlin.
Verlag der Akademischen Buchhandlung (W. Faber & Co.).
1898.

DIE BRONZETHÜR
DES DOMES ZU GNESEN AUS DEM XII JAHRHUNDERT.

Meinem teuern Schwager und Freunde,

dem ordentlichen Professor der ev. Theologie an der Universität Breslau

Carl Franklin Arnold,
Doktor der Theologie und der Philosophie,

in Liebe und Verehrung gewidmet.

Inhaltsverzeichnis.

	Seite
I. Aus Böhmens Vorgeschichte	1—8
II. Die Anfänge der christlichen Kirche in Böhmen	8—16
III. Adalberts Jugend in Libice und Magdeburg	16—26
IV. Adalbert in Prag bis zu dem Wendepunkt in seinem inneren Leben	27—33
V. Adalbert als Bischof	33—45
VI. Konflikte	45—57
VII. Die Haltung des Papstes und der Rat der Mönche	58—69
VIII. Adalberts erste Klosterzeit in Rom	69—79
IX. Rücksendung Adalberts nach Prag, verschärfter Konflikt und neuer Bruch daselbst	79—93
X. Adalberts Mission in Ungarn, zweiter Aufenthalt im römischen Kloster und zweite Rücksendung	93—103
XI. Von Rom über Deutschland, Frankreich, Polen nach Preußen	103—119
XII. Das Preußen der heidnischen Zeit	119—149
XIII. Adalberts Missionsversuch und Märtyrertod in Preußen	149—191
XIV. Die Folgezeit	191—215

	Seite
Anmerkungen	217—341
Nachtrag	342
Anhang	343—369
I. Die angebliche Professio Adalberts	345
II. Praefatio, Prologus und Epilogus der Passio S. Gorgonii martyris in der Königswarter Handschrift	345—352
III. Passio S. Gorgonii	352—358
IV. Die Homilie Adalberts	358—365
V. Aus einem Briefe Adalberts an die Gemahlin des Herzogs Geisa von Ungarn	365
VI. Aus einem Briefe Adalberts an Rabia	366
VII. Der Brief des Thietpaldus	366—367
VIII. Das böhmische Adalbertslied in der ältesten bekannten Form	367
IX. Das polnische Adalbertslied in der ältesten bekannten Form	368—369

Zu den Tafeln vgl. S. 336 f.

Adalbert von Prag.

I.
Aus Böhmens Vorgeschichte.

Der römische Biograph Adalberts vom Jahre 999¹) beginnt mit den Worten: „Es ist eine Gegend in Germaniens Gebieten, reich an Hülfsmitteln, überaus mächtig durch Waffen und trotzige Männer, welche die Bewohner Sklavonien benennen. Der größte Teil dieser Gegend, verstrickt in Irrtum des Unglaubens, verehrt das Geschöpf an Stelle des Schöpfers, Holz oder Stein anstatt Gottes. Sehr viele, bloß dem Namen nach Christen, leben nach Sitte der Heiden. Die Sache des Heils wird ihnen zur Sache der Gefahr. Einige jedoch von demselben Volke haben sowohl den rechten Glauben, als auch thun sie um der Hoffnung zukünftigen Lohnes willen gute Werke. In jenen Gebieten nun, wo die christliche Religion in schönster Weise blühte, gab es einen Mann Namens Slawnik." Der Name Sklavonien ist in der Regel als zusammenfassende Bezeichnung für die slawischen Nachbarländer im Osten des deutschen Gebietes von der Ostsee bis zu den Alpen gebraucht, deren Sprachgrenze an der Elbe, der Saale und dem Böhmerwalde entlang lief, hier und da über diese Linie hinausgreifend²). Hier aber, an der eben angeführten Stelle, kann nach dem Inhalte der ganzen Schrift das Wort Sklavonien nur im engeren Sinne auf das böhmische Land bezogen werden³).

Kaum ein Land hat so oft in der Zeit der Völkerwanderungen die Bewohner gewechselt wie Böhmen. In seinem Namen liegt noch eine Erinnerung an die ersten uns bekannten Herren des Landes, die keltischen Bojer⁴). Ihnen folgten die deutschen Markomannen. Nachdem auch sie nach Südwesten abgerückt waren, und auch vorübergehend bis 546 bez. 568 Langobarden in Böhmen gesessen hatten, wanderten schließlich am Ende des sechsten Jahrhunderts die Slawen ein. Sagenfreie Nachrichten über die älteste Zeit des slawischen Böhmens fehlen so gut wie ganz. In der Mitte des siebenten Jahrhunderts war es Mittelpunkt des großen Slawenreiches, welches Samo unter seinem Scepter vereinigte⁵). Unter dem Namen Beehaimi treten die slawischen Böhmen zuerst im Jahre 791 auf, in welchem Karl der Große bei seinem Feldzuge gegen die Avaren das eine seiner Heere den Weg durch Böhmen nehmen ließ⁶). In dem Reichsteilungsgesetze Ludwigs des Frommen vom Jahre 817 erscheinen sie bereits als Anhängsel des fränkischen Reiches⁷). Es bleibt so gut wie gewiß, daß sie nicht lange vorher in ein tributpflichtiges Verhältnis versetzt wurden⁸), welches sie allerdings oft und auf längere Zeiten wieder abgeschüttelt haben.

Wie weit um jene Zeit, da die Böhmen in häufigere Berührungen und nähere Beziehungen mit den fränkischen Herrschern traten, die politischen Verfassungsverhältnisse im Innern Böhmens gediehen waren, ist nicht ganz durchsichtig. Für gewiß kann gelten, daß von vornherein, als die Slawen zum Volke wurden, sich Familien- und Stammesgemeinschaften bildeten und an der Spitze dieser kleineren und größeren Gruppen auch Häupter standen, im Frieden zum Zwecke der Rechtsprechung, im Kriege als Führer der Heereshaufen. Eigentliche Herren haben die Slawen aber ursprünglich nicht über sich anerkannt⁹). Die Stellung jener Familien- und Stammeshäupter wird deshalb im Anfang auf Freiwilligkeit in der Unterordnung der anderen beruht haben und durch die Rechte aller freien Männer beschränkt gewesen sein. Auch braucht die Leitung der einzelnen Gruppe im Frieden einerseits und im Kriege andrerseits nicht immer in einer Hand gelegen zu haben. — Diese Stufe der Entwickelung war den Slawen, die Böhmen kolonisierten, sicher schon bekannt, als sie nach und nach in dieses Land einrückten. Ja, da es keinem Zweifel unterliegen kann, daß sie schon, bevor sie nach Böhmen kamen, anderswo als Glieder eines größeren Volksganzen feste Wohnsitze inne hatten, so werden sie wohl auch schon die Dorfgemeinschaft, die lange bei den Slawen den Charakter einer erweiterten Familiengemeinschaft hatte, und die Gaugemeinschaft gekannt haben und auch bereits daran gewöhnt gewesen sein, daß die obersten leitenden Stellungen in gewissen Familien erblich waren, wenn auch die Volkswahl der Form nach lange fortbestand und oft zwischen den Gliedern des herrschenden Geschlechtes in freierer Weise entschied. Ihre Bestätigung findet die bezeichnete Annahme durch das, was über die

Herkunft der böhmischen Slawen zu erkennen ist. Es kann für sicher gelten, daß sie aus der Gegend nördlich von den Karpathen her einwanderten [10]). Aus dem östlichen Teile derselben Gegend aber zogen nicht viel später in der ersten Hälfte des siebenten Jahrhunderts verwandte Stämme nach Süden, die Ahnherren der Slawen in Dalmatien, Kroatien und Serbien, von deren ersten Haufen Konstantin Porphyrogenitus erzählt, daß sie unter der Führung mehrerer Brüder nach den Balkanländern kamen [11]). Diese Brüder waren allem Anschein nach durch ihre Geburt in ihre Stellung gelangt. So werden ähnliche Verhältnisse auch bei den stammverwandten westlichen Nachbarn, die nach Böhmen wanderten, vorausgesetzt werden können. Also wenn daraus, daß die Slawen in den ersten christlichen Jahrhunderten so überaus geräuschlos die großen, lange von Germanen bewohnten Länderstrecken im Osten Deutschlands besetzten, geschlossen ist, sie wären als friedliche Kolonisten einzeln oder familienweise nach und nach eingezogen [12]), so findet diese Annahme auf die böhmischen Slawen gewiß keine Anwendung. Vielmehr spricht alles dafür, daß diese, wie andere Völkerstämme jener Zeit, in größeren, von Häuptlingen gesammelten und geführten Haufen die alte Heimat verließen. Daraus läßt sich denn ein Doppeltes folgern, sowohl daß die später in Böhmen wahrnehmbare Gliederung nach Stämmen gleich mit der Einwanderung selbst, die wir uns wohl als eine stoßweise erfolgende vorzustellen haben, entstanden ist, als auch daß von vornherein an der Spitze dieser Stammgebiete je eine prädominierende Familie stand, in deren Mitte die Führerschaft des Stammes so gut wie erblich war. Von böhmischen Stämmen werden uns später neben anderen genannt die Lučaner, die Pšowaner, die Dudlebier, die Netolicer, die Lutomiřicer, die Chorwaten, die Čechen [13]). Die Čechen waren ursprünglich auch nur ein Stamm unter anderen. Nur dadurch, daß sie die Oberherrschaft über die anderen gewannen, ist es gekommen, daß ihr Name Bezeichnung der böhmischen Slawen überhaupt wurde. Auch sonst machen wir die Wahrnehmung, daß früh bei den Stammeshäuptern die Neigung vorhanden gewesen ist, ihre Herrschaft über die Grenzen des eigenen Stammes hinaus auszudehnen. So sehen wir in der Mitte des 10. Jahrhunderts unter dem in Libice residierenden Fürstenhause, dem Adalbert entstammte, auch die Burgen der Dudlebier und Netolicer: Dudlebi und Netolice [14]). Die Stellung der Stammeshäupter mußte dadurch gar bald ein großes

Uebergewicht gewinnen, daß sie im Besitz der Hauptburgen des Stammgebietes, einer oder auch mehrerer, waren, daß sich auf ihrem Grund und Boden viele, die aus irgend welchen Anlässen ihre Familienverbände verließen oder besser geschützt sein wollten, als zinspflichtige Bevölkerung niederließen, und daß die Kriege in erster Linie den Häuptlingen auch Sklaven oder Leibeigene zuführten. Aber es gab früh neben den obersten Stammeshäuptern (knêz, dux) auch Vorsteher der kleineren Gaue (Zupen), in welche die Stämme wieder zu zerfallen pflegten, die Zupane, sodann einen Adelsstand in größeren Höfen und kleinen Burgen, und an der Spitze der freien Familien und Dörfer standen Geschlechtshäupter (Wladyken). In der so geschilderten Gliederung ungefähr werden wir uns Böhmen in jener Zeit vorzustellen haben, als es mit Deutschland in Berührung kam. Noch hatte nicht ein einzelner Herzog (dux) die Alleinherrschaft, sondern noch gab es mehrere Fürstentümer, an deren Spitze je ein Fürst oder Herzog (dux, regulus, knêz) stand, umgeben von kleineren und größeren Herren, von denen mancher ziemlich selbständig gewesen sein mag[15]). So waren es mehrere böhmische Fürsten (duces), die im Jahre 845 an dem Hofe Ludwigs des Deutschen zu Regensburg erschienen[16]). Und auch in dem Bericht über den böhmischen Besuch am Hofe Arnulfs im Jahre 895 ist von mehreren Herzögen die Rede[17]). Indes diesmal begegnen uns diese böhmischen Fürsten und Herren bereits unter einer Führung. Spitignew (Spytihněw) und Witizla werden als die obersten unter ihnen bezeichnet. Spytihněw war Burgherr von Prag und Haupt des čechischen Stammes, welchem die leitende Rolle in Böhmen bestimmt war. Alles, was Kosmas, der Verfasser der ältesten Chronik von Böhmen, im Anfange des zwölften Jahrhunderts aus der Ueberlieferung und Sage über die Urgeschichte des slawischen Böhmens niedergeschrieben hat, will darauf hin angesehen werden, daß es lediglich aus der Ueberlieferung und Sage dieses čechischen Stammes geschöpft ist, der im Zentrum Böhmens sich angesiedelt hatte. Ueber diesen enthält das Mitgeteilte nach mehr Elementen richtiger Auskunft, als gewöhnlich angenommen wird. Auch A. v. Gutschmid wies darauf hin, daß die von Kosmas für die älteste Zeit Böhmens gegebene Herzogsliste eben, weil sie fast nur Namen biete, nicht gut für bloße Erfindung gehalten werden könne[18]). Verfolgen wir dieselbe von Bořiwoj, der in die zweite

Hälfte des neunten Jahrhunderts fällt, rückwärts, indem wir auf jedes Jahrhundert drei bis vier Namen rechnen, so gewinnen wir für Přemysl, der als der erste böhmische Fürst mit eigentlicher Herzogsgewalt hingestellt wird, Anfang und Mitte des siebenten Jahrhunderts und für seinen Schwiegervater Krok (Crocco) den Ausgang des sechsten und Anfang des siebenten Jahrhunderts, also jene Zeit, in welche die Einwanderung der Slawen in Böhmen zu setzen ist[19]. Aus der Gegend nördlich von den Karpathen kamen sie. In der Zeit, in welcher das Dunkel über der böhmischen Geschichte sich mehr zu lichten beginnt, und eine Alleinherrschaft über den Stammesfürstentümern in Böhmen fertig dasteht, in der zweiten Hälfte des zehnten Jahrhunderts, sehen wir einen Zusammenschluß hergestellt zwischen Krakau und dem böhmischen Reiche[20]. Ein böhmischer Fürst, der nach den gegebenen Daten ungefähr zur Zeit der Einwanderung der Slawen in Böhmen gelebt haben müßte, wird von Kosmas Crocco genannt[21]. Auch erzählt derselbe Schriftsteller, daß noch zu seiner Zeit eine fast verfallene Burg in Böhmen dieses Mannes Namen trage[22]. Es ist doch höchst wahrscheinlich, daß hier geschichtliche Zusammenhänge bestanden haben. Es will scheinen, daß der Name Crocco mit seinen Entstehungsursachen noch in die alte Heimat der Čechen zurückgeht. Gerade der Umstand, daß Kosmas auf diesen Gedanken gar nicht eingeht, daß er überhaupt mit dem Namen Crocco sehr wenig anzufangen weiß, möchte dafür sprechen, daß dieser Name alter Ueberlieferung angehörte. Jedenfalls dürfte seiner Erwähnung weit mehr Bedeutung zuzuerkennen sein, als wenn die Chronik Dalimils als Urahnen des böhmischen Volkes Čech bezeichnet, und, gleicher Sage folgend, Kosmas von einem Bomus zu erzählen weiß[23]. In den Erinnerungen und Denkmälern des čechischen Stammes, die Kosmas vorfand, scheint sich ein Stammbaum der čechischen Häuptlinge erhalten zu haben, der uns ziemlich zuverlässig bis in die Zeit der čechischen Einwanderung in Böhmen zurückführt. Die Herrschaft Kroks und seiner Töchter schildert Kosmas als eine patriarchalische. Dem Zeitalter der Könige ging auch hier ein Zeitalter der Richter voraus. Přemysl, der in die Mitte des siebenten Jahrhunderts fällt, wird, wie bemerkt, als der erste eigentliche Herzog, der ein regelrechtes Regiment geführt und dem Lande Gesetze gegeben habe, hingestellt. In der Mitte des siebenten Jahrhunderts hat Samo in Böhmen geherrscht. A. v. Gutschmid hat es für möglich gehalten, daß Přemysl und Samo zu identifizieren seien²⁴). Dafür spricht nicht nur, daß die Herrschaft Samos in Böhmen etwas in ihrer Art ganz Neues war, daß sie offenbar den Charakter herzoglicher Alleinherrschaft an sich trug, daß Samo, der Fremde, der aus entwickelteren Kulturverhältnissen gekommen ist, auch festere gesetzliche Ordnungen in Böhmen eingeführt haben wird, sondern auch der Umstand, daß in der Sage von Přemysl dieser gleichfalls als ein Fremder erscheint, der aus einer Gegend jenseits der Berge geholt wird, und daß er lediglich durch Heirat mit der Erbin des Landes auf den Thron kommt. Es ist doch auch kaum glaublich, daß die Erinnerung an die große Zeit unter Samo im Volke Böhmens ganz zu Grunde gegangen sein sollte²⁵). Begreiflich aber würde es sein, daß uns Kosmas über einen Wechsel in der Machtsphäre der Herzöge, die er auf Přemysl folgen läßt, nicht zu orientieren vermochte. Er giebt eben nur die Ueberlieferung des čechischen Stammes aus Prag und Umgebung. Hier aber hat das Fürstenhaus der Přemysliden offenbar ununterbrochen fortregiert. Anderweitig erkennen wir, daß Samos Herrschaft, sofern sie viele Slawenstämme vereinigte, mit seinem Tode, wahrscheinlich infolge von Teilung unter seine zahlreichen Söhne, wieder zerfiel. Und das läßt doch auch Kosmas ersehen. Er erzählt, daß Herzog Neklan von Prag sich zu wehren hatte gegen Wlastislaw, den mächtigen Fürsten des benachbarten Stammes der Lučaner, der in der Saazer Gegend seinen Sitz hatte und auf Unterwerfung Neklans und seines Volkes ausging²⁶). Unter den Lučanern bestand also zu Neklans Zeit ebenso ein selbständiges Stammesfürstentum wie in Prag²⁷), und was in Prag und dem Saazer Gebiete vorhanden war, wird zu derselben Zeit auch noch an anderen Orten Böhmens zu finden gewesen sein. Die Nachricht des Kosmas vom Lučanerfürsten ist auch noch ein besonderer Beleg dafür, daß die Gelüste, die Herrschaft über die benachbarten Bruderstämme auszudehnen, nicht nur in Prag zu Hause waren. Die Prager Herzöge sind nur am glücklichsten in dem Verfolg solcher Bestrebungen gewesen. So endete denn auch der Krieg zwischen Neklan und Wlastislaw damit, daß letzterer besiegt und getötet wurde, und nachdem auch sein kleiner Sohn durch die Nichtswürdigkeit eines ungetreuen Dieners sein Ende gefunden hatte, scheint schon damals die Herrschaft über das Lučanergebiet an die Herren von Prag gefallen zu sein. Jedenfalls haben diese eine Oberhoheit hergestellt. Aber wenn die Přemysliden zuletzt eine herzogliche Alleinherrschaft über ganz Böhmen innehatten, so ist dieselbe doch gewiß nicht allein mit Gewalt errichtet. In der Sage von Přemysl, die Kosmas erzählt, spiegelt es sich wieder, daß auch der Wunsch des böhmischen Volkes den Bestrebungen nach Herstellung einer starken Herzogsgewalt entgegenkam. Rings von mächtigen Feinden umgeben, mußten die Böhmen erkennen, daß sie bei ihrer Zersplitterung in kleinere Gaufürstentümer dem äußeren Ansturm auf die Dauer wenig gewachsen sein würden. Die Stammesfürsten selbst werden das Bedürfnis gehabt haben, einen Führer an ihrer Spitze zu sehen. Wenn es aber zu wählen galt, wer konnte eher in Betracht kommen als der Fürst des Landes, das gewissermaßen das Herz Böhmens bildete und, ausgezeichnet durch eine Handel und Verkehr begünstigende Lage sowie durch die Festigkeit seiner Burgen und den Glanz auswärtiger Beziehungen, schon lange eine besondere Bedeutung gewonnen hatte. Wir empfangen durchaus den Eindruck, daß die Stellung der Prager Herzöge, nachdem sie an die Spitze der anderen böhmischen Fürsten getreten waren, erst nur in einer Art Oberhoheit bestand, und daß sie erst, nachdem das Bewußtsein dieser Oberhoheit bereits fest eingewurzelt war, durch gewaltsames Vorgehen gegen die mächtigeren Stammesfürsten in eine straffere Alleinherrschaft verwandelt wurde. In der ersteren Phase sehen wir wohl die Verhältnisse noch im Jahre 895, als Spytihněw (Spitignew) an der Spitze anderer böhmischer Herzöge am Hofe Arnulfs erschien. Ja, man kann annehmen, daß Witizla, der neben ihm hervorgehoben wird, eine ähnliche überragende Stellung wie Spytihněw eingenommen hat[28]. Wahrscheinlich ist dann bald darauf durch die Gunst des Kaisers Spytihněws Stellung noch mehr gehoben und zu einer einzigartigen in Böhmen gemacht[29]. Die entscheidendsten Schläge aber gegen die Selbständigkeit der übrigen Stammesfürsten hat offenbar Boleslaw I. (935—67) geführt, der wohl eben hauptsächlich aus diesem Grunde den Namen „der Grausame (saevus)" erhalten hat. Gleich nachdem er die Regierung an sich gebracht hatte, zerstörte er die Burg eines Unterfürsten, der es mit Deutschland halten wollte[30]. Auch erzählt Kosmas von ihm, daß er den böhmischen Großen zumutete, eine steinerne Festung für ihn anzulegen und, als sie die Erbauung dieser Zwingburg ablehnten, durch eigenhändige Enthauptung des Angesehensten unter ihnen die Ausführung seines Willens erzwang[31]. Dennoch hat auch er das Werk der Unterdrückung der mit seiner Macht konkurrierenden alten Stammesfürstentümer Böhmens nicht gänzlich vollendet. Noch am Ende des Jahrhunderts bestand im Osten Böhmens die Herrschaft des mächtigen Hauses von Libice, aus dem Adalbert hervorging. Hatten die Häupter dieses Hauses auch zweifellos längst die Oberhoheit der Prager Herzöge anerkannt, so besaßen sie doch noch immer eine Stellung, welche die Přemysliden wohl nicht ganz ohne Grund gefürchtet haben. Die Niederwerfung auch dieses Fürstenhauses und damit die endgültige Befestigung der herzoglichen Alleingewalt in Böhmen bildet ein Blatt in der Geschichte des Heiligen, dem diese Darstellung gewidmet ist[32]).

II.
Die Anfänge der christlichen Kirche in Böhmen.

Die ersten Versuche, das Christentum in Böhmen einzuführen, von denen sich eine Kunde erhalten hat, sind von oben her, von Großen des Landes, und aus politischen Rücksichten unternommen. Wenn noch später lange bemerkbar ist, daß viele der Ersten des böhmischen Volkes mit großen Massen des Volkes selbst beim Heidentum blieben und sich die Erhaltung der nationalen Selbständigkeit und Eigenart nur in Verbindung mit der Bewahrung der heidnischen Religion vorstellen konnten, so hat es offenbar doch bald auch solche gegeben, die der nüchterneren und richtigeren Einsicht folgten, daß in der Nähe mächtiger christlicher Länder eine Behauptung der eigenen Stellung nur unter Anschluß an das Christentum erwartet werden könne[33]). Unter diesem Gesichtspunkte will jene Nachricht von dem Besuche von vierzehn böhmischen Fürsten (duces) am Hofe Ludwigs des Deutschen im Jahre 844/45 betrachtet werden. Als Zweck desselben wird die Nachsuchung der christlichen Taufe bezeichnet, welche ihnen im Januar 845 in Regensburg zuteil geworden ist[34]). Seitdem gehörte Böhmen nach den kirchlichen Rechtsgrundsätzen der Zeit zum Sprengel des Bistumes Regensburg. Aber in den kriegerischen Unruhen, die schon 846 hereinbrachen, wird das Christentum kaum Fortschritte in Böhmen gemacht haben. Es scheint vielmehr gegen das Vorgehen jener vierzehn Großen ein Rückschlag eingetreten zu sein, der sich wie gegen den Zusammenhang mit Deutschland überhaupt, so vor allem auch gegen das von dort kommende Christentum richtete. Erst recht löste sich das Band mit der deutschen Kirche wieder, als in der zweiten Hälfte des neunten Jahrhunderts das Böhmen benachbarte Mähren zu einem mächtigen, von Deutschland so gut wie ganz unabhängigen Reiche erstarkte, und hier unter Bewilligung Roms durch die griechischen Mönche Konstantin und Methodius (seit 864) ein national-slawisches Kirchentum mit slawischer Liturgie und Kirchensprache errichtet wurde. Vielleicht hat der kriegsgewaltige mährische Herzog Swatopluk (870—894) die böhmischen Stammes- und Gaufürsten schließlich geradezu in ein Unterthanenverhältnis herabgedrückt [35]). Erst bildete sich zwischen Böhmen und Mähren auf Grund der nationalen Sympathien ein Bundesverhältnis. Das den Böhmen in Mähren begegnende, in einer ihrer Muttersprache nahe verwandten Mundart auftretende Kirchentum mußte ihnen viel anziehender erscheinen als das deutsche, welches seit Bonifatius' Zeiten ausschließlich den lateinischen Kultus verbreitete. Die Nachricht des Kosmas, daß der Přemyslide Bořiwoj sich von Methodius taufen ließ [36]), kann deshalb keinerlei Zweifel begegnen, und ebensowenig kann es in Frage gezogen werden, daß zugleich mit ihm Ludmila, seine Gemahlin, die Tochter des Grafen von Pšow, getauft ist [37]). Es war nun der Mission des Methodius auch das Gebiet des mächtigsten böhmischen Fürsten, das eigentliche Čechenland, geöffnet. In der späteren Geschichte ist oft genug zu beobachten, wie ein tiefer religiöser Zug im Volksgemüt der Čechen nach einer lebendigeren und unmittelbareren Form des Christentums verlangte, als sie die römische Kirche ihm bot. Daß zwischen diesen Erscheinungen der Folgezeit und der Wirksamkeit des Methodius Zusammenhänge gewesen seien, wird sich kaum nachweisen lassen. Vielmehr ist deutlich zu erkennen, daß das Christentum in Böhmen lange ein sehr äußerliches blieb, und das Heidentum nur langsam aus dem Leben und den Vorstellungen des Volkes verdrängt wurde [38]). Dennoch bleibt es denkwürdig, daß dem Čechenvolke gleich im Anfange seiner Geschichte die christliche Religion in einer verständlicheren, ihrem wahren Wesen mehr entsprechenden Auffassung nahe gebracht wurde. Denn das war die Eigenart der Wirksamkeit der Brüder Konstantin (Cyrill) und Methodius, daß, während die Sendboten der deutschen Kirche damals unter den Slawen den Hauptwert auf Einführung der römischen Kirchenform legten und im übrigen, was das Christentum des Herzens und Lebens anbetraf, oft vieles zu wünschen übrig ließen³⁹), jene Brüder eben durch die Benutzung der Volkssprache, nicht nur in der Predigt, sondern überhaupt im Gottesdienst, und durch eine Bibelübersetzung das Christentum mehr den Herzen nahe bringen wollten⁴⁰) und vor allem auch auf Verchristlichung des Wandels so sehr den Nachdruck legten, daß eben deshalb der rohe Mährenfürst Swatopluk unter völliger Verkennung dessen, was seinem Volke auch von äußerem Nutzen gewesen wäre, diesem Kirchentum gar bald wieder den Abschied gab (886).

Daß Bořiwoj überhaupt die erste christliche Kirche auf böhmischem Boden erbaut hat⁴¹), ist wenig wahrscheinlich. Hier und da wird es wohl schon vor seinem Übertritt zum Christentum wenigstens Kapellen in Böhmen gegeben haben. Ist doch nicht anzunehmen, daß der Übertritt jener vierzehn böhmischen Großen, die 845 in Regensburg getauft wurden, ohne jede Folge blieb. Ob die Tradition, daß Cyrill und Methodius schon vor ihrer Reise nach Rom (867) in Leitomyšl eine Kapelle errichteten, noch eine Stütze behalten hat, nachdem die Monseschen Fragmente als Fälschung erkannt wurden, vermag ich nicht zu ersehen⁴²). Aber die ersten Kirchengründungen im Gebiete der Prager Fürsten werden allerdings auf Bořiwoj zurückgehen, und sie sind wohl die einzigen gewesen, die sich hielten, während die früheren Gründungen in den Stürmen heidnischer Reaktionen bald zu Grunde gegangen sein mögen. Seine erste Kirche soll Bořiwoj auf der nicht weit von Prag entfernten, am unteren Laufe der Moldau gelegenen Burg Lewý Hradec erbaut und dem heiligen Clemens gewidmet haben⁴³). Dann ist nach glaubhafter Überlieferung bald darauf auch auf der alten sagenumwobenen Burg Wyšehrad am rechten Moldauufer oberhalb von Prag eine Clemenskirche erstanden⁴⁴). Das erste Gotteshaus in Prag selbst soll Maria geweiht worden sein. Ob es von Bořiwoj oder seinem Sohne und Nachfolger Spytihněw erbaut wurde, ist strittig, aber Tomek hat wahrscheinlicher gemacht, daß Bořiwoj Gründer war, und wird jedenfalls recht haben, wenn er dieser Kirche auf dem Prager Burgberge und nicht in der Altstadt Prag den Platz anwies. Den in Betracht kommenden Stellen ist zu entnehmen, daß sie gleich hinter dem Hauptthore der Burg am Wege gelegen hat⁴⁵). Von Spytihněw ist die Peterskirche in Budeč gestiftet⁴⁶), und sein Bruder

Wratislaw hat bereits die Kirche des heiligen Georg auf dem Hrad=
schin errichtet⁴⁷). Der zweimal unter den ältesten Kirchen des Čechen=
stammes vorkommende Name des St. Clemens ist ein hinlänglicher
Beweis dafür, daß in diesem Stamme in der That das Kirchen=
wesen des Methodius begünstigt wurde. War dies letztere aber einmal
soweit in Böhmen vorgedrungen und hatte es gerade in dem Haupt=
lande Böhmens Boden gefaßt, so kann es auch keinem Zweifel unter=
liegen, daß diese Frage lange in Böhmen brennend blieb: Lateinisches
oder slawisches Kirchentum?⁴⁸).

Zu Spytihněws Zeit, und zwar von ihm und einem anderen
Häuptlinge Namens Witizla geführt, ging jene Schar böhmischer
Fürsten nach Regensburg, die Arnulf den Treuschwur leistete (895).
Äußere, politische Gründe leiteten sie. Man wollte das Verhältnis
zum mährischen Reiche, das politisch drückend geworden war, wieder
lösen. Swatopluk war bereits 894 gestorben. Ergebnis war zweifel=
los, daß auch in kirchlicher Hinsicht wieder ein engeres Verhältnis zu
Deutschland hergestellt wurde. Von neuem mußte das deutsche Kirchen=
wesen in Böhmen Einfluß gewinnen und jetzt auch in dem Prager
Lande. Sowohl Spytihněw als auch sein ihm in der Regierung
folgender Bruder Wratislaw scheinen im Anschluß an die deutsche
Kirche regiert zu haben. In Budeč, wo Spytihněw eine bezeichnender
Weise dem heiligen Petrus geweihte Kirche errichtet hatte, findet sich
um diese Zeit auch eine lateinische Schule⁴⁹). Daß deutsche Kleriker
den Unterricht erteilten, kann kaum bezweifelt werden⁵⁰). Wratislaw
hat seinen Sohn Wenceslaw (Wenzel) bei der slawischen Zeremonie
der Haarbeschneidung, mit der er offenbar die Firmelung verbinden ließ,
von einem Bischof segnen lassen, unter dem mit Recht der Bischof von
Regensburg vermutet sein wird⁵¹). Jedenfalls schickte Wratislaw
Wenzel auf die lateinische Schule in Budeč⁵²). Aber noch lebte auch
Ludmila, Bořiwojs Wittwe, die Mutter Spytihněws und Wratislaws,
bei welcher der Same der Predigt des Methodius auf besonders frucht=
baren Boden gefallen zu sein scheint. Sie hat dafür gesorgt, daß ihr
Enkel Wenceslaw früh auch in der slawischen Schrift und Literatur
unterrichtet wurde⁵³). Dieser Wenceslaw ist unter den ersten christ=
lichen Fürsten aus dem Hause der Přemysliden derjenige, der am
meisten für die Einführung des Christentums und die Befestigung des
Kirchenwesens in Böhmen gethan hat, heute neben seiner Großmutter

Ludmila, dem heiligen Adalbert, dem heiligen Nepomuk der gefeiertste Nationalheilige Böhmens. Allem Anschein nach ist er in der That eine Zierde des herzoglichen Stuhles in Prag gewesen. Indes nicht das slawische Kirchentum hat er gefördert. Mehr als der erste Unterricht, den Ludmila ihm geben ließ, ist für ihn bestimmend gewesen sein Aufenthalt an der lateinischen Schule in Budeč, der ihn sein Vater überwies [54]), und die Beziehung, in welche er zu dem Bischof von Regensburg trat. Diesen, der ihn gefirmelt hatte, hat er als seinen geistlichen Vater verehrt [55]). Man wird von dieser Seite nicht unterlassen haben, ihm einzuprägen, daß die lateinische Kirchenform die allein wahre und allein berechtigte sei. Dem lateinischen Kirchenideal ist, nachdem er die Regierung übernommen hatte, sein herzogliches Wirken gewidmet gewesen. Dem heiligen Emmeran wußte er sich geweiht [56]). Unter den zahlreichen Priestern, die unter ihm nach Böhmen kamen, werden vor allem Deutsche gewesen sein [57]), und als er auf dem Hradschin die zweite bez. dritte Kirche erbaute, die später die Kathedrale Böhmens wurde und noch heute ist, wenn auch das alte Gebäude längst verschwand, ward sie einem damals in Deutschland besonders verehrten Heiligen, dem heiligen Veit, gewidmet [58]). Indem der Bischof von Regensburg einen Weiheakt an ihr verrichtete, kam ihre Zugehörigkeit zum Regensburger Sprengel aufs bestimmteste zum Ausdruck [59]). Die alte slawische Legende sagt von Wenzel, daß er täglichen Gottesdienst, wie er bei den großen Völkern üblich sei, in den Kirchen Böhmens eingeführt habe [60]). Was in solchen Bestrebungen lag und mit ihnen verbunden war, bedarf nicht der Ausführung. Gegen das Heidentum ist Wenzel, wie es scheint, auch mit Zwang vorgegangen [61]). Man wird nicht geirrt haben, wenn man die Ursache seines Sturzes hauptsächlich in seinem engen Verhältnis zu Deutschland fand. Die allgemeine Stimmung war damals in Böhmen antideutscher denn je. Es war ja jene Zeit, in welcher Heinrich I. die Unterjochung der Slawen im Osten Sachsens durchführte. Wenzels eigene Mutter war eine Lutizin aus der Havelgegend [62]). Mit leidenschaftlicher Teilnahme hat diese Frau zweifellos von Anfang an die Niederlagen ihres Stammvolkes im Norden begleitet. An Beziehungen herüber und hinüber kann es nicht gefehlt haben. Die Sympathien der Nationalgesinnten in Böhmen mußten ganz auf ihrer Seite sein. Unter Berücksichtigung dieser Verhältnisse will die Nachricht verstanden werden, daß Wenzel, der bei dem Tode seines Vaters noch minderjährig war⁵³), erst der Pflegerschaft seiner Großmutter Ludmila übergeben wurde. Die Ludmilalegenden, die diese Nachricht bieten⁶⁴), werden dahin gedeutet werden müssen, daß es sich um eine vormundschaftliche Regierung vonseiten Ludmilas handelte, und wenn auch im allgemeinen diese Legenden wenig zuverlässige Quellen sind, so möchten sie uns in diesem Falle auf eine richtige Fährte leiten. Ludmilas Ermordung wird nur auf dem angedeuteten Wege verständlich. Wratislaw, der zu Deutschland hinneigte und den Sinn seiner Gemahlin kennen mußte, mag selbst, um das Land vor Abenteuern zu bewahren, seinen jugendlichen Sohn Ludmila übergeben haben, die als Haupt der Familie und ältere Herzogswitwe vielleicht auch rechtlich ebenso gut Ansprüche auf die Regentschaft machen konnte wie Drahomira, und wenn sie auch die slawische Kirchenform begünstigte, doch durch ihren christlichen Sinn und ihre Besonnenheit eine Kontinuität in der politischen Leitung verbürgt haben wird. Alles spricht dafür, daß sie eine Freundin ihrer ehrgeizigen und leidenschaftlichen Schwiegertochter nie war. Daß es dann Drahomira gewesen ist, die sie ermorden ließ, bezeugt auch Gumpold⁶⁵), und ich sehe keinen zwingenden Grund ein, dieser Nachricht zu mißtrauen⁶⁶), wenn auch die altslawische Wenzellegende von der ganzen Sache schweigt und eine günstige Vorstellung von Drahomira zu geben sucht. Ein patriotischer Zug mag für den Verfasser dieser letzteren Legende bestimmend gewesen sein. Wäre aber auch Drahomira selbst unschuldig gewesen an dem Blute ihrer Schwiegermutter, jedenfalls war es die Absicht derer, die Ludmila beseitigten, die Gewalt und den bestimmenden Einfluß ganz in Drahomiras Hände zu legen. Daß sie thatsächlich eine Zeit für Wenzel regiert hat, ist sicherer bezeugt als die Pfleger- und Vormundschaft Ludmilas⁶⁷), und es ist eine ansprechende Vermutung, daß ihre Herrschaft bis zum Jahre 929 gedauert hat. Die Verwickelungen dieses Jahres, der Feldzug Heinrichs I. gegen Prag, der offenbar in Beziehungen der Böhmen zu den Elbwenden seinen Anlaß hatte, werden am besten verstanden, wenn man annimmt, daß Drahomira damals noch die Geschicke Böhmens lenkte. Dann ist Wenceslaw, wenn er auch dem Namen nach schon an der Spitze stand, in den wirklichen Besitz der väterlichen Herrschaft wohl eben erst durch diesen Feldzug Heinrichs gekommen⁶⁸). In diesem

Falle war er doppelt darauf gewiesen, sein eigenes Regiment ganz auf Deutschland zu stützen. Daß die Spannung zwischen ihm und seiner Mutter, wie sie für die Zeit seiner Regierung bezeugt wird, hauptsächlich in seinem Verhältnisse zu dem Erbfeinde ihres Volkes ihren Grund hatte, wird indirekt dadurch bestätigt, daß eine ausgesprochene Abneigung Drahomiras gegen das Christentum nicht ersichtlich ist⁶⁹). Dieses hatte sie offenbar selbst längst angenommen, und nach der Ermordung ihres Sohnes ist sie es gewesen, die ihm die ersten kirchlichen Ehren verschaffte⁷⁰). Aber bei den Großen des Landes und Hofes wird unter den Motiven ihrer Abneigung gegen Wenzel zu dem Deutschenhaß vielfach auch Widerwille gegen das Christentum hinzugekommen sein. Diese Großen Böhmens haben in der früheren Geschichte des herzoglichen Hauses eine überaus unheilvolle Rolle gespielt, weniger die mehr selbstständig gebliebenen Fürsten als der Dienst- und Hofadel. Je mehr die herzogliche Gewalt der Premysliden sich ausgedehnt hatte, desto mehr war dieser Beamtenadel an Zahl gewachsen. Viele seiner Glieder hingen noch mit starken Fasern am Heidentum⁷¹). Ein Fürst, welcher der alten Religion den völligen Untergang zugeschworen hatte und in seiner ganzen Frömmigkeit einer fast mönchischen Richtung huldigte, mußte ihnen besonders verhaßt sein. Gewisse Uebertreibungen Wenzels konnten ihnen einen Schein des Rechts geben. Von ihnen können wohl die Worte gesagt sein: „Was sollen wir machen? Er, der Fürst sein sollte, ist von dem Klerus verdorben und ein Mönch geworden⁷²)." Zudem verfolgten sie stets das Ziel, durch Intriguen im herzoglichen Hause die eigene Herrschaft aufzurichten. So haben sie auf Drahomira eingewirkt in ihrem Streit mit Ludmila. Nun führten sie auch zu Wenzels Zeit zur Katastrophe. Diejenigen, die ihn vor seiner Mutter und seinem Bruder Boleslaw warnten, haben es vielleicht gut gemeint⁷³). Die Meisten arbeiteten bei Boleslaw auf einen Sturz Wenzels hin⁷⁴). Haß gegen seine deutschen Freunde, Abneigung gegen sein Christentum und persönliche Aspirationen verbanden sich bei ihnen, und weil Boleslaws Wünsche ihren Ränken entgegenkamen⁷⁵), hatten sie Erfolg. So ist es zu der gräßlichen That des Brudermordes gekommen. Nach einem Mahle, zu dem Boleslaw seinen herzoglichen Bruder in seiner Burg zu Altbunzlau eingeladen hatte, haben er und seine Gesellen diesen am Morgen des 28. September (an einem

Montage) erschlagen, als er sich zur Frühmesse in die Kirche begeben wollte[76]).

Daß Boleslaw, der nunmehr seinem Bruder in der Regierung folgte, das politische Verhältnis zu Deutschland alsbald ganz anders gestaltete, als es zur Zeit Wenzels gewesen war, ist bekannt. Vierzehn Jahre behauptete er die Unabhängigkeit seiner Herrschaft. In dieser Zeit scheint auch das nähere Verhältnis zu der deutschen Kirche vorübergehend wieder fast ganz aufgehört zu haben. Waren die Kleriker Wenzels beste Freunde gewesen, so mußte Boleslaw dieselben zunächst als seine Feinde betrachten, vor allem die deutschen Priester. Es wird ausdrücklich bezeugt, daß nach Wenzels Tode eine Verfolgung und Austreibung von Priestern und Klerikern in Böhmen stattfand, ja viele derselben ermordet wurden[77]). Indes zweifellos gar nicht hat Boleslaw daran gedacht, das Christentum überhaupt wieder aus Böhmen zu beseitigen. Wenn dies manche Große von ihm erwartet haben, so haben sie sich in ihren Hoffnungen getäuscht gesehen. Er hat selbst einen Priester herbeirufen lassen, der über dem erschlagenen Bruder beten mußte[78]). Den Sohn, der ihm in jener Mordnacht geboren war und den Namen Strachkwas (schreckliches Mahl) erhielt, weihte er zur Sühne seiner blutigen That dem Priesterstande[79]). Ueberhaupt finden wir gerade unter seinen Kindern kirchlichen Sinn, doch wohl ein Beweis, daß er nicht darauf ausgegangen ist, diesen auszurotten. Auch seine Tochter Mlada ist wie Strachkwas später im Kloster. Durch seine Tochter Dubrawka kam das Christentum nach Polen. Und sein Sohn Boleslaw hat sogar den Zunamen „der Fromme" erhalten. Wenn Strachkwas dem Kloster St. Emmeran übergeben wurde[80]), so ist auch klar, daß das kirchliche Verhältnis zu Regensburg von Boleslaw wiederhergestellt wurde. Vielleicht freilich ist das erst unter dem Drucke Ottos I. geschehen, der 950 seine Oberhoheit über Böhmen von neuem zur Anerkennung brachte[81]). Wie Boleslaw I. sich zu der slawischen Liturgie stellte, ist nicht ersichtlich. Man sollte meinen, er hätte sie begünstigen müssen. Aber seine Regierung ist überhaupt eine kirchlich interessierte nicht gewesen. Eine heilige Nemesis war es, daß der, welchen die Großen im Interesse ihrer selbstsüchtigen Ziele zum Brudermorde angestiftet hatten, das herzogliche Joch gerade fester um ihren Hals legte. In den damit verbundenen Kämpfen und auswärtigen Kriegen wird seine Regierung hingegangen sein. Das Werk des heiligen

Wenzel, eine eifrigere Förderung des Kirchenwesens in Böhmen, hat mit ganzem Nachdruck erst ein anderer wieder aufgenommen, nicht ein Herzog, sondern ein Bischof, der heilige Adalbert, und wenn zu den Gegensätzen, in welche dieser Mann zur Zeit seiner bischöflichen Amtswirksamkeit hineingestellt war, auch jener gehörte, daß in Böhmen noch die lateinische und die slawische Kirchenform mit einander um die Herrschaft rangen, so hat er zwar ganz auf seiten der ersteren gestanden, aber dennoch hat er auch das Werk des Methodius in gewisser Beziehung fortgesetzt. Denn gemein mit diesem war ihm eine innerlichere und lebendigere Auffassung des Christentums. Freilich stammte dieselbe aus anderen Kirchenkreisen als denen des Methodius. Doch mag immerhin beachtet bleiben, daß das Gebiet von Adalberts Vater Mähren benachbart war[82]. Möglich also, daß späte Nachwehen von der Wirksamkeit des Methodius auch noch Adalbert in seiner Jugend berührt haben.

III.

Adalberts Jugend in Libice und Magdeburg.

Die Geburt Adalberts fällt in die Regierungszeit Boleslaws des Grausamen und wird ca. 956 anzusetzen sein[83]. Sein Vater Slawnik war das Haupt jenes schon erwähnten mächtigen böhmischen Fürstenhauses, das in Libice seinen Stammsitz hatte. Die weiten Grenzen der Herrschaft Slawniks werden, offenbar auf Grund älterer Quellen, von Kosmas genau angegeben[84]: im Westen gegen Böhmen der Bach Surina und das Gebiet der Burg auf dem Berge Osela (Osek) neben dem Flusse Msa (Mies[85]); im Süden gegen die deutschen Ostmärker die Landschaften der Burgen Hinow (Chynow), Dudlebi (Daudleby)[86] und Netolici (Netolice) bis zur Mitte des Waldes (Wasserscheide im Grenzwalde); im Osten gegen das mährische Reich das Terrain der unter dem Walde gelegenen Burg Luthomisl (Leitomyšl) bis zu dem Bächlein Svitawa (Zwittawa) in der Mitte des Waldes (d. h. bis zu seiner Quelle); im Norden gegen Polen das Gebiet der Burg Cladzco (Glatz) am Flusse Niza (Neiße)[87]. Darnach waren fast der ganze östliche und südöstliche Teil des heutigen Böhmens und außerdem noch ein Stück von Schlesien unter Slawniks Herrschaft. Nach Bruno war er mit dem sächsischen Königshause blutsverwandt⁸⁷). Seine Persönlichkeit schildern die Biographen nicht ganz gleich. Kanaparius preist ihn als einen in seiner Art seltenen Mann, der durch Gerechtigkeitsliebe und Werke der Barmherzigkeit sich auszeichnete und, obwohl umgeben von Prunk und Ueberfluß, dennoch als ein treuer Wächter des göttlichen Gesetzes gewissenhaft wandelte nach den Vorschriften der Priester⁸⁸). Desgleichen hat Kosmas für ihn nur Worte der Anerkennung⁸⁹). Aber der aufrichtigere und Beschönigungen mehr abgeneigte Bruno hat außer seiner Wohlthätigkeit nichts Besonderes an ihm zu loben gefunden. Er bezeichnet ihn als Durchschnittsmenschen, bemerkt, daß er selten gebetet habe, und tadelt vor allem, daß er sich von der aus der heidnischen Zeit stammenden böhmischen Unsitte der Polygamie, gegen die sein berühmter Sohn später als Bischof so energisch angekämpft hat, auch nicht freigehalten habe⁹¹). Slawniks Christentum wird also nicht viel mehr gewesen sein als äußere Ehrerbietung gegen die Kirche und Verrichtung gewisser Werke der Barmherzigkeit, zu denen die Kirche vornehmlich ermahnte. Immerhin wird er zu den edleren unter den böhmischen Großen gehört haben und seinen Unterthanen ein wohlwollender, billig denkender Herr gewesen sein. Inniger scheint die Frömmigkeit bei der Mutter Adalberts gewesen zu sein, Strzezislawa, einer Fürstin vornehmer Herkunft, wahrscheinlich aus dem Hause der Przemysliden⁹²). Von ihr heißt es in der römischen Biographie Adalberts: „Indem sie die Worte des Lebens hörte, dürstete sie nach mehr; indem sie dieselben zu bethätigen suchte, genügte sie nicht ihrem Hunger; an dem Prunk der Frauen, an Gold und Edelsteinen fand sie kein Ergötzen; was die Thoren für das Höchste ansehen, achtete sie gering. Heilig war sie in ihren Sitten, heilig in ihren Reden, stark, wie man sagt, im Fasten, vertraut mit Gott im Gebet, eine Mutter der trauernden Waise, die freundlichste Schwester dem Fremdling und der Witwe⁹³).“ Bruno giebt ihrem mönchischen Zuge schuld, daß ihr Mann noch andere Verhältnisse suchte. Aber auch er spricht von ihr mit Hochachtung⁹⁴), und Kosmas begleitet ihren Tod mit der Bemerkung, daß sie würdig gewesen sei, eines so großen und so heiligen Sohnes Mutter zu heißen und zu sein⁹⁵). Die religiöse Veranlagung Adalberts scheint also, sofern sie natürliches Erbteil war, vorwiegend von seiner Mutter gestammt zu haben. „Des Vaters Gerechtigkeit blüht in ihm, und der mütterlichen

Waldungen an Elbe und Cidlina anschließen. Zur Zeit Adalberts wird das Land noch feuchter und waldreicher gewesen sein. Eine ansehnlichere Höhe erhebt sich nur im Nordosten. Die ganze Landschaft ist mehr eintönig und melancholisch. Aber an Leben hat es gewiß in Slawniks Residenz nicht gefehlt. Hier wogte „eine Flut von Unterthanen, eine geräuschvolle Schar von Hörigen"[106]), und Kosmas erzählt, daß in Slawniks Hause geglänzt habe die Menge der Großen[107]). Unter den Gästen, die bei ihm einkehrten, ist auch einst ein deutscher Bischof gewesen, Adalbert, der spätere Erzbischof von Magdeburg, und er hat den kleinen Wojtěch gefirmelt. Da ausdrücklich von Bruno, der diese Nachricht giebt[108]), vermerkt wird, daß Adalbert sich damals auf seiner Missionsreise zu den Heiden befunden habe, so hat dieser Besuch in Libice entweder 961 auf Adalberts Hinreise oder 962 bei Adalberts Rückkehr stattgefunden[109]), wahrscheinlich 961[110]). Daß Wojtěch damals noch klein war, geht daraus hervor, daß ihm selbst später jede Erinnerung an dieses Ereignis seiner Firmelung fehlte. Die große Menge aber derer, die der Bischof wohl damals in Libice zu firmeln hatte, mag der Grund davon gewesen sein, daß auch er später, als Wojtěch nach Magdeburg gekommen war, eine klare Vorstellung davon nicht mehr hatte, daß er denselben schon einmal gefirmelt hatte. So ist es gekommen, daß Wojtěch zweimal gefirmelt wurde. Erst nach Adalberts Rückkehr aus Magdeburg stellte seine Mutter diesen Thatbestand fest[111]).

Den ersten Unterricht pflegte in den westlichen Kulturländern ein Knabe, der später in den geistlichen Stand eintreten sollte, zu Adalberts Zeit in der Regel von einem oder mehreren der benachbarten Priester zu erhalten, die solchen Unterricht zu erteilen fähig waren, und Gegenstände desselben waren neben den ersten Elementen das Kredo, das Vaterunser, vor allem auch die lateinischen Psalmen und ein wenig vom gregorianischen Kirchengesang[112]). An dem Psalter wurde Lesen gelernt, zugleich wurde er dem Gedächtnis eingeprägt. Wojtěchs Lehrer sind Presbyter von Libice gewesen[113]); denn im Vaterhause blieb er[114]). Ihre Namen werden uns nicht genannt. Mögen dieselben aber auch von Geburt Slawen gewesen sein, der Unterricht, den sie erteilten, ist ein Beweis, daß sie in der deutschen Kirchensitte erzogen waren. Kanaparius sagt, daß Wojtěch nicht eher das Vaterhaus verlassen habe, als bis er den Psalter auswendig gewußt habe[115]).

noch ein Stück von Schlesien unter Slawniks Herrschaft. Nach Bruno war er mit dem sächsischen Königshause blutsverwandt⁸⁷). Seine Persönlichkeit schildern die Biographen nicht ganz gleich. Kanaparius preist ihn als einen in seiner Art seltenen Mann, der durch Gerechtigkeits= liebe und Werke der Barmherzigkeit sich auszeichnete und, obwohl um= geben von Prunk und Ueberfluß, dennoch als ein treuer Wächter des göttlichen Gesetzes gewissenhaft wandelte nach den Vorschriften der Priester⁸⁸). Desgleichen hat Kosmas für ihn nur Worte der Aner= kennung⁸⁹). Aber der aufrichtigere und Beschönigungen mehr abgeneigte Bruno hat außer seiner Wohlthätigkeit nichts Besonderes an ihm zu loben gefunden. Er bezeichnet ihn als Durchschnittsmenschen, bemerkt, daß er selten gebetet habe, und tadelt vor allem, daß er sich von der aus der heidnischen Zeit stammenden böhmischen Unsitte der Polygamie, gegen die sein berühmter Sohn später als Bischof so energisch angekämpft hat, auch nicht freigehalten habe⁹¹). Slawniks Christentum wird also nicht viel mehr gewesen sein als äußere Ehrerbietung gegen die Kirche und Verrichtung gewisser Werke der Barmherzigkeit, zu denen die Kirche vornehmlich ermahnte. Immerhin wird er zu den edleren unter den böhmischen Großen gehört haben und seinen Unterthanen ein wohl= wollender, billig denkender Herr gewesen sein. Inniger scheint die Frömmigkeit bei der Mutter Adalberts gewesen zu sein, Střezislawa, einer Fürstin vornehmer Herkunft, wahrscheinlich aus dem Hause der Přemysliden⁹²). Von ihr heißt es in der römischen Biographie Adalberts: „Indem sie die Worte des Lebens hörte, dürstete sie nach mehr; indem sie dieselben zu bethätigen suchte, genügte sie nicht ihrem Hunger; an dem Prunk der Frauen, an Gold und Edelsteinen fand sie kein Ergötzen; was die Thoren für das Höchste ansehen, achtete sie gering. Heilig war sie in ihren Sitten, heilig in ihren Reden, stark, wie man sagt, im Fasten, vertraut mit Gott im Gebet, eine Mutter der trauernden Waise, die freundlichste Schwester dem Fremdling und der Witwe⁹³).“ Bruno giebt ihrem mönchischen Zuge schuld, daß ihr Mann noch andere Verhältnisse suchte. Aber auch er spricht von ihr mit Hochachtung⁹⁴), und Kosmas begleitet ihren Tod mit der Bemerkung, daß sie würdig gewesen sei, eines so großen und so heiligen Sohnes Mutter zu heißen und zu sein⁹⁵). Die religiöse Veranlagung Adalberts scheint also, sofern sie natürliches Erbteil war, vorwiegend von seiner Mutter gestammt zu haben. „Des Vaters Gerechtigkeit blüht in ihm, und der mütterlichen

Waldungen an Elbe und Ciblina anschließen. Zur Zeit Adalberts wird das Land noch feuchter und waldreicher gewesen sein. Eine ansehnlichere Höhe erhebt sich nur im Nordosten. Die ganze Landschaft ist mehr eintönig und melancholisch. Aber an Leben hat es gewiß in Slawniks Residenz nicht gefehlt. Hier wogte „eine Flut von Unterthanen, eine geräuschvolle Schar von Hörigen"[106], und Kosmas erzählt, daß in Slawniks Hause geglänzt habe die Menge der Großen[107]. Unter den Gästen, die bei ihm einkehrten, ist auch einst ein deutscher Bischof gewesen, Adalbert, der spätere Erzbischof von Magdeburg, und er hat den kleinen Wojtěch gefirmelt. Da ausdrücklich von Bruno, der diese Nachricht giebt[108], vermerkt wird, daß Adalbert sich damals auf seiner Missionsreise zu den Heiden befunden habe, so hat dieser Besuch in Libice entweder 961 auf Adalberts Hinreise oder 962 bei Adalberts Rückkehr stattgefunden[109]), wahrscheinlich 961.[110] Daß Wojtěch damals noch klein war, geht daraus hervor, daß ihm selbst später jede Erinnerung an dieses Ereignis seiner Firmelung fehlte. Die große Menge aber derer, die der Bischof wohl damals in Libice zu firmeln hatte, mag der Grund davon gewesen sein, daß auch er später, als Wojtěch nach Magdeburg gekommen war, eine klare Vorstellung davon nicht mehr hatte, daß er denselben schon einmal gefirmelt hatte. So ist es gekommen, daß Wojtěch zweimal gefirmelt wurde. Erst nach Adalberts Rückkehr aus Magdeburg stellte seine Mutter diesen Thatbestand fest[111]).

Den ersten Unterricht pflegte in den westlichen Kulturländern ein Knabe, der später in den geistlichen Stand eintreten sollte, zu Adalberts Zeit in der Regel von einem oder mehreren der benachbarten Priester zu erhalten, die solchen Unterricht zu erteilen fähig waren, und Gegenstände desselben waren neben den ersten Elementen das Kredo, das Vaterunser, vor allem auch die lateinischen Psalmen und ein wenig vom gregorianischen Kirchengesang[112]). An dem Psalter wurde Lesen gelernt, zugleich wurde er dem Gedächtnis eingeprägt. Wojtěchs Lehrer sind Presbyter von Libice gewesen[113]); denn im Vaterhause blieb er[114]). Ihre Namen werden uns nicht genannt. Mögen dieselben aber auch von Geburt Slawen gewesen sein, der Unterricht, den sie erteilten, ist ein Beweis, daß sie in der deutschen Kirchensitte erzogen waren. Kanaparius sagt, daß Wojtěch nicht eher das Vaterhaus verlassen habe, als bis er den Psalter auswendig gewußt habe[115]).

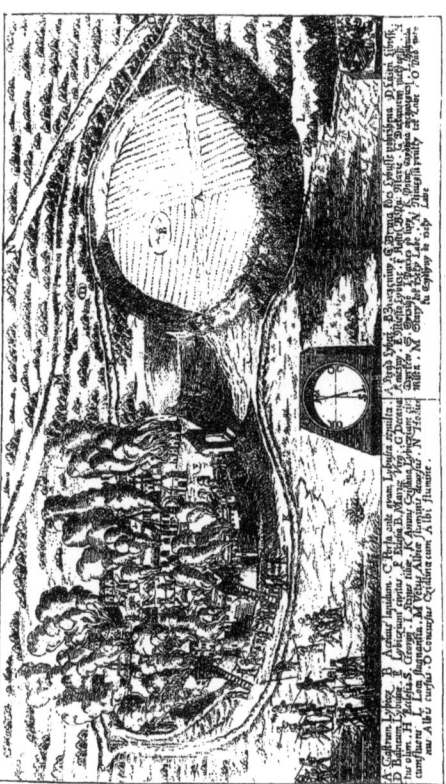

Libice
nach einem Stiche in Boletucztys
Rosa Boëmica (1668).

Mit ihm zusammen wurde ein älterer Knabe aus einer Slawnik untergebenen Familie unterrichtet, der zugleich bei Wojtěch die Stellung eines Pädagogen oder Mentors zu vertreten hatte¹¹⁶). Als derselbe sich anfangs dem Unterricht bei dem Priester entzog, floh auch Wojtěch wiederholt zurück ins „süße Elternhaus" und wurde erst durch harte Züchtigung von seiten seines Vaters zum Ausharren vermocht. Der jugendliche Pädagoge war niemand anders als Radla, der Wojtěch auch nach Magdeburg begleitet hat, später Kleriker in Libice und dann Mönch¹¹⁷). In Freud und Leid hat dieser Mann treu zu dem Hause der Slawnikinger gestanden. Freilich sein einstmaliger Schutzbefohlener erschien ihm in seiner streng asketischen Richtung später lange auf zu schwindelnder Höhe, sodaß er ihn deshalb mied. Aber als derselbe mit der Märtyrerkrone geschmückt wurde, hat dieser Ausgang auf Radla einen so tiefen Eindruck gemacht, daß er nun sein Verhalten ganz nach Adalberts Sinn zu gestalten suchte. Denn anders ist es nicht zu verstehen, wenn wir ihn später von sich sagen hören, daß er nun den glühend von ganzem Herzen liebe, den er einst geflohen habe¹¹⁸). Bruno hatte von Radla die günstigste Meinung.

Als Adalbert in seinen Kenntnissen genügend gefördert war, mußte man daran denken, ihn einer höheren Kloster- oder Domschule zur weiteren Erziehung für das geistliche Amt zu übergeben. Wählten seine Eltern dazu die Domschule von Magdeburg und nicht Regensburg, so wird der Hauptgrund davon gewesen sein, daß der Magdeburger Erzbischof, eben jener Adalbert, der eine Zeitlang als Missionsbischof gewirkt hatte, zu ihnen bereits in persönliche Beziehung getreten war, wenn nicht Magdeburg damals geradezu darauf aus gewesen ist, Libice für seinen Erzsprengel zu gewinnen¹¹⁹). Auch an Slawniks Verwandtschaft mit dem sächsischen Hause hat man sich zu erinnern. Magdeburg mußte aber überhaupt in jenen Tagen besondere Anziehungskraft ausüben. Es war die Zeit Ottos des Großen, der diese Sachsenstadt vor allen anderen zu erheben suchte und zu einem Mittelpunkt kirchlichen Lebens machen wollte. Schon 937 waren hier Mönche aus dem lothringischen Kloster St. Maximin zu Trier angesiedelt. Seit 968 war Magdeburg Sitz eines Erzbischofs. Die beiden Schulen an dem Kloster und an der Kathedrale erwarben sich schnell hohes Ansehen. Jetzt unterrichtete an der letzteren der berühmte Dialektiker und Theologe Otrik, der mit dem

Schulen unnachsichtig über Vornehme und Geringe, Gerechte und Ungerechte kamen [130]). Aber Bruno, der selbst nicht lange nach Adalbert die Domschule in Magdeburg besuchte und noch genug Gelegenheit gehabt haben wird, über Adalbert Erkundigungen einzuziehen, auch Adalberts Mentor später kennen gelernt hat, stellt Adalbert in seiner Magdeburger Zeit als einen Jungen hin, der sich, abgesehen von seiner natürlichen Begabung, in nichts von dem gewöhnlichen Schlage der Knaben seines Alters unterschieden habe. Ja, er sagt von seinem Verhalten nach der Rückkehr aus Magdeburg, daß er ausgelassen, wie der Mensch von Natur sei, irdischen Ergötzungen und kindischen Scherzen nachgegangen und höhere Bestrebungen als Essen und Trinken nicht gehabt habe [137]. Hingegen kann der römische Biograph nicht genug Worte finden, um zu schildern, wie der Heilige schon in den Knabenjahren ein musterhaftes Betragen und den frömmsten Sinn gezeigt habe. Nie habe er sich zu denen gehalten, deren Treiben und Beschäftigungen zwecklos und kindisch gewesen seien. Bei jeder Entfernung des Lehrers habe er sich auf heimlichen Wegen zum Gebete an die Stätten der Märtyrer geflüchtet, ohne bei Rückkehr des Lehrers auf seinem Platze zu fehlen. Verborgen vor den Menschen habe er nachts die Armen, Kranken und Blinden aufgesucht, um ihnen nach Bedürfnis von den reichen Mitteln darzureichen, die ihm seine Eltern zur Förderung seines Wohlthätigkeitssinnes hätten zufließen lassen. In Abwesenheit des Lehrers, wenn die Altersgenossen sich die Mühe des Lesens durch eitle Spiele und Scherze gemindert hätten, habe er sich im Genusse der Psalmen und in geistlicher Freude gestärkt, und wenn jene zum Frühstück in den Winkeln der Schule die Leckerbissen des Lehrers gestohlen hätten, habe er verstohlene Gebete zu seiner Herrin Maria entsandt und sich die Speise der Engel erworben. Deshalb hätten bewundernd viele von ihm gesagt: „Mit seinem Segen segnete Gott diesen Knaben, der noch innerhalb der Schwelle des Knabenalters zu allem Besten so hoch emporstrebt. O, dreimal und viermal selig, wenn er diese menschenwürdigen Bestrebungen mit ganzer Hingebung vollendet und des begonnenen Wandels Bahn in entsprechender Weise beschließt [138]." Die sich scheinbar völlig widersprechenden Nachrichten können in diesem Fall doch beide zugleich Richtiges enthalten. Daß es mit dem kleinen Adalbert nicht bloß so war, wie Kanaparius erzählt, beweist besonders eine durchaus glaubhafte Erzählung bei Bruno

Mit ihm zusammen wurde ein älterer Knabe aus einer Slawnik untergebenen Familie unterrichtet, der zugleich bei Wojtěch die Stellung eines Pädagogen oder Mentors zu vertreten hatte¹¹⁰). Als derselbe sich anfangs dem Unterricht bei dem Priester entzog, floh auch Wojtěch wiederholt zurück ins „süße Elternhaus" und wurde erst durch harte Züchtigung von seiten seines Vaters zum Ausharren vermocht. Der jugendliche Pädagoge war niemand anders als Radla, der Wojtěch auch nach Magdeburg begleitet hat, später Kleriker in Libice und dann Mönch¹¹⁷). In Freud und Leid hat dieser Mann treu zu dem Hause der Slawnikinger gestanden. Freilich sein einstmaliger Schutzbefohlener erschien ihm in seiner streng asketischen Richtung später lange auf zu schwindelnder Höhe, sodaß er ihn deshalb mied. Aber als derselbe mit der Märtyrerkrone geschmückt wurde, hat dieser Ausgang auf Radla einen so tiefen Eindruck gemacht, daß er nun sein Verhalten ganz nach Adalberts Sinn zu gestalten suchte. Denn anders ist es nicht zu verstehen, wenn wir ihn später von sich sagen hören, daß er nun den glühend von ganzem Herzen liebe, den er einst geflohen habe¹¹⁸). Bruno hatte von Radla die günstigste Meinung.

Als Adalbert in seinen Kenntnissen genügend gefördert war, mußte man daran denken, ihn einer höheren Kloster- oder Domschule zur weiteren Erziehung für das geistliche Amt zu übergeben. Wählten seine Eltern dazu die Domschule von Magdeburg und nicht Regensburg, so wird der Hauptgrund davon gewesen sein, daß der Magdeburger Erzbischof, eben jener Adalbert, der eine Zeitlang als Missionsbischof gewirkt hatte, zu ihnen bereits in persönliche Beziehung getreten war, wenn nicht Magdeburg damals geradezu darauf aus gewesen ist, Libice für seinen Erzsprengel zu gewinnen¹¹⁹). Auch an Slawniks Verwandtschaft mit dem sächsischen Hause hat man sich zu erinnern. Magdeburg mußte aber überhaupt in jenen Tagen besondere Anziehungskraft ausüben. Es war die Zeit Ottos des Großen, der diese Sachsenstadt vor allen anderen zu erheben suchte und zu einem Mittelpunkt kirchlichen Lebens machen wollte. Schon 937 waren hier Mönche aus dem lothringischen Kloster St. Maximin zu Trier angesiedelt. Seit 968 war Magdeburg Sitz eines Erzbischofs. Die beiden Schulen an dem Kloster und an der Kathedrale erwarben sich schnell hohes Ansehen. Jetzt unterrichtete an der letzteren der berühmte Dialektiker und Theologe Otrik, der mit dem

Schulen unnachsichtig über Vornehme und Geringe, Gerechte und Ungerechte kamen [136]). Aber Bruno, der selbst nicht lange nach Adalbert die Domschule in Magdeburg besuchte und noch genug Gelegenheit gehabt haben wird, über Adalbert Erkundigungen einzuziehen, auch Adalberts Mentor später kennen gelernt hat, stellt Adalbert in seiner Magdeburger Zeit als einen Jungen hin, der sich, abgesehen von seiner natürlichen Begabung, in nichts von dem gewöhnlichen Schlage der Knaben seines Alters unterschieden habe. Ja, er sagt von seinem Verhalten nach der Rückkehr aus Magdeburg, daß er ausgelassen, wie der Mensch von Natur sei, irdischen Ergötzungen und kindischen Scherzen nachgehangen und höhere Bestrebungen als Essen und Trinken nicht gehabt habe [137]). Hingegen kann der römische Biograph nicht genug Worte finden, um zu schildern, wie der Heilige schon in den Knabenjahren ein musterhaftes Betragen und den frömmsten Sinn gezeigt habe. Nie habe er sich zu denen gehalten, deren Treiben und Beschäftigungen zwecklos und kindisch gewesen seien. Bei jeder Entfernung des Lehrers habe er sich auf heimlichen Wegen zum Gebete an die Stätten der Märtyrer geflüchtet, ohne bei Rückkehr des Lehrers auf seinem Platze zu fehlen. Verborgen vor den Menschen habe er nachts die Armen, Kranken und Blinden aufgesucht, um ihnen nach Bedürfnis von den reichen Mitteln darzureichen, die ihm seine Eltern zur Förderung seines Wohlthätigkeitssinnes hätten zufließen lassen. In Abwesenheit des Lehrers, wenn die Altersgenossen sich die Mühe des Lesens durch eitle Spiele und Scherze gemindert hätten, habe er sich im Genusse der Psalmen und in geistlicher Freude gestärkt, und wenn jene zum Frühstück in den Winkeln der Schule die Leckerbissen des Lehrers gestohlen hätten, habe er verstohlene Gebete zu seiner Herrin Maria entsandt und sich die Speise der Engel erworben. Deshalb hätten bewundernd viele von ihm gesagt: „Mit seinem Segen segnete Gott diesen Knaben, der noch innerhalb der Schwelle des Knabenalters zu allem Besten so hoch emporstrebt. O, dreimal und viermal selig, wenn er diese menschenwürdigen Bestrebungen mit ganzer Hingebung vollendet und des begonnenen Wandels Bahn in entsprechender Weise beschließt [138])." Die sich scheinbar völlig widersprechenden Nachrichten können in diesem Fall doch beide zugleich Richtiges enthalten. Daß es mit dem kleinen Adalbert nicht bloß so war, wie Kanaparius erzählt, beweist besonders eine durchaus glaubhafte Erzählung bei Bruno

(S. 17). Darnach hat eine sächsische Nonne später zu dem strengen Prager Bischof gesagt: „Einen andern Adalbert sehe ich. Warum bist du, der du einst ein so herrlich fröhlicher Mensch warst, nun streng wie ein herber Cato? Hast du nicht, wenn der Magister der Domschule zum wissenschaftlichen Unterricht in unser Kloster kam, mit uns (Mägdlein) spielend den ganzen Tag in Frohsinn hingebracht?" Und Adalbert hat mit tiefem Seufzer geantwortet: „Du magst wahrlich wissen, Domina, daß alles, was ich Derartiges gethan habe, indem ich mit euch scherzte, eine tiefe und herbe Wunde hinterlassen hat, die mir den Mut zerstört[139]." Adalbert wird an Fröhlichkeit eben ein Knabe gewesen sein wie alle, und auch in ihm wird ebenso wie bei anderen jugendlicher Sinn oft sein Recht beansprucht haben. Er verurteilte das später, weil ein Mönch selbst das Lachen vermeiden sollte. Dann aber brauchen wir gar nicht zu bezweifeln, daß auch andere Stimmungen sich seiner in Magdeburg bemächtigten, ernstere Bestrebungen und strengere Gedanken sein Herz ergriffen: An Einflüssen, die dahin führen konnten, hat es zu seiner Zeit in Magdeburg nicht gefehlt. Wie schon erwähnt wurde, stammten die Magdeburger Mönche, die erst im Kloster des heiligen Moritz gewohnt hatten und dann, als sie dieses dem Erzbischof und seinem Kapitel hatten abtreten müssen, zu St. Johann auf dem Berge bei Magdeburg (Kloster Bergen) ihre Niederlassung hatten, aus dem Kloster St. Maximin zu Trier, in welchem im Gegensatz zu dem allgemeinen Verfall klösterlicher Sitten eine Richtung strengster mönchischer Observanz im Sinne der Regel des heiligen Benedikt aufgekommen war. Auch der Magdeburger Erzbischof selbst war aus St. Maximin bei Trier, und er war dem strengen Sinn ganz besonders ergeben. Kanaparius sagt von ihm, daß er von dem, was er in der Rede lehrte, im Wandel und Leben nie abgewichen sei[140]. Thietmar von Merseburg aber giebt dazu die Ausführung, wenn er erzählt, daß der Erzbischof oft in der Stille der Nacht, nur von zwei Gefährten begleitet, in das Kloster von St. Johann und St. Moritz gekommen sei, um unangemeldet zu untersuchen, ob die Mönche auch richtig ihre Frühmesse hielten; daß er bei befriedigendem Befunde Gott gedankt, im andern Falle aber die Schuldigen ernst bestraft habe[141]. Ein solches Vorbild konnte auf ein empfängliches Gemüt, wie das Wojtěchs war, nicht ohne Eindruck bleiben. So erklären sich die Züge in Kanaparius' Schilderung. Ueberhaupt

Süden. Hier im Süden in nicht zu großer Entfernung am schräg gegenüberliegenden Ufer der sagenumwobenen Wyšehrad und dort im Norden die Windung des Flusses, der engeren Thälern zustrebt. Zur Zeit Adalberts wird der Blick noch schöner gewesen sein, weil damals noch weit und breit große Waldungen sich ausdehnten. Eine Stadt (suburbium) aber, umgeben von Dörfern, lag auch damals schon zu Füßen des Hradschin, und zwar sowohl auf der linken als auch auf der rechten Seite der Moldau, auf welcher letzteren Seite der Name Altstadt noch heute die Stelle der ältesten Ansiedlung bezeichnet. Handelsleute und Gewerbetreibende haben sich früh im Schutze der Burg als Dienstleute des Herzogs niedergelassen. Die Märkte in und bei Prag zogen die Fremden an. Besonders alt ist auch die jüdische Kolonie. Jüdische Handelsleute begegnen uns in Adalberts Lebensbeschreibungen. Sie werden dort gewohnt haben, wo noch heute die Prager Judenstadt sich ausbreitet [130]). Was Prag um das Jahr 965 ca. war, ersehen wir aus dem vor nicht langer Zeit entdeckten, überaus interessanten Bericht des arabischen Juden Ibrâhîm-ibn-Jakûb (Abraham Jakobsen), der um das genannte Jahr eine Reise durch die westslawischen Völker und Länder gemacht hat. „Was das Land von Boreslaw (Boleslaw II.) betrifft, so streckt sich dieses der Länge nach von der Stadt Prag bis zur Stadt Krakau, eine Entfernung von drei Wochen. Und es grenzt der Länge nach an die Lande der Türken (Ungarn). Die Stadt Prag ist erbaut von Steinen und Kalk und ist der größte Handelsplatz in slawischen Landen. Russen und Slawen kommen dahin mit ihren Waren von der Stadt Krakau, und Muselmänner, Juden und Türken (Ungarn) kommen aus dem türkischen Gebiet mit Waren und byzantinischen Mithkâls (wahrscheinlich Silbermünzen) und nehmen dafür Sklaven und Biberfelle und anderes Pelzwerk. Dieses Land ist von allen Landen des Nordens das beste und an Nahrungsmitteln reichste. Für einen Pfennig kauft man so viel Weizen, als ein Mann für einen Monat nötig hat, und um denselben Preis so viel Gerste, als man braucht, um ein Pferd einen Monat lang zu füttern. Zehn Hühner gelten gemeiniglich einen Pfennig. In der Stadt Prag macht man die Sättel, Zäume und Schilder, welche in diesen Ländern gebraucht werden [131]).“ Prag war um 965 schon dasselbe, was es im Jahre 1091 war, als Hilburg zu ihrem Schwager, dem böhmischen Könige, sagte: „Nirgends wirst du dich

(S. 17). Darnach hat eine sächsische Nonne später zu dem strengen Prager Bischof gesagt: „Einen andern Adalbert sehe ich. Warum bist du, der du einst ein so herrlich fröhlicher Mensch warst, nun streng wie ein herber Cato? Hast du nicht, wenn der Magister der Domschule zum wissenschaftlichen Unterricht in unser Kloster kam, mit uns (Mägdlein) spielend den ganzen Tag in Frohsinn hingebracht?" Und Adalbert hat mit tiefem Seufzer geantwortet: „Du magst wahrlich wissen, Domina, daß alles, was ich Derartiges gethan habe, indem ich mit euch scherzte, eine tiefe und herbe Wunde hinterlassen hat, die mir den Mut zerstört[139]." Adalbert wird an Fröhlichkeit eben ein Knabe gewesen sein wie alle, und auch in ihm wird ebenso wie bei anderen jugendlicher Sinn oft sein Recht beansprucht haben. Er verurteilte das später, weil ein Mönch selbst das Lachen vermeiden sollte. Dann aber brauchen wir gar nicht zu bezweifeln, daß auch andere Stimmungen sich seiner in Magdeburg bemächtigten, ernstere Bestrebungen und strengere Gedanken sein Herz ergriffen. An Einflüssen, die dahin führen konnten, hat es zu seiner Zeit in Magdeburg nicht gefehlt. Wie schon erwähnt wurde, stammten die Magdeburger Mönche, die erst im Kloster des heiligen Moritz gewohnt hatten und dann, als sie dieses dem Erzbischof und seinem Kapitel hatten abtreten müssen, zu St. Johann auf dem Berge bei Magdeburg (Kloster Bergen) ihre Niederlassung hatten, aus dem Kloster St. Maximin zu Trier, in welchem im Gegensatz zu dem allgemeinen Verfall klösterlicher Sitten eine Richtung strengster mönchischer Observanz im Sinne der Regel des heiligen Benedikt aufgekommen war. Auch der Magdeburger Erzbischof selbst war aus St. Maximin bei Trier, und er war dem strengen Sinn ganz besonders ergeben. Kanaparius sagt von ihm, daß er von dem, was er in der Rede lehrte, im Wandel und Leben nie abgewichen sei[140]. Thietmar von Merseburg aber giebt dazu die Ausführung, wenn er erzählt, daß der Erzbischof oft in der Stille der Nacht, nur von zwei Gefährten begleitet, in das Kloster von St. Johann und St. Moritz gekommen sei, um unangemeldet zu untersuchen, ob die Mönche auch richtig ihre Frühmesse hielten; daß er bei befriedigendem Befunde Gott gedankt, im andern Falle aber die Schuldigen ernst bestraft habe[141]. Ein solches Vorbild konnte auf ein empfängliches Gemüt, wie das Wojtěchs war, nicht ohne Eindruck bleiben. So erklären sich die Züge in Kanaparius' Schilderung. Ueberhaupt

Süden. Hier im Süden in nicht zu großer Entfernung am schräg gegenüberliegenden Ufer der sagenumwobenen Wyšehrad und dort im Norden die Windung des Flusses, der engeren Thälern zustrebt. Zur Zeit Adalberts wird der Blick noch schöner gewesen sein, weil damals noch weit und breit große Waldungen sich ausdehnten. Eine Stadt (suburbium) aber, umgeben von Dörfern, lag auch damals schon zu Füßen des Hradschin, und zwar sowohl auf der linken als auch auf der rechten Seite der Moldau, auf welcher letzteren Seite der Name Altstadt noch heute die Stelle der ältesten Ansiedlung bezeichnet. Handels= leute und Gewerbetreibende haben sich früh im Schutze der Burg als Dienstleute des Herzogs niedergelassen. Die Märkte in und bei Prag zogen die Fremden an. Besonders alt auch die jüdische Kolonie. Jüdische Handelsleute begegnen uns in Adalberts Lebensbeschreibungen. Sie werden dort gewohnt haben, wo noch heute die Prager Juden= stadt sich ausbreitet[136]). Was Prag um das Jahr 965 ca. war, er= sehen wir aus dem vor nicht langer Zeit entdeckten, überaus inter= essanten Bericht des arabischen Juden Ibrahîm-ibn-Jakûb (Abraham Jakobsen), der um das genannte Jahr eine Reise durch die west= slawischen Völker und Länder gemacht hat. „Was das Land von Boreslaw (Boleslaw II.) betrifft, so streckt sich dieses der Länge nach von der Stadt Prag bis zur Stadt Krakau, eine Entfernung von drei Wochen. Und es grenzt der Länge nach an die Lande der Türken (Ungarn). Die Stadt Prag ist erbaut von Steinen und Kalk und ist der größte Handelsplatz in slawischen Landen. Russen und Slawen kommen dahin mit ihren Waren von der Stadt Krakau, und Musel= männer, Juden und Türken (Ungarn) kommen aus dem türkischen Ge= biet mit Waren und byzantinischen Mithkâls (wahrscheinlich Silber= münzen) und nehmen dafür Sklaven und Biberfelle und anderes Pelzwerk. Dieses Land ist von allen Landen des Nordens das beste und an Nahrungsmitteln reichste. Für einen Pfennig kauft man so viel Weizen, als ein Mann für einen Monat nötig hat, und um denselben Preis so viel Gerste, als man braucht, um ein Pferd einen Monat lang zu füttern. Zehn Hühner gelten gemeiniglich einen Pfennig. In der Stadt Prag macht man die Sättel, Zäume und Schilder, welche in diesen Ländern gebraucht werden[137].“ Prag war um 965 schon dasselbe, was es im Jahre 1091 war, als Hilburg zu ihrem Schwager, dem böhmischen Könige, sagte: „Nirgends wirst du dich beſſer bereichern und deine Pracht mehr vergrößern als in der Prager Burgſtadt und dem Flecken Wyšehrad. Dort ſind die an Gold und Silber begüterten Juden, dort die wohlhabenden Kaufleute aus allen Völkern, dort die reichen Wechsler, dort ein Markt, auf dem ein Überfluß an Beute für deine Krieger bereit lag¹⁵⁹)". Von dem berühmten Polenherzoge Boleslaw Chabry wird erzählt, daß er lüſtern geweſen ſei nach den Annehmlichkeiten Prags und der Lieblichkeit Böhmens¹⁵⁹).

Adalberts Wohnung in Prag war zweifellos bei der Kathedrale auf der Burg. Auf Grund von hier und da zerſtreuten älteren Nachrichten und der heutigen Situation kann man ſich noch ungefähr eine Vorſtellung machen von den Verhältniſſen der Burg in älteſter Zeit. Betrat man durch das Hauptthor im Weſten den Burghof, ſo lag rechts (Südſeite) die herzogliche Reſidenz (palatium, aula), links (Nordſeite), wahrſcheinlich teilweiſe auch in der Eingangsfront, die biſchöfliche Wohnung mit dem ſich daran anſchließenden Kloſter für die Domgeiſtlichkeit und zwiſchen der herzoglichen Reſidenz und dem kirchlichen Flügel in der Mitte die Kathedrale von St. Veit, und zwar ſo, daß ein größerer Raum zwiſchen der Kirche und der Reſidenz frei blieb. Hier auf dieſem Hauptplatze der Burg befand ſich wahrſcheinlich jener ſteinerne Fürſtenſtuhl, auf den die böhmiſchen Herzöge bei Beginn ihrer Regierung feierlichſt erhoben wurden¹⁶⁰). Den Biſchofshof und das Kloſter werden Zäune oder Mauern abgeſchloſſen haben. So ſchrieb es wenigſtens für die Klöſter der Domherren die Regel vor¹⁶¹). Auch wird ein Kirchhof bei St. Veit gelegen haben. An der Kathedrale vorbei den Weg auf der langgeſtreckten Burghöhe nach Oſten zu weiter verfolgend, erreichte man die Kirche von St. Georg und das damit verbundene Kloſter der Benediktinerinnen, welches Mlada mit Unterſtützung ihres herzoglichen Bruders um 970 gegründet hatte und ſeitdem als Äbtiſſin leitete¹⁶²). Die älteſte Veitskirche war, wie wir hören, ein runder Bau, hergeſtellt nach einem römiſchen Muſter, nur klein, aber nach den Begriffen der damaligen Zeit überaus herrlich, geſchmückt mit glänzenden Metallen¹⁶³).

Hier ruhten außer Reliquien vom heiligen Veit die Gebeine des heiligen Wenzel, die Boleslaw I. von Altbunzlau nach Prag hatte überführen laſſen¹⁶⁴). In St. Georg war Wratislaw I., der Stifter der Kirche, beſtattet. Auch Ludmilas Ueberreſte hatte man hier bei-

dagegen bei vielen immer wieder hervorbrach, hat Dethmar offenbar weitgehende Nachsicht walten lassen, ja vielleicht vieles von dem Treiben am Hof mitgemacht, wovon er sich besser ferngehalten hätte, bis auf dem Sterbebette auf einmal auch ihn jene damals mächtig vordringende strenge Weltanschauung erfaßte, die er als sächsischer Mönch wohl schon kennen gelernt hatte, um ihn nun, da sein Leben und bischöfliches Wirken ihr so wenig entsprochen hatte, in den Abgrund der Verzweifelung zu stürzen[171]).

Für Adalbert waren die Versuchungen, als er nach Prag kam, gewiß noch größer, als sie für Dethmar gewesen waren. Er war ein Fürstensohn des Landes, reich und von jugendlicher Schönheit. Seine Biographen reden von engelhaften Zügen[172]). Die Blicke aller mußten sich auf diesen jungen Priester richten, und da er eben jung war, konnte es für ihn nicht leicht sein, den Liebenswürdigkeiten, die der Herzog und der Hof auf ihn häuften, den Verlockungen zu einem Leben des Vergnügens, der Tafel- und Jagdfreuden sich ganz zu entziehen, besonders da er an seinem Bischof einen festen Halt in dieser Hinsicht nicht hatte. Es klingt deshalb durchaus glaubhaft, wenn wir hören, daß er die erste Zeit in Prag lebte wie ein genußsüchtiger Ritter[173]). Aber bei einer Natur wie der seinigen, die sich ernsteren Einflüssen bereits empfänglich gezeigt hatte, konnte auch von vornherein erwartet werden, daß sich tief im Inneren bald eine Opposition gegen dies weltliche Leben vorbereiten und der Rückschlag bei dem ersten Anlaß um so heftiger und nachhaltiger sein würde. Diesen Umschwung in seinem inneren und äußeren Leben hat eben Dethmars erschütterndes Ende, dessen Zeuge er war, bewirkt. Bruno sagt dies bestimmt und bezieht sich dabei auf Mitteilungen, die Adalbert selbst seinem Abte in Rom gemacht hat[174]). Mit Entsetzen sah er auf einmal, zu welchem Ende weltliche Wege bei einem Priester führen konnten, und er war erschrocken bis auf den Grund seiner Seele. Kein weiterer Schritt durfte auf dem bisherigen Wege gethan werden. Wäre dem jungen Priester in diesen stürmischen Stunden, da er für seines Bischofs und der eigenen Seele Heil zitterte, das schlichte Evangelium in seiner tröstenden Wahrheit und beseligenden Kraft nahe gebracht, dann würde seine Entwickelung aller Wahrscheinlichkeit nach in ganz andere Bahnen eingelenkt haben. Aber es war die zweite Hälfte des zehnten Jahrhunderts, und ein religiöses Genie,

besser bereichern und deine Pracht mehr vergrößern als in der Prager Burgstadt und dem Flecken Wyšehrad. Dort sind die an Gold und Silber begüterten Juden, dort die wohlhabenden Kaufleute aus allen Völkern, dort die reichen Wechsler, dort ein Markt, auf dem ein Überfluß an Beute für deine Krieger bereit lag [158])". Von dem berühmten Polenherzoge Boleslaw Chabry wird erzählt, daß er lüstern gewesen sei nach den Annehmlichkeiten Prags und der Lieblichkeit Böhmens [159]).

Adalberts Wohnung in Prag war zweifellos bei der Kathedrale auf der Burg. Auf Grund von hier und da zerstreuten älteren Nachrichten und der heutigen Situation kann man sich noch ungefähr eine Vorstellung machen von den Verhältnissen der Burg in ältester Zeit. Betrat man durch das Hauptthor im Westen den Burghof, so lag rechts (Südseite) die herzogliche Residenz (palatium, aula), links (Nordseite), wahrscheinlich teilweise auch in der Eingangsfront, die bischöfliche Wohnung mit dem sich daran anschließenden Kloster für die Domgeistlichkeit und zwischen der herzoglichen Residenz und dem kirchlichen Flügel in der Mitte die Kathedrale von St. Veit, und zwar so, daß ein größerer Raum zwischen der Kirche und der Residenz frei blieb. Hier auf diesem Hauptplatze der Burg befand sich wahrscheinlich jener steinerne Fürstenstuhl, auf den die böhmischen Herzöge bei Beginn ihrer Regierung feierlichst erhoben wurden [160]). Den Bischofshof und das Kloster werden Zäune oder Mauern abgeschlossen haben. So schrieb es wenigstens für die Klöster der Domherren die Regel vor [161]). Auch wird ein Kirchhof bei St. Veit gelegen haben. An der Kathedrale vorbei den Weg auf der langgestreckten Burghöhe nach Osten zu weiter verfolgend, erreichte man die Kirche von St. Georg und das damit verbundene Kloster der Benediktinerinnen, welches Mlada mit Unterstützung ihres herzoglichen Bruders um 970 gegründet hatte und seitdem als Äbtissin leitete [162]). Die älteste Veitskirche war, wie wir hören, ein runder Bau, hergestellt nach einem römischen Muster, nur klein, aber nach den Begriffen der damaligen Zeit überaus herrlich, geschmückt mit glänzenden Metallen [163]).

Hier ruhten außer Reliquien vom heiligen Veit die Gebeine des heiligen Wenzel, die Boleslaw I. von Altbunzlau nach Prag hatte überführen lassen [164]). In St. Georg war Wratislaw I., der Stifter der Kirche, bestattet. Auch Ludmilas Ueberreste hatte man hier bei-

dagegen bei vielen immer wieder hervorbrach, hat Dethmar offenbar weitgehende Nachsicht walten lassen, ja vielleicht vieles von dem Treiben am Hof mitgemacht, wovon er sich besser ferngehalten hätte, bis auf dem Sterbebette auf einmal auch ihn jene damals mächtig vordringende strenge Weltanschauung erfaßte, die er als sächsischer Mönch wohl schon kennen gelernt hatte, um ihn nun, da sein Leben und bischöfliches Wirken ihr so wenig entsprochen hatte, in den Abgrund der Verzweifelung zu stürzen [171]).

Für Adalbert waren die Versuchungen, als er nach Prag kam, gewiß noch größer, als sie für Dethmar gewesen waren. Er war ein Fürstensohn des Landes, reich und von jugendlicher Schönheit. Seine Biographen reden von engelhaften Zügen [172]). Die Blicke aller mußten sich auf diesen jungen Priester richten, und da er eben jung war, konnte es für ihn nicht leicht sein, den Liebenswürdigkeiten, die der Herzog und der Hof auf ihn häuften, den Verlockungen zu einem Leben des Vergnügens, der Tafel- und Jagdfreuden sich ganz zu entziehen, besonders da er an seinem Bischof einen festen Halt in dieser Hinsicht nicht hatte. Es klingt deshalb durchaus glaubhaft, wenn wir hören, daß er die erste Zeit in Prag lebte wie ein genußsüchtiger Ritter [173]). Aber bei einer Natur wie der seinigen, die sich ernsteren Einflüssen bereits empfänglich gezeigt hatte, konnte auch von vornherein erwartet werden, daß sich tief im Inneren bald eine Opposition gegen dies weltliche Leben vorbereiten und der Rückschlag bei dem ersten Anlaß um so heftiger und nachhaltiger sein würde. Diesen Umschwung in seinem inneren und äußeren Leben hat eben Dethmars erschütterndes Ende, dessen Zeuge er war, bewirkt. Bruno sagt dies bestimmt und bezieht sich dabei auf Mitteilungen, die Adalbert selbst seinem Abte in Rom gemacht hat [174]). Mit Entsetzen sah er auf einmal, zu welchem Ende weltliche Wege bei einem Priester führen konnten, und er war erschrocken bis auf den Grund seiner Seele. Kein weiterer Schritt durfte auf dem bisherigen Wege gethan werden. Wäre dem jungen Priester in diesen stürmischen Stunden, da er für seines Bischofs und der eigenen Seele Heil zitterte, das schlichte Evangelium in seiner tröstenden Wahrheit und beseligenden Kraft nahe gebracht, dann würde seine Entwickelung aller Wahrscheinlichkeit nach in ganz andere Bahnen eingelenkt haben. Aber es war die zweite Hälfte des zehnten Jahrhunderts, und ein religiöses Genie, das sich selbständig zu tieferer Wahrheitserkenntnis hätte durchringen können, war Adalbert nicht. Indem er ernst machen wollte in seinem religiösen Leben, wohin sonst also sollte er sich wenden als zu derjenigen Lebensauffassung, die ihm bei den Frömmsten seiner Zeit entgegen getreten war, und welcher sein sterbender Bischof selbst noch zuletzt das Wort geredet hatte? Eine Mittelstraße, auf der er priesterlichen Ernst mit evangelischer Freiheit, Verurteilung der Sünde mit einem gesunden Verständnis für das Schöne und Gute auch des irdischen Lebens verbunden hätte, gab es unter diesen Umständen für ihn nicht. Bruch mit der Welt und all ihrer Lust war seine Losung. Adalberts Umschwung bedeutete Rückkehr zu dem Frömmigkeitsideal, welches ihm offenbar schon in Magdeburg nahegetreten war. Mit einem Wort, der mönchisch-asketischen Weltanschauung war er wieder gegeben, und es war entschieden, daß, wenn das Schicksal diesen Mann auf den Prager Bischofsstuhl berufen würde, zwischen seiner und seines Vorgängers Hofhaltung der größte Unterschied bestehen würde.

V.

Adalbert als Bischof.

Noch in derselben Nacht, in welcher Dethmar starb, durchzog Adalbert im härenen Gewande, das Haupt mit Asche bestreut, die Kirchen der bischöflichen Metropole, flehte für das Seelenheil Dethmars, verteilte reiche Almosen an die Armen und befahl sich und seine Sache im Gebet dem Herrn [173]. Ahnte er bereits, daß er selbst zum Nachfolger des Verstorbenen werde erkoren werden? Kanaparius sagt: „Ihm versprachen des Bischofsamtes Ehre schon damals einige im stillen, einige in öffentlicher Rede." Und wenn wir das gar nicht hörten, wir könnten selbst schließen, daß gewiß schon oft bei den Festen auf dem Hradschin dem jungen Priester scherzweise der Bischofsstuhl in Aussicht gestellt war. War er doch ein Böhme von Geburt, aus einem der höchsten Geschlechter des Landes, in einer berühmten Bischofsstadt Deutschlands, der Lieblingsstiftung des sächsischen Hauses, erzogen, in gleicher Weise der deutschen Sprache mächtig, wie dem lateinischen Kirchenwesen ergeben. In der That, man mußte annehmen, daß er

dem Kaiser und Papste nicht minder willkommen sein würde, als er
dem böhmischen Volke erwünscht war, dem er sich bisher nur als
liebenswürdigen Weltmann gezeigt hatte. So ist benn auch thatsächlich
seine Erhebung auf den bischöflichen Stuhl ebenso glatt von statten
gegangen, wie seine bischöfliche Amtsführung in der Folgezeit reich
war an Schwierigkeiten und Kämpfen. Schon anderthalb Monate
nach Dethmars Tode (2. Jan. 982) am 19. Februar 982 trat unter
dem Herzog ein Landtag in der Burg Lewh Hradec, der Stätte der
ältesten Kirche Böhmens, zusammen, auf welchem die allgemeine
Stimmung für Adalbert entschied. „Wer denn sonst kann in Betracht
kommen als unser Landsmann Adalbert, dessen Benehmen, Adel, Reich-
tum und Wandel zu dieser Ehrenstellung stimmen?[176])" Eine Gesandtschaft geleitete den Neugewählten auf den Reichstag, den Kaiser
Otto II. für den Juni 983 nach Verona berufen hatte[177]), und
Otto, den auch verwandtschaftliche Beziehungen mit Adalbert verbanden,
zögerte nicht den Gewählten zu bestätigen. Am 3. Juni 983 vollzog
er durch Verleihung von Ring und Stab die Investitur und gab dem
auch zum Reichstage anwesenden Metropoliten von Prag, Erzbischof
Willigis von Mainz, die Weisung, den Investierten alsbald zu kon-
sekrieren[178]). Es war eine der letzten bedeutenderen Regierungshand-
lungen des wenig glücklichen und früh ins Grab sinkenden Kaisers[179]).
Am Tage Peter Pauls (29. Juni) ist Adalbert geweiht[180]). In
dieser Zeit ist er vielleicht auch in Pavia gewesen. Vom heiligen
Gerhard, Bischof von Toul, nämlich erzählt sein Biograph, daß er
auf seiner Pilgerreise nach Rom in Pavia hochangesehene Männer getroffen habe, den heiligen Abt von Cluny, Majolus, und den seligen
Adalbert, der nachher Märtyrer geworden sei. „O, wie groß war
zwischen diesen die geistliche Freude, welch eine erwünschte, dem
Himmelreich gewidmete Unterhaltung, wie lange währte des göttlichen
Wortes Besprechung! Sie hingen abwechselnd einer an des andern
Munde. Jeder glaubte Christum, der ganz gewiß in ihnen weilte,
in dem andern zu hören[181])." In größter Einfachheit hat der
jugendliche Bischof, der das für Übernahme der ihm anvertrauten
Würde eigentlich erforderliche Alter von 30 Jahren noch nicht erreicht
hatte[182]), seine Rückreise nach Prag angetreten. Der Zügel, mit dem
er sein Pferd lenkte, war nur ein gedrehter Strick, und als er den
Thoren der Bischofsstadt sich näherte, deren Kirchen die Leiber der

beiden böhmischen Märtyrer umschlossen, zog er die Schuhe aus, um barfuß die heiligen Stätten zu betreten. Während der Jubel des Volkes ihn umwogte, ging er von Kirche zu Kirche, um zu beten. Dann erst ließ er sich auf den bischöflichen Thron in St. Veit neben dem Altar erheben. Der Klerus sang bei solcher Gelegenheit das Tedeum; der Herzog und die Großen antworteten: Christe Keinado, Kyrie eleison, und die haliegen alle helfuent unse, Kyrie eleison, und die Geringeren des Volkes stimmten ein: Kerlessu (Kyrie eleison). An die kirchliche Feier pflegten sich Volksfestlichkeiten anzuschließen [183]).

Man erzählte später — und Wiliko, Adalberts Propst, hat den Vorgang als Augenzeuge in gleicher Auffassung dem Abte des Klosters von St. Bonifaz und Alexius in Rom schriftlich bestätigt —, daß an jenem Sonntage, als Adalbert in Lewý Hradec gewählt wurde, jemand in der bischöflichen Kirche von Prag von Besessenheit befallen sei und aus demselben der böse Geist den exorcisierenden Priestern zugerufen habe: „Was habe ich mit euch zu schaffen? Ihr seid gekommen, mich aus dieser meiner Wohnung zu stoßen. Was nützt es, daß ihr leere Worte macht? Ich fürchte gar sehr den, welcher auf diesem Stuhle sitzen wird. Wo immer ich ihn sehe oder höre, wage ich nicht zu bleiben [184]." Daraus, daß man diese Geschichte kolportierte, läßt sich der Wechsel erkennen, der mit dem Prager Bistum durch Adalberts Erhebung auf den bischöflichen Stuhl vor sich gegangen war. Bruno schreibt: „Die Welt und ihr Wesen, welches der Kleriker Adalbert von ganzem Herzen suchte, begann der Bischof Adalbert von ganzem Herzen zu fliehen [185])." Aber war denn Adalbert sogleich bereit gewesen, das bischöfliche Amt, dessen verantwortungsvolle Schwere er bei Dethmars Ende so tief empfunden hatte, und das er selbst später wieder mit aller Anstrengung von sich abzuwälzen suchte, zu übernehmen? Kosmas berichtet, daß er erst seiner Wahl den ernstesten Widerstand entgegengesetzt habe [186]). Indes es gehörte zu den kirchlichen Schicklichkeitsobservanzen, sich gegen die Uebertragung eines so hohen Amtes zu sträuben. Es macht nicht den Eindruck, daß Kosmas Nachricht auf mehr beruht als auf Vermutung. Kanaparius und Bruno erzählen nichts von einer ernstlichen Weigerung Adalberts. Waren Ehrgeiz und Verlangen, zu herrschen, im tiefsten Grunde seiner Seele doch noch nicht erstorben, als er im Büßergewande für Dethmars Seele betend von Kirche zu Kirche eilte? Es brauchen nicht diese Triebe ihn geleitet zu haben.

3*

Er hat später gesagt: „Nie habe ich etwas des eitlen Ruhmes wegen gethan [18])." Aber an Thatendurst hat es seinem jugendlichen Herzen gewiß doch nicht gefehlt. So deutlich die Gefahr, welche die bischöfliche Stellung mit sich brachte, vor seinen Augen stand, noch hielt er die Aufgabe von seiner Seite mit Gottes Hülfe für lösbar, und mehr als Sorge ihn schreckte, lockte ihn der himmlische Lohn, der einem heiligen und thatenreichen Bischof in Aussicht gestellt wurde [188]). Es ist Adalberts Denkart immer charakteristisch geblieben, daß er in schwärmerischer Phantasie gern im voraus alle Hindernisse übersprang, um dann in einer gewissen melancholischen Veranlagung die Schwierigkeiten, welche die rauhe Wirklichkeit auftürmte, um so tiefer und schwerer zu empfinden.

Kanaparius hat uns eine Schilderung der Lebensweise Adalberts in seinem Prager Hirtenamte gegeben, die, weil sie in manchem Betracht interessant ist, hier in Uebersetzung mitgeteilt werden mag. „Er war alle Tage seines bischöflichen Pontifikates ein frommer und treuer Diener des Herrn, übte aber das christliche Gesetz im Volke unter Aufwand von viel Zeit und erfolgloser Mühe aus. Das kirchliche Vermögen teilte er in vier gleiche Teile. Den ersten bestimmte er für die Bedürfnisse oder den Schmuck der Kirche, den zweiten für die Bequemlichkeit der Kanoniker, den dritten aber zahlte er in reichem Erbarmen für die Scharen der Armen aus und behielt die kleine Summe des letzten Teiles für seinen eigenen Gebrauch [189]). Außerdem rief er an jedem Festtage die meisten Almosenempfänger herbei, um Werke der Barmherzigkeit zu thun, indem er ihnen in Ueberfluß darreichte, was ihnen nötig war. Ebenso pflegte er täglich zwölf zu haben, die er zur Ehre des apostolischen Namens mit Speise und Trank sättigte. Selten sah ihn, wenn nicht ein Fest war, die Mittagssonne bei der Mahlzeit und niemals die Mitternacht dem Schlafe nachgebend. Das Bett stand da, starrend von Flaumfedern und Purpur, eine Augenweide der Menschen am Tage, nachts aber beherbergte es entweder den Bruder Gaudentius oder einen Blindgeborenen [190]). Außer diesen, die in innigster Vertrautheit seinem Schlafgemach zugesellt waren, und ihm als dem dritten ließ sich kein vierter in demselben Hause zur Ruhe nieder. Ihm selbst aber gewährten der nackte Boden oder eine Haardecke und ein Stein als Kopfkissen den Schlaf. Niemals ging er mit sattem Leibe schlafen, und wenn der tiefe Schlummer noch nicht zur Neige gegangen war, erhob er sich zu der Gemeinschaft des üblichen Gebetes. Seinen Körper aber und die Reize des Körpers hatte er mit den schärfsten Fasten niedergetreten, und niemals wollte er irgend eine Lust auftommen lassen. Kurz war die Ruhe für die Augen, und für die ermüdeten Füße gab es keine Gnade. Er hatte nämlich den Kerker besichtigt und die darin Befindlichen, deren es eine lange Reihe und ein zahlloses Heer gab. Keinem war das eigene Haus mehr bekannt, als ihm bewußt war, wer krank war, wie der Kranke hieß, und wo er lag, oder wieviele Häupter neu auflebende Gesundheit dem Leben, wieviele eine verhängnisvolle Stunde dem Tode übergab. Hatte er diesen allen frommen Dienst geleistet, eilte er, wenn die Zeit des Säens war, ab aufs Feld und freute sich nach geschehener Aussaat, daß er mit eigenen Händen für seinen Lebensunterhalt gearbeitet habe. Dann weilte er, ein unerschrockener Wanderer, in den Gotteshäusern; öfters noch klopfte er als ein dem Herrn ungelegener Bittender außer der Zeit an die himmlischen Thüren; bald zog er in langen Kniebeugungen das Gebet in die Länge, bald netzte er die bekümmerten Seufzer des Herzens mit reichem Thränenstrom. Von der Komplete bis zur Prim[101]) ging keine Rede aus seinem Munde, und ganz, als hätte er das Mönchsgelübde abgelegt, beobachtete er nächtliches Schweigen. Nach der Prim verwandte er seinen Eifer auf die Angelegenheiten seines Hirtenamtes, indem er fleißig hörte, was mit dem beraubten Armen der Fremdling und die Witwe jammerten. Wenn er aber von äußeren Geschäften frei war, pflegte er bis zur Meßfeier Davidische Zwiegespräche. Mit einem Menschenkinde redete er, solange er in der Inful[102]) am Tisch des Herrn stand und über dem Allerheiligsten das Engelsbrot opferte, kein Wort. Nachher trieb er entweder Handarbeit oder kostete mit den teueren Kapellanen von den nährenden Speisen heiliger Lesung. In diesem Ruh'n verbrachte er den langen Tag, in solchem Thun die ganze Nacht. Diese Sitten, dies Streben hatte er, das war das Ziel seines Lebenslaufes." Das Bild, welches Kanaparius in diesen Worten entrollt, enthält das Muster einer bischöflichen Lebensführung, wie es den streng asketischen Mönchen jener Zeit, zu denen Kanaparius gehörte, als das Ideal und das Soll für jeden Bischof vorschwebte. Es entspricht in den meisten Zügen den für die Domstifter gegebenen kanonischen Bestimmungen und der ihnen zu Grunde liegenden Benediktinerregel. Ordnung der Finanzen, Fürsorge für die Armen, auch in Bethätigung von Privatwohlthätigkeit, Vermeidung des Schlafens mit vollem Magen, Bekämpfung des Fleisches in besonderen Kasteiungen, Schweigen nach der Komplete, ehrfurchtsvolle Haltung in der Kirche, das alles sind Dinge, wie sie z. B. auch die erweiterte Form der Regel Chrodegangs, eine Kompilation, in welcher ein Anonymus die für die Domstifter festgesetzten Bestimmungen zusammenzufassen suchte, zur Pflicht macht[193]). Sie schreibt auch genau die Einteilung des Tages[194]) vor und legt dem Bischof ganz besonders brüderliche Liebe, Almosen und Keuschheit des Wandels ans Herz[195]). Die Regel des heiligen Benedikt aber bezeichnet es als etwas Apostolisches, wenn man von der eigenen Hände Arbeit lebe[196]), und giebt dem thränenreichen Gebet besondere Bedeutung[197]). Man könnte deshalb meinen, daß Kanaparius weniger die Wirklichkeit zu schildern sich befleißigt habe, als eine Moralgeschichte zu liefern für die Bischöfe seiner Zeit. Indes Adalbert ist derselben Richtung ergeben gewesen wie Kanaparius, und deshalb ist kein Grund vorhanden zu zweifeln, daß die von Kanaparius entworfene Skizze im wesentlichen zutreffend gewesen ist. Letzteres läßt auch Bruno erkennen. Dadurch findet denn das, was bereits angedeutet ist, noch mehr seine Bestätigung. In der That, das war die Bedeutung der Erhebung Adalberts auf den bischöflichen Stuhl: der Geist, den die Reformrichtung des Westens in jenen Zeiten zu verbreiten strebte, nahm auch von dem jungen Prager Bistum Besitz. Der Geist, der Dethmar auf dem Sterbebette geängstigt hatte, ward für Adalbert die Richtschnur seines bischöflichen Handelns. Strenge Regularität, finanzielle Ordnung, Almosen und Werke der Barmherzigkeit, Askese, gewissenhafte Erfüllung der Amtspflichten, würdevolle Haltung bei den geistlichen Funktionen, eifriges Gebet, begleitet von der Thränengnade, waren deshalb Kennzeichen der bischöflichen Amtsführung Adalberts. Predigt sollte nach den damals verbreiteten kanonischen Vorschriften mindestens zweimal im Monat in den bischöflichen Kirchen stattfinden, besser an allen Sonn- und Festtagen[198]). Der Predigtthätigkeit Adalberts gedenkt Kanaparius ausdrücklich. „Unter diesen heiligen Werken hatte er nicht aufgehört, Worte der Predigt regnen zu lassen. Er wollte nicht sich allein ein Guter sein und wünschte an den himmlischen Freuden teilzuhaben nur in Gemeinschaft mehrerer[199])." Eine lateinische Homilie Adalberts, welche er freilich erst später als Mönch im römischen

Kloster des St. Alexius zu Ehren dieses Heiligen gehalten hat, ist in einer Handschrift von Monte Kassino auf uns gekommen und auch bereits gedruckt²⁰⁰). Sie stimmt fast ganz mit Bedas Homilie zum Andenken des heiligen Benedikt überein. Abgesehen von einer Verschiedenheit in der Schlußformel ist nur das Stück, in welchem Beda sich speziell mit Benedikts Geschichte beschäftigt, von Adalbert durch eine entsprechende auf St. Alexius sich beziehende Ausführung ersetzt. Diese Partie aber scheint, soweit es das von den Bollandisten in Bezug auf St. Alexius zusammengestellte Material erkennen läßt, selbständig zu sein, eine freie Wiedergabe und Beleuchtung dessen, was über St. Alexius erzählt wurde. Eine von St. Alexius handelnde Legende lag natürlich zu Grunde. Adalbert weist ausdrücklich darauf hin, daß seine Hörer dieselbe soeben vernommen hätten. Wenn auch ein so kleines Stück wie dasjenige, welches als Erzeugnis Adalberts angesehen werden darf, ein weitgehendes Urteil nicht zuläßt, wird man immerhin sagen können, daß Adalbert über die Gabe belebter und empfindsamer Rede verfügte und bei Otrik einen flüssigen lateinischen Stil gelernt hatte. In der čechischen Sprache, deren er sich in Böhmen vorwiegend bedient haben wird, hat er gewiß noch unmittelbarer gesprochen. Aber man hat auch sogleich den Eindruck, daß Adalberts ganze mehr feine Art in dem damaligen Böhmen große Erfolge zu erzielen nicht geeignet war, während andrerseits Böhmen stolz sein kann, einen solchen Mann schon damals unter seinen Landeskindern gehabt zu haben.

Fünf Jahre²⁰¹) verwaltete Adalbert sein Prager Bischofsamt, ehe er zum erstenmal nach Rom ging. Daß er diese ganze Zeit sich stets nur in Prag aufgehalten habe, wird niemand annehmen wollen. Kirchweihen, Firmelungen, Missionsaufgaben mußten ihn in seinem Sprengel herumführen. Kanaparius nennt ihn in der obigen Schilderung seines bischöflichen Lebens „einen unerschrockenen Wanderer". Von den Grenzen des Prager Bistums handelt eine von Heinrich IV. auf einer Synode zu Mainz ausgestellte Urkunde²⁰²). Da sie erst aus dem Jahre 1086 stammt, würde sie für uns, die wir von der Zeit Adalberts reden, wenig Interesse haben, wenn sie nicht eine Anerkennung hätte sein sollen von immer wieder geltend gemachten Ansprüchen des Prager Bischofs Gebhard, für deren Recht er sich berief auf ein Privilegium des Prager Bistums, das von Benedikt VI. (973—974) und Otto I. (936—973) gegeben sein, und dessen Erteilung durch ein

Zeugnis des heiligen Adalbert erwiesen werden sollte²⁰³). Mit Recht hat man geschlossen, daß die Urkunde Heinrichs IV. von 1086, welche Gebhards Forderungen Genüge leistete, die Grenzbestimmungen des Prager Bistums einfach aus dem Dokument herübergenommen habe, das Gebhard zur Begründung seiner Ansprüche auf der Mainzer Synode dem Kaiser vorlegte²⁰⁴). Es hätte darnach das Prager Bistum ursprünglich folgende Gegenden zu Grenzbezirken gehabt: im Westen Tugost (Zupa von Taus) bis zum Chub (Chamb in Bayern), Zelza (wie man meint, zu ersetzen durch Mysa, also = Mieser Grenzzupa), die Gaue der Sedličaner (im Elbogener Kreise), der Lučaner (im Saazer Kreise), der Děčaner (bei Tetschen nach Osten), der Lutomiřicer (bei Leitmeriß), der Lemuzer (in der späteren Biliner Zupa) bis zur Mitte des Grenzwaldes; im Norden das Land der Pšowaner (nordöstlich von Melnik und Altbunzlau bis zum Jeschkengebirge, Böhmens alter Grenze), der Chorwaten (am oberen Iser), der Slezaner (an der Lohe [= Sleza, Slenza] und dem Zobten- berge), der Trebowaner (vermutlich an der Katzbach), der Bobočaner (am oberen Bober), der Dědošaner (zwischen dem unteren Bober und der Oder) bis zu der Mitte des Grenzwaldes gegen die Milčaner (links vom Bober nach der Oberlausitz zu); im Osten das Land bis zum Bug und Styr (bis zur Quellengegend dieser Flüsse) mit Krakau und allen seinen Gebieten sowie der Provinz Wag und die ungarischen Grenz- gegenden bis zum Tatragebirge; im Süden Mähren bis zur Waag und der Mitte des Waldes und Berges Moure (der Mailberger Höhen) an den Grenzen Bayerns²⁰⁵). Hat nun Adalbert in der That dies bezeugt, daß all diese Gebiete von Benedikt VI. und Otto I. dem Bistum Prag zugewiesen seien? Ich habe erst dazu geneigt, mich denen anzuschließen, die diese Frage bejahen. Es schien mir möglich, die bezüglich der Gründung des Prager Bistums in Betracht kommen- den verschiedenen Nachrichten, die ja den Forschern schon viel Schwierig- keit bereitet haben, in der Weise mit einander zu vereinigen, daß ich annahm, Benedikt VI. und Otto I. hätten allerdings bereits die Gründung des Bistums verfügt und bei dieser Gelegenheit seine Grenzen irgendwie bestimmt; dann hätten sich der Ausführung ihrer Anordnungen Schwierigkeiten entgegengestellt, sodaß deshalb, als es nach ihrem Tode thatsächlich zur Herstellung des Bistumes Prag kam, eine etwas andere Einrichtung getroffen wäre; von Prag aus aber wäre erstrebt, die ursprünglichen Bestimmungen Benedikts und Ottos I.

zur Anerkennung und Durchführung zu bringen. Indes schließlich befestigte sich auch bei mir die Ueberzeugung, daß Gebhard ein von ihm gefälschtes Schriftstück in Mainz entfaltete²⁰⁶). Ausschlaggebend ist m. E., daß in keiner Weise erkenntlich ist, was Adalbert veranlaßt haben sollte, über das vom Papst und Kaiser gegebene Privilegium eine Beglaubigungsurkunde oder, wie man sich auszudrücken pflegt, ein Vidimus auszustellen, und warum, die Echtheit des Zeugnisses Adalberts vorausgesetzt, Gebhard nicht die Urkunden des Papstes und Kaisers selbst in Mainz vorlegte. Ein Vidimus pflegte nur hergestellt zu werden, wenn ein Dokument schon sehr von der Zeit mitgenommen und sein baldiger Untergang zu befürchten oder der Verlust schon thatsächlich eingetreten war. Es müßte ein merkwürdiges Mißgeschick obgewaltet haben, wenn etwas Derartiges bei beiden Urkunden, sowohl derjenigen Ottos I. als auch derjenigen Benedikts VI., schon zu Adalberts Zeit der Fall gewesen wäre. Und wenn sie erst später zu Grunde gingen, wie wunderbar, daß gerade Adalberts Zeugnis erhalten blieb! Wenn aber Gebhard einen Verlust vorgeben wollte, that er allerdings klug, denselben in eine möglichst frühe Zeit zu setzen und das Zeugnis über das, was in seinem Interesse war, möglichst weit zurückzudatieren. Ein so verehrungswürdiger Name wie der des heiligen Adalbert war dann besonders geeignet, einem solchen Zeugnisse Ansehen und Gewicht zu verleihen. Daß ein Mann wie Gebhard einer Fälschung fähig war, wird der nicht bezweifeln wollen, der sein Charakterbild bei Kosmas betrachtet und Gregors VII. Aeußerungen über ihn gelesen hat. Indes hiermit ist nun nicht im entferntesten gegeben, daß die in Gebhards gefälschtem Dokument bezüglich des Prager Bistums enthaltene Grenzbeschreibung völlig aus der Luft gegriffen und für Adalberts Zeit in keiner Weise zutreffend war. Im Gegenteil, es ist höchstwahrscheinlich, daß die von Gebhard angegebenen Grenzen thatsächlich zu irgend einer Zeit während Adalberts bischöflicher Amtsverwaltung diejenigen seines Sprengels waren, und daß dies Gebhard aus irgend einem alten Schriftstücke ersehen hatte²⁰⁷). Es würde sonst doch auch unbegreiflich bleiben, daß ihm in Mainz, der Metropole für Prag, wo man über die Geschichte des Prager Bistums am ersten unterrichtet sein mußte, ein Betrug so glatt gelang. Freilich steht ja fest, daß im Jahre 976 Mähren seinen eigenen Bischof hatte²⁰⁸). Aber ebenso kann man es auch fast als gewiß ansehen, daß dies mährische Bistum, dessen Einrichtung wohl lediglich eine Folge von Bemühungen Piligrims von Passau gewesen war, die dann ihr letztes Ziel, die Erhebung Passaus zum Erzbistum, doch nicht erreichten, noch zur Zeit Adalberts wieder verschwand, und das mährische Land schon damals zum Prager Sprengel geschlagen wurde, zu dem es jedenfalls später längere Zeit gehört hat. Für die Richtigkeit solcher Annahme[209]) möchte sprechen, daß Adalbert Missionsversuche in Ungarn gemacht hat. Sie sind nur in einer Zeit recht begreiflich, in welcher sein Sprengel nicht durch den eines anderen Bischofs von den Grenzen Ungarns getrennt wurde. Dudik, welcher meinte, daß Mähren sogleich im Anfang Prag zuerteilt sei, nahm an, daß die völlige Vereinigung — er hielt den mährischen Bischof von 976 nur für einen Weihbischof — bei Erhebung Adalberts zum Bischofe, also im Jahre 983, erfolgt sei[210]). Mich will es wahrscheinlicher dünken, daß Mähren im Jahre 992 dem Prager Stuhl zugewiesen ist, als eine böhmische Gesandtschaft in Rom war, um den dort weilenden Adalbert zur Rückkehr zu seinem widerspenstigen Volke zu bewegen, und mancherlei kirchliche Angelegenheiten des Prager Bistumes zur Verhandlung kamen. Gleich darauf sehen wir Adalbert seine Missionsversuche in Ungarn einleiten[211]). Im übrigen werden Adalberts Sprengelgrenzen sich mit den politischen Landesgrenzen Böhmens gedeckt haben[212]). Wir wissen aber bereits, daß diese sich um 963 bis Krakau erstreckt haben[213]). Erst gegen Ausgang des Jahrhunderts sind dieselben von Polen zurückgeschoben. Es ist wenig annehmbar, daß man, als das Bistum Posen eingerichtet wurde, dasselbe auf böhmisches Gebiet ausdehnte, da aller Wahrscheinlichkeit nach damals der Plan eines böhmischen Bistumes auch bereits in der Luft lag. Auf das Gebiet von Merseburg und Zeitz greifen die von Gebhards Dokument angegebenen Grenzen nicht hinüber[214]). Allerdings hätte nach den angeblichen Stiftungsurkunden von Meißen ein Konflikt mit den Ansprüchen dieses Bistums vorgelegen, sofern das linke Ufer der Oder bis zu ihren Quellen nach diesen Dokumenten Meißen zugesprochen gewesen wäre. Und man wird annehmen dürfen, daß in dieser Beziehung die unechten Meißener Urkunden an den bei Stiftung des Bistums getroffenen Anordnungen eine Grundlage hatten[215]). Aber da eben das strittige Gebiet sicheren Anzeichen nach in der zweiten Hälfte des zehnten Jahrhunderts lange politisch zu Böhmen gehörte, so wird der Meißener Bischof schwerlich im stande gewesen sein, die vom böhmischen Herzoge geschützte Ausübung bischöflicher Befugnisse von seiten seines Prager Kollegen in diesen Gegenden zu verhindern. Der Prager Herzog hatte sicher ein ganz besonderes Interesse daran, daß die Grenzen des Bistumes seiner Hauptstadt sich mit denen seines Landes einschließlich dessen, was er als von Rechtswegen dazu gehörig ansah, deckten. Wir werden somit die in der von Gebhard gefälschten Urkunde angegebenen Grenzen des Prager Sprengels in der That als solche ansehen dürfen, die gerade zu Adalberts Zeit in Böhmen für die zu Recht bestehenden galten.

So hätte Adalberts Sprengel in der Zeit seiner größten Ausdehnung nicht nur Böhmen umfaßt, sondern auch Mähren, westliche Stücke des heutigen Ungarns, die ganze westliche Hälfte von Galizien, Oberschlesien und alles Land links an der Oder bis an den Bober. Welch ein Gebiet, welch eine Fülle von Aufgaben für den, der in so weiten Grenzen die Pflichten eines Bischofs erfüllen sollte! Wie quälend mußte es sein, wenn bei solcher Verantwortung menschliche Selbstsucht und Kurzsichtigkeit der Arbeit noch besondere Hinderungen und Hemmnisse in den Weg legte!

In Breslau ist später in einer Kirche ein großer Feldstein gezeigt und von den Gläubigen mit andächtigem Kuß verehrt, auf dem die Fußspuren des heiligen Adalbert eingedrückt sein sollten. Mit bloßen Füßen auf diesem Stein stehend, sollte er den Heiden schlesischer Gegend den christlichen Glauben gepredigt haben[216]. Desgleichen begegnet uns später die Kunde, daß Adalbert in Krakau gewesen sei und dort missioniert habe[217]. Der polnische Geschichtschreiber Długoß († 1480) behauptet sogar, daß die Krakauer Adalbertskirche eben an dem Platze errichtet sei, an welchem Adalbert gepredigt habe[218]. Man ist diesen Nachrichten mit Fug und Recht skeptisch entgegen getreten. Die legendarischen Elemente derselben sind unverkennbar. Es ist auch durchaus möglich, daß sie lediglich aus dem Wunsche der Schlesier und Krakauer, den heiligen Adalbert im besonderen Sinne den Ihrigen nennen zu können, entstanden sind. Giebt es doch solcher Lokalsagen, in denen dem heiligen Adalbert eine Rolle zuerteilt wird, viele, wie denn z. B. in Leitmeritz ein Brunnen gezeigt wird, an dem er bei seinen Besuchen daselbst nach des Tages Müh und Arbeit geruht haben soll[219]. Aber davon kann doch nicht die

Rede sein, daß es ausgemacht wäre, daß Adalbert Schlesien und das Krakauer Gebiet nicht betreten habe. Gehörten diese Gegenden zu irgend einer Zeit zu seinem Sprengel, so ist es vielmehr bei dem Eifer seiner bischöflichen Amtsverwaltung durchaus wahrscheinlich, daß er auch in ihnen persönlich gewesen ist. Als man ihn im Jahre 1000 durch Gründung von Bistümern ehren wollte, richtete man auch in Breslau und Krakau solche ein. Damals gehörten diese Orte bereits zum polnischen Reiche. Das eigentliche Schlesien werden wir wohl zu den erst von Boleslaw Chabry (992—1025) eroberten Ländern zu rechnen haben[220]). Hingegen hat Böhmen Krakau wahrscheinlich schon vor dem Jahre 990 verloren. Denn in diesem Jahre 990 führte der Böhmenherzog mit dem polnischen Herzoge Miseko Krieg wegen eines ihm von dem letzteren entrissenen Reiches, unter dem man wohl mit Recht Krakau und Teile von Oberschlesien verstanden hat[221]). Möglich also, daß Adalbert in der Krakauer Gegend in einer Zeit gewesen ist, in welcher sie schon unter polnischer Herrschaft stand, in den Jahren 992—94, als er zu einer zweiten Wirksamkeit aus Rom in seinen bischöflichen Sprengel zurückgekehrt war. Indes eher ist doch anzunehmen, daß er den ganzen nordöstlichen Teil seines Sprengels schon in den ersten Jahren seiner bischöflichen Amtsführung besuchte und bereits damals für die so bald eintretende kirchliche Organisation dieser Gegenden den Boden bereitete[222]). Palacky[223]) verlegt im Anschluß an ältere Forscher in diese frühere Zeit auch seine Missionsversuche in Ungarn. Er läßt sie 984 gelegentlich einer Sprengelreise Adalberts durch die östlichen Bezirke seines Amtsgebietes stattfinden. Derjenige aber, der für diese Missionsversuche in Ungarn die zuverlässigste Quelle ist, Bruno, gedenkt ihrer erst in der Darstellung einer späteren Periode[224]). Seine Blicke über die so weiten Grenzen seines Sprengels hinauszurichten, lag für Adalbert doch erst in einer Zeit nahe, als er urteilte, daß die Hindernisse, die sich seiner Arbeit in diesem Sprengel selbst entgegenstellten, unüberwindlich bleiben würden[225]).

Von Adalberts Verhalten auf seinen bischöflichen Reisen hören wir nichts Näheres. Aber eine kleine Geschichte, welche Bruno gelegentlich von einem kürzeren Ausfluge Adalberts erzählt, mag hier ihren Platz finden. Adalbert war einmal auf einem Ausritte begriffen und von Prag schon etwas entfernt, als eine Witwe mit der Bitte um Almosen an ihn, den Reitenden, herantrat. Er hatte nichts bei sich, was er ihr hätte geben können, und beschied sie deshalb für den andern Tag zur Burg. Bald aber besann er sich, und indem er sie zurückrief, sprach er: „Wer weiß, ob wir bis zum Morgen leben. Heute erfolge Gabe und Hinnahme, damit ich nicht Gericht und jene Schaden leide." Dann gab er ihr seinen Mantel[226]. Es ist eine Geschichte, die ihr Seitenstück hat an der andern, die sich in der Prager Burg selbst zutrug. Als er dort einmal in später Abendstunde noch gewohnten Gebeten in der Kirche oblag, klopfte ein Armer, dem ein Räuber nichts als das Leben gelassen hatte, jammernd an die Pforte. Adalbert öffnete, hörte, hatte aber seinen Almosenvorrat wieder schon völlig erschöpft. Da fällt ihm auf einmal der Luxus seines purpurnen Bettkissens ein. Sofort geht er hin, es zu holen, streut achtlos die Federn durch das ganze Haus und reicht den kostbaren seidenen Bezug dem Armen zur Thür hinaus. Seinen Kämmerer Myzl, der auf Diebstahl von seiten der Diener schließt, hält er von Nachforschungen mit den Worten ab: „Keineswegs hat das ein feindseliger Mensch gethan, sondern es wird wohl ein Bedürftiger zur Deckung seiner Notdurft den Bezug an sich genommen haben[227]." In der sogenannten Apostellehre aus dem Anfange des 2. Jahrhunderts steht das Wort: „Es schwitze dein Almosen in deine Hände, bis du erkannt hast, wem du giebst[228]." Gewiß ist die strenge Festhaltung dieses Satzes nicht immer am Platze und am wenigsten, wenn ein Beraubter nackt vor der Thüre liegt. Aber zu Adalberts Zeit erschien auch die blinde Wohlthätigkeit als ein Verdienst, wenn sie nur den Charakter der Selbstentäußerung und des Selbstopfers an sich trug. Diese negative Seite der Werke der Barmherzigkeit hielt man oft für noch wichtiger als die positive.

VI.
Konflikte.

Der große Unterschied zwischen Einst und Jetzt in dem Geist am bischöflichen Hofe konnte in Prag nicht lange verborgen bleiben. Herzog war in jener Zeit Boleslaw II. (967—999), nach Kosmas „ein Christusverehrer, hervorgegangen aus dem Brudermörder, vom Wolf ein Lamm, vom Tyrannen ein Besonnener, vom gottlosen Boleslaw der fromme zweite Herzog Boleslaw, an Rechtschaffenheit hinter keinem ein zweiter." Besonders rühmt Kosmas ihn als „glühendsten Vollstrecker" des göttlichen Willens in den Sachen der Gerechtigkeit, der christlichen Religion und des katholischen Glaubens²²⁹). Aber des böhmischen Chronisten Zeichnung hat hier wenig Wert. Manche Züge derselben sind wörtlich aus Reginos Aeußerungen über Ludwig den Deutschen herübergenommen²³⁰). Diese Verwendung der Worte eines andern würde ja an sich noch nicht beweisen, daß Kosmas' Aussagen jeglichen Untergrundes entbehrten, aber was er und sonstige Quellen uns von Thatsachen mitteilen, rechtfertigt seine Charakteristik Boleslaws II. nicht. Von dem Verlangen erfüllt, ein leuchtendes Vorbild Böhmens Herzögen vor Augen zu stellen, hat er es nicht für Unrecht gehalten, Boleslaw allerlei Tugenden und tugendhafte Kundgebungen nachzusagen, die offenbar mehr in seinen Wünschen als in der Geschichte begründet waren. Freilich hat Boleslaw für die Hebung der kirchlichen Verhältnisse in Böhmen manches gethan. Unter ihm kam es zur Gründung des Bistumes Prag. Er hat dasselbe fundiert²³¹). Zu seiner Zeit und unter seiner Mitwirkung entstand das Nonnenkloster zu St. Georg, das Mönchskloster Břewnow. Kosmas hat aus dem Privilegium von St. Georg Gründung und Ausstattung von zwanzig Kirchen durch Boleslaw ersehen²³²). Indes man muß bedenken, daß bei diesen Maßnahmen vielfach politische Gesichtspunkte und Rücksichten maßgebend waren, und dann daß in Boleslaws Nähe andere waren, die ihn zu solchen Einrichtungen trieben, seine Schwester, die Äbtissin von St. Georg, und eben vor allem auch Adalbert. Boleslaw selbst hat sich nichts daraus gemacht, sich mit den heidnischen Lutizen zu verbünden, denen er sogar einmal ein Menschenopfer zur Verfügung gestellt hat²³³), und als besonderer Makel wird stets an seinem Namen haften die wortbrüchige Hinmordung der vier Brüder Adalberts. Möglich, daß er auf seinem Sterbebette in reuiger Erinnerung an manch dunkles Blatt seiner Vergangenheit und, weil er nach der Katastrophe von Libice, wie es scheint, seines Lebens nicht mehr recht froh geworden ist²³⁴), ernste Worte an seinen Sohn gerichtet hat, die Kosmas dann ausschmückte und erweiterte²³⁵): wir empfangen nicht den Eindruck, daß Adalbert an ihm je einen aufrichtigen Beförderer seiner Bestrebungen, geschweige denn einen Gesinnungsgenossen gehabt hat, obwohl Kosmas im Anschluß an Worte Reginos von Boleslaw sagt: „Seinen Augen mißfiel kein Tüchtiger und nie gefiel ihm ein Untüchtiger²³⁶)." Aber der Herzog selbst kam in Prag nicht allein in Betracht. Von größter Wichtigkeit war auch von vornherein, wie die Großen des Landes und Hofes sich zu Adalbert stellen würden. Es war erst fünfzig bis sechzig Jahre her, daß aus diesen Kreisen die Mörder Ludmilas und Wenzels hervorgegangen waren. Daß inzwischen sich in ihrer Mitte die Neigungen und Gesinnungen vollständig geändert hatten, werden wir von vornherein wenig geneigt sein anzunehmen. In allen denen, die noch von dem alten Geist erfüllt waren, mußte sowohl die Strenge Adalberts als auch seine ganze kirchliche Stellung bald lebhaften Widerspruch hervorrufen. Eifersucht und Neid auf Macht und Einfluß des Edeln von Libice haben dann die Kluft wohl noch vertieft, besonders von dem Moment ab, in welchem Adalbert gezwungen war, gegen etwaige unkirchliche Handlungen dieser Leute mit Rüge und kirchlichen Strafen vorzugehen. Daß er sich davor gescheut hätte, wird niemand von ihm glauben. Kanaparius hebt seinen frommen Eifer in der Handhabung der kirchlichen Zucht besonders hervor²³⁷). Als solche, die dem Bischofe hauptsächlich zu schaffen gemacht haben, werden uns später die Wrsowicen bezeichnet²³⁸), ein adliges Geschlecht, dessen Rolle in der Geschichte in gleichem Maße wild gewesen ist, wie sein Untergang blutig und schrecklich²³⁹). Sie mögen am Hofe Boleslaws in hohen Ämtern gestanden haben²⁴⁰). So hatten sie vollauf Gelegenheit, die Gegensätze auf dem Hradschin zu schüren. Dort des Herzogs Residenz mit seinem Hofstaate und hier ein Glied eines der mächtigsten böhmischen Fürstenhäuser an der Spitze des bischöflichen Hofes mit geistlicher Gewalt auch über die Herzoglichen. Wieviel Zündstoff lag in solchen Verhältnissen auf einem engen Raum, wenn ein tiefer Zwiespalt der Richtungen vorhanden war!

Ueber die kleinen Konflikte jener ersten fünf Jahre des bischöflichen Wirkens Adalberts sind wir nicht unterrichtet, obwohl es an solchen gewiß nicht gefehlt hat. Aber das Allgemeine der Gegensätze, die schließlich zu einem Bruch führten, erkennen wir vollkommen. Vor allem kommt der Bericht des Kosmas über die Gesetze und Bestimmungen in Betracht, die zweiundvierzig Jahre nach Adalberts Tode der Herzog Břetislav von Böhmen bei seinem Kriegszuge gegen die Polen an dem Grabmale des Heiligen zu Gnesen in Gemeinschaft mit dem Bischof Severus von Prag seinem Volke gab (1039)²⁴¹).

Denn sie sollten die Zustände in Böhmen beseitigen, gegen die Adalbert vergeblich angekämpft hatte. Wir gewinnen aus ihnen von den Gesittungsverhältnissen in Böhmen zu Adalberts Zeit eine deutliche Vorstellung. Die Bestimmungen richten sich gegen die Vielweiberei und Weibergemeinschaft, die willkürliche Schließung und Lösung der Ehe, wie überhaupt gegen alle unkanonischen Eheverhältnisse, gegen Ehebruch, Unzucht und damit zusammenhängende schlimme Dinge, gegen den Mord, besonders Bruder=, Vater= und Priestermord, gegen Einrichtung und Erwerbung von Wirtshäusern als den Brutstätten der Diebstähle, des Mordes, des Ehebruchs und anderer Missethaten, gegen die Trunksucht, das Markthalten am Sonntage, Alltagsarbeit an Sonn= und Festtagen und schließlich gegen die Bestattung der Toten nach heidnischer Sitte in Feld und Wald, anstatt auf dem Friedhofe der Gläubigen. „Das ist es", sagte zuletzt der Herzog bei seinem gesetzgeberischen Akte in der Gnesener Kirche, „was Gott haßt; dieser Dinge überdrüssig, hat der heilige Adalbert uns, seine Schafe, verlassen und lieber zu den Heiden draußen als Lehrer gehen wollen. Daß wir dies nicht ferner thun wollen, bekräftigen wir mit unserem und euerem Eide zugleich²⁴²)." Die Züge des hierin enthaltenen Bildes bestätigen und vervollständigen Bruno und Kanaparius. Bruno hebt in seiner Schilderung der Adalbert so anstößigen böhmischen Zustände noch ausdrücklich die unkanonischen Verwandtenehen hervor, die Vermischung heidnischer und christlicher Anschauungen und Gebräuche bei Begehung der Festtage, die Verachtung der Fastengesetze²⁴³). Kanaparius aber sagt uns, was Adalbert selbst später als die Hauptanlässe seines Fortganges von Prag bezeichnet hat: die Vielweiberei, die Klerikerehen, den Verkauf von christlichen Gefangenen und Sklaven an einen jüdischen Handelsmann²⁴⁴). Wenn auch alle diese Angaben noch nicht erschöpfend sind, rückt der Charakter der Situation in Prag vor Adalberts Weggang doch durch sie bereits in ein helles Licht. Sie sagen nichts über das, was man speziell gegen seine Person und die Ausübung seiner amtlichen Befugnisse unternahm, aber sie lassen erkennen, was ihn als Christen und Bischof vor allem mit Unwillen erfüllte und teilweise schon früh zu mancherlei Maßregeln zwingen mußte, welche dann zuerst die Stimmung gegen ihn verbittert haben werden. An erster Stelle hat Adalbert unter den Zuständen, die ihm unerträglich erschienen, die Übertretungen der kirchlichen Ehegesetze genannt. Zweifellos hat er die Auflösung unrechtmäßiger und anstößiger Verhältnisse, besonders auch der Priesterehen, gefordert. Es wird dies dadurch bestätigt, daß der Herzog ihm später, als man seine Rückkehr wünschte, ausdrücklich die Erlaubnis zu teil werden ließ, unkanonische Verwandtenehen zu lösen [243]). Neu war Adalberts Vorgehen nicht. Auch die Bekämpfung der Priesterehen stand schon vor Gregor VII. auf der Tagesordnung, aber eben an den Wirren und Stürmen, die dieser Stärkste unter den Vertretern kanonischer Strenge durch seine Maßnahmen gegen die verheirateten Kleriker hervorrief, können wir ermessen, was es besagen wollte, an die Verhältnisse Hand anzulegen, deren Bande unter den Menschen die festesten zu sein pflegen. Es erscheint vollkommen begreiflich, daß von hier aus Adalbert der heftigste Widerspruch erwuchs. Das Empfindlichste mußte dabei für ihn sein, daß auch die eigene Armee sich von ihm abwandte. Bruno schreibt: „Die Kleriker heirateten öffentlich, hegten gegen den widersprechenden Bischof unbilligen Haß und hetzten die Großen des Landes, unter welcher Patronat sie nun stehen mochten, gegen ihn auf [244]." Die Zahl der Geistlichen, die treu zu Adalbert hielten, mochte unter diesen Umständen nur klein sein. Eine zuverlässige Stütze aber hatte er an seinem Propste Williko, von dem wir hören, daß ihn Adalbert an allen seinen Sorgen und Entscheidungen teilnehmen ließ. Bruno nennt ihn einen tüchtigen und einsichtsvollen Geistlichen und erzählt, daß er später Mönch in Monte Kassino gewesen sei [245]). Nach dem Namen kann kein Zweifel sein, daß es ein Deutscher gewesen ist.

Als Adalberts Lage in Prag immer schwieriger wurde, hat er mit Strachkwas, dem Bruder des Herzogs, verhandelt [246]). Wie schon erwähnt ist, war dieser am Abend oder in der Nacht vor der Ermordung des heiligen Wenzel geboren und später dem Kloster St. Emmeran in Regensburg übergeben. Dort lebte er als Mönch unter dem Namen Christian. Ob er zufällig besuchsweise nach Prag kam, wie Kosmas sagt, oder ob Adalbert ihn geradezu hat rufen lassen, wissen wir nicht. Ihm gegenüber hat sich Adalbert aufs bitterste beklagt über den Unglauben und die Liederlichkeit des Volkes, über die sündhaften Verbindungen und die unerlaubten Scheidungen, den Ungehorsam und die Nachlässigkeit des Klerus, die Anmaßung und unerträgliche Macht der Grafen. Dann hat er ihm mitgeteilt, daß er auf sein Bischofsamt verzichten wolle und bei dem Papste dahin zu wirken gedenke,

4

daß Strachkwas anstatt seiner in Prag zum Bischofe gemacht werde. Strachkwas' Persönlichkeit ist für uns nicht ganz durchsichtig. Kosmas entwirft von ihm ein überaus ungünstiges Bild, nennt ihn einen Heuchler und macht ihm zum besonderen Vorwurf, daß er sich später nach Adalberts Fortgang nach Preußen sofort von dem gottlosen Volke, welches seinen frommen Hirten verworfen habe, zum Bischof habe wählen lassen. Er weiß zu erzählen, daß zur Strafe dafür über ihn während der Weihe in Mainz Besessenheit gekommen wäre. Adalbert selbst habe ihm das bei ihrer Verhandlung in Prag, als Strachkwas sich geweigert habe, auf des Heiligen Vorschlag einzugehen, mit den Worten geweissagt: „Wisse, Bruder, wisse, daß du das, was du jetzt nicht thust zum Guten, später doch thun wirst, aber zu deinem größten Schaden." Strachkwas scheint darnach allerdings Adalbert gegenüber keine ganz aufrichtige Rolle gespielt zu haben. Aber wenn er von vornherein darauf ausgegangen wäre, Adalbert zu verdrängen, dann hätte er ja Adalberts eigenen Antrag nicht so bestimmt abzulehnen brauchen. Als dieser ihm bei der erwähnten Unterredung den Bischofsstab in die Hand geben wollte, warf er ihn wie rasend zur Erde und rief: „Ich will keine Würde der Welt, ich fliehe Ehren und verachte das Gepränge der Zeit; unwürdig erachte ich mich des bischöflichen Ranges und reiche nicht aus mit meiner Kraft, eine so große Last der Hirtensorge zu tragen. Mönch bin ich, tot bin ich und kann nicht Tote begraben." Die Art und Weise, wie Adalbert ihn hatte überreden wollen, ist, ganz abgesehen davon, daß die vorteilhaften Worte, die er an Strachkwas richtete, Kosmas' ungünstige Äußerungen über den letzteren modifizieren, besonders beachtenswert. Adalbert hebt hervor, daß Strachkwas seine Beziehungen zum Herzoge nützen würden: „Es ist gut, daß man dich als Bruder des Herzogs kennt, und daß du von den Herren dieses Landes abstammst. Dich will dies Volk lieber zum Herrn haben und dir eher gehorchen als mir. Du wirst unter Rat und Beistand deines Bruders die Uebermütigen niederdrücken können, die Nachlässigen überführen, die Ungehorsamen zurechtweisen, die Ungläubigen mit Scheltworten tadeln können." Hier können wir deutlich erkennen — und Kosmas schöpfte offenbar aus einer alten Quelle[24*]) —, daß Adalbert damals, als er zu Strachkwas sprach, die Gunst und Unterstützung des Herzogs jedenfalls nicht mehr besaß. Wie weit der Riß zwischen ihm und diesem ging, ergiebt sich dann aus jenen schon berührten Anordnungen, die Boleslaw später, als Adalbert seine Amtsführung in Prag von neuem aufnehmen sollte, vor der Vertretung seines Landes verfügte[250]), und sie lassen nun nicht nur ersehen, was man vordem an feindseligen Maßnahmen gegen Adalbert in Scene gesetzt hatte, sondern sie führen auch darauf, für den vorausgegangenen Konflikt noch andere Differenzen anzunehmen als die bisher berührten. Erteilte der Herzog nun Adalbert Erlaubnis, unkanonische Verwandtenehen zu trennen und Kirchen an gelegenen Orten zu erbauen, sowie die Zehnten zu erheben, so hat er vorher entweder selbst dies alles inhibiert oder wenigstens zugelassen, daß andere Adalbert darin hemmten. Das Recht aber zu solchem Verfahren, wie es in der Hinderung des Bischofs an Kirchengründungen und Zehntenerhebung lag, kann man unmöglich aus einer vermeintlich übertriebenen Strenge desselben abgeleitet haben. Hingegen wird das Exorbitante dieser Maßnahmen erklärlich, wenn nationale Gesichtspunkte im Spiele waren. Auf diese Weise gewinnt die in ihrer vorliegenden Form allerdings ganz getrübte Nachricht an Glaubwürdigkeit, daß Adalbert noch mit der slawischen Liturgie in Böhmen zu thun gehabt hat und sie, wo sie noch in Gebrauch war, durch den lateinischen Kultus zu verdrängen suchte[251]). Schon aus seinem ganzen Bildungsgange konnten wir ja schließen, daß er dem lateinischen Kirchengedanken ganz ergeben war. Die völlige Durchführung desselben mußte auch deshalb den Böhmen verhaßt sein, weil sie unvermeidlicherweise Anlaß gegeben haben wird, deutsche Kräfte in vermehrter Zahl heranzuziehen und, soweit es möglich war, die zukünftigen Kleriker unter deutsche Lehreinflüsse zu stellen. Neben Adalbert sahen wir Willito, von dem es mehr als wahrscheinlich ist, daß er ein deutscher Priester war. Der deutsche Kleriker Thietbald hat ihm seine Dienste angeboten[252]). Die völlige Romanisierung der gottesdienstlichen Sitten in ganz Böhmen mußte so als verknüpft erscheinen mit der Begünstigung der Fremden. Hierin konnten in der That seine Feinde einen genügenden Grund gefunden zu haben meinen, die Losung auszugeben: „Diesem Bischof keine Fußbreite Landes und keinen Haufen Korns!" Besonders die Verhinderung von Kirchengründungen erklärt sich am besten, wenn man annimmt, daß bezüglich der gottesdienstlichen Form zwischen Adalbert und den Böhmen Meinungsverschiedenheiten bestanden. Indes viel-

4*

leicht ist noch mehr als durch kirchlich=nationale Gegensätze jene Losung durch politische Verhältnisse gezeitigt²⁵³). Es ist die Stellung von Böhmen zu Polen in jener Zeit, die in Betracht kommt. Böhmen und Polen waren erst mit einander freundschaftlich verbunden gewesen. Eine Tochter Boleslaws des Grausamen, eine Schwester Boleslaws II., Dubrawka, war Gemahlin des Herzogs Miseko von Polen geworden, mit dem dies Land ins Licht der Geschichte tritt²⁵⁴). Durch sie war er zum Christentum bekehrt (966). Dann aber, als sie gestorben war, und Miseko eine Deutsche geheiratet hatte (979/80), scheint die alte Freundschaft immer mehr zerfallen und wechselseitiger Eifersucht ge= wichen zu sein. Für das Jahr 990 werden uns Feindseligkeiten zwischen Böhmen und Polen ausdrücklich bezeugt. Böhmen war im Bunde mit den Lutizen, Polen hatte die Hülfe der Kaiserin Theophanu an= gerufen. Boleslaw II. von Böhmen forderte das Reich zurück, das ihm Miseko genommen hatte²⁵⁵). Wenn im Jahre 990 Böhmen bereits ein Reich von Polen zurückzufordern hatte, so ist das der klarste Beweis dafür, daß die Kämpfe schon längere Zeit währten. In dem Jahre 986 beteiligte sich Miseko an dem Kriege des deutschen Königs gegen die Slawen. Sechsundvierzig Burgen wurden zerstört. Wenn sich nicht dieser Feldzug geradezu auch gegen die Böhmen richtete, wie Lambert bezeugt, so hören wir doch jedenfalls nicht, daß die Böhmen im Heer des Kaisers waren. Ihre Sympathien werden sich in anderer Richtung bewegt haben. Im Jahre 990 sind sie gegen Polen mit den Lutizen verbündet. Wahrscheinlich bestand diese Konstellation mehr oder weniger schon seit 986/87. Das Land der Libicer Fürsten nun lag Polen nicht allzufern. Ein freundschaftliches Verhältnis zu dem polnischen Herzoge tritt später wenigstens bestimmt hervor. Allem Anschein nach waren damals die Beziehungen nicht neu. Das langjährige enge Bündnis zwischen Miseko und dem böhmischen Hofe, die Verwandtschaft der Slawnikinger mit dem sächsischen Hause hatten gewiß zu Berührungen der Libicer und des Polenfürsten oft Gelegenheit gegeben. Selbst aber wenn Verbindungen zwischen ihnen nicht bestanden hätten, könnte angenommen werden, daß Adalbert den Krieg der beiden Slawenreiche nicht begünstigte. War es doch ein Bruderkrieg und ein Krieg zwischen Christen. Wie ernste Vertreter der Kirche über einen solchen in jener Zeit dachten, ergiebt Brunos Brief an Heinrich II.²⁵⁶). Ein Greuel geradezu mußte es für Adalbert sein, daß der böhmische Herzog sich mit den heidnischen Lutizen verbündete. Wie leicht konnten sich aus diesen Verhältnissen Spannungen ergeben! Wie leicht konnte Adalberts Haltung gegenüber diesen Dingen mißverstanden werden, zumal wenn man in Prag geneigt war, die Stellung der Slawnikinger zum böhmischen Herzogshause für wenig zuverlässig zu halten[237]). Für die kirchlichen Motive in Adalberts Verhalten hatte man unter solchen Umständen gewiß bald gar kein Auge mehr. Er wird nur noch als gefährliche Stütze einer landesfeindlichen Partei angesehen sein, und darin werden wir wohl die letzte und oberste Erklärung der weitgehenden Sperrungsmaßregeln gegen ihn zu sehen haben.

Wir erinnern uns nun aber noch einmal dessen, daß Adalbert als einen der Gründe, um deren willen er Prag verlassen hatte, die Thatsache bezeichnete, daß christliche Gefangene und Sklaven in großer Zahl für schnödes Gold an einen jüdischen Kaufmann verhandelt seien, ohne daß er imstande gewesen wäre, sie loszukaufen. Wie Kanaparius über Adalberts Aeußerung in dieser Hinsicht berichtet, liegt es am nächsten, unter den christlichen Gefangenen Kriegsgefangene zu verstehen[238]). Jedenfalls kann nur an öffentliche Gefangene gedacht werden. So ist es schon in alter Zeit aufgefaßt. Eins der Reliefbilder an der alten Bronzethür des Gnesener Domes aus dem 12. Jahrhundert zeigt uns Adalbert, wie er in Begleitung von Gefangenen den Herzog um deren Freilassung angeht[239]). Denken wir an Kriegsgefangene, so werden wir direkt auf eine Kriegszeit geführt; bei der andern Annahme indirekt, sofern es doch nur unter Voraussetzung einer Zeit der Not und Geldverlegenheit verständlich wird, daß der Herzog christliche Gefangene an Juden verkaufte. Auf jede Weise gelangen wir zu einer Bestätigung der Vermutung, daß Adalberts Fortgang von Prag zur Zeit des Krieges zwischen Böhmen und Polen stattfand. Denn soweit unsere Nachrichten gehen, hat Böhmen am Ausgange der achtziger Jahre des 10. Jahrhunderts mit anderen Mächten außer Polen kriegerische Verwickelungen nicht gehabt; vor allem hören wir nichts von einem Kriege mit einer andern christlichen Macht. Vielleicht ist eine noch weiter gehende Kombination auch nicht unrichtig. Wir sahen, daß Adalbert die bischöflichen Einnahmen gesperrt wurden. Fast möchte man meinen, daß diese Sperrung auch deshalb eingetreten ist, weil er die Zehnten benutzen wollte zum Vorteil der gefangenen Feinde.

Höchst wahrscheinlich ist jedenfalls, daß diese Sperrung der Grund davon war, daß seine Mittel nicht ausreichten, die von jüdischer Knechtschaft Bedrohten zu befreien.

Entscheidungen pflegen sich lange vorzubereiten, bis irgend ein oft geringfügiger Umstand sie zu plötzlicher Reife bringt. Kanaparius wußte aus Aussagen Adalberts selbst, was bei diesem schließlich den Ausschlag gab, daß er einen lange schon erwogenen Plan ausführte. Es war ein Traum. Er sah in demselben den Herrn und hörte ihn sagen: „Ich bin Jesus Christus, der verkauft wurde; siehe, von neuem werde ich an die Juden verhandelt, und du schläfst noch²⁶⁰)." Adalbert glaubte nun, daß der Herr selbst zürne, wenn er länger in Prag bliebe, wo er weder genug Einfluß noch genug Mittel besaß, um den heiligsten Pflichten seines Berufes nachzukommen. Und als er seinen Traum seinem treuen Propste Willito erzählte, bestärkte ihn dieser in seiner Auffassung der Dinge²⁶¹). So hat Adalbert Prag den Rücken gekehrt, aller Wahrscheinlichkeit nach schon im Herbst des Jahres 988²⁶²).

Es ist oft die Frage gestellt, wie Adalberts Fortgang von Prag ethisch zu beurteilen sei. Der ungünstige Schein, den allemal ein Verlassen des Postens an sich trägt, darf den Blick nicht trüben für die Leistungen, die Adalbert bereits aufzuweisen hatte, als er von Prag wich. Man darf nicht vergessen, daß er erst fünf Jahre blieb, ehe er ging, und in dieser Zeit fast allein einen Kampf führte gegen eine feindliche, seinen Bestrebungen abholde Welt. Es war doch etwas Großes um diesen Einsamen, daß er überhaupt solches ins Auge faßte und unbeugsam ohne jeden Kompromiß an dem festhielt, was er für die Wahrheit und das Heilsame ansah. Sodann fällt ins Gewicht, daß die Zeitgenossen seinen Fortgang erst nicht mißbilligt haben. Willito, ein sehr besonnener Mann, hat nicht abgeredet. Willigis, der Metropolit für Prag, forderte erst später die Rückkehr. Vom Papst wollen wir zunächst gar nicht reden. Die Zustände in Böhmen müssen für Adalbert doch schier unerträglich gewesen sein, als er ging, und das ist uns ja auch hinlänglich ersichtlich geworden. Nicht nur nahmen alle Ereignisse einen seinen Wünschen und Ueberzeugungen widersprechenden Lauf, nicht nur versagte man ihm jede Unterstützung, man verlegte ihm schließlich geradezu die Wege des Wirkens auch auf dem Gebiete, auf dem seine besonderen Berufspflichten lagen. Ein vorübergehendes Meiden Prags konnte unter solchen Umständen nicht als verwerflich erscheinen. Im Gegenteil, es konnte durch manches empfohlen werden. Der Schade, den des Bischofs Abwesenheit mit sich brachte, war zunächst nicht groß. Sicher hat ja Adalbert, als er ging, seinen Propst als Geschäftsführer zurückgelassen[263]). Die notwendigsten bischöflichen Handlungen konnten benachbarte Bischöfe vollziehen[264]). Einen empfindlicheren Nachteil hatten die Böhmen zunächst nur insofern, als sie eben des eigenen Bischofs entbehrten. Aber das konnte als ein heilsames Zuchtmittel betrachtet werden. Anders lag die Sache, wenn Adalbert von vornherein fortging, um fortzubleiben. Diese Absicht hat er thatsächlich gehabt. Er wollte des Bischofsamtes in Prag überhaupt ledig werden. Schon aus seiner Verhandlung mit Strachkwas ließ sich dies ersehen. Und bei der Betrachtung seines ferneren Lebenslaufes wird es sich uns noch bestimmter ergeben. Forschen wir nach den Gründen, die ihn gleich eine so radikale Lösung erstreben ließen, so erfahren wir nur, daß er der Ansicht war, er schade sich mehr, als er dem Volke nütze[265]). Aber wenn wir dies mit dem, was wir sonst bereits ermittelt haben, in Zusammenhang bringen, so erraten wir vielleicht richtig, welche Gedankengänge ihn vor allem leiteten. Er faßte es wohl nicht anders auf, als daß der Böhmen Renitenz speziell an seiner Person und deren Verhältnissen Anlaß nähme, und daß er deshalb überhaupt nicht die Aussicht habe, in diesem Lande je erfolgreich zu wirken. Daraus mußte sich ihm ergeben, daß, wenn er nicht zurückträte, auf ihn die ganze Last der Verantwortung fiele für das Verderben des Volkes. Anderen nützte er nicht, sich aber schadete er. Wir hätten hierin einen weitgehenden Pessimismus in der Auffassung der Dinge zu erkennen, eine gewisse Unfähigkeit, sich in frischer, froher Hoffnung besserer Zeiten zu getrösten, aber keinerlei Anhalt hätte sich ergeben, zu urteilen, daß er es an gewissenhafter Ueberlegung fehlen ließ. Und doch tief in seinem Innersten hat wohl auch die Neigung seines Herzens und das eigenartige Ideal des frommen Lebens, das ihm vorschwebte, mitgesprochen, ohne daß er es sich ganz klar machte, wie weit von hier aus sein Denken und Handeln beeinflußt wurde. Wir müssen uns die Macht dieser inneren Richtung schon gegenwärtig halten, wenn wir sagen wollen, wie weit Adalbert selbst Politiker war. Seine Stellung in dieser Hinsicht kann leicht falsch aufgefaßt werden. Daß seine Gegner ihn einer politischen Beurteilung unterwarfen, ist ja gewiß, und ebenso deutlich konnten wir erkennen, daß ihm selbst politische Färbung nicht völlig fehlte. Man kann es sich nach seiner ganzen Vergangenheit und seinen Beziehungen gar nicht anders vorstellen, als daß er freundlich zu Deutschland stand und dort in neunjähriger Erziehung mit dem lateinischen Kirchentum verwachsen war. Auch haben wir schon für frühe Zeit zwischen ihm und Polen Verbindungen vermuten müssen. Er wird ein freundschaftliches Verhältnis Böhmens zu den genannten Nachbarvölkern gewünscht haben. Und wenn anzunehmen ist, daß in seinem väterlichen Geschlecht eine gewisse politische Haustradition vorhanden war, werden wir auch nicht bezweifeln können, daß er von den Einflüssen dieser nicht ganz frei war, wie er denn gewiß zu seinen Brüdern stets in Fühlung blieb. Aber daß er sich je in Böhmen als mit einer politischen Mission beauftragt ansah oder gar glaubte die Geschäfte Deutschlands oder Polens besorgen zu müssen, davon findet sich keine Spur. Er blieb immer Slawe, und sein Slawentum zu bezweifeln, ist wirklich angesichts der einmütigen Aussagen der Quellen über sein Geschlecht nicht gut möglich. Wenn er die lateinische Kirchenform bevorzugte, so that er es nicht aus Gefälligkeit gegen Deutschland, sondern auf Grund der kirchlichen Ueberzeugung, daß sie die höhere und eigentlich allein zu Recht bestehende Form sei. Und wenn er polnische Kriegsgefangene loskaufte, so leitete ihn dabei eine kanonische Vorschrift, welche den Bischöfen bezüglich der Gefangenen gegeben war. Erst als die eigene Lage ihn dazu zwang, besonders als er unter sehr ungünstigen Umständen zu einem zweiten Versuche genötigt wurde, seine Stellung in Böhmen von neuem zu begründen, hat er politische Erwägungen eintreten lassen, und nun mit großem Widerwillen gegen die Dinge, in die er hineingetrieben wurde. Nicht Neigung zur Politik ist für ihn charakterisierend gewesen, sondern daß er, weltabgekehrt und vorwiegend von höheren Gesichtspunkten beherrscht, die Verwickelung in weltliche Politik gar wenig liebte. Und nun dieselbe Grundstimmung seines Wesens und sein auf das, was ihm als das Höchste erschien, gerichtetes Streben waren es gewiß auch, die ihm das Bischofsamt überhaupt verleideten. Wie wir schon zu bemerken Gelegenheit hatten, war er bereits seiner ganzen Veranlagung nach eine mehr empfindsame Natur. Alles Rauhe, alles seinem Wesen Widerstrebende mußte ihn verwunden und in ihm das Gefühl der Unbehaglichkeit hervorrufen. Herrschen war deshalb nicht seine Sache.

Hatte er einst etwas anderes geglaubt, so hatte er sich getäuscht. Sich selbst und seinen Leib zu zähmen verstand er; hingegen andere mit imponierender Kraft unter seinen Willen zu zwingen, war ihm nicht gegeben. Die ganze Art seines individuellen Wesens war aber durch seine mönchische Richtung noch gesteigert. Das Ideal war für ihn ein Leben nach innen gewandt. Und nun sah er sich in einen Beruf gestellt, für den ihm nicht nur die Befähigungen fehlten, sondern in dem auch das, was ihm als das höchste erschien, schwer zu verwirklichen war. Die Leidenschaften, die ihn umtobten, riefen auch in ihm sündliche Gegenregungen hervor. Er sah sich in Unruhen verstrickt, die ihn nach seiner Meinung dem Himmel nicht näherten, sondern ferner bringen mußten. Und doch sollte er sich selbst den Himmel verdienen. Der Dualismus in den ethischen Anschauungen der katholischen Kirche lag in seiner ganzen Schwere auf ihm. Manche Naturen fühlten diese Gegensätze nicht. Die Mönche von Cluny haben mit ihrem Mönchtum weitgehende weltliche Aktion verbinden können. Adalbert fühlte den Kontrast und litt darunter. Unwillkürlich wird er auch durch diese Empfindungen sich den Weg haben vorzeichnen lassen. Er will fortbleiben, weil er seiner Herde nicht nützt. Auf diese Weise motiviert er seine Absichten angesichts der Anrechte, die die bischöfliche Herde an ihn hat. Mächtig aber ist in ihm der Trieb, vor allem dem eigenen Seelenschaden zu entrinnen, die Sicherheit zu haben, daß er für seine Person nicht gebracht werde um die ewige Lebenskrone. Bruno (S. 17) erzählt von einem Vorgange in Ravenna, der wohl am besten in diese Zeit der ersten Reise nach Rom gelegt wird. Es fragt ihn in Ravenna ein Mönch, warum er, ein so hochgestellter Mann, ohne den Hirtenstab einhergehe. Er antwortet: „So wahr Gott lebt, vor dessen Angesicht ich stehe, leicht ist es, den Hirtenstab zu tragen, schwer, Rechenschaft zu geben, wenn kommen wird zum Gericht der strenge Richter der Lebendigen und Toten, um sie entweder zum Leben oder ins ewige Feuer zu senden."

VII.
Die Haltung des Papstes und der Rat der Mönche.

Von der Frage nach dem ethischen Werte des Handelns Adalberts ist zu trennen die andere nach seiner katholischen Legalität.

Der Rücktritt vom bischöflichen Amt[266]) hat zu allen Zeiten in der Kirche bei triftigen Gründen für zulässig gegolten. Noch heute ist es dem Papste überlassen, in den einzelnen Fällen zu beurteilen, was als ein solcher triftiger Grund anzusehen sei, obgleich Innocenz III. die wichtigsten dieser Verzichtleistungsgründe, wie sie ihr herkömmlichen Anschauung entnommen und berühmten Präcedenzfällen abgesehen werden konnten, zusammenstellte[267]). Erst recht herrschte in dieser Beziehung in früherer Zeit eine gewisse Freiheit der Entscheidung. Aber schon lange sah man vor allem in dem Frieden oder Nutzen der Kirche, in physischer Unfähigkeit, hohem Alter und in dem Bewußtsein schwerer moralischer Vergehung eine Berechtigung, in den letzteren Fälle auch eine Pflicht zum Rücktritte. Auch sind früh Amtsniederlegungen aus Anlaß von unüberwindlicher Widerspenstigkeit der Herde und des Klerus vorgekommen. Bei dieser scheinbar weitgehenden Konnivenz war es indes doch immer Meinung der Kirche, daß ein Aufgeben des Amtes nur im äußersten Notfalle eintreten dürfe[268]), und schon lange vor Innocenz wandte man auf das Verhältnis von Bischof und Herde das Bild der Ehe an, welches die Anschauung der Unauflöslichkeit in sich trug[269]). Mag deshalb auch im früheren Mittelalter bei Abdankungen von Bischöfen oft kein andrer Grund maßgebend gewesen sein als der Wunsch, die Stille des Mönchslebens zu genießen und in klösterlicher Zurückgezogenheit mehr denn sonst das Heil der eigenen Seele zu beschaffen, für kanonisch erlaubt hat ein Rücktritt lediglich aus mönchischer Neigung nie gegolten. Schon das Konzil zu Saragossa (380) verhängte Strafe der Exkommunikation über jeden Kleriker, der sein Amt verlasse, um Mönch zu werden. Erst recht erklärten sich die pseudoisidorischen Dekretale gegen einen Bischof, der abdankte, um unter die Mönche zu gehen[270]). Man wird deshalb annehmen dürfen, daß in den meisten Fällen, in welchen abgetretene Bischöfe ihren Aufenthalt unter den Mönchen nahmen, der Rücktritt selbst nicht mit dem Verlangen nach dieser Lebensweise, sondern anders motiviert worden war.

Die Befragung einer höhern Instanz war für den Fall, daß Bischöfe auf ihre Stellung verzichten wollten, ursprünglich nicht vorgesehen, und manche derselben haben ihr Amt niedergelegt, ohne von irgend jemand Rat oder Weisung einzuholen. Wurde aber ein Verzicht als unbegründet angesehen, so konnte der Metropolit sich weigern, einen neuen Bischof zu weihen, da es für unerlaubt galt, daß eine Herde zwei Hirten habe, und der Abdizierende konnte von kirchlicher Zensur getroffen werden. Dieser Umstand empfahl es, bei Rücktrittsabsichten wenigstens sich mit dem Metropoliten in Einvernehmen zu setzen. Gerade für die Mainzer Kirchenprovinz liegt das Zeugnis einer derartigen Observanz vor. Von Burchard von Würzburg wird erzählt, daß er sich erst ins asketische Leben zurückzog (um 753), nachdem der Mainzer Erzbischof in seinem und seiner Suffraganbischöfe Namen die Zustimmung zur Einsetzung eines Nachfolgers erklärt hatte. Ob Burchard wirklich sich dementsprechend verhielt, oder ob man ihm solches Verfahren erst später zuschrieb, ist für unsere Zwecke ziemlich gleichgültig. Wie ein Mönch der Mainzer Kirchenprovinz sich im Anfange des 12. Jahrhunderts die Formalitäten bei dem Rücktritt eines Bischofs und der Ordnung einer Amtsnachfolge vorstellte, werden sie wohl schon länger im Sprengel üblich gewesen sein. Derselbe Mönch Egilward läßt übrigens auch den Nachfolger Burchards, Megingoz, ganz ebenso verfahren wie Burchard[271]. Daß die Meinung, der bischöfliche Verzicht sei von der Genehmigung des Papstes abhängig, in früherer Zeit herrschend gewesen sei, läßt sich nicht nachweisen. Wenn uns von Fällen erzählt wird, in denen der Papst hinzugezogen wurde, so werden wir sie als solche anzusehen haben, in denen außergewöhnliche Umstände mitwirkten, und meist wird es sich nur um eine freiwillige Zuratziehung des Papstes gehandelt haben. Seit Ende des 9. Jahrhunderts mehren sich dann die Fälle, in denen eine Entscheidung des Papstes über den Rücktritt vom Bischofsamt eingeholt wird. Und nachdem Alexander III. die päpstliche Erlaubnis bei Verzichtleistungen von Bischöfen geradezu für notwendig erklärt hatte, fixierte Innocenz III. das damit fertig gewordene Recht für immer.

Nach dem Vorgetragenen wird man schließen dürfen, daß der Geschäftsweg, welcher Adalbert bei seinen Rücktrittsgedanken durch das Herkommen in der Mainzer Kirchenprovinz gewiesen wurde, der war, daß er sich mit seinem Erzbischof in Verbindung zu setzen und dessen Zustimmung zu erwirken hatte. Ueber Verhandlungen Adalberts nach dieser Seite hin hören wir nichts, und doch werden wir mit Bestimmtheit voraussetzen dürfen, daß sie stattgefunden haben. Gerade der Umstand, daß wir Adalbert zum Papste gehen sehen, spricht dafür. Hätte sich Adalbert mit seinem Anliegen unter Umgehung seines Metropoliten sofort an den Papst gewandt, so wäre das etwas Ungewöhnliches gewesen. Hingegen war es längst und besonders seit dem Aufkommen Pseudoisidors Sitte, daß Bischöfe bei Meinungsdifferenzen mit ihren Metropoliten ihre Zuflucht zu Rom nahmen. Wir kommen auf diese Weise zu dem Schlusse, daß der Mainzer Metropolit Adalberts Rücktrittsabsichten von vornherein nicht billigte.

Der Mann, den wir damit erwähnt haben, war derselbe, welcher Adalbert einst zum Bischof geweiht hatte, Erzbischof Willigis († 1011). Es würde außerhalb unserer Aufgabe liegen, auf die Dienste einzugehen, die der klare Kopf und starke Wille dieses Mannes aus dem Volke, über dessen niedere Herkunft seine vornehmen Domherren zu spotten liebten, in kritischen Zeiten dem deutschen Reiche leistete. An Innigkeit der Frömmigkeit und Feinheit des Empfindens stand er gewiß weit hinter Adalbert zurück. Er hatte etwas von dem elementaren Starrsinn und unbeugsamen Selbstbewußtsein, wie sie nicht selten an solchen begegnen, die sich aus dem Volke emporgearbeitet haben. Vielleicht konnte er auch ungerecht sein, wenn er sich einbildete selbst Rechte zu haben. Aber Rechts- und Legitimitätssinn war die ausgeprägte und charakteristische Eigenart dieses bedeutenden Kirchenfürsten[272]. Deshalb werden wir auch nicht annehmen dürfen, daß ihn bei seiner ablehnenden Haltung gegenüber Adalberts Anliegen, die übrigens für die spätere Zeit ausdrücklich bezeugt ist, andere als sachliche Gründe leiteten. Daß Adalberts Aufenthalt in Prag zur Zeit unmöglich geworden sei, hat gewiß auch er anerkannt. Wir hören nicht, daß er in der ersten Zeit von Adalberts Abwesenheit von Prag Schritte gethan hat, ihn zurückzuholen. Lange muß er die Zeit dafür noch nicht für reif gehalten haben. Aber, um einen völligen Rücktritt zu rechtfertigen, hat er offenbar die Gründe, die Adalbert geltend machen konnte, nicht für ausreichend gehalten und deshalb einen etwaigen Verzicht aus diesen Gründen als kanonisch unerlaubt angesehen. Die Erwägung, daß Adalberts Bleiben in Prag auch aus politischen Gründen wünschenswert sei, und Deutschland mit ihm besser beraten sei als z. B. mit dem Bruder des böhmischen Herzogs, mag ihn noch darin bestärkt haben, an seiner Auffassung der Dinge festzuhalten.

Indem nun Adalbert nach Rom kam, legte er die Entscheidung seiner Angelegenheit ganz in des Papstes Hände. Wie aber die Biographen darüber berichten, muß man schließen, daß auch zu seiner Zeit bei Verzichtleistungen von Bischöfen noch in keinem Falle ein Zwang dazu vorlag, die Sache vor den Papst zu bringen[273]). „Er kam nach Rom," sagt Kanaparius[274]), „und ging den Pontifex des apostolischen Stuhles unter Seufzern und Klagen mit der forschenden Frage an, was er in so großer Gefahr seiner Person und Herde thun solle." Das Urteil über die Legalität des Verfahrens Adalberts in Bezug auf sein Prager Amt ist darnach nicht mehr schwer zu fällen. Bezüglich der Begründung des Verzichtes hatte Adalbert zu seiner Zeit noch größere Bewegungsfreiheit. Die späteren Rechtslehrer haben seinen Fall unter die Rücktritte wegen unüberwindlicher Widerspenstigkeit der Herde (malitia plebis), denen Innocenz III. ausdrücklich den Charakter der Statthaftigkeit zuerkannte, gesetzt, und zu dieser juristischen Definierung geben die uns bekannten Thatsachen und die Aeußerungen von Adalbert selbst zweifellos genügende Unterlage. Was sein formelles Vorgehen anbetrifft, so hat er, wenn wir seine Schritte richtig bestimmt haben, die geltenden Observanzen in keiner Weise verletzt, sondern höchstens, sofern er infolge der ablehnenden Haltung seines Metropoliten den Papst zu Rate zog, die Formen nach einer Seite hin in Analogie verwandter Fälle weitergebildet. Ein vorübergehendes Fortgehen von Prag konnte niemand unerlaubt erscheinen, zumal da Adalbert sich nach Rom begab, um mit dem Haupte der Christenheit Rücksprache zu nehmen. Sein Fortbleiben mußte in den Augen aller derer illegal erscheinen, welche die Gründe, die er für einen Verzicht anführte, nicht für stichhaltig hielten und zugleich ausschließlich ihn selbst, wenigstens solange er die Genehmigung des Metropoliten nicht hatte, für seinen Schritt verantwortlich machten. Es hat an solchen, die es so ansahen, zu Adalberts Zeit nicht gefehlt. Aber es standen ihnen andere gegenüber, die anders urteilten, und Adalbert selbst hat offenbar weder zu denen gehört, welche die Verantwortung für einen Rücktritt vom Bischofsamte ausschließlich auf die Schultern des Abdankenden legten, noch zu denen, welche der Stimme des Metropoliten Gewicht gaben, wenn sie die des Papstes für sich hatten. Subjektiv illegal hätte Adalbert deshalb unter keinen Umständen gehandelt; nach den heutigen katholischen Anschauungen, wonach der Papst die höchste, ausschlaggebende Autorität ist, aber auch nicht objektiv illegal. Denn er verhielt sich schließlich nur so, wie der Papst ihm geraten hatte. Ist Legalität die Hauptsache, so hätte Adalbert, nach heutiger römischer Rechtsauffassung geurteilt, dieser vollkommen genügt, und die katholische Kirche hätte von ihrem Standpunkte aus völlig recht, ihn auch in seinem Verhalten in der Prager Sache als einen Heiligen anzusehen.

Oft sind fromme Männer nach Rom gekommen, um von Leuten Weisung zu holen, die weit weniger Einsicht und Gewissen hatten als sie selbst. Aber auch diejenigen Inhaber des päpstlichen Stuhles, die ihm wenig Ehre machten, sind dann oft durch solche Männer über sich selbst erhoben, daß sie sagten, was nach dem Maße ihrer Erkenntnis das Beste und Richtigste war. Als Adalbert nach Rom kam, war Johann XV. Papst (985—996), römischer Herkunft, eines Priesters Sohn[275]). Adalbert trat nach Kanaparius mit den Worten vor ihn hin: „Die mir befohlene Herde will mich nicht hören, auch verfängt meine Predigt unter denen nicht, in deren Brust die Mächte der dämonischen Knechtschaft herrschen, und es ist die Gegend, wo anstatt der Gerechtigkeit Körperkraft, anstatt des Gesetzes die Lust regiert[276]).“ Zugleich hat er gefragt, wie er bei so großer Gefahr für sich und das ihm untergebene Volk sich verhalten solle. Darauf hat der Papst nach Kanaparius geantwortet: „Sohn, weil sie dir nicht folgen wollen, fliehe, was Schaden bringt. Denn es lohnt sich, daß du nicht auch dich selbst verderbest, wenn du mit anderen keine Frucht erzielen kannst. Darum nimm auf meinen Rat für dich die Muße der Betrachtung und verweile unter denen, die das stille Leben in süßen und heilsamen Beschäftigungen führen." Hat der Papst thatsächlich so gesprochen, oder hat Kanaparius ihm eine Antwort zugeschrieben, die er im Interesse des mönchischen Lebens erdichtete? Hat der Papst Adalbert nach dem Munde geredet, oder hat er sich nach bester Einsicht geäußert? Daß Kanaparius in dem Bericht über Adalberts Verhandlungen mit dem Papste, den Mönchen von Monte Kassino und dem heiligen Nilus nicht wenig tendenziös verfährt, ergiebt ein oberflächlicher Blick. Die Art, wie alle Wege der Lebensführung nach einander, erst die Fortsetzung des bischöflichen Wirkens, dann die Pilgerschaft in die Ferne, zuletzt das thätige Leben der Benediktiner in Monte Kassino als unvollkommen hingestellt werden, um schließlich den Aufenthalt in dem Kloster von St. Bonifaz und Alexius in seiner beschaulichen Askese als die höchste Lebensform erscheinen zu lassen, empfohlen durch einen hochangesehenen Heiligen, macht ganz den Eindruck einer Advokatenrede für den eigenen Stand. Und doch kann Kanaparius nicht alles in diesem Zusammenhange erfunden haben. Er schrieb in Rom unter den Augen solcher, die den Verhältnissen nahe gestanden hatten. Nur vereinseitigt wird er haben. Wir empfangen auch sonst den Eindruck, daß Johann XV. zu der Sache der Mönche sehr freundlich stand. Sein Legat in seinem Konflikt mit der französischen Kirche war ein Abt, und als die französischen Bischöfe über die Thürsteherbildung spotteten, welche dem derzeitigen Inhaber des päpstlichen Stuhles eigen sei, fand Johann an diesem Abt einen beredten Verteidiger, der gegenüber dem Wissensstolz der Philosophenschüler des Papstes Unwissenheit als apostolische Einfalt pries und der Weltweisheit der Gegner die aus den heiligen Schriften geschöpfte Erkenntnis seines hohen Auftraggebers rühmend entgegenstellte. Wird uns von einem sehr feindseligen Verhältnis zwischen Johann und dem römischen Klerus erzählt, so könnte Grund davon vielleicht auch eben eine Bevorzugung der Klosterleute gewesen sein, und nicht allein Habsucht im Interesse seiner Verwandten, wie sie ihm nachgesagt wird[277]. Jedenfalls hatte er bei einem gespannten Verhältnis zu der römischen Geistlichkeit besondern Grund, sich auf die Mönche zu stützen und ihre Freundschaft zu pflegen[278]. Deshalb ist es doch nicht nötig anzunehmen, daß er nichts Eiligeres zu thun hatte, als Adalbert aus dem weniger seligen Stande des Bischofs in den seligeren der Mönche zu verpflanzen. Der Wunsch, Mönch zu werden, gab, wie wir sahen, schlechterdings keine Berechtigung, sich von einem Kirchenamt zurückzuziehen[279]. Der Papst wird die Ueberzeugung gewonnen haben, daß Adalberts Stellung in Prag allerdings unhaltbar geworden sei. Auf den ersten Teil seiner Worte ist der ganze Nachdruck zu legen. Indem er sich aber mit Adalberts Fortbleiben von Prag einverstanden erklärte, erwuchs die Notwendigkeit, Adalbert irgendwo unterzubringen. Daß er Adalbert da auf das asketische Leben verwies, haben wir um so weniger Grund zu bezweifeln, als es längst Herkommen war, daß Bischöfe, die sich von ihrem Amte zurückzogen, sich frommen Uebungen widmeten. Daß er Adalbert geradezu riet in ein Kloster zu gehen, wie Kanaparius berichten zu wollen scheint, findet im weitern Verlauf der Erzählung keine Bestätigung. Denn wenn des Papstes Weisung so bestimmt gewesen wäre, hätte Adalbert wahrscheinlich seine Pilgerreise nach Jerusalem gar nicht mehr angetreten. Allem Anschein nach hat Johann nur im allgemeinen Adalberts Absichten in Bezug auf ein Leben der Askese und Beschaulichkeit gebilligt.

Es ist eine interessante Thatsache, daß uns über den offiziellen Akt, der sich zwischen Adalbert und dem Papste abspielte, lediglich eine kurze, bisher überhaupt noch nicht beachtete Notiz orientiert, die Bruno in einem ganz anderen Zusammenhange und auch nur nebenher einfließen läßt. Indem er über Adalberts erste Rücksendung von Rom nach Prag berichtet, sagt er: „In Gehorsam gegen beider, des Papstes und des Abtes, Befehl kehrte der Bischof, nachdem sein Eigenwille gebrochen war, unter Thränen zu seinem Bischofsamte zurück, zu dessen Leitung er den Stab, zu dessen Pfand er den Ring von dem Apostolikus empfing." Wir haben hier zu konstatieren, daß, wenn Adalbert später bei seiner Rückkehr nach Prag vom Papste Ring und Stab empfing, die ihm einst ja schon Kaiser Otto II. verliehen hatte, er sie selbst zwischen dem früheren und späteren Begebnis dem Papste übergeben haben muß. Die Sache Adalberts, als er von Prag nach Rom kam, erledigte sich also in der Weise, daß Adalbert seinen Bischofsstab und -ring in die Hände des Papstes legte und dieser Ring und Stab des Prager Bischofs annahm. Was später Petrus Damiani that, ist in ganz derselben Weise schon vorher von Adalbert geschehen. Der Akt in Rom war gleichbedeutend mit förmlicher Verzichtleistung von seiten Adalberts und Erledigung des bischöflichen Stuhles von Prag. Weiteres zu veranlassen aber war völlig dem Papste überlassen, in dessen Hände Adalbert abdiziert hatte[200]. Als Adalbert mit Strachkwas verhandelte, hatte er die Absicht, zu gunsten dieses Verwandten des böhmischen Herzogs zu verzichten. In seine Hände legte er den Stab und wollte sich für Weiteres bei dem Papste in Rom verwenden. Nun hören wir nicht, daß von Strachkwas noch die Rede war. Ueberhaupt hat der Papst nach Adalberts Verzicht keinerlei Schritte zur Neubesetzung des Prager Bistumes eingeleitet. Man könnte geneigt sein, Johann XV.

gerade hieraus einen Vorwurf zu machen. Indes damit würde man ihm wahrscheinlich Unrecht thun. Daß Prag vorläufig ohne Bischof blieb, war offenbar nicht seine Schuld. Es lag gewiß auch nicht in erster Linie daran, daß Erzbischof Willigis nicht daran dachte, zu einer Neubesetzung des Prager Stuhles die Hand zu bieten. Nach den Rechtsanschauungen der Kirche hatte Böhmen offenbar erst für die Beleidigungen, die es seinem Bischofe zugefügt hatte, Genugthuung zu leisten, ehe einer Regelung der Bischofsangelegenheit näher getreten werden konnte²⁸²). Dennoch bleibt ein ungünstiger Schein an dem Papste hängen. In Betracht kommt, daß er Adalbert nicht etwa bis auf weiteres und bis zu einer etwaigen Umkehr des böhmischen Volkes in die Muße des beschaulichen Lebens schickte, sondern sofort völlig seines Amtes enthob, indem er seinen Verzicht annahm. Damit empfangen wir allerdings den Eindruck, daß für ihn andere Gesichtspunkte als die Wünsche Adalberts nicht maßgebend waren. Man wird deshalb wohl selbst vom katholischen Standorte urteilen müssen, daß Johann XV. dem Ernst der Situation nicht gewachsen war, als der böhmische Bischof sein Anliegen in des Papstes Hände legte. Für Adalbert war natürlich die Entscheidung, die der Papst traf, die willkommenste Lösung und der ihm bezüglich der zukünftigen Lebensweise erteilte Rat die süßeste Musik²⁸³). Nachdem der Papst den Prager Bischofsstab an sich genommen hatte, fühlte Adalbert sich frei von seinem bisherigen Amte. Er hatte seiner Meinung nach aufgehört, Bischof zu sein²⁸³). Man hat ihn später wieder zurückgeschickt nach Prag. Dann hat die Sorge um Prag ihn wohl von neuem beschäftigt. Aber sonst hat er ihr nicht mehr nachgehangen. Der oberste Gedanke, der ihn fortan bewegt, ist der, wie er das individuelle Heil auf vollkommenste Weise bewirke. Mönchische Beschauung ist der ihm gewiesene Weg. Aber dann giebt es eine noch seligere und verheißungsvollere Straße, auf die man sich gerade in gewissen Kreisen des Mönchtums zu dieser Zeit besinnt, das Martyrium.

Adalberts Plan bei seinem Fortgange von Prag war gewesen, mit des Papstes Erlaubnis nach Jerusalem zu pilgern und irgendwo in der Ferne ein Leben der Armut zu führen²⁸⁴). Hatte einst Abraham auf Gottes Befehl ausgehen müssen aus seinem Vaterlande und seiner Freundschaft, so erschien der mönchischen Richtung der früheren Zeit das Verlassen der Heimat und der bekannten Gegenden

5

als eine besonders verdienstliche That. Adalbert machte sich nun daran, sein Vorhaben auszuführen. Mit besonderem Wohlgefallen vernahm davon die Kaiserin Theophanu, die Witwe Ottos II., die gerade damals in Rom weilte und sich gewiß besonders gern an den heimatlichen Osten erinnern ließ. Sie ließ Adalbert heimlich zu sich kommen und legte reiche Gaben als Wegegeld in seine Hände, zugleich von dem innigen Wunsche erfüllt, der heilige Mann möchte fürbittend ihres jung verstorbenen Gemahles gedenken, um dessen Seelenheil sie sich besonders deshalb ernstliche Sorge machte, weil er das von seinem Vater in Merseburg gegründete, dem heiligen Laurentius gewidmete Bistum wieder aufgelöst hatte²⁸⁵). In einem Traum wollte sie den heiligen Laurentius gesehen haben, wie er ihr zürnend eine Verstümmelung seines rechten Armes gezeigt und gesagt hatte: „Das hat dein Eheherr mir gethan²⁸⁶)." Auch sonst sollte er seinen Zorn kund gegeben haben. Das Geschenk, das sie Adalbert überreichte, war so groß, daß Gaudentius es kaum fortzutragen vermochte. Wie aber sie mit diesem heimlichen Werke der Wohlthätigkeit, bei dem nach Jesu Vorschrift die eine Hand nicht wissen sollte, was die andere that, Gott zu gefallen dachte, so glaubte Adalbert wiederum verdienstlich zu handeln, wenn er in gleicher Weise heimlich in der folgenden Nacht das Empfangene an die Armen weitergab. Dann vertauschte er die bischöfliche Kleidung mit dem Pilgergewande²⁸⁷), entließ die Diener in die Heimat und pilgerte mit drei Genossen, unter denen vor allem sein Lieblingsbruder Gaudentius war, im strengsten Inkognito gen Süden. Ein Packesel trug das Wenige, was sie mitnahmen²⁸⁸). In allem richtete man ohne Zweifel sein Verhalten ein nach den für solche Unternehmungen geltenden frommen Gewohnheiten.

Adalbert war noch nicht weit gekommen, als er seine Pläne änderte. Er machte Rast im Kloster von Monte Kassino, und hier dachten die Mönche über die Frage, welches Verhalten am sichersten zur Seligkeit führe, anders, als es dem von ihm eingeschlagenen Wege entsprach²⁸⁹). Als er seine Reise weiter fortsetzen wollte, trat der Abt, umgeben von den angesehensten Männern des Klosters, d. h. den Prioren²⁹⁰), vor ihn hin und sprach nach Kanaparius²⁹¹): „Der Weg, den du, um die Seligkeit zu erwerben, eingeschlagen hast, ist weit entfernt vom rechten Wege und demjenigen, der zum Leben führt. Von den Wirrnissen der flüchtigen Welt sich frei zu halten, ist zwar ein Zeichen einer hohen Gesinnung; aber täglich von neuem den Ort zu wechseln, ist weniger löblich. Denn wie des winterlichen Meeres Unbeständigkeit ein Übel für die Schiffer ist, so droht das Schweifen von Ort zu Ort Gefahr denen, die ihm sich hingeben. Aber am Ort zu bleiben und die himmlischen Gebräuche um so freier zu verrichten, raten nicht wir dir, sondern die Vorschriften der Alten und die Beispiele tüchtiger Männer²⁹²)." Bruno zitiert bei dieser Gelegenheit des Hieronymus Wort: "Nicht nach Jerusalem gekommen zu sein, sondern in Jerusalem gut gelebt zu haben, ist rühmlich²⁹³)." Und eine spätere Legende fügt hinzu, daß Jerusalem überall sei, wo die Kirche sei²⁹⁴). Die Worte des Abtes machten auf Adalbert Eindruck, und er beschloß, in Monte Kassino zu bleiben. Aber dieser Abt, der zu Adalbert sprach, Namens Manso (986—996), war eines ganz andern Geistes Kind als der letztere, und Monte Kassino war unter ihm völlig verweltlicht²⁹⁵). Dies konnte Adalbert nicht lange verborgen bleiben. Von Tage zu Tage wuchs in ihm der Unwille, um schließlich in drastisch-komischer Weise seinen Ausdruck zu finden. Als einige Prioren²⁹⁶), die dahinter gekommen waren, daß er Bischof war, sich verredeten und zu ihm ihre Freude äußerten, daß er bei ihnen bliebe, da er als Bischof ihre neuen Kirchen weihen könne, brach er, erschrocken über die Entdeckung seines Standes und entrüstet über die Zumutung, in die Worte aus: „Haltet ihr mich für einen Menschen oder einen Esel, daß ich, nachdem ich unter Abwerfung der Sorge für meine Söhne aufgehört habe Bischof zu sein, jetzt unter dem Namen eines Bischofs eure Häuser weihen werde?" Es sind Worte, aus denen wir klar erkennen können, daß er überhaupt mit dem Bischofsamte nichts mehr zu thun haben wollte. Gleich darauf verließ er das Kloster. Seinen früheren Plan, nach Jerusalem zu pilgern, nahm er nicht wieder auf, sondern wandte seine Schritte zu dem heiligen Nilus, einem berühmten Mönche griechischer Herkunft²⁹⁷), der damals nicht fern (ca. zwei Tagereisen) von Monte Kassino und auf dem Besitze von Monte Kassino in Valleluce ansässig war und weit und breit in dem Ansehen höchster Heiligkeit stand. Nilus ist es gewesen, der später dem Papst Gregor V. und Otto III. hat weitere Erniedrigungen und Leiden über seinen unglücklichen, schon grausam gestraften Landsmann Johannes, der sich die päpstliche Würde angemaßt hatte, nicht ver-

5*

hängen zu wollen, und als Gregor V. sich nicht zurückhalten ließ, das Gericht Gottes über ihn und den Kaiser weissagte[299]). Als Grieche lebte er nach der Regel des heiligen Basilius, und angezogen durch den Ruf seiner Heiligkeit, hatten sich andere Mönche bei ihm niedergelassen, deren Gemeinschaft er als geistlicher Vater vorstand. Seine ganze Art erschien den Freunden des Mönchtums im Abendlande als ein „neuer Morgenstern am himmlischen Firmament[300])". Als ihn Otto III. in seiner späteren Niederlassung bei Gaeta besuchte, rief er angesichts der Betkapelle und der sie umgebenden stillen Zellen: „Sehet da, die Hütten Israels in der Wüste! Sehet da, die Bürger des Himmelreiches! Diese weilen hier nicht wie Einwohner, sondern wie Wanderer!" Seine ernsten Prophezeiungen hat Nilus damals nicht widerrufen. Aber als der Kaiser unter Thränen seine Krone in des Heiligen Hände legte und um dessen Segen bat, da hat Nilus ihm den Segen gespendet[300]). Es war auch ein denkwürdiger Moment, als Adalbert und Nilus sich gegenüber traten, der Sohn des noch nicht lange dem Christentum gewonnenen slawischen Volkes im Norden und der Heilige griechischer Abstammung und alter griechisch-mönchischer Tradition[301]). Kaum ist Adalbert je mit einem Menschen zusammengetroffen, der ihm innerlich verwandter war als dieser griechische Heilige. Die Richtung dieses Mannes war das, was auch in Adalberts Busen lebte. Nicht zu Cluny, zu Nilus haben wir ihn zu stellen. Ein tiefes Gefühl der Vergänglichkeit und Nichtigkeit der Welt, Flucht vor ihrer Unruhe, ihren Händeln und Sorgen, Verzichten, Opfern und Entbehren, Arbeit und selbsterwählte Lasten, alles dem süßen Heilande und Gottessohne zu liebe, alles im Gedanken an die gewaltige Zukunft mit ihren ewigen Strafen und ihren ewigen Kronen, diese stille, ernste Weltabkehr, oft ebenso sehr verbunden mit düsterer Furcht wie mit schwärmerischer Innigkeit, das war der Geist, der im griechischen Mönchtum hinüber wehte ins Abendland und, als er Adalbert erreichte, alle Saiten seines innersten Wesens mitklingen ließ[302]). Und auch der heilige Nilus fühlte, wer im Staube weinend vor ihm lag. Als Adalbert schon gekrönt war mit der Krone des Martyriums, hat er geäußert, daß er sich nicht erinnere, je einen jungen Mann wiedergesehen zu haben von so glühender Liebe für Christum wie diesen[303]). Um so mehr überrascht die Nüchternheit des Bescheides, den er Adalbert zuteil werden ließ. Da er wegen des Zerwürfnisses desselben mit Monte Kassino für sich und seine Gemeinschaft Unannehmlichkeiten, ja Austreibung befürchtete, wenn er Adalbert bei sich behielte, bat er ihn, den Gedanken des Verweilens aufzugeben. „Ich würde dich aufnehmen, lieber Sohn, wenn nicht diese Aufnahme mir und den Meinen schaden, dir aber gleichwohl sehr wenig nützen würde. Denn wie diese Kleidung und die Haare des Bartes bezeugen, bin ich nicht ein Eingeborener, sondern ein Grieche. Das Land aber, wie klein es immer sein mag, welches ich und die Meinen mit mir bewohnen, ist jener Eigentum, die du mit gutem Grunde fliehst. Wenn du, was ich mit Gottes Willen zu gern möchte, mit uns zusammen wohnen würdest, so nehmen jene, was das Ihre ist. Ich werde mit den teueren Söhnen gänzlich ausgetrieben, und du wirst in einer ungewissen Sache noch mehr Ungewißheit haben[304].“ Nach dieser Auseinandersetzung riet er dann Adalbert nach Rom zurückzukehren und dort in das unter dem Abte Leo stehende Kloster einzutreten. „Aber nimm an väterlichen Rat und suche von neuem die Stadt Rom auf, von der du fortgezogen bist! Wenn du dort unter eines guten Engels Geleit angelangt bist, so grüße von mir und uns allen den Herrn Abt Leo, meinen lieben Freund, und bringe ihm einen Brief von mir, der dahin lauten soll, daß er dich entweder bei sich, was ich mehr wünsche, behalten möchte oder, wenn dies ihm schwierig erscheint, zum Abte von St. Sabas in meinem Namen empfehlen möchte.“ Das Kloster des Abtes Leo war das Kloster des heiligen Bonifatius und Alexius auf dem Aventin. Indem Adalbert Nilus' Rat folgte, wandte er von neuem seine Schritte nach Rom, nach „der geheiligten Burg, der Herrin der Städte, dem Haupte der Welt,“ wie Kanaparius sagt, „dem Garten St. Peters[305],“ wie die Pilger sich ausdrückten.

VIII.
Adalberts erste Klosterzeit in Rom.

An drei Stellen war Adalbert seit seinem Fortgange von Prag gewesen, um Rat und Weisung sich geben zu lassen. Nachdem vom Papst sein Verzicht auf das Bischofsamt angenommen war, hatte die

Frage nur noch gelautet, wie er die eigene Seele am besten rette, und überall hatte die Antwort ihn mehr oder weniger bestimmt ans Mönchtum gewiesen. Der Papst hatte Adalberts Absicht, ein Leben der Beschaulichkeit und frommer Uebungen zu führen, gebilligt. In Monte Kassino und Valleluce war ihm, so müssen wir es wohl verstehen [306]), geradezu geraten, selbst Mönch zu werden. Seiner Gesinnung nach war Adalbert schon Mönch von jener Stunde ab, da er an Dethmars Sterbelager stand. So ist er nun auch äußerlich ganz Mönch geworden, und zwar, indem er in das ihm von Nilus empfohlene Kloster von St. Bonifaz und Alexius in Rom eintrat. Daraus, daß dasselbe Nilus verbunden war und Griechen darin ein- und ausgingen, darf man nicht schließen, daß seine Kongregation ganz oder wenigstens ein Teil derselben unter der Regel des Basilius gestanden habe. Es wird deutlich als ein Benediktinerkloster gekennzeichnet [307]).

Der Abt Leo war nicht nur dem heiligen Nilus befreundet, er besaß auch das Vertrauen des Papstes. Er war der oben erwähnte Legat des Papstes in dem Konflikt des letzteren mit der französischen Kirche, also ein auch in den Geschäften der Welt nicht unerfahrener Mann, wie wir von Bruno hören, ein eifriger Prediger und schlichten Sinns († 1002) [308]). Mit dem Empfehlungsbriefe des heiligen Nilus trat Adalbert vor ihn hin. Was Kanaparius über Leos Verhalten bei dieser Gelegenheit berichtet, entbehrt wieder ganz des individuellen Gepräges. Denn Leo handelte nur, wie es die Regel Benedikts und die klösterlichen Observanzen für solchen Fall vorschrieben [309]). Aber die Mönche schwelgten gewiß in der Vorstellung davon, wie in Adalbert auch die Hoheit der Bischöfe in den Staub gelegt war, in den alle irdische Herrlichkeit und Ehre gehört [310]). Mit rauhen Worten ließ ihn Leo an, nahm mit abgewandtem Antlitz ihn in ein peinliches Verhör, um die Beweggründe seines Handelns zu erforschen, und suchte die verborgensten Falten seines Herzens aufzudecken. Daß er bei dieser Geistesprüfung große Menschenkenntnis und eine virtuose Geschicklichkeit bewies, wollen wir Kanaparius gern glauben. Als Adalbert die Probe bestanden und sich durch keine Schilderung des rauhen Loses der Mönche hatte abschrecken lassen, wurde ihm die Aufnahme ins Kloster versprochen [311]). Nach Benedikts Regel (K. 58) sollte dieselbe in folgender Weise vor sich gehen: „Wer aufgenommen werden soll, lege in der Klosterkirche in Gegenwart aller das Gelübde der Ortsbeständigkeit und Änderung seiner Lebenssitten und des Gehorsams ab vor Gott und seinen Heiligen, damit er, falls er einmal anders handeln sollte, wisse, daß er von dem beurteilt werden müsse, dessen er spottet! Über dies sein Gelübde fasse er eine Urkunde ab auf den Namen der Heiligen, deren Reliquien daselbst sind, und des gegenwärtigen Abtes! Diese Urkunde schreibe er mit seiner eigenen Hand oder, wenn er des Schreibens nicht kundig sein sollte, schreibe sie wenigstens ein anderer, den er gebeten hat, und er, der Novize, mache sein Handzeichen hinzu, und mit eigener Hand lege er sie auf den Altar! Hat er sie hingelegt, so stimmt der Novize selbst alsbald diesen Vers an: „Suscipe me, Domine, secundum eloquium tuum, et vivam; et ne confundas me ab exspectatione mea (Nimm mich auf, Herr, nach deinem Wort, so werde ich leben; und laß mich nicht zu Schanden werden ob meiner Hoffnung)!" Diesen Vers wiederholt die ganze Genossenschaft dreimal mit dem Zusatz: „Gloria Patri (Ehre sei dem Vater)!" Dann soll sich jener neue Mitbruder den einzelnen zu Füßen werfen, daß sie für ihn beten, und von diesem Tage ab werde er nun zur Genossenschaft gerechnet! Hat er Vermögen, so spende er es entweder vorher den Armen oder übertrage es durch eine förmlich abgefaßte Schenkung dem Kloster, ohne irgend etwas von allem für sich zu behalten, da er doch weiß, daß er von jenem Tage ab nicht einmal mehr über den eigenen Körper Verfügungsgewalt haben werde! Er werde also sogleich in der Kirche der eigenen Sachen, mit denen er bekleidet ist, entledigt und in die Sachen des Klosters eingekleidet! Jene Kleider aber, die er ausgezogen hat, sollen in der Kleiderkammer aufbewahrt werden, damit er, wenn er je der Einflüsterung des Teufels folgen und, was verhütet werden möge, das Kloster verlassen sollte, dann, der Klostertracht beraubt, hinaus gestoßen werde. Jene seine Urkunde aber, die vom Altar der Abt an sich nahm, erhalte er nicht zurück, sondern sie werde im Kloster aufgehoben!"

Der hierin vorgeschriebene feierliche Aufnahmeakt, nach der durch Gelübde erfolgenden Erklärung Professio genannt, fand bei Adalbert an einem Gründonnerstage statt. „An dem Tage, an welchem der Herr die Füße seiner Jünger wusch und mit einer Leinwand abtrocknete, empfing jener heilige Bischof die mönchische Kleidung. Am heiligen Samstage, da die Katechumenen bei der Taufe von den Fesseln der Schuld gelöst werden, ist auch ihm gelöst die vom Haupt herabhängende Kukulla³¹²)." Die letzten Worte beziehen sich, wie schon Dudik, ohne daß es die genügende Beachtung gefunden hätte, bemerkt hat, auf einen Ritus, der noch heute in den böhmisch-mährischen Klöstern zu Hause sein soll, darin bestehend, daß am dritten Tage nach der Professio dem Mönche die Kapuze abgenommen wird³¹³). Adalberts Novizenjahr kann darnach nicht zwischen dem von Kanaparius erwähnten Gründonnerstage und stillen Samstage gelegen haben³¹⁴), was anzunehmen Kanaparius' Darstellung auch in keiner Weise gestattet. Aber daß Adalbert ein Novizenjahr durchgemacht hat, ist sehr wahrscheinlich, da von der Benediktinerregel ein solches vorgeschrieben wurde³¹⁵). Höchstens könnte man annehmen, daß Adalberts priesterliche und bischöfliche Stellung den Abt veranlaßt hätte, bei ihm durch Erlaß oder Kürzung der Novizenzeit eine Ausnahme zu machen. Indes es ist das wenig glaubhaft, da nach der Regel derartiges nicht stattfinden sollte³¹⁶). Hat nun Adalbert ein volles Novizenjahr durchgemacht, so haben wir, da er an einem Gründonnerstage die Professio abgelegt hat, nach unseren bisherigen chronologischen Ansätzen anzunehmen, daß die Novizenzeit um Ostern 989 begann, und die Professio 990 stattfand, also am 17. April³¹⁷). Bevor Adalbert die Professio leistete, hat der Abt Leo des Papstes Entscheidung darüber eingeholt, ob die Aufnahme Adalberts in den Mönchsstand erfolgen dürfe³¹⁸). Nach dem, wie wir Johann XV. gleich bei Adalberts erstem Erscheinen in Rom sich verhalten sahen, kann es uns nicht wundern, daß seine Antwort zustimmend lautete. Für ihn hatte Adalbert ja bereits aufgehört Bischof von Prag zu sein. Er hatte den Verzicht desselben angenommen. Anderseits ist der Umstand, daß Leo noch diese Entscheidung des Papstes und seiner Kardinäle herbeiführte, ein Beweis davon, daß der Papst Adalbert bis dahin noch nicht in den Mönchsstand verwiesen hatte. Was die schriftliche Erklärung angeht, die nach der Benediktinerregel von seiten des Einzukleidenden bei der Professio abzugeben war, so wird im Kloster Břewnow ein Zettel aufgehoben, der die von Adalbert zu seiner Zeit niedergeschriebene Professformel vorstellen soll, des Inhalts: „Ich Adalbert verspreche meine Ortsbeständigkeit und die Umwandlung meiner Lebenssitten und Gehorsam gemäß der Regel des heiligen Benedikt vor dem Herrn und allen seinen Heiligen und dem anwesenden Abte Augustin³¹⁹)." Die Erwähnung des Abtes Augustin, der nicht Abt von

St. Alexius, sondern von St. Paul war, hat mit Recht Bedenken erweckt gegen die Echtheit dieser Formel[320], während Dudik annahm, daß der Abt Leo zur Zeit von Adalberts Profeß abwesend gewesen sei, und der Abt von St. Paul ihn vertreten habe[321]). Wie dem nun auch sei, ähnlich wie der Inhalt jenes Zettels wird jedenfalls die Profeßformel Adalberts gelautet haben, da sie so durch die Regel vorgezeichnet war. Etwas Charakteristisches hätte sie demnach nicht enthalten. Von den drei geistlichen Brüdern, die mit Adalbert die Pilgerreise nach Jerusalem angetreten hatten, folgte ihm nur sein leiblicher Halbbruder Radim, vielleicht erst von jetzt ab Gaudentius genannt, ins Kloster. Die anderen trennten sich. „Zwei aber der Brüder, die mit ihm waren, schon lange merkend, daß er Mönch werden wollte, ließen in nicht schöner Weise ihren Schild und flohen. Nur Gaudentius blieb nach dem Beispiel eines beständigen Mannes und gelangte mit dem Seligen zu dem Mönchsstande und der billigungswerten Lebensform, er, der Adalbert leiblich und geistlich doppelt verbrüdert war und von Kindheit auf immer als treuster Begleiter anhing[322])."

Es giebt Menschen, die sich in sich selbst zurückziehen, wenn sie in eine ihrem innersten Wesen fremde Umgebung gestellt sind, dagegen um so liebenswürdiger sich entfalten, wenn sie unter solchen sind, mit denen sie sich durch ein gleiches Denken und Empfinden und durch wechselseitiges Verständnis verbunden fühlen. Zu diesen Naturen gehörte Adalbert. Deshalb war in St. Bonifaz und Alexius seine Stunde gekommen. Das Ansehen, welches sich bald mit seinem Namen in der Welt verband, ist in St. Alexius mehr als in Prag begründet, wenngleich es seinen vollen Glanz erst annahm, nachdem Adalbert in Preußen den Ruhmestod des Märtyrers gefunden hatte. In der That, er muß eine Persönlichkeit gehabt haben, die, an den rechten Ort gestellt, einen außerordentlichen Zauber auszuüben vermochte. Mit seiner äußerlich edlen und schönen Gestalt verbanden sich Aufrichtigkeit und Liebenswürdigkeit des Herzens[323]). Wie sehr man ihn alsbald in St. Alexius liebte, davon ist ja die Biographie des Kanaparius der sprechendste Beweis. „Es liebten ihn alle", heißt es bei Schilderung seines zweiten Aufenthaltes im Kloster, „vor allem sein Abt." Aber nicht nur die Mönche der eigenen Genossenschaft sahen ihn in St. Alexius. Rom war ja noch immer, wie wir vernahmen, die Herrin der Städte, die goldene, vielgesuchte, das

Haupt der Welt, der Sammelort aller bedeutenden Männer der Zeit, und wenige Berühmtheiten werden damals die Schwellen der Apostel besucht haben, die sich nicht bemühten, auch den vornehmen Mönch von St. Alexius zu sehen und zu sprechen. Lebhafter wird dieser Verkehr freilich erst gewesen sein bei Adalberts zweitem Aufenthalt in Rom, als er durch eine höhere Stellung im Kloster freier dastand, und Ottos III. Anwesenheit in Rom einen großen Fremdenkonflux hervorrief (996). Noch lange erinnerte man sich darnach im Kloster mit Freuden der Gespräche, die fromme Gäste griechischer und lateinischer Herkunft mit den Zierden des Klosters, vor allem dem heiligen Adalbert, geführt hatten [304]). Leider orientieren gerade über diese Dinge uns die Biographien Adalberts am wenigsten. Ihre mönchische Tendenz tritt bei dieser Gelegenheit am stärksten in die Erscheinung, und zwar noch mehr bei Kanaparius als bei Bruno. Was Kanaparius von Adalberts Klosterleben berichtet, ist der Hauptsache nach nur eine Erzählung von gewissen Vorkommnissen, die man für Wunder hielt, an welchen es ja bei einem Heiligen nicht fehlen durfte, und eine Schilderung der strengen klösterlichen Askese, der Adalbert sich hingab.

Die vermeintlichen Wunder sind nicht geeignet, auf protestantische Leser einen erheblichen Eindruck zu machen. Adalbert, betraut mit der Aufwartung bei Tisch, kommt des öfteren mit den irdenen Gefäßen, die er trägt, zu Fall. Die Regel behandelte Zerbrechen von anvertrautem Klosterinventar als Nachlässigkeit und schrieb dafür Genugthuung vor den Brüdern vor [305]). Mit tiefer Beschämung unterzog sich Adalbert wiederholentlich fußfällig dieser Pflicht der Abbitte. Da stürzt er einmal wieder, alles hört den lauten Lärm, aber zum allgemeinen Staunen bleibt nicht nur die Kanne, die zur Erde rollt, heil, sondern es läßt sich auch nachher keine Verminderung des Weines merken. Man hielt das für ein Wunder, welches eine neue Demütigung des Heiligen verhüten sollte [306]). Eine vornehme Frau kommt ins Kloster, die sieben Jahre lang infolge irgend eines religiösen Skrupels oder einer fixen Idee, vielleicht auch einer Magenschwäche kein Brot genossen hat. Adalbert, der das Krankhafte ihres Zustandes erkennt, bekreuzt ein Brot und reicht es ihr unter Segensspruch mit der Mahnung, daß sie nicht durch Ablehnung die heilige Karitas verletzen dürfe. Sie kann solcher Aufforderung nicht wider-

stehen und ist seitdem wieder imstande, Brot zu essen. Auch darin
sah man ein Wunder, besonders die Frau selbst³²⁷). Desgleichen
redete man von Wundern, die indirekt durch Adalbert veranlaßt sein
sollten. So hat man es als Inspiration aufgefaßt, daß sein Abt
auf Adalberts Belehrung suchende Fragen oft richtige, den heiligen
Schriften ganz entsprechende Antworten zu geben vermochte, ohne
vorher das erforderliche Wissen gehabt zu haben³²⁸). Und schon
früher oder später in Prag trieb es den Kleriker Ascherik, der sich in
heftigen Ausfällen gegen seinen Bischof ergangen hatte und schließlich
im bitteren Groll von Prag abgereist war, in die Buße, daß er sich
auf einem ihm ganz bekannten Wege verirrte und abends wieder nach
Prag zurückkehren mußte³²⁹). Da erscheint noch am meisten von Bedeutung, daß Adalbert eine Fieberkranke, die Tochter des spätern Stadt-
präfekten Johannes Glosa in Rom, durch seine Handauflegung von
ihrem Leiden befreite³³⁰). Aber auch diese Sache steht nicht als etwas
Außerordentliches da, weil Aehnliches durch Gebet und Glauben vielen
Christen, und nicht nur katholischen, gelungen ist.

Daß sich Adalbert im Kloster einer andern als frommen Lektüre
hingegeben habe, ist nicht wahrscheinlich. Zwar haben die Mönche
von St. Alexius auch Gelegenheit gehabt, seine Kenntnisse in den
weltlichen Wissenschaften zu bemerken. „Daß er in den weltlichen
Wissenschaften genügende Kenntnisse besaß, ist uns allen bekannt", sagt
Kanaparius³³¹). Aber er fügt auch hinzu: „Ich glaube, daß der Herr
darum wollte, daß er die menschliche Wissenschaft studierte, damit er
nachher um so leichter die Berge göttlicher Weisheit ersteigen könne,
oder vielmehr, daß er deshalb als kleiner Knabe die Bitterkeiten der
Welt trinken mußte, damit er, zum Manne geworden, nachher die
Süßigkeiten Gottes mit um so begierigerem Sinne schlürfte". In
diesen Mönchskreisen hielt man die Beschäftigung mit weltlicher
Wissenschaft, wenn nicht geradezu für seelengefährlich, so doch für
nutzlos, weil der ewigen Bedeutung entbehrend. Anders hat auch
Adalbert nicht geurteilt. Es giebt noch einen Brief an ihn, worin ein
gewisser Thietpaldus (der schon erwähnte Thietbald) ihm, dem verehrungs-
würdigen Bischofe, in devotester Weise mitteilt, daß er unter Abkehr von der
Aristotelischen und Platonischen Philosophie sich ganz der einfältigen Wahrheit zugewandt und über der Lieblichkeit der zehn Saiten Davids
ebenso viele Kategorien des Aristoteles fast vergessen habe³³²). Das

Schreiben macht nicht den Eindruck, daß es erfunden sei. Wir erkennen daraus, was Adalbert gern hörte. Weltabgekehrt war sein Sinn auch in dieser Hinsicht. Und darum wird auch er selbst, ebenso wie sein Biograph, den Hauptwert seines Lebens in St. Alexius in seiner mönchischen Strenge und Peinlichkeit gesehen haben. Hierin that er es allen anderen zuvor. Die Regel Benedikts bezeichnete es als die sechste Stufe der Demut des Mönches, in allen Dingen mit dem Allergeringsten und Letzten zufrieden zu sein und sich bei jedem Auftrage für einen schlechten und unwürdigen Arbeiter zu halten, wie der Prophet, der da spreche: „Zu nichts bin ich geworden und ein Unwissender; wie zum unvernünftigen Tier bin ich gemacht vor Dir; und doch bin ich stets bei Dir[333].“ Je niedriger eine Arbeit war, desto willkommener mußte sie darnach dem gewissenhaften Mönche erscheinen. So sehen wir Adalbert sich um die geringsten Geschäfte im Kloster bemühen, die ihm, dem vornehmen, bis vor kurzem von Dienern umgebenen Manne, gewiß noch recht ungewohnt sein mochten. „Er vergaß, daß er Bischof war[334].“ Zwar kam nach der Regel jeder Mönch abgesehen von denen, die durch eine besondere Dienststellung abgehalten waren, auch zum Küchendienst heran, indem dieser wochenweise die Reihe herumging[335]. Aber Adalbert scheint sich die Gunst desselben öfters erbeten zu haben. „Solchen Dienst empfing er auf seine Bitte vom Abt[336].“ Am liebsten wollte er allen im Kloster ohne Ausnahme dienen, und deshalb war ihm ein Dienst, der sich auf alle erstreckte, besonders erwünscht[337]. Er holte also in der Frühe das Wasser vom Brunnen, diente in der Küche, trug bei den Mahlzeiten die Getränke auf den Tisch, besorgte das Wasser zum Händewaschen, spülte die Schüsseln und säuberte Küche und Speisesaal[338]. Wenn er beim Wasser- und Weintragen eine Zeit lang des öfteren zu Fall kam, so braucht man nicht zu folgern, daß er linkisch war. Die Sitte, die Gefäße auf den Schultern zu tragen, mochte ihm besonders ungewohnt sein[339]. Indes es ist glaublich, daß er für praktische Dinge von Natur wenig Sinn und Geschick besaß, wie er denn ja auch in Prag, als er seinen Bettbezug verschenken wollte, die Federn durch das ganze Haus streute. Um so rührender war gewiß der Eifer, den er bei seinen Geschäften in St. Alexius entfaltete. Wenn er stürzte, ist er über und über errötet, aber in seinem Dienste nicht ermüdet[340]. In der Beichte soll niemand peinlicher und gewissenhafter gewesen sein als er. Sie sollte sich in den Benediktinerklöstern auch auf die versucherischen Gedanken erstrecken. „Die fünfte Stufe der Demut ist es, wenn der Mönch alle bösen Gedanken, die an sein Herz herantreten, und auch das Böse, das er im Verborgenen begangen, in demütigem Bekenntnis seinem Abte mitteilt[341].“ Von Adalbert sagt Bruno: „Einen stillen Gedanken ließ er nie in sich herrschen; was immer der Teufel, zu seinem Geiste hinzutretend, sprach, machte er sofort den Vorgesetzten bekannt. Aufs scharfsinnigste stellte er Fragen bezüglich der heiligen Schriften; emsig erkundigte er sich bezüglich der streitenden Arten der Laster und Tugenden[342].“

Der Tageslauf in den Klöstern war durch die Regel genau bestimmt[343]. Wir kennen ihn schon in manchem Zuge aus dem Berichte über die Lebensweise Adalberts in seiner bischöflichen Stellung. Die Vorschriften für den Domklerus waren ja den mönchischen Sitten nachgebildet, wenn auch nicht so streng. Um zwei Uhr nachts erhob man sich zur Vigilie, um dem Psalmwort nachzukommen: „Mitten in der Nacht stehe ich auf, Dir zu danken (Ps. 119, 62).“ Gleicher gemeinsamer Horendienst in Gebet, Gesang und Lesungen folgte weiter in der Matutin bei Tagesanbruch, der Prim nach sechs Uhr morgens, der Terz um neun Uhr vormittags, der Sext um zwölf Uhr mittags, der Non gegen drei Uhr nachmittags, der Vesper vor Sonnenuntergang und der Komplete vor dem Schlafengehen[344]. Die Glocken des Klosters riefen die Mönche zu diesen Stunden zusammen, die der Psalmist im Auge gehabt haben sollte, da er sprach: „Ich lobe Dich des Tages siebenmal[345].“ Es gab Mittagsmahlzeiten und Abend- oder Nachtmahlzeiten. Die Stunde derselben war nach den Jahreszeiten verschieden. In der Regel fand das Mittagsmahl um zwölf Uhr mittags oder drei Uhr nachmittags statt, in der Fastenzeit aber fiel es mit der späten Mahlzeit zusammen[346]. Wurde um zwölf Uhr gespeist, so ruhte man nachher auf den Betten oder las still für sich bis zur Non[347]. Die übrige Zeit war verteilt auf Arbeit und geistliche Lektüre. Auch bei den Mahlzeiten wurde vorgelesen. Im Amt des Vorlesens lösten sich die dazu Befähigten wochenweise ab[348]. Die Nahrung war einfach, beim Mittagsmahl zwei gekochte Speisen, wo möglich, auch etwas Obst und Gemüse; Schwache erhielten auch etwas Fleisch von vierfüßigen Tieren, welches sonst nicht verabreicht wurde. An Brot ward auf jeden pro Tag ein römisches Pfund, d. i. ca.

¹/₃ Kilogramm, und an Wein eine Hemine, d. i. ca. ¹/₄ Liter, gerechnet. Doch galt es für verdienstlich, sich des Weines ganz zu enthalten und sich auf Wasser zu beschränken²⁴⁹). Die Kleidung war ein Untergewand und darüber entweder die Mönchskutte mit Gürtel oder bei der Arbeit das Arbeitskleid (Skapulier); außerdem trug man Schuhe und Strümpfe und auf Reisen auch Beinkleider. Von den notwendigsten dieser Gegenstände hatte jeder zwei zum Wechseln. Als Lager war dem einzelnen eine Matte mit Kopfkissen, eine wollene Unter- und Ueberdecke zugewiesen. Mehrere schliefen in einem Gemach, alle in ihren Kleidern, jeden Augenblick bereit sich zu erheben, wenn an sie das Zeichen erging²⁵⁰). Vieles Reden und vollends Lachen war verpönt. Man sollte nur sprechen, wenn ein zwingender Grund dazu vorlag, oder der Vorgesetzte die Weisung gab. Was man redete, sollte kurz und ernst sein und mit gedämpfter Stimme gesprochen werden²⁵¹). In der äußeren Haltung war der zur Erde gesenkte Blick des Mönches Zeremoniell²⁵²). So ging, falls nicht auf des Abtes oder seiner Stellvertreter Anordnung Gäste zu bedienen oder auswärts Aufträge auszurichten waren, das Leben der einfachen Mönche hin in feierlicher Monotonie, alles wie ein Warten der Stunde des Todes und der großen Ewigkeit, die nach der bußfertigen Trauer vollkommene Freude, nach der Bindung himmlische Freiheit bringen sollte. Bei all diesen Klosterübungen können wir Evangelischen den Heiligen nicht ohne Wehmut betrachten. Wenn wir den Adalbert von Prag vergleichen mit dem Adalbert von St. Alexius, so erscheint uns doch der Bischof, der, wenn auch leidend und immer mehr unterliegend, den Kampf führt mit einer feindlichen Welt, unendlich viel größer, und zwar nicht nur männlicher, sondern auch christlicher, als der Mönch, der seine Seligkeit in Erniedrigungen und Opfern sucht, wie sie in dieser Weise Gott nicht verlangt. Aber immer wieder gilt, daß Adalbert im Lichte seiner Zeit gesehen sein will. Ihr erstrahlt das Mönchtum im höchsten Glorienschein. Es ist vielen eine Leistung, die über allen Leistungen steht, der sichere, Gott wohlgefällige schmale Weg, der zum Leben führt. Kommt das Bischofsamt in Betracht, so ist es auch nur die Lea, und das Mönchtum ist die Rahel²⁵³). Indem man sich aber so ausdrückt, kommt die ganze Selbsttäuschung zum Vorschein. Man hält das Mönchsleben für verdienstlicher und wertvoller vor Gott. Im letzten Grunde aber ist es trotz aller mit ihm verbundenen Demütigungen und Entsagungen doch

vor allem auch bequemer und angenehmer, leichter und lockender, wie Rahel lieblicher war als Lea. Von dieser Selbsttäuschung ist auch Adalbert nicht ganz frei gewesen. Freilich findet auf ihn das Gesagte ja nur in beschränkter Weise Anwendung. Von Bequemlichkeit im gewöhnlichen Sinn zu sprechen, hat man bei einem Manne nicht das Recht, dessen Leben von der Stunde seiner Bekehrung an bis zu seinem Tode nichts als eine ununterbrochene Reihe von Opfern und Abtötungen war. Aber wenn er lieber in St. Alexius als in Prag sich aufhielt, so war dabei doch auch Neigung mit im Spiele, wie deren Einfluß schon sonst gefolgert werden konnte²⁵⁴). Keine irdische Sorge, kein schriller Ton von außen störte hier der Seele stille Beschäftigung mit sich selbst, der Adalbert sich am liebsten hingab.

IX.

Rücksendung Adalberts nach Prag, verschärfter Konflikt und neuer Bruch daselbst.

Drei Jahre hatte Adalbert in Rom gelebt²⁵⁵), da erschien dort eine böhmische Gesandtschaft, bestehend aus dem Bruder des Herzogs, dem uns schon bekannten Strachkwas, und Adalberts Jugendgefährten Radla, dem Getreuen des Hauses von Libice²⁵⁶). Ihr Zweck war, Adalberts Rückkehr nach Prag zu bewirken. Nach Kanaparius war Willigis Urheber des so eingeleiteten Schrittes, während nach der Passio Adalperti und Kosmas, der freilich Adalberts erste und zweite Rücksendung vermengt, die Böhmen mit Bemühungen um Adalberts Rückkehr begonnen hatten²⁵⁷). Auch Bruno kann im letztern Sinne verstanden werden. Es fragt sich, welche Darstellung die richtigere ist. Wie wir die Dinge bisher aufgefaßt haben, kann uns nicht zweifelhaft sein, daß Willigis von vornherein die Rückkehr Adalberts wünschte und demgemäß Vorstellungen in Prag erhob, um die Böhmen zu einer Genugthuung zu veranlassen und vor allem die Hindernisse zu beseitigen, welche sie der Amtswirksamkeit Adalberts entgegengestellt hatten, und ohne deren Abstellung eine Rückkehr Adalberts schlechter= dings nicht verlangt werden konnte. Trotzdem kann die Initiative schließlich auf seiten der Böhmen gewesen sein. Ja, es ist wahrscheinlich, daß es so war. Im Jahre 992 ist Herzog Miseko gestorben[358]). Der Bund zwischen den Böhmen und Lutizen hatte sich aufgelöst. Wir finden in dem genannten Jahre die ersteren in Gemeinschaft mit polnischen Hülfstruppen im Gefolge Ottos III. gegen die Wenden bei Brennanburg[359]). Der Friede zwischen Böhmen und Polen war offenbar wieder hergestellt. Die politischen Verhältnisse in Prag hatten sich also völlig geändert[360]). Manches von dem, woran Adalbert besonders Anstoß genommen hatte, war in Wegfall gekommen. Wie zu hoffen sein mochte, daß man nun mit Adalbert besser auskommen werde, war gewiß auch Aussicht vorhanden, daß er unter den neuen Verhältnissen Dienste zu leisten imstande sein würde. Das wird auch dem Herzoge den Wunsch nahe gelegt haben, Adalbert nach Prag zurückkehren zu sehen. Ueberhaupt aber wird man nachgerade die Nachteile, welche die Abwesenheit des Bischofs mit sich brachte, in Böhmen reichlich gefühlt haben. Wir werden es uns also wohl so vorzustellen haben, daß die Böhmen sich auf oft vorgetragene Versöhnungs- und Genugthuungsvorschläge des Metropoliten besannen und nunmehr ihrerseits sich daran machten, denselben nachzukommen. Darauf, daß gerade Quellen, welche die Initiative auf die Seite der Böhmen fallen lassen, dem Schritte in Rom Bemühungen der Böhmen bei Willigis vorausgehen lassen, ist besonders der Finger zu legen. In der Passio Adalperti heißt es, daß die Böhmen Willigis angingen, „auf daß er durch seine Autorität Adalbert zurückrufe"[361]). Wir erkennen daraus noch bestimmter, daß es nicht Herkommen war, in wichtigen Sachen eines Bischofsstuhles den Erzbischof zu übergehen, und wir werden dadurch in der Ansicht, die wir von Adalberts Verhalten bei der Einleitung seiner Verzichtleistung hatten, noch mehr bestärkt. Sofern die Gesandtschaft der Böhmen sich dem kirchlichen Instanzenwege eingliederte, konnte Kanaparius die Gesandten als von Willigis geschickt bezeichnen. Willigis war der kirchliche Mund oder das kirchliche Organ, durch welches die Böhmen ihre Wünsche geltend machten. Seine Briefe forderten offenbar die Rückkehr Adalberts[362]). Die Zugeständnisse aber, welche die böhmischen Gesandten im Namen ihres Landes anzubieten hatten, gingen sehr weit. Man sagte volle Satisfaktion zu und versprach, daß Adalberts Wirksamkeit hinfort keinerlei Schwierigkeit in den Weg gelegt werden solle[363]). Hätte das Herz Adalberts an seiner bischöflichen Stellung in Prag gehangen, so hätte er jetzt mit Freuden sich zur Rückkehr bereit machen müssen. Die Thüren sprangen vor ihm auf. Aber wir merken nicht, daß er sich beeilte, durch sie einzugehen. Trotz aller Versprechungen der Böhmen machten die Mönche von St. Bonifaz und Alexius den Versuch, Adalbert in ihrem Kloster festzuhalten, und wir empfangen den Eindruck, daß er selbst mit diesem Versuch aufs engste zusammenhing³⁰⁴). Die Verhandlungen fanden statt auf einer Synode, welche der Papst in Rom zusammentreten ließ, und welche nach Art ihrer Umstände von besonderem Interesse ist. Sie stellt sich dar als ein kirchenrechtlicher Streit zwischen dem weltflüchtigen Mönchtum und den Vertretern des streng kirchlichen Standpunktes. Die Abgeordneten von St. Alexius, welche der Synode entweder mit beratender Stimme oder als streitende Partei beiwohnten, und alle ihre Gesinnungsgenossen wollten offenbar eine Verpflichtung Adalberts, nach Prag zurückzukehren, nicht anerkennen, sprachen also in letzter Linie für eine Neubesetzung des Prager Bischofsstuhles. Ihr Rechtsgrund wird gewesen sein, daß Adalberts Verzicht vom Papst in aller Form angenommen, und Adalbert darauf in ihren Stand eingetreten war. Auf der unter Photius und den Legaten Johanns VIII. 879 in Konstantinopel abgehaltenen Synode hatten die letzteren es als der abendländischen Observanz widersprechend bezeichnet, wenn ein Bischof, der Mönch geworden war, wieder in sein Bischofsamt zurückkehre, und demgemäß war gerade im Interesse der Würde des bischöflichen Amtes ein Kanon festgesetzt, welcher trotz der Verwerfung der Synode von seiten Roms offenbar im Abendlande beachtet blieb, bei Gratian Aufnahme fand und schließlich von Innocenz III., der ihn für eine Bestimmung des zweiten ökumenischen Konzils hielt, in der Weise erledigt wurde, daß er ihn lediglich auf Fälle bezog, in welchen der Bischof Buße halber in den Mönchsstand getreten war³⁰⁴ᵃ). Die böhmischen Gesandten, Willigis in seinen Briefen und alle Vertreter kirchlicher Ordnung suchten zweifellos darzuthun, daß bei der neuen Wendung der Dinge in Böhmen ein längeres Fortbleiben Adalberts von Prag wider alles Recht sei. Inmitten dieser Parteien stand der Papst mit der Aufgabe, zwischen den einander gegenüberstehenden Anschauungen zu entscheiden. Wohin seine Sympathien gerichtet waren, kann ja keinen Augenblick zweifelhaft sein. Bruno bezeugt es ausdrücklich, daß es ihm gegen den Sinn gegangen sei.

6

Adalbert von Rom fortschicken zu sollen³⁶⁸). Er hatte ja selbst durch Annahme des Verzichtes Adalbert des Bischofsamtes entledigt. Aber es war doch auch ganz klar, daß er gerade als Papst sich Erwägungen des kirchlichen Interesses nicht ganz verschließen durfte, besonders wenn dieselben mit solchem Nachdruck geltend gemacht wurden, wie diesmal von Willigis und den Böhmen. Sie haben sich auf kirchliche Vorschriften berufen, welche entscheidender erschienen als das, was die Mönche vorbrachten. Wenn es nicht die aus Pseudoisidor in Betracht kommenden Stellen selbst waren, so sind es die ihnen zu Grunde liegenden Bestimmungen gewesen³⁶⁹). So ist es gekommen, daß der beredte Strachkwas schließlich einen Sieg errang, wenn auch nur einen knappen. Kanaparius schreibt: „Es fand dieser Angelegenheit wegen in Rom eine Synode statt, und es entstand von beiden Seiten großer Streit, einerseits von denen, welche den Mönch zu verlieren fürchteten, andererseits von denen, welche ihren Hirten mit Gewicht forderten. Nachdem in abwechselnd mit einander kämpfenden Meinungsäußerungen jede Partei lange gestritten hatte, erlangte endlich der Primas der Gesandten mit knapper Not einen zweifelhaften Sieg. Selbiger Primas war der Bruder des Herzogs, dessen Land der Bischof, der zurückgefordert wurde, vorstand. Nicht sowohl durch den eigenen Willen als vielmehr durch das göttliche Recht bewogen, antwortete damals der Apostolikus folgendermaßen: „„Wir erstatten zurück, was sie mit Recht fordern, obwohl die Söhne von ihrem guten Vater bereits durch Entartung abgekommen waren, und wir werden ihn geben unter folgender Bedingung: wenn sie auf ihn hören, sollen sie ihn mit Gottes Segen behalten und unter ihm hundertfältige Frucht bringen; wenn sie aber von ihrer gewohnten Ungerechtigkeit nicht abstehen wollen, so soll dieser uns Gehörige ohne Gefahr seiner Person die Gemeinschaft der Bösen meiden.““ Daß hiermit der Papst seinen früheren Schritt, durch welchen er Adalberts Verzicht angenommen hatte, für ungültig erklären wollte, wird man nicht anzunehmen haben. Vielmehr wird es sich auf dieser Synode von 992 um eine Neueinsetzung Adalberts in sein Prager Bistum von seiten des Papstes gehandelt haben. Die Bestätigung giebt Bruno, indem er berichtet, daß von seiten des Papstes an Adalbert von neuem die Zeremonie der Ring- und Stabverleihung vorgenommen sei. Es war damit ein Präzedenzfall geschaffen, aus dem fortan bestimmter gefolgert werden konnte, daß der Eintritt eines Bischofs in das Mönchtum nicht unter allen Umständen seine Rückkehr ins Amt ausschließe. Innocenz III. wird dieser Fall nicht entgangen sein. Die Angemessenheit des päpstlichen Urteils hat im übrigen, wie wir sehen konnten, doch auch der Vertreter des Mönchtums, Kanaparius, anerkennen müssen. Für Adalbert gab es nun nach der Synode keinen Ausweg mehr. Der Abt konnte nicht umhin, des Papstes Anordnung mit seinem Befehl zu unterstützen, und Adalberts Mönchsstand verpflichtete ihn zu Gehorsam³⁶⁷).

An Bindungen für die Böhmen hatte man es zweifellos nicht fehlen lassen. Höchst wahrscheinlich wurde schon in Rom die Gründung eines Benediktinermännerklosters in Böhmen ausgemacht. In der sogenannten Stiftungsurkunde von Břewnow bezeichnet sie Boleslaw II. als auf Befehl des Herrn Papstes Johannes geschehen³⁶⁸). Ist diese Urkunde auch, wie sie vorliegt, nicht ursprünglich, so wird man doch annehmen dürfen, daß Bestandteile der echten Stiftungsurkunde in ihr erhalten sind, und zu diesen möchte auch dies „auf Befehl des Herrn Papstes Johannes" gehören³⁶⁹). Auch Herzog Bretislaw ist später in Rom, als es sich um eine Genugthuung handelte, die Einrichtung eines Klosters aufgegeben³⁷⁰). Auf die Stiftung eines Benediktinermännerklosters wird Adalbert selbst gedrungen haben. Sollte er sein geliebtes Kloster von St. Alexius und Bonifaz verlassen, so wird er dafür in Böhmen einen Ersatz gewünscht haben. Auch haben ihm diesmal kirchenpolitische Gesichtspunkte gewiß nicht gefehlt. Nach einer glaubwürdig klingenden Nachricht nahm er für das neue Kloster zwölf resp. dreizehn Benediktinermönche aus Rom mit³⁷¹). Bedenken wir, wie unzuverlässig sich der böhmische Klerus gezeigt hatte, und wie derselbe noch Jahrhunderte lang auf einem sehr niedrigen sittlichen Niveau stand³⁷²), so legt sich die Vermutung nahe, daß das neue Kloster der Stellung Adalberts in Böhmen eine festere Basis geben und ihn vor Isolierung bewahren sollte. Ein Benediktinerinnenkloster bestand schon unter des Herzogs Schwester in St. Georg. Nun kam ein Männerkloster hinzu. Mit ihm faßte das Mönchtum strenger Observanz, das damals überall Vorstöße machte, auch in Böhmen Fuß, wenn auch, wie es scheint, zunächst nur auf kurze Zeit³⁷³).

Mit großem Gefolge reiste Adalbert von Rom ab. Wie wenig hoffnungsfreudig er in die Zukunft blickte, und wie pessimistisch er die böhmischen Verhältnisse fort und fort ansah, läßt ein kleines Vorkommnis erkennen, dessen Ueberlieferung wir Bruno verdanken. Der bischöfliche Zug hatte die böhmische Grenze passiert. Man erreichte einen Burgflecken, in dem großer Markt abgehalten wurde. Es war an einem Sonntage. Eine alte Unsitte, gegen die Adalbert oft angekämpft hatte, trat ihm also sofort wieder entgegen. Mit tiefstem Unwillen hat er bei diesem Anblick zu denen, die ihn zurückführten, gesagt: „Da ist euer schönes Versprechen! Euere reuigen Leute feiern nicht einmal an diesem heiligen Tage[373])."

Eine spätere Schrift sagt, daß dieser Burgflecken Pilsen war[374]), und nach der Chronik des sogenannten Pulkawa ließ er im Pilsener Gau bis auf weiteres die aus Rom mitgebrachten Benediktiner zurück, indem er für sie hier eine Maria geweihte Kirche gründete[375]). Er selbst zog weiter seiner bischöflichen Residenz zu, die sein Herz so wenig lockte. Indes über den Empfang, den man ihm in Prag bereitete, konnte er sich nicht beklagen. Mit großem Jubel kam ihm die Bevölkerung, jedes Alter und jedes Geschlecht, entgegen. Man reichte ihm die Hände und versprach alles Gute[376]). Dann ließ Boleslaw II. eine Versammlung der Spitzen des Landes zusammentreten, vor der er den in Rom gegebenen Zusagen und Adalberts Wünschen entsprechende Anord= nungen traf[377]). Dieser Bestimmungen ist schon oft gedacht. Adalbert erhielt die Freiheit, „gemäß den kanonischen Festsetzungen diejenigen Ehen zu trennen, die als gegen das heilige Gesetz innerhalb der Verwandtschaft geschlossen sich herausstellen würden, und auch Kirchen an geeigneten Orten zu erbauen und die Zehnten zu erheben[378])." Die Sperre, die gegen Adalbert bestanden hatte, war damit auf= gehoben. Auch der Bau des in Aussicht genommenen Benediktiner= klosters wurde bald (992) begonnen, und zwar in einem Walde bei dem Prag benachbarten Dorfe Břewnow westlich vom Hradschin. Nach der Chronik des Pulkawa hat Adalbert den Wald gekauft[379]). Boleslaw stattete das Kloster reichlich mit Besitz, Einkünften und Privilegien aus[380]). Auch Adalbert hat, wie überliefert wird, ihm von seinem väterlichen Erbgute Verschreibungen gemacht und ihm neben verschiedenen Dörfern oder Höfen auch hörige Bäcker, Schuhmacher, Köche, Heizer und andere Handwerker nebst ihrer Nachkommenschaft überwiesen[381]). Nach glaubhafter Nachricht ist das Kloster am 14. Januar 993 von Adalbert geweiht[382]). Bezeichnend war, daß es Maria, dem heiligen Benedikt, St. Bonifaz und St. Alexius gewidmet wurde[384]). Die ersten Insassen waren die aus Rom mitgenommenen zwölf Benediktiner. An ihre Spitze trat als erster Abt Anastasius, wahrscheinlich derselbe Mann, der später Abt eines Klosters in Polen und schließlich Erzbischof in Ungarn war[385]). Am Tage des heiligen Benedikt (21. März) soll Boleslaw dem Kloster auf Adalberts Bitte noch neue Zuwendungen gemacht haben[386]). Bei der Einweihung ist nach der Chronik des Pulkawa, die auch hierin das bieten wird, was man später im Kloster überlieferte, Adalbert allein in die Kirche gegangen, um die Bezeugung der Rechte des Klosters selbst auf den Altar zu legen und zugleich das übliche Verdammungsurteil über alle zu sprechen, welche je diese Rechte des Klosters irgendwie verletzen würden. Daß er dann mit Vorliebe unter den römischen Klosterbrüdern weilte, wollen wir gern glauben. Er soll mit ihnen mönchische Handarbeit getrieben haben, und man zeigte im 14. Jahrhundert eine Chirotheka (Bischofshandschuh) im Kloster, die von ihm gearbeitet sein sollte[387]). Nach einer Urkunde, die das Kloster aufhebt, hätte schon 993 Papst Johann es unter seinen Schutz genommen, alle Rechte desselben bestätigt, es zum Haupt aller zukünftigen Benediktinerklöster Böhmens gemacht und seinem Abte unter Verleihung des Rechtes der Pontifikalien den ersten Platz nach dem Prager Bischof angewiesen. Die Echtheit dieser Urkunde ist sehr zweifelhaft. Der Verfasser der Chronik des Pulkawa[388]) hat offenbar aus ihrem Inhalt geschlossen, daß sie erst bei Adalberts zweitem Aufenthalt in Rom, also 995 oder 996, gegeben sei. Wer an ihr festhält, muß jedenfalls annehmen, daß das Pontifikatsjahr Johanns in ihrem Datum entweder früh entstellt wurde oder falsch gelesen ist. Ich weiß nicht, ob die Beschaffenheit der Urkunde solche Annahme gestattet[389]). Daß Papst dem Kloster sein Privilegium gab, kann im übrigen nicht bezweifelt werden, und lange Zeit ist in der That die Abtei von Břewnow, diese Stiftung Adalberts, die oberste und angesehenste in ganz Böhmen gewesen.

Man wird nicht anders urteilen können, als daß in Adalberts bischöflicher Wirksamkeit die Zeit gekommen war, in der er die größten äußeren Erfolge erlebte[390]). Aber diese Zeit hat nicht lange gewährt. Schnell und heftig ist ein Rückschlag eingetreten. Die Besserung, die man versprochen hatte, hielt nicht vor. Die alten Neigungen waren zu mächtig. Adalbert aber war, seitdem er von Prag fortgegangen war, in seinen Anschauungen nicht nachsichtiger geworden, sondern eher noch schroffer, und nun hatte er die Freiheit, denselben entsprechend durchzugreifen. Sobald die Böhmen das Empfindliche davon fühlten, war die Begeisterung, die ihn begrüßt hatte, verflogen. Ihre Augen waren gehalten, und sie sahen nur noch den finsteren Asketen, den kalten, unbarmherzigen Kirchenmann, der nur mit Widerwillen zu ihnen zurückgekehrt war. Das Vertrauen erstarb, hingegen wuchs von Tage zu Tage von neuem der Gegensatz, bis schließlich ein trauriges Ereignis zur Katastrophe führte, die man längst hatte kommen sehen können. Über den Anlaß derselben sind wir auf das genaueste unterrichtet [291]).

Das Weib eines Adeligen ward öffentlich des Ehebruchs beschuldigt. Man wußte, daß ihr Verführer ein Kleriker gewesen war. Die Familie des beleidigten Gatten war entschlossen, das alte Volksrecht aus heidnischer Zeit walten zu lassen, nach welchem Ehebrecherinnen mit Enthauptung zu bestrafen waren. In ihrer Todesangst floh die Bedrohte in den Hof des Bischofs, und dieser barg sie in der festen Kirche des Nonnenklosters von St. Georg. Hatte das unglückliche verführte Weib vielleicht gerade zu denen gehört, die Adalberts Richtung ergeben waren und seine Bestrebungen begünstigten? Die gesteigerte Leidenschaft ihrer Verfolger, die erregte Art, in welcher Adalbert sich ihrer annahm, würde unter solchen Umständen noch mehr Erklärung finden. So weit ging Adalbert in seinem Eintreten für die Gefallene, daß er bereit war, sich als den Missethäter hinzustellen, um entweder sie zu retten oder mit ihr den Märtyrertod zu sterben. Nur der nüchterne Blick seines treuen Propstes Williko hat ihn von der Ausführung solcher Unüberlegtheit zurückgehalten. Aber Adalbert hatte das volle Recht, der unseligen Sünderin seinen mächtigen Schutz zu gewähren. Nicht nur widersprach das, was ihre Feinde beabsichtigten, jeglichem christlichen Gefühl, es war auch ein von alters her in Anspruch genommenes und mehr oder weniger auch überall anerkanntes Recht der Kirche, Verbrechern, welche zu ihr flüchteten, an ihren Altären ein sicheres Asyl zu gewähren und Milderung der Strafe für sie zu fordern. Nicht die Sünde wollte Adalbert gut heißen, sondern nur die christlichen Anschauungen und Rechte zur Geltung bringen. Wie Bruno mitteilt, beabsichtigte er, wie es in solchen Fällen üblich war, eine Genugthuung in Vorschlag zu bringen [292]). Die Verwandten des Ehemannes haben von Adalberts Vermittelung nichts wissen wollen. Die Art und

Weise, wie sie hervortreten und viel eifriger als der Gatte selbst den Tod der Ehebrecherin betreiben, giebt besonders zu denken und legt noch mehr die Annahme nahe, daß für sie noch andere Gesichtspunkte in Betracht kamen als bloß die Sünde der Frau. Vielleicht bestanden zwischen ihnen und Adalbert nicht allein Gegensätze der Richtung, sondern auch bereits tiefe persönliche Abneigungen. Um so mehr mochte es ihnen darauf ankommen, bei dieser Gelegenheit dem Bischofe einen empfindlichen Schlag zu versetzen. In tiefer Nacht brachen sie mit einem bewaffneten Haufen in den bischöflichen Hof ein. Sie wollten den Bischof stellen, der wider göttliches und menschliches Recht eine Ehebrecherin verteidige. Adalbert verrichtete gerade mit den Geistlichen den Horendienst in der Kirche von St. Veit, als der Lärm draußen die nächtliche Stille unterbrach. Sein Entschluß, unter allen Umständen das Asylrecht der Kirche zu wahren, stand fest. Die wilden Drohungen, die er vernahm, ließen ihn aber das schlimmste erwarten, und er machte sich auf den Märtyrertod gefaßt. Erschreckte er ihn? Nein, längst schon war er als der sicherste Weg zu des Himmels höchsten Ehren und Freuden sein Wunsch gewesen. Nun hoffte er ihn bei dieser Gelegenheit zu finden. Ja, er hat ihn in dieser Nacht geradezu gesucht***). Mit kurzen Worten befahl er sich den Gebeten seiner Umgebung, nahm mit dem Friedenskuß von allen Abschied und ging hinaus: „Wenn ihr mich suchet, hier bin ich." Wie eine Erinnerung an die Scene von Gethsemane klingen diese Worte. Adalbert glaubte auf dem Gipfel religiöser Erhebung angelangt zu sein und im Kampfe für die heiligsten Interessen Gott näher zu sein denn je. Daß dieselbe That, die ihn zum Märtyrer machte, einen andern in eine der schwersten Sünden stürzte, bedachte er nicht. Um so interessanter ist die Antwort, die ihm der wilde Wortführer der Rotte zurief. Sie läßt erkennen, daß die Schwäche, die Adalbert nicht fühlte, des Gegners scharfer Blick erkannte und für etwas hielt, was einem Bischof nicht gezieme. „Eitel ist deine Hoffnung auf das Martyrium und den Ruhm eines edlen Todes. Fürwahr, diese Heiligkeit irrt, welche will, daß wir in Sünde fallen. Dein Wunsch wird nicht erfüllt werden; aber es ist etwas im Gange, was mehr schmerzt. Denn wenn diese Buhlerin uns nicht schleunigst herausgegeben wird, so haben wir deine Brüder, um an deren Gattinnen, Nachkommenschaft und Besitzungen dieses Unrecht zu rächen." Wie Verachtung klingt es aus diesen Worten, und wir werden nicht behaupten können, daß dieser Verachtung das moralische Motiv ganz fehlte. Es erhellt hier klar, was schon längst erkannt werden konnte, daß das, was die Erfolge von Adalberts bischöflicher Wirksamkeit beschränkte, zum guten Teil auch in jener eigenartigen mit aller Selbstaufopferung sich verbindenden Selbstsucht lag, die aller mönchischen Frömmigkeit eigentümlich ist. Das Vertrauen der Liebe kann bei ihr nicht recht aufkommen. Wir hören nicht, daß Adalbert auf seines Gegners scharfe Worte etwas erwiderte. Er war getroffen. Als gleich darauf sich ein Verräter fand, der des Weibes Versteck bekannt machte, ließ man den Bischof stehen und wandte sich mit Zurede und Drohung an den Kirchenbeamten, dem die Schlüssel von St. Georg übergeben waren. Dieser gab in Todesfurcht schließlich ihrem Verlangen nach. Unter dem hochgelegenen, nur durch Treppen rechts und links erreichbaren Altarraum der heutigen Kirche von St. Georg befindet sich eine sechssäulige Krypta, zu deren zwischen jenen beiden Treppen gelegenen Thür einige Stufen aus dem Kirchenschiff hinabführen. Der Raum macht den Eindruck höchsten Alters und scheint bei der Zerstörung der Kirche im Jahre 1142 weniger gelitten zu haben. In ihm oder doch wenigstens an der Stelle, wo er sich befindet, — Bruno sagt hinter dem Altare — wird die Unglückliche geborgen gewesen sein, deren Ohr gewiß schon lange mit steigendem Entsetzen die Vorgänge draußen auf den Schloßhöfen verfolgt hatte. Vergeblich hat sie sich an den Altar geklammert. Sie ist hinausgeschleppt, und da der Gatte sich denn doch weigerte, selbst Hand an sie zu legen, hat ein Sklave sie enthaupten müssen.

Dieses Verbrechen an und vor einem heiligen Orte, die Art und Weise, wie man Adalbert bei dieser Gelegenheit behandelt hatte, die Verletzung der kirchlichen Sitte und des kirchlichen Asylrechtes übertraf alles, was an Beleidigung bisher dem Bischof und der Sache, die er vertrat, zugefügt war. Es war klar, daß er Genugthuung fordern mußte. Diese ist ihm offenbar nicht geworden, ein deutlicher Beweis jedenfalls, daß die Führer bei dem ganzen Frevel aus einer der mächtigsten Familien Böhmens waren. Jaromir, ein jüngerer Sohn Boleslaws des Frommen, der in den Thronstreitigkeiten, die sich nach dieses Herzogs Tode bald erhoben, von den Wrsowicen viel Schreckliches erlitten hatte, warnte im Jahre 1037 seinen zur Herrschaft gelangenden Neffen Bretislaw vor der wilden böhmischen Adelsfamilie mit folgenden Worten: „Aber jene, die da Wrsowicen heißen, ungerechter Väter nichtswürdige Söhne, unseres Hauses innere Feinde, häusliche Gegner, meide wie ein totiges Rad und fliehe ihre Gemeinschaft, weil sie uns niemals treu waren! Siehe, mich, der ich unschuldig und ihr Fürst war, haben sie erst gebunden und zur Zielscheibe mannigfachen Mutwillens gemacht. Dann haben sie durch die ihnen angeborene Verschlagenheit und durch hinterlistige Ratschläge es betrieben, daß mein Bruder mich, den Bruder, dieser meiner Augen beraubte. Habe, mein Sohn, immer im Gedächtnis die Aussprüche des heiligen Adalbert, der mit heiligem Munde es bekräftigte, daß wegen ihrer grausamen Thaten dreimal über sie Ausrottung kommen solle, und sie exkommunizierte in der Kirche. Zweimal ist schon auf Gottes Wink jenes erfüllt. Daß zum dritten Male über sie Ausrottung komme, sind die Geschicke noch beschäftigt[304].“ Es wird darnach die Kombination nicht unrichtig sein, daß der Gatte der Ehebrecherin aus der Familie der Wrsowicen war, und diese den Mord bei St. Georg verübte. Waren die Glieder dieses Geschlechtes hohe Beamte am Hofe Boleslaws, wie Tomek schon angenommen hat[305]), vielleicht gar Pfleger der weltlichen Justiz, so wird die Schonung, die ihnen widerfuhr, und daß sie es überhaupt hatten wagen dürfen, auf der herzoglichen Burg ihren Frevel auszuführen, begreiflich. Am liebsten freilich möchte man Kosmas' Nachricht für wahr halten, daß Boleslaw II. um diese Zeit infolge eines Schlaganfalles einflußlos war[306]). Indes höchstwahrscheinlich hat Kosmas seinen frommen Idealfürsten unberechtigter Weise von Schuld frei erscheinen lassen. Jedenfalls ist seine Nachricht, daß Boleslaw bei dem Ueberfalle von Libice, von dem gleich zu reden sein wird, nicht beteiligt gewesen sei, falsch.

Für den Fall, daß das böhmische Volk auf Adalbert nicht hören würde, war ihm vom Papst die Erlaubnis erteilt, es wieder zu verlassen. Von dieser Erlaubnis machte Adalbert nun Gebrauch. Nach Thietmar und der Chronik des Pulkawa hat er bei seinem Fortgange über seine ganze Gemeinde den Bann verhängt, eine Nachricht, die auch dafür spricht, daß der Herzog selbst gegen ihn stand[307]). Sicher wird er jene mächtige Familie exkommuniziert haben, die den Frevel von St. Georg vollbracht hatte. Denn Exkommunikation war für Verletzung des Asylrechtes die übliche Strafe. Gerade in Anbetracht solcher ernsten Maßregeln erwächst die Frage, ob es richtig war, daß Adalbert jetzt Prag verließ, und man wird wahrscheinlich zu antworten haben, daß dieser zweite Fortgang Adalberts von Prag weniger gerechtfertigt werden kann als der erste. Die Leidenschaften waren jetzt aufs äußerste gestiegen. Indem Adalbert mit Bann vorging, wurden sie noch mehr entflammt. Wäre Adalbert geblieben, hätte er doch vielleicht die wildesten Ausbrüche und schlimmsten Wendungen verhüten können. In solchen Zeiten darf gewiß nichts unversucht bleiben, was das Äußerste abwenden kann. Indem er ging, ließ er seinen empörten Feinden das Feld. Sie haben grausam von ihrer Uebermacht Gebrauch gemacht, und die Unglücklichen, die darunter zu leiden hatten, waren Adalberts Brüder, die ja zweifellos nicht vom Banne getroffen waren.

Schon in jener Nacht, als man die Ehebrecherin suchte, hatte ja der Wortführer, dessen Rede an Adalbert wir wiedergaben, gesagt: „Aber etwas anderes ist im Gange, was mehr schmerzt. Denn wenn diese Buhlerin uns nicht schleunigst herausgegeben wird, so haben wir deine Brüder, um an deren Weibern, Nachkommen und Besitzungen dieses Unrecht zu rächen." Die Ehebrecherin war gefallen. Trotzdem ist nach Adalberts Fortgang von Böhmen ein förmlicher Krieg gegen die Herren von Libice in Scene gesetzt[398]. Nach Brunos Darstellung, der über diese Vorgänge sicher durch Radla genau unterrichtet war, kann man nicht anders urteilen, als daß der Herzog selbst der Unternehmer war[399]. Wenn nichts anderes, so hat ihn also Adalberts Bann in Harnisch gebracht[400]. Unter solchen Umständen wird Adalberts ältester Bruder, Soběbor, nicht bloß, um dem Könige gegen die Wenden Hülfe zu bringen, zu Otto III. nach Norden aufgebrochen sein[401]. Aber die Verpflichtungen gegen den König mochten der willkommene Vorwand sein, unter welchem Soběbor persönlich die Nähe desselben aufsuchte, in der er auch den Polenherzog zu treffen Aussicht hatte. Boleslaw mußte Konflikte mit Otto III. befürchten, wenn er Soběbor zurückhielt. So wird der Waffenstillstand zustande gekommen sein, der den vier in Böhmen zurückbleibenden Brüdern Adalberts bis zur Rückkehr Soběbors Frieden von seiten des Herzogs zusicherte[402]. Der Herzog hat diese Zusage nicht gehalten. Er selbst hat den vernichtenden Schlag gegen Libice geführt[403]. Anlaß dieses letzten und äußersten Schrittes gegen die Slawnikiden war, daß

Soběbor bei Otto III. über die Art, wie sein Haus behandelt wurde, Klage geführt und auch mit dem Nebenbuhler Böhmens, dem Herzoge von Polen, engere Beziehungen angeknüpft hatte[404]). Als dies in Prag bekannt wurde, zerriß das letzte Band der Rücksicht, welches Boleslaw II. noch gegenüber Adalberts Familie gehalten hatte. Alle bösen Geister auf dem Hradschin bekamen gewiß die Oberhand, und leicht mag es ihnen geworden sein, Boleslaw in seinem Argwohn davon zu überzeugen, daß das hochverräterische Nest von Libice ausgenommen werden müsse, dessen noch aus alter Zeit stammende größere Macht gewiß stets den Prager Fürsten ein Dorn im Auge gewesen war. In eigener Person zog der Herzog ohne Zögern gegen Libice.

Es war an einem Freitage[405]), dem Vorabende des Wenzeltages; die Bewohner von Libice, die wegen des Waffenstillstandes keinerlei Angriffe erwarteten, ergingen sich sorglos im Felde außerhalb des Ortes; da tauchten auf einmal die feindlichen Scharen auf und umzingelten die Burg. Vier Brüder Adalberts, ihre Weiber und Kinder, auch Radla, der Jugendgefährte Adalberts, waren in der Feste. Sofort begann der Kampf. Am Wenzelstage richteten die Belagerten an ihre Bedränger die Bitte, doch wenigstens ihnen zur Begehung des Feiertages Ruhe zu lassen. Man ging darauf nicht ein. Alte Gegensätze schienen aufzuleben. Auf die Erwähnung des heiligen Wenzel folgte die höhnische Antwort: „Wenn euer Heiliger Wenzel ist, so ist der unserige allewege Boleslaw", eine Antwort, die auf den Charakter der Parteien ein interessantes Licht wirft. Daran, daß die Burg gehalten werden konnte, war wohl von vornherein nicht zu denken. Die besten Mannschaften mochten mit Soběbor beim Könige sein. Trotzdem wehrten sich die Libicer verzweifelt. Als aber schon die meisten gefallen waren, und jede weitere Verteidigung vollends aussichtslos erschien, ließen Adalberts vier Brüder auf Radlas Rat die Waffen und flohen in die Kirche. Sie mußten die Zusicherung der Schonung und der Achtung des Asylrechtes von seiten des Herzoges haben, wenn sie sich darauf freiwillig auslieferten. Aber wie Boleslaw das Versprechen des Waffenstillstandes gebrochen hatte, so kehrte er sich nun auch nicht an die Zusage, das Asylrecht der Kirche respektieren zu wollen, und alle Verwandten Adalberts, die in Libice waren, die vier Brüder, ihre Weiber und Kinder, wurden ohne Erbarmen niedergemacht. Nur den Priestern, unter ihnen Radla, gewährte man freien Abzug. Was durch Feuer zerstörbar war, ging in Flammen auf; auch andere Burgen der Slawnikiden wurden verwüstet und ihre Güter eingezogen. Das tragische Geschick dieses alten Fürstengeschlechtes Böhmens hatte sich damit bereits größtenteils erfüllt. Als Adalbert selbst 997 den Märtyrertod starb, war außer dem unebenbürtigen Gaudentius nur noch ein Glied der Familie am Leben, Soběbor. Und auch dieser fiel 1004 auf der Prager Brücke, als er im Bunde mit dem Herzoge von Polen nach Böhmen gekommen war, um die gesunkene Fahne seines Hauses von neuem zu erheben. Man begreift, wenn Thietmar erzählt: „Er hinterließ seinen Feinden große Freude, den Seinigen unsägliche Trauer[406].‟

Kanaparius scheint die Zerstörung von Libice ins Jahr 996 zu setzen. Es handelt sich aber wahrscheinlich hier lediglich um einen Schein[407]. Der Bericht Brunos, der zweifellos der zuverlässigen Erzählung Radlas folgte, ergiebt jedenfalls, daß die Eroberung von Libice in einem Jahre geschah, in dem der Wenzelstag, d. i. der 28. September, auf einen Sonnabend fiel. Solch ein Jahr war nicht 996, sondern 995. In dies Jahr legen denn auch Kosmas und die Prager Annalen das Ereignis[408]. Also sicher im Jahre 995, wahrscheinlich schon am Ende von 994, hat Adalbert Prag wieder verlassen. Wie tief muß er erschüttert gewesen sein, als ihn die Nachricht erreichte, daß die Mehrzahl seiner Verwandten gemordet, die Stammburg seiner Väter, die Heimat seiner Jugend, zerstört und verwüstet sei. Die spätere Sage wollte wissen, daß er bei einer Messe, die er vor dem Papste hielt, auf dem Wege übernatürlicher Offenbarung die furchtbare Kunde empfangen und dann im ekstatischen Geisteszustande in Libice geweilt habe, um selbst seinen erschlagenen Brüdern das Totenamt zu halten, während der Papst und die in der römischen Kirche versammelten Andächtigen, über die Hinziehung der heiligen Meßhandlung erstaunt, der Meinung gewesen seien, daß Adalbert in einen Schlaf versunken sei. Man zeigte sogar in Libice (oder Rom?) später den bischöflichen Handschuh, den Adalbert in seinem Geisteszustande von Rom nach Böhmen mitgenommen und dort, weil er zu früh aufgeweckt war, gelassen haben sollte. Er sollte für den Papst, der auf Adalberts Aufforderung nach ihm hatte sehen lassen, der Erweis gewesen sein, daß Adalbert nicht geschlafen hatte, sondern thatsächlich im Geist in Böhmen gewesen war und dort die Totenmesse gehalten hatte[409]). Wie wunderbar und widerspruchsvoll mengt oft die dichtende Phantasie die Vorstellungen von leiblichen und geistigen Vorgängen durcheinander! Das einzige, was wir an dieser Sage wohl als historisch ansehen dürfen, ist, daß Adalbert in Rom war, als die Nachricht von der Ermordung seiner Brüder zu ihm drang. Sie wird dem weltabgekehrten Mönch noch mehr denn zuvor diesen Ort der Wechsel und der Vergänglichkeit verächtlich gemacht haben.

X.

Adalberts Mission in Ungarn, zweiter Aufenthalt im römischen Kloster und zweite Rücksendung.

Die größere Lebensbeschreibung Stephans des Heiligen, wahrscheinlich verfaßt ca. 1106—1126[410]), erzählt, wie der Herzog Geisa (Geiza), der im westlichen Ungarn von Gran aus herrschte, nachdem er schon lange das Christentum begünstigt hatte, endlich sich taufen ließ[411]) und dann in einer Nacht eine Vision hatte, in der ihm mitgeteilt wurde, daß nicht er mit seinen blutbefleckten Händen das Werk der Aufrichtung der christlichen Kirche in seinem Volke vollenden, sondern aus ihm ein Sohn kommen werde, der nach Gottes Rat zu Ende führen werde, was begonnen sei. Zugleich sollte Geisa geboten sein, den Mann in Ehren aufzunehmen, der in geistlicher Sendung zu ihm kommen werde. Nachdem dann noch in der Legende geschildert ist, wie der Fürst nach seinem Erwachen den wunderbaren Vorgang mit sich und seiner Umgebung überlegte, fährt die Erzählung fort: „Während er noch verwundert war über den ihm vom Himmel geweissagten Mann, wurde ihm gemeldet, daß Adalbert, der Bischof der böhmischen Kirche, zu ihm käme und wegen seiner Bekehrung und der Zunahme eines ungeheuchelten Glaubens Gott dem Herrn das Opfer des Lobes darbringen wolle. Da entstand eine unbeschreibliche Freude bei den neuen Streitern Christi. Der Herzog ging dem Knappen Christi mit allen Gläubigen entgegen, nahm ihn in Ehren auf und zeigte, entsprechend der Weisung, die er durch das Gesicht empfangen hatte, aus Furcht und Liebe zu Gott auf alle Weise, daß er ihm (Adalbert) ein gehorsamer Sohn sein werde. Auf Befehl des Fürsten also fanden überall Versammlungen des noch wilden Volkes statt, ergingen von dem heiligen Bischof anhaltende Ermahnungen, wurden bekehrt und getauft die Kinder des Landes, wurden an vielen Orten Kirchen errichtet. Das Licht, welches jeden Menschen erleuchten will, begann unter Austreibung der Finsternis in Ungarn aufzustrahlen, und die Worte der Weissagung wurden erfüllt, die da sagt: „„Das Volk der Heiden, das im Finsteren wandelte, sah ein großes Licht.““ Das Licht des Lichtes ist der unsichtbare Christus, den damals die Heiden zu sehen gewürdigt wurden, da sie, von der Finsternis fortgerufen, ganz glaubten, daß er das wahre Licht, wahrer Gott und wahrer Mensch sei. Unterdessen wurde der von dem Herrn geweissagte Sohn des Fürsten geboren, den nach dem Propheten der Herr kannte, bevor er im Mutterleibe empfangen wurde. Diesen taufte der gottgeliebte Bischof Adalbert entsprechend der Wahrheit seines Glaubens und war derjenige, der ihn aufnahm (in den Christenstand). Der Name, der ihm beigelegt wurde, war Stephanus." Davon, daß Stephan gleich nach der Geburt von Adalbert getauft sei, wie diese Legende berichtet, kann gar nicht die Rede sein. Denn wenn auch noch jung[412]), kam Stephan schon im Jahre 997, vielleicht bereits am Ende von 996, auf den Thron[413]). Seine Geburt wird demnach ins Jahr 980 oder 981 zu legen sein[414]). Um diese Zeit aber war Adalbert noch in Magdeburg. Hingegen ist die Möglichkeit nicht ganz ausgeschlossen, daß Stephan der Heilige in weiter vorgeschrittenem Alter von Adalbert getauft wurde. In einer Reihe von Quellen wird seine Taufe mit seiner Ehelichung der deutschen Prinzessin Gisela, einer Tochter des Herzogs Heinrich von Bayern, in Zusammenhang gebracht[415]), einem Ereignis, welches noch zu Lebzeiten des Vaters Stephans, des Herzogs Geisa († 996 oder 997), stattfand[416]). Bruno aber — und damit kommen wir bezüglich Adalberts auf den Boden zuverlässiger historischer Ueberlieferung — schreibt: „Es darf nicht verschwiegen werden, daß er den benachbarten Ungarn erst seine Boten sandte, dann sich selbst zeigte und ihnen, die erst wenig vom Irrtum bekehrt waren, denn auch einen Schatten des Christentums aufprägte[417])." Wie diese

Worte Brunos lauten, kann daran, daß Adalbert einen persönlichen Besuch in Ungarn machte, gar nicht gezweifelt werden[418]), und zwar ergiebt sich als Zeit desselben, sofern Bruno ihn im Zusammenhang mit Adalberts zweitem Fortgange von Prag erwähnt, das Jahr 994/5[419]). Es ist ja auch so begreiflich, daß Adalbert gerade damals, als in Prag nichts mehr zu hoffen war, nach Früchten in Ungarn verlangte. Die Zeit des Besuches Adalberts in Ungarn also und die Zeit, in welcher Stephan Gisela heiratete, können wir ohne Schwierigkeit wenigstens nahe aneinanderrücken. Nichts destoweniger bleibt es ganz unwahrscheinlich, daß Stephan von Adalbert getauft ist. Die angeführte Stelle aus der größeren Lebensbeschreibung Stephans ist das früheste Zeugnis dafür, wenngleich angenommen werden kann, daß ihre Aussage in Ungarn nicht neu war. Die ältesten und zuverlässigsten Quellen über Adalbert erwähnen von einer Taufe Stephans durch ihn nichts. Und Bruno hätte doch gerade an der zuletzt zitierten Stelle beste Gelegenheit zur Erwähnung derselben gehabt, wenn ihm von der Sache etwas bekannt gewesen wäre. Die Taufe eines ungarischen Prinzen und nachmaligen Königs war gewiß ein bemerkenswertes Ereignis. Auch die kleinere und ältere Biographie Stephans schweigt davon[420]). Andererseits kann mit Fug und Recht in Zweifel gezogen werden, ob jene erst um 1050 und zwar in Deutschland aufkommende Nachricht, die Stephans Taufe in ein vorgerücktes Alter fallen läßt, Glauben verdient. Es steht unabhängig von Stephans Biographien fest, daß bereits Geisa Christ war. Ja, Thietmar berichtet, daß er seine Unterthanen mit Gewalt zu Christen zu machen suchte. Wunderbar wäre es gewesen, wenn er trotzdem den eigenen Sohn bis in das Jünglingsalter hinein ungetauft gelassen hätte. Wahrscheinlich ist es, daß wir es auch bei der Erzählung von Stephans Taufe durch Adalbert mit einer Nachricht zu thun haben, die lediglich aus dem Verlangen einer Nation hervorging, dem gefeierten böhmischen Heiligen auch in ihrer Geschichte eine wichtigere Rolle zuerteilt zu sehen[421]). Ungarn hätte sich mit der Thatsache zufrieden geben sollen, daß auch auf seinem Boden Adalbert zu wirken versucht hatte. Bedeutendere Erfolge hat er im ungarischen Volke nicht erzielt[422]). Das ergiebt sich klar aus der Art und Weise, wie Bruno von den christlichen Zuständen in Ungarn zu seiner Zeit redet. Im Jahre 996/97 und später war das Christentum Ungarns noch ganz mit Heidentum vermengt, lau und

ängstlich, und darum in Brunos Augen weniger wert als Barbarei.
Nach einer späten polnischen Chronik wäre Adalbert sogar geradezu
durch eine Verfolgung aus Ungarn vertrieben[423]. Dagegen spricht,
daß Radla nach der Zerstörung Libices nach Ungarn gegangen ist[424])
und Adalbert später mit der ungarischen Fürstin in höflichem Brief-
verkehr stand[425]). Gewiß aber ist, daß Adalbert nicht lange in Ungarn
geblieben ist. Bald war er wieder in Rom.

In Rom nahmen ihn die Mönche von St. Alexius mit großer
Freude auf. Besonders auch sein Abt gab ihm Beweise der Liebe
und setzte ihn als ersten nach sich über die ganze Klostergemeinschaft,
machte ihn also zum Propst oder Prior[426]). Dadurch kam Adalbert
mehr als zuvor mit den Gästen des Klosters in Berührung. Bruno
sagt in Bezug auf diese Zeit: „Er hatte aber besonders den Brauch,
die Gespräche der geistlich Lebenden und Mönchshäupter zu suchen,
die dort infolge der Karitas des Abtes häufig zu mehreren zusammengeströmt waren. Es kamen nämlich die trefflichsten Griechen. Es
leisteten ihren Kriegsdienst die ihnen ähnlichen Lateiner. Den ersti-
genannten vier war der fromme Basilius, den letzten vier der große
Benediktus Führer oder König. In ihrer Mitte wandelnd und nach
Gott dürstend, nahm hin und verschlang Adalbertus Worte des Lebens.
Entzückt zum Himmel, betrachtete er in Gemeinschaft der Brüder auf
süßere Weise Gott. O, wie oft erinnere ich mich, den Abt Johannes,
wenn ich ihn der Erbauung wegen angesprochen hatte, unter hervortretenden Thränen sagen gehört zu haben: „„Wo sind meine Perlen?
Wo sind die süßen Speisen meiner Seele?"" Wenn die heiligen Männer
zusammenkamen, regneten dort die Worte Gottes, liefen hin und her
entzündete Gedanken, brannte Feuer über dem Lande des Herzens,
bezeugte die Gegenwart Gottes die Thränenwoge der Reue. Dies
war der Abt Gregor[427], dies der Vater Nilus, dies der gute und
schwache Johannes[428], dies der arglose Stratus, ein vereinzelter
Engel auf der Erde; dies war von den Gottesoberen aus Rom der weise
Johannes, der schweigsame Theodorus, der unschuldige Johannes[429],
der herzenseinfältige Leo[430], ein Freund der Psalmen und stets bereit
zu predigen[431]." Das stille, geistersfüllte Kloster auf dem Aventin
war für Adalbert wie eine Arche[432]), in der er Bergung fand vor der
Sündflut der Welt. Derselbe Geist, der uns aus Brunos Schilderung
des Verkehrs der Mönche in St. Alexius anweht, tritt uns auch in

den wenigen von Adalbert selbst herrührenden Worten der schon erwähnten Homilie entgegen, welche Adalbert, wie wir annehmen, in dieser Zeit, als er Prior war, in St. Alexius vorgetragen hat. Indem er seinen Zuhörern das Vorbild des heiligen Alexius vor Augen stellt, redet er von der Verachtung der Welt, der Abtötung des Leibes, der inbrünstigen Sehnsucht, Christo zu folgen. Wie er eitele Ruhmsucht als Schuld hinstellt, so preist er die Liebe zu Gott, die das Herz entzündet und stark macht, alle Widerwärtigkeiten der äußern Lage zu ertragen. Wer die fleischlichen Lüste flieht, wird würdig, aufgenommen zu werden in das Brautgemach des Herrn. Alles ist gemeint im Sinn des Mönchtums und seiner abtötenden Askese. Dieser widmete er sich nun von neuem mit ganzer Hingabe, ja er that darin mehr als zuvor, sodaß sein Abt und die Mönche ihn als solchen bezeichneten, der in allen Stücken vollkommen und bis auf die Krone des Martyriums bereits ein Heiliger sei[223]). Bestimmter tritt uns in diesem letzten Ausspruch entgegen, wie das schwärmerische Mönchtum dieser Zeit bereits überhaupt über die Askese hinaus die Gedanken aufs Martyrium gerichtet hatte und in diesem die höchste Vollendung eines Heiligen sah. Es verfuhr darin völlig konsequent. Himmelstürmerisch war seine Richtung. Das Martyrium aber galt schon der alten Christenheit als die höchste That, als der letzte Schritt, der Christus vollkommen gleich mache, als die Bluttaufe, die auch die schwersten Sünden sühne. Was in den Zeiten der Verfolgungen einst über die Christenheit als ein Geschick gekommen war, sucht nun das enthusiastische Mönchtum wie einen Raub an sich zu bringen. So hatte Adalbert in dieser Zeit in Rom eine Vision, in der sich die Stimmung seines Herzens abspiegelte. Gott zeigte ihm zwei Stände des Himmels, einen in purpurner, den anderen in schneeweißer Gewandung, jeden mit besonderem Verdienst und besonderem Lohne, beide sich speisend und tränkend vom ewigen Lobe des Schöpfers. Dabei erging an ihn die Stimme: "Unter beiden wartet dein ein Platz, Tischgemeinschaft und angemessenste Ehre[224])." Weiß war die Farbe der Tugend, Rot die des Martyriums[225]). Bei Adalbert mochte zu der Sehnsucht nach des Himmels schönster Krone eine stille Ahnung hinzukommen, daß aus den Verwickelungen seiner Lebensschicksale nur das Martyrium hinausführen werde. In dieser Stimmung fand ihn der sechzehnjährige Otto III., der im Mai 996 nach Rom kam[226]), um sich die Kaiserkrone aufs Haupt setzen zu lassen.

Otto III. hat, obwohl er jung war, sich wenig imponieren lassen. Was hatte ihm, dem Enkel der Kaiser des Ostens und des Westens, die Welt an Größen zu bieten? Aber derselbe Fürst, der sich in gesteigertem Selbstbewußtsein mit der steifen Etikette des byzantinischen Hofes umgab, der dem Papst neben sich keine andere Stellung einräumen wollte, als sie der Patriarch von Konstantinopel neben dem griechischen Kaiser inne hatte, beugte sich vor den Männern mönchischer Heiligkeit. Ihnen setzte er sich zu Füßen und konnte bei ihren Worten Thränen vergießen. Es war nicht nur so, daß es ihm schmeichelte, durch sie auf einen Standort erhoben zu werden, von dem er auch auf die Herrlichkeit der eigenen Stellung, deren er sich voll bewußt war, wie auf etwas unter seinem Fuß Liegendes herabsah. Wenn sie redeten von der Nichtigkeit der Welt und ihrem Todesweh, dann hallte ein Echo in seiner Seele wieder, und die Erwartung eines nahen Weltendes, die vor dem Jahre 1000 durch die Herzen aller Ernstgesinnten ging, erhöhte die Feierlichkeit seiner Stimmung. Wir haben vielleicht anzunehmen, daß er Adalbert bereits persönlich kannte, als er 996 nach Rom kam. Eine Stelle bei Kosmas[437] besagt, daß Adalbert einmal bei einem Kaiser Otto in Aachen weilte und damals von demselben allerlei kostbare Sachen für sein Amt beim Abschiede zum Geschenk erhielt: eine Alba (Untertalar), eine Dalmatika (bischöfliches Obergewand mit Aermeln), eine Kasula (Meßobergewand), eine Kappa (Bischofsmantel) und ein Facitergium (Schweißtuch)[438]. Kosmas bemerkt, diese Dinge würden noch in der Prager Kirche als Paramente des heiligen Adalbert aufgehoben. Manches, was der böhmische Chronist bei dieser Gelegenheit erzählt, ist ja durchaus unglaubwürdig. Vor allem widerspricht es völlig der Chronologie, wenn er Otto II. den Kaiser sein läßt, bei dem Adalbert sich aufhielt. Ist an seiner Nachricht etwas, so kann es sich nur um Otto III. gehandelt haben. Auch wenn wir dessen Namen einsetzen, bleibt dann noch sagenhaft, was Kosmas von dem Kroneaufsetzen erzählt, welches Adalbert bei der Osterfeier an dem Kaiser auf dessen Anordnung anstatt des Erzbischofs vollzogen haben sollte. Trotzdem könnte in Kosmas' Bericht ein wahrer Kern sein. Es erscheint so begreiflich, daß der Bischof des böhmischen Landes, der außerdem noch mit dem sächsischen Königshause verwandt war, sich zu irgend einer Zeit dem jungen deutschen Könige vorstellte. Wußte man bezüglich der von

Kosmas erwähnten Paramente, daß sie Geschenke des Kaisers an Adalbert waren, so konnten die genaueren Einzelheiten, die Kosmas über die Berührung Adalberts und des Kaisers mitteilt, gar leicht von der dichtenden Phantasie des Volkes nach und nach hinzuersonnen werden. Auch die Angabe, daß Adalberts Besuch am kaiserlichen Hofe zur Osterzeit in Aachen stattfand, kann man, weil sie sich mit den uns aus Ottos III. und Adalberts Leben bekannten Daten nicht vereinigen läßt, zu den Erfindungen der Sage rechnen[439]), ohne daß man deshalb genötigt wäre, zu bezweifeln, daß einmal eine Begegnung zwischen Adalbert und Otto III., bei welcher der König Adalbert Geschenke machte[440]), sich ereignete. Daß alles, was Kosmas erzählt, auf Adalberts Aufenthalt bei Otto III. in Mainz unmittelbar vor seiner Reise nach Polen und Preußen im Jahre 996 zurückzuführen sei, möchte ich nicht annehmen. Man müßte sonst meinen, daß die Paramente Adalberts 1039 über Polen nach Prag gekommen wären. Sie werden aber von Kosmas bei seiner Schilderung der Ueberführung der Reliquien Adalberts von Gnesen nach Prag in dem genannten Jahre nicht erwähnt[441]). Allerdings giebt Kosmas seiner Erzählung von Adalberts Berührung mit dem Kaiser Züge, wie sie dem letzten Abschiede Adalberts von Otto III. entsprechen. Mag nun Otto Adalbert schon gekannt haben oder nicht, eigentlich nahe wird er ihm erst jetzt in Rom getreten sein. Kanaparius schreibt: „Jener sehr christliche Kaiser, der für die Knechte Gottes (d. h. die Mönche) immer von größtem Eifer und fleißiger Fürsorge war, redete in dieser Zeit häufig mit dem heiligen Adalbert und hielt ihn bei sich in vertrauter Nähe, indem er gern hörte, was immer jener ihm sagen mochte[442]).“ Adalbert hat wie keiner magnetisch den edlen jungen Herrscher angezogen. Und unverständlich ist das nicht. Gähnte auch bei Otto eine tiefe Kluft zwischen den Idealen, denen sein hochstrebender Geist nachging, und der prosaischen, ja rauhen Welt der Realitäten, so hatte Adalbert den Zwiespalt zwischen dem, wie er die Welt haben wollte, und dem, wie sie war, in seinen Lebensführungen in schmerzlichster Weise kennen gelernt, und er konnte mit der Glut eines in eigener Erfahrung belehrten Herzens reden, wenn er Otto den Weg zeigte hinaus aus den Wirren und Unvollkommenheiten dieses Daseins. Dabei besaß er ein Herz, welches der Erwärmung fähig war, und es mochte sich in ihm, als er den jungen Fürsten vor sich sah, etwas von den Gefühlen melden,

7*

die der Heiland angesichts des reichen Jünglings hatte: „Er sah ihn an und liebte ihn". Solch wahres, echt menschliches Empfinden ohne Falsch hat diejenigen, die auf den Höhen dieser Welt wandeln müssen und meist von viel Selbstsucht umgeben sind, stets mit Vertrauen erfüllt. Und so wird es auch Otto wohl gethan haben, in Adalbert einmal die Liebe reden zu hören, die sich sorgte um das Heil seiner Seele. Der Gedanke an die Ewigkeit hat seitdem Otto nicht mehr verlassen, wenn er auch in Anleitung seines Lehrers die Seligkeit auf einem Wege zu schaffen suchte, welcher vor dem evangelischen Urteile als der wahrhaft Frieden gebende nicht erscheinen kann. Lange hat das Zusammensein Adalberts und Ottos in Rom nicht gewährt, nur wenige Tage[443]). Der Kaiser ging nach Deutschland zurück, und auch Adalbert war es nicht bestimmt, in Rom zu bleiben. Höchstens ein und ein halbes Jahr hat sein zweiter Aufenthalt im Kloster von St. Alexius gedauert. Willigis, der mit dem Kaiser in Rom weilte, erhob von neuem seine Stimme, um Adalberts Rücksendung nach Prag zu bewirken. Er war offenbar mit Adalberts zweitem Fortgange von Prag viel weniger zufrieden gewesen als mit dem ersten. Nachdem die Böhmen im Jahre 992 weitgehende Zugeständnisse gemacht hatten, war Willigis' Ansicht zweifellos, daß Adalbert nun in Prag aushalten müsse, und wenn der Himmel über dem Hradschin zusammenbrechen sollte. Demgemäß wird er bald nach Adalberts Ankunft in Rom Vorstellungen gemacht haben. Ob Johann XV. jetzt von neuem einen Verzicht Adalberts angenommen hatte, darüber kann das Urteil schwanken. Seine Entscheidung von 992 kann so verstanden werden, daß er Adalbert für den Fall der Erneuerung der Widerspenstigkeit von seiten des böhmischen Volkes nur die Erlaubnis geben wollte, seinen Wohnsitz außerhalb seines Sprengels zu nehmen und die Ausübung seiner bischöflichen Funktionen einzustellen. Ist Johann darüber nicht hinausgegangen, so beanstandete Willigis nach 994/5 nicht die Rechtsgültigkeit einer Verzichtannahme von seiten des Papstes, sondern nur die Berechtigung oder Angemessenheit einer päpstlichen Erlaubnis an Adalbert, sich von der Ausübung seiner Hirtenstellung fernzuhalten. Auf Johann XV. scheinen Willigis' neue Beschwerden wenig Eindruck gemacht zu haben. Aber er war anfangs April 996 an einem Fieber gestorben, und an seiner Statt war ein Priester der königlichen Kapelle, Prinz von Geburt, der Sohn Ottos von Kärnten, als Gregor V. auf den päpstlichen Stuhl erhoben, der erste deutsche Papst. Er war auch noch jung. Die Geschicke der abendländischen Welt lagen damals in den Händen zweier edler deutscher Jünglinge. Kanaparius charakterisiert Gregor V.: „In den weltlichen Wissenschaften war er hervorragend gebildet und seinem Geschlecht nach selbst von königlichem Geblüt, zwar von großer Begabung, aber, was weniger gut war, von gar aufbrausender Jugend⁴⁴⁴)." Da er in den Anschauungen des deutschen Klerus erzogen war, konnte Willigis von vornherein darauf rechnen, daß er bei ihm leichter in Adalberts Angelegenheit eine Entscheidung nach seinem Sinne durchsetzen werde. Gleich auf Gregors erster Synode zu Rom Ende Mai 996 kam die Sache zur Verhandlung⁴⁴⁵). Willigis entrollte die Kanones und rief vor allen Vätern, daß er Gerechtigkeit fordere. Es sei eine Sünde, daß, während jede einzelne Kirche ihren Gemahl habe, Prag allein seines Hirten verwitwet gehen solle. Mit Freimütigkeit verlangte er, daß man den berechtigten Forderungen ein williges Gehör und der verwitweten Kirche ihren Gatten zurückgeben solle. Wie diese Nachrichten, welche wir bei Kanaparius über Willigis' Verhalten auf der römischen Synode von 996 empfangen, lauten, kann diesmal gar kein Zweifel obwalten, daß er seinen Standort in gewissen Ausführungen Pseudoisidors oder in den ihnen zu Grunde liegenden Quellen nahm. Auf dem Rückwege nach Deutschland ließ er nicht ab, in immer neuen Briefen seine Mahnung zu wiederholen, bis der Papst versprach, daß er ihm willfahren werde. Nach Bruno bedurfte es dieses Drängens gar nicht mehr⁴⁴⁶). Nach ihm hatte der Papst selbst schon auf der Synode aus den Schriften dargethan, daß der einmal Anerkannte nicht ungestraft seine Herde im Stich lassen könne. Und die tagenden Bischöfe hatten gerufen: „Mag er wollen oder nicht, der Gottesmann soll gehen. Sonst soll er gebunden werden mit den Banden des Anathems⁴⁴⁷)." Wie Bruno über des Papstes Ausdrücke berichtet, hat letzterer sich an denselben Bestimmungen orientiert, die für Willigis maßgebend waren. Es siegte also auf dieser Synode ganz die Anschauung des Mainzer Metropoliten. Für Adalbert war das nicht ohne Härten. Zwar wird man aus dem Verhalten der Synode schließen dürfen, daß ähnliche Sperrungsmaßregeln gegen Adalbert, wie sie bei seinem ersten Fortgange von Prag vorlagen, bei seinem zweiten Aufbruch aus Böhmen nicht erlassen waren, daß vielmehr die Böhmen äußerlich an den Abmachungen des Jahres 992 festgehalten hatten.

Trotzdem erging der so umstandslose Befehl, nach Böhmen zurückzukehren, an Adalbert unter weit ungünstigeren Verhältnissen, als wie sie 992 für ihn bestanden hatten. Hatte sich damals der Herzog selbst um Adalberts Rückkehr bemüht, so war diesmal von solchem Entgegenkommen gar nicht die Rede. Im Gegenteil, vielleicht sind gleich nach Adalberts Fortgange von maßgebender Stelle in Prag Schritte gethan, um Strachkwas an Adalberts Platz zu bringen⁴⁰⁷). Hatte im Jahre 992 fast das ganze böhmische Volk Adalberts Wiederkunft mit Sehnsucht entgegengeschaut, so herrschten jetzt völlig die ihm feindlichen Parteien, und der Haß derselben war eben in der Ermordung seiner unschuldigen Brüder und der Zerstörung seiner väterlichen Burg auf schreckliche Weise zum Ausdruck gekommen. Adalbert empfand denn auch die Entscheidung der Synode, obwohl sie, wie es scheint, auch den Wünschen seines kaiserlichen Freundes entsprach⁴⁰⁸), wie eine Grausamkeit. Er bat beim Papst um eine geheime Audienz und richtete an ihn, wie Bruno erzählt, folgende Worte: „Der Feind mißgönnt mir meine Ruhe. Er treibt euch mit seinem Stachel an, daß ihr mich dahin zurückzukehren nötiget, wo ich keinen Gewinn an Seelen machen, selbst aber grausen Schaden nehmen werde. Lindere meine Trübsal! Laß mir ein Heilmittel gegen das Erliegen! Gieb mir für meinen trüben Abschied wenigstens einen Trost! Wenn meine Schafe auf die Stimme, die ich ertönen lasse, hören, so mag ich mit ihnen leben und sterben; wenn nicht, so gewähre deine Barmherzigkeit mir die Hülfe, daß ich, da sie sogar die Worte des Lebens verachten, mit deiner Erlaubnis hingehen darf, den wilden Heiden draußen, die den Namen Gottes nicht kennen, zu predigen⁴¹⁰).“ Es lassen diese Worte ersehen, daß Adalbert selbst in seinem Gewissen zu der Prager Sache jetzt keine andere Stellung einnahm als damals, als er zum ersten Mal mit Johann XV. verhandelte. Seine bewegte Vorstellung blieb auf Gregor V. nicht ohne Eindruck. So kam es, daß Adalbert gestattet wurde, falls die Böhmen sich ablehnend gegen sein Wort verhalten würden, Heidenmissionar zu werden. Das war die einzige Vergünstigung, die ihm gewährt wurde, und diese war eine besondere Gnade lediglich des Papstes Gregor, der so doch auch schließlich, in dieser Sache souverän zu verfügen, sich das Recht zuschrieb. „Gern“, sagt Bruno, „stimmte der Papst Gregor dem Willen des Gottesmannes zu, wie er denn, soweit es die schwankende Jugend zuließ, ziemlich gut war.“ Die Bibel war damals ein Gesetzeskodex. Es liegen Anzeichen vor, daß Adalbert auch deshalb die Heidenmission aufnahm, weil die Apostel, wenn die Juden von ihnen nichts hatten wissen wollen, zu den Heiden gegangen waren. Der Erfüllung seines Gesuches von seiten des Papstes haben die betreffenden Schriftstellen vielleicht eine juristische Grundlage geboten⁴⁵¹). Indes es waren auch sonst schon Fälle vorgekommen, daß Bischöfe ihren Sprengel andern überließen und sich selbst der Missionsarbeit unter den Heiden gewidmet hatten. Von Emmeran, der unter den Bayern missioniert hatte, wurde erzählt, daß er vorher Bischof von Piktavium gewesen sei und dort bei seinem Fortgange einen andern Bischof eingesetzt habe. Vor allem war die Geschichte des Bonifatius bekannt.

Beim Abschiede Adalberts von seinem geliebten klösterlichen Ruheport in Rom, in dem man ihn nach Menschenbenken nicht wieder erwarten konnte, flossen viele Thränen. Ihn aber tröstete über den neuen Verlust seiner mönchischen Ruhe die lebhafte Hoffnung auf den Märtyrertod, nach dem er jetzt mehr denn je glühendes Verlangen hatte. Und Bruno ruft ihm, indem er sich im Geist in jene Stunde des Abschiedes Adalberts von Rom zurückversetzt, die Worte nach auf den Weg: „Fürchte dich nicht, du Mann Gottes! Da du einen Auftrag hast, ziehe sorglos! Der Stern des Meeres wird vorangehen auf deiner Straße, und der Führer der Guten, der treueste Begleiter Petrus, wird mit dir sein⁴⁵²)."

XI.
Von Rom über Deutschland, Frankreich, Polen nach Preußen.

Im Sommer 996, wohl in der zweiten Hälfte des Juli, verließ Adalbert Rom und reiste in Gemeinschaft mit dem Bischof Notker (Notherius) von Lüttich, der besonders als Förderer des Unterrichtswesens seiner Zeit bekannt ist und von Kanaparius als Mann von besonderer Auszeichnung charakterisiert wird, nach Norden⁴⁵³). In Mainz traf er nach fast zweimonatlicher Reise von neuem mit Otto III. zusammen und blieb bei ihm eine gute Weile⁴⁵⁴). Es war im September

996⁴²³). Er pilgerte dann noch zu Fuß zu den Grabstätten der berühmtesten Heiligen Frankreichs, des heiligen Martin in Tours, des heiligen Dionysius bei Paris, des heiligen Benedikt in Fleury, des heiligen Maurus in St. Maur⁴²⁶). Sein Zweck konnte kein anderer sein, als sich den Segen und Beistand dieser Heiligen für die Wendungen, die sein Leben nunmehr nehmen konnte, zu erflehen. "Dieser Männer heilige Ruhestätten und ähnliche, wenn sie ihm etwa begegneten, durcheilte er, den die Sehnsucht nach der Ewigkeit anwehte, Adalbert, zu Fuß und rief Helfer auf zu seinen Kämpfen⁴²⁷)." Auf der Rückkehr besuchte er noch einmal auf kurze Zeit den Kaiser⁴²⁸). Es kann wohl nicht vor Mitte November gewesen sein⁴²⁹). Der Verkehr zwischen den beiden gestaltete sich bei diesem zweimaligen Zusammensein in Deutschland noch inniger und vertraulicher als bisher. Adalberts Nachtlager war im Schlafgemache Ottos, und zu jeder Zeit, am Tage und zu nächtlicher Weile, wenn des Kaisers Geschäfte es erlaubten, gehörte sein Ohr dem Mönche, der wie ein Kämmerer in seinem Kabinette ein- und ausging⁴⁶⁰). Daß dieser enge Umgang Ottos mit Adalbert dem ersteren in mancher Hinsicht nachteilig war, daß er in die Denkweise des jungen Kaisers das mönchische Lebensideal hineintrug, welches sich als mit den kaiserlichen Pflichten unverträglich herausstellen mußte und, vom Standpunkte tieferer religiöser Einsicht aus beurteilt, ja überhaupt nicht wenig ungesunde Züge an sich trug, daß Adalberts Richtung Otto in mancher Beziehung noch phantastischer machte, als er schon von Natur aus war, das alles ist schon oft hervorgehoben, sodaß es nicht nötig ist, darauf weiter einzugehen. Aber falsch würde es doch sein, Ottos Verkehr mit Adalbert nur nachteilige Folgen für den ersteren zuzuschreiben. Es war doch auch etwas Imposantes darin, wenn der Mönch dem Herrscher einprägte, er solle es nicht für etwas Großes halten, Kaiser zu sein, sondern bedenken, daß er wie alle Menschen sterben und seine Schönheit in Verwesung und Staub zerfallen werde; er solle den Witwen den Schutz des Mannes gewähren, den Armen und Waisen ein Vater sein, Gott als den gerechten und strengen Richter fürchten, als milden Spender der Gnade und Quelle der Barmherzigkeit lieben; er solle ängstlich erwägen, wie schmal der Weg sei, der zum Leben führe, und wie wenige durch denselben eingingen, und so in Demut den Rechtschaffenen ein Genosse sein, gegen die Laster der Missethäter aber im Eifer der Gerechtigkeit sich erheben, die Güter der Welt verachten, nach der Ewigkeit trachten, das Bleibende suchen und auf Vergängliches nicht trauen"[461]). Wenn Adalbert die weltflüchtige Stimmung in Otto allerdings genährt hat, so hat er doch auch andrerseits gewiß den Größenwahn und die Weltmachtspläne bei ihm in den Hintergrund gedrängt. Viel schädlicher also als Adalbert hat zweifellos der Franzose Gerbert auf Otto eingewirkt, der mit seinem Einfluß den des slawischen Heiligen ablöste (997). Daß von Gerbert, diesem durch und durch weltlichen Manne, viele wohlthätige Wirkungen auf Otto ausgegangen wären, wird sich schwer zeigen lassen.

In seiner eigenen Lebensweise ließ Adalbert am Hofe des Kaisers durchaus keine Aenderung eintreten. Er fuhr fort nach der mönchischen Regel zu leben, vor allem in demütiger Selbstverleugnung. War alles in tiefen Schlaf versunken, so pflegte er aufzustehen und jenes Werk zu verrichten, welches damals in mönchischen Kreisen auch für besonders verdienstlich galt. Morgens fanden alle in der Umgebung des Kaisers, vom Fürsten herab bis zum Thürhüter, ihr Schuhwerk abgewaschen und gereinigt an seinem Platze stehen. Lange wußte man nicht, wer diese nächtliche Arbeit verrichtete, bis durch den kaiserlichen Kämmerer Wolpharius bekannt wurde, daß Adalbert „der heilige Dieb" war, der die Schuhe nachts entführte[462]). Kanaparius rühmt, daß Adalbert überhaupt in der Hofburg wie ein Knecht aller die niedrigsten Dienste geleistet habe. Von Bruno erfahren wir, daß er in geeigneten Stunden sich regelmäßig damit beschäftigte, die Diener des Kaisers in den himmlischen Dingen zu unterweisen, und daß er dann auch die herumstehenden Großen des Hofes aufs freundlichste ermahnte, das Heil ihrer Seele zu bedenken[463]). Unbekannt bleibt, woher der Interpolator Ademars den legendarischen Zug hatte, Adalbert habe, als er sich am Hofe aufhielt, nachts auch Holz aus dem Walde geholt, um durch Verkauf desselben sich den Unterhalt zu erwerben[464]). Diese Sage mag in Anleitung der Regel Benedikts erfunden sein, die, wie wir ja schon wissen, es als etwas dem Mönch Geziemendes hinstellt, daß er von seiner eigenen Hände Arbeit lebe.

Als Adalbert aus Frankreich zum Kaiser zurückgekehrt war, rüstete er bald darauf zur Weiterreise. Der Abschied von dem Kaiser war ein für beide Teile tief bewegender. Noch einmal sprachen sie vertraulich miteinander. Dann gaben sie sich den Friedenskuß und lagen lange einander in den Armen⁴⁶⁵). Welche Gedanken beide hatten, können wir wieder aus einer Traumvision schließen, die Adalbert am Hofe des Kaisers in Mainz hatte. Er glaubte auf den Hof seines ältesten Bruders zu kommen und in der Mitte desselben ein köstliches Haus zu sehen von schneeweißem Glanze, darin zwei Betten, eines für ihn, das andere für den Bruder, jedes vornehm hergestellt, aber das seine an Pracht bei weitem das andere übertreffend, ganz in Purpur und Seide und zu Häupten mit einer goldburchwebten Leinwand umsteckt, darauf die Inschrift mit goldenen Buchstaben: „Dieses eigenhändige Geschenk bringt dir dar des Königs Tochter, die dir angelobt ist⁴⁶⁶).“ Die Auslegung hatte ihm, als er den Traum dem Kaiser und einigen Vertrauten mitgeteilt hatte, der Palastbischof Leo gegeben: „O Mensch, der du gegen dich selbst bist, schnell wirst du finden, was du suchst. Zweifellos wirst du durch das Geschenk der Jungfrau ein Märtyrer werden⁴⁶⁷).“ Immer bestimmter also wurde in Adalbert die Erwartung des Märtyrertodes. „Ehre sei dir, Jungfrau, Stern des Meeres, die du wie eine gütige Herrin mich, deinen geringsten Knecht, des Anblicks würdigtest", so betete er nach Kanaparius, als er die Deutung seines Traumes empfangen hatte. Der Kaiser aber mochte angesichts der Gefahren, denen Adalbert sowohl in Böhmen als auch unter den Heiden entgegenging, nachgerade auch nicht mehr daran zweifeln, daß sich erfüllen würde, was nach Meinung der frommen Autoritäten immer wieder auf wunderbare Weise angekündigt wurde und dem Wunsche des Heiligen so ganz entsprach. Wie Adalbert war, mußte einem tiefer Blickenden bei ihm die Gefahr eines tragischen Endes noch viel größer erscheinen als bei vielen anderen.

In seinem Bericht über die Reise Adalberts vom kaiserlichen Hoflager nach Polen ist Kanaparius nicht ganz genau. Er stellt es so dar, als sei Adalbert erst in der Richtung auf Böhmen gereist und dann durch die schlimme Nachricht von der Ermordung seiner Brüder veranlaßt, von dem Wege nach Böhmen abzulenken nach Polen⁴⁶⁸). Und doch erzählt er, daß die Katastrophe in Libice erfolgte, als ein Bruder Adalberts (Soběbor) im Feldzuge Ottos war, also im Jahre 995⁴⁶⁹). Unmöglich kann die Nachricht von dem im Herbst 995 Geschehenen erst ein Jahr später zu Adalbert getragen sein. Bruno giebt uns insofern das Richtige, als er klar erkennen läßt, daß Adalbert vom Kaiser direkt nach Polen gereist ist[470]). Von beiden Biographen wird berichtet, daß Adalbert durch Vermittelung des polnischen Herzogs Botschaft nach Böhmen gesandt habe, um eine Erklärung der Böhmen einzuholen, ob sie ihn aufnehmen wollten. Brunos Erzählung unterscheidet sich aber wieder dadurch von der des Kanaparius, daß nach ihm die Boten des polnischen Herzogs schon abgegangen waren, als Adalbert vom Kaiser nach Osten aufbrach, und Adalbert nur noch über das Ergebnis ihrer Sendung im Unklaren war[471]), während Kanaparius offenbar sagen will, daß Adalbert zu Boleslaw von Polen eben zu dem Zwecke reiste, um ihn persönlich zur Absendung der Boten zu veranlassen[472]). Vielleicht muß die Frage offen bleiben, wer an diesem Punkte den wirklichen Verlauf richtiger wiedergegeben hat. Jedenfalls reichen die als gesichert zu betrachtenden Daten aus, uns einen noch deutlicheren Einblick in die Verhältnisse dieser letzten Periode von Adalberts Leben zu geben. Ja, erst jetzt beginnt der Zusammenhang der Ereignisse für uns klarer zu werden. Konnte es bereits auffallend erscheinen, daß Adalbert von Rom aus nicht direkt nach Böhmen ging, sondern erst noch nach Mainz reiste und sich noch längere Zeit im Westen aufhielt, so rundet sich nunmehr alles zu einem verständlichen Bilde ab. Nachdem Adalbert vom Papste die Erlaubnis erhalten hatte, daß er, falls die Böhmen sich weigern würden, seinem Worte Gehör zu schenken, zu den Heiden gehen dürfe, hat er offenbar sogleich unter Zustimmung des Papstes die Absicht gehabt, die Sache so zu erledigen, daß über Polen in Böhmen anfragen ließ, ob man ihn aufnehmen wolle. So begreift man, warum er nach Mainz reiste. Sein Beweggrund wird viel weniger der gewesen sein, den Kaiser noch einmal zu sehen, als der andere, Willigis von der Entscheidung des Papstes zu benachrichtigen und seine Einwilligung zu der Erledigung seiner Sache, wie er sie vorhatte, einzuholen. Er hätte aber gewiß gar nicht versucht, mit Willigis Fühlung zu gewinnen, wenn nicht Aussicht vorhanden gewesen wäre, nun mit demselben ein gewisses Einverständnis zu erzielen. Wir hören nicht, daß Willigis der neuen Wendung der Dinge ernstliche Schwierigkeiten in den Weg gelegt hat. Er wird dadurch entwaffnet sein, daß die Rückkehr Adalberts nach Prag von dem Votum der Böhmen abhängig gemacht werden sollte. Verweigerten diese mit Entschiedenheit die Aufnahme, so war ja nicht abzusehen, wie

Adalbert zu einer Amtsverwaltung gelangen sollte. Willigis hatte früher zu Adalberts Fortgang von Prag geschwiegen, so lange sich die Böhmen noch nicht zu Zugeständnissen und Genugthuung bereit erklärt hatten. Er wird jetzt nicht umhin gekonnt haben, zuzugeben, daß Adalberts Rückkehr nach Böhmen nutzlos sei, wenn die Böhmen ähnliche Hinderungen gegen ihn planen sollten, wie sie ehedem hatten eintreten lassen. Dem allgemeinen Urteil von der Hoheit und Wichtigkeit der Missionsarbeit aber hätte es gewiß widersprochen, wenn er der Absicht Adalberts entgegengetreten wäre, im Falle einer ablehnenden Entscheidung von seiten der Böhmen zu den Heiden zu gehen. Man hat den Eindruck, daß Willigis durch die neuen Vorschläge, welche Adalbert überbrachte, sozusagen die Hände gebunden wurden. Wie sie waren, wird er schwerlich in der Lage gewesen sein, ihnen mit Nachdruck entgegenzutreten. Indem er aber damit rechnen mußte, daß Adalbert in die Heidenwelt abging, wird auch er dem Gedanken einer Neubesetzung des Prager Stuhles näher getreten sein. Wie schon bemerkt ist, berichtet Kosmas, daß Willigis sich nach Adalberts Fortgang nach Polen und Preußen an der Einsetzung eines Nachfolgers für diesen beteiligte, indem er Strachkwas zum Bischof von Prag weihen wollte⁴⁷²), und wir haben keinen genügenden Grund, dieser Nachricht zu mißtrauen, da Kosmas über die Geschichte Adalberts seine besonderen guten Quellen hatte. Nach ihm ist Strachkwas wie einst Adalbert von der Vertretung des böhmischen Volkes gewählt, nachdem man diesen letzteren abgewiesen hatte, und das ist es offenbar, was er Strachkwas zum Vorwurf machte, nämlich daß dieser, nachdem er die Cession Adalberts anzunehmen einst abgelehnt hatte, sich nun, ohne irgendwie mit Adalbert in Verbindung zu treten, von dem Volke an dessen Stelle erheben ließ. Auch in diesem Punkte scheint Kosmas auf Grund zuverlässiger Nachrichten zu schreiben. Es ist aber wahrscheinlich, daß auch für Adalbert, trotzdem daß die Verbindungen zwischen ihm und Böhmen zerstört waren, Strachkwas diejenige Person geblieben war, die er für die geeignetste zur Nachfolge in Prag hielt. Wir wissen ja schon, daß er ihm einst seinen Bischofsstab hatte übergeben wollen, was übrigens, beiläufig gesagt, ein Beweis ist, daß Adalbert eine böhmenfeindliche Politik als Bischof nicht trieb. Wahrscheinlich brachte er, als er nach Mainz kam, auch die Zustimmung des Papstes zu dieser Kandidatur des Strachkwas mit. und er wird wohl auch den Kaiser dafür gewonnen haben⁴⁷³ᵃ). Hat Willigis thatsächlich Strachkwas später weihen wollen, so hat er dies jedenfalls nicht beabsichtigen können, ohne daß der Kaiser Strachkwas acceptiert hatte. Wir werden nach dem Gesagten nicht umhin können anzunehmen, daß es auch für Willigis schließlich Fälle gab, in denen er es für gestattet hielt, ein Bistum neu zu besetzen, während der ursprüngliche Inhaber desselben noch lebte. Bruno hat Adalberts Ablehnung durch die Böhmen als Scheidebrief angesehen und offenbar gemeint, daß durch diesen das Band zwischen Adalbert und Böhmen völlig gelöst sei. Ob auch Willigis so urteilte? Nach jenen Stellen Pseudoisidors, deren oft gedacht ist, gab die Verwerfung eines Bischofs von seiten seiner Herde nicht das Recht zu der Einsetzung eines andern. Für Brunos Darstellung, daß Adalberts polnische Boten bereits ausgesandt waren, als er persönlich zum Polenherzoge aufbrach, spricht, daß Adalbert so lange bei Otto III. verweilte, ja selbst noch einen Abstecher nach Frankreich machte und die Reise nach Polen erst spät im Herbst antrat. Das ist erklärt, wenn man annimmt, daß Adalbert schon am Rhein auf Nachricht wartete⁴⁷⁴). In vollem Einklang mit Kanaparius steht dann das bestimmte Zeugnis Brunos, daß Adalbert die Antwort auf seine Botschaft nach Böhmen schließlich erst bei dem polnischen Herzoge empfing⁴⁷⁵).

Aber hatte denn Adalbert von vornherein die Absicht, seine Verhandlungen mit Böhmen scheitern zu lassen? Man hat geurteilt, daß die Hereinziehung Polens von seiner Seite auf dies Ende berechnet gewesen sei⁴⁷⁶). Daß Adalbert jetzt, wo er unter sehr ungünstigen Verhältnissen es von neuem in Böhmen versuchen sollte, politische Ueberlegungen eintreten ließ, haben wir bereits zugegeben und auch schon hinlänglich erkennen können. Das Bestreben indes, jede Verständigung mit den Böhmen unmöglich zu machen, würde über berechtigte politische Erwägungen hinausgegangen sein. Adalbert könnte bei solchem Verhalten von Machination nicht freigesprochen werden. Die günstige Meinung, welche man von dem Heiligen hat, darf gewiß sich nicht zu em Glauben steigern, daß er von allen Schwächen frei und dessen nicht fähig gewesen wäre, auch einmal einen Weg zu beschreiten, den ein strenges Urteil nicht billigen darf. Als es ihm darauf ankam, für seine Missionsreise nach Preußen Radla als Begleiter zu gewinnen, der sich damals in Ungarn befand, schrieb er an die ungarische Fürstin:

„Wenn zwingende Umstände und Unentbehrlichkeit es fordern, behalte meinen Pädagogen; wenn das aber nicht der Fall ist, so schicke ihn um Gottes willen zu mir!" Heimlich aber sandte er zugleich an Radla selbst einen andern Brief, worin stand: „Wenn Du es mit gutwilliger Erlaubnis möglich machen kannst, so ist es schön; wenn nicht, so versuche auch auf dem Fluchtwege zu dem zu kommen, der sehnsüchtig nach Dir verlangt, Deinem Adalbert[477])!" Ganz aufrichtig wird man dies nicht finden können, wenn Adalbert auch nicht mehr that, als die Politik zu gestatten pflegt. Ein Heiliger im Sinne der Vollkommenheit war Adalbert nicht. Aber daß er, indem er der an ihn ergangenen Weisung, nach Böhmen zurückzugehen, folgte, sich nur äußerlich den Schein des Gehorsams gegeben, in Wirklichkeit aber darauf hingearbeitet habe, eine Einigung mit Böhmen seinerseits zu hintertreiben, diesen Vorwurf zu erheben, fehlt es doch an hinreichenden Gründen. Nein, wie die Verhältnisse lagen, wird es für ihn Notwendigkeit gewesen sein, sich mit Polen in Verbindung zu setzen, wie denn ja auch Willigis, soviel wir wissen, keine Einwendung dagegen erhoben hat. In Polen weilte ja der älteste Bruder Adalberts, das fast vereinsamte Haupt seines Geschlechtes. Hier hatten offenbar alle, die ihm ergeben waren, Schutz und Zuflucht gefunden. Wie hätte er, der zum guten Teil mit die Ursache der schrecklichen Katastrophe in Libice gewesen war, an etwas anderes denken können, als gemeinsam mit seinen nächsten Verwandten und seinen Freunden zu handeln? Und wenn er darauf ausgehen mußte, sich in Böhmen von neuem auch eine äußere Stütze zu geben, — wo anders konnte er sie suchen als in der Wiederherstellung der Partei, die mit ihm gefallen war? Hatte diese aber einmal in Polen Schutz und Aufnahme gefunden, so wären die Verhandlungen mit Böhmen gewiß erst recht aussichtslos gewesen, wenn sich der polnische Herzog mit seinen Erklärungen nicht daran beteiligt hätte. Aber wir werden uns auch nicht wundern, wenn wir hören, daß die Böhmen, als seine Botschaft über Polen kam, ihn schließlich noch heftiger von sich abstießen, als es bisher geschehen war. Mit dem Widerwillen gegen ihn, seinen ganzen Standpunkt und sein Haus verband sich nun offenbar noch mehr Argwohn und vielleicht auch die Furcht, daß er die Geschäfte einer fremden Macht besorgen könnte. Wieder werden wir jetzt auch gerade den Herzog und sein Haus auf seiten der Gegner Adalberts vermuten dürfen. So erhielt Adalbert eine Antwort, die Kanaparius mit folgenden Worten wiedergiebt: „Wir sind Sünder, ein Volk der Ungerechtigkeit, ein Geschlecht von steifem Nacken. Du bist heilig, ein Freund Gottes, ein wahrer Israeliter, und hast in allem Gemeinschaft mit dem Herrn. Einen so großen und so beschaffenen Mann halten die Wohnungen und Gemeinschaften der Bösen nicht aus. Und doch, woher kommt diese neue Art, daß der nicht über eine, sondern mannigfache Denkarten verfügende Bischof die von neuem aufsucht, die er so oft abgewiesen und so oft abgeschüttelt hat? Wir erkennen, welch falschen Klang diese Heiligkeit unter frommem Schein ertönen läßt. Wir wollen ihn nicht. Denn wenn er kommt, wird er nicht zu unserm Heil kommen, sondern um das Böse und die Unbill zu strafen, die wir seinen Brüdern gethan haben, und die gethan zu haben uns zur Befriedigung gereicht. Niemand ist, der ihn aufnehmen möchte, auch nicht einer⁴⁷⁸).“ Selbst wenn wir nicht wüßten, daß Staatsbriefe damals von geistlichen Sekretären verfaßt wurden, könnten wir, wenn Kanaparius einigermaßen richtig den Stil der Antwort an Adalbert mitgeteilt hat, erraten, daß sie aus geistlicher Feder kam. Und wieder denken wir an Strachkwas, und es verstärkt sich der Eindruck, daß Kosmas nicht Unrecht hatte, wenn er ihm für die spätere Zeit eine durchaus unfreundliche Stellung zu Adalbert zuschrieb. Durch die Annahme von Gehässigkeit seinerseits wird die andre nicht ausgeschlossen, daß Adalbert ihn nach wie vor für den Prager Bischofsstuhl für die geeignetste Person hielt. Indem seit Adalberts zweitem Fortgange von Prag offenbar auch dessen Verhältnis zum Herzog ganz und gar erschüttert war, wird auch Strachkwas von den Gesichtspunkten der Familienpolitik ergriffen sein. Er kannte genau Adalberts Ansicht vom böhmischen Volke, auf welche die Antwort an Adalbert in höhnischer Weise Bezug nimmt, und er hat vielleicht in jener kritischen Zeit die politische Korrespondenz seines Bruders erledigen helfen. Schon früher hat er Urkunden für seinen Bruder ausgefertigt⁴⁷⁹). Es gewinnt auf diese Weise auch noch die Nachricht des Kosmas an Glaubwürdigkeit, daß Strachkwas bei der Feier seiner Konsekration in der Mainzer Kathedrale in Besessenheit oder Wahnsinn verfiel⁴⁸⁰). Bei den religiösen Vorstellungen jener Zeit, nach denen eine Sünde an der geheiligten Person eines Bischofs besonders schwer war, konnten dem leicht vernichtende Gewissensbisse kommen, der eine ähnliche Rolle einem Bischofe gegenüber gespielt hatte, wie wir sie eben bei Strachkwas gegenüber Adalbert zu vermuten Grund finden. Das Mittelalter zeigt oft einen erschütternden Kontrast von Sünde ohne Bedenken und zermalmendem Selbstgericht. Als Adalbert am polnischen Hofe die böhmische Antwort empfing, brach er die heilige Regel Benedikts und ließ ein lautes Lachen ertönen. Dann sprach er nach Kanaparius: "Zerrissen hast Du meine Bande. Dir bringe ich Ruhm und Opfer des Lobes dafür dar, daß ihre eigene Ablehnung meinen Hals befreit hat von den Stricken und Fesseln der Hirtensorge. Ich bekenne, o guter Jesu, daß ich von heute ab ganz Dein bin; Dir, Du Herrscher von ewiger Kraft, sei Lob, Ehre und Ruhm! Du wolltest die nicht, die Dich nicht wollen und vom Wege der Wahrheit in ihrem Trachten abweichen[48])." Bruno giebt die Worte in einer interessanten Variation: "Zerrissen hast Du, Gott, meine Bande. Das ist es, was ich mit Inbrunst erwartet und mit Verlangen ersehnt habe. Beseitigt ist meine Gefahr. Wie kann ich eine Herde regieren, die mir ins Gesicht antwortet, daß sie mich nicht will? Herrlich! Nun fürchte ich nicht mehr den zurückrufenden Papst, auch nicht den Hiobsposten bringenden Brief des ungnädigen Erzbischofs. Diejenigen, die vordem mich durch ihre heidnischen Werke in die Flucht trieben, siehe, sie sagen mit offenen Worten: ""Wir wollen Dich nicht""[49]"".

Woher kommt es doch, daß Adalberts Lachen den Eindruck der Natürlichkeit nicht recht auf uns machen will? Es ist das einzige Mal, wo sich uns beim Lesen seiner Biographien der Gedanke aufdrängt, daß vielleicht doch tief in seinem Innern, wenn auch niedergekämpft, ein nagender Zweifel wohnte, ob auch Gott ihn schon von seinem böhmischen Bischofsamte habe entbinden wollen. Jetzt jedenfalls wollte er an das göttliche Placet fest glauben.

Die hervorragenderen slawischen Herrscher dieser frühen Zeit haben etwas von der Art junger ungeschlachter Löwen. Sie können die Wildheit und Grausamkeit ihrer Natur, die aus einer langen heidnischen Vergangenheit ererbten rohen und zuchtlosen Formen noch nicht ganz verleugnen. Aber es fehlt ihnen nicht die edle Rasse. Boleslaw Chabry[50]), den Adalbert aufgesucht hatte, war eines nicht unbedeutenden Vaters berühmterer Sohn. Noch mehr als sein Vater Miseko ist er der Begründer der polnischen Macht gewesen. Ja, man hat nicht Anstand genommen, ihn als den größten unter allen Herrschern zu bezeichnen, die Polen gehabt hat, als einen Fürsten, der gleich in der Jugendzeit des Reiches in kühnem Fluge des Geistes alles das vorweg genommen habe, was Polen werden konnte, und soweit es in einem kurzen Menschenleben möglich war, die Verwirklichung seiner Gedanken durchgesetzt habe. Nach Norden und Süden, Osten und Westen führte er Kriege. Pommern links von der Weichsel bis zu den Gestaden der Ostsee unterwarf er seiner Herrschaft. Über Schlesien hinaus dehnte er seine Macht nach Mähren[404]) und zeitweilig auch über Böhmen aus. Auf Preußen richtete er seine Pläne. Die Königskrone in seinen weiten Gebieten zu tragen, war sein letztes Ziel, das er auch nach Heinrichs II. Tode († 1024) meinte erreicht zu haben, indem er sich selbst krönte († 1025). Und wie auf den äußern Glanz seiner Herrschaft war er nicht minder bedacht auf Umwandlung der inneren Verhältnisse seines Landes. Es sollte auf die Höhe der westlichen Reiche gehoben werden. Deshalb war er ein Freund der Kirche. Er rühmte sich, ein Tributpflichtiger des heiligen Petrus zu sein[405]). Um die christlichen Gebräuche unter seinem Volke zu befestigen, scheute er nicht den größten Zwang. Wer in der Fastenzeit Fleisch aß, wurde mit Zähneausreißen bestraft[406]). Fielen ihm die eigenen Sünden, deren Zahl nicht abbrechen wollte, aufs Gewissen, befahl er die kirchlichen Gesetzbücher zu bringen und festzustellen, welche Sühne er für seine That zu leisten habe. Dann wurde der ermittelten Vorschrift Genüge gethan[407]). Man sieht, welche Auffassung vom Christentum sich bei der damaligen Art der Kirche in dem Kopfe eines Vertreters der jungen, eben bekehrten Völker bildete. Thietmars Urteil über Boleslaws Persönlichkeit ist ungünstiger. Aber es muß doch etwas Gewinnendes in dem Wesen dieses halb kultivierten Herrschers gelegen haben. Zu den edelsten, geistvollsten und christlichsten Männern seiner Zeit gehörte der uns aus seiner Schrift von Adalbert ja nun schon hinlänglich bekannte sächsische Grafensohn und Heidenbischof Bruno von Querfurt, und er sagt in seinem interessanten Briefe an Heinrich II., in dem er sich für Aussöhnung mit Boleslaw verwendet: „Ich liebe diesen Fürsten wie meine Seele und mehr als mein Leben"[408]).

Die Gottesknechte nahm Boleslaw, wie derselbe Bruno an anderer Stelle erzählt, mit besonderer Freundlichkeit auf[409]). Bei Adalbert hatte er noch mehr Grund, dies zu thun, als bei anderen. Dieser war ja der Bruder seines Schützlings, das berühmteste und einflußreichste Glied einer ihm befreundeten böhmischen Fürstenfamilie, der Bischof eines Landes, an dessen Verhältnissen er besonderes Interesse nahm. Als Libice gefallen war, hatte er Soběbor, wie Kanaparius erzählt, mit großen Versprechungen und freundlichen Hülfeleistungen getröstet [400]). Er hatte den gegen die Slawnikinger geführten Schlag als auch gegen ihn, mit dem ja Soběbor in Beziehung getreten war, gerichtet aufgefaßt. Es mußte ihn befriedigen, nun auch Adalbert bei sich zu sehen. Dazu kam, daß dieser ein Repräsentant außerordentlicher kirchlicher Heiligkeit und ein intimer Günstling des Kaisers war. Beides gab ihm noch besonderen Nimbus, und unmöglich konnte es Boleslaw gleichgültig sein, daß Adalbert seinem Volkstum nach Slawe war. Römisch wollte Boleslaw sein, aber auch der eigenen Nationalität festeren Bestand geben. Und nun kam in Adalbert der einzige Kirchenfürst seiner Zeit, der beides in sich vereinigte, römische Regularität und slawische Nationalität, und der, wenn er auch im engsten Verhältnis zum Deutschtum und Kaisertum stand, doch gewiß seine Herkunft nicht ganz verleugnet hat. Persönliche, politische, religiöse Gesichtspunkte mußten Boleslaw den böhmischen Bischof besonders lieb und willkommen machen. Wie man sich ihre Begegnung zweihundert Jahre später vorstellte, läßt Vincentius Kadlubek ersehen, welcher schreibt: „Den seligen Adalbert, den Vater und Schutzherrn der Heiligkeit, der durch die grenzenlosen Beleidigungen der Böhmen zum Gipfel religiöser Größe kam, nahm Herzog Boleslaw unterthänigst auf, gewährte ihm in ehrerbietiger Weise Unterhalt und bewies ihm mit allem Eifer seine Verehrung. Der Heilige aber unterrichtete ihn nach vielen Belehrungen kurz folgendermaßen: „„Es ist ein Wort, würdig der Majestät eines Regierenden, sich als einen Fürsten zu bekennen, der durch Gesetze gebunden sei. So sehr hängt das Ansehen der Fürsten von dem Ansehen des Gesetzes ab. Das göttliche Recht aber entscheidet vor dem menschlichen. Denn das Gesetz des Herrn ist ein tabelloses, unbeflecktes Gesetz, welches die Seelen bekehrt. Daher, mein Sohn, in allem, was du thust, entleihe die Form aus dem Spiegel der göttlichen Gerechtigkeit! Denn in der That größer als alles Herrschen ist es, die Herrscherstellung ganz den Gesetzen der Kirche unterwürfig zu machen [401]).““ Adalberts Zielpunkte sind hier nicht ganz unrichtig wiedergegeben." Für ihn begann in Polen allem Anschein nach noch einmal, wenn auch nur für kurze Zeit, eine kirchliche Thätigkeit in größerem Stile. Da er das Ohr des Herzogs hatte, mußte es ihm leicht sein, auf die kirchlichen Verhältnisse Polens einzuwirken, selbst wenn der zuständige Bischof von Posen, der ein Deutscher war, eifersüchtig jedem Eingriffe in seine Amtssphäre gewehrt haben sollte. Aus der dritten alten Quelle über Adalberts Leben, der sogenannten Passio Adalperti, wissen wir, daß in diese Zeit des Winters 996/97 eine Klostergründung von seiten Adalberts fällt[498]). Man hat geurteilt, dieselbe habe in Ungarn stattgefunden. Aber sollte Adalbert von Polen aus in den Wintermonaten 996/97 noch eine Reise nach Ungarn angetreten haben? Besonders der erwähnte Brief an Radla spricht dagegen. Die nicht mehr genau erkenntliche Benennung jenes Klosters wird auf eine polnische Stiftung zu beziehen sein, wahrscheinlich Tremessen, und die Gründung hat offenbar erst stattgefunden, als Adalbert von Polen weiterzog[499]). Zum Abte des neugegründeten Klosters ist nach der Passio Adalperti ein gewisser Ascherikus eingesetzt. Es wird kein anderer gewesen sein als der Ascericus, der auch Anastasius hieß und aus gutem Grunde mit jenem Anastasius identifiziert wird, der uns als Abt von Břewnow begegnete. Mit anderen Worten, es ist höchst wahrscheinlich, daß der erste Abt des neugegründeten Klosters in Polen der Mann war, der vordem im Jahre 993 Abt von Břewnow wurde und schließ= lich in Ungarn als Erzbischof eine bedeutende Stellung einnahm, auch Astrik genannt. Daß der Abt des polnischen Klosters später Erzbischof war, sagt ausdrücklich die Vita Adalperti. Durch Adalberts Fort= gang von Prag mochte auch für den Břewnower Abt ein Bleiben in Böhmen unmöglich geworden sein[494]). Also auch in Polen benutze Adalbert seinen Einfluß zur Einführung des strengeren Mönchtums. Im übrigen wissen wir wenig Einzelheiten von seinem Wirken daselbst. In der Bibliothek des Gnesener Doms wird eine alte Dekretalien= sammlung aufgehoben, die Adalbert nach Polen gebracht haben soll[495]). Bei den mancherlei Rechtsproblemen, wie sie das Leben Adalberts bietet, würde es von Interesse sein, Näheres über diese Dekretalien= sammlung zu erfahren. Es wäre schon bemerkenswert, wenn durch Adalbert gerade eine Dekretaliensammlung nach Polen gekommen wäre: In den angeführten Worten Radlubels könnte eine Bestätigung dafür gefunden werden[496]). Aber bei einem Mann wie Adalbert hat sich das Interesse gewiß nicht auf Herstellung einer äußeren Gesetzlichkeit beschränkt. Er selbst hatte denn doch noch mehr. Bloße Sagen sind es, wenn in Budzejowo bei Mieścisko und in Strzelno noch Steine gezeigt werden, von welchen herab er gepredigt haben soll. Und doch, daß er in Polen gepredigt hat, wird als höchst wahrscheinlich angesehen werden können. Wie er des Lutizischen mächtig war, wird er auch die polnische Sprache beherrscht haben, welche dem Čechischen damals noch näher stand als heute. Der Polen Verehrung schrieb ihm später die Abfassung ihres berühmten geistlichen Nationalliedes zu, das Jahrhunderte hindurch ihre Losung auch in den Schlachten gewesen ist und noch heute bei ihnen in höchsten Ehren steht. Nach seinem Anfange wird es Bogarodzica (Bogu=Rodzica) genannt, und der älteste Bestandteil desselben lautet in deutscher Uebersetzung folgendermaßen:

Gottesmutter, Jungfrau, von Gott geehrt, Maria!
Bei deinem Sohne, dem Herrn, Mutter auserlesen, Maria!
Erwirke uns, laß uns herab — Kyrie eleison —
Den Erlöser, der von dir geboren ist, den Gottessohn!
Höre die Rufe, erfülle der Menschen Herzen!
Vernimm das Gebet, welches wir darbringen!
Und geruhe zu geben, um was wir bitten:
Auf Erden fromme Pilgerschaft
Und nach dem Leben bleibende Stätte im Paradiese! Kyrie eleison!⁴⁰⁷)

Der Geist, der in diesen Versen weht, ist der Frömmigkeit Adalberts durchaus entsprechend, in der die Marienverehrung ja bereits, wie wir schon wissen, eine große Rolle spielte. Aber daß er die Verse verfaßte, bleibt auch Sage. Die älteste Handschrift des Liedes stammt erst aus dem Anfange des 15. Jahrhunderts (1400). Im Laufe der Zeiten sind zu dem zitierten Grundstocke noch mehrere Strophen hinzugekommen, auch ist die Sprache modernisiert. Wer die feierliche Melodie des Liedes hören will, kann sie an allen Sonn= und Feiertagen im Gnesener Dom vernehmen.

Böhmen hat auch ein altes Kirchenlied, welches auf Adalbert zurückgeführt wird und jedenfalls aus sehr früher Zeit stammt, nach seinem Anfange Hospodine pomiluj ny genannt⁴⁰⁷ᵇ.) Es wurde im Mittelalter an allen Sonn= und Festtagen, bei Thronbesteigungen und vor dem Kampfe, bei geringfügigen und bedeutungsvollen Anlässen ge= sungen und lautet übersetzt:

Herr, erbarme Dich unser!
Jesu Christe, erbarme Dich unser!
Du bist der Erlöser der ganzen Welt.
Erlöse uns und erhöre,

Herr, unsere Stimme!
Verleih' uns allen, o Herr,
Fruchtbarkeit und Frieden im Lande!
Kyrie eleison, Kyrie eleison, Kyrie eleison!

Die Erwähnung Gnesens bei Bruno[499]) läßt vermuten, daß Adalbert bei seinem Aufenthalt in Polen hier besonders geweilt hat. Es war die alte Metropole des heidnischen Polens, wo auf dem von Seen umgebenen Hügel, der einst ein Zentrum des heidnischen Götzendienstes gewesen war, Miseko Maria zu Ehren eine Kirche errichtet hatte[499]). Noch heute hat die Gnesener Domhöhe in ihrer Stille und Feierlichkeit einen eigenartigen, romantischen Reiz. Dort mag Adalbert in mancher Stunde des Winters 996/97 sinnend zurückgeblickt haben auf die Wechselfälle der hinter ihm liegenden Vergangenheit und träumend hinausgeschaut haben in die verschleierte Zukunft. Seines Bleibens war ja in Polen nicht, obwohl, wie Bruno mitteilt, es des Herzogs lebhafter Wunsch war, ihn zu behalten[500]). Die Weisung, die ihm gegeben war, lautete dahin, daß er, falls man ihn in Böhmen nicht hören wollte, als Missionar zu den Heiden gehen solle. Polen aber galt bereits für ein christliches Land. Sobald der Frühling nahte, mußte deshalb entschieden sein, wohin er seine Schritte lenken sollte. Kanaparius[501]) teilt mit, daß ein doppelter Weg ins Auge gefaßt wurde, der zu den Lutizen und der zu den Preußen. Manches riet Adalbert, zuerst zu den Lutizen zu gehen. Er beherrschte ihre Sprache, und von jeher hatte dies wendische Volk zu den Böhmen in nahen Beziehungen gestanden. Auch war es nicht nur Polen, sondern auch Deutschland benachbart. Wenn sich Adalbert dennoch dafür entschied, zuerst die viel ferner wohnenden Preußen aufzusuchen, wird hauptsächlich Boleslaws Rat und Wunsch ausschlaggebend gewesen sein, und nicht nur, daß die Lutizen gerade damals neue Kämpfe gegen die Sachsen vorbereiteten. Der Herzog war auch Nachbar der Preußen. Wie schon bemerkt wurde, hatte er sein Gebiet längs der Weichsel bis zur Ostsee einschließlich Danzigs ausgedehnt[502]) und, wie wir aus Bruno ganz bestimmt ersehen, hatte er auch schon mit den Preußen kriegerische Verwickelungen gehabt, als Adalbert zu ihm kam[503]). Er mochte hoffen, daß, wenn die Preußen dem Christentum gewonnen werden würden, sich sein Einfluß leichter unter ihnen werde aufrichten lassen. Deshalb mochte er wünschen, daß Adalberts Mission hier beginne. Für gewiß kann dabei gelten, daß in jener Zeit, als Adalbert bei Boleslaw weilte, zwischen diesem und den Preußen Friede herrschte. Sonst hätte man gewiß nicht die Erwartung gehegt, daß man bei ihnen für das Christentum Gehör finden würde. Manches spricht sogar dafür, daß damals die Beziehungen zwischen den Preußen und Polen verhältnismäßig freundliche waren. Als einen Freund des polnischen Herzogs hat Adalbert sich den Preußen vorgestellt [504]).

Kanaparius schreibt: „Dem Schwankenden drängte sich schließlich stärker die Ansicht auf, daß er, die Götzen und Idole Preußens zu überwinden, hingehen solle, weil diese Gegend dem vorher erwähnten Herzoge benachbart und bekannt war". Bevor Adalbert aber den gefaßten Plan ausführte, „erforschte er noch", — so hören wir von Bruno — „wie die Mutter Regel lehrt und die lebendigen Worte der Väter mahnen, den Willen Gottes durch das Gebet der Brüder und begann, mit dem Rat der Brüder wie mit einem eisernen Mantel geschützt, den Kampfeslauf anzutreten [505])." Diese Bemerkung ist auch deshalb interessant, weil daraus noch mehr hervorgeht, daß Adalbert sich nicht eigenmächtig und ohne Überlegung nach Preußen begab. Auf welche Brüder die Worte Brunos zu beziehen sind, ob auf diejenigen, die in seiner Nähe waren, oder die fernen in Rom, ist nicht ganz klar. Wenn Bruno die Regel erwähnt, so kann er wohl nur an Kap. 3 und Kap. 67 derselben gedacht haben. In Kap. 3 wird dem Abt vorgeschrieben, in allen wichtigeren Sachen alle Brüder zu Rate zu ziehen, weil Gott das Bessere oft dem Jüngeren offenbare. Dabei wird das Wort zitiert: „Thue alles mit Rat, so wirst du nach der That keine Reue haben (Sir. 32, 24)." In Kap. 67 wird gesagt, daß die Brüder, die Reisen vorhätten, sich dem Gebete aller empfehlen sollten. Wenn Adalbert sich noch einmal mit Rom in Verbindung gesetzt hätte, würde man auch daraus sein längeres Verweilen in Polen zu erklären haben. Aber wie wir die Zeit desselben bemessen haben, will sie für eine Anfrage in Rom nicht recht ausreichen. Auch der Rat der Brüder hat sich für Preußen entschieden, und so ist Adalbert in dies Land gekommen. Auf wunderbaren Wegen ist er dorthin geführt. Nicht eine besondere Vorliebe oder ein besonderes Interesse für das preußische Volk hat ihn geleitet. Ueberhaupt hat er die Mission unter den Heiden mehr gezwungen durch die Verwickelungen seines Lebens aufgenommen. Am liebsten wäre er in dem stillen Kloster von St. Alexius zu Rom ge=

blieben. Aber da dies nicht sein konnte, ist er bereitwillig in die Heidenwelt gegangen. Er hoffte hier entweder neue Scharen der Herrschaft seines himmlischen Herrn zu gewinnen oder die Krone des Martyriums zu finden, die ihm als höchst begehrenswertes Ziel vorschwebte. Sie ist ihm in Preußen geworden. Dadurch sind die Blicke der gebildeten abendländischen Welt mehr auf dies Land gerichtet. In sehr alten Zeiten schon besucht, war es doch bisher wenig beachtet. Versuchen wir, ehe wir Adalberts Schritte dort verfolgen, ein wenig den Schleier zu lüften, der über der Vergangenheit und Eigenart Preußens ruhte[305])!

XII.
Das Preußen der heidnischen Zeit.

Schon im frühen Altertum war der Bernstein in den Ländern des Mittelmeers ein wertvoller Handelsartikel[307]). Die Frage ist, woher er kam. Mit Vorliebe hat man immer wieder an die ergiebigste Bernsteinküste, den Strand des Samlandes, gedacht und auf ihn die vereinzelten Nachrichten bezogen, die über das Bernsteinland im Altertum niedergeschrieben sind[308]). So haben manche den sagenhaften Bernsteinfluß Eridanus, dessen auch Herodot gedenkt, in der Weichsel oder gar in der bescheidenen Radaune wiederfinden wollen[309]). Herodot selbst hat an die Existenz dieses Flusses nicht glauben wollen. Nur eins wußte er bestimmt, daß der Bernstein nicht an den Küsten des Mittelmeers gefunden werde, sondern samt dem Zinn aus dem Meere jenseits von Europa komme[310]). Noch mehr als seine Aeußerungen sind dann die auf die Bernsteinküste bezüglichen Nachrichten, welche auf den Massilienser Pytheas zurückgehen, Gegenstand der Erörterung gewesen. Es war um 325 v. Chr., als dieser kühne Kolumbus des Altertums, ein Zeitgenosse des großen Macedoniers, der im Osten weithin den griechischen Einfluß ausbreitete, seinen Kiel von den Säulen des Herkules nach Norden richtete, um im Interesse des Handels seiner Vaterstadt und wissenschaftlicher Zwecke die fernen Enden der Erde zu erforschen. Der nördlichste Punkt, den er erreichte, die Insel Thule, wird eine der Shetlandsinseln gewesen sein[311]). Pytheas' Reisebericht ist zwar nicht mehr erhalten, aber Schriftsteller nach ihm haben direkt oder indirekt denselben berücksichtigt, und gerade von seinen Äußerungen über das Bernsteinland liegen noch verschiedene Reste vor. In Betracht kommt eine Stelle bei Diodorus Sikulus (um 30 v. Chr.) und eine Reihe von Bemerkungen bei dem älteren Plinius († 79)³¹²). Eine besonders romantische Auslegung gab diesen Stellen in einer romantischen Zeit der preußische Geschichtsschreiber Johannes Voigt. Wie er meinte annehmen zu müssen, war in Samlands westlicher Küstengegend in uralter Zeit das preußische Romowe, „ein heiliger Göttersitz, wo die Bildnisse dreier Götter in dem Stamme eines heiligen Eichbaumes thronten", und zugleich „der Wohnort des obersten Priesters und Richters des Volkes, von welchem in göttlichen und weltlichen Dingen Gesetz und Ordnung, Befehl und Regel ausging". Dem entsprechend deutete Johannes Voigt die an den Pytheasstellen der heutigen Texte vorkommenden Namen. Indem er sie auf Samland bezog, hielt er Raunonia für eine Verstümmelung von Raumovia (*Ραυμουια*), Abalus für eine Verderbnis des griechischen ἀβέβηλος (scil. τόπος), einer Bezeichnung für einen heiligen, unbetretbaren Ort, Basileia für eine griechische Uebersetzung einer einheimischen Benennung von Samland, die er noch erhalten glaubte in dem gleichfalls nach Plinius' Mitteilung von der Bernsteininsel ausgesagten Namen Oseritta³¹³). Es sollte dies Wort gleich ὁσίη *Ρίκτα* (heiliges Rikta) und Rikaito, Rikta die preußische Bezeichnung für einen priesterlichen Herrscherort sein³¹⁴). Längst sind diese Aufstellungen des verdienstvollen Gelehrten als unhaltbar erkannt. Sie sind es nicht nur, weil ihre Grundlage die falschen Anschauungen von Priestertum und Kultus der alten Preußen sind, die vornehmlich durch den Tolkemiter Mönch Simon Grunau in Umlauf gebracht und wahrscheinlich auch zum großen Teil von ihm selbst ersonnen sind, sondern vor allem auch deshalb, weil die an den Pytheasstellen überlieferten Namen eine solche Ausbeute, wie Johannes Voigt sie versucht, durchaus nicht zulassen. Raunonia ist in der von Plinius überlieferten Mitteilung überhaupt gar nicht eine Bezeichnung der Bernsteininsel, sondern des dahinter liegenden Festlandes als eines Teiles von Scythien. Es kann daher dieser Name nach der inneren Anlage der Stellen nur in Parallele zu dem an dem andern Orte sich findenden Völkernamen Gutonen oder, wie vielmehr zu lesen sein wird, Teutonen gedeutet werden und muß ursprünglich eine von diesem Namen abgeleitete Länder=

bezeichnung gewesen sein, also wohl Teutonia, ein Wort, welches, griechisch geschrieben, leicht Raunonia gelesen werden konnte. Von den übrigen von Joh. Voigt benutzten Namen aber ist Oseritta ganz sagenhaft, auch unsicher überliefert, und die anderen Bezeichnungen der Bernsteininsel, die an den verschiedenen Stellen begegnen, werden doch gewiß, weil eben Pytheas die gemeinsame Quelle ist, alle auf eine Urform zurückgehen. Diese ist aller Wahrscheinlichkeit nach Basileia oder Baltia gewesen. Denn für einen solchen Namen sprechen gerade die ältesten Gewährsmänner, Timäus (Diodorus Sikulus) und Xenophon Lampsacenus. Von wem Plinius die falsche Bezeichnung Abalus übernommen hat, entzieht sich unserer Kenntnis. Jedenfalls wurden die von Pytheas aufgezeichneten Namen zu Plinius' Zeit schon sehr verschieden überliefert, und sein Text ist auch in von einander abweichenden Lesarten auf uns gekommen. Deshalb bleibt es auch ganz ungewiß, ob der Küstenstrich, das Aestuarium, d. h. die oft unter Wasser gesetzte und vielfach vom Meer zerrissene Uferstrecke, vor welcher in der Entfernung von einer Tagesfahrt die Bernsteininsel liegen sollte, schon von Pytheas Mentonomon genannt ist. Möglich ist es. Wer auf romantische Phantasien über die samländische Ostseeküste ungern verzichtet, könnte also an diese beiden Namen, Basileia (Baltia) und Mentonomon, auch fernerhin seine Träume hängen, wenn es nicht so gut wie ausgemacht wäre, daß Pytheas' Nachricht sich auf das Samland überhaupt nicht bezogen hat, sondern auf die Nordseeküste. Dies hat Karl Müllenhoff, der das kritische Verständnis der Pytheasstellen am meisten gefördert hat, mit überzeugenden Gründen von neuem dargethan, und der preußische Geschichtsforscher Lohmeyer ist seinen Ausführungen mit besonderem Nachdruck beigetreten[315]). Vor allem ist an der schleswig-holstein-jütländischen Küste Bernstein von alters her gefunden[316]), wenn auch lange nicht in so ergiebiger Weise wie am Strande des Samlandes, und es kann nicht bestritten werden, daß, wie der Text an den auf Pytheas zurückgehenden Stellen lautet, sie weit besser auf die Küste von Schleswig-Holstein und Jütland passen als auf die preußische[317]). Besonders weisen auch die Teutonen, die erwähnt werden, dorthin, während der Name der Gutonen, der sonst für eine andere Gegend bezeugt wird, nicht von Pytheas herrühren, sondern eine spätere Eintragung sein wird. Plinius hat dieselbe m. E. schon vorgefunden[318]). Er wird überhaupt, da es ihm in den Zusammenhängen, in welchen sich die Pytheasstellen bei ihm finden, gerade darauf ankam, anderer Ansichten zu geben, kaum eine wesentliche Aenderung an dem, was ihm vorlag, vollzogen haben. Nur der erklärende Zusatz „einem Volke Germaniens" wird an der einen Stelle von ihm eingefügt sein. Jedenfalls kam der Name Germanien erst nach Pytheas auf. Nach Timäus (Diodorus Sikulus) und Xenophon Lampsacenus hat Pytheas sich noch der Bezeichnungen Scythen und Scythien in Bezug auf die Germanen und ihr Land bedient. Wollen wir sagen, was sich bei Pytheas über das Bernsteinland gesagt fand, so wird es sachlich ungefähr folgendes gewesen sein: in der Gegend Scythiens jenseits des Keltenlandes, welche Teutonia heißt, ist ein seichter, oft von Wasser überspülter Küstenstrich Namens Mentonomon (?); an ihm wohnt der scythische Stamm der Teutonen; die Küste ist lang und weitgestreckt, ungefähr 6000 Stadien sich hinziehend, und eine Tagesfahrt davon entfernt liegt unter anderen Inseln die Insel Basileia (Baltia), an welche die Fluten im Frühjahr den Bernstein in großer Menge auswerfen, der eine Aussonderung des geronnenen Meeres ist; die Einwohner verwenden ihn wie Holz zum Feuer; auch bringen sie ihn zum Verkauf an das gegenüberliegende Festland, wo die Teutonen wohnen, und von dort kommt er dann zu uns. — Pytheas ist selbst nicht an der Bernsteinküste gewesen. Was er berichtete, ging auf Hörensagen zurück. Der Name Scythien ist sicher eine von ihm, dem Griechen, angewandte Bezeichnung. Ebenso wird er die anderen Namen gräcisiert haben. Und das Längenmaß des Küstenstrichs, das er angiebt, kann nur auf einer ungefähren Berechnung beruhen, die er selbst nach dem, was ihm mitgeteilt wurde, angestellt haben wird. Mit der preußischen Küste hatten seine Mitteilungen nichts zu thun.

Die erste wohl zweifellos die preußische Bernsteinküste betreffende Nachricht tritt im ersten Jahrhundert unserer Zeitrechnung auf. Es ist wieder der ältere Plinius, bei dem wir sie finden. Er erzählt, daß unter Nero ein römischer Ritter, der noch lebe, von dem Leiter der kaiserlichen Gladiatorenspiele Namens Julian ausgesandt sei, um für die Ausstattung der Spiele Bernstein zu erwerben, und denselben in ungeheuren Massen vom Fundorte selbst herbeigeholt habe. Zugleich bemerkt er, daß die Bernsteinküste von Carnuntum in Pannonien (an der Donau, etwas östlich vom heutigen Wien) ungefähr 600 römische (= 120 deutsche) Meilen entfernt sei[219]. Es ist darnach gewiß, daß dieser Ritter über

Carnuntum gereist ist, und deshalb ist es auch das wahrscheinlichste, daß es die preußische Küste war, die er besuchte. Er hätte aber wohl nicht zu ihr die Schritte gelenkt, wenn nicht schon eine Kunde davon in der damaligen Kulturwelt gewesen wäre, daß eben hier in dieser Gegend eine besonders ergiebige Fundstelle des Bernsteins sei [320]. Vielleicht, daß doch schon von hier mitunter Bernstein nach dem Süden befördert war. Aber lebhafter und direkter wurden die Handelsbeziehungen zwischen Preußen und dem Süden erst jetzt. Von Trajan ab treten römische Münzen in Preußen in größerer Masse auf [321]. Natürlich dürfen wir uns von den Beziehungen zwischen den Preußen und Römern keine übertriebenen Vorstellungen machen. Oft und gern werden die römischen Kaufleute den Weg in diese fernen unwirtlichen Gegenden nicht angetreten haben. Aus Plinius läßt sich klar erkennen, daß der Bernstein in der Regel von denen, bei welchen er gefunden wurde, oder ihren Zwischenhändlern bis in die römische Grenzprovinz Pannonien befördert wurde [322]. Indes würde es doch falsch sein anzunehmen, daß der römische Ritter, von dem Plinius erzählte, unter seinen Landsleuten der einzige blieb, der das preußische Land aufsuchte.

Am Ende des ersten Jahrhunderts unserer Zeitrechnung begegnet uns die erste genauere Nachricht über die Bewohner des preußischen Bernsteinlandes, die, von den früheren Berichterstattern über den Bernsteinfundort fast ganz unabhängig, deutlich verrät, daß sie auf solche zurückgeht, die an Ort und Stelle waren, und zwar auf solche, die mit römischen Augen die Verhältnisse betrachteten. Diese Nachricht findet sich bei Tacitus. Es ist die berühmte Stelle in seiner Germania von den Aestiern, die für jeden Preußen als älteste genauere geschichtliche Kunde von seiner Heimat ein besonderes Interesse hat: „Auf dem rechten Ufer des suevischen Meeres spülen die Wogen zu den Völkern (Stämmen) der Aestier, die Sitten und Tracht der Sueven haben, deren Sprache aber der britannischen näher steht. Sie verehren die Mutter der Götter. Als ein Abzeichen ihrer abergläubischen Religion tragen sie Eberfiguren. Dieses macht anstatt von Waffen und jedem Schutz den Verehrer der Göttin auch unter den Feinden sorglos. Der Gebrauch von Eisen ist bei ihnen selten, der von Knütteln der gewöhnliche. In Anbau von Getreide und anderen Früchten bemühen sie sich mit mehr Geduld, als es der bei den

Germanen hergebrachten Unlust zur Arbeit entspricht. Aber sie durchsuchen auch das Meer, und sie allein unter allen[323]) sammeln an den seichten Stellen und am Ufer selbst den Bernstein, den sie selbst Glesum nennen. Ueber seine Natur und Entstehungsart haben sie als Barbaren weder nachgeforscht noch etwas ermittelt. Ja, lange lag er unter den übrigen Auswürfen des Meeres, bis unsere Üppigkeit ihm einen Namen machte[324]). Sie selbst machen keinerlei Gebrauch von ihm. In rohem Zustande wird er gesammelt, ungeformt überbracht, und staunend empfangen sie den Preis[325])." Wir erfahren hier, daß zur Zeit des Tacitus an der Bernsteinküste ein Stamm der Aestier wohnte, und daß die Aestier eine andere Sprache redeten als die Germanen. Dunkel bleibt, welche Völker außer dem an der Bernsteinküste wohnenden zu den Stämmen (gentes) der Aestier gerechnet wurden. Darüber wird Tacitus selbst nichts gewußt haben. Und deshalb bleibt auch ungewiß, ob die Stämme, die zu den Aestiern zur Zeit des Tacitus gezählt wurden, alle dieselbe Sprache redeten.

Der Name Aestier wird sprachlich verschieden erklärt[326]), aber ziemlich einig ist man darin, daß er nicht eine Selbstbezeichnung der Völkerstämme, für die er im Brauch war, gewesen ist, sondern ein von den Germanen geprägter Name, mit dem sie die Völker an der östlichen Küste der Ostsee von sich und ihren Stammesgenossen unterschieden. Heute haftet dieser Name an den Esten am finnischen Meerbusen, welche finnischen Ursprunges sind und nie mit den Bewohnern des Bernsteinlandes Zusammenhang gehabt haben. Es ist das ein deutlicher Beweis, daß später jedenfalls der Name Aestier bezw. seine Abwandlungen von den Westländern nicht immer allein zur Bezeichnung des Volkes an der Bernsteinküste und der ihm verwandten Stämme gebraucht ist[327]). Aber dennoch ist genügend erkennbar, daß er lange hauptsächlich auf diese angewandt ist. Er begegnet in den Jahrhunderten nach Tacitus wiederholentlich. Ein Brief an die Hesten an den Gestaden des Ozeans liegt aus den Jahren 523—526 vor. König Theoderich, der Dietrich von Bern aus der Sage, bedankt sich darin bei den Hesten für eine Bernsteinsendung, mit der sie ihn hatten ehren wollen[328]). Die Aesten, die am langgestreckten (oder entlegenen?) Ufer des germanischen Ozeans wohnen, erwähnt Jordanes (551) und teilt mit, daß der Gothenkönig Hermanrich sie zu seiner Zeit (um 350) seiner Herrschaft unterworfen habe[329]). Um 815 gedenkt der Aisti an der

Südküste der Ostsee Einhard in seinem Leben Karls des Großen[330]). Dann kommt der ausführliche Bericht eines gewissen Wulfstan über die Esten, wiedergegeben von Alfred dem Großen in der Einleitung seiner angelsächsischen Uebersetzung der Weltgeschichte des Orosius[331]), worin Wulfstan genau beschreibt, in welcher Gegend er (ca. 890) die Esten aufgesucht hat. Er teilt mit, daß er von Hädum (d. i. Schleswig) aus erst mehrere Tage gefahren sei, an der Steuerbordseite (rechts) das Wendenland, an der Backbordseite (links) Langeland, Laaland, Falster, Schonen, Bornholm usw., und daß er dann die Mündung der Weichsel erreicht habe. Welchen Ort oder welche Stelle er mit Wislamūð (Weichselmünde) gemeint hat, darüber kann man streiten. Gewiß aber ist, daß er durch das Frische Haff in die Mündung des Elbingflusses, welche damals auch eine Hauptmündung der Weichsel (Nogat) war, eingefahren und dann durch den Elbing= fluß in den Drausensee gelangt ist. Ziel seiner Reise war der hier liegende Handelsplatz Truso, der wohl, da der Drausensee früher größer gewesen ist, mit Recht nicht weit von dem heutigen Elbing gesucht ist[332]). Wulfstan läßt deutlich erkennen, daß er bis zu seinem Verlassen der Weichsel (d. i. des untern Elbingflusses unterhalb der ehemaligen Vereinigung von Weichsel (Nogat) und Elbing) rechts immer das Wendenland gehabt hat, und daß zuletzt links das Esten= land lag. Zu seiner Zeit also bildete die westliche Grenze des Esten= landes bis zum Haff, um mit heutigen Benennungen zu reden, offen= bar erst eine Strecke die Weichsel, dann die Nogat mit dem untern Elbingflusse und auf der Landstrecke zwischen Haff und Ostsee eine Durchfahrt, unter der man entweder die Elbinger Weichsel oder ein heute nicht mehr vorhandenes Tief in dem südlichen Teile der Nehrung zu verstehen hat. Wulfstans Schilderung der Sitten der Esten ist nach der Stelle bei Tacitus der zweite genauere Bericht über die alten Bewohner des Ostseelandes östlich und nordöstlich von der Weichsel.

Nach Wulfstan hört der Name Esten auf, für die Bewohner dieser Gegend in erster Linie in Brauch zu sein. Ein anderer Name tritt auf, der Name Pruzen. Er begegnet zuerst im 10. Jahrhundert, und zwar findet er sich ziemlich gleichzeitig in dem Berichte des Juden Ibrahīm= ibn=Jakūb (965)[333]), in einer Verschreibung aus der Zeit des Papstes Johann XV.[334]) und in den Lebensbeschreibungen Adalberts[335]).

Der etymologischen Erklärungen, die er erfahren hat, sind viele. Manche haben ihn insofern ähnlich gedeutet, wie sie die Bezeichnung Aestier auffaßten, als sie meinten, daß auch er von den Nachbarvölkern, und zwar er von den slawischen (Polen) geprägt und zuerst auch eine Gesamtbezeichnung für einen Komplex mehrerer Stämme gewesen sei³³⁶). Andere halten ihn für die Selbstbezeichnung eines ganz bestimmten Volkes³³⁷). Jedenfalls wird er im wissenschaftlichen Sprachgebrauch vor allem zur speziellen Bezeichnung dieses bestimmten Volkes verwendet. Es ist das Volk, welches der Orden im Preußenlande vorfand. Ueber die Abstammung dieses Volkes haben die Reste seiner Sprache genügend unterrichtet. Zwar wird diese Sprache seit zweihundert Jahren nicht mehr gesprochen, und das, was von ihr der Nachwelt erhalten ist, sind nur geringe Trümmer, zwei Wörterverzeichnisse aus dem 14. (oder 15.) und 16. Jahrhundert, zwei Katechismusübersetzungen aus der Reformationszeit, die erste kürzere in zwei nur wenig verschiedenen Ausgaben³³⁸), einzelne Wörter und Namen bei den Schriftstellern, Personen- und Ortsnamen sonst; aber diese Reste haben doch ausgereicht, die Sprachforscher darüber zu völliger Klarheit zu bringen, wohin sie die alten Preußen zu stellen haben. Sie waren von der Sprachfamilie, welche heute noch durch die Litauer und Letten repräsentiert wird und die litauisch-lettisch-preußische genannt wird. Diese Sprachfamilie ist einer der eigenartigsten Zweige des indogermanischen Sprachstammes. Ihrem Sonderbestande ist vorausgegangen die slawolettische Spracheinheit vor der Trennung der Slawen und Litauer-Letten-Preußen. Vorher gab es eine Zeit, in welcher die Ahnen dieser Völker noch eine Einheit mit den Ahnen der übrigen Indogermanen Europas bildeten, und wieder früher eine Zeit, in der die Stammväter der indogermanischen Völker in Europa noch eins waren mit den Vorfahren der Arier in Asien. Wo die Wiege des indogermanischen Urvolkes gestanden hat, darüber besteht ein Streit der Meinungen. Während die gewöhnliche Ansicht wohl noch immer die ist, daß das Hochland am Oxus am nordwestlichen Ende des Himalaya die Urheimat der Indogermanen gewesen sei³³⁹), wird von andrer Seite die Anschauung vertreten, daß die Bewegung der Indogermanen von Europa ausgegangen sei³⁴⁰). Man wird also nur im allgemeinen sagen können, daß die Urheimat der Preußen dort gewesen ist, wo die der Indogermanen überhaupt war. So gut wie einig aber ist man darüber, daß die Entfaltung der europäischen Indogermanen sich von Mitteleuropa aus, nämlich von der Heimat der Buche aus, deren Verbreitungsgrenze im Osten etwa die Linie Danzig-Odessa ist, vollzogen hat, und es möchten diejenigen nicht im Unrecht sein, welche annehmen, daß die preußisch-litauisch-lettischen Stämme sich schließlich aus der Gegend des Pripet nach Nordwesten vorgeschoben haben.

Ueber den Zeitpunkt, zu welchem diese Stämme in ihren schließlichen Wohnsitzen anlangten, sind verschiedene Ansichten ausgesprochen. Neuerdings ist Ad. Bezzenberger wiederholentlich dafür eingetreten, daß der litauisch-lettisch-preußische Stamm schon in grauer Vorzeit, nämlich vor 5000 Jahren, jedenfalls ostwärts vom kurischen Haff vorgekommen sei [341]. Es würde sich daraus wohl ergeben, daß die Bevölkerung des Preußenlandes von einer sehr frühen Zeit ab, wenigstens auf einem beträchtlichen Gebiete, immer dieselbe gewesen ist. Wenn man eine Weile die oft verübte kaleidoskopartige Durcheinanderschüttelung der Völkernamen, die bei den älteren Schriftstellern bezüglich der ihnen wenig bekannten nördlichen und östlichen Länder überliefert sind, hat auf sich wirken lassen, hat eine solche überaus einfache Lösung etwas sehr Verlockendes. Ihre Schwierigkeit scheint zu sein, daß sie mit einer Herkunft der Indogermanen aus Asien schwer vereinbar ist. Keinerlei triftige Gründe jedenfalls lassen sich einsehen, zu bezweifeln, daß die Aestier des Tacitus, welche an der Bernsteinküste wohnten, Preußen waren. Deutlich läßt ja Tacitus erkennen, daß sie eine andere Sprache hatten als die Germanen. Und was er außerdem von ihnen sagt, paßt ganz zu dem, was uns sonst von den alten Preußen überliefert wird. Es würde also wenigstens ausgemacht sein, daß die alten Preußen schon im ersten Jahrhundert die samländische Küste besetzt hielten. Der Geograph Klaudius Ptolemäus (um 125 n. Chr.) läßt dann östlich von der Weichsel Galinden und Sudiner wohnen [342]. Fast dieselben Namen begegnen in ziemlich derselben Gegend später als Bezeichnungen von Stämmen, die zu dem Preußenvolke gehörten, bezw. ihm nahe verwandt waren [343]. Für die Zeit um 120 also, wird man sagen können, ist preußische Ansiedlung auch bereits für die Gegenden an den masurischen Seen bezeugt. Derselbe Ptolemäus aber läßt an der untern Weichsel auch Gythones wohnen [344]. Und alte Sagen der Gothen lauteten dahin, daß sie einst von Skandinavien in die Weichselgegend gekommen seien [345]. Plinius überliefert für einen Fluß östlich von der Weichsel den Namen Guttalus ⁸⁴⁶). Ohne in Widerspruch zu dem bisher Ermittelten zu treten, wird man es deshalb für wahrscheinlich halten können, daß eine Zeit lang von der Weichsel ab bis tief nach Preußen hinein auch Gothen ansässig gewesen sind ³⁴⁷). Ist es der Fall gewesen, so sind vom Ende des 2. Jahrhunderts bis zur Mitte des 3. Jahrhunderts diese dann aber der Hauptmasse nach sicher nach Süden abgezogen. Und zu Wulfstans Zeit saßen die alten Preußen zweifellos bis zur Weichsel und Nogat. Denn daß die Esten, von denen er erzählt, Preußen waren, kann nicht dem geringsten Zweifel begegnen.

Die Grenze des alten Preußens nach Westen ist die Weichsel bezw. Nogat geblieben. Die Grenze des eigentlichen alten Preußenlandes nach Osten, wie sie sich gegen den verwandten Stamm der Litauer hin schließlich festgesetzt hatte, stellte in scharfsinniger Weise Ad. Bezzenberger aus gewissen Ortsnamen fest. Während im Altpreußischen Dorf kaimis heißt, wird es im Litauischen mit kēmas bezeichnet; während im Altpreußischen Berg garbis, Fluß ape heißt, ist im Litauischen das Wort für Berg kalnas, für Fluß upe. Indem B. daraufhin die ostpreußischen Ortsnamen ansah, ergab sich ihm, daß man eine Linie verfolgen könne, wo die Verwertung der preußischen Wörter aufhört und die der litauischen anfängt (Endung keim pr., kehmen lit.). Diese altpreußisch=litauische Grenzlinie läuft von dem „großen Moosbruch" aus über Norkitten nach dem Gebiet von Gleisgarben, Auxkallen, Ballupönen, Barklehmen, den Regierungsbezirk Gumbinnen fast ganz ausschließend ³⁴⁸). Ungefähr dieselbe Linie, allerdings etwas nach Westen vorgerückt, hatte schon Toeppen als Grenze gegen Nabrauen angenommen ³⁴⁹), und Sembrzycki hat dann noch besonders darauf hingewiesen, daß diese Grenzlinie in alter Zeit durch Einöden und Wildnisse markiert gewesen sei ³⁵⁰). Weniger fest steht die Grenze des eigentlichen Preußenlandes nach Süden. Es überwiegt jetzt die Ansicht, welche vor allem die polnischen Gelehrten vertreten haben, daß das Land Kulm zwischen Weichsel, Ossa und Drewenz nie preußisch, sondern von frühen Zeiten ab polnisch gewesen sei ³⁵¹). Hingegen wird man wohl zu urteilen haben, daß in Pomesanien, Löbau, Sassen und Galindien erst später Polen eingedrungen sind. Im 13. Jahrhundert taucht eine Reihe von Gaunamen in Preußen auf, von denen schon etliche genannt sind. Peter von

Dusburg erwähnt deren elf: Kulm einschließlich Löbau, Pomesanien, Pogesanien, Ermland, Natangen, Samland, Nadrauen, Schalauen, Sudauen, Galindien, Barten³⁰²). Von diesen Gauen fallen Schalauen, Nadrauen, Sudauen außerhalb des Gebietes, das wir als eigentlich preußisch kennen gelernt haben. Schalauen an der Memel und Nadrauen nördlich und südlich vom oberen Lauf des Pregels sind immer litauisch gewesen, und die Sudauer östlich und südöstlich von Nadrauen haben wahrscheinlich einen besondern Bruderstamm neben den Preußen und Litauern gebildet. Von Kulm hörten wir ja dann bereits, daß es allem Anschein nach früh polnisch gewesen ist. Nur, sofern diese letztgenannten Landschaften in der Ordenszeit politisch zu Preußen gehörten, waren sie auch preußisch.

Alle diese Darlegungen sind für unsere Zwecke nicht ganz gleichgültig. Als das eigentliche preußische Kernland, als das Herz der Preußenlande tritt von früher Zeit an das Samland vor uns hin, das Land zwischen dem Pregel, der Ostsee und den Haffen. Ungefähr zu gleicher Zeit mit dem Namen Pruzen taucht für die Bewohner dieses Samlandes auch ihr besonderer Stammesname Semben auf. Ja, die Dänen, die ihn mit Vorliebe gebraucht haben, wenden ihn auf die Preußen überhaupt an³⁰³), obwohl ihnen doch gewiß nicht nur Semben, sondern auch andere Prenßen, z. B. die um Truso wohnenden bekannt waren.

Was die Zustände bei den alten Preußen in ihrer heidnischen Vorzeit angeht, so hat man sich lange hauptsächlich, und zwar direkt oder indirekt, von dem Dominikanermönche Simon Grunau darüber unterrichten lassen, der in der ersten Hälfte des 16. Jahrhunderts eine Chronik Preußens verfaßt hat. Er giebt vor aus sehr alten Quellen geschöpft zu haben, vor allem aus einer Chronik Christians, des ersten preußischen Bischofs (1215—1245), die wieder ihrerseits einen Bericht von noch ehrwürdigerem Alter benutzt haben sollte. Es ist längst genügend nachgewiesen, daß es sich bei diesen Quellen um Fiktionen handelt. Mag Grunau dabei der Betrüger oder der Betrogene gewesen sein, jedenfalls darf man ihn als Gewährsmann bezüglich der preußischen Urzeit nicht mehr heranziehen. Alles, was er von Bruteno und Widowuto, von ihrer Gesetzgebung, von dem Zentralheiligtum in Rickoyot, von der Götterdreiheit Patollo, Potrimpo, Perkuno, von der Priesterhierarchie des Kyrwaiten oder Kriwen und seiner Waidelotten erzählt, ist ein Phantasiegebilde, zu dem Ansätze sich allerdings sicher schon vor Grunau gebildet haben. Ueber das vorchristliche Preußen sagen uns nur etwas die Reste der altpreußischen Sprache, die Altertumsfunde, die teilweise schon genannten vereinzelten Nachrichten älterer Schriftsteller und die ersten Geschichtschreiber aus der Ordenszeit, unter denen Peter von Dusburg mit seiner Chronik, die er 1326 vollendete, an der Spitze steht. Hier und da darf man wohl auch, doch nur mit größter Vorsicht, von späteren Verhältnissen rückwärts schließen. Ein diese Quellen erschöpfendes Bild von der preußischen Urzeit zu entwerfen muß denen überlassen bleiben, welche dasselbe zu dem Sonderzwecke ihrer Darstellung machen. Uns werden einige Striche genügen.

Wie sich aus dem oben Gesagten bereits ergiebt, würde es falsch sein, sich die Preußen, zu denen Adalbert kam, als Wilde vorzustellen. Wir sahen sie in der Zeit des Tacitus in Handelsbeziehungen mit den Römern. Diese ließen mit Beginn der Völkerwanderung nach und sind auch nach derselben nicht wieder in alter Weise aufgelebt. Aber die Preußen haben dann die Märkte Rußlands besucht, zu denen arabische Kaufleute kamen[354]). Mitunter mögen diese auch bis Preußen selbst vorgedrungen sein, und vom neunten Jahrhundert ab sehen wir die Preußen im Handelsverkehr mit den nordischen und westlichen Völkern. Ein König des Westens hält es für der Mühe wert, genau den Weg zu verzeichnen, der zu einem ihrer Märkte führt, und Adam von Bremen bemerkt im 11. Jahrhundert bei der Erwähnung der nordischen Handelsstadt Birka, daß dort zu Handelszwecken zusammenkämen die Schiffe der Dänen, Slawen und Semben[355]). Es will unter solchen Umständen fraglich erscheinen, ob mancher Zug der Unkultur, der von den alten Preußen berichtet wird, auf alle ohne Ausnahme zu beziehen sei. Daß bei den Preußen der Kalender so wenig ausgebildet war, daß sie, um verabredete Termine richtig innehalten zu können, sich täglich Einschnitte in ein Holz machten, wollen wir Dusburg[356]) allenfalls glauben. Weniger wahrscheinlich ist es, daß den Preußen die Schrift ausnahmslos eine so unbekannte Sache war, daß sie durchweg bei Ankunft des Ordens darüber erstaunt sein mußten, daß räumlich Getrennte sich durch Briefe mit einander verständigen konnten[357]). Sie brauchen nicht selbst geschrieben zu haben — von preußischer Schrift findet sich keine

Spur —; deshalb haben doch die Höheren unter ihnen schon durch die Münzen von dem Gebrauch der Schrift bei anderen Kunde gehabt. Ueberhaupt macht manches von dem, was Dusburg über die Sitten der alten Preußen erzählt, den Eindruck, daß es nur dem gewöhnlichen Volke seiner Zeit abgesehen ist. Im allgemeinen wird man zu sagen haben, daß die Kultur der alten Preußen zu verschiedenen Zeiten, in verschiedenen Gegenden und in den verschiedenen Ständen Unterschiede gehabt hat. Etwas von der gemeinsamen Begriffswelt sehen wir zweifellos in den alten und echten Bestandteilen ihrer Sprache. Solche lassen sich vornehmlich aus dem sogenannten Elbinger Vokabular entnehmen, da dieses, wenn auch die Handschrift, in welcher es vorliegt, späteren Ursprungs ist, allem Anschein nach schon im Beginn der Ordenszeit, um, wie vermutet ist, eine Verständigung zwischen den Deutschen und Preußen vor Gericht zu ermöglichen, aufgestellt ist. Bei der Langsamkeit der Entwickelung, die zweifellos in heidnischer Zeit den Verhältnissen Preußens eigen war, wird man annehmen dürfen, daß die meisten Ausdrücke ihrem Alter nach weit in die heidnische Zeit zurückreichen. Für Haus und Hof, Gerätschaften, Kleidungsstücke, Speisen und Getränke, Handfertigkeiten (bezw. die sie Betreibenden) und Werkzeuge, Ackerbau, Fischfang, Jagd, Krieg und gesellschaftliche Verhältnisse begegnet uns eine Reihe echt preußischer Wörter. Hier und da gewinnen wir noch genauere Einblicke. So hat man z. B. gezeigt, wie sich aus dem erhaltenen Wortvorrat auf eine ziemlich ausgebildete Milchwirtschaft schließen läßt[888]). Ebenso läßt sich ersehen, daß die Ackerwirtschaft bereits eine verhältnismäßig entwickelte war. Schon Tacitus rühmte ja den Fleiß der Aestier in Bestellung des Feldes. Auch Bienenzucht ist erkennbar. Die preußischen Eigennamen, die überliefert sind, spiegeln dann etwas von dem Geist wieder, der in Haus und Gemeinde herrschen. Es begegnet z. B. der Name Slobothe „Ruhm des Hauses", Kaybutte „Frieden im Hause habend". Es waren Wünsche, welche die Eltern ihren Kindern ins Leben mitgaben[889]). Jede Sprache ist aus dem Volksgeiste geboren und andrerseits auch immer wieder Bildnerin des Volksgeistes. Der litauischen ist nachgerühmt, daß sie eine sehr reiche sei. Dasselbe wird von der preußischen haben gelten können[890]). Mag also auch abstraktes Denken bei den alten Preußen noch nicht zu Hause gewesen sein, an Mutterwitz und natürlichem Menschenverstande werden sie keinen Mangel gehabt haben. Interessant ist eine Aeußerung Adams von Bremen über die Preußen, die ungefähr achtundsiebenzig Jahre nach Adalberts Ermordung in Preußen niedergeschrieben ist. Sie lautet: „Die dritte Insel ist die, welche Semland genannt wird und den Ruzzen und Polanen benachbart ist. Diese bewohnen die Sembeu oder Pruzzen, sehr menschenfreundliche Leute, die denen zur Hülfe entgegen kommen, welche auf dem Meere in Gefahr sind oder von den Seeräubern angegriffen werden. Gold und Silber achten sie gering; einen Ueberfluß haben sie an fremdartigen Fellen, deren Duft das todbringende Gift der Hoffart unserer Gegend eingeflößt hat. Und jene zwar achten diese Dinge für Kot, uns, wie ich glaube, zum Urteil, die wir auf rechte und unrechte Weise nach einem Marderkleide trachten als nach der größten Seligkeit. Daher bieten jene für wollene Gewänder, die wir Faldone nennen, die so kostbaren Marderfelle an. Viel lobenswertes könnte von jenen Völkern betreffs ihrer Sitten gesagt werden, wenn sie nur den Glauben an Christum hätten, dessen Verkündiger sie in unmenschlicher Weise verfolgen. Bei ihnen ist der berühmte Bischof der Böhmen, Adalbert, mit dem Märtyrertum gekrönt. Bis heute wird thatsächlich bei ihnen, während sie alles übrige mit unseren Leuten gemein haben, nur der Zutritt zu den Hainen und Quellen untersagt, von denen sie glauben, daß sie durch Hinzutritt der Christen entweiht werden. Das Fleisch der Pferde nehmen sie zur Speise. Milch und Blut derselben gebrauchen sie als Trank, so daß sie davon trunken werden sollen. Es sind blauäugige Menschen, von rotem Gesicht und langem Haarwuchs. Außerdem wollen sie, durch Sümpfe unzugänglich, keinen Herrn unter sich dulden***).“ Bei den von den älteren Geschichtsschreibern gegebenen Schilderungen des Charakters und der Lebenssitten eines Volkes kann man immer die Frage aufwerfen, ob nicht auf Verallgemeinerung einzelner Erfahrungen beruhen. Es ist möglich, daß es bei des Bremer Chronisten Nachrichten von den alten Preußen nicht so war. Dann fällt darauf Gewicht, daß er nicht bloß überliefert, daß die alten Sembeu sich freihielten von der Strandräuberei, sondern auch, daß sie den auf dem Meere Bedrängten zur Hülfe zu eilen pflegten. Es würde uns darin ein Zug edler Menschlichkeit entgegentreten. Schon Jordanes (551) nennt die Aesten ein in jeder Beziehung friedfertiges Volk***), und ihre Gastlichkeit wird auch von

Dusburg gerühmt³⁶³). Sie scheinen von Haus aus ein mehr verträglicher und umgänglicher Menschenschlag gewesen zu sein. Indes hat diese Humanität doch stets, wie sich noch zeigen wird, ihre Grenzen gehabt und nicht bloß gegenüber den christlichen Missionaren.

Daß sie so wenig darauf aus waren, sich durch Strandgut zu bereichern, findet seine Erklärung in ihrer Bedürfnislosigkeit. Auch in dieser Hinsicht bestätigt Dusburg die Worte Adams von Bremen. „Für überflüssige oder kostbare Kleider sorgten sie nicht und sorgen sie bis jetzt nicht. Wie sie einer heute auszieht, so zieht er sie morgen an, ohne darauf zu achten, ob sie verkehrt sind. Weiche Lager und leckere Speisen sind bei ihnen nicht üblich. Zum Tranke haben sie einfaches Wasser, eine Honigmischung oder Meth, und Pferdemilch, welche Milch sie einst nicht tranken, ohne daß sie vorher geheiligt war (scil. durch eine Spende an die Götter). Ein anderes Getränk haben sie in alter Zeit nicht gekannt³⁶⁴)." So wenig waren sie nach Dusburg auf Mein und Dein erpicht, daß es Bettler bei ihnen nicht gab, weil der Hungrige in jedes Haus gehen durfte, um von Speise zu nehmen, was er zur Sättigung brauchte³⁶⁵). Auf manchen Zug in diesen Schilderungen Dusburgs möchte freilich wieder die obige Bemerkung zutreffen, daß er sich in vielem an den gewöhnlichen Leuten seiner Zeit orientiert hat, besonders auf das, was er von der Nachlässigkeit der Preußen in ihrer Kleidung sagt. In Gräbern verschiedener Zeitalter der preußischen Vergangenheit sind Armspangen, Halsringe, Fibeln, Schnallen und Nadeln, das meiste aus Bronze, manches auch aus Silber, Bernsteinperlen, Thonkugeln und andere Schmuckgegenstände gefunden, die hinlänglich beweisen, daß die Preußen gegen Gefälligkeit des Aussehens zu keiner Zeit ganz gleichgültig waren³⁶⁶). Wenn Adam sagt, daß sie im 11. Jahrhundert Faldone aus dem Westen bezogen, so mögen diese Gewänder für sie von ganz besonderen Vorzügen gewesen sein. Gewöhnlich machten sie sich ihre Kleidung selbst. Dusburg sagt: „Die Weiber und Männer pflegten zu weben, einige Leinenzeug, andere Wolle, je nachdem sie es als ihren Göttern wohlgefällig ansahen³⁶⁷)." Unter den anderen Hand- und Kunstfertigkeiten, welche von ihnen betrieben wurden, stand die Töpferei obenan. Die meisten der oft recht gefälligen Thongefäße, die aus den Gräbern zum Vorschein kamen, sind von den Preußen selbst gearbeitet, und zwar benutzten sie schon vor Ankunft des Ordens zuletzt auch die Drehscheibe. Es bricht sich jetzt auch die Ansicht

Bahn, daß viele der oben genannten Schmucksachen in Preußen selbst gearbeitet sind. Für erwiesen kann gelten, daß in Preußen Bronze gegossen ist. Die älteste bildliche Darstellung von preußischen Leuten findet sich auf der schon erwähnten Bronzethüre des Gnesener Domes (12. Jahrh.). Es sind Krieger, die dargestellt sind, und sie erscheinen in kurzen Tuniken und eng anschließenden Brustwämsern, außerdem mit Speeren und kleinen Schilden und, wenn ich recht sehe, mit Kappen auf dem Kopfe. Der Künstler hat auf den anderen Bildern Männer anderer Nationalität teilweise ähnlich abgebildet. Es fragt sich deshalb, ob seine Bilder genau sind. Indes scheint mir das, was wir von der kriegerischen Tracht der Preußen wissen, wohl damit zu stimmen[368]). Diese hat Variationen gehabt. So ist an einem Pfeilerkapitäl in der Marienburg ein preußischer Bogenschütze in einem langen, von einem Gürtel zusammengehaltenen Rocke dargestellt. Er illustriert auch die Sitte der Preußen, das Haar lang zu tragen, welcher Brauch nicht bloß von Adam von Bremen, sondern auch von Bruno in seiner Biographie Adalberts bezeugt ist. Die aufgefundenen Waffenreste zeigen, daß die Preußen auch Eisenwaffen geführt haben, und zwar wird das Eisen ungefähr von dem Beginn unserer Zeitrechnung ab bei ihnen häufiger. Die alte Nationalwaffe, deren Tacitus gedenkt, der Knüttel oder die Keule, begegnet indes noch später in verschiedenen Formen und so auch in Kanaparius' Erzählung von Adalberts Ausgang in Preußen. Als sich das preußische Volk wütend um den Heiligen gesammelt hatte, schlugen sie die Erde mit Holzstöcken und schwangen Knüttel um sein Haupt[369]).

Der Ueberfluß an Pelzwerk in Preußen, dessen Adam von Bremen gedenkt, ist ein Hinweis auf die vielen Wälder, die in alter Zeit das Land bedeckten. Die Sümpfe, die ein Schutz waren gegen das Eindringen von Feinden, erwähnt er ausdrücklich. Es gab in jenen Zeiten noch Auerochsen, Bären und Wölfe in Preußen, und in manchen Lokalnamen finden wir die Andeutung von Wildnissen. Die große Zahl von altpreußischen Ortsnamen im heutigen Ostpreußen läßt dann aber andererseits auch erkennen, wie viele Höfe und Dörfer schon in heidnischer Zeit das Land bedeckten. Der Handelsort Truso ist schon genannt. Auch bei Bruno begegnet ein preußischer Markt[370]), und Kanaparius redet von einer Villa in dem Sinne von Gehöft, ein anderes Mal von einem Dorf oder Fischerflecken (vicus)[371]). Städte hat man im heidnischen Preußen sicher noch nicht gehabt. Wenn Wulfstan und die Passio Adalperti von solchen zu reden scheinen, werden sie Burgen gemeint haben. Ueber das alte litauische Haus ist vor nicht langer Zeit eine eingehende Studie veröffentlicht³⁷⁵). Man kann annehmen, daß das alte preußische Haus sich nicht wesentlich von dem litauischen unterschieden hat. Während bei den alten Westfalen alles unter einem Dache zu sein pflegte, haben die Litauer fast für jeden Zweck ein besonderes kleines Gebäude gehabt. Das litauische Bauernhaus ist dann durch Verbindung mehrerer solcher Einzelbauten zu einem Ganzen entstanden. In dem heutigen Flur, dem Zentrum des Hauses, hat man den Rest des ältesten Bestandteiles zu sehen. Es ist ein Haus gewesen, später Rauchhaus genannt, in dessen Mitte unter einer Oeffnung im Dach der niedrige Herd lag, auf dem das Feuer, das man für heilig hielt, nicht verlöschen durfte. An solchem preußischen Herdfeuer mag sich auch Adalbert einmal gewärmt haben. Reste der alten preußischen Häuser sind nicht auf uns gekommen. Sie können nur aus leichtem Material, Lehm, Holz und Stroh errichtet gewesen sein. Wohl aber sind noch Spuren der alten preußischen Burganlagen erhalten. Meist auf Hügeln und an Seen gelegen, üben diese Wälle im Schatten alter Bäume auf die späte Nachwelt besondere Anziehungskraft aus. In ihrer großen Zahl sind sie auch ein Beweis davon, daß eine Zeit kam, in welcher der friedfertige Aeste sich zur kriegerischen Wehr setzte. Mehr als den Frieden liebte er die Freiheit. Ibrahim-ibn-Jakûb schreibt von den Preußen: „An Mißkos Reich grenzen gegen Morgen die Russen und gegen Mitternacht die Preußen. Diese letzteren wohnen am Meere und haben eine besondere Sprache; die Sprache ihrer Nachbarn verstehen sie nicht. Sie sind bekannt wegen ihrer Tapferkeit. Wenn ein feindliches Heer in ihr Land kommt, warten sie nicht auf einander, bis sie beisammen sind, sondern jeder geht auf den Feind los und haut mit seinem Schwert auf ihn ein, bis er tot ist. Häufig kommen nämlich die Russen von Westen her zu Schiff, um in ihrem Lande zu plündern³⁷⁶)". Mit den Russen sind hier die Wikinger gemeint. Die häufigen Angriffe derselben haben, wie sich schon aus Ibrahims Worten ersehen läßt, nie zur dauernden Unterjochung der Preußen geführt, und erst recht haben die Polen keine bleibenden Erfolge in Preußen erzielt. Ja, bevor der deutsche Orden nach Preußen kam, war eine Zeit, wo Polen vor den Preußen zitterte, und der mehr als fünfzig Jahre dauernde Unterjochungskrieg des deutschen Ordens in Preußen hat in vielen Zügen gezeigt, welches Heroismus die Preußen fähig waren.

Wulfstan sagt, daß bei den Esten in jeder Stadt (Burg) ein König sei, und daß viel Krieg unter ihnen sei, und auch später ist in den Quellen von Königen (reges) und Herzögen (duces) die Rede. Nach Alberikus hat Gottfried von Lekno 1207 einen preußischen Herzog Namens Phalec und dessen Bruder, den König Sobrech, bekehrt[374]). Indes, wie die Preußen fremde Herren nicht unter sich dulden wollten, haben sie auch unter sich wenigstens für größere Gebiete Herren, die die Stellung von Alleinherrschern eingenommen hätten, nicht aufkommen lassen. Als der Orden das Preußenland eroberte, fehlte jede zentrale Gewalt. Unter jenen Herzögen und Königen haben wir nur mächtige Großgrundbesitzer zu verstehen, die freilich in ihren Burgen eine sehr selbständige Stellung inne gehabt zu haben scheinen. In dem altpreußischen Vokabular begegnen die Bezeichnungen konagis König, rikis Herr, waldwico Ritter (Gutsherr), tallokinikis Freier (freier Feldbesitzer), laukinikis Lehnsmann (Feldbauer), kumetis Bauer (Instmann)[375]). Daraus und aus der Ausdrucksweise der Chronisten wird man folgern dürfen, daß neben den Großgrundbesitzern und Burgherren ein Adel von kleinerem Besitz (Dusburg: nobiles, viri potentes), ferner der Stand der übrigen Freien und auf den Gütern Lehnsleute und Hörige vorhanden waren. Man könnte geneigt sein, die alten Preußen für ein Bauern-, Jäger- und Fischervolk, das sich auch auf gewisse Hand- und Kunstfertigkeiten verstand, anzusehen, wenn nicht dieser Ständeunterschied scharf hervorträte. Die Vornehmen werden sich um die gemeine Arbeit wohl wenig gekümmert haben und überhaupt in ihrer Lebensweise, wie schon vermutet wurde, sich von den geringeren Leuten in vielem unterschieden haben. Wulfstan sagt: „Der König und die reichsten Leute trinken Pferdemilch — ein aus Pferdemilch bereitetes berauschendes Getränk —, und die Unvermögenden und die Sklaven trinken Meth." Auch die aufgedeckten Grabanlagen lassen sich dahin deuten, daß es Hohe und Geringe gab und für die einen andere Sitten und Gebräuche bestanden als für die anderen. In dem Vertrage zu Christburg vom Jahre 1249 haben die Preußen Belehrung empfangen, daß alle Menschen gleich seien und nur die Sünde sie zu Knechten mache. Damals machten die vornehmen Preußen für sich und ihre Nachkommen aus, einen Rittergürtel tragen zu dürfen²⁷⁶).

Unter solchen Umständen kann es keinem Zweifel unterliegen, daß die Geschicke des Landes in heidnischer Zeit, wenigstens in den letzten Jahrhunderten derselben, mehr oder weniger in den Händen der Vornehmen lagen, und daß diese die eigentlichen Repräsentanten des Preußenvolkes waren. Wie ihr Verhältnis untereinander und das unter den Freien überhaupt gestaltet war, ist nicht genügend durchsichtig. Wahrscheinlich waren die mächtigeren Burgherren in gewisser Weise die politische Spitze aller Freien in dem umliegenden Bezirk, dem sogenannten territorium. Sicher wissen wir, daß wichtige Fragen des ganzen Gaus (terra) auf großen Versammlungen entschieden wurden, und daß im Kriegsfalle erst durch Wahl bestimmt wurde, wer der oberste Heerführer sein sollte²⁷⁷). Teilnehmer an diesen Versammlungen scheinen in der Regel wieder nur die Vornehmeren gewesen zu sein, und nur in gewissen Fällen alle Freien. Zwischen den einzelnen Gauen untereinander war gar kein verfassungsmäßiger Zusammenhang und in dem einzelnen Gau, wie man sieht, auch nur ein loser. Trotzdem hat es an dem Gefühl der Zusammengehörigkeit unter den Preußen doch nicht ganz gefehlt. Soviel wenigstens werden wir wohl aus einer Stelle des Kanaparius entnehmen dürfen. Darnach hat man zu Adalbert in Preußen gesagt: „Halte es für etwas Großes, daß du bis hierher ungestraft gekommen bist; und wie schnelle Rückkehr dir die Hoffnung verschaffen wird, am Leben zu bleiben, so wird dir kurzer Verzug Schaden und Tod bringen. Uns und diesem ganzen Reiche, dessen Eingang wir bilden, gebietet ein gemeinsames Gesetz und ein und dieselbe Lebensordnung. Ihr aber, die ihr eines anderen und unbekannten Gesetzes seid, werdet morgen enthauptet werden, wenn ihr nicht in dieser Nacht davongeht²⁷⁹)." Das starke Band, welches die Preußen bei aller Zersplitterung einigte, war eine im großen und ganzen gemeinsame Lebenssitte und die angeerbte heidnische Religion.

Da die alten Preußen indogermanischer Abstammung waren, kann man annehmen, daß ihre Religion im allgemeinen von ähnlicher Anlage war wie die anderer indogermanischer Völker. Hätten wir mehr Nachrichten über sie aus der Zeit ihrer Blüte, so würden sich Parallelen gewiß reichlich aufzeigen lassen. Nun ist leider das Quellenmaterial aus früherer Zeit über sie überaus dürftig. Aber gerade auch deshalb wird nur diejenige Betrachtung ein richtiges Urteil über sie gewinnen, welche sie hineinstellt in den großen Zusammenhang der verwandten Religionen. Der Römer zur Zeit des Tacitus glaubte bei den Aestiern seine Göttermutter wieder zu finden. Besonders interessant ist, daß auch bei den Preußen sich als Gattungsname für die Gottheit ein Wort, deiwas, erhalten hat, das, gleichen Stammes (di in der indogermanischen Ursprache = scheinen, glänzen) mit devá (Sanskrit), Διός (griech.), deus (lat.), deivos (gall.), Ziu (german.), tívar (altnord.), dēvas (lit.), zurückweist in eine Zeit, in welcher der Lichtgott oder Himmelvater (Ζεὺς πατήρ) an der Spitze der Götter der Indogermanen stand und ihre Religion noch dem Monotheismus nahe verwandt war. Wie bei den alten Indern der vedischen Zeit tritt sodann auch bei den alten Preußen die Verehrung des Feuers entgegen³⁷⁹). Aber wir empfangen doch den Eindruck, daß in den Einzelheiten die preußische Religion ihre eigenen Wege gegangen ist, und vor allem will es scheinen, daß die höheren Götterwesen bald sehr zurücktraten hinter den niederen Naturgöttern und Lokalgöttern. Dusburg sagt: „Weil sie Gott nicht erkannten, geschah es, daß sie irgend anstatt Gottes jede Kreatur verehrten, nämlich die Sonne, den Mond und die Sterne, die Donnerschläge, die geflügelten und vierfüßigen Tiere, ja sogar bis zur Kröte (Eule?). Sie hielten auch Haine, Felder und Gewässer für heilig, so daß sie nicht wagten in denselben zu schneiden oder die Aecker zu bebauen oder zu fischen . . . Einige wagten aus Rücksicht auf ihre Götter nicht die schwarzen, andere nicht die weißen oder andersfarbigen Pferde irgendwie zu reiten³⁸⁰)." Daß die alten Preußen gewisse Tiere selbst als Götter verehrt hätten, darf man daraus nicht schließen. Aber klar ist, daß nach ihrer Meinung gewisse Pflanzen, Bäume und Tiere unter dem besonderen Schutze oder Einflusse dieser oder jener Gottheit standen und als Stätten göttlicher Gegenwart oder Vermittler göttlicher Wirksamkeit erschienen. Das mußte denn für jede Gegend Verschiedenheiten ergeben. Nach der jüngern Hochmeisterchronik hätte jeder Gau seine besonderen Abgötter gehabt³⁸¹). Götternamen des preußischen Heidentums tauchen in beträchtlicher Zahl im 16. Jahrhundert auf, zu welcher Zeit die alte Religion doch schon lange Gegenstand der Unterdrückung gewesen war. Sie scheinen mehr aus der Ueberlieferung

der Sudauer, die im Samland angesiedelt waren, als aus dem alt=
preußischen Glauben zu stammen⁵⁸²). In den älteren, das alt=
preußische Heidentum betreffenden Quellen begegnen uns nur drei
Namen von Göttern: Kurche (Curche) in dem Christburger Vertrage von
1249⁵⁸³), Patollu und Natrimpe in einer Urkunde vom Jahre 1418⁵⁸⁴).
Der Gott Kurche wird deutlich als eine Feldgottheit charakterisiert.
Bezüglich der Stellung der beiden anderen Götter ist man ganz auf
Kombination mit späteren Nachrichten und Vermutung verwiesen.
Merkwürdig ist es, daß in keiner älteren Quelle und auch in keiner
altpreußischen Ortsbezeichnung der Name des Gottes Perkunos begegnet.
Doch kann keinem Zweifel unterliegen, daß auch er, und er ganz
besonders, als der Donnergott, bei den alten Preußen in hohen Ehren
gestanden hat. Donner übersetzt das Elbinger Vokabular mit percunis,
und Dusburg bezeugt die Verehrung des Donners. Sowohl bei Er=
wähnung des Kurche als auch bei derjenigen von Patollu und Natrimpe
weisen übrigens die betreffenden Quellen noch auf andere Götter hin,
deren Namen sie nicht nennen, und dreist wird man annehmen dürfen,
daß die alten Preußen wohlwollende und böswillige Geistermächte ge=
kannt haben. Auch dafür spricht das Elbinger Vokabular. Was
Grunau von Patollo, Potrimpo, Perkuno gesagt hat, ist bei dem allen,
wie bemerkt, ganz beiseite zu lassen. Besonders ist es auch eine Nachricht
ohne jeden Wahrheitsgehalt, wenn er berichtet, es habe von diesen
Göttern Bilder gegeben. Die alten Preußen haben wie die Inder
der vedischen Zeit weder Götzenbilder noch Tempel gehabt. Wenn sie
1249 zu Christburg versprechen mußten, dem Idol Kurche, welches sie
einmal im Jahre aus gesammelten Früchten zusammenzustellen pflegten,
hinfort nicht mehr Spenden darbringen zu wollen, so verrät schon
die Ausdrucksweise, daß dabei ein Symbol gemeint war, das bei der
Ernte aus Ähren und Früchten errichtet wurde. Ein solches für den
Zweck des Momentes hergestelltes Göttersymbol hat noch ein Zeit=
genosse des Prätorius, ein Pfarrer Martinius, einmal bei den Litauern
gesehen⁵⁸⁵). Auch Kanaparius darf nicht dafür angeführt werden,
daß die alten Preußen Götzenbilder gehabt hätten. Wenn es bei ihm
heißt, daß Adalbert ausziehen wollte, die Götter und Idole Preußens
zu überwinden⁵⁸⁶), so hat Kanaparius dabei die Ausdrücke offenbar
mehr nach seiner Vorstellung und Vermutung als nach genauer Kunde
der Verhältnisse gewählt. Und auch lediglich auf ihn wird zurück=

zuführen sein, wenn in der von ihm verfaßten Biographie auch Adalbert einmal von den tauben und stummen Simulakra oder Götzenbildern der Preußen redet⁸⁰⁷). Die Tempel vertraten im preußischen Heidentum die heiligen Bäume und Wälder, Berge und Quellen³⁰⁸). Die Opfergaben hing man wohl in die Zweige oder legte sie auf heilige Steine. In den Wäldern und Feldern, die kein Christ betreten durfte, führten heilige Tiere ein durch die Religion geschütztes Stillleben. Wo solche der Gottheit geweihten Plätze einst gewesen sind, läßt sich aus den alten Urkunden und Ortsbezeichnungen noch vielfach erkennen, und darin hat Johannes Voigt vollkommen recht, daß auch an der Westküste Samlands ein heiliger Wald und ein heiliges Feld gelegen haben. Höhere sittliche Ideen bemerken wir in dem allen nicht, und sie haben der preußischen Religion allem Anschein nach überhaupt gefehlt. Wenn später Grunau und andere manches erzählt haben, woraus andres geschlossen werden könnte, so beruht das, was sie mitteilen, entweder auf Erfindung, oder es hat sich dabei nur eine Akkommodation an christliche Sitten gehandelt. Das religiöse Interesse der alten Preußen war offenbar nur darauf gerichtet, die Gunst der Götter zu erwerben und ihre Ungunst abzuwenden, Glück herbeizuführen und vor Unheil sich zu schützen. Unter solchen Umständen hat allemal Zauberei und Wahrsagerei eine große Bedeutung gewinnen können, und eine deutliche Spur von derartigem Aberglauben bei den Preußen ist uns ja schon in den Eberamuletten der Aestier (Tacitus) entgegengetreten.

Wie schon bemerkt wurde, stellt es Grunau so dar, als hätte es einen Priesterstand unter den Preußen gegeben, dem ausschließlich das Recht gewisser Kultushandlungen zustand. In den früheren Quellen findet sich nichts, was diese Aussage bestätigte. Offenbar hat jeder Preuße zu seinen Göttern beten und mit ihnen auch sonst unmittelbar in Beziehung treten dürfen. Aber es gab allerdings solche, die in besonderem Maße mit den Göttern in Verbindung zu stehen vorgaben und sich mehr oder weniger ganz ihrem Dienste geweiht hatten. Am meisten hat von jeher der sogenannte Kriwe von sich reden machen. Was Grunau über ihn gefabelt hat, kann wieder gar nicht in Betracht kommen. Es unterrichtet ausschließlich über ihn die Grundstelle bei Dusburg³⁰⁹). Darnach gab es in Nadrauen einen Ort, Romow genannt, an welchem ein gewisser Criwe wohnte und ein beständiges heiliges Feuer unterhielt. Nach der Schlacht brachte man ihm ein Drittel der Beute, damit sie zu Ehren der Götter verbrannt würde, und wenn jemand gestorben war, fragten ihn die Verwandten, ob er zu der betreffenden Zeit jemand durch sein Haus habe ziehen sehen. Er pflegte dann wohl eine Spur zu zeigen, die der Verstorbene an der Oberschwelle seines Hauses hinterlassen haben sollte. Den Namen Romow leitet Dusburg von Rom ab und sagt dann: „Diesen verehrten sie wie einen Papst. Denn wie der Herr Papst die ganze Kirche der Gläubigen regiert, so wurden nach dem Wink oder Befehl dieses Mannes nicht nur die vorhergenannten Völker, sondern auch die Litauer und andere Nationen Livlands regiert. Er war von so bedeutendem Ansehen, daß nicht allein er oder jemand von seiner Verwandtschaft, sondern auch ein Bote mit seinem Stabe oder einem andern bekannten Zeichen, der die Grenzen der vorhergenannten Ungläubigen durchzog, von den Königen und Vornehmen und dem gemeinen Volke in großen Ehren gehalten wurde." Man kann sich wohl vorstellen, wie aus dieser Stelle Anlaß zu jenen Phantasien von der hierarchischen Stellung des Kriwen entnommen werden konnte, die Grunau vorträgt. Es ist aber ganz klar, daß der Vergleich der Stellung des Kriwen mit derjenigen des Papstes nur eine Kombination von Dusburg ist. Läßt man sie fallen, so möchte nicht mehr übrig bleiben, als daß in Nadrauen ein vielgesuchtes Feuerorakel war, dem ein gewisser Kriwe vorstand, daß das umliegende Land ihn zu feierlichen kultischen Handlungen in erster Linie heranzog, daß alle Kundgebungen dieses Wahrsagers als Orakel der Gottheit mit höchstem Respekt hingenommen wurden, und daß er dadurch auf die Leitung des Landes einen nicht unbedeutenden Einfluß ausübte. Das Wort Romow leitet man von der Wurzel ram, rom = ruhig, friedlich ab und meint, daß es die Bedeutung eines stillen, ruhigen, geweihten Ortes habe, der Wohnsitz der Gottheit sein sollte. Ob der Name Kriwe Eigen- oder Standesname war, bleibt dunkel. Daß der Kriwe Haupt einer Priesterhierarchie oder gar sozusagen verfassungsmäßiges Haupt der politischen Gemeinde gewesen sei, davon merken wir bei Dusburg keine Spur. Da der Ort Romow in Nadrauen lag, das schon zu Litauen gehörte, könnte man überhaupt fragen, ob bei Darstellung des preußischen Heidentums der Kriwe zu berücksichtigen sei. Aber es spricht vieles dafür, daß ähnliche Orte, wie dies Romow im litauischen Nadrauen, auch in dem alten Preußen waren. Vor allem kommt die Silbe rom auch in manchen preußischen Ortsnamen vor. Dann begegnet uns bei Dusburg in einer ganz ähnlichen Stellung, wie sie der Kriwe in Nadrauen inne hatte, ein Weib in Galindien. Dusburg nämlich erzählt, daß, als dort einmal bei einer Uebervölkerung gegen die neugeborenen Mädchen und schließlich auch gegen die Mütter selbst grausame Beschlüsse gefaßt waren, die bedrängten und miß= handelten Frauen sich an eine Wahrsagerin gewandt hätten, nach deren Gebot, wie Dusburg sich ausdrückt, die einzelnen Unternehmungen des Landes geleitet seien. Diese habe dann die Vornehmeren (potiores) des ganzen Landes zusammenberufen, um ihnen mitzuteilen, daß es Wille der Götter sei, daß sie ohne Wehr und Waffen gegen die Christen zu Felde zögen, und gehorsam habe man ihren Befehl ausgerichtet³⁰⁰). Man wird es darnach für gewiß halten können, daß Wahrsager bei den heidnischen Preußen in besonderm Ansehen standen, und solche nicht bloß an verschiedenen Orten vorhanden waren, sondern auch die Geschicke des Landes wesentlich beeinflußten. Es wird dadurch früher Ausgesprochenes ergänzt. Bemerkten wir oben, daß die Leitung des Landes, wenigstens in den letzten heidnischen Jahrhunderten, vor= wiegend in den Händen des Adels gelegen habe, so wird man hinzuzufügen haben, daß der Rat der Vornehmen sich vor allem dann versammelte, wenn ein angesehener Wahrsager oder eine Wahrsagerin vorgab, Mitteilungen von seiten der Götter machen zu müssen. Ja, da, wie Dusburg an einer andern Stelle ausdrücklich sagt, die Preußen nichts Wichtiges unternahmen, ohne den Willen der Götter erkundet zu haben, wird man annehmen können, daß sie sich in der Regel von vornherein an solche Personen wandten, wenn Entscheidungen zu treffen waren. Dadurch erklärt sich die Ausdrucksweise Dusburgs, nach des Kriwen Wink oder Befehl seien die Völker regiert, und nach andere, nach der galindischen Wahrsagerin Gebot seien die einzelnen Unter= nehmungen des Landes geleitet. Festzuhalten bleibt dabei, daß für solche Personen eine amtliche Stellung nicht vorgesehen war, sondern daß ihr Ansehen rein persönlichen Charakters war und auch nur so weit reichte, als man ihre Aeußerungen für Kundgebungen der Götter hielt. Freilich wird ein einmal berühmt gewordener Wahrsagersitz wohl selten wieder eingegangen sein. Sehen wir von dem Namen Criwe ab, so begegnen in den alten in Betracht kommenden Quellen andere Namen für Priester und Wahrsager, die ganz auf preußisches Gebiet fallen. So mußten die Preußen in dem Vertrag zu Christburg versprechen, hinfort nicht mehr die Tulissonen und Ligaschonen unter sich haben zu wollen, welche bei den Leichenfeierlichkeiten als Priester, Geisterseher und Lobredner fungierten und ihre Zuhörer zum Festhalten an dem alten Glauben zu begeistern suchten³⁹¹). Und in der Beschreibung des Märtyrertodes Adalberts bei Kanaparius wird derjenige, der ihm in seiner Eigenschaft als Priester den ersten Stoß versetzte, Sikko genannt³⁹²). Es kann kaum einem Zweifel unterliegen, daß diese Bezeichnung Sikko nicht ein Eigenname, sondern eine Benennung seines Standes gewesen ist. Denn während man bei einem Eigennamen einen Zusatz wie „ein gewisser (quidam)" erwarten würde, findet sich bei Sikko vielmehr, als würde an Bekanntes erinnert, das Attribut „der feurige (igneus)", welches eher auf eine Gattungsbezeichnung in der Stellung des Hauptwortes schließen läßt. Was die etymologische Erklärung des Wortes Sikko angeht, so hat neuerdings Mierzyński darin den Sinn „der Schreitende" (von einer preußisch=lit. Wurzel zig) finden wollen und gemeint, daß damit ein Priester bezeichnet sei, der im Gegensatz zu den ortsansässigen im Lande herumgezogen sei, um kultischen Zwecken zu dienen³⁹³). Auf die in späterer Zeit für preußische Priester, Wahrsager, Zeichendeuter auftauchenden Namen näher einzugehen, erscheint hier überflüssig. Es mag nur noch hervorgehoben werden, daß uns später unter den Litauern, deren religiöse Vorstellungen und Zustände denen der alten Preußen ohne Zweifel nahe verwandt waren, eine besonders große Zahl von Bezeichnungen für Zeichendeuter entgegentritt. Prätorius nennt: Waszkones Wachsgießer, Szwinnutzei Bleigießer, Szwakones Lichtbeschauer, Puttones, die aus dem Schaum des Bieres weissagten, Orones, welche die Luft beobachteten, Szweigdzurunes Stern=Kucker, Lekkutones, die auf Vogelgeschrei achteten, Widdurones, die aus dem Eingeweide der Opfertiere weissagten, Kraujuttei, die aus dem Blut, seiner Farbe, seinem Fluß wahrsagten, Wejones, die auf die Winde achteten, Udones Wasserdeuter usw.³⁹⁴). An derartigen Personen wird es auch unter den Preußen wenigstens in späterer Zeit nicht gefehlt haben³⁹⁵).

Die kultischen Handlungen, mit denen man die Götter ehrte, waren Gebete, Spenden, Opfer und Feste. Die gewöhnlichsten sind zweifellos Gebete und Spenden gewesen. Wie bemerkt, sind allem Anschein nach solche Handlungen nie an einen bestimmten Stand gebunden gewesen. Jeder Hausherd ist ein Altar gewesen. Aber für gewiß kann wohl zugleich gelten, daß man zu bedeutungsvollen Handlungen und besonders zu Opfern, wenn es irgend möglich war, die heranzog, welche ganz dem Dienste der Götter geweiht waren und bezüglich der notwendigen Zeremonien ein genaueres Wissen besitzen mußten. So hörten wir, daß man in Nadrauen dem Kriwen einen Teil der Kriegsbeute zur Verbrennung zu übergeben pflegte. So sehen wir an der Spitze der Mörder Adalberts einen Priester schreiten. Das Vorkommen von Opfern berechtigt erst dazu, im eigentlichen Sinne des Wortes von Priestern in Preußen zu reden, wenngleich, wie schon gesagt ist, von einem mittlerischen Priestertum nicht die Rede sein kann. Sonst sind die mit den Göttern in näherer Verbindung stehenden Personen uns bisher hauptsächlich in der Eigenschaft von Wahrsagern oder Zeichendeutern entgegen getreten. Unter den Opfern sind nicht nur Tieropfer, sondern auch Menschenopfer vorgekommen, und sie bilden ein besonders düsteres Blatt in der Geschichte des preußischen und litauischen Heidentums. Mancher deutsche Ritter hat durch diese grausame Sitte der Feinde seinen Tod gefunden. Oefters ist von den Bluttaten der Litauer berichtet. Aber der Brauch war in dieser Beziehung bei den Preußen derselbe. Gewöhnlich entschied das Los, wer von den Kriegsgefangenen der Opferung anheimfallen sollte. Die Art der Tötung war verschieden. Die deutschen Ritter sind in der Regel auf ihren Pferden lebendig verbrannt[306]). Mancher ist auch mit Wurfspeeren getötet[307]). Oft benutzte man unglückliche Opfer, um aus dem Blutstrom oder anderen Anzeichen bei der Tötung die Zukunft und den Willen der Götter zu ermitteln[308]). Wir empfangen entschieden den Eindruck, daß sich nach und nach ein bestimmtes Ritual gebildet hatte, aus dem das Verfahren im einzelnen Falle gewählt wurde. Wo die abergläubische Absicht besteht, die Götter in besonders wirksamer Weise zu beeinflussen, und zugleich die Furcht herrscht, durch irgend einen Fehler in der Handlung üble Folgen herbeiführen zu können, muß sich allemal eine Art Ritual festsetzen. Bei der Beurteilung der Art und Weise, wie man Adalbert tötete, wird man dies nicht ganz übersehen dürfen.

Aufgefallen ist den mittelalterlichen Berichterstattern die Festigkeit, mit der die alten Preußen an ein Fortleben nach dem Tode glaubten. Dieser Glaube hat sich bei ihnen auf mannigfache Weise geäußert. Wir hörten ja schon, daß sie den Kriwen fragten, ob er den Verstorbenen habe durch seine Wohnung ziehen sehen[600]). Die Tulissonen und Ligaschonen hielten bei der Bestattung Lobreden auf den Toten und schilderten mit gen Himmel erhobenen Augen, wie sie ihn auf einem Pferde und in glänzenden Waffen mit großem Gefolge in den Lüften hinüberziehen sähen in die andere Welt. Man war der Meinung, daß dort jeder die Lebensweise fortsetze, die er hier gehabt habe. Und daher gab man dem Toten die Sachen mit, die er hier gebraucht hatte, dem Vornehmen Waffen, Pferde, Kleider, Jagdhunde und Falken, ja selbst Knechte und Mägde, die zu diesem Zwecke grausam hingeschlachtet wurden[600]). In dem Christburger Vertrage mußten die Preußen versprechen, von dieser fürchterlichen Sitte, wie der heidnischen Bestattungsweise überhaupt, abzustehen, und bei dieser Gelegenheit war es, daß ihnen klar gemacht wurde, daß alle Menschen gleich seien.

Ueber die Bestattungsgebräuche sind wir am genauesten unterrichtet. Es sprechen hier ja nicht nur die Quellen, sondern auch die Gräberfunde. Die Art der Bestattung ist nicht immer dieselbe gewesen. In den letzten Jahrhunderten der heidnischen Zeit war die Verbrennung der Toten sehr gewöhnlich. Wulfstan muß preußischen Leichenbegängnissen, besonders auch solchen von vornehmen Preußen, beigewohnt haben. Denn er macht über die Feierlichkeiten, welche dabei stattfanden, ausführliche Mitteilungen. Erquicklich sind sie nicht.

Ueberhaupt, wenn wir bis zu einem gewissen Punkte das günstige Urteil mancher Schriftsteller über die heidnischen Preußen haben gelten lassen, so darf doch nie vergessen werden, daß sie Heiden waren, und auch alle traurigen Seiten des Heidentums bei ihnen zu finden waren. Manch grausiger Zug ist uns nun schon an ihnen entgegengetreten: finsterer Aberglaube, die Sitte von Menschenopfern, von Hinschlachtung der Sklaven an den Gräbern der Reichen. Wenn Adam von Bremen sie menschenfreundlich nennt, so wird dieses Urteil darnach wesentlich eingeschränkt werden müssen. Es gilt nur in gewissen Grenzen. Von manchen düsteren Schatten in ihren Lebenssitten haben wir noch gar nicht geredet. Ihre Feste gipfelten stets in wüsten Gelagen. Auch den Gast glaubten sie erst recht geehrt zu haben, wenn sie ihn unter den Tisch getrunken hatten⁶⁰¹). Kein Wehrgeld konnte die Blutrache ablösen. Hatte jemand einen andern getötet, war erst ein Friedensschluß möglich, nachdem er selbst oder wenigstens einer seiner Verwandten gefallen war⁶⁰²). Besonders empört war die Kirche mit Recht über die häufige Aussetzung und Tötung von Kindern⁶⁰³). Alte und Kranke sollen meist eines gewaltsamen Todes gestorben sein⁶⁰⁴). Es steht ja allerdings fest, daß viele dieser Dinge auch bei anderen Völkern in ihrer heidnischen Zeit vorgekommen sind. Aber es möchte sich nicht nur um Einbildung handeln, wenn wir bei dem Germanen doch selbst in seiner heidnischen Zeit einen gewissen Idealismus wahrzunehmen glauben. Er weht uns entgegen in seinen religiösen Vorstellungen, in seiner Heldensage, in seiner Ehrfurcht vor der Frau. Von solchen Zügen des Idealismus sehen wir bei den alten Preußen abgesehen von dem, was Adam von Bremen hervorgehoben hat, gar wenig. Vor allen Dingen hatte Haus und Familie eine wesentlich andere Physiognomie als bei den Germanen. Der Preuße lebte in Polygamie. Das Weib, welches bei den Germanen die Gefährtin des Mannes war, hatte bei den Preußen halb und halb die Stellung einer Sklavin. Es wurde wie eine Sache gekauft und vererbt und mußte die niedrigsten Dienste versehen⁶⁰⁵). Schon aus der Geschichte von der Wahrsagerin in Galindien konnte ersehen werden, wie man das weibliche Geschlecht behandelte. Und hinlänglich deutlich wird es, daß der Preuße seine Kinder, wenigstens bis zu einem gewissen Alter, nicht anders ansah denn als ein Eigentum, über das er nach seinem Gutdünken verfügen konnte. Wo mildere Naturanlagen in einer Familie erblich waren, wurden gewiß die Härten und bösen Konsequenzen solcher Anschauungsweise verhütet. Indes sie war vorhanden, und an Handlungen, die ihr entsprachen, hat es nicht gefehlt. Das geltende Volksrecht und die Gemeinde scheinen die Willkür des einzelnen in dieser Hinsicht wenig beschränkt zu haben. Kinder sind nicht nur ausgesetzt, auch andere Schandthaten sind an ihnen verübt⁶⁰⁶). In dem allen lag ein finsterer Bann auf dem heidnischen Preußen, und das Unheimlichste war wohl die ungeheure Macht des Aberglaubens. In der That, dieser ist ein besonders hervorstechender Zug im preußischen Heidentum. In mannigfachster Gestalt ist er besonders für die spätheidnische Zeit bezeugt. Wir haben aber keinerlei Grund, anzunehmen, daß er in den vorhergehenden Jahrhunderten abgesehen von den frühesten Zeiten reinerer religiöser Vorstellungen weniger vertreten war. Aller Aberglaube stammt aus dem Heidentum, und wir haben bereits genug von ihm auch in dem älteren Preußen wahrgenommen. Die größte geistige Gewalt hatte der Wahrsager. Nichts Wichtigeres unternahm man, ohne auf Zeichen zu achten⁶⁰⁷). Lag ein vermeintlicher Wink der Götter vor, so war er Gesetz. Joh. Voigt hat diese Dinge schwerlich erschöpfend beurteilt, wenn er fand, daß darin eine löbliche Pietät gegen die Götter zu Tage getreten sei. Alles rings umher wurde darauf angesehen, ob es Glück oder Unglück verheiße, ob es zu handeln oder zu ruhen gebiete. Gewiß hängt das Maß des Aberglaubens stets auch von der subjektiven Veranlagung des einzelnen ab. Indes, wo er einmal in der Luft liegt, bleiben seine schlimmsten Machtentfaltungen nicht aus. Die Knechtschaft, welche dann gerade die bezeichnete Art des Aberglaubens mit sich bringt, ist gewiß eine der schrecklichsten. Der Unglückliche, der darin befangen ist, wird auf Schritt und Tritt geängstigt. Er hat seinen Willen einer andern Macht unterworfen, aber diese ist nicht ein vernünftiger Wille, sondern das sinnlose Ungefähr oder die Willkür eines Gauklers. Der Mensch lebt nicht mehr in der nüchternen Wirklichkeit, sondern in einer Welt der Lüge, in der ein blindes Verhängnis ihn ebenso schnell zu Missethaten veranlassen, wie ins eigene Verderben hineintreiben kann. Es gehört zu den glänzendsten Wahrheitszügen des mosaischen Gesetzes, daß es die schärfsten Strafen gegen alle diejenigen, welche solchen Aberglauben übten und pflegten, festsetzte und sie auszurotten befahl in Israel⁶⁰⁸).

Ungefähr drei Jahrhunderte herrschte bereits in Preußen die katholische Kirche, als die Reformation dorthin kam und mit ihrer Fackel auch in die entlegensten Winkel des Landes hineinleuchtete. Mit großem Staunen vernahm damals die gebildete Welt, daß in manchen Gegenden Preußens, besonders im Samlande, noch ein ziemlich unverhülltes Heidentum zu Hause sei. Sabinus spielte darauf in einer lateinischen Elegie an Kardinal Bembo († 1547) an⁶⁰⁹). Das gab einem masurischen Geistlichen Namens Johannes Maeletius Anlaß, Sabinus in einem Sendschreiben über das preußische Heidentum der Zeit genauer zu unterrichten⁶¹⁰). Und der Sohn dieses Geistlichen, Hieronymus Maeletius, schrieb ein Buch des Titels: "Warhafftige Beſchreibung der Sudawen auff Samland, ſambt ihren Bock heyligen und Ceremonien" (Königsberg ca. 1561 oder 1562)⁶¹¹). Schon im Beginne der Reformationszeit war man auf dieſe Dinge aufmerkſam geworden. Im Jahre 1520 ca. iſt noch in Rantau an der Nordküſte des Samlandes in aller Form ein Stieropfer dargebracht, um das Meer jener Gegend von den Schiffen der feindlichen Polen (Danziger) frei zu halten, und weil man wähnte, mit dieſem Opfer auch die Fiſche vertrieben zu haben, wurde 1526 ca. ein zweites Opfer ebendaſelbſt vollzogen, um den vermeintlichen Bann zu heben⁶¹²). Aehnliche Opfer ſind auch noch ſpäter vorgekommen⁶¹³). Die evangeliſche Kirche und Obrigkeit verkannte nicht, welche Pflicht ihr dieſen Zuſtänden gegenüber oblag. Sofort im Jahre 1525 ging Herzog Albrecht in ſeinem Reformationsmandat auch gegen Abgötterei, Bockheiligen und Wahrſagen vor, ebenſo in der Landesordnung von 1525⁶¹⁴). Die Art, wie 1526 der bereits evangeliſche Biſchof von Samland, Georg von Polentz, die Miſſethäter beſtrafte, gehört zu den intereſſanteſten Fällen der Ausübung kirchlicher Zuchtgewalt. Man hielt Viſitationen und ließ die Pfarrer berichten. Darnach iſt von den evangeliſchen Biſchöfen Georg von Polentz und Paul Speratus in ihrer Vorrede zu den ſogenannten Constitutiones synodales von 1530 ein Abſchnitt eingerückt, der ſpezieller auf den ſamländiſchen Götzenglauben Bezug nimmt⁶¹⁵). Die Kirchenordnung von 1568 verbietet wie ihre Vorgängerinnen Zauberei, Sortilegien und Aberglauben⁶¹⁶). Und noch ſpäter ſind die Beſtimmungen gegen die Reſte des preußiſchen Heidentums erneuert. Auch die Landesordnung vom Jahre 1640 behält ſie bei⁶¹⁷). Es läßt ſich ja nicht leugnen, daß auch die Ordensregierung und die katholiſchen Biſchöfe mitunter gegen das Fortbeſtehen der heidniſchen Sitten und Gebräuche vorgegangen ſind⁶¹⁸). Aber eine Thatſache iſt es, daß ihnen die Ausrottung in einer ſehr langen Zeit nicht gelungen iſt, wie denn die religiöſen und ſittlichen Zuſtände, welche die Reformation in Preußen vorfand, überhaupt die traurigſten waren. Man kann es dahin geſtellt ſein laſſen, ob hieran mehr die Geiſtlichkeit oder mehr die Ritter ſchuld waren. Des Aberglaubens jedenfalls wird man nicht Herr, wenn man ihn nur in einer Form bekämpft und in vielen anderen Beziehungen ſelbſt fördert. Der Ruhm, mit dem Heidentum im Samlande aufgeräumt zu haben, fällt der evangeliſchen Kirche zu. Dennoch hat man zu urteilen, daß eine Stunde von einzigartiger Bedeutung für das Preußenland gekommen war, als der böhmische Bischof Adalbert sich den Küsten Preußens näherte. Von dem Ausgange seiner Unternehmung sollte des eigentlichen Preußenvolkes Geschick ganz und gar abhängen.

XIII.
Adalberts Missionsversuch und Märtyrertod in Preußen.

Am 23. April 997 °¹⁹) fand Adalbert seinen Märtyrertod in Preußen. Erst zweihundert Jahre später begann das Christentum dort Boden zu fassen. In den Verhandlungen, die jetzt in dieser Zeit der eigentlichen Christianisierung Preußens stattfanden, wird der Name Adalberts zweimal erwähnt. Im Jahre 1206 forderte Innocenz III. die Prälaten Polens auf, den Abt Gottfried von Lekno zu unterstützen, welcher von ihm die Vollmacht erhalten habe, den ihnen benachbarten Heiden das Evangelium zu predigen. Bei dieser Gelegenheit bemerkt der Papst, daß dem genannten Abt, als er kürzlich, um gefangene Klosterbrüder zu befreien, im heidnischen Nachbarlande gewesen sei, von dem Herrn des Landes dort das Grab des seligen Märtyrers Adalbert (Albert) gezeigt sei°²⁰). Vierzig Jahre später ungefähr vermittelte der päpstliche Legat, der Archidiakonus Jakob von Lüttich, der nachmalige Papst Urban IV., zwischen den Ordensrittern und den aufständischen Preußen, welche bereits bis an die Grenzen Samlands und Galindiens unterworfen gewesen waren, und bei dieser Gelegenheit hören wir wieder den Namen Adalberts. In dem sogenannten Christburger Vertrage, welcher 1249 zu stande kam, wurde den Preußen Pomesaniens aufgegeben, an verschiedenen Orten Kirchen zu bauen, und so auch in Chomor Santti Adalberti°²¹). Es lag nahe, diese zweite Erwähnung Adalberts mit der ersten zu kombinieren, und das ist m. E. auch mit vollem Recht geschehen. Die preußischen Beziehungen Gottfrieds von Lekno können nur nach Pomesanien, der Landschaft auf dem rechten Ufer der Weichsel zwischen Ossa, Nogat, Elbing, Weeske,

Drewenzsee, gelegt werden. Aus einer Urkunde von 1250 aber geht andrerseits deutlich hervor, daß Chomor Sankti Adalberti (= Komor) im nördlichen Pomesanien lag, wo noch heute sich ein Ort Komerau findet⁰²⁰). Auch die Etymologie des Wortes Chomor oder Komor begünstigt die Kombination desselben mit der Bemerkung Innocenz' III. Daß Chomor (Komor) mit Kummer zusammenhänge, wie Joh. Voigt meinte, oder die Bedeutung von Busch habe, wie Quandt vermutete, wird abzulehnen sein⁰²⁰). Hingegen hat die Ansicht etwas Einleuchtendes, welche jenes Wort auf komora zurückführt, eine Vokabel, die sowohl im Polnischen als auch im Čechischen Kammer heißt. An eine Steuerkammer dabei zu denken, wie vorgeschlagen wurde⁰²⁴), liegt gewiß nicht nahe, da nicht einzusehen ist, wie eine solche zu einer Verbindung mit dem Namen Adalberts gekommen sein sollte. Nichts aber scheint dem Gedanken an eine Grabkammer in den Weg zu treten⁰²⁵). Also man wird es für höchstwahrscheinlich halten können, daß im Jahre 1249 den Preußen aufgegeben ist dort eine Kirche zu bauen, wo im Jahre 1206 oder kurz vorher Gottfried von Lekno das sogenannte Grab Adalberts gezeigt war.

Hiernach nun scheint nur die Wahl zu bleiben zwischen dem Schluß, daß Adalbert in Pomesanien sein Ende fand, und dem andern, daß wenigstens die Polen in der ersten Hälfte des 13. Jahrhunderts und andere Christen, die damals nach Preußen kamen, nichts anderes glaubten, als daß Adalbert in Pomesanien den Märtyrertod erlitten habe. Indes daß zu der ersteren Folgerung keinerlei Zwang obwaltet, liegt auf der Hand, und auch die zweite ist abzuweisen. Im allgemeinen ist daran zu erinnern, daß die damalige Christenheit das wirkliche Grab Adalberts, d. h. die Stätte, wo nun seine Gebeine wirklich ruhten, entweder in Gnesen oder in Prag suchte. Daraus ergiebt sich schon, daß es sich bei dem Grabmal in Pomesanien jedenfalls nur um eine Stätte handelte, von der man glaubte, daß an ihr einst eine Weile die Ueberreste Adalberts gelegen hätten, mit welcher Meinung sich in keiner Weise die Ansicht zu verbinden brauchte, daß in derselben Gegend Adalberts Tod stattgefunden habe. Klarer aber noch läßt die von Adalbert handelnde Legende Tempore illo sehen, welche gerade in der ersten Hälfte des 13. Jahrhunderts oder wenigstens nicht lange vorher in Polen verfaßt ist. Sie läßt Adalbert von dem Sitz des pommerschen Herzogs (d. i. Danzig) aus zu Schiff nach Preußen kommen und den Ort des Martyriums Adalberts in der Nähe des Meeresufers (ripa maris) liegen⁶²⁶). Ganz dementsprechend drückt sich auch die sicher in der ersten Hälfte des 13. Jahrhunderts (ca. 1230) in Polen verfaßte kleinere Vita St. Stanislai aus, in welcher es heißt, Adalbert sei über Pommern zu Schiff nach Preußen hinübergegangen⁶²⁷). Daß diese Darstellungen dafür sprächen, es sei in der ersten Hälfte des 13. Jahrhunderts in Polen Meinung gewesen, Adalbert sei in Pomesanien getötet, wird niemand behaupten wollen. Es ist ja freilich eine bekannte Sache, daß das Frische Haff oft als Meer (Ostenmeer, mare recens) bezeichnet ist; aber ebenso gewiß ist auch, daß, wenn im allgemeinen von dem Meer bei Danzig und Pommern geredet wurde, damit nicht das Haff, sondern die wirkliche See gemeint wurde. Schließlich sind wir auch noch im stande zu erkennen, was es eigentlich mit den Beziehungen, die man Adalbert zu Pomesanien gab, auf sich hatte. In den sogenannten Mirakula St. Adalberti, welche etwa um 1290 aufgezeichnet sind, hören wir die Sage, daß ein vornehmer Preuße von dem Stamme der Pomesanier — irrtümlich ist für Pomezanis in den Text der meisten Handschriften Pomeranis eingedrungen, während doch die Pommern und Preußen verschiedene Nationen waren — unmittelbar nach Adalberts Ermordung nach Samland gekommen sei, dort das Haupt Adalberts gefunden habe, von demselben aufgefordert sei, es nach Gnesen zu tragen, es unterwegs bei einem Besuche seiner Familie in einer hohlen Eiche geborgen und infolge von Uebertretung einer Anweisung des Heiligen dort nicht wiedergefunden habe. Zugleich wird erzählt, daß das Geschlecht jenes vornehmen Preußen, wie die Angehörigen desselben selbst bezeugten, noch immer in demselben Verhältnissen lebe wie einst, während jenem Vorfahren von dem Haupte Adalberts versprochen sei, daß er und seine Nachkommen über alle anderen Bewohner des Landes würden erhoben werden, wenn er bei der Ueberführung des Hauptes nach Gnesen in voller Reinheit verharren werde. Wie man sieht, giebt sich die Erzählung deutlich als eine Familiensage zu erkennen, welche in einem vornehmen preußischen Geschlechte Pomesaniens überliefert wurde, und daß andrerseits diese wieder mit dem Grabmal Adalberts, welches Innocenz III. erwähnt, und dem Thomor St. Adalberti des Christburger Vertrages in Zusammenhang zu bringen ist, möchte sich daraus mit hinlänglicher Sicherheit ergeben, daß die Mirakula noch hinzufügen, daß an dem

Ort, wo das Haupt des Märtyrers eine Zeit geruht habe, einst eine Kirche zu Ehren des Märtyrers gestanden habe⁶²⁸). Es wird diese Kirche kaum eine andere als eben jene gewesen sein, welche die Pomesanier 1249 in Chomor St. Adalberti zu erbauen hatten. Dieselbe mag in dem großen preußischen Aufstande, der sich 1260 erhob, zerstört sein. Am Ausgange des 13. Jahrhunderts also ist in Pomesanien nicht mehr behauptet, als daß dort einmal vorübergehend das Haupt Adalberts deponiert gewesen sei. Wie diese wunderbare Sage entstand, entzieht sich völlig unserer Feststellung, auch wie Kammer (vielleicht ein altes Hügelkistengrab) und Eiche sich zu einander verhielten. Aber da es sich eben um eine Familientradition handelte, kann mit Bestimmtheit gesagt werden, daß in der Mitte des 13. Jahrhunderts und früher nichts anderes und nicht mehr behauptet sein wird als am Ende desselben, und daß am Ende des Jahrhunderts nicht bloß von einem vorübergehenden Ruhen des Hauptes Adalberts in Pomesanien geredet wäre, wenn fünfzig Jahre früher allgemeine Ansicht gewesen wäre, Adalbert habe in Pomesanien seinen Tod und sein erstes Grab gefunden.

Mit diesen Ausführungen glauben wir das Urteil genügend vorbereitet zu haben, daß die oben erwähnten Nachrichten aus den Jahren 1206 und 1249 in keiner Weise der Meinung entgegenstehen, welche seit vielen Jahrhunderten jedenfalls die gewöhnlichste ist, daß Adalberts Martyrium auf dem Boden des Samlandes stattgefunden hat. Bestimmt tritt diese Aussage um 1300 auf, und zwar erstens in der eben erwähnten Sage der Mirakula Adalberti, die gerade aus Pomesanien stammte, sodann in einer Urkunde des samländischen Bischofs Siegfried vom 11. Januar 1302, worin er den in Königsberg erbauten Adalbertsdom mit Besitz und Rechten ausstattet⁶²⁹). Daß sich fort und fort unter den Heiden Samlands eine Ueberlieferung bezüglich des Todes Adalberts erhalten hatte, wird man schwerlich annehmen dürfen. Schmitt hat geurteilt, daß die Meinung, Adalbert sei im Samland umgekommen, nach Eroberung des Landes durch gelehrte Kombination auf Grund der Schriften des Kanaparius und Bruno entstanden sei⁶³⁰). Ich habe keinerlei Grund, zu bezweifeln, daß es sich um eine alte christliche Tradition handelte. Indes dieselbe könnte bei allem Alter falsch gewesen sein. Wenn ich sie für richtig halte, sind ausschlaggebend für mich allein die Berichte bei Kanaparius und Bruno. Die Legende

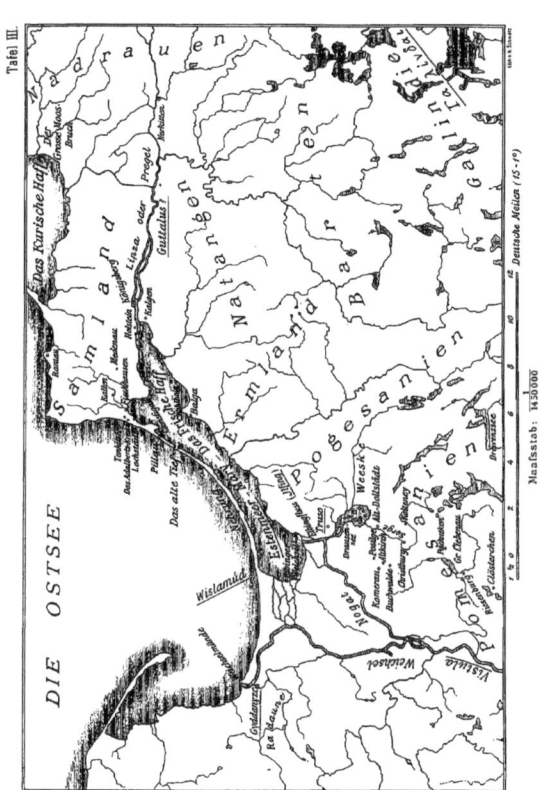

Tempore illo, die offenbar diese Berichte benutzt hat, läßt nur schließen, daß auch in Polen um den Anfang des 13. Jahrhunderts die allgemeine Meinung sie auf Samland bezog. So läuft die Frage, ob Adalbert thatsächlich seinen Tod im Samlande gefunden hat, auf die andere hinaus, ob Kanaparius' und Brunos Nachrichten über Adalberts Schicksale in Preußen glaubhaft sind, bzw. ob sie richtig ausgelegt sind, wenn man sie auf das Samland deutet. Auf Grund der erwähnten Urkunden von 1206 und 1249 ist vielfach das letztere, vornehmlich auf Grund der sogenannten Passio Adalperti auch geradezu das erstere verneint oder angezweifelt. Sofort als man diese Passio entdeckte und erkannte, daß auch sie von hohem Alter sei, wandte man mit einer gewissen Voreingenommenheit, wie sie neue Funde oft erzeugen, ihr besondere Gunst zu. Eine genaue Betrachtung derselben und ein Vergleich ihrer Nachrichten über Adalberts Ausgang mit denen des Kanaparius und Bruno sind deshalb unerläßlich. Der Bericht der Passio über Adalberts Schicksale von seinem Aufbruch aus Polen ab ist folgender⁰⁰¹):

„Hierauf nahm er den Wanderstab und begab sich mit wenigen Begleitern heimlich, als ob er eine Flucht bewerkstelligte, in das Land Pruze. Indem er auch der Burg (Stadt) Cholinun⁰⁰⁰) sich näherte, war er in einen der Burg (Stadt) nahe gelegenen recht schönen Hain gelangt, in welchem sich eine anmutige Ebene befand, und es war an demselben Tage der Vorabend St. Georgs des Märtyrers. Auf diesen frischen Rasen sich niedersetzend, sagte er zu seinen Begleitern Radim und Bugussa: „„Es scheint mir angemessen, daß wir auf diesem schönen Grase übernachten, dem Schöpfer der Dinge samt seinem Ritter die Vesper- und Nachtgesänge verrichten und mit seiner Gnade nach Sonnenaufgang und nach der Feier der Messe zu der Burg (Stadt), zu der wir gekommen sind, herangehen.““ Sein Bruder Radim aber, mit verändertem Namen Gaudentius genannt, welcher nachher Erzbischof geworden ist, sprach: „„Was sollen wir thun, da wir vor Hunger und Nahrungsmangel matt sind?““ „„Still Bruder““, sagte der Bischof, „„betrübe dich nicht! Gott wird für die Seinen sorgen. Dein Verlangen wird bald durch die Vorsehung des Herrn gestillt werden.““ Nach dem Vesperdienste entfernte er sich ein wenig von ihnen, und durch die Waldebenen streifend, trug er ihnen eine so große Menge und solchen

Wohlgeschmack von Pilzen und Kräutern zu, daß die, welche zugegen waren, sich zusammen freuten, daß sie durch einen Ueberfluß mannigfacher Kost gespeist wurden. 4. Als nach Vertreibung der Nacht das lichtbringende Gestirn aufstieg, machte er sich ohne Säumen an den Hymnus, der zu dieser Zeit zu singen war. Bevor nämlich der Stundenweiser den fünften Schatten berührte, feierte er das heilige Amt. Nach Vollendung deßelben ging er, nur die Kasula ablegend, im übrigen bekleidet mit dem Schmucke der bischöflichen Gewandung, mit der kleinen Begleitung unerschrocken auf die Burg (Stadt) zu, welche Cholinun genannt wird. Vor dem Eingang ihres Thores war eine tiefe Höhle von nicht geringer Länge, so dunkel, daß derjenige, welcher draußen (außerhalb des Thores) war, und derjenige, der drinnen (innerhalb des Thores) war, von dem andern nicht gesehen, sondern nur gehört werden konnte. Der verehrungswürdige Bischof aber trat mutig heran, und indem er nach Sitte der Bischöfe mit seinem Stabe an die Pfosten des Thores klopfte, hob er an: „„Oeffne Pförtner! Der Bote des Königs der Herrlichkeit will eintreten. Dieser wird erkannt als König aller Kräfte, durch dessen Zügel und Gewalt der Bau von Himmel und Erde gelenkt wird."" Der Burgwächter (Stadtwächter) soll geantwortet haben: „„Jemand einzulassen ist nicht unsre Sitte. Aber gehe zurück und zeige dich auf der Hügelspitze, welche die Burg (Stadt) überragt, damit man vorher sieht, wer du bist. Dann erst wird dir, falls es der Oberste (Primas) befiehlt, die Erlaubnis, einzutreten, nicht verweigert werden³³³)."" Dem so Sprechenden gehorchend, stellte sich der Held des Herrn auf der angegebenen Höhe zur Schau dar. 5. Als man das Gesicht des Heiligen des Herrn gesehen hatte, rief einer der Wächter in schrecklicher Weise etwas Sonderbares mit lautem Geschrei, und alsbald lief nach Weise von zornigen Bienen von dem gleichsam aufrührerischen Volke zusammen, was immer von Männern und Weibern drinnen war. Die Gottlosen umringten denn auch in geschlossener Reihe einmütig den Heiligen Gottes und schauten mit Verwunderung, wer oder woher er doch sei. Einer nämlich von ihnen, der ihn vordem kennen gelernt hatte, sagte, es sei der, welcher das Volk durch Untertauchen in Wasser verderbe: „„und er war gekommen, uns in gleicher Weise zu verderben."" Was sollen wir uns mit Worten aufhalten? Nicht dichter tobt der Hagel, wenn er die Saaten zerschlägt, als die mit Steinen bewaffnete Schar wütete, um sein Haupt ganz zu zerschmettern, und nicht eher sparte sie ihre große Wut, als bis sie die haarige Bischofsmütze, deren er sich als Kopfbedeckung bediente, völlig zerfetzt hatte. Von allen Seiten mit dem eigenen Blut umgossen, verharrte er unbeweglich im Lehren, bis das wahnsinnig gewordene Volk seine Kräfte zum Steinwerfen erschöpft hatte und hoffte, daß der heilige Märtyrer seinen letzten Tag beschließen werde. 6. Der gütige Weihtahk erkannte, daß ihm der Ruhm eines größeren Triumphes bereitet sei, und schritt zurück. Indem er im Singen der Vigilien das Gedächtnis der Verstorbenen feierte, kam er bis zum Sprechen der Gebete. Einstweilen legte er mit zum Halse erhobenen Fingern die Stola um die Schultern. Bugussa aber, sein Subdiakonus, blickte rückwärts und sah acht Männer ihnen nacheilen, was er alsbald dem frommen Bischof bekannt machte. Dieser, sanft lächelnd, schwieg nicht mit den begonnenen Gebeten, und indem plötzlich einer von jenen auf ihn einstürzte, ließ derselbe ihn durch Enthauptung mit ausgestrecktem Beile den Märtyrertod sterben. Der verstümmelte Körper stürzte zu Boden, der Geist aber trat ein in die Herrlichkeit der Himmel. Seine Begleiter wandten sich zur Flucht und begaben sich, um sich zu retten, in die Verstecke des nächsten Waldes. Die ruchlosen Mörder erhoben das Haupt und steckten es auf einen hohen Pfahl. Den übrigen Leib senkten sie in den Strom, der in der Nähe floß. Sie gönnten dem Volke nicht, daß ihm die strahlende Leuchte scheine. Auch während sich dies ereignete, gab das Haupt vom Pfahl Sprüche des ewigen Lebens von sich. Sobald aber die verruchten Menschen ihr Vorhaben gegen den Heiligen Gottes vollbracht hatten, begaben sie sich in den Verschluß der bekannten Burg (Stadt). 7. Wie man sagt, führte eines Wanderers Gang den Pfad an dem Strome, an welchem dies sich zutrug. Als er das aufgesteckte Haupt sah, nahm er es vom Pfahl, barg es in seinem Ranzen und eilte in raschem Laufe zu der Stadt (Burg) des Pulslawo, Chnazina genannt. Als er vor dem Fürsten stand, erzählte er ordnungsmäßig die ganze Sache von dem heiligen Märtyrer, wie er sie kannte, nahm das Haupt aus dem Ranzen und zeigte es vor allen. Einer, der zweifellos wegen der Schuld eines ihm zur Last gelegten Verbrechens an den Beinen in eiserner Fessel war und am folgenden Morgen enthauptet werden sollte, hatte beim Erblicken des

Hauptes des heiligen Märtyrers die Freude, daß die Kette an seinen Beinen zersprang. Um der Verdienste des Gotteszeugen willen wurde er von der verhängten Strafe befreit. Man sagt, daß dies sein (Adalberts) erstes Wunder gewesen sei. In Staunen über diese Kraft eines ungewöhnlichen Wunders, traten die herzu, in deren Gegenwart das Leiden des seligen Märtyrers geschehen war, und bekräftigten mit wahrhaftigem Zeugnis, was der Wanderer berichtete. Pulslawo, begierig nach dem Besitze so großer Heiligkeit, kaufte denn auch, indem er dem Wandersmann sein Geld gab, das heilige Haupt und schickte unter Mitgabe der Last eines großen Schatzes seine Boten samt den Schülern des heiligen Adalbert hin, um den übrigen Leib auszulösen. 8. Wunderbare und unerhörte Sache! Sechs Tage ruhte der holde Leib in dem Flusse, in den sie ihn gesenkt hatten; am siebenten Tage aber trieb er nach Art eines Fisches ans Ufer, wo er gefunden wurde. Drei Tage wurde das auf den Pfahl gesteckte Haupt von einem Adler bewacht, damit es von keinem Vogel berührt werde. Als der vorgenannte Pulslawo von denen, die vorauseilten, erfuhr, daß der heilige Leichnam komme, ging er mit einer ungeheuren Menge von Begleitern ihm entgegen, ließ ihn mit geziemender Ehre in seine Stadt (Burg) bringen und setzte ihn in der Kirche, welche Misiko, ein Mann guten Andenkens, dem Herrn erbaut hatte, ehrfurchtsvoll bei. Dort glänzt er von Tage zu Tage durch Gottes Gnade in immer wiederkehrenden Wunderzeichen!"

Eine der wesentlichsten Abweichungen dieser Darstellung von den Berichten bei Kanaparius und Bruno ist, daß, während nach den letzteren Adalbert durch eine Seefahrt nach jener Gegend von Preußen gelangte, wo er die Mission versuchte, hier von einer solchen Fahrt mit keinem Worte die Rede ist. Ausschließlich an die Passio meinte Brandstäter sich halten zu müssen. Er sah die Erzählung von Adalberts Seereise für eine durch Mißverständnis entstandene Fabel an und identifizierte die Burg Cholinun mit Culm (Kulm), indem er Cholinun für einen Schreibfehler hielt und Cholmun lesen wollte[634]). Ketrzyński wies dem gegenüber darauf hin, daß letzteres Verfahren nach den deutlichen Schriftzügen der Handschrift unzulässig sei, und Adalbert, wenn er bei Kulm seinen Tod gefunden hätte, nicht unter den Preußen, sondern unter den Polen (in Polonis) geendet hätte[635]). Vor allem werden wir uns zu erinnern haben, welchen

Charakter uns die Berichte des Kanaparius und Bruno bisher gezeigt haben. Wir kennen beide Schriftsteller ja nun schon hinlänglich aus ihren Mitteilungen über den früheren Verlauf des Lebens Adalberts. Wir haben wohl vor allem bei Kanaparius eine gewisse Einseitigkeit der Darstellung bemerkt, wenn bestimmte religiöse, besonders mönchische Interessen im Spiele waren, auch gelegentlich beobachtet, daß er geneigt war, Adalbert zu idealisieren und bei Wiedergabe von Reden sehr frei zu verfahren. Aber was den Rahmen der rein äußeren Ereignisse und der Zeitumstände anbetraf, haben wir bei beiden Schriftstellern den Eindruck empfangen, daß sie im allgemeinen nach bestem Wissen oder bester Erinnerung genau zu sein sich bemühten. Es sind uns in dieser Hinsicht wohl kleine Irrtümer bei ihnen entgegengetreten, aber nicht Phantasien, und in vielen Fällen haben wir ihre Nachrichten als sehr treu erkennen können. Dies muß das günstige Vorurteil erwecken, daß anders auch nicht die Dinge bei ihnen in der Schilderung der letzten Lebensschicksale Adalberts liegen werden. Hinzu kommt, daß wir von Bruno bestimmt wissen, daß er, als er schrieb, diejenigen schon gesprochen hatte, die Adalbert auf seinen Todeswegen in Preußen begleitet hatten. Und wenn wir ein Gleiches von Kanaparius in Bezug auf seine Aufzeichnung auch nicht werden sagen können, da er in dem Bericht über die letzten Augenblicke Adalberts eine Angabe bietet, welche auf Grund von Bruno als geradezu unrichtig bezeichnet werden muß, so läßt sich doch erkennen, daß auch sein Bericht von den Augen- und Ohrenzeugen nicht zu weit abstand. Besonders fällt auf, daß Kanaparius sehr bestimmte geographische und örtliche Vorstellungen bezüglich der Gegend hat, in der Adalbert umkam. Solche Kenntnisse wird sich ein Römer des 10. Jahrhunderts über die ferne Ostseeküste schwerlich aus Büchern erworben haben. Waren sie aber durch Hörensagen an ihn gelangt, so ergiebt sich eben, daß zwischen ihm und denen, die an Ort und Stelle waren, viele Mittelglieder nicht gewesen sein können. Die Unterschiede in seiner und Brunos Berichterstattung werden nicht vertuscht werden dürfen, aber andrerseits fällt auch ins Gewicht, daß Bruno, der die Begleiter Adalberts gesprochen hatte, in den meisten Dingen es nicht besser wußte als Kanaparius. Bezüglich mancher Züge werden wir vielleicht sogar urteilen müssen, daß Kanaparius richtiger und genauer darstellte.

Unter solchen Umständen kann es gar keinem Zweifel unterliegen, daß, wenn die Quellen über Adalberts Ende nach ihrem Werte und dem Maße ihrer Glaubwürdigkeit geordnet werden sollen, die Berichte des Kanaparius und Bruno dem der Passio Adalperti, deren Verfasser und Gewährsmänner wir nicht genau kennen, und die sichtlich legendarische Züge an sich trägt, voranzustellen sind.

Diese Bemerkung richtet sich auch insofern gegen W. v. Giesebrecht, als er, besonders durch die Passio veranlaßt, den Wert von Kanaparius' und Brunos Darstellungen stark verkleinerte[636]). Die meisten Forscher, welche von einem Aufenthalt Adalberts im Samlande nichts wissen wollten, haben Kanaparius' und Brunos Berichte mehr oder weniger gelten lassen und sie nur von dem hergebrachten Verständnis abweichend ausgelegt. Ihre Ansichten sind unter sich eigentlich nur in den Einzelheiten verschieden. Schon Ludwig Giesebrecht war der Meinung, daß Adalbert von Danzig aus durch das Tief nach Truso gefahren sei. Durch die Bezeichnung „Markt" bei Bruno fand er diesen Ort angedeutet[637]). Ihm stimmten zu Bübinger, Dudik und noch neuerdings auch Müllenhoff[638]). M. Toeppen blieb mit W. v. Giesebrecht bei dem allgemeinen Urteil stehen, daß Adalberts Todesstätte näher der polnischen Grenze zu suchen sein werde[639]). Titius, der Adalberts Schiffahrt nur bis Graudenz gehen ließ und Cholinun (wie er urteilte, Eigenname) mit Chomor (nach seiner Ansicht Appellativum) identifizierte, meinte Kolteney an der obern Sorge für Cholinun halten zu sollen[640]). Schmitt ließ Adalbert durch Tief und Haff in den Elbingfluß und den Drausensee gelangen, dann an der Sorge hinauf bis Christburg und wieder zurück zum Drausensee, wo er nach seiner Meinung auf der südlichen Seite bei Alt-Dollstädt (= Cholinun) getötet wurde[641]). Nach Kolbergs Auffassung schließlich ist Adalbert durch die Nogat gefahren und von einer Mündungsinsel derselben nach Truso gegangen. Den Todesort Adalberts sucht er in oder bei Clösterchen (südwestlich von Riesenburg), indem er dies mit Chomor identifiziert und Cholinun in dem Kulin einer Urkunde von 1323[642]), das er in der Gegend von Pachutken und Gr. Liebenau liegen läßt, wiederfindet[643]). Kolbergs Meinung hat, wie es scheint, besonders im katholischen Ermlande Anklang gefunden[644]). Alle genannten Forscher stimmen darin überein, daß sie Pomesanien die Stätte der Mission Adalberts in Preußen sein lassen.

Man kann daraus ersehen, daß das päpstliche Schreiben von 1206 und die Erwähnung des Chomor St. Adalberti im Christburger Vertrag der Ausgangspunkt ihrer Bestimmungen gewesen sind. Infolgedessen sind denn auch letztere schon damit so gut wie gegenstandslos gemacht, daß nachgewiesen wurde, daß jenen bezeichneten Instanzen die Bedeutung nicht zukommt, die ihnen gegeben ist. Es bleibt aber noch übrig, die Berichte des Kanaparius und Bruno auf ihren eigentlichen Sinn näher zu prüfen. Thut man dies in unbefangener Weise, so bestätigen sie die Meinung, daß Adalbert in Pomesanien gestorben sei, nicht. Stellen wir fest, was aus ihnen sich in Bezug auf Adalberts letzte Schicksale ergiebt!

In der folgenden Uebersetzung der beiden Berichte ist fortgelassen, was sich nicht auf Preußen bezieht oder rein erbaulichen Charakter hat. Die dadurch entstehenden Lücken sind stets durch Punkte angedeutet. An der Reihenfolge der einzelnen Abschnitte in den Berichten ist in keiner Weise geändert, sodaß aus der Nebeneinanderstellung der beiden Berichte auch ihr Verwandtschaftsverhältnis erkannt werden kann. Bei Bruno sind in Klammern einige abweichende Lesarten angegeben[o**]). Die Uebersetzung ist mit Absicht nach Möglichkeit wörtlich hergestellt.

Kanaparius:

27.... Der Herzog aber, nachdem er von dem Vorhaben desselben (Adalberts) Kenntnis erhalten hatte, giebt ihm ein Schiff und rüstet es zur Sicherheit der Reise mit dreißig Kriegern aus. Er aber besuchte zuerst die Stadt Ghddannyc, welche die weiten Gebiete des Herzogs abschneidet und von den Grenzlinien des Meeres berührt wird. Indem dort das göttliche Erbarmen sein Kommen begünstigte, wurden viele Haufen von Menschen getauft. Dort zelebriert er die Meßfeier und dem Vater opfert er Christus, dem er nach jenen wenigen Tagen sich

Bruno:

24.... Herzog Boleslaw liebte ihn. Diesen ermahnt er, daß er ihn unterstütze. Er (Boleslaw) möge zusehen, wie er (Adalbert) auf einem Seeschiffe die Reise ins Land der Pruzen ausführe (S.: wie er ihn auf einem Schiffe ins Land der Pruzen aussetze), um Seelen zu suchen und mit der Pflugschar Gottes die wilden Völker zu durchfurchen. Es erfüllt der Herzog die Befehle seines geistlichen Vaters. Obwohl er reichlich den Wunsch hatte, daß jener bei ihm bleibe, hatte er doch nicht gewagt dem heiligen Vorsatz entgegenzutreten.

selbst als Opfer darbringen sollte. Was aber übrig blieb von dem, womit er selbst und die Neugetauften kommunizierten, befahl er zu sammeln und hob es, eingewickelt in ein sehr reines Tuch, für sich auf, um es als Wegekost mitzunehmen. 28. Am folgenden Tage aber spendet er allen den Abschiedsgruß, begiebt sich in den Kiel und aufs Meer und wird ihren Augen entrückt auf Nimmerwiedersehen. Dann die Reise zu Schiff in schnellster Fahrt vollendend, steigt er nach wenigen Tagen aus am Meeresufer, und es kehrte zurück das Schiff mit der bewaffneten Hut. Er selbst aber, indem er für die geleisteten Wohlthaten den Fährleuten und dem Herrn der Fährleute Dank sagte, blieb dort mit den beiden Brüdern zurück, von denen der eine der Priester Benediktus, der andere sein geliebter und von der Knabenzeit her ihm als Begleiter zugesellter Bruder Gaudentius war. Damals betraten sie, indem sie mit großer Zuversicht Christus predigten, eine kleine Insel, welche, umflossen von dem eine Biegung machendem Strom, die Form eines Kreises den Ankommenden zeigt. Es kamen aber die Besitzer des Platzes und trieben sie mit Fäusten fort. Und einer, nachdem er das Ruder des Kahnes ergriffen hatte, stellte sich näher dem Bischofe

Es ist in einer Gegend seines Reiches eine große Stadt (Burg) Gnezne (Gnesen), wo es dem heiligen Leibe (P.: nun zu ruhen) gefiel, wo derselbe glänzt in tausend Wundern und denen, die Rechtes erbitten, wenn sie mit dem Herzen kommen, reichlich Heilshülfen zu teil werden. Dort also, weil es auf seinem Wege lag, zelebriert er die Messe, in Bezug auf welche er seit langer Zeit Schweigen übte, und schickte sich an, die heiligen Hostien darzubringen, er, der auch selbst bald eine lebendige Hostie für Christus sein sollte! Er tauft eine sehr große Volksmenge. Dann hält er sich nicht auf und besteigt das Schiff, welches der besorgte Herzog, damit kein Ruchloser es zu berühren wage, mit vielen Kriegern ausgerüstet hatte. Nach wenigen Tagen gleiten sie im Kiel, der des Meeres Rücken durchschneidet, an die Lande der Pruzen, die von Gott nichts wissen. Eilends aber setzen die Schiffer die heilige Last ab und ergreifen, unter dem Schutze der Nacht zurückkehrend, die sichere Flucht. Rasch tritt den Weg an der gotterfüllte Mensch, im Begriff, seine Netze über das schrecklich brausende Meer zu werfen, ob vielleicht etwas komme, was er als Speise auf den Tisch Gottes setzen könnte, oder wenn er keinen Fisch fangen sollte, ob er wenigstens im Namen des Sohnes

und gab ihm, wie er gerade vielleicht die Psalmen im Buche abgesungen hatte, einen fürchterlichen Schlag zwischen die Schultern. Aus den Händen gestoßen, fliegt nach der andern Seite der Band, und er selbst liegt mit ausgestrecktem Kopf und Gliedern auf dem Boden. Was aber, während der Leib äußerlich geschlagen war, innen der fromme Sinn that, offenbarte das Lächeln des Herzens bald durch der Stimme Werkzeug. „„Ich danke Dir,““ sprach er, „„o Herr, daß ich, wenn es auch nicht mehr sein sollte, wenigstens einen Schlag für meinen Gekreuzigten zu empfangen verdient habe.““

Gottes den dargebotenen Kelch trinken möchte... Also hatte der Streiter Gottes mit zwei Genossen einen kleinen Ort betreten, welcher, da die Welle des Flusses herumgleitet, einer Insel Aussehen nachahmt. Dort verharrten sie einige Tage, und die beflügelte Fama trug zu den Ohren der Heiden, daß sie Gäste von unbekannter Tracht und unerhörtem Aufzuge hätten. 25. Zuerst kommen unvermutet der Zahl nach nicht viele Leute in einem kleinen Schiff, thun einen Sprung aus Land, knirschen ich weiß nicht welches barbarische Wort, dampfen vor großem Zorn und suchen die fremden Gäste. Der Tau des Königs (d. i. der Psalmentau), der Honigtau war gerade im Munde des Bischofs gewesen; das Psalmenbuch lag vor ihm im Schoß, in welchem alle Worte des Mundes Gottes, die Summe des Heils und das Leben des Menschen gewiß bleiben und verschlossen liegen. Da trat einer von jenen, der Schlechteste der Schlechten, näher zu ihm heran, erhob, nichts Gutes redend, hoch die schwieligen Arme und traf mit der Stange, mit welcher er das Schiff getrieben hatte, den himmlische Worte wiederholenden Bischof mit aller Kraft zwischen den Schultern. „„Wenn ihr nicht fortgeht““, sagte er, „„werdet ihr schleunigst mit Enthauptung bestraft werden, nachdem ihr mit

11

harten Peinen und vielen Todesqualen geplagt seid."" Es fliegt aus seinen Händen das fortgestoßene Buch; nach der andern Seite wird er selbst zu Boden geworfen und giebt Küsse der grünen Erde, lang hingestreckt mit dem Sinn (Haupt?) und ganzen Leibe. Der äußere Mensch wird vernichtet, der innere zum Leben erneuert. Durch das Innere des Herzens brach hervor ein Wort der Fröhlichkeit und des Heils. „„Gebenedeit"", sagte er, „„sei Gott, gebenedeit die Barmherzigkeit Gottes! Wenn ich nicht mehr empfangen sollte für meinen Gekreuzigten, einen kostbaren Schlag habe ich""
. . . .

Uebersetzend aber nach einer andern Gegend des Flusses, verharrte er dort am Sabbath. Als aber Abend geworden war, führte der Herr eines Gehöftes (dominus villae) den göttlichen Helden Adalbert hinüber ins Gehöft. Es versammelt sich von allen Seiten das unthätige Volk, und mit wütender Stimme und hündischem Maulaufsperren warten sie, was er mit jenem thun werde. Damals hat der heilige Adalbert, als man ihn fragte, wer und woher er sei, und weshalb er dorthin komme, seinerseits folgendes mit sanfter Stimme geantwortet: „„Ich bin von Geburt ein Slawe Namens Adalbert, dem Stande nach ein Mönch, an Rang einst Bischof, dem Was weiter? Hinausgeworfen, kommen sie in einen Markt, wo eine Woge Volks zusammengeströmt war. Plötzlich umstehen die Hundsköpfe den Himmelsbürger in langem Haufen; sie sperren auf die blutgierigen Mäuler; sie fragen, woher er sei, was er suche, warum er gekommen sei, den doch niemand gerufen habe. Die Wölfe dürsten nach Blut, drohen mit Tod, weil er das Leben zu ihnen trug. Kaum warten sie ab, bis er spricht. Sie starren und spotten; denn etwas Besseres wissen sie nicht. Sie befehlen zu reden und schütteln die Köpfe. Es umgürtete der Mann die Lenden, öffnete den Mund und redete sie, da sie viel nicht hören konnten,

Amt nach jetzt euer Apostel. Die Veranlassung unsrer Reise ist euer Heil, daß ihr verlassen möchtet die tauben und stummen Götzenbilder und erkennen euern Schöpfer, welcher ein alleiniger Gott, und außer welchem kein anderer Gott ist, und daß ihr, an seinen Namen glaubend, das Leben haben und in den unvergänglichen Hallen den Lohn himmlischer Freuden zu empfangen verdienen möchtet."" So der heilige Adalbert. Jene aber, die schon lange voll Unwillens waren und mit Geschrei Worte der Lästerung gegen ihn ausriefen, drohten ihm den Tod. Und sofort die Erde mit Stöcken schlagend, halten sie Knüttel an sein Haupt und knirschen greulich wider ihn mit den Zähnen. „„Halte es für etwas Großes"", sagten sie, „„daß du bis hierher ungestraft gekommen bist, und wie schneller Rückzug dir Hoffnung auf Leben schaffen wird, so kurzer Verzug Schrecken des Todes. Uns und diesem ganzen Reiche, dessen Eingang wir sind, gebietet ein gemeinsames Gesetz und ein und dieselbe Lebensordnung. Ihr aber, die ihr eines andern und unbekannten Gesetzes seid, werdet morgen enthauptet werden, wenn ihr nicht in dieser Nacht davon geht."" Sie wurden aber in derselben Nacht in ein Boot gesetzt und blieben, zurückgekurz an: „„Aus dem Lande der Polen, welches der benachbarte Boleslaw in christlicher Herrschaft verwaltet, komme ich zu euch um eures Heiles willen, ein Knecht dessen, der Himmel und Erde, das Meer und alles Lebendige gemacht hat. Ich komme, um euch zu reißen aus der Hand des Teufels und den Schlünden der schrecklichen Hölle, daß ihr erkennet euern Schöpfer, ablegt die gottlosen Sitten, entsaget den todbringenden Wegen mit allen Unreinigkeiten, und, gleichsam gewaschen im Bade des Heils, zu Christen gemacht werdet in Christo, die in ihm haben Vergebung euer Sünden und das Reich der Unsterblichen des Himmels."" Das sagte der Heilige. Jene aber, dagegen schon lange voll Abweisung, verlachen die himmlischen Worte, schlagen die Erde mit den Stöcken, erfüllen die Luft mit Gebrüll, legen indes nicht Hand an, sondern sprechen ihre Wut vor (scil. dem Dolmetscher) und senden Worte (P.: eine Botschaft) scharfer Strenge zu den Ohren der Gäste. „„Solcher Menschen wegen"", sagten sie, „„(H.: wird unser Land keine Frucht bringen, werden die Bäume nicht ausschlagen,) werden neue Wesen nicht geboren werden und die alten sterben. Macht euch fort aus unsern Grenzen! Wenn ihr nicht schleunigst den Fuß rückwärts setzet, werdet ihr von grau-

11*

führt, fünf Tage in einem Dorf- flecken .... (Vorgänge in Italien)	samen Strafen getroffen werden und durch einen bösen Tod umkommen."" Jenen (P.: Jenem) aber, welche (welcher), an dem Eingang des Reiches wohnhaft, die guten Gäste bis zu diesem Ort durchgelassen hatten (hatte), drohen sie den Tod an und versprechen in schäumendem Zorn ihr (sein) Haus anzuzünden, ihre (seine) Güter zu verteilen, ihre (seine) Gattinnen und Söhne zu verkaufen. 26. Da der Held Christi sah, daß kein Gewinn an Seelen sich ergebe und die Hoffnung des ersehnten Todes genommen werde, ließ er den Mut sinken, und von großer Traurigkeit erfüllt, bewegt er in der keuschen Brust hin und her mannigfache Unruhen und Sorgen. Und er sprach zu seinen Brüdern: ""Von großen Widerwärtigkeiten bedrängt, was für einen Entschluß sollen wir fassen? Wohin wir uns wenden sollen, ich weiß es nicht. Unsere körperliche Tracht und die Fremdartigkeit unserer Kleider gereicht, wie ich sehe, den heidnischen Gemütern nicht wenig zum Schaden. Daher, wenn es gefällt, lasset uns die Kleider verändern, lasset uns das Haupthaar wachsen lassen in herabhängender Weise, lasset uns es nicht hindern, daß die Haare des geschorenen Bartes hervorgehen! Vielleicht können wir unerkannt besser ihr Heil wirken; ihresgleichen geworden, werden wir vertraulicher

mit ihnen zusammenwohnen, reden und leben. Lasset uns auch mit eigenen Händen arbeiten und unsern Unterhalt erwerben in Aehnlichkeit der Apostel; lasset uns den Sinn der Psalmen erwägen in der Verborgenheit des Geistes! Unterdessen wird, indem die Barmherzigkeit des Erlösers Gedeihen giebt, etwas Heilsames eintreten, daß, während infolge dieser List und dieses Truges ihre Meinung sie täuscht, eine gewisse Gelegenheit kommt, das Evangelium zu verkündigen, sodaß wir einen großen Schatz gefundener Seelen gewinnen oder, das süße Leben für den süßesten Christus hingebend, des erwünschten Todes sterben."" Nach Ersehung also eines Planes Besseres erhoffend, tötet er die Trauer, der er Raum gegeben, mit dem Schwert der Freude. Im Begriff, die böse Gegend zu verlassen, setzt er mit neu entzündetem Mut die Schritte in Bewegung. Es dünkte ihm nämlich gut, die Rosse der Predigt gegen die tauben Götzen der wilden Lutizen zu lenken, deren Sprache er kannte, und die er in veränderter Kleidung und Tracht täuschen konnte, da er noch nicht von ihnen gesehen war . . . . (Mitteilung von Vorgängen in Rom) . . . .
28 . . . . (P.: Das geschah im christlichen Lande.) Unterdessen wandelt

Adalbert selbst im heidnischen Lande mit seinen Genossen den Weg an den Gestaden des Meeres. Da entsteht plötzlich ein Zusammenschlagen der Wellen, als ob sich irgend ein gewaltiges Tier des Meeres bewegte, und jenes starke Getöse kommt zu den Ohren der Dahinschreitenden. Die Begleiter hören es sorglos. Der Obere in der Mitte erschrak aufs furchtbarste und schauderte, bestürzt wie ein furchtsames Weib. Lächelnd sagte zu ihm Gaudentius, welcher väterlicherseits sein Fleisch und Bruder war: „„Aengstigte sich deine Tapferkeit, kühnster Streiter? Wenn über uns eine bewaffnete und zum Kriege fertige Schar springen würde, was würdest du dann thun, der du jetzt vor Nichtigem dich fürchtest?"" Er antwortete: „„Wir sind gebrechlich, du stark; wir sind schwach, du kräftig; wir ängstigen uns gewiß auch vor dem Geringsten; aber um so mehr ist Gott unsre Zuflucht und Stärke, je größer der Mangel des Furchtsamen, und je geringer an Kräften das Gefäß ist. Um so seliger, um so rühmlicher werde ich Dich lieben, Herr, meine Kraft, je mehr ich meine Schwachheit fühle und Dich als meine Stärke erkenne.""

29 .... Ebenso sagte dem Bruder Gaudentius die nächtliche Ruhe im Rätselgewebe, was kommen sollte. Aufgemuntert deshalb, fragt er den geliebten Vater, ob er

29. Es sah auch derselbe Gaudentius in der folgenden Nacht einen Traum, weil er in scherzenden Worten den sich ängstigenden Bischof verspottet hatte. Er trat in eine schöne Kirche

seinen Traum hören wolle. Es antwortete aber dieser: „„Sage es, wenn du etwas hast."" „„Ich sah"", sprach er, „„inmitten des Altars einen goldenen Kelch, und zwar halb voll Weins. Niemand aber war sein Wächter. Als ich deshalb den Wein trinken wollte, widerstand mir der Diener des Altares und sagte gegen mein dreistes Beginnen gleichsam mit einem gebieterischen Ansehen, daß er weder mir noch irgend einem der Menschen diese Erlaubnis geben wolle, deshalb, weil der Wein für dich auf morgen zur geheimnisvollen Erquickung aufgehoben werden solle. Indem er solches spricht, flieht der Schlaf von meinen Augen, und ungeheuere Erstarrung bemächtigt sich der zitternden Glieder."" „„Gott"", sagte er, „„möge diesem Gesicht glückliche Erfüllung geben, o Sohn. Einem trügerischen Traum darf niemand trauen."" 30. Indem sich schon der purpurne Tag erhebt, betreiben sie die begonnene Reise und kürzen sich den Weg mit davidischem Liede und rufen ohne Unterbrechung Christus an, des süßen Lebens Freude. Darauf verließen sie die Wälder und Wildhöhlen und betraten, als die Sonne zur Mittagshöhe emporstieg, ebene Felder. Dort empfing jener heilige Mönch, indem Bruder Gaudentius die Messe hielt, die Kommunion und nahm nach und bemerkte, daß der Bischof Adalbert, der in Amtstracht war, die Messe gefeiert hatte. Als aber das Opfer verzehrt war, und man die Gewänder faltete, schritt er näher heran zum Horn des Altares, in dessen Mitte ein goldener Kelch steht. Er neigt dazu den Hals, setzt den Mund an und schickt sich an, aus dem goldenen Kelche zu trinken. Da fliegt im Laufe herzu der Wächter des heiligen Altares, und indem er mit strengen Worten den dreisten Gaudentius schilt, mit welchem Rechte er solches wage, sagt er: „„Es ist nicht gestattet, daß deine Kehle aus dem goldenen Kelche den Trank des Lebens nehme. Er allein muß den ganzen trinken, der nach Opferung Christi die Messe im Gebete entsandte; dir wird für den trockenen Gaumen auch nicht ein Tropfen bleiben."" Als es Morgen geworden war, hob Gaudentius an: „„Höre, mein Herr, den nächtlichen Traum, den ich sah! Nach Vollendung der Messe, die du im Tempel Gottes gefeiert hattest, trat ich hinzu, einen Trunk aus dem goldenen Kelche zu nehmen, der in der Mitte des Altares stand. Und es hinderte mich der Diener des Altares, indem er sprach: „„Einem Fremden ist es in keiner Weise erlaubt; der Bischof muß den ganzen trinken."" Es antwortete der selige Adalbert, der

der heiligen Kommunion, um sich die Mühe des Marsches zu erleichtern, ein wenig Kost zu sich. Und nachdem er den Vers und den folgenden Psalm gesprochen hatte, erhob er sich von dem Rasen, ging einen Steinwurf oder Pfeilschuß weiter und setzte sich nieder. Hier bemächtigte sich seiner der Schlaf, und weil er von dem langen Marsche ermüdet war, streckte ihn aus vollem Horn die späte Ruhe zu tiefem Schlummer hin.

Als schließlich alle ruhten, war zur Stelle die heidnische Wut, und mit großem Ungestüm fielen sie über sie her und warfen alle in Fesseln.

dem Leiden nahe war: „„Mein Bruder, nach Gottes Befehl möge dein Traum günstig ausgehen; das sündigende Sündenfleisch hindere nicht die Gabe Gottes; das Erbarmen des Schöpfers trage den Sieg davon!"" 30. Am Freitage also zelebriert Gaudentius, welcher dem heiligen Manne doppelt verbrüdert war, als die aufsteigende Sonne drei Stunden vollendet hatte, der Messe Feier auf dem freundlichen Grase. Darauf nahmen sie, sich hinlagernd, ein wenig Kost zu sich, damit durch die stärkende Speise die ermüdeten Glieder die verlorene Kraft wieder bekämen, und die wiederhergestellten Füße den weiten Weg ohne Mühe schneller kürzten. Nach Vertreibung des Hungers erheben sie sich erfrischt und beginnen weiter zu gehen, und nicht weit von jenem Platze, wo sie Speise nahmen, legen sie, da die Mattigkeit zunimmt, das Haupt zur Ruhe und überlassen die geplagten Leiber dem Schlaf. Sie wurden alle schläfrig und entschliefen. Da ist zur Stelle Waffengeräusch, der blitzende Speer, der tönende Schild und das scharfe Schwert. Ein Barbar, dessen Bruder von den Polen erschlagen war, kommt, von Leidenschaft getrieben; mit ihm waren verschworen solche, die an den schlechtesten Dingen ihre Lust haben. Geleitet von Reue, daß sie jene vorher fortgelassen hatten, näherten sie sich nun (P.: näherten sich nun mit großem Ungestüm die Götzendiener) mit Ungestüm. Kein Verzug. Sie lassen die Rosse, laufen in fliegender Hast der Füße herbei, stören die Ruhe der Feinde, legen ihnen Fesseln an und schnüren, als müßten sie Räuber binden, zusammen die Hände und Arme der Christen. Es staunen die Brüder, und nicht auf sanfte Weise aus dem Schlafe geweckt, gewahren sie unverhoffter Weise die Fesseln und Feinde. Und nicht weniger fürchtet sich nun der große Adalbert, welcher stets dies Schauspiel, von ganzem Wunsch und Verlangen entzündet, gesucht hatte. Wie ein Mensch schaudert vor dem Geschmack des bittern Todes, leidet mehr als gewöhnlich der bestürzte Sinn an Feigheit; das Fleisch, das sterben soll, wechselt die Farbe; das zitternde Leben erschlafft vor Furcht. Und man wundere sich nicht, daß der Heilige, geradezu gebrochen, die Kräfte verlor, der in so vielen Jahren unter den Stürmen der Versuchung als unerschütterter Baum feststand, gerade jetzt, da das Ende sich näherte und er die Palme empfangen sollte. Schwitzt nicht der größere Herr, unsere Erlösung, Christus, beim Nahen des Leidens Blut, und erklärt nicht derjenige, der Macht hat, das Leben zu lassen und zu nehmen, seinen nachfolgenden

Indem aber der heilige Adalbert Gaudentius und dem andern gebundenen Bruder gegenüberstand, sagte er: „„Brüder, betrübt euch nicht! Wisset, daß wir dies erleiden für den Namen des Herrn, dessen Kraft über alle Kräfte, dessen Schönheit über alle Zierden geht, dessen Macht unaussprechlich, und dessen Güte einzigartig ist! Denn was ist mutiger, was ist schöner, als das süße Leben zu lassen für den süßesten Jesus?"" Es springt hervor aus dem wütenden Haufen der feurige Sikko, und aus allen Kräften einen ungeheueren Wurfspieß in Bewegung setzend, durchbohrte er das Innere seines Herzens. Er nämlich, der Götzenpriester und Führer der Verschwörerbande, bringt gleichsam pflichtgemäß die ersten Wunden bei. Dann liefen alle zusammen, und indem sie die Wunden mengen, stillen sie ihren Zorn. Es fließt das purpurne Blut durch Oeffnungen auf beiden Seiten; mit Augen und Händen zum Himmel betend, steht jener da. Es quoll aus reicher Ader ein roter Strom, und die herausgezogenen Speere öffneten sieben ungeheuere Wunden. Als die Fesseln sich gelöst hatten, streckt er die Hände in Kreuzesweise aus und ruft in flehentlich ausgeschütteten Bitten für sein und Jüngern, daß er betrübt sei bis zum Tode? . . . .

32. Es sagen die, welche in jenem Kampfspiel waren, daß der bleiche Bischof auch nicht ein Wort gesprochen habe. Nur, als sie den Gebundenen auf den Vorsprung des Berges führten, wo sie mit sieben Lanzen die schönen Eingeweide durchbohrten, habe er zu jenem, dessen Lanze damals den ersten Stoß geben mußte und (der) mit finsterem Aussehen den zu tötenden Märtyrer aufstellte, mit schwacher Stimme fragend dies eine Wort gesagt: „„Was willst du, Vater?"" Du hast, was du immer wolltest, da du gelitten hast für den ersehnten Christus und an dem Tage als seliges Opfer gestorben bist, an welchem der Erlöser für dich und für die Welt gekreuzigt ist. . . . .

33. Zuerst durchbohrt der Führer und Meister der ruchlosen Kohorte, feurig von brennender Wut (P.: der feurige Sikko), des Herzens Inneres. Dann vollenden das Verbrechen die übrigen in springender Bosheit und mit schnellender Hand. Damit aber die milde Gottheit zeige, daß ihrem Knechte geöffnet seien das Gefängnis der Welt, die großen Fesseln und alle Bande der Sünden, öffneten sich, nachdem sie den heiligen Leib getötet hatten (zerschnitten??) """), die Bande der

der Verfolger Heil zum Herrn. So entfliegt jene heilige Seele ihrem Kerker; so nimmt der edle Leib in ausgebreitetem Kreuz die Erde ein; so auch gelangt er, mit vielem Blut das Leben lassend, schließlich zum vollen Genuß der seligen Stätten und des ihm stets teuersten Christus. O über den heiligen und seligsten Mann, in dessen Miene ein engelhafter Glanz, in dessen Herz stets Christus war! O über den Frommen und aller Ehre Würdigsten, der das Kreuz, welches er dem Willen nach und im Geiste immer trug, damals auch mit den Händen und dem ganzen Leibe umfaßte! Es laufen von allen Seiten mit Waffen herbei die schrecklichen Barbaren, und da ihre Wut noch nicht befriedigt ist, nehmen sie dem Leibe das edle Haupt und trennen die blutlosen Glieder. Während sie aber den Leib am Platze ließen, steckten sie das Haupt auf einen Pfahl; und indem sie mit frohem Geschrei ihre Verbrechen priesen, kehrten sie zurück, ein jeder zum eigenen Wohnsitze. Es litt aber der heilige und hochberühmte Märtyrer Christi, Adalbert, am 23. April, unter der Regierung und Herrschaft des dritten der Ottonen, des frommen und berühmtesten Kaisers, an einem Freitage; sodaß also an demselben Tage, an welchem der Herr Jesus Christus für den Menschen, jener Hände, ohne daß sie jemand löste. Er selbst aber, den freundlichen Tod umarmend, dem er liebend immer nachgegangen war, streckte die Hände aus nach Weise eines Kreuzes. Der fallende Leichnam bedeckt die Mutter Erde; die heilige Seele geht glücklich ein zum Leben. . . . .

34 . . . Die gottlosen Männer nun führen die beiden unbarmherzig gebundenen Brüder mit sich fort und trennen das edle Haupt des heiligen Mannes vom übrigen Körper und bewachen beide Teile unter zuverlässiger Hut. Denke nicht, daß sie einen religiösen Brauch verrichteten, sie, die nur zu schänden verstehen. Vom benachbarten Herzoge Boleslaw meinten sie, wie die Sache lag, viel Geld zu empfangen, wenn sie den hochehrwürdigen Leib und Kopf, den begehrenswerten Schatz, verkaufen würden . . . .
. . . .
Es erlitt aber den Märtyrertod der werteste Märtyrer, der teuerste Adalbertus, an dem Tage, an welchem der fromme Georg durch einen Stein zermalmt wurde (P.: mit dem Schwert erschlagen wurde).

Mensch für seinen Gott gelitten hat.
Bei diesem ist Erbarmen in der
Zeit, Ehre, Lob und Herrschaft in
Ewigkeit. Amen.

Die Ausdrücke „Grenzlinien des Meeres", „Meer (Pelagus)",
„Ufer des Meeres" bei Kanaparius, „Seeschiff", „Rücken des
Meeres" bei Bruno lassen dem unbefangenen Leser keinen Zweifel,
daß beide Schriftsteller von einer Fahrt auf dem eigentlichen Meere
zu berichten hatten⁴⁷). Ihre Darstellung wird auch von einem
andern Zeitgenossen, nämlich Thietmar, bestätigt, sofern er Adalbert
am Meer (Pelagus) sterben läßt⁴⁸). Besonders wertvoll ist Brunos
Mitteilung, daß Adalbert den Herzog um das Seeschiff gebeten habe.
Sie läßt deutlich erkennen, daß es sich bei Adalbert um einen wohlüberlegten Plan gehandelt hat. Dieser kann kein andrer gewesen
sein, als eben das Land zu erreichen, welches wir als das preußische
Kern- und Hauptland kennen gelernt haben, das Samland⁴⁹).
In jede andre preußische Gegend war auf andrem Wege leichter zu
gelangen als auf dem Seewege. Adalbert wird sich gesagt haben,
daß, wenn es ihm am wichtigsten Punkte Preußens gelingen würde,
dem Christentum Boden zu verschaffen, die Ausbreitung desselben im
ganzen Lande so gut wie gesichert sein würde, und schwerlich hat er
übersehen, daß, sobald das Samland dem Christentum gewonnen war,
das preußische Land von Nord und Süd durch christliche Stationen
umklammert war. Es werden auch diejenigen recht haben, die bei
Adalbert die Erwägung voraussetzten, daß in den Polen unmittelbar
benachbarten preußischen Grenzlanden am wenigsten Empfänglichkeit
für einen aus Polen kommenden Boten des Christentums vorhanden
sein würde. Auffallend ist es, daß Kanaparius als die Stadt, von
welcher Adalbert in See ging, Danzig (Gyddanyzc), Bruno Gnesen
(Gnezne) bezeichnet. Der Name Danzig ist ebenso sicher für Kanaparius,
wie Gnesen für Bruno bezeugt⁵⁰). Bei näherer Betrachtung ist die
Sachlage indes nicht so schwierig, wie es zuerst scheint. Sieht man
nämlich bei Bruno von dem Namen Gnezne und der näheren Bestimmung des Orts als Ruhestätte Adalberts ab, so herrscht im übrigen
in den geographischen Vorstellungen bei Bruno und Kanaparius volle
Uebereinstimmung. Der Ausdruck „in einer Gegend seines Reiches"
läßt ziemlich deutlich erkennen, daß auch Bruno sich die Lage der be-

treffenden Stadt nicht im Zentrum Polens dachte. Die Bemerkung „weil es auf seinem Wege lag" paßt auch nicht auf Gnesen. Denn da Gnesen die gewöhnliche Residenz des Herzogs war, ist anzunehmen, daß von ihm Adalberts Reise ausging. Vor allem läßt auch Bruno Adalbert in der Stadt, von der er redet, zu Schiff und aufs Meer gehen, während Gnesen in keinerlei Wasserverbindung mit Preußen stand. Bruno hat also nicht Adalberts Besuch in Danzig verneint, sondern nur irrtümlich Gnesen mit Danzig identifiziert und so Danzig unter falschem Namen vorgeführt. Was die Ursache solcher Vermengung war, läßt sich schwer sagen. Vielleicht war es der Umstand, daß Adalbert auch in Gnesen noch Bekehrungen vollzogen und hier zum ersten Mal nach langer Zeit wieder die Messe gefeiert hatte⁶⁵¹). Nicht ganz klar lassen die beiden Schriftsteller erkennen, wo nach ihrer Vorstellung Adalbert die Schifffahrt antrat. Kanaparius scheint der Meinung gewesen zu sein, daß Adalbert in Danzig schon zu Schiff ankam⁶⁵²), während Bruno wohl der Ansicht war, daß er sich erst in Danzig einschiffte. Als sicher können wir es betrachten, daß Adalbert zuerst auf dem Landwege reiste. Denn schwerlich werden der Herzog und er im Winter 996/997 ihren Wohnsitz an der Weichsel gehabt haben. Bei beiden Berichterstattern findet sich dann keine Spur davon, daß Adalberts Fahrt von Danzig aus noch einmal stromauf ging. Wie sie sich ausdrücken, haben sie offenbar sagen wollen, daß Adalbert von Danzig aus sogleich in See ging, und am Seeufer läßt Kanaparius Adalbert aussteigen. Für die Annahme einer Hafffahrt bieten daher Kanaparius und Bruno keinerlei Anhalt. Diejenigen, welche sie vermutet haben, berücksichtigten m. E. auch nicht hinlänglich, daß Adalbert in einem Schiffe mit dreißig Kriegern nach Preußen fuhr. Es wäre in der That eine große Unvorsichtigkeit und ganz wider das Interesse seiner Sache gewesen, wenn er mit diesem Schiffe das Haff entlang gefahren wäre, wo er von den Fischern und von den bewohnten Ufern aus beobachtet werden konnte. Aus der schon gelegentlich angeführten Aeußerung Abraham Jakobsens können wir erkennen, daß die Preußen in jener Zeit viel unter Angriffen vom Wasser aus zu leiden hatten. So vertrauensselig werden sie schwerlich gewesen sein, daß sie ein polnisches Schiff mit dreißig Soldaten ungehindert das Haff entlang fahren ließen, und erst recht nicht ist anzunehmen, daß sie es unbehelligt in den Elbingfluß und Drausensee einlaufen ließen.

Nach beiden Biographen hat die Seefahrt Adalberts einige Tage gedauert. Heute kommt man mit einem Segelschiff von Danzig in zwei Tagen bis nach Memel und weiter. Daß Adalbert zu diesen Gegenden gefahren sei, ist m. W. nie behauptet. Es würde diese Vermutung auch an dem einmütigen Zeugnis der Schriftsteller, daß er bei den Pruzen seinen Tod gefunden habe, scheitern. Die Angabe, daß Adalbert mehrere Tage auf See gewesen sei, erscheint weniger auffallend, wenn man bedenkt, daß im Mittelalter die Seefahrt zur Nachtzeit meist langsamer von statten ging, und daß das Schiff Adalberts möglichst heimlich an die preußische Küste zu kommen suchte. Wahrscheinlich ist es im Umwege gefahren. Den Ausdruck des Kanaparius „in schnellster Fahrt" werden wir ohne Schwanken als eine rednerische Ausschmückung ansehen können. Vor allem fragt es sich nun, wo das Schiff gelandet ist. Man hat gesagt, die einzige Stelle, an welcher ein mit dreißig Soldaten bemanntes, also größeres Seeschiff an der preußischen Seeküste habe landen können, sei das Tief gewesen"[333]). Aber die Schiffe jener Zeit, besonders solche, die auch auf Strömen benutzt wurden, haben einen großen Tiefgang nicht gehabt, und Adalbert kann in einem Boote vom Schiff aus Land gebracht sein. Dieselbe Erwägung, welche sich der Vermutung einer Hafffahrt entgegenstellt, fällt auch ins Gewicht gegen die Annahme einer Landung im Tief. Am Tief waren aller Wahrscheinlichkeit nach Wächter gesetzt"[334]). Eine Landung Adalberts vor den Augen dieser von einem bewaffneten Schiff aus wäre von seiner Seite noch weniger klug gewesen als eine Fahrt das Haff entlang, und den Hütern traut man Ungereimtes zu, wenn man annimmt, daß sie solche Landung zuließen. Die Adalberts Landung betreffenden Aussagen unserer Berichte weisen uns denn auch keineswegs nach dem Tief. Nach Kanaparius ist Adalbert am Meeresufer ausgestiegen, zu welchem die Ufer des Tiefes oder der Balge nie gerechnet sind, und nach Bruno hat sich das Schiff Adalberts in eiliger Flucht bei nächtlicher Weile, nachdem man Adalbert ausgesetzt hatte, wieder zurückgezogen. Diese Angaben geben keinen andern Eindruck, als daß man Adalbert heimlich an einem einsamen Platze der Meeresküste aussetzte, und diese Auffassung fügt sich aufs beste zu den Zeitumständen, die wir vorauszusetzen haben. Im übrigen meine ich, daß unsre beiden Quellen über den Platz, an welchem Adalbert den preußischen Boden betrat, noch Bestimmteres vermuten laſſen. Beide laſſen Adalbert von dem weiteſten Punkte, den er im Preußenlande erreichte, wieder zurückgetrieben werden in die Gegend ſeines Ausgangs. Keinen Zweifel läßt Bruno darüber, daß Adalbert von hier aus zurück nach Polen und weiter zu den Lutizen, alſo nach Süden zu gelangen ſuchte. Derſelbe aber giebt auch an, daß er auf dieſem Rückwege von den Bewohnern des äußerſten von ihm in Preußen erreichten Punktes zu Pferde ereilt wurde. Iſt Adalbert, als er von der Gegend ſeiner Landung ſüdwärts ging, von Reitern aus dem innern Lande eingeholt, ſo muß der Landungspunkt vom Tief, welches Pferde nicht paſſieren konnten, nördlich gelegen haben. Das in Betracht kommende Tief nun der Friſchen Nehrung hat ſich in geſchichtlicher Zeit bis zum Ende des 14. Jahrh., wie eine ein= gehende Unterſuchung⁶³⁹) neuerer Zeit zur Genüge feſtgeſtellt hat, weder bei Lochſtädt noch bei Pillau befunden, ſondern von dem letzteren Ort etwa eine Meile ſüdwärts gegenüber Balga, etwas (1—3 km) nördlich von der Stelle, wo heute der Hof Alttief liegt"⁶³⁰), im all= gemeinen alſo ziemlich weit ſüdlich. Aber als Adalbert von ſeinen Verfolgern ereilt wurde, hatte er bereits mindeſtens einen Nach= mittagsmarſch und einen dreiſtündigen Tagesmarſch zurückgelegt. Freilich wird dieſe Wanderung, da Adalbert erſt am Meer und dann durch Wälder zog, langſamer von ſtatten gegangen ſein, als man heutzutage auf gebahnten Wegen vorwärts kommt. Indes wenn Adalbert nach ſo langem Marſche noch nicht das Balgaer Tief erreicht hatte, ſo wird noch genauer geſchloſſen werden können, daß der Ausgangspunkt ſeiner Wanderung und damit eben auch die Gegend, in der er den preußiſchen Boden betrat, mindeſtens ganz im Norden der ſüdweſtlichen Landzunge von Samland lag. Von hier aus den Ort ſeiner Landung noch weiter nach Norden zu ſchieben hindert der Umſtand, daß er ſehr bald nach derſelben an einen „Strom" oder „Fluß", wie die Quellen ſich aus= drücken, gelangt iſt, der nach den Dimenſionen, die ſie erkennen laſſen, mit dem Haff in engſte Beziehung gebracht werden muß. Alſo will man ſich von Kanaparius und Bruno leiten laſſen, ſo iſt Adalbert an dem nördlichſten Ende der ſüdweſtlichen Landzunge von Samland ans Land geſtiegen. Nach Bruno hat ihn nach dem Orte, an welchem er an einem weiteren Vordringen ins Innere Preußens gehindert wurde, jemand geführt, der als ein „am Eingang des Reiches Wohnender" bezeichnet wird. Daß ſo nur der am Tief Wohnende genannt werden konnte, wird man nicht sagen dürfen. Am Eingange des Reiches wohnten alle, die auf der schmalen Landzunge des Samlandes zu Hause waren.

Uebereinstimmend geben Kanaparius und Bruno zu erkennen, daß Adalbert schon bald nach seiner Landung seine Predigtthätigkeit begann. Da die preußische Sprache von der slawischen verschieden war, ist die Folgerung unumgänglich, daß Adalbert einen Dolmetscher bei sich hatte. In dem Bericht über die Verhandlungen in jenem Marktplatz, zu dem Adalbert später gelangte, läßt denn auch Brunos Ausdrucksweise die Vermittelung durch einen Dolmetscher ziemlich deutlich erkennen[657]). In Tempore illo wird ausgesagt, Adalbert habe bald nach seinem Betreten Preußens einen Eingeborenen, der des Polnischen kundig war, gewonnen, um mit seiner Hülfe die Sprache der Preußen zu lernen[658]). So ist auch von Neueren bemerkt, am Eingange des Preußenlandes würden zum Zwecke des Verkehrs mit den Fremden Dolmetscher gewesen sein. Schwerlich aber hat sich Adalbert, als er nach Preußen ging, darauf verlassen, daß ihm hier ein Dolmetscher zur Verfügung stehen würde. Da die ältesten Nachrichten im übrigen bestimmt sagen, daß er nur zwei Personen in seiner Begleitung gehabt habe[659]), ist zu schließen, daß Buguffa oder Benedikt, nach seinem Namen zu urteilen, ein Pole, der preußischen Sprache mächtig und Adalberts Dolmetscher gewesen ist. Nur diese Annahme erklärt, daß wir so genau erfahren, wie die Preußen sich gegenüber Adalbert äußerten. Der andere Begleiter Adalberts, sein Bruder Gaudentius, ist sicher ebenso wenig des Preußischen kundig gewesen wie Adalbert selbst.

Kanaparius sowohl wie Bruno reden von einem Inselorte, auf den Adalbert nicht lange nach seiner Landung gekommen sei, und zwar bedient sich Kanaparius, indem er Adalberts Vertreibung von dort berichtet, des Ausdrucks „übersetzend nach einer andern Gegend des Flusses", welcher Ausdruck m. E. noch ungefähr erkennen läßt, wo man jenen Inselort zu suchen hat. Von einem „Uebersetzen nach einer andern Gegend des Flusses" spricht man nicht bei einem kleinen Fluß oder unbedeutenden Gewässer[660]). Die Redeweise verrät, daß hier entweder ein größerer Strom, der in diesem Falle nur der Pregel gewesen sein könnte, oder das Haff selbst mit dem Flusse gemeint ist. Ich möchte das letztere für das wahrscheinlichere halten. Wulfstan z. B. rechnete nach der natürlichsten Auslegung seines Berichtes ein südliches, heute versandetes Tief auf der frischen Nehrung noch zum Weichselstrom⁶⁶¹). Man wird Adalbert und seinen Begleitern bezüglich des Haffes gesagt haben, daß es der Eingang zu einem bedeutenden Fluß sei. Das mag die Bezeichnung Fluß veranlaßt haben. Jedenfalls werden die Fremden, wenn sie tiefer ins Haff in der Richtung nach dem Pregel hineingelangt sein sollten, den Pregelfluß nicht erst bei dem heutigen Holstein haben beginnen lassen. Schon bald hinter dem Peyser Haken hat man völlig den Eindruck, in der Mündung eines mächtigen Stromes zu sein. Auch sonst ist am Rande des Haffes das gegenüberliegende Ufer meist sichtbar.

Gelangte Adalbert bald nach seiner Landung am Seeufer nach dem Haff, so muß er quer über die Landzunge an der Südwestspitze des Samlandes gegangen sein. In dem nördlichen Teile dieser und den benachbarten Strecken des Samlandes haben wir höchst wahrscheinlich eine Reihe heute verschollener Höfe und Dörfer zu suchen, welche die Urkunde der Teilung des Samlandes und der Frischen Nehrung zwischen Orden und Bischof vom J. 1258 (3. Mai) namhaft macht⁶⁶²). Hier wohl lagen zerstreut Preybutten (villa), Werthelen (villa) und andere Plätze. In einer von diesen Ortschaften, die gewiß schon alt waren, als der Orden kam, kann Adalbert den Preußen gefunden haben, der ihn weiter ins Land hineinbegleitete und von seinen Landsleuten mit schwerer Rache dafür bedroht wurde. Er wird auch dadurch im Hintergrunde angedeutet, daß Adalbert mit seinen Genossen über die Gewässer übersetzt. Adalbert selbst hat einen Kahn nach Preußen kaum mitgebracht, und auch das Rudern werden schwerlich er und seine Begleiter besorgt haben⁶⁶³).

Kanaparius' Darstellung macht entschieden den Eindruck, daß der Inselort, den Adalbert betrat, unbewohnt war. Es zwingt nichts anzunehmen, daß Bruno etwas anderes sagen wollte. Erzählt er, daß Adalbert an diesem Platze sich mehrere Tage aufhielt, und unterdessen sich unter den Preußen die Kunde verbreitete, daß sie auffallende Gäste bekommen hätten, ist nur zu folgern, daß die Missionare Lebensmittel bei sich führten und, bevor sie den Inselort betraten, schon Berührung mit Landesbewohnern gehabt hatten. Bruno läßt auf eine Halbinsel schließen. Auch Kanaparius kann m. E. eine Halbinsel im Auge gehabt haben. Es ist möglich, daß er sagen wollte, daß der inselartige Ort die Form eines Zirkels zeige, wenn man ihn von der höher gelegenen Landseite betrete⁰⁰⁰). Indes das Wahrscheinlichere bleibt doch, daß Kanaparius an eine wirkliche Insel dachte. Aus einer Betrachtung der heutigen Gestaltung der Südseite des Samlandes, an welcher der Inselort gelegen haben muß, ergiebt sich nichts Genaueres über ihn. Die Ufer- und Wasserverhältnisse werden sich hier im Laufe von neunhundert Jahren mannigfach verändert haben⁰⁰⁰). Flach muß es an dem Inselort gewesen sein, denn nach Bruno trieben Adalberts Feinde ihren Kahn mit einer Stange. Nach Kanaparius waren diese Leute, die Adalbert von dem Inselort wegjagten, die Besitzer des Platzes. Die Wut, von der sie, wie beide Berichterstatter erzählen, erfüllt waren, wird durch diese Mitteilung noch verständlicher. Außer der Abneigung gegen die Fremden wird sie auch der Aberglaube beherrscht haben, daß deren Anwesenheit ihrem Lande Unglück bringen könnte. Adalbert aber mag deshalb auf den unbewohnten Inselort gegangen sein, um zunächst einmal die Preußen einzeln an sich herankommen zu lassen. Darum wird man schließen dürfen, daß der Ort, obwohl selbst unbewohnt, den bewohnten Gegenden, die Adalbert bereits berührt hatte, nicht zu fern war.

Als Adalbert von dem Inselort vertrieben wurde, begab er sich, wie Kanaparius sagt, in eine andre Gegend des Flusses. Kanaparius bietet genauere Zeitangaben. Nach ihm war Adalbert in der andern Gegend des Flusses am Sonnabend, wurde in der Nacht auf Sonntag zum Rückzuge in die Gegend seines Ausgangspunktes genötigt, blieb hier in einem Flecken fünf Tage und wurde am sechsten, am 23. April, auf der Wanderung erschlagen. Keineswegs scheint er mir auszuschließen, daß Adalbert die letzte Wanderung schon am Nachmittage des fünften Tages begann. In seinem Berichte über den Marsch des sechsten Tages spricht er vielmehr von einer bereits angefangenen Reise. Es ist m. E. seine Darstellung auch nicht unvereinbar mit der Mitteilung Brunos, daß Adalbert auf dem erwähnten Inselorte etliche Tage verweilte. Aber zu scheitern scheint Kanaparius' Zeiteinteilung an Bruno, sofern dieser zu sagen scheint, daß Adalbert in dem Ort, von dem man ihn zu seinem Ausgangspunkt zurücktrieb, kurz vor seinem Todestage war. Macht indes Bruno wirklich in dieser Beziehung eine bestimmte Aussage? Ich glaube nicht. Jedenfalls haben die geirrt, welche meinten, Bruno sei der Ansicht, daß Adalbert erst am Abend des 22. April von dem bezeichneten Orte verjagt sei. Am

22. April wanderte er nach Bruno bereits am Ufer des Meers nach Süden. Spricht Bruno dann auch von vielen Ueberlegungen Adalberts, in welchen dieser erwog, wie er nun sein weiteres Verfahren einzurichten habe, so giebt Bruno m. E. damit auch frei anzunehmen, daß Adalbert noch einige Tage in Preußen verstreichen ließ. Die Feinde in dem Marktorte drohten ihm an, sie würden ihn umbringen, wenn er nicht sofort das Land verließe. Vielleicht machten sie sich deshalb auf, ihn zu ermorden, weil nach einigen Tagen das Gerücht zu ihnen drang, daß er noch immer in der Nähe sei. Der Sonnabend, den Kanaparius Adalbert in der andern Gegend des Flusses zubringen läßt, war ein Gedenktag für Adalbert, nämlich der 17. April, der Tag seiner Professio vor sieben Jahren. Auch das kann in der Meinung bestärken, daß Kanaparius' Zeitangaben nicht aus der Luft gegriffen sind. Im Kloster von St. Alexius wird man sich für die Verteilung der letzten Erlebnisse Adalberts auf die einzelnen Tage besonders interessiert haben.

Was nun den Ort anbetrifft, an dem für Adalberts Mission die Entscheidung fiel, so redet Kanaparius von einer villa und wird mit diesem Wort den altrömischen Sinn von Gehöft verbunden haben, da er für Dorf an einer andern Stelle ein andres Wort (vicus) gebraucht. Bruno spricht von einem Markt (mercatus). Wieder scheint auf den ersten Blick ein erheblicher Widerspruch vorzuliegen. Aber Kanaparius sagt auch, daß Adalbert erst einen ganzen Tag in der Nähe der Villa verweilte und erst Abends von dem Herrn der Villa in dieselbe hinübergeführt wurde. Ohne Zweck und in Unthätigkeit wird sich Adalbert schwerlich einen ganzen Tag in der Nähe einer villa aufgehalten haben. Kanaparius berichtet oft überaus knapp und dürftig. Markt und Villa werden als zwei Lokalitäten desselben Platzes auseinander zu halten sein: jener der Ort für den Handel mit den Fremden, diese wohl ein größerer Hof, in welchem der Häuptling des Fleckens seinen Sitz hatte. Am Tage wird Adalbert in dem Markte geweilt haben, die entscheidende Schlußverhandlung aber wird in dem Hofe des Häuptlings stattgefunden haben. Was Bruno von dieser Verhandlung, die mit Adalberts Zurücktreibung endete, erzählt, macht den Eindruck der höchsten Glaubwürdigkeit, ebenso wie seine Wiedergabe der Worte jener Leute, die Adalbert von dem Inselorte verjagten, sehr treu erscheint. Hier und dort ganz und gar der Stempel heidnisch-preußischen Wesens.

Drohten nach Bruno auf der Insel die Gegner den Fremdlingen Tod mit vorhergehenden Martern an, wie sie nach den Annalen der Ordensgeschichte so oft von den Preußen an ihren Feinden verübt sind, so hat man an dem Marktorte nach Bruno die Befürchtung kundgegeben, daß um der christlichen Gäste willen die Fruchtbarkeit des Landes aufhören und allerlei Plagen über dasselbe kommen könnten. Es sind dieselben abergläubischen Gedankengänge, wie wir sie bei den alten Preußen auch sonst aus anderweitigen Nachrichten festzustellen hatten. Vielleicht hat das Beten und Psalmlesen Adalberts die Besorgnis der Preußen geweckt. Adalbert nimmt sich nachher vor, in Zukunft unter den Heiden die Psalmen in der Verborgenheit des Herzens zu beten, und spätere Legenden sprechen es geradezu aus, daß die Preußen Adalberts religiöse Zeremonien für Besprechungen und Hexerei gehalten hätten[400]). Die Tageszeit der entscheidenden Schlußverhandlung giebt nur Kanaparius an. Auch manches Moment der Rede der Preußen mag er treuer bewahrt haben, wenn er auch im allgemeinen wie sonst bei Wiedergabe von Reden frei verfahren wird. Läßt er die Preußen des Ortes, zu dem Adalbert gelangt war, sich als den Eingang oder, genauer gesagt, den engen Schlund des Reiches bezeichnen, so ist schon oft darauf hingewiesen, daß dieser Ausdruck auf keine Gegend besser paßt, als auf die in der Nähe des nördlichen Tiefes und des Pregels. Eine überaus wertvolle Ergänzung bietet sodann Kanaparius in dem, was er von dem Herrn (dominus) der Villa sagt. In ihm erscheint, wie gesagt, offenbar das Haupt des Ortes, zu dem Adalbert gelangt war. Er führt Adalbert in den Hof. Er verhört ihn. Er tritt also mit richterlicher Befugnis auf. Aber es ist zu beachten, daß bei der Entscheidung doch auch die übrige Bewohnerschaft sehr wesentlich mitwirkte. Man kann deshalb zweifeln, ob wir es in dem Dominus mit einem adeligen Grundherrn oder mit einem Dorfhäuptling zu thun haben. Wahrscheinlich war er beides zugleich. Bei der Verhandlung kann es sich um eine Art Gemeindeversammlung gehandelt haben. Wo der Marktplatz und Hof, an dem diese entscheidende Wendung für Adalberts Werk in Preußen stattfand, gelegen hat, darüber sagen unsere Berichterstatter nichts Genaueres. Aus Kanaparius läßt sich nur erkennen, daß der Ort in der Nähe eines fahrbaren Gewässers lag, und aus Bruno ergiebt sich dann in Zusammenhang hiermit weiter, daß er auf der Südküste des Samlandes gelegen haben muß;

denn, wie wir bereits sagten, läßt er die Mörder Adalberts, die ihn bei seiner Wanderung an der Meeresküste ereilten, aus diesem Orte, wo man ihm das Verlassen des Landes anbefohlen hatte, herkommen und zu Pferde angelangen.

Daß Adalbert nach seinem Ausgangspunkte in Preußen zurückgeführt ist, sagt am klarsten Kanaparius. Aber Bruno deutet es in dem, was er erzählt, auch genügend deutlich an. Wir können also schließen, daß er in den Ort zurückkehrte, wo sein preußischer Führer zu Hause war. Kanaparius sagt, daß er fünf Tage in einem Flecken blieb. Die Freundschaft seines Begleiters scheint darnach trotz der über ihn ausgesprochenen Drohung noch eine Weile sich behauptet zu haben. Dann aber hat auch sie offenbar ihre Grenzen gehabt. Donnerstag Nachmittag geht Adalbert am Meeresufer. Wir werden das so auszulegen haben, daß er an die Stelle, wo er gelandet war, sich begeben hatte, um von hier aus sich zu orientieren. Am Meer war es nicht schwer, die Richtung nach Danzig zurückzufinden. Man hat ihn also schließlich wahrscheinlich ganz seinem Schicksale überlassen und ihm anheimgegeben, wie er sich zurechtfinden würde. Vielleicht ist er auch aus dem Flecken schließlich geradezu ausgestoßen. Indem er sich ans Meer begab, mag er auch gehofft haben, einem Schiffe ein Zeichen geben zu können. Der Ernst der Situation erhellt daraus, daß er, wie aus Kanaparius zu ersehen ist, in Wäldern seinen Marsch fortsetzte. Wege hat es damals sicher auch schon auf der Südspitze des Samlandes gegeben. Indem Bruno berichtet, daß Adalbert beschloß, zu den Lutizen sich zu wenden, erhebt er es über jeden Zweifel, daß Adalbert den Rückzug angetreten hatte und südwärts strebte.

In dem Berichte über die Ereignisse des Freitags herrscht bei Kanaparius und Bruno in den meisten Zügen die größte Uebereinstimmung. Beide erzählen, daß Gaudentius zur Terz um 9 Uhr[007]) die Messe feierte, daß man darnach etwas Speise zu sich nahm und weiter gehen wollte, aber wegen Müdigkeit sich niederließ und dann im Schlummer von den Helden ereilt wurde. Die überaus wichtige Nachricht, daß die Verfolger aus dem Orte waren, wo man Adalbert den Rückzug anbefohlen hatte, und daß sie zu Pferde kamen, giebt, wie bemerkt, Bruno allein. Und er erzählt auch allein, daß der Führer der Verfolger einen Bruder durch die Polen verloren hatte. Man kann darnach annehmen, daß dieser eigentliche Urheber der Tötung Adalberts auch Blutrache zu nehmen beabsichtigte, aber schwerlich werden wir darin sein einziges und oberstes Motiv zu sehen haben. Kanaparius bezeichnet ihn ausdrücklich als Priester, und aus den Handlungen, die Bruno ihn vollziehen läßt, ergiebt sich gleichfalls, daß er ein Priester war. Er stellt Adalbert zurecht. Er thut den ersten Wurf. Nehmen wir noch hinzu, daß man nur Adalbert tötete, daß man ihn feierlichst auf einen Hügel führte und ihm gerade sieben Lanzenstiche beibrachte***), so möchte nach allem, was wir sonst von den alten Preußen wissen, auch kaum zweifelhaft sein, daß dieser Mord, wenn nicht geradezu ein Opfer an die Götter, rituellen Charakters war. Ein wirklicher Gegensatz waltet zwischen Kanaparius und Bruno in ihren Berichten über das Verhalten Adalberts angesichts des Todes ob. Nach Bruno ist Adalbert bleich und fast wortlos gestorben. Nach Kanaparius hat er in großer Todesfreudigkeit seine Genossen getröstet und gebetet. Bei wem in diesem Falle die Wahrheit zu finden ist, braucht nicht erst gesagt zu werden. Kanaparius hatte offenbar einen Begleiter Adalberts noch nicht gesprochen, als er schrieb, und wenn eine besondere Gelegenheit zur Idealisierung seines Helden kam, unterlag er der Versuchung, über das, was er wußte, dichtend hinauszugehen. Beide Berichterstatter bezeichnen als Todestag Adalberts einen Freitag, und zwar den 23. April, den Georgstag, welcher im Jahre 997 der Freitag vor Kantate war. Bruno giebt noch die Nachricht, daß Adalberts Begleiter gebunden fortgeführt wurden und eine Hut bei seinem zerteilten Leibe blieb.

Für die Annahme von Joh. Voigt, daß Adalbert getötet sei, weil er den heiligen Wald betrat, findet sich weder bei Bruno noch bei Kanaparius Anhalt. Der heilige Wald erstreckte sich wohl auch nicht bis auf Samlands Landzunge. Wir können auch nicht die Ueberlieferung bestätigen, daß Adalbert bei Tenkitten getötet wurde. Allem Anschein nach ist er weiter südlich umgebracht. Aber Tenkitten kann damit zufrieden sein, daß in seiner Nähe aller Wahrscheinlichkeit nach Adalbert zuerst preußischen Boden betreten hat. Ob doch bei Ankunft des Ordens im Samlande nicht bloß eine allgemeine christliche Tradition bestand, daß Adalbert im Samlande geendet habe, sondern auch noch eine speziellere Lokaltradition? Ob doch die Heiden an den Orten, die Adalbert betrat, eine Erinnerung an seinen Besuch bewahrt hatten? Merkwürdig ist, daß eine ungezwungene Auslegung der Berichte des

Kanaparius und Bruno dem Tenkittener Anspruch so weit entgegen=
kommt. Nach der inneren Raison, die diese Berichte haben, nach der
großen Uebereinstimmung derselben untereinander in allen Hauptsachen,
nach dem so einleuchtenden lebensvollen Bild, das sie geben, wird
unser Urteil gerechtfertigt erscheinen, daß ihnen das führende Wort
zukommt. Eine tiefere Differenz lag zwischen ihnen nur auf dem Ge=
biete vor, auf dem Kanaparius leicht fehlte, auf dem Gebiet der
Schilderung des persönlichen Verhaltens Adalberts. Daß die Passio
Adalperti an Bedeutung diesen Berichten Brunos und Kanaparius'
gleichkomme, haben wir gewiß nicht empfunden. Aber auch sie ist alt,
und deshalb braucht nicht alles in ihr bloße Sage zu sein[209]). Es
können in ihr auch wertvollere Bestandteile vorhanden sein. An dem,
was sich aus Kanaparius und Bruno ergeben hat, haben wir nun=
mehr einen Maßstab gewonnen, mit Hülfe dessen sich die Elemente der
Passio sondern lassen.

Ein oberflächlicher Blick läßt erkennen, daß der Bericht der Passio
über Adalberts Ausgang in fünf Teile zerfällt. Der erste handelt von
seinem Aufbruch aus Polen (Kap. 3), der zweite von einer Scene in
einem preußischen Walde am Vorabend des Tages des heiligen Georg,
also am 22. April (Kap. 3), der dritte von seiner Zurückweisung in
einem preußischen Burgorte (Kap. 4. 5), der vierte von seiner Er=
mordung (Kap. 6), der fünfte von der Ueberführung seines Leichnams
nach Polen (Kap. 7. 8). Was den ersten dieser Teile anbetrifft, so
berichtet die Passio, daß Adalbert auf seinem Wege von Polen nach
Preußen ein Kloster gründete und seine Reise von diesem Orte nach
Preußen zu Lande fortsetzte, indem er heimlich wie zur Flucht aufbrach.
Wie schon bemerkt ist, liegt hierin nichts, was irgendwie den Berichten
des Kanaparius und Bruno widerspräche. Wenn man gesagt hat,
hier ergebe sich klar, daß die Erzählung von Adalberts Wasser= und
Seereise als eine Fabel anzusehen sei, so hat man nicht bedacht, daß
Adalbert, wenn er von der Residenz des polnischen Herzogs, an der er
sich zweifellos längere Zeit aufgehalten hat, zur Weichsel und Ostsee
wollte, immer erst zu Lande reisen mußte. Wahrscheinlich ist, daß der
Herzog, nachdem er auf Adalberts Wunsch, zu Schiff nach Preußen
geführt zu werden, eingegangen war, seine Boten aussandte, um an
der Weichsel oder in Danzig das Nötige vorzubereiten, daß Adalbert
ein bestimmter Termin angegeben wurde, an welchem er sich an dem

betreffenden Hafenpunkte einfinden sollte, und Adalbert dann dorthin zu Lande über jenen Ort reiste, wo er ein Kloster gründete. Deshalb bin ich eben geneigt anzunehmen, daß dies Kloster Tremessen war, welches später behauptete, den Leichnam Adalberts längere Zeit in sich geborgen zu haben. Tremessen liegt auf dem Wege von Gnesen zur Weichsel. Meseritz hingegen, an das man gewöhnlich gedacht hat, liegt ganz an der andern Seite der heutigen Provinz Posen. Daß Boleslaw 996/97 in dieser Gegend residierte, während sonst Gnesen der herzogliche Sitz war, ist durch nichts angezeigt. Wäre aber Adalbert von Gnesen über Meseritz nach Preußen gegangen, hätte er einen ungeheuern Umweg gemacht. Daß Adalbert heimlich davongegangen sei, wird in der Passio lediglich in Bezug auf das Kloster, das er gegründet hatte, ausgesagt. Wahrscheinlich brach Adalbert deshalb so plötzlich und heimlich auf, weil der für seine Einschiffung verabredete Termin nahe war, und er nicht aufgehalten werden wollte. Die Erinnerung an diesen verhältnismäßig unbedeutenden Zug im Laufe der Ereignisse wird in dem Kloster, welches Adalbert seine Gründung verdankte, bewahrt und von dort auch dem Verfasser der Passio zugekommen sein. Wir dürfen dann wohl unsererseits schließen, daß Adalbert die Ostertage noch an dem Klosterorte zubrachte, vielleicht selbst noch die folgende Festwoche⁶⁷⁰), und daß der Einschiffungstermin für die Zeit gleich nach Ostern verabredet war. So wäre Adalbert Anfang April von dem Klosterorte nach Preußen weiter gereist.

Das zweite Stück des Berichtes der Passio über Adalberts letzte Schicksale hat seine Pointe zweifellos darin, daß Adalbert in einem preußischen Haine, in den er am Vorabende des Georgstages mit seinen Begleitern gekommen war, für diese, die über Hunger und Ermattung klagten, Pilze und Kräuter suchte. Dieser Zug paßt völlig zu Kanaparius' und Brunos Erzählung. Nach Bruno war Adalbert am Vorabende des Georgstages auf der Wanderschaft am Meeresufer. Nach Kanaparius war er am andern Morgen im Walde. Wahrscheinlich hat man sich also am Abende des 22. April von der See in den benachbarten Wald begeben, und zwar nicht bloß, um hier den Hunger zu stillen, sondern auch der Sicherheit wegen und, um hier irgendwo an einem geeigneten Orte zu übernachten, wie letzteres auch aus der Passio entnommen werden kann. Die Geschichte von dem Pilzesammeln macht auch an sich den Eindruck der Glaubwürdigkeit. Der Mönch

Adalbert trieb, wie uns schon bekannt ist, den Nächstendienst in dem
Sinne eines verdienstlichen Werkes. Daß man in dem Walde die
Stundengebete abhielt, die für den Abend vorgeschrieben waren, ist
selbstverständlich. Die Mönche waren auch auf Reisen an die Inne-
haltung der kanonischen Gebetsstunden gebunden (Reg. Bened. Kap. 50),
wie wir das ja auch sonst aus den Berichten über Adalbert ersehen
können. Was im übrigen die Passio von diesem Abende vor St. Georg
erzählt, ist unhistorische Zuthat. Wenn nicht schon die mündliche
Ueberlieferung selbst, hat ihr Bearbeiter die Ereignisse falsch verknüpft,
indem er die Scene im Walde an den Vorabend der Zurückweisung
Adalberts aus dem preußischen Burgorte legte.

Daß der dritte Teil des Berichtes der Passio uns an den Ort
und Tag versetzt, an dem Adalberts weiteres Vordringen in Preußen
gehindert wurde, ist völlig klar. Auch er enthält eine Reihe von
Zügen, die sich mit Kanaparius' und Brunos Bericht aufs beste ver-
tragen. Auch aus Bruno kann man schließen, daß Adalbert im
bischöflichen Ornat unter den Preußen auftrat. Ferner haben wir
schon, Kanaparius' und Brunos Berichte vereinigend, gefolgert, daß
der Ort der Handlung ein Platz war, an welchem sich neben einem
Marktplatz ein Gehöft befand. Wir werden wohl nicht irren, wenn
wir annehmen, daß wir mit den Aussagen der Passio über Cholinun
nun Genaueres über dies Gehöft des Kanaparius und seine Beschaffenheit vernehmen. Wir hören also den Namen desselben, ferner,
daß es den Charakter eines befestigten Platzes hatte, und der Herr
des Gehöftes (dominus villae) begegnet uns hier als Burgoberster
(primas). Daß in der Passio von einem Marktplatz nicht die Rede
ist, spricht nicht gegen Brunos Darstellung. Vollständigkeit haben wir
bei der Berichterstattung der Passio am wenigsten zu erwarten. Burg
und Markt schließen sich nicht aus. Vielmehr pflegten die Märkte
meist im Schutz von Burgen oder Befestigungen angelegt zu werden[671]).
Durchaus glaubhaft ist auch noch die Erzählung der Passio, daß an
diesem Orte sich einer fand, der Adalbert schon einmal gesehen hatte
und aussagte, er verderbe die Leute durch Wassertaufen. Dieser Mann
kann in Handelsgeschäften vordem in Danzig gewesen sein, als Adalbert dort weilte. Im übrigen hat wieder Phantasie und Sage
dieses Stück der Passio ausgeschmückt. Von Adalberts Berührung mit
dem Thorwächter erzählt sie, wie etwa einer, der später einmal nach

Cholinun gelangte, sich Adalberts Erlebnisse dort auf Grund dessen, was er selbst erlebte oder wahrnahm, vorstellen konnte. So ungefähr, wie Adalbert angeblich von dem Thorwächter behandelt wurde, möchten die Boten Boleslaws empfangen sein, als sie Adalberts Leichnam holen wollten. Völlig sagenhaften Charakter trägt die weitere Schilderung an sich. Man wirft Adalbert mit einem Hagel von Steinen, um seinen Kopf ganz zu zerschmettern. Seine Mütze wird zerfetzt, er selbst mit Blut übergossen. Trotzdem predigt er weiter. Wenige werden das Urteil fällen wollen, daß dieser Bericht geschichtlicher erscheine als die Darstellungen bei Kanaparius und Bruno.

Noch legendarischer ist dann schließlich der vierte Abschnitt, der von Adalberts Tötung redet. Obwohl die Steine seine Mütze zersetzt haben, wobei es nur merkwürdig ist, daß sie ihn nicht betäubten, und er mit Blut begossen wurde, geht er rüstig weiter, indem er in Erwartung der völligen Ermordung das Gedächtnis der Toten feiert. Buguffa macht ihn darauf aufmerksam, daß seine Feinde ihm folgten. Er lächelt nur und läßt sich durch einen Beilhieb von hinten enthaupten. Sein auf einen Pfahl gestecktes Haupt redet noch von diesem herab. Bei solcher Erzählung dürfen wir wohl nicht darauf Gewicht legen, daß die Passio aussagt, daß Adalberts Genossen im Walde entkamen. Bruno berichtet anders. Aber ein historischer Zug hat sich auch in diesem vierten Stücke der Passio erhalten. Adalbert wird getötet von den Bewohnern des Burgortes, an dem man ihn an weiterem Vordringen gehindert hatte, und zwar getötet auf dem Rückwege, indem seine Feinde ihm nachfolgten. Vielleicht können wir deshalb auch noch für eine richtige Angabe halten, daß man seinen Leib schließlich ins Wasser warf. Dies sagt auch Thietmar aus [672]. Nach Prätorius hat das Werfen des Leichnams ins Wasser bei den alten Litauern für etwas ganz besonders Schreckliches gegolten [673]. Jedenfalls haben wir davon Akt zu nehmen, daß auch in der Nähe des Cholinun der Passio ein Strom begegnet.

Der letzte Abschnitt des Berichtes der Passio, der von der Ueberführung der Ueberreste Adalberts nach Polen und ihren näheren Umständen handelt, hat bei Kanaparius und Bruno kein Seitenstück. Wir haben deshalb bei diesen keinen Maßstab zu seiner Beurteilung. Da aber unsere Passio in Polen entstanden ist, so ist anzunehmen, daß sie an diesem Punkte in den Hauptsachen glaubwürdig ist. Im großen und ganzen ergiebt sich über die Passio das Urteil, daß sie aus einzelnen Stücken mündlicher Ueberlieferung besteht, welche manches geschichtliche Element, aber auch schon viel Sagenhaftes enthalten und nicht ohne Willkür verknüpft sind. Das Glaubwürdige muß teilweise auf Berichte Radims und Bugussas zurückgehen, von denen der letztere, der wohl Pole war, in der Passio im Vordergrunde steht. Andres mag aus den Erzählungen der Boten, die Adalberts Leichnam aus Preußen holten, stammen. Vieles hat lediglich die dichtende Phantasie erfunden.

Was Cholinun anbetrifft, so hat man es in Kalgen, südlich von der Mündung des Pregels⁶⁷⁴), und Kallen, nördlich von Fischhausen, wiederfinden wollen, und für die letztere Annahme sich darauf berufen, daß in der Gegend von Kallen ein preußischer Markt gelegen hat⁶⁷⁵). Aber die älteste Form von Kalgen ist Calige⁶⁷⁶) und von Kallen Kaldeyn⁶⁷⁷). Hingegen ist der Name Cholinun an beiden Stellen der Handschrift durchaus deutlich, sodaß nach Abstreichung der polnischen Ortsendung un Cholin als Grundwort übrig bleibt⁶⁷⁸). Vielleicht ist das ganze Wort slawischen Ursprungs, die slawische Bezeichnung des Pommern und Polen nicht zu fernen preußischen Markt- und Burgortes, zu dem Adalbert gelangt war. Choline, Kolin, Kollin kommt in Gegenden slawischer Bevölkerung als Ortsbezeichnung vor⁶⁷⁹). Es erscheint deshalb nicht richtig, auf den Namen Cholinun weitgehende Schlüsse zu bauen, und vollends nicht, wegen des Chomor St. Adalberti unter den Namen Pomesaniens solche aufzuspüren, die einen ähnlichen Klang haben, um so Cholinun bald mit Kolteney, bald mit Pachutken, bald mit einem andern Ort in Zusammenhang zu bringen. Den sichereren Führern Kanaparius und Bruno folgend, können wir nur soviel schließen, daß Cholinun an der Südküste von Samland nicht weit von einem schiffbaren Gewässer gelegen hat. Vielleicht führt noch einmal eine genaue Prüfung der Terrainverhältnisse zu mehr Aufklärung.

Diese Erörterungen sind ausführlicher gewesen, weil sie sich auf solche Dinge beziehen, die von jeher in Preußen besonders interessiert haben. Mit Absicht ist das Quellenmaterial so vorgeführt, daß sich jeder Leser leicht sein eigenes Urteil bilden kann. Das, was sich uns bezüglich der letzten Schicksale Adalberts ergeben hat, ist, kurz zusammengefaßt und hier und da ergänzt, folgendes:

Als Adalbert mit Boleslaw von Polen seine Missionsreise zu Schiff nach Preußen vereinbart hatte, traf der Herzog Vorkehrungen, daß Adalbert an einem bestimmten Termin an der Weichsel oder in Danzig ein mit dreißig Kriegern ausgestattetes Schiff vorfände, das ihn nach Preußen bringen sollte. Adalbert reiste zu dem Orte seiner Einschiffung zu Lande und gründete unterwegs ein Kloster, dem er Aschrik als Abt vorsetzte. Wahrscheinlich verlebte er hier Ostern und machte sich sehr bald nach dem Feste auf, um den Platz seiner Einschiffung zu erreichen. Er verließ das Kloster heimlich, um nicht weiter aufgehalten zu werden. In Danzig machte er für kurze Zeit***) Halt und taufte hier eine Reihe von Heiden (Pommern), hielt auch Messe und nahm Reste der Hostie als kostbare Wegekost mit in das heidnische Land**†). Seine weitere Reise war eine Seereise, und heimlich setzte man ihn an einer einsamen Stelle der preußischen Küste, aller Wahrscheinlichkeit nach in der Gegend des heutigen Tenkitten, aus. Das bewaffnete Schiff suchte in der Dunkelheit der Nacht schnell wieder von dem preußischen Ufer fortzukommen, weil sein Verweilen gefahrvoll war und der Sache Adalberts nur schaden konnte. Adalbert nahm an dem nächsten bewohnten Ort seine Missionsthätigkeit auf, fand durch Ueberredung oder Geldmittel einen Preußen, der es übernahm, ihn weiter ins Land hineinzuführen, und dabei auch einen Kahn zur Verfügung stellte, und begab sich sehr bald auf einen Inselort am Südufer von Samland. Er wurde von den erzürnten Besitzern, die auf einem Bote herbeieilten, vertrieben, nachdem man ihm mit einer Schiffsstange einen so heftigen Schlag zwischen die Schultern gegeben hatte, daß er zu Boden stürzte. Sein preußischer Begleiter führte ihn und seine Genossen zu Schiff in eine andre Gegend an der Südseite des Samlandes und zu einem Hauptorte des Landes. Derselbe bestand aus einem Marktplatze und einem daneben befindlichen burgartigen Gehöfte mit höhlenartigem Eingange, der von einem davorliegenden Hügel überragt wurde. Am Sonnabend, den 17. April, an demselben Tage, an welchem Adalbert einst seine Mönchsprofessio abgelegt hatte, verweilte er den Tag über in dem Markt. Es waren dort viele Leute und unter ihnen auch einer, der Adalbert schon einmal, wahrscheinlich in Danzig, hatte taufen sehen und nun die Leute gegen ihn aufhetzte. Am Abend führte des Ortes Häuptling und Burgherr Adalbert hinüber in die Befestigung und nahm hier ein Verhör vor. Wahrscheinlich infolge wachsender Gefahr berief sich Adalbert auf den Herzog von Polen. Man legte nicht Hand an ihn, befahl ihm aber bei Strafe des Todes sofortige Rückkehr und bedrohte, denjenigen oder diejenigen, die ihn soweit geführt und tiefer ins Land hineingelassen hatten, mit schwerer Ahndung. An ein weiteres Vordringen war nicht mehr zu denken. Adalbert ward noch in derselben Nacht ins Schiff gesetzt und in die Gegend zurückgeführt, von der er ausgegangen war. Hier blieb er von Sonntag bis Donnerstag Nachmittag. Er war in seiner Stimmung tief niedergedrückt. Er machte sich für die Mißerfolge verantwortlich und ist, wie Bruno an einem andern Orte noch bestimmter sagt[***]), bis zu seinem Tode nicht wieder eigentlich froh geworden. Besonders hatte auch die äußere fremdartige Erscheinung der Missionare die Preußen abgestoßen. Adalberts Meinung war, die Mission müsse ganz anders angefangen werden, als er sie betrieben. Er wollte in Zukunft ganz die Kleidung und Lebensart gewöhnlicher Laien annehmen, um auf diese Weise erst einmal an die Heiden heranzukommen. Seine Absicht war sich zu den Lutizen zu begeben. Er ging Donnerstag, den 22. April, mit seinen Begleitern an die Stelle des Meeres zurück, wo er gelandet war, um sich hier zurecht zu finden und in der Nähe des Meeres südwärts zu pilgern, im günstigten Falle ein Schiff zu erreichen. Am Meer erschreckte ihn eine heftig brandende Woge. Es wurde offenbar, wie tief sein ganzes Nervensystem erschüttert war. Um zu übernachten, ging man gegen Abend in den Wald an der Küste. Hier suchte Adalbert für seine ermatteten Begleiter Pilze und Kräuter. In der Nacht hatte Gaudentius, der Adalbert wegen seiner Furchtsamkeit bei der großen Welle verspottet hatte, einen Traum, den man auf den nahen Märtyrertod Adalberts deutete, und der den Ernst der Stimmung erhöhte[***]). Am andern Morgen setzte man früh nach Sonnenaufgang (fünf Uhr), um sechs Uhr ungefähr, den begonnenen Marsch fort und gelangte gegen neun Uhr aus dem Walde auf ebene Felder. Auf einer im Frühlingsgrün prangenden Wiese hielt Gaudentius die Messe, Adalbert kommunizierte, und nach der Feier nahm man etwas Kost zu sich. Man wollte weiter, aber vor Ermüdung sank Adalbert bald nieder und schlief ein. Auch seine Genossen befiel der Schlaf. Als alle schlummerten, trafen zu Pferde Verfolger aus dem Markt- und Burgorte ein, in welchem man Adalbert eilige Rückkehr anbefohlen

hatte. Vielleicht hatten sie gehört, daß Adalbert noch im Lande verweilte. Ihr Führer war ein alter Priester. Ihn leitete das Verlangen nach Blutrache, aber auch abergläubischer Fanatismus und vielleicht auch die politische Erwägung, daß das Christentum polnische Knechtschaft bedeuten würde und deshalb für immer von Preußen abgeschreckt werden müsse. Die Hinrichtung Adalberts hatte rituellen Charakter. Nur er war dem Tode bestimmt. Man führte ihn gebunden auf eine Hügelspitze, der Priester stellte ihn zurecht und that den ersten Wurf gegen ihn mit einem Speer. Dann folgten sechs andere Wurfspieße, von den Begleitern des Priesters im Sprung geschleudert. Man zog die Waffen aus dem Körper, und aus sieben Wunden blutend, stürzte Adalbert, dessen Fesseln sich lösten, mit in Kreuzesform ausgestreckten Armen auf die Erde. Er hatte den Märtyrertod, der lange Gegenstand seiner Sehnsucht gewesen war, gefunden. Aber als der Ernst der letzten Augenblicke vor ihn hintrat, war er fast wortlos geworden. Mit fast erstickter Stimme und todesbleich hat er nur, als der Priester ihn auf dem Hügel zur Hinrichtung zurecht stellte, gesagt: „Was willst du, Vater?" Einen Vorwurf wird ihm deshalb niemand machen wollen. Körperliche Zustände wirkten zweifellos bei seiner Niedergeschlagenheit mit. Er war nervös aufgerieben, wie schon aus seinem Erschrecken über die Welle am Meeresstrande gesehen werden konnte. Und nun war er aus dem Schlaf vor die Lanze gekommen. In Prag hatte er einst den Tod geradezu gesucht, und als das Ruder ihn auf der Insel zu Boden schlug, hatte er noch Gott gepriesen, daß er für Christum einen Schlag erdulden dürfe. Nicht darauf ist das Gewicht zu legen, daß er nicht im Hochgefühl endete, sondern darauf, daß er keine Klage über seinen Tod hatte, kein Bestreben ihn zu verhindern. Insofern blieb er sich völlig treu. Er war ja überhaupt eine Natur, mehr zum passiven Leiden veranlagt als zum mutigen Triumphieren. Auch mit jenem kann sich Tapferkeit und Selbstüberwindung verbinden. Lautlos ist er gestorben***).
Seine gleichfalls gebundenen Begleiter führten die Preußen mit sich fort, während sie selbst frohe Lieder sangen. Ob die Wohnung ihres Landsmannes, der eine Weile Adalberts Führer gewesen war, in Flammen aufging, hören wir nicht. Vielleicht war solches Feuerzeichen an der preußischen Küste der Schluß des Dramas, das sich dort abgespielt hatte. Der ganze Aufenthalt Adalberts in Preußen hat un-

gefähr zehn Tage gewährt⁶⁸⁸). Heimlich war er ans Land gestiegen, und er ist getötet, als er sich bereits auf dem Rückzuge befand und im Begriff stand, Preußen wieder zu verlassen.

XIV.
Die Folgezeit.

Während Adalbert im fernen Preußen dem Ende entgegen ging, hatte in St. Alexius zu Rom der Mönch Kanaparius ein Gesicht. Vom Himmel schienen ihm zwei Linnentücher herabzukommen, weiß wie Schnee, von denen das eine jemand aufnahm, den Kanaparius nur wenigen genannt hat⁶⁸⁹), das andere Adalbert zum Himmel trug. Zu derselben Zeit erhielt Kanaparius einen Brief von Nilus: „Wisse, süßester Sohn, daß unser Freund Adalbert mit dem heiligen Geiste wandelt und im Begriff ist, das gegenwärtige Leben mit dem seligsten Ausgange zu beschließen⁶⁹⁰)." Auch hat man Bruno erzählt, daß an dem Todestage Adalberts ein Priester bei der Messe eine Stimme vernommen habe, die ihm gebot, des seligen Märtyrers Adalbert Fürbitte der bedrängten Welt zu erflehen⁶⁹¹). Man erkennt aus diesen Erzählungen, mit welcher Spannung die Geschicke des böhmischen Bischofs im Kreise seiner Freunde verfolgt wurden. Und es läßt sich darnach ermessen, welche Bewegung es hervorrief, als die Nachricht kam, daß Adalbert thatsächlich schnell in Preußen den Tod gefunden habe.

Den Kaiser erreichte nach Thietmar die Kunde in Rom. Hätte Thietmar mit seiner Ortsangabe recht, so hätte der Kaiser die Botschaft erst im April 998 oder später empfangen. Das ist nicht glaublich⁶⁹²). Er wird sie schon im Jahre 997 irgendwo in Deutschland erhalten haben. Als er sie vernahm, brachte er Gott Loblieder dar, daß seinem Zeitalter ein Märtyrer gegeben sei und Gott seinen Diener durch den ruhmreichsten Tod zu sich genommen habe. Wir treffen bei Otto dieselbe Betrachtungsweise, welche die Worte Brunos atmen, der in der Lebensbeschreibung der fünf Mönchsbrüder, die später in Polen umkamen, von dem teuern Adalbert redet, welcher in neuer Begnadigung der modernen Zeiten und zum großen Ruhm derselben als Märtyrer gestorben sei⁶⁹⁹). Der Schmerz über den Verlust ging unter in der Freude, den Freund auf der höchsten Stufe himmlischer Ehren zu wissen. Man fühlte sich ihm nicht ferner, sondern glaubte nun durch seine Fürsprache selbst des Himmels sicherer zu sein. Die Stimmung der Zeit tritt uns in ihrer ganzen Eigenart entgegen.

Wer die erste Nachricht vom Tode Adalberts dem Kaiser überbrachte, hören wir nicht. Vielleicht waren es die beiden Begleiter Adalberts. Denn es ist gewiß, daß sie beide dem Tode entrannen und bald ihre Freiheit wieder empfingen. Bruno hat sie gesprochen, und 999 war Gaudentius sicher bereits in Rom⁷⁰⁰). Am wahrscheinlichsten möchte es sein, daß der polnische Herzog den Kaiser in Kenntnis setzte. Er ist jedenfalls der erste gewesen, zu welchem die Kunde von dem Ausgange der Dinge in Preußen getragen wurde, und zwar möchte die Passio Adalperti eine richtige Erinnerung bewahrt haben, wenn sie erzählt, daß es ein Wanderer war, der mit der Nachricht zu Boleslaw kam. Wie sie berichtet, hatte die Straße desselben an dem Strome entlang geführt, wo man Adalberts Haupt auf einem Pfahle ausgestellt hatte, und er hatte es abgenommen, es zu Boleslaw getragen und ihm das Geschehene mitgeteilt. Die Erzählung nötigt zu der Voraussetzung, daß die Preußen den Reisenden genauer unterrichtet hatten. Nach Bruno wünschten sie für Adalberts Ueberreste Geld vom polnischen Herzoge zu empfangen. Es wäre denkbar, daß sie bereits den Wandersmann benützten, dem polnischen Herzoge die nötigen Mitteilungen zu machen. Gaudentius und Benedikt sind nach der Passio in Gnesen erst eingetroffen, als der Reisende dem Herzoge schon Bericht erstattet hatte. Gewiß ist wieder, daß Boleslaw alsbald Schritte that, die Ueberreste Adalberts zu gewinnen. Später Sage nach hätte er deswegen einen Krieg geführt oder wenigstens beabsichtigt. Die Passio und Thietmar bezeugen zur Genüge, daß er auf dem Wege gütlicher Verhandlung und mit Geld sein Ziel erreichte. Er sandte mit den Jüngern Adalberts Boten zu den Preußen, welche Leib und Glieder des Märtyrers erwerben sollten⁷⁰²). Nach Bruno war erst eine Wache bei Adalberts Ueberresten geblieben. Nicht blos nach der Passio, sondern auch nach Thietmar ist sein Leib nachher in einem Gewässer gewesen. Der Reisende der Passio findet Adalberts Haupt an einem Strome nicht weit von Cholinun. Es ist darnach wahrscheinlich, daß die Mörder Adalberts seine Ueberreste bald in größere Nähe ihres Ortes schafften. Nicht weit von einem stromartigen Gewässer sehen wir ja diesen Ort auch bei Kanaparius. Boleslaw hätte darnach Adalberts leibliche Reste von den Bewohnern des Ortes gekauft, an dem Adalberts weiteres Vordringen in Preußen verhindert wurde. Mehr wird sich selbst vermutungsweise über diese Dinge nicht sagen lassen. Aber die Sage ist nirgends in der Geschichte Adalberts so üppig ins Kraut geschossen, wie bezüglich der Ereignisse nach seinem Tode. An die Bemerkung der Passio, daß die Mörder Adalberts dem Preußenvolke nicht gegönnt hätten, daß ihm die strahlende Leuchte scheine, schloß sich offenbar die Sage an, daß ein Finger Adalberts von einem Fisch verschlungen sei und dann in dem Innern des Fisches wie eine glänzende Kerze geleuchtet habe, sodaß in der Nähe befindliche Fischer staunend nach der Ursache der wunderbaren Erscheinung geforscht und so des Heiligen Finger dem Fische entnommen hätten⁶⁹⁴). Nach der Chronik des Pulkawa begab sich der Leib, nachdem er den Pfahl mit dem Haupt ergriffen hatte, selbständig in eine andere Gegend des Sees⁶⁹⁵). Nach einer andern Legende ist er sogar mit dem Haupt in der Hand bis Danzig gewandert, um sich dort in der Kapelle von St. Albrecht zu betten⁶⁹⁶). Das alles ist noch mannigfach variiert. Zu den frühesten Sagen gehört, daß ein Adler das Haupt oder gar den ganzen Körper Adalberts vor den Vögeln geschützt hätte⁶⁹⁶), und daß Adalberts Leib von Boleslaw auf einer Wagschale mit Geld aufgewogen sei⁶⁹⁷). Eine Darstellung dieser Scene wollte der Künstler auf der Bronzethür des Gnesener Domes geben. Die sinnreichste Wendung möchte die Sage genommen haben, wenn sie zu erzählen wußte, daß kein Gewicht Geldes, aber die Scherflein einer Witwe Adalberts Leib beim Wiegen emporgeschnellt hätten⁶⁹⁸). Für uns ist das alles nur insofern von Interesse, als daraus zu erkennen ist, in welcher Art die Phantasie des mittelalterlichen katholischen Volkes sich mit Adalbert beschäftigte, und wie sein Ende und seine Reliquien für dasselbe ganz besonderes Interesse hatten.

Das Kloster Tremessen hat schon im Mittelalter die Behauptung vertreten, daß die Ueberreste Adalberts nach Erwerbung durch Boleslaw erst längere Zeit in ihm geruht hätten⁶⁹⁹). Aus der ältesten Zeit liegen darüber keine Zeugnisse vor. Gab es aber im Jahre 997 Tremessen schon, und war es gar von Adalbert selbst gegründet, so ist es ja höchst wahrscheinlich, daß hier mit Adalberts Leib, als er von Preußen kam, Station gemacht wurde. Gewiß indes ist, daß er sehr bald nach Gnesen weiter gebracht ist. Hier ruhte er schon längst, als Otto III. im Jahre 1000 zu Adalberts Grabe pilgerte, und schon im Jahre 999 unterzeichnete der designierte Erzbischof von Gnesen archiepiscopus S. Adalberti martyris. Auch macht die Passio Adalperti in der Erzählung von der Ueberführung des Leichnams Adalberts keinerlei Andeutung von einem längeren Verweilen desselben an einem andern polnischen Ort. Indem sie die Beisetzung Adalberts in Gnesen berichtet, fügt sie die wertvolle Nachricht hinzu, daß Adalbert in der Kirche, die Herzog Miseko erbaut hatte, seine Ruhestatt gefunden habe, die nach Kosmas eine Marienkirche war. Mit großem Gefolge war Boleslaw dem Zuge, der die Reliquien brachte, entgegengezogen, und feierlichst hatte man sie an dem ihnen bestimmten Orte niedergesetzt. Bald darauf ging durch die Welt die Kunde von außerordentlichen Wundern, die sich an dem Grabe des Heiligen ereignen sollten. Wieviel man sich davon zu erzählen wußte, verraten verschiedene Aeußerungen Brunos. Er redet von den vielen Heilshülfen, die Christus durch die toten Gebeine des Märtyrers geschehen ließe, von den vielen Zeichen des Erbarmens, die bei denselben ohne Aufhören stattfänden[700]). Von der Art dieser Wunder giebt uns die Passio noch eine Vorstellung. Das erste sollte gewesen sein, daß einem Gefangenen beim Erblicken des Hauptes Adalberts die Fesseln von den Beinen absprangen. Nicht lange darauf ist in dem Kloster Moyenmoutier in den Vogesen ein Mensch gewesen, der Aehnliches an dem Grabe Adalberts wollte erfahren haben. Ob er identisch war mit dem, von welchem die Passio erzählt, steht dahin[701]). Der von seiner Herde verworfene Bischof, der weltentrückte Mönch, der an einem entlegenen Orte des fernen Heidenlandes grausam niedergemachte ward in den Augen der Völker zu einem Wunderthäter, zu dem man mit abergläubischer Ehrfurcht aufblickte. Selbst den Heiden wird ängstliche Scheu vor ihm nachgesagt. Als Bruno zu den Preußen kam, sollen sie ihn erst nicht haben töten wollen, damit nicht wie bei Adalbert nach seinem Tode Wunder geschähen, die viele zu Christen machten[702]). In einer Lebensbeschreibung Ottos von Bamberg, des Apostels der Pommern, vernehmen wir, daß derselbe eine der ersten Kirchen in Pommern dem heiligen Adalbert und dem heiligen Wenzel widmete, weil die Barbaren von ihnen eine besonders hohe Meinung hatten⁷⁰³). Zur Erläuterung dient eine Erzählung des sogenannten Gallus. In eine Burg der Polen hatten sich einst pommersche Krieger durch Verrat eingeschlichen. Am andern Morgen wollten sie hervorbrechen. Nachts soll sie Geräusch von Geisterwaffen aufgestört und ein Reiter auf weißem Pferde mit gezücktem Schwerte geschreckt haben, sodaß sie in eiliger Flucht die Burg verließen. Es sollte Adalbert gewesen sein⁷⁰⁴). Der milde Mann, der wohl mitunter bildlich Ritter Christi genannt, aber ein Kriegsheld am wenigsten gewesen war, ritt im Glauben der Menge in der Geisterwelt gelegentlich auch das Schlachtenroß, führte auch, wenn es darauf ankam, das gezückte Schwert. Böhmen hat ihn im Anschluß an das sogenannte Adalbertslied besonders als Spender der Fruchtbarkeit und des Friedens verehrt. Es kam die Sage auf, daß nach seinem ersten Fortgange von Böhmen daselbst wie einst in Israel zu Elias' Zeit Dürre geherrscht habe, und erst bei Adalberts Rückkehr, als er vom grünen Berge bei Nepomuk aus den Bann gelöst und das Land gesegnet habe, erquickender Regen eingetreten sei. Ein alter lateinischer Hymnus, der zur Zeit der Hussitenkriege in Breslau entstanden zu sein scheint, ruft ihn auf zum Schutz gegen die unselige Häresie, bittet ihn um Fruchtbarkeit des Landes und Frieden, um Vertreibung der bösen Wölfe und des drohenden Schwertes und um die ewige Freude nach Vollendung des Erdenlaufes⁷⁰⁵). Adalbert hatte die mannigfaltigen und zugleich stereotypen Züge des mittelalterlichen katholischen Heiligen angenommen, hinter denen sein geschichtliches Bild verschwand. Aber damit ist unser Blick schon weiter in die Jahrhunderte hineingegangen.

In Rom ist man bald darüber einig gewesen, daß etwas Besonderes zur Verherrlichung des Toten geschehen müsse. Wenn Gaudentius sich im Dezember 999 bereits archiepiscopus S. Adalberti martyris unterschreibt, muß damals schon die Heiligsprechung Adalberts durch den Papst erfolgt gewesen sein, eine Ehrung, die damals noch etwas Neues und Außerordentliches war. Es ist vermutet, daß sie am 29. Juni 999 vollzogen wurde, da der Peter-Paulstag der Tag war, an dem Adalbert einst zum Bischof geweiht war⁷⁰⁶). Die von Kanaparius verfaßte Lebensbeschreibung ist wahrscheinlich anläßlich der

Kanonisation entstanden. Man brauchte für die Adalbertsfeiern Lese=
schriften. So war sie das erste Denkmal, das Adalbert gesetzt wurde.
In ihr sowohl wie bei Bruno und in der Passio ist „heilig (sanctus)"
bereits ständiges Attribut Adalberts. Aber man hatte noch Größeres
vor. Die Kirche, in der seine Gebeine ruhten, sollte zu einem Erzstift
erhoben werden und zugleich in den andern Ländern, in denen der
Heilige gewirkt hatte, eine Reihe von Bistümern errichtet werden.
Wer zuerst diesen Gedanken anregte, läßt sich schwer sagen. Höchst
wahrscheinlich ist es, daß er von Herzog Boleslaw ausging, der am
meisten Interesse an seiner Verwirklichung haben mußte. Daß er
weitergehende Pläne hatte, konnte gleich daraus geschlossen werden,
daß er Adalberts Gebeine nicht nach Posen, dem Bischofssitz des
Landes, sondern nach Gnesen bringen ließ. Gnesen war der alte
nationale Mittelpunkt des Polenreiches und in heidnischer Zeit auch
ein Zentrum seines Götzendienstes. Boleslaw wird von vornherein
den Gedanken gehabt haben, daß dieser Ort auch das Zentrum in
kirchlicher Hinsicht werden müsse, und es wird ihm nicht die Be=
rechnung gefehlt haben, daß ein von hier aus geleitetes nationales
Kirchentum die festeste Klammer der einzelnen Bestandteile seines Reiches
abgeben müsse. Aber das, was der polnische Herzog herbeizuführen
wünschte, entsprach auch zweifellos ganz Ottos Gedanken. Daß durch
die Errichtung eines Erzbistums in Polen die Stellung Magdeburgs,
welches bis dahin die Metropole für den slawischen Osten gewesen
war, an Macht und Einfluß einbüßte, daß die Aussichten auf ein
Vordringen des Deutschtums nach Osten damit erheblich gemindert
wurden, konnte den nicht beirren, der die national=deutsche Politik auf=
gegeben hatte und sein Ideal in einem über allen Völkern und Fürsten
schwebenden römischen Kaisertum fand. Und wenn seine Politik von
allen national gesinnten Deutschen, wie aus Thietmars Worten ge=
nügend erhellt, bedauert wurde, so haben ihn seine Freunde, die welt=
abgekehrten Mönche und strengergesinnten Kirchenleute, die nur den
Himmel und das Heil der Seelen im Auge hatten, gewiß in seinen
Absichten bezüglich Polens bestärkt; denn die polnischen Länder waren
groß genug, um die Vermehrung der Bistümer als wünschenswert
erscheinen zu lassen. Ottos Gedanke war wohl zweifellos, daß Gnesen
im Osten in kirchlicher Hinsicht die Aufgabe weiter erfüllen sollte, die
dreißig Jahre früher dem Erzbistum Magdeburg bei seiner Gründung

zuerteilt war, ein Zentrum der Mission zu sein, und daß vor allem auch von hier aus das Werk fortgesetzt werden sollte, für welches Adalbert in Preußen gestorben war. Der nationale Gesichtspunkt fehlte völlig. Aber aus bloßer Liebhaberei für den polnischen Herzog hat Otto doch nicht gehandelt. Er ist ein gefeierter Freund der Kirche⁷⁰⁷) und in besonderem Maße darauf bedacht gewesen, gute Werke zu thun, die ihm selbst nach dem Tode sichern himmlischen Lohn eintrügen. In dieser Beziehung hat er sich sehr klar ausgesprochen. Man wird darum nicht fehlgehen, wenn man annimmt, daß bei seinen Anordnungen in Polen der kirchliche Gesichtspunkt das Ausschlaggebende war. Thietmar sagt von Otto: „Er stellte dort (in Gnesen) ein Erzbistum her, wie ich hoffe, auf rechtmäßige Weise, indes ohne Einwilligung des vorhergenannten Bischofs (Ungers von Posen), dessen Diöcese diese ganze Gegend untergeben war⁷⁰⁸).“ Es klingt dies, als hätte Otto ganz eigenmächtig und selbständig in der Errichtung des Erzbistums von Gnesen gehandelt. Aber eben schon im Jahre 999 nennt sich der in Rom weilende Gaudentius Erzbischof St. Adalberti. Also schon damals war die Errichtung des Gnesener Erzbistums in Rom beschlossene Sache. Verhandlungen zwischen Kaiser, Papst und Herzog sind zweifellos vorausgegangen. Die eigentliche Einrichtung hatte sich Otto dann aber für eine persönliche Anwesenheit in Gnesen vorbehalten.

Das Jahr 1000 rückte heran, von dem die Zeit den Untergang der Welt und das ewige Gericht erwartete, als Otto III. mitten im Winter (Dezember) in Begleitung eines außerordentlichen Gefolges nach Polen aufbrach. Seine Absicht war, an dem Grabe des Heiligen zu beten und dann an Ort und Stelle die neue kirchliche Organisation herzustellen⁷⁰⁹). In seinem Gefolge waren neben hohen weltlichen Würdenträgern auch Kardinäle, der beste Beweis, daß es sich um einen wohlüberlegten Plan handelte, und Otto III. und Silvester II. bezüglich dessen, was ausgeführt werden sollte, vollkommen eins waren. In Regensburg⁷¹⁰) wurde Otto von Bischof Gebehard, in Zeitz von Hugo II., in Meißen von Bischof Eged und Markgraf Ekkehard empfangen. Der Erzbischof Gisiler von Magdeburg stieß zu ihm, um sich seinem Zuge anzuschließen. Die Reise ging weiter durch das Milzienerland zum Gau Diedesisi zwischen Bober und Oder. Hier an der Grenze bei Ilua ward Otto von Boleslaw begrüßt, der alles that, um dem Kaiser die glänzendste Aufnahme zu bereiten. Zusammen zogen die Fürsten dann nach Gnesen. Als Otto III. die Stadt an den Seen entgegenwinkte, legte er seine Schuhe ab und näherte sich barfuß der geweihten Stätte. Der Bischof des Landes, Unger von Posen, empfing ihn und führte ihn in die Kirche, wo er in Thränen auf die Erde sank und den abgeschiedenen Freund um seine Fürsprache im Himmel anflehte. Dann schritt man alsbald zur Ausführung dessen, was beschlossen war. Nach den Hildesheimer Annalen wurde eine Synode gehalten[711]), und diese Nachricht möchte nicht unrichtig sein; denn in Ottos Umgebung waren nicht bloß Unger und Gisiler, sondern auch römische Kardinäle. Vielleicht waren auch von den benachbarten Bischöfen welche mitgezogen. Der Kaiser promulgierte die Bestimmungen, durch welche Gnesen zum Erzstift erhoben wurde, und Gaudentius wurde inthronisiert. Zugleich wurden dem neuen Erzbistum drei Bistümer, Colberg, Krakau und Breslau, untergeben, deren erwählte Inhaber Gaudentius geweiht haben wird[712]). Der erste Bischof von Colberg war Reinbern, von Krakau Poppo, von Breslau Johannes. Gisiler von Magdeburg und Unger von Posen machten Schwierigkeiten. Aber Gisiler war nicht mehr der Mann, der etwas hätte durchsetzen können. Unger erreichte nur, daß er in dem Magdeburger Verbande verblieb. Erst später ist Posen unter Gnesen gekommen. Beachtenswert ist, daß, wie schon angedeutet wurde, die drei neuen Bistümer sämtlich in Ländern lagen, für die ein persönliches Wirken Adalberts entweder bezeugt ist oder wenigstens aus guten Gründen vorausgesetzt werden kann (Pommern, Schlesien, Galizien). Es dient das zur Bestätigung dafür, daß man auch in den Einzelheiten Adalbert mit der neuen Organisation ehren wollte. Zugleich muß daran erinnert werden, daß jene Länder auch junge Eroberungen des polnischen Reiches waren. Indem man sie unter das Erzbistum Gnesen stellte, wurden sie fester mit Polen verknüpft. Die Bischöfe von Colberg und Krakau und wahrscheinlich auch der von Breslau waren zwar Deutsche. Deshalb konnte sich doch niemand darüber täuschen, daß hier ein großes Gebiet dem deutschen Einfluß entzogen wurde. Mit dem Erzbistum Gnesen hatte Polen seine eigene Nationalkirche bekommen, und sogleich der erste Erzbischof war Slawe von Geburt. Boleslaw konnte mit der Entwickelung der Dinge zufrieden sein. Der tote Adalbert hatte seinem Reiche noch mehr Dienste geleistet als der lebende. Dabei hat man allen Grund, das staatsmännische Talent des Herzogs zu bewundern. Kaum war Polen vom Heidentum zum Christentum bekehrt, so hatte es einen Fürsten, der mit erstaunlichem Scharfblick erkannte, wie man in der herrschenden Kirche das Fromme und Nützliche, den irdischen und himmlischen Vorteil mit einander verbinden könne. Indem er Adalbert seine religiöse Verehrung darbrachte, nützte er ihn zugleich aus zu seinen politischen Zwecken, und der Mann, der lebend die Politik nach Möglichkeit geflohen hatte, wurde im Tode ein sehr wichtiges Werkzeug derselben.

Nach späteren polnischen Chronisten wäre Otto in seiner Gunst gegen den polnischen Herzog so weit gegangen, daß er das Diadem von seinem Haupte nahm und es dem Herzoge aufsetzte: „Bei der Krone meines Reichs, mehr ist es, was ich sehe, als was ich durch das Gerücht vernahm. Es ist nicht würdig, daß ein so großer und so bedeutender Mann wie einer von den Fürsten Herzog oder Graf heiße, sondern vielmehr, daß er, ruhmvoll mit dem Diadem gekrönt, auf den Königsthron erhoben werde[713]." Die deutschen Gelehrten haben sich längst darüber geeinigt, daß diese Nachricht als polnische Legende beiseite zu stellen sei. Wie wir bestimmt wissen, hat Boleslaw sich noch später um die Königskrone bemüht[714]) und erst 1025 nach Heinrichs II. Tode dieselbe sich aufzusetzen gewagt[715]). Aber wenn derselbe sogenannte Gallus, dem wir die oben angeführten angeblichen Worte des Kaisers entnahmen, auch berichtet, Otto III. habe Boleslaw einen Freund und Bundesgenossen des römischen Volkes genannt, so hat man dieser Nachricht den Glauben nicht versagt. Die Ausdrucksweise paßt ganz zu den altrömischen Idealen Ottos. Es ist auch nicht unwahrscheinlich, daß Otto an Boleslaw und seine Nachkommen alle kaiserlichen Rechte in Kirchensachen im Reiche Polen und den vom polnischen Herzoge abhängigen oder ihm in Zukunft durch Eroberung anheimfallenden Ländern abtrat. Wir hören nicht, daß die deutschen Kaiser später noch auf die Besetzung der polnischen Bischofsstühle Einfluß ausübten. Der Verfasser der Chronik des Gallus scheint die beiden zuletzt angeführten Nachrichten aus der Passio martiris geschöpft zu haben, die er in seinem Zusammenhange kurz vorher erwähnt. In dieser verloren gegangenen Passio mag auch gestanden haben, daß der Papst Silvester II. die dem polnischen Herzoge durch Otto verliehenen kirchlichen Vollmachten durch Privilegium

bestätigt habe⁷¹⁶). Ganz oh[ne]
ordentliche Devotion, die der
jungen Kaiser gegenüber zur S[
gemeint haben, daß, wo man
sprüchen genügt sei, und daß
begehren könne. Merkwürdig,
Vergleich zur goldenen Roma
eine besondere Zuneigung entge[gen
damals Polen auch den Tribut
der Adalbertstage in Gnesen, d[
lung eines Tributärs des deut[schen
gen Lehnsvasallen des römische[n
des Kaisers blieb das einzige lo[
land verknüpfte.

Als der Kaiser Polen verlie[ß
des heiligen Adalbert verbunde[n
gelegen sein lassen die Verehru[ng
verschiedenen Orten widmete er
entstand eine Kirche⁷¹⁷), eine an
St. Bartholomäi genannt⁷¹⁸).
Romualdus auf der Insel Per[
Märtyrermönche eine Betkapelle (
beabsichtigt⁷¹⁹). In dieser Zei[t
zwei Mönche des heiligen Romu[ald
Polen, um dort ein Kloster zu
um Entsendung von Mönchen g[
Kloster, welches sie irgendwo
Heidenlandes einrichten sollten, e[
Mönchsgemeinschaft für die Neue[n
Einsamkeit (in Einsiedlerzellen) f[
missionsstation für solche, die
Christo zu sein. In Momenten
Plan, selbst später dahin zu ko[m
Stufe als Märtyrer zu beschließe[n
abgesehen war, ist deutlich zu er[
dazu gekommen, das Werk Adalb[erts
waren, daß sie die polnische (

— 200 —

...anz ohne Eindruck ist zweifellos die außer-
...die der kluge und berechnende Polenfürst dem
...er zur Schau trug, nicht geblieben. Otto mag
... wo man ihn so ehre, seinen kaiserlichen An-
...nd daß er einen höheren Glanz für sich nicht
...würdig, daß der Mann, der Deutschland im
... Roma verachtete, dem halb kultivierten Polen
...ng entgegen brachte. Man nimmt an, daß er
...n Tribut erlassen hat. So war das Ergebnis
...nesen, daß der polnische Herzog aus der Stel-
...des deutschen Königs zu einem sehr selbständi-
...römischen Kaisers geworden war. Die Person
...einzige lose Band, das Polen noch mit Deutsch-

...len verließ, war er mehr denn je dem Andenken
...verbunden und hat sich nun auch weiter an-
...e Verehrung seines Freundes zu fördern. An
...idmete er ihm geweihte Stätten. In Aachen
..., eine andre auf der Tiberinsel in Rom, heute
...annt[718]). In der Mönchsniederlassung des
...Insel Pereum bei Ravenna stiftete Otto dem
...etkapelle (1001). Der Bau eines Klosters war
...dieser Zeit gingen auch auf seine Veranlassung
...en Romualdus, Benedikt und Johannes, nach
...loster zu gründen. Boleslaw hatte den Kaiser
...önchen gebeten. Ottos Gedanke war, daß das
...gendwo im stillen Walde in der Nähe des
...sollten, einen dreifachen Zweck erfülle, den einer
...die Neueintretenden, den der Gelegenheit goldener
...rzellen) für die Reiferen und den einer Heiden-
...che, die da Lust hätten, abzuscheiden und bei
...omenten besonderer Begeisterung hatte Otto den
...in zu kommen und sein Leben auf der höchsten
...beschließen. Daß es besonders auf die Preußen
...ich zu erkennen. Jene Mönche sind aber nicht
...erk Adalberts fortzusetzen. Als sie eben soweit
...olnische Sprache beherrschten und täglich das

DER MARMORBR
IN DER KIRCHE S. BARTOLÓMEO

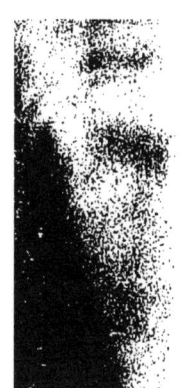

Eintreffen der Vollmacht zur Heidenmission aus Rom erwarteten, wurden sie und drei Genossen in ihrer Einsiedelei von Räubern, welche Geld bei ihnen vermuteten, erschlagen (1003), die fünf Märtyrerbrüder, denen Bruno wie dem heiligen Adalbert ein Denkmal in einer eigens ihnen gewidmeten Schrift gesetzt hat [720]), und zwar als er selbst im Begriff war, die Mission in Preußen aufzunehmen (1008/9). Sein Zug nach Preußen ging auf Entschlüsse zurück, die auch schon damals gefaßt waren, als Otto III. mit den Mönchen von Pereum, zu denen Bruno auch gehörte, verkehrte. Er war derjenige, welcher auf Ottos Pläne mit besonderem Eifer einging. So Großes entwarf seine enthusiastische Seele, daß der nüchternere Benedikt ihm des öfteren sagte: „Ich glaube dir nicht." Andrerseits war es gerade dieser, welcher Bruno immer wieder einschärfte, nicht ohne päpstliche Vollmacht ihm nach Polen zur Mission nachzukommen. Als Erzbischof erschien ja denn auch Bruno in Preußen. Dem Erzbistum in Gnesen sollte ein zweites in Preußen selbst zur Seite treten. In Blut ging auch Brunos Unternehmen unter. Die Ermordung der fünf Mönchsbrüder in Polen, der Märtyrertod Brunos in Preußen waren das Nachspiel des Martyriums Adalberts.

Dem Beispiele, welches der Kaiser in Verehrung Adalberts gab, folgte man schnell auch anderswo, besonders, wo der Heilige persönlich geweilt hatte. In Ungarn, wo ja ein Schüler und Freund von ihm, Astrik, an der Spitze der Kirche stand, weihte der König Stephan, der selbst zu ihm persönliche Beziehungen gehabt hatte, die Kathedrale von Gran seinem Gedächtnis [721]). In Monte Kassino ward in seinen Namen tragender Altar eingerichtet, und im zwölften Jahrhundert soll man hier auch ein Freskogemälde von ihm hergestellt haben, das noch, wenn auch in erneuertem Zustande, erhalten sein soll [722]). Von Portraitähnlichkeit kann hier wohl noch weniger die Rede sein als bei dem Marmorrelief an dem Brunnen in St. Bartholomäi in Rom, welches man für die älteste bildliche Darstellung Adalberts ansieht und für ein Werk des 11. Jahrhunderts hält. Eine Silbermünze, auf der einen Seite ein Bild eines Boleslaw, auf der andern Seite den Kopf Adalberts zeigend, wurde angeblich im Anfange des vorigen Jahrhunderts im Posenschen aufgefunden. Sie ist abgebildet und beschrieben im „Erläuterten Preußen" [723]). Da der Boleslaw auf einem Throne und mit einer Krone erscheint, müßte wohl, wenn es sich um Boleslaw

Chabry handelte, geschlossen werden, daß diese Münze in dem Jahre hergestellt wurde, in welchem Boleslaw den Königstitel annahm (1025). Der Herzog hätte sich dann am meisten zu ehren gedacht, indem er sein Bild mit dem des Heiligen verband. Im 12. Jahrhundert kommen in Böhmen Denare mit dem Bilde des heiligen Adalbert als Avers des fürstlichen Bildes häufiger vor. Möglicherweise stammt auch die posensche Münze erst aus der Zeit eines der späteren Boleslawe. Die Abbildung im „Erläuterten Preußen" läßt nach Aussage von Sachverständigen ein sicheres Urteil nicht gewinnen. Aber deutlich wird, daß bei dieser Münze der Gedanke an irgend welche Aehnlichkeit überhaupt nicht aufkommen kann.

Während das Ansehen des einstmaligen Bischofs der Böhmen in der übrigen Welt von Tage zu Tage wuchs, zerfleischten sich diese selbst in wilden Thronstreitigkeiten. Ihr Landsmann und Bischof war ein Heiliger des Himmels geworden, und sie hatten ihn verworfen. Würde es uns wunderbar erscheinen können, wenn wir vernähmen, daß man bald als die Ursache all des Unglückes, welches über Böhmen kam, das Verhalten gegenüber Adalbert ansah? Bruno macht in dieser Hinsicht eine bestimmte Andeutung. „Nach seinem seligen Triumph zerfleischen nun diejenigen, welche aus dem Munde des mahnenden und heilig lebenden Bischofs die heilsamen Worte nicht schöpften, sich wechselseitig ihre Leiber. Gegenseitig töten sie sich, und von jener Stunde ab, in welcher sie seine unschuldigen Brüder enthaupteten, finden sie weder Rat noch Vermögen, des zornigen Schwertes gegen die eigenen Eingeweide sich zu enthalten. Endlich erfüllt sie späte Reue, daß sie den, welchen sie nun, obwohl sie ihn wollen, nicht haben können, damals, indem sie ihn als Gegner ihrer Werke nicht wollten, zum Flüchtling machten[724]." Die hierin bezeugte Stimmung des böhmischen Volkes muß man sich gegenwärtig halten, wenn man vernimmt, wie sich die Böhmen im Jahre 1039 verhielten, als sie Herzog Břetislaw in einem siegreichen Feldzuge gegen Polen nach Gnesen führte. Der Einfall war nicht unternommen, um Adalberts Ueberreste den Polen zu entreißen. Břetislaw wollte die Schwäche des polnischen Reiches nach dem Tode des Herzogs Misekos II. benutzen, um die Niederlagen und Verluste, die Böhmen von seiten Polens seit den Zeiten Misekos I. erlitten hatte, wieder auszugleichen. Aber kaum hatte der Herzog mit seinem Heer Gnesen betreten, als man sich in eiliger Hast in die Kirche stürzte, wo Adalberts Gebeine ruhten, um vor allem diese zu gewinnen. Der Bericht hierüber und über den weiteren Verlauf der Dinge bei Kosmas, welcher aus älteren Aufzeichnungen zu schöpfen scheint und höchst wahrscheinlich einen Augenzeugen, nämlich einen seiner Vorfahren, über die Gnesener Ereignisse hat erzählen hören, ist wieder ein überaus interessantes und farbenreiches Zeitbild. Aber welch ein Gemisch von Aberglauben, Täuschung und Selbsttäuschung hat sich damals in Gnesen mit löblichen Bestrebungen verbunden! Selbst wenn wir diesen oder jenen Zug auf Rechnung der Phantasie des Kosmas oder seiner Gewährsmänner setzen, so bleibt noch immer viel übrig, was besonders den Prager Bischof Severus durchaus nicht in dem günstigsten Lichte erscheinen läßt, in dem er übrigens auch sonst nicht immer begegnet. Kosmas erzählt:

„Die Böhmen bemächtigen sich rasch ohne Kampf der Stadt, betreten mit großer Freude die geweihten Räume der heiligen Kirche und fordern unter Verachtung jeder andern Beute nur, daß ihnen die teure und heilige Leibesmasse, die für Christus gelitten hatte, gegeben werde. Als aber Bischof Severus ihre Unbesonnenheit sah und merkte, wie ihr Wille zu jedem Recht und Unrecht in gleicher Weise geneigt war, versuchte er, sie mit folgender Ansprache von ihrem unerlaubten Unterfangen zurückzuhalten: „„Meine Brüder und Söhne der Kirche Gottes, es geht nicht so leicht, wie ihr wähnt, daß einer der Sterblichen sich herausnehme, die heilige Leibesscholle, die der Gotteskräfte voll ist, so unbesonnen zu berühren. Ich fürchte sehr, daß wir mit Vergeßlichkeit oder Blindheit oder irgend welcher Gliederschwäche geschlagen werden, wenn wir voreilig dies ins Werk zu setzen wagen. Daher fastet zuvor drei Tage, thuet Buße wegen eurer Sünden, entsaget allen Greueln, die jener an euch verabscheut hat, und versprechet von ganzem Herzen, daß ihr sie nicht weiter verüben werdet! Ich hoffe nämlich zur Barmherzigkeit Gottes und unseres Schirmherrn, des heiligen Adalbert, daß wir der Erfüllung unserer Bitte nicht verlustig gehen werden, wenn wir ausharren in Ehrerbietung des Glaubens und anhaltendem Bittgebet. Aber jenen erschienen die Worte des Bischofs wie Faseleien eines Irrsinnigen. Ihre Ohren verschließend, machten sie sofort einen Ansturm, den heiligen Leib zu rauben, und weil er hinter dem Altar an der Wand beigesetzt war und nicht anders herausgenommen werden konnte, als wenn der Altar abgebrochen wurde, betrieb die frevelnde Schar in wildem Sinn das gottlose Werk. Aber die göttliche Strafe blieb nicht aus. Denn mitten in ihrem verwegenen Thun standen sie da mit betäubten Sinnen und hatten fast drei Stunden lang weder Stimme noch Gefühl noch Gesicht, bis sie, indem die Gnade Gottes sich wieder erbarmte, die früheren Fähigkeiten zurückhielten. Und nun, obwohl spät, von Reue getrieben, befolgten sie alsbald die Befehle des Bischofs, und je sichtlicher sie auf göttlichen Wink gezüchtigt waren, um so unterwürfiger verharrten sie im Gebet, indem sie ohne Ermüdung drei Tage fasteten und Gnade erflehten. In der dritten Nacht erschien Bischof Severus, als er nach dem Frühgottesdienst (Matutin) ruhte, in einem Gesicht der heilige Bischof Adalbert und sprach: „Sage folgendes dem Herzoge und seinen Grafen: „„Der Vater im Himmel wird geben, was ihr erbittet, wenn ihr die bösen Thaten nicht wiederholt, welchen ihr im Taufwasser entsagt habt.““ Als dies der Bischof morgens dem Herzoge und seinen Grafen zur Kenntnis brachte, betraten sie alsbald in fröhlich gemachter Stimmung die Kirche St. Mariä, und nachdem sie sich vor dem Grabmal des heiligen Adalbert auf den Boden niedergeworfen und lange gemeinsame Gebete ausgeschüttet hatten, erhob sich der Herzog, um, auf dem Ambo stehend, mit folgendem Wort das Schweigen zu brechen: „Wollt ihr eure Pflichtvergessenheiten gut machen und von den schlechten Werken euch bekehren?““ Jene aber riefen mit hervorbrechenden Thränen: „„Wir sind bereit, alles, was unsere Väter und wir gegen den Heiligen Gottes gefrevelt haben, gut zu machen und von jeglichem schlechten Werke zu lassen.““ Da streckte der Herzog seine Hand über das heilige Grabmal und begann also zu dem Haufen des Volkes: „„Strecket eure Rechte, Brüder, zugleich empor zum Herrn und gebet Acht auf meine Worte, von welchen ich will, daß ihr sie mit eurem Eide bekräftiget!““

Es erfolgten nun von seiten des Herzogs jene Bestimmungen, deren wir an einem früheren Orte bereits gedacht haben. Nach Bericht über deren Bekanntmachung fährt Kosmas fort:

„So sprach der Herzog. Und der Bischof, nachdem er den Namen der heiligen Dreieinigkeit angerufen und einen Hammer ergriffen hatte, begann, während die übrigen Kleriker sieben Psalmen und andere für dies heilige Werk passende Gebete sangen, behutsam das Oberste des Grabes abzubrechen, indem er es bis auf den untersten Grund, wo sich der heilige Schatz befand, niederlegte. Und als sie den Sarkophag geöffnet hatten, wurden alle, die in der Kirche anwesend waren, voll von solcher Stärke des lieblichsten Geruches, daß sie durch drei Tage, wie genährt mit üppigen Gerichten, vergaßen sich mit Speise zu versehen. Ja, es wurden an demselben Tage auch sehr viele Kranke geheilt. Als darauf der Herzog und der Bischof und einige Grafen hineinschauten und den Heiligen Gottes von Gesicht und Aussehn so klar und am Körper so ganz unverletzt sahen, als hätte er an demselben Tage die heilige Meßfeier zelebriert, stimmten die Kleriker das „Herr Gott, Dich loben wir (Te deum laudamus)" und die Laien das Kyrie-eleison an, und ihre Stimmen klangen wieder bis zu den Himmelslüften. Nachdem dies also vollendet war, betete der Herzog, während Freudenthränen sein Antlitz überströmten, folgendermaßen: „„O Märtyrer Christi, seliger Adalbert, der du dich unser stets und überall erbarmt hast, sieh' uns nun an mit der gewohnten Güte und erweise uns Sündern Gunst und verschmähe es nicht, zu dem Sitz deiner Prager Kirche von uns, obwohl wir Sünder sind, zurückgebracht zu werden."" Wunderbares und gar erstaunliches Ding! Ohne Hindernis hoben alsbald der Herzog und der Bischof den Leib dessen aus dem Sarkophage, dessen Grab man drei Tage zuvor nicht hatte berühren dürfen, und indem sie ihn mit Seide bedeckten, legten sie ihn oben auf den Altar, damit das Volk seine Gelübde bezahle, die es Gott und seinem Heiligen versprochen hatte. Es wurden aber an demselben Tage zweihundert Mark in dem Opferkasten des Altars zusammengelegt."

Mit Adalbert wurde auch der Leib seines Bruders, des Erzbischofs Gaudentius, der auch in der Marienkirche ruhte, gehoben. Und desgleichen machte man sich daran, auch die Leiber der fünf Märtyrerbrüder, deren oben gedacht ist, mit nach Böhmen zu nehmen. Sie waren in einer andern Kirche beigesetzt. Der Schluß unserer Stelle bei Kosmas, worin die eigentliche Ueberführung aller Reliquien nach Prag erzählt wird, ist dann folgender:

„Man war mit der ganzen heiligen Last glücklich und fröhlich nach Böhmen gekommen, und am Vorabende St. Bartholomäi, des Apostels, schlug man nahe der Prager Metropole am Bache Rokytnice ein Lager auf. Dorthin kam bei Anbruch des Tages der Klerus und das gesamte Volk der Prozession entgegen, deren langen Zug das weite Feld kaum zur Entfaltung kommen ließ. Die Prozession war nämlich folgende. Der Herzog selbst und der Bischof trugen auf den Schultern die süße Last des Märtyrers Christi, Adalberts; dahinter brachten die Aebte zusammen die Ueberreste der fünf Brüder; dann hatten die Erzpriester die Freude der Last des Erzbischofs Gaudentius; ihnen folgten zwölf auserwählte Priester, die kaum das Gewicht eines goldenen Kruzifixes zu halten vermochten. Herzog Miseko nämlich hatte sich hierzu selbst dreimal in Gold zugewogen. An fünfter Stelle trug man drei von Gold schwere Tafeln, welche um den Altar, wo der heilige Leib ruhte, aufgestellt gewesen waren. Die größere Tafel war fünf Ellen lang und zehn Hände breit und mit kostbaren Steinen und Krystallperlen reich geschmückt. An ihrem Rande war dieser Vers eingeschrieben: „„Dreimalhundert Pfund wiegt dieses goldene Werk."" Schließlich führte man auf mehr als hundert Lastwagen große Glocken und alle Schätze Polens, und im Gefolge derselben schritt ein zahlloser Haufe vornehmer Männer, gefesselt mit eisernen Handschellen und an den Hälsen von den Halseisen zerrieben⁷²⁵)."

Es war ein vollständiger Triumphzug (24. August 1039). Böhmen jubelte. Polen trauerte. Man erhob in Rom Klage. Die gewaltsame Ueberführung heiliger Gebeine aus einer Kirche in die andre ohne Genehmigung des Papstes galt für ein schweres kirchliches Vergehen. Es war nahe daran, daß der Papst über Herzog Bretislaw und Bischof Severus den Bann ausspräche. Durch kluge demütige Unterwerfung unter des Papstes Urteilsspruch und das damals — Papst war Benedikt IX. — besonders wirksame Mittel bedeutender Geldgeschenke an die Kardinäle verhüteten Herzog und Bischof ernstere Maßregeln gegen sie. Man gab ihnen nur auf zur Sühne ihrer Missethat ein Kloster zu gründen, und die Reliquien, welche die Böhmen aus Gnesen fortgeschleppt hatten, blieben in Prag⁷²⁶).

Indes waren es überhaupt Adalberts Ueberreste, die nach Prag gekommen waren? Vom Beginn des 12. Jahrhunderts ab haben Polen dies nachweislich bestritten. Der sogenannte Gallus, der in seiner Chronik, der ältesten Polens, erst die Ueberführung Adalberts nach Böhmen berichtet, erzählt später für das Jahr 1113, welches er selbst erlebt hatte, ganz unbefangen, daß der polnische Herzog Boleslaw III. als Büßer zum Grabmal des heiligen Adalbert in Gnesen gekommen sei und den Reliquien desselben einen kostbaren Tragschrein aus Gold gestiftet habe⁷²⁷). Für das Jahr 1127 berichtet sogar eine böhmische

Chronik, daß in demselben zu Gnesen Adalberts Haupt gefunden sei [728]). Eine Legende aus dem 12. Jahrhundert oder der ersten Hälfte des 13. Jahrhunderts geht von der bestimmten Annahme aus, daß der Leib Adalberts in Gnesen sei [729]). Eine andere aus der Zeit um 1400 läßt die Möglichkeit offen, daß anstatt des Hauptes Adalberts seiner Zeit der Kopf des heiligen Chrysogonus von Gnesen nach Prag überführt sei [730]). Vom Leibe Adalberts redet sie überhaupt nicht. Es war also nicht erst Długoß, der behauptete, die Reliquien Adalberts seien in Polen geblieben. Aber er hat unsers Wissens zuerst ausgesprochen, daß im Jahre 1039 Kleriker von Gnesen, nachdem sie die Gebeine Adalberts versteckt hätten, den Leichnam des Gaudentius für denjenigen Adalberts den Böhmen ausgeliefert hätten [731]). Heute pflegt man sich in Gnesen reservierter dahin auszudrücken, daß die Reliquien des heiligen Adalbert dank der Fürsorge der Domgeistlichkeit den Böhmen nicht in die Hände gefallen seien.

Der Streit der beiden großen katholischen Metropolen muß in diesem Jahre, in welchem das neunhundertjährige Gedächtnis des Heiligen festlich begangen wird, für die katholische Welt nicht wenig peinlich sein. An zwei Stellen, in Prag und Gnesen, werden Adalberts Gebeine ausgestellt. Wo sind sie nun? Die Entscheidung ist nicht so leicht, wie man auf den ersten Blick annehmen möchte. Adalbert ist in Preußen getötet. Der Kopf ist vom Rumpf getrennt, und auch die Hände, Arme und Füße scheinen von den Heiden abgeschnitten zu sein. Bis die Nachricht von Adalberts Tode nach Polen kam, müssen einige Tage verstrichen sein und noch mehr, bis seine Ueberreste nach Gnesen gebracht wurden [732]). Einbalsamiert haben die Preußen sie nicht. Man kann sich nicht recht vorstellen, daß sie noch in einem guten Zustande waren, als sie nach Polen kamen. Nach der erwähnten Legende aus dem 12. oder 13. Jahrhundert blieben sie in Tremessen so lange, bis nur noch die Knochen übrig waren [733]). Es wird dann auch von polnischer Seite früh erzählt, daß ein Arm des Heiligen im Jahre 1000 Kaiser Otto III. mitgegeben sei [734]). In Aachen wurde, wie es scheint, behauptet, daß derselbe dort vom Kaiser niedergelegt sei [735]). In Rom wollte man die Hände des Heiligen von Otto III. empfangen haben [736]). Nach einer allerdings späten Legende hätte sich der Kaiser sehr viele Reliquien vom heiligen Adalbert aus Gnesen mitgenommen [737]). Demgegenüber haben wir von Kosmas die überraschende Kunde erhalten, daß die Böhmen, als sie 1039 das Grab Adalberts in Gnesen öffneten, sein Gesicht klar und seinen Körper unverletzt gefunden hätten, gleich als ob Adalbert soeben die Meßfeier gehalten hätte. Dann kommen allerlei dunkle Nachrichten über das Haupt Adalberts. Im Jahre 1127 sollte es, wie gesagt, in Polen gefunden sein. Für das Jahr 1143 wird von einem böhmischen Chronisten gemeldet, daß man es in St. Veit in Prag gefunden habe. Kurz zuvor 1142 war auf der Prager Burg in dem Domviertel eine große Feuersbrunst [738]). Seit lange will man auch in Aachen und Gran etwas vom Haupte Adalberts besitzen. Die Schwierigkeiten, die sich der Vorstellung über den Verlauf der Dinge bezüglich der Reliquien Adalberts entgegen stellten, spiegeln sich auch in den Legenden wieder. Besonders hat es auch in denselben mit Adalberts Haupt seine eigene Bewandtnis. Eine Sage läßt dasselbe verschwinden, als der Wanderer, der es nach Gnesen bringen wollte, es unterwegs in einer Eiche niedergelegt hatte [739]).

Nicht geringe Befriedigung herrschte in Prag, als man im März 1880 gelegentlich des Ausbaues des Domes von St. Veit bei dem Abbruch der davor gelegenen Adalbertskapelle in einer tief im Boden befindlichen Grabkammer auf einen Sarg und einen darin befindlichen Bleikasten mit zwei beigefügten Bleitafeln stieß, die ergaben, daß hierin der Prager Erzbischof Ernst von Pardubitz im Jahre 1346 (11. Jan.) die Reliquien Adalberts vorgefunden und von neuem beigesetzt hatte. Die lateinische Inschrift des Erzbischofs gab zugleich den Inhalt eines älteren Zettels wieder, den er bei den Reliquien gefunden hatte, in Uebersetzung folgendermaßen lautend: „Hierin sind die Aschenreste des heiligen Adalbert, des Bischofs und Märtyrers, und die Stoffreste, welche die Gebeine umhüllten, und die Reliquien der fünf Brüder und sehr vieler Heiligen, deren Namen wir nicht kennen, sind darin, welche am 30. September wieder beigesetzt wurden". Was heute in Prag für Ueberreste Adalberts ausgegeben wird, ist das, was man 1880 wieder aufgefunden hat [740]). Aber man überschätzte doch jedenfalls die Bedeutung des Fundes, wenn man meinte, durch ihn sei nun entschieden, daß Prag die echten Reliquien Adalberts habe. Durch den Fund möchte nur gewiß sein, daß Prag das hat, was schon längere Zeit vor Ernst von Pardubitz in Prag für Adalberts Asche gehalten wurde. Es bleibt ein für Prag ungünstiger Umstand, daß nach Kosmas die Gebeine, die 1039 von Gnesen nach Prag kamen, frisch und unversehrt waren. Man wird von seiten Prags die Aussage des Kosmas für eine Fabel erklären müssen, wenn man daran festhalten will, daß Adalberts Ueberreste nach Prag kamen. Solcher Ausweg hat aber seine Schwierigkeit, da Kosmas höchst wahrscheinlich nach den Berichten seines priesterlichen Ahnen erzählte, der wenigstens teilweise Augenzeuge der Vorgänge in Polen und Böhmen im Jahre 1039 gewesen war. Andres fällt wieder zu Gunsten von Prag in die Wagschale, und jedenfalls wäre, wenn man urteilen müßte, daß in Prag die Gebeine Adalberts nicht sind, damit noch lange nicht ausgemacht, daß sie sich in Gnesen befinden. Nicht bloß von böhmischen Chronisten, sondern auch von vielen polnischen Geschichtschreibern von Gallus ab wird ganz unbefangen und ohne irgend welchen Zusatz zum 4. Jahrzehnt des 11. Jahrhunderts erzählt, daß die Gebeine Adalberts (nach Böhmen [Prag]) übertragen seien[741]). Daß sie später von den Polen wiedergeholt seien, wird nicht berichtet. Es ist auch eine durchaus glaubwürdige Nachricht, daß die Polen sich über den Reliquienraub der Böhmen vom Jahre 1039 in Rom beschwerten. Das von Břetislaw in Altbunzlau gegründete Kollegiatstift war ein deutlich zeugendes Denkmal der zwischen Rom und Böhmen infolge der polnischen Klage geführten Verhandlungen. Aus Kosmas' Bericht kann man auch das Argument entnehmen, daß er von seinem Ahnen, der doch polnischer Priester und höchst wahrscheinlich in Gnesen zu Hause gewesen war, nie etwas andres gehört haben kann, als daß Adalberts Reste im Jahre 1039 thatsächlich nach Prag überführt seien, und daß es willkürlich ist, anzunehmen, der polnische Priester habe sich getäuscht. Wußte man es in Gnesen anders als er, so bleibt auch so unverständlich, daß Adalberts Gebeine dort erst um 1100 wieder zum Vorschein kamen und das Haupt gar erst 1127, während die politische Lage Polens sich schon viel früher wieder günstiger gestaltet hatte. Hingegen kann man sich wohl vorstellen, daß man in Gnesen in schmerzlicher Empfindung des erlittenen Verlustes einen vermeintlich ebenso frommen wie patriotischen Betrug beging, um dem entstandenen Mangel abzuhelfen. Die Chronik des Gallus erzählt, daß Gnesen nach der Eroberung durch die Böhmen längere Zeit ganz wüste lag, und in der Kirche des heiligen Adalbert wilde Tiere Herberge suchten[742]). Wie die Dinge liegen, treiben sie, wenn man die wesentlichsten Angaben zugleich berücksichtigen will, am meisten zu der Ansicht, daß allerdings die Böhmen getäuscht wurden⁷⁴³), diese Täuschung aber nur von sehr wenigen gewußt wurde, und dann das Geschehene in völlige Vergessenheit geriet, um später ohne jeden wirklichen Anhalt lediglich zum Zwecke einer Unterschiebung frei erdichtet zu werden. Aber auch bei dieser Annahme ist manches schwer vorstellbar. Man wird sagen müssen, daß die Sachlage für Prag günstiger bleibt, weil es für dieses zur Hebung der Schwierigkeiten genügt, anzunehmen, daß Kosmas in der Schilderung der Beschaffenheit der aus Gnesen von den Böhmen mitgenommenen Reliquien seiner Phantasie Spielraum ließ. Zu bezweifeln, daß das, was man 1880 in Prag fand, Reste von dem sind, was 1039 aus Polen nach Prag kam, hat man schließlich keine triftigen Gründe. Möglich indes ist, daß man weder in Prag noch in Gnesen etwas von den echten Reliquien Adalberts hat. Gewiß ist nur, daß sie einmal in Gnesen gewesen sind. Denn daß Herzog Boleslaw von den Preußen die echten Reste Adalberts empfing, kann nicht wohl in Frage gestellt werden. Zu seiner Zeit wird es noch bestimmte Merkmale gegeben haben, die eine Identifizierung ermöglichten. Im übrigen wird in den ältesten und besten Quellen immer ausdrücklich gesagt, daß er Haupt und Glieder, beides, erworben habe⁷⁴⁴).

Wichtiger als die Frage nach Adalberts Reliquien, welche für den Protestanten höchstens ein antiquarisches Interesse hat, ist eine andere, nämlich, welchen Fortgang die Dinge nahmen, welche durch Adalberts Anwesenheit und Märtyrertod, und was sich daran anschloß, gerade im äußersten Osten der römisch-katholischen Welt eingeleitet waren. Was diese Dinge anbetrifft, wird man nicht anders urteilen können, als daß vieles in den Anfängen abbrach, und das andere nur in sehr kümmerlicher Weise fortging. Papst und Kaiser hatten hier ein Erzbistum und eine Reihe von Bistümern eingerichtet, offenbar auch zu dem Zweck, wie wir bereits annehmen, daß das Werk der Mission durch sie in Preußen fortgesetzt werde. Dieser Aufgabe hat aber weder Gnesen noch eins der ihm unterstellten Bistümer entsprochen. Colberg ging überhaupt bald wieder ganz ein. Bruno von Querfurt und Heinrich von Olmütz, welche nach Adalbert Missionsversuche in Preußen machten, waren keine Polen⁷⁴⁵). Der polnische Klerus blieb lange auf der niedrigsten Stufe und aller höheren Gesichtspunkte und weiteren Ziele, bar. Deshalb ist sehr richtig gesagt, daß das Unternehmen Ottos, die Lösung der polnischen Kirche von der deutschen, doch auch von kirchlichem Gesichtspunkt aus etwas Kurzsichtiges an sich hatte. Die polnische Kirche war noch nicht fähig, aus sich ein bedeutendes Leben zu entwickeln, und indem ihr der Zusammenhang mit Deutschland genommen wurde, wurden auch die Kanäle gesperrt, aus denen ihr immer wieder neue Kräfte hätten zufließen können. Es liegt noch ein Brief Gregors VII. aus dem Jahre 1075 vor, in welchem dieser Papst, dessen eminentem Scharfblick wenig entging, sein deutliches Mißfallen bezüglich der kirchlichen Zustände Polens zum Ausdruck brachte. Er tadelt die geringe Anzahl von Bistümern, die Größe der bischöflichen Parochien und weist darauf hin, daß bei solchen Verhältnissen den Bedürfnissen der Massen nicht genügt würde [746]).

Die polnischen Fürsten haben wohl immer neue Kriege gegen die Preußen geführt und denselben, falls sie unterlagen, wohl auch das Versprechen einer Annahme der christlichen Religion abgenommen. Aber ein leistungsfähiger Klerus, der die Bestrebungen der Herzöge mit geistlicher Arbeit unterstützt hätte, fehlte in Polen, und die Preußen warfen auch immer schnell die Abhängigkeit von Polen wieder ab. Nur nach Kulm drang wegen seiner polnischen Bevölkerung die christliche Kirche vor. Erst im Beginn des 13. Jahrhunderts hören wir von polnischen Missionaren, die nach Preußen gingen. Nun aber war der erste unter ihnen, der größere Erfolge erzielte, der Cistercienser Christian, auch alsbald darauf aus, in Preußen eine vom Erzbistum Gnesen unabhängige Kirche herzustellen, und vollends war es mit Gnesens und der polnischen Bistümer Aussicht in Preußen vorbei, als die Umstände nötigten, den deutschen Orden nach Preußen zu rufen. Als die neugegründeten Bistümer Preußens eine erzbischöfliche Spitze erhielten, war es nicht Gnesen, das zu dieser ersehen wurde, sondern ein neues Erzbistum, welches seinen Sitz dann in Riga nahm. Die hoffnungsvollen jungen deutschen Kolonien im Osten des Baltischen Meeres wurden zu einem von Polen ganz unabhängigen, selbständigen Kirchenverbande zusammengeschlossen. Polen hatte seine Stunde nicht erkannt.

Damals, als der deutsche Orden Preußen eroberte, zeigte sich denn auch, welche Tragweite der Preußen Verhalten hatte, als sie den heiligen Adalbert an ihrer Küste ermordeten. Wenn man im Jahre 997 seiner Verkündigung der christlichen Botschaft Gehör

14*

geschenkt hätte, wäre ja möglicherweise eine Polonisierung Preußens gefolgt. Für wahrscheinlich indes wird man es bei der kriegerischen und selbständigen Art der Preußen, die dem polnischen Wesen reichlich gewachsen war, nicht halten können, daß dieser Verlauf eingetreten wäre. Vermutlich wäre in jenem Falle in Preußen, Litauen und dem Lettenlande nach und nach ein selbständiges Kirchenwesen entstanden, welches die Nationalität dieser Völker gerettet und gestärkt hätte. Mit solcher Aussicht war es, als der deutsche Orden nach Preußen kam, vorbei. Das eigentlich preußische Volk, unter dem Adalbert als Opfer fiel, ist, soweit es nicht mit den Deutschen verschmolzen ist, zu Grunde gegangen. Also indem die Preußen Adalbert unter anderm auch aus dem Grunde töteten, das eigene Volkstum und die eigene Freiheit zu behaupten, haben sie gerade die eigene Zukunft vernichtet und den umgebracht, der nicht nur ihr Wohlthäter in geistlicher, sondern auch in politischer Hinsicht hätte werden können.

Die politischen Färbungen der katholischen Heiligen sind in den Augen der Frommen selten von geradezu trennender Bedeutung. So nahm man auch, als der deutsche Orden Preußen besetzte, daran, daß der heilige Adalbert ein Slawe und naher Freund Polens gewesen war, wenig Anstoß. Freilich ist seine Verehrung in Preußen eine so bevorzugte wie in Polen nicht gewesen[747]. Aber wir wissen schon, daß man gleich im Jahre 1249 den Pomesaniern aufgab, in Chomor S. Adalberti eine Kirche zu bauen. Sowohl der erste (fertig 1302) als auch der zweite Dom (begonnen 1333) in Königsberg wurde Adalbert geweiht. Nikolaus von Jeroschin, der Dichter des Ordens im 14. Jahrhundert, besang ihn auf Wunsch des Komthurs von Königsberg, Gottfrieds von Heimberg, in deutschen Versen (ca. 1327—1330), und als die speziellen Schützlinge des Heiligen, die Polen, im Jahre 1410 so glänzende Erfolge über den Orden davongetragen hatten, besann man sich in Preußen darauf, daß auch hier noch etwas Besonderes zu Ehren des mächtigen Fürsprechers geschehen könne. Es wurde bei Tentitten, dort, wo man die Todesstätte Adalberts vermutete, eine Kapelle mit regelmäßigem Gottesdienste zu seinem Andenken eingerichtet, welche im 15. Jahrhundert längere Zeit ein viel besuchter Wallfahrtsort war[748]). Im Samlande war ja naturgemäß der Kultus des Heiligen von vornherein mehr als irgendwo sonst in Preußen zu Hause.

— 213 —

Der alte Königsberger Dom im östlichen Teil der Altstadt ging infolge der Herstellung des neuen Domes im Kneiphofe ein[749]), und die Adalbertskapelle bei Tenkitten, der sich von Jahrzehnt zu Jahrzehnt immer mehr die brandende See näherte, stürzte 1669 bei einem gewaltigen Sturme zusammen[750]). Das Land, in welchem die drei zuletzt genannten Adalbertskirchen erbaut waren, war gleich in der ersten Zeit der Reformation evangelisch geworden. Auch die Tenkittener Kapelle hat mehr als ein Jahrhundert dem evangelischen Gottesdienste gedient. Samland ist noch heute ein fast ausschließlich evangelisches Land. Darum hat die Erinnerung an Adalbert in dieser Gegend, wo er höchster Wahrscheinlichkeit nach den preußischen Boden betreten und sein Ende gefunden hat, nicht aufgehört. Das gelehrte Interesse war ihm in Preußen immer zugewandt, und Protestanten waren es, welche die Stätte, wo einst die Adalbertskapelle an der See gestanden hatte, in diesem Jahrhundert zuerst wieder mit einem Kreuz kennzeichneten (1822). Sie haben auch das gußeiserne Kreuz, welches hauptsächlich aus den Mitteln einer vornehmen Polin im Jahre 1884 an die Stelle des hölzernen gesetzt wurde, zum neunhundertjährigen Gedenkfest des Märtyrers erneuert und mit einer würdigen Einfassung umgeben lassen. Nicht den katholischen Heiligen feiern sie, der in der Form seiner Frömmigkeit die Einseitigkeiten seiner Zeit an sich trug und auch so vieles vertrat, was vom Standpunkte evangelischer Erkenntnis aus abzulehnen ist, sondern das Glied der einen allgemeinen Kirche der Christgläubigen, welches zu dem Zwecke in Preußen erschienen war, in die Nacht des preußischen Heidentums das Licht Jesu Christi fallen zu lassen, und bei diesem Versuche am Ostseestrande seinen Tod fand. Der Evangelische hat in seinem Standpunkt die Freiheit, Verdienste anzuerkennen, wo er sie findet. Wenn es ihm zugleich Bedürfnis ist, die Dinge nüchtern in ihrer schlichten Geschichtlichkeit zu sehen, so giebt eben dies noch zu einer Schlußbemerkung Anlaß.

So sehr die Gestalt eines Adalbert in vieler Hinsicht die Sympathie erweckt, eins bleibt doch immer, auch vom katholischen Standpunkte aus geurteilt, höchst merkwürdig, daß dieser Mann gleich von seinem Tode ab schon unter seinen Zeitgenossen und dann in allen Folgezeiten in der katholischen Kirche ein Ansehen und eine Berühmtheit erlangte, wie sie keineswegs allen zu teil geworden ist, die vor katholischen Augen Aehnliches und noch Größeres als er leisteten. Man hat z. B. oft und auch von katholischer Seite darauf hingewiesen, daß Bruno von Querfurt, sein Biograph, der bald darauf gleichfalls in Preußen den Märtyrertod starb und, nach allem, was wir von ihm wissen, zu schließen, sicher mit einer viel größeren Bravour als Adalbert in den Tod gegangen ist, nicht annähernd die Verehrung gefunden hat wie Adalbert und heute in weiteren Kreisen fast ganz vergessen ist. Gewiß wirkten sehr stark persönliche Gründe mit, Adalbert zu einem ganz besonderen Ruhme zu verhelfen. Adalbert muß in seinem natürlichen Wesen für viele, wie schon hervorgehoben wurde, etwas ganz besonders Gewinnendes gehabt haben. Sowohl Kanaparius als auch Bruno bemerken gelegentlich, daß er ein engelhaftes Antlitz gehabt habe[781]). Gewiß that auch viel, daß er ein Verwandter und intimer Günstling des Kaisers war, und Otto III. ganz besonders für die Ausbreitung seiner Verehrung thätig war. Aber daß letzteres der Fall war, will doch auch wieder erklärt werden. Mehr werden wir deshalb die Ursache des einzigartigen Nimbus, der sich auf Adalberts Haupt im Tode niederließ, in andern Umständen zu suchen haben, und da ist es vor allem eins, was nun am Schluß noch ganz besonders hervorgehoben werden muß. Er war ein Heiliger aus den Kreisen jenes strengen Mönchtums, welches damals ein so mächtiger Faktor der Zeit geworden war. Dieses hat schon den Lebenden gefeiert. Dasselbe hat sicherlich auch vor allem dem Toten den Strahlenkranz ums Haupt gelegt. Ins Gewicht mußte diesen Mönchen fallen, daß Adalbert nach langer Zeit der erste Märtyrer war und damit die Stufe erstieg, die ihnen als die höchste, herrlichste und seligste erschien. So war er ihnen die Verkörperung ihres Ideals. Als solches hat ihn Kanaparius dargestellt. Wenn Otto Gott pries, daß er seinem Zeitalter einen Märtyrer gegeben habe, so sprach er nur die Betrachtungsweise aus, die er in den Kreisen seiner Klosterfreunde gelernt hatte. Bruno hätte gewiß einen ähnlichen Ruhm wie Adalbert von dieser Seite verdient, da er auch Mönch und Märtyrer war. Wenn er ihm nicht zu teil geworden ist, so muß unter anderm auch das bedacht werden, daß er nicht mehr als erster Märtyrer der Zeit starb und in der Verehrung Adalberts sich die Kraft der Begeisterung schon etwas erschöpft hatte. Aber wie merkwürdig, daß es dieser Verehrung Adalberts so wenig Eintrag that, daß er ein Böhme und so aus einem Volke war, das erst seit hundert Jahren sich dem Christentum geöffnet hatte und zu den führenden Nationen nicht gehörte. Es wird damit ein Umstand berührt, der allem Anschein nach nur dazu beigetragen hat, Adalberts Ruhm noch zu steigern. Es hatte einen aparten Reiz, unter den Höchsten des Himmels nach Wenzel von neuem einen Slawen zu sehen. Seine Person erschien wie ein Symbol des Triumphes der Kirche und außerordentlicher Erbarmungen Gottes. „Siehe", ruft Bruno Adalbert auf seinem Märtyrerpfade zu, „nahe ist deine Herrlichkeit, siehe, vor der Thür ist das selige und unvergleichliche Martyrium, dessen Preis kein Mensch sagen kann, auf daß auch in unserm Zeitalter der gute Jungfrauensohn einen Engelgleichen habe, da er dich unvermutet zu seinem Märtyrer machen wird! O, wie lieblich wird der Himmel lachen, wenn er mit der Krone eintreten sieht den Slawen[782])!"

Anmerkungen.

Abkürzungen.

AföG. = Archiv für österreichische Geschichte.
APM. = Altpreußische Monatsschrift.
ASV. = Album Svatovojtěšské.
FrB. = Fontes rerum Bohemicarum.
MB. = Monumenta historica Boemiae ed. Dobner.
MG. = Monumenta Germaniae historica (Scr. = Scriptores).
MJöG. = Mitteilungen des Instituts für österreichische Geschichtsforschung.
MP. = Monumenta Poloniae historica ed. Bielowski.
NPPrBl. = Neue Preußische Provinzial-Blätter.
PPrBl. = Preußische Provinzial-Blätter.
SrP. = Scriptores rerum Prussicarum.
ZGAE. = Zeitschrift für die Geschichte und Altertumskunde Ermlands.
ZhTh. = Zeitschrift für die historische Theologie.
ZPGL. = Zeitschrift für Preußische Geschichte und Landeskunde.

Anmerkungen.

¹) Von literarischen Erzeugnissen hat Adalbert nicht viel hinterlassen. Aber in Monte Kassino existiert eine Pergamenthandschrift (Cod. CIX) in langobardischer Schrift, wie man annimmt aus dem 11. Jahrhundert, nach einem Vermerk auf fol. 148 geschrieben von einem gewissen Grimoaldus diaconus et monachus, in welcher auf fol. 243 s. (p. 485—87) eine am Tage des heiligen Alexius über Matth. 19, 27 gehaltene Homilie, überschrieben Omilia Venerabilis Adalberti Episcopi et Martiris, sich findet, und es liegt keinerlei Grund vor, die Richtigkeit der zitierten Ueberschrift zu bezweifeln. Die Homilie ist ihrer weitaus größeren Masse nach eine wörtliche Wiederholung der Homilie Bedas über den heiligen Benediktus Biskopius, einen englischen Abt am Ende des 7. Jahrh. (Migne, s. l. 94 col. 224 ss.). Das speziell von Benedikt handelnde Stück ist durch einen Abschnitt über den heiligen Alexius ersetzt. Außerdem ist die Schlußformel hier und dort etwas verschieden. Bei den Ausführungen über den heiligen Alexius ist offenbar die Legende über denselben benutzt, auf deren vorausgegangene Verlesung die Homilie gelegentlich hinweist. Doch hat der Verfasser allem Anschein nach ihren Inhalt sehr frei reproduziert. Die von Alexius handelnde zweite Hälfte der Homilie wurde bereits von den Bollandisten herausgegeben (Acta SS. Jul. t. IV p. 257 s.), nachgedruckt bei Migne, Patrol. s. l. 137 col. 895 ss. Vollständig herausgegeben ist die Homilie von Hipler in dem Pastoralblatt für die Diöcese Ermland, XXII (1890) S. 86 ff. und von Bojáček in der čechischen Zeitschrift Blahověst, Jahrg. 1895, S. 442 f. Unsere Ausgabe im Anhange ist die dritte vollständige. Eine deutsche Uebersetzung des Hauptteiles der Homilie (2. Hälfte) gab Hipler im 1. Jahrgang des genannten Pastoralblattes (1869), S. 2 f. — Als echte schriftliche Reliquie, und zwar von seiner eigenen Hand geschrieben, glaubt sodann das unter Adalberts Mitwirkung gegründete Kloster Břewnow bei Prag die Professformel zu besitzen, mit der er einst in Rom entsprechend c. 58 der Benediktinerregel seinen Eintritt in das Mönchtum beurkundete. Das Břewnower Blatt (Pergament) findet sich im Fassimile bei Bolelucky, Rosa Boëmica p. 380; Piter, Thesaurus absconditus p. 70; Bielowski, MP. I. Tabl. II; im Lichtdruck im ASV. p. 32; den Wortlaut giebt auch Boçek, Codex diplomaticus et epistolaris Moraviae, I. Olomucii 1836, p. 101; Migne, Patrol. s. l. 137 col. 899 s.; Erben, Regesta Bohemiae et Moraviae, I. Pragae 1855, p. 33 und Bielowski, Monumenta Poloniae historica,

I. Lwów 1864, p. 172. Die Echtheit erscheint zweifelhaft, da als der die Professio Adalberts entgegennehmende Abt nicht Leo, der Abt des Klosters St. Alexius in Rom, in das Adalbert eintrat, genannt wird, sondern Augustinus, der Abt des römischen Klosters St. Paul. Dudík (Mährens allgemeine Geschichte, 2. Bd. 1863, S. 69) meinte nach Piters Vorgang, Leo sei abwesend gewesen und habe sich vertreten lassen. Läßt man den Wortlaut als echt gelten, so bleibt immer noch ungewiß, ob das Břewnower Blatt Original oder Autographum ist. Im Jahre 1400 ist, um es vor Untergang zu bewahren, von dem Břewnower Mönch Wenzel ein zweites Pergamentstück dahintergeklebt und darüber auf der Rückseite ein Vermerk gemacht. — Die Ueberlieferung hat auf Adalbert zurückgeführt das älteste böhmische Kirchenlied und gleichfalls das älteste polnische geistliche Lied. Beide, auch das letztere in seinem ältesten Bestandteile, sind Erweiterungen des Kyrie eleison in der Volkssprache, wie sie ähnlich in Deutschland seit Mitte des 9. Jahrhunderts auftreten und den Anfang des späteren Gemeindekirchengesanges bildeten. Das Volk, dessen Mitwirkung beim Gottesdienst auf das Singen des Kyrie eleison beschränkt war, hatte das Bedürfnis, den Aeußerungen seiner frommen Gefühle einen größeren Umfang zu geben. Das Kyrie eleison blieb der Refrain. Die älteste erhaltene Form des böhmischen Liedes, das nach seinem Anfange Hospodine pomiluj ny (Herr, erbarme Dich unser) genannt wird, findet sich in einer Explicatio cantici S. Adalberti von einem ungenannten Břewnower Mönche aus dem Jahre 1397 (Prager Universitätsbibliothek), welche samt der alten Form des Liedes bei Boleluczky II p. 28 ss. abgedruckt ist. Das Lied in dieser ältesten Form ist auch wiedergegeben im Faksimile im ASV. zu S. 32 und bei A. Voigt, Von dem Altertume und Gebrauche des Kirchengesanges in Böhmen, in den Abhandlungen einer Privatgesellschaft in Böhmen, I. Bd. Prag 1775, S. 211. Die Mundart ist altertümlich. Šafařík (Geschichte der slawischen Sprache und Literatur, Prag 1869, S. 306) schloß aus Kosmas (Chronic. I, 23), daß es schon vor Adalbert in Gebrauch gewesen sei. Nach Matušev's Meinung stammt es von den Mönchen aus dem Kloster Sazawa (11. Jahrh.) her (vgl. Pypin u. Spasovič, Geschichte der slawischen Literaturen, aus dem Russischen ins Deutsche übertragen von Pech, 2. Bd. 2. Hälfte, Lpzg. 1884, S. 28). Wahrscheinlich hat es Kosmas II, 14 im Auge (vgl. Dobrowsky, Geschichte der böhmischen Sprache (1818), S. 76; Wattenbach, Die slawische Liturgie in Böhmen und die altrussische Legende vom heiligen Wenzel, in den Abhandlungen der historisch-philosophischen Gesellschaft in Breslau, I. 1858, S. 225 f.). Jedenfalls beziehen sich die Fortsetzer des Kosmas (Fontes rerum Bohemicarum, II. p. 201 ss.) darauf ad ann. 1260 und 1283; vielleicht auch a. a. O. schon für das Jahr 1260 bezeugt. Vgl. im übrigen ASV. p. 33. Die ältesten Handschriften des polnischen Liedes, das nach seinem Anfange Bogarodzica (Gottesmutter) genannt wird, sind erst aus dem 15. Jahrhundert (1400 ff.). Doch ergaben sie, worin man den ältesten Bestandteil des Liedes zu sehen hat. An den Grundstock sind im Laufe der Zeiten weitere Strophen angehängt. Auch ist die Sprache immer mehr modernisiert. Ob die erste Fassung von Adalbert herrührte, bleibt ganz ungewiß. Es handelt von dem polnischen Liede der Aufsatz

„Der h. Adalbert als Liederdichter" im Katholischen Kirchenblatt für Leser aller Stände, zunächst für die Diöcesen Culm und Ermland, I. Danzig 1865, S. 105 ff.; Nymarkiewicz, Pieśń „Bogu-Rodzica", in Roczniki towarzystwa przyjaciól nauk Poznańskiego, X. Poznań 1878, str. 383—409 (hier und in ASV. p. 43 weitere Literatur); Pypin u. Spasovič a. a. O., 2. Bd. 1. Hälfte, S. 80. Beide Lieder, sowohl das böhmische, als auch das polnische, haben ihre Melodien. Zwei Melodien des ersteren, darunter die älteste bekannte, finden sich bei dem schon genannten Matth. Bened. Bolełuczky [Rosa boëmica, Pragae 1668, II. p. 1. ss.], der ausführlicher von dem Liede handelt, die ältere auch bei A. Voigt a. a. O. und bei Martin Gerbert, De cantu et musica sacra, I (1774) p. 848 s. Die alte Melodie des polnischen Liedes findet sich bei Nymarkiewicz in den Anlagen a. a. O. — Den Brief eines Klerikers Thietpald an Adalbert hat Bern. Pez herausgegeben im Thesaurus anecdot. nov., tom. VI. Aug. Vind. 1729, p. 131 (ex cod. Tegerns. coaovo) und Bielowski in den MP. I. p. 150 nach Pez von neuem abgedruckt, auch Migne, Patrol. s. l. 139 col. 373 s. Wenn in ihm Adalbert sanctae Prissiensis ecclesiae cathedrae praesidenti bezeichnet wird, so kann ich das nur auf Prag beziehen. Vielleicht ist die Lesart Prissiensis korrumpiert. Als Adressaten mit Kolberg (Lobgedicht auf den h. Adalbert, Braunsberg 1882, S. 121) den spätern Magdeburger Erzbischof in der Zeit seines Missionsauftrages anzusehen, ist mir nicht möglich, da, selbst wenn diesem Adalbert Preußen als Missionssprengel zugewiesen gewesen wäre, was m. E. mit Pruzis bei Bruno c. 4 noch nicht erwiesen ist, zu seiner Zeit in Bezug auf Preußen noch nicht von einer sanctae Prissiensis ecclesiae cathedra hätte geredet werden können. Auch der Schluß des Briefes schließt m. E. den Gedanken an einen Missionsbischof aus. Zu den Verhältnissen Adalberts paßt der Brief durchaus, und seine Echtheit zu bezweifeln ist keinerlei Anlaß. — Die aus Adalberts Zeit stammenden bzw. derselben zugeschriebenen Urkunden, in welchen seiner Erwähnung geschieht, finden sich vollzählig aufgeführt und ihrem Hauptinhalte nach mitgeteilt bei Erben, I. p. 33 ss. Erben bietet auch das Edikt des Herzogs Boleslav II., das Wattenbach in einem Kodex des Stiftes Heiligenkreuz in Niederösterreich entdeckte und in den Beiträgen zur Gesch. der christl. Kirche in Mähren und Böhmen, Wien 1849, S. 51 herausgab. Abgesehen von diesem und der schon oben erwähnten sogenannten Professformel Adalberts handelt es sich um drei Urkunden der Stiftung und Privilegierung des Klosters Bkewnow bei Prag, zwei herzogliche (Boček, I p. 101 ss.; Ziegelbauer, Epit. hist. Brevnov. monast., Col. 1740, p. 10 ss.) und eine päpstliche (Ziegelbauer a. a. O. p. 17 ss.; Boček a. a. O. p. 104 s.). Wie diese Urkunden vorliegen, erwecken sie Zweifel bezüglich ihrer Echtheit. Doch wird wenigstens in den herzoglichen ein echter Kern nicht fehlen. Wir werden später auf sie zurückkommen.

Die wichtigsten referierenden Quellen über den heiligen Adalbert sind die drei ältesten Lebensbeschreibungen:

1. Die zuerst von H. Kanisius 1604 herausgegebene Vita „Est locus in partibus Germaniae", für deren Verfasser man heute fast allgemein Kanaparius hält. Was die Handschriften derselben angeht, so sind bisher ca. einundzwanzig direkt

oder indirekt benutzt oder wenigstens genannt. Fünfzehn derselben kann man bei Pertz (Mon. Germ. hist. Scr. IV. p. 574 ss.) aufgeführt finden. Eine weitere sechzehnte (Göttinger), die abhanden gekommen zu sein scheint, erwähnt er beiläufig (p. 577, Anm. 34; vgl. Pertz, Archiv der Gesellsch. für ältere deutsche Geschichtskunde, VI. S. 200). Die siebzehnte aus dem Cäcilienkloster in Rom hat Baronius seiner Zeit vorgelegen (Annales ecclesiastici, X. Col. Agr. 1603, col. 965, ad ann. 980 c. 1). Eine achtzehnte Handschrift, spätestens gegen Ende des XIV. Jahrhunderts und zwar in Polen geschrieben, entdeckte Bielowski (Mon. Pol. hist. I. p. 161 s.). Eine neunzehnte aus dem Ende des 15. Jahrh. hat Kętrzyński auf dem Rittergut Ryńsk bei Briesen in Westpreußen in der Bibliothek des Herrn von Wolański gefunden und ihre wichtigeren Varianten mitgeteilt in der Altpreuß. Monatsschrift, VII. 1870, S. 673 ff. Auf eine zwanzigste in der öffentlichen Prager Bibliothek (S. XIV. fin. oder S. XV. in.) weisen die Fontes rer. Boh., I. Prag 1873, p. XXII hin. Und eine einundzwanzigste, Cod. Laurentianus Florent. (S. XIV. fin. oder XV. in.), verzeichnet Kolberg (Das Lobgedicht auf den h. Adalbert, in Ztschr. für die Gesch. u. Altertumskunde Ermlands, VII. Braunsberg 1881, S. 392). Der gleichfalls von diesem letzteren (a. a. O. und in den Analecta Warmiensia in derf. Ztschr. S. 24 ff.) aufgeführte Codex Upsalens. (olim Warmiensis) kann als Handschrift des Kanaparius nicht angesehen werden, da er eine Legende enthält, bei deren Abfassung nur unter anderem auch Kanaparius benutzt ist. Vielleicht ist dasselbe in Bezug auf den von Pertz genannten Münchener Kodex zu sagen. Bezüglich des Codex Vallicellianus H. 25, über den Pertz (MG. Scr. IV. p. 577 n. 32) nichts Näheres mitteilen konnte, erfahren wir durch Kolberg (a. a. O. S. 392 f.), daß dieser Kodex nach Aussage seiner Ueberschrift eine von Antonio Bosio am Ende des 16. Jahrh. verfertigte Abschrift aus einem Kodex des Klosters S. Caeciliae ist, also wohl aus jenem, der Baronius vorgelegen hat.

Von den erwähnten einundzwanzig Handschriften, zu denen alle im folgenden noch spezieller genannten gehören, sind außer der Göttinger verloren die Handschrift des bayrischen Klosters Windberg und die des Cäcilienklosters in Rom. Auf der Windberger Handschrift aber beruht die erste Druckausgabe unsrer Vita von Kanisius (Antiquae lectiones, tom V. 1604, p. 329 ss.). Ihren Text wiederholte Marqu. Freherus (Cosmae Pragensis eccl. decani chronicae Bohemorum ll. III. Item S. Adalberti vita et martyrium ab eodem Cosma decano descripta, Hanoviae 1607, p. 74 ss.). Die Ausgabe des Bzovius (S. Adalberti Ursini comitis Rosembergii . . . . vita et passio ab eius synchrono et familiari Silvestro II. edita, Romae 1629; cf. Annales ecclesiast. t. XX. p. 598 ss.) fußte, wie er sich ausdrücklich bezeugen ließ, auf einem Kodex von Monte Kassino. Gewöhnlich nahm man (besonders auch Pertz) an, daß es Kodex 145 (mbr. saec. XI) war, aber Kolberg hat dies zweifelhaft gemacht (a. a. O. S. 390. 394 ff.). Henschen legte 1675 in den Acta Sanctorum (April. t. III. (1866) p. 176 ss.) den Kodex des erzbischöflichen Domkapitels in Prag zu Grunde (jetzt G. 5 bibl. capit. metrop. Prag.). Die Ausgabe bei Mabillon (Acta SS. ord. S. Benedicti, t. VII. p. 821 ss.) folgte Kanisius und Henschen. Nur in Anmerkungen gelegentlich auch die Ausgaben von Bzovius, Henschen, Mabillon berücksichtigend, brachte den Text des Canisius wieder zum Abdruck Jac. Basnage (Thesaurus Monum. ecclesiast., tom III. Antverp. 1725, p. 45 ss.). Die Reihe der neueren kritischen Ausgaben eröffnete die grundlegende von Pertz in den Monum. Germ. Scr. IV. p. 574 ss., bei welcher der Wolfenbüttteler Kodex, der Stuttgarter und der Text des Canisius in erster Linie maßgebend waren (nachgedruckt bei Migne, s. l. 137 col. 859 ss.). Es folgte die Ausgabe von Batowski in den Monum. Polon. hist. I. p. 157 ss., welche die abweichenden Lesarten der von Bielowski gefundenen Handschrift hinzufügte; dann die in den Fontes rer. Boh. I. p. 235 ss. von Emler, welche auch die Varianten der von Krzyżański entdeckten Handschrift berücksichtigte, und schließlich die von Kolberg in der Zeitschrift für die Gesch. und Altertumskunde Ermlands, 7. Bd. Braunsberg 1881, S. 79 ff. 373 ff. (auch im Sonderabdruck, betitelt: Des Papstes Silvester II. Lobgedicht auf den h. Adalbert, nebst Lebensbeschreibung I und Passio des h. Adalbert, nach Handschriften bearbeitet, bezüglich übersetzt. Braunsberg 1882), bei welcher der Cod. Vallicellianus H. 25 (die Abschrift des Cod. S. Caeciliae von A. Bosio) zu Grunde gelegt und dem Drucke des Bzovius, sowie dem Cod. Cas. 145 besondre, und zwar beiden selbständige Bedeutung gegeben wurde. Ein Auszug aus unserer Vita findet sich in den Scriptores rer. Pruss., I. Lpzg. 1861, S. 227 ff. (herausgeg. von M. Töppen). Ich zitiere nach den MP. So verdienstlich Kolbergs Textforschungen in Einzelheiten sind, so verfehlt erscheint mir seine Textkonstruktion im großen und ganzen.

Unsere Vita ist geschrieben, als Otto III. († Jan. 1002) noch am Leben (c. 14), Gregor V. († Febr. 999) aber schon gestorben war (c. 21), und zwar offenbar, als Gaudentius, Adalberts Halbbruder, der häufig erwähnt wird, noch nicht zum Erzbischof von Gnesen ernannt war, was schon im Dezember 999 geschehen war (vgl. die Urkunde bei Mabillon, Ann. ord. S. Ben. IV. p. 121). Wäre Gaudentius schon Erzbischof gewesen, so wäre das sicher angedeutet. Die Abfassung der Vita fällt also zwischen Februar und Dezember 999. Der Verfasser giebt sich deutlich als Römer und als Mönch zu erkennen. Auch hat er mit Adalbert persönliche Berührung gehabt (vgl. c. 5). Frehers Vermutung, daß es Kosmas gewesen sei, war daher durchaus verfehlt. Joh. Voigt, dem Palacky (Würdigung der alten böhm. Geschichtschreiber, Prag 1830, S. 296) folgte, dachte an Gaudentius (Gesch. Preußens, I. Kgsbg. 1827, S. 654). Aber die Art, wie von Gaudentius gesprochen wird, schließt aus, daß er Verfasser war. Ein Bruder hätte von Adalbert auch noch anders geschrieben. Aus einer Tradition in Monte Kassino und einer Bemerkung des Baronius (Ann. IX, ad ann. 1008 c. 6) folgerte man, daß die Vita in Cod. Cas. 145 von Silvester II. verfaßt sei. Auch Bzovius war der Meinung, eine Schrift Silvesters II. herauszugeben. Indes auch von diesem kann unsre Vita nicht ausgegangen sein. Auch die Textform des Cod. Cas. 145 paßt nicht zu ihm. Vollends ist Kolbergs Meinung, daß Bruno unsre Vita schrieb, abzulehnen. Bei der Eigenart des Stils Brunos ist diese Ansicht schwer begreiflich. Dagegen hat, wie bemerkt, die Annahme von Pertz (MG. Scr. IV. p. 575), daß Johannes Kanaparius, der in St. Alexius,

Adalberts römischem Kloster, erst Mönch und seit 1002 Abt war († 1004), Verfasser gewesen sei, immer mehr Anerkennung gefunden. Die Art, wie in cap. 29 unsrer Vita dieses Kanaparius Erwähnung geschieht, verrät ziemlich deutlich, daß der Genannte selbst die Feder führte. Auch zeigt sich der Verfasser mit Ereignissen, die sich im Kloster St. Alexius zugetragen haben, sehr vertraut. Im übrigen hat er nicht nur Adalbert und die Mönche von St. Alexius gekannt, sondern offenbar auch sonst manche Personen gesprochen, die Adalbert nahe gestanden hatten. Von schriftlichen Quellen werden dem Verfasser unsrer Vita die Aufzeichnungen des Prager Dompropstes Williko vorgelegen haben, deren Bruno gedenkt (Bruno c. 8; cfr. Kanap. c. 12. 19), vielleicht auch Briefe. Nach der Translatio SS. Abundii et Abundantii, bei Mabillon, Acta SS. ord. S. Ben., VII. p. 846 und bei Kolberg, JGAG. VII. S. 517 ff. kann man annehmen, daß Otto III. Kanaparius zur Abfassung der Vita veranlaßt hat (vgl. Pertz, MG. Scr. IV p. 576).

2. Die von Bruno von Querfurt verfaßte Vita „Nascitur purpureus flos". Sie liegt in zwei Rezensionen vor. Zuerst erschien im Druck die frühere und längere, und zwar herausgegeben von Surius in De probatis sanctorum historiis, tom. II. Col. Agr. 1571, p. 826 ss. Die von ihm benutzte Handschrift ist verschollen. Die kürzere Rezension gab nach demselben Prager Kodex (XIV. S.), dem er die von Kanaparius verfaßte Vita entnahm, Henschen in den Acta SS. l. c. p. 189 ss. heraus und berücksichtigte Surius' Text in Anmerkungen. Nach Henschen lieferte Exzerpte Mabillon a. a. O., die wiederum Bassnage a. a. O. herübernahm. Die kritische Ausgabe von Pertz (MG. Scr. IV. p. 596 ss.) legte den Codex Admontensis (mbr. saec. XII.) der kürzeren und späteren Rezension zu Grunde, weil er unter den Pertz bekannten Handschriften die älteste war. Außerdem benutzte Pertz die Ausgaben von Henschen und Surius. Das Sondergut der längeren Rezension setzte er unter den Text. Umgekehrt verfuhr Bielowski in den Mon. Pol. hist. I. p. 184 ss. Er konnte wieder eine bis dahin noch nicht herangezogene Handschrift verwerten, die er in der Bibliothek des Fürsten Metternich in Königswart (aus dem württembergischen Kloster Ochsenhausen) entdeckt hatte, und welche, aus dem 12., spätestens 13. Jahrh. stammend, den Text der längeren Rezension reiner als Surius bietet. Indem er sie, hier und da nach den Ausgaben von Surius und Pertz verbessert, zum Abdruck brachte, setzte er die Abweichungen der kürzeren Rezension unter den Text. An die Ausgabe Bielowskis, die ich benutze, schloß sich die der Fontes rer. Boh. (I. 1873, p. 266 ss.) von Emler an, die neues Material nicht verwertete. Ein Auszug nach Pertz findet sich wieder in den Scriptores rer. Pruss. I. p. 280 ss. Eine bisher nicht benutzte Handschrift der kürzeren Rezension ist nach Emler in jenem Kodex der öffentlichen Prager Bibliothek, der auch die Vita des Kanaparius enthält.

Bruno, eines sächsischen Grafen Sohn, wandelte ganz in den Fußstapfen Adalberts. Wie dieser besuchte er die Domschule in Magdeburg (daß er auf derselben mit Adalbert zusammen war, ist ohne Grund behauptet), trat allem Anschein nach auch in das römische Kloster von St. Bonifaz und Alexius ein, und zwar 996, gerade als Adalbert Rom verließ, lebte dann als Eremit bei Romualdus in

Pereum, ließ sich, vom Eifer für die Bekehrung der Heiden beseelt, zum Missionserzbischof machen, besuchte als solcher Ungarn, Rußland und Polen und ging schließlich auch nach Preußen, wo er mit seinen Begleitern 1009 an der russischen Grenze den Märtyrertod fand. Es läßt sich bestimmt erweisen, daß beide Rezensionen der seinen Namen tragenden Vita Adalberts von ihm selbst herrühren. Bei der kürzeren ist es besonders klar aus c. 23. Mit Recht sieht man die längere für die ältere, die kürzere für die jüngere an. Die erste Ausarbeitung fand in dem Jahre statt, in welchem der älteste Bruder Adalberts, Sobѣbor, seinen Tod fand (c. 22), 1004 (Thietmar VI, 9). Als der regierende Kaiser erscheint in beiden Rezensionen Heinrich II. (c. 12). Auch wird die Wiederherstellung Merseburgs (März 1004) vorausgesetzt (c. 12). Kaindl (Zur Gesch. Bruns v. Querfurt, Hist. Jahrb. XIII. 1892, S. 493ff.) folgert aus dem nunc in Kap. 22, daß dies Kapitel in erster Rezension unmittelbar nach Sobѣbors Tode (Anfang Sept. 1004) niedergeschrieben, und die erste Rezension der Vita schon fast fertig gewesen sei, bevor Bruno nach Ungarn kam (Sept. 1004) und hier den Jugendgefährten Adalberts, Radla, sprach. Er nimmt an, die zweite Redaktion sei dann besonders durch Radlas ergänzende Mitteilungen veranlaßt. Ich vermag mich diesen Ansichten nicht anzuschließen, bin vielmehr der Meinung, daß auch die erste Rezension unserer Vita erst geschrieben ist, nachdem Bruno mit Radla verhandelt hatte. Es ergiebt sich das letztere m. E. völlig klar aus der von Radla selbst handelnden Geschichte c. 8, die sich auch schon in der ersten Rezension findet. Wenn Bruno Ende des Jahres 1004 die erste Rezension niederschrieb, konnte er noch immer von den Ereignissen des Septembers desselben Jahres mit nunc reden, und daß beide Rezensionen vor Kanaparius' Tode (12. Okt. 1004) oder vielmehr vor dem Eintreffen der Nachricht von demselben entstanden seien, läßt sich m. E. aus c. 17 und 27 nicht erweisen. Aus dem Schluß (Memoriam vero viri saepe pono) des 23. Kap. der zweiten Rezension ist zu ersehen, daß sie erst geschrieben ist, als Brunos Zusammenkunft mit Radla schon weiter in der Vergangenheit zurücklag. Was zu ihren Aenderungen Anlaß gab, läßt sich schwer erkennen. Keineswegs empfängt man den Eindruck, daß sich als Irrtum herausgestellt hatte, was von der ersten Rezension fortgelassen wurde. Beide Rezensionen haben gleichen Wert. Kanaparius ist von Bruno viel benutzt. Doch weicht Bruno auch nicht selten von ihm ab und bietet überhaupt viel Eigentümliches. Wie eben in der zweiten Rezension ausdrücklich von ihm gesagt wird (c. 23), hat er den Pädagogen Adalberts, Radla, gesprochen und von ihm Mitteilungen empfangen. Außerdem beruft er sich auf mündliche Aeußerungen des Abtes Leo (c. 14) und des Johannes Kanaparius (c. 17. 27). Auch hat er die Zeugen des Todes Adalberts gesprochen, und zwar, wie es scheint, beide (c. 32). Ueberhaupt ist er vielen Personen begegnet, die ihm aus persönlicher Erfahrung von Adalbert erzählen konnten. Wahrscheinlich hat er 996 in Rom auch Adalbert selbst kennen gelernt (c. 17). Auch die 2. Rezension ist m. E. geschrieben, bevor er nach Polen kam. Otto III. nannte Bruno „seine Seele (anima mea)". Wie Damiani (Vita Romualdi c. 27) berichtet, war Bruno auch hervorragend musikalisch begabt. Ein reiches Leben und künstlerische Veranlagung waren in ihm. Das merkt man auch seinen Schriften an. Sie haben dichterischen

Schwung und verraten einen feurigen, enthusiastischen Geist. Freilich fällt sein Stil infolge Mangels an Schulung oft in ein uns fremdartig anmutendes Pathos. Deshalb redet Wattenbach von einer „widerlich blumenreichen und salbungsvollen Sprache (Deutschlands Geschichtsquellen im Mittelalt., I. (6. Aufl.) 1893, S. 354). Dadurch wird doch verhüllt, wie geistreich Bruno war, und wie lebendig er die Ereignisse seiner Zeit auffaßte. Ausführlicher handelte über ihn Kolberg in ZGWE. VIII. (1886) S. 1 ff. (Der heilige Bruno). Seitdem ist die von Bruno verfaßte und von Kade wiedergefundene Vita quinque fratrum herausgegeben (MG. XV, 2 (1888) p. 709 ss.; MP. VI. p. 388 ss.), welche unser Wissen über Bruno wesentlich erweitert hat.

3. Die Passio sancti Adalperti martiris „Sanctus Adalpertus primis Solauorum natalibus". Von derselben ist nur eine Handschrift bekannt, enthalten im Codex lat. No. 18,897 (olim Tegernseensis No. 897) auf der Königlichen Bibliothek in München, wo sie ungefähr gleichzeitig von A. Bielowski (1856) und von G. Voigt entdeckt wurde. Von dem letzteren benachrichtigt, gab zuerst W. v. Giesebrecht sie in den Neuen Preuß. Provinzial-Blättern 1860 S. 55 ff. (in wenigen Exemplaren auch separat) heraus. Es folgte die Ausgabe von Töppen in den Scriptores rer. Pruss. I. (1861) p. 235 ss.; cf. II. p. 412; von Bielowski in den Mon. Pol. hist. I. (1864) p. 151 ss.; von Emler in den Fontes rer. Boh. I. (1873) p. 231 ss., von Kolberg in der Ztschr. f. Gesch. u. Altertumskunde Ermlands, Braunsberg 1881, S. 502 ff. und in der Sonderausgabe: Des Papstes Silvester II. Lobgedicht auf den h. Adalbert ꝛc., Braunsberg 1882, S. 106 ff.; und schließlich von Waitz in den MG. Scr. XV, 2 (1888) p. 705 ss. Ich zitiere nach dem MP.

Die Passio ist sicher verfaßt zu einer Zeit, als Adalberts leibliche Ueberreste noch in Gnesen waren (c. 8), also vor dem Jahre 1039. Von Herzog Miseko († 992) wird c. 8 wie von einem nicht mehr Lebenden gesprochen. Hingegen wo Herzog Boleslav Chabry (992—1025) erwähnt wird, findet sich keine Andeutung, daß er schon tot sei, vielmehr wird er als ein der Zeit bekannter Mann mit bloßem Namen ohne jede Erläuterung eingeführt (c. 7). Seit Ernennung des Gaudentius zum Erzbischofe für Gnesen (999) muß schon einige Zeit verflossen sein (c. 3: qui postea archiepiscopus effectus). Ja, es will bei der Art, wie dieses Faktums gedacht wird, scheinen, daß Gaudentius bei Abfassung der Passio schon nicht mehr am Leben war (nach Długoß [Hist..Pol. II. ad ann. 1006] ist er gestorben 1006 nach einer siebenjährigen Amtsdauer, eine Angabe, die dadurch sich als ältere Ueberlieferung kundgiebt, daß sie zum Jahre 999 paßt und von Długoß festgehalten wird, obwohl er den Beginn der Amtszeit des Gaudentius im Widerspruch zu ihr ins Jahr 997 legt). Auch die Erhebung des Aschrit, der im Anfang von 997 Abt eines von Adalbert gegründeten Klosters in Polen wurde, zum Erzbischof von Sobottin (1000) liegt schon weiter in der Vergangenheit zurück (c. 3: qui postea archiepiscopus ad Sobottin consecratus est). Otto III. erscheint als schon verflossen (c. 2). In Berücksichtigung dieser verschiedenen Momente, von denen die beiden postea, wie ich nachträglich sehe, auch Kainbl (s. u.) geziemend betont hat, setze ich die Abfassung unsrer Passio in die Zeit von

1006 bis 1025 ca. Die fast allgemein vertretene Ansicht, daß sie schon um 1000 oder gar vorher geschrieben sei, ist m. E. unhaltbar. Andrerseits kann ich nur denen beistimmen, die für den Verfasser der Passio, wie sie vorliegt, einen Deutschen halten. Kühl redet er in c. 1 von Sclaui, in c. 8 von Polania regio (wie von Pruze regio), in c. 8 von Pulslauuo praefatus. Ortsnamen werden durch Appellativa oder anderweitig näher bestimmt: [mestris (mestr f.) locum c. 2 (urbi Cholinun c. 3. 4); Pulslaique ad ciuitatem, Chnazina uocitatam c. 7; auch der Name Radim wird verdolmetscht mit Gaudentius c. 3. Den Begebenheiten in Polen bei Meldung des Todes Adalberts hat der Verfasser fern gestanden. Er sagt: ut fertur (c. 7). So finden sich ja auch, wie die Kenner der slawischen Sprache hervorgehoben haben, in der Passio offenbare Germanismen, indem p für ḃ (Adalpertus, Pulslavo) gesetzt wird, eine Eigentümlichkeit, die, wie ich beiläufig bemerken möchte, auch in Thietpalds Brief an Adalbert begegnet. Thietpald war allem Anschein nach ein Kleriker aus Süddeutschland, wo auch unsere Passio zum Vorschein gekommen ist. Es begegnet auch in derselben als Bezeichnung der Mutter Adalberts anstatt Strzezislawa der ganz deutsche Name Adilburc. Wie aber klar sein möchte, daß die Passio, wie sie vorliegt, nur aus eines Deutschen Feder geflossen sein kann, so ist m. E. andrerseits auch ziemlich deutlich, daß dem Verfasser das Land, von dem er viel handelt, Polen, nicht bloß aus Schriften oder von Hörensagen, sondern aus lebendiger Anschauung bekannt war. Er bewegt sich in seinen Berichten mit einer gewissen Sicherheit. Er weiß, daß Miseko in Gnesen eine Kirche erbaut hat (c. 8). Er nennt ihn einen Mann bonae memoriae (c. 8). Er bedient sich zweimal des Ausdruckes fertur in Bezug auf Dinge, die er wohl nur in Polen erfahren haben kann (c. 4. 7). Ich nehme also an, daß der deutsche Verfasser der uns vorliegenden Passio eine Zeit lang in Polen gewesen ist. Indem ich diesen Aufenthalt in Polen nicht zu kurz bemesse, glaube ich keinen Grund zu haben, wegen der häufig vorkommenden slawischen oder anderen fremdsprachlichen Namen (Slauuinihc, Aschricus [Anastasius], Mestris, Sobottin, Pruze, Cholinun, Radim [Gaudentius], Bugussa [Deminutiv von Boguslav = Benediktus], Weihtahc [Wojtech, Adalbert], Pulslavo, Chnazina [Gnesen]) zu folgern, daß der deutsche Verfasser eine von einem Slawen des Ostens verfaßte Grundschrift benützte oder gar abschrieb. Gewicht kann man überhaupt höchstens darauf legen, daß Benedikt ausschließlich Bugussa genannt wird, und Adalbert, der sonst in der Passio auch mit diesem letzteren Namen bezeichnet wird, einmal mit dem Namen Weihtahc genannt wird. Die Anwendung der übrigen slawischen Namen ist auch sonst etwas Gewöhnliches (Slawnik, Aschrik, Radim, Pruzi, Boliglavus, Gnezne) und teilweise unvermeidlich gewesen. Des Namens Wojtech wird auch von Kanaparius und Bruno gedacht, und einmal bietet, wie bemerkt, unsre Passio einen deutschen Namen, wo sonst wir immer nur den slawischen begegnen, Adilburc für Strzezislawa. Wir wissen doch auch, wie noch heute Leute, die ins Ausland gehen, sich mit gewissem Stolz die dort üblichen Bezeichnungen anzueignen pflegen. Es mag sein, daß unser Verfasser sich dadurch vor anderen deutschen Schriftstellern seiner und der folgenden Zeit auszeichnet, daß er die slawischen Formen reiner giebt. Lebte er längere

15*

Zeit in Polen, so bleibt doch auch das nicht unerklärt. Im übrigen will mir, ohne daß ich ein Urteil auf einem mir nicht vertrauten Gebiet aussprechen möchte, scheinen, daß Weihtahe für Wojtěch stark den Einfluß eines deutschen Dialektes verrät. Die berühmte Annahme, daß unsre Passio eine ältere Schrift über Adalbert zu Grunde liege, hat v. Kętrzyński (Hat der h. Adalbert seinen Tod im Culmerlande gefunden, Altpr. Mtschr. 6. Bd. 1869, S. 35 ff.) vertreten, und Lohmeyer (St. Adalbert, Ztschr. für Preuß. Gesch. u. Landeskunde, 9. Bd. 1872, S. 6), auch Kaindl (s. u.) haben ihm zugestimmt. Man kombinierte diese Ansicht mit einer Stelle aus dem Chronicon des sog. Gallus (I. 6, Mon. Pol. hist. I. p. 400), in welcher der Verfasser sagt, daß ein ausführlicherer Bericht über Ottos III. Pilgerfahrt zum Grabe Adalberts im Jahre 1000 in dem liber de passione martiris zu finden sei. In diesem verlorenen Buch de passione martiris wollte man die Grundschrift unsrer Passio vermuten. Dem deutschen Bearbeiter sei es nur auf die Darstellung der eigentlichen Passio Adalberts angekommen, und so habe er am Anfange und Schluß von dem ausführlicheren Bericht seiner Grundschrift weggestrichen bezw. zusammengezogen. Ich verkenne nicht, was sich zu Gunsten dieser Meinung sagen läßt. Die meist im Präsens gegebenen, ziemlich abrupten und kurzen Sätze des Anfanges unsrer Passio können in der That den Eindruck erwecken, daß wir es mit einem Résumé zu thun haben. Auch wird am Schluß die Rede wieder kompendiöser, während sie in der Mitte, wo die eigentliche Passio erzählt wird, behaglicher und ausführlicher ist. Aber ist es nötig, um der bezeichneten Eigenart willen die Benutzung einer Grundschrift anzunehmen, wenn andere Gründe für die Annahme einer solchen nicht anerkannt werden können? Kann nicht der Verfasser, indem er sich besonders für Adalberts Ausgang und Tod interessierte, eben darüber ausführlichere Nachrichten gesammelt haben? Kann er es nicht zugleich für passend oder geboten gehalten haben, über die übrigen Partien der Geschichte des Heiligen wenigstens das Wesentlichste von dem, was er zu wissen glaubte, kurz mitzuteilen? Indem ich die Annahme einer Grundschrift ablehne, ist für mich ausschlaggebend der stark legendarische Charakter unsrer Passio. In der That, es erscheint auffallend, daß bedeutende Gelehrte, die doch sonst für legendenhafte Elemente gewiß keine Vorliebe hatten, sich hier durch dieselben so wenig stören ließen, daß sie sogar der Ansicht sein konnten, unsere Passio sei, wie sie vorliegt, schon kurze Zeit nach Adalberts Tode (999 oder 1000) in Polen niedergeschrieben. Um solche Legenden aufkommen zu lassen, wie sie unsre Schrift bietet, dazu gehört doch immer eine gewisse Zeit. Vor allem wird es schwerlich von Gaudentius und Benedikt, deren Rückkehr nach Polen in unsrer Passio erwähnt wird (c. 7), erzählt sein, daß Adalberts Haupt auf dem Pfahl geredet habe (c. 6). Überhaupt hat die Erzählung vielfach, und zwar gerade auch bei Schilderung der eigentlichen Passio, etwas Unwahrscheinliches und Uebertriebenes an sich. Es wird das im Text bei Darstellung des Ausganges Adalberts noch mehr gezeigt werden. Wollten wir nun annehmen, unsrer Schrift läge eine andere ältere zu Grunde, so könnten wir ja alles Legendarische und den Charakter phantastehafter Ausmalung an sich Tragende auf Konto des Umarbeiters setzen. Indes dann bliebe für die Grundschrift nicht viel übrig. Zu einer klaren Vorstellung von derselben gelangte man nicht. Hält man die Annahme derselben fest, so wird man auf sie unsre Passio, wie sie vorliegt, mehr oder weniger ganz zurückzuführen haben, und das haben ja auch die Gelehrten, die eine Grundschrift vermuteten, gethan, indem sie unsre Passio als einen Auszug aus derselben ansahen. Die Gründe also, die daran hindern, unsre Schrift selbst in eine frühe Zeit zu setzen, hindern m. E. auch daran, eine Grundschrift bei derselben anzunehmen. Denn, da sie unsrer Schrift vorausgegangen wäre, würde man mit ihr jedenfalls in eine frühere Zeit kommen. Ich bemerke auch noch, daß in unsrer Schrift ein Hinweis auf solche schriftliche Quelle sich nirgends findet, wohl aber zwei Mal ein fertur, was nach dem unmittelbaren Eindrucke auf mündliche Ueberlieferung zu beziehen ist. Als Schlußurteil vermag ich nach dem Gesagten nur zu äußern, daß wir in unserer Passio nicht viel mehr — manches mochte dem Verfasser schon früher und anderswo bekannt geworden sein — zu sehen haben als das On-dit, welches man in den Jahren 1006—1025 in Polen über Adalbert zu hören bekommen konnte. Richtige und wertvolle Nachrichten können darin enthalten sein. Es giebt Thatsachen, die wohl allmählich vergessen, aber nicht entstellt werden können. Auch in den sagenhaften Partien unsrer Schrift kann hier und da ein wahrer Kern stecken. Aber der sagenhafte Charakter fehlt eben nicht, und man wird die Schrift auch darnach zu beurteilen haben, daß die Nachrichten stückweise an ihren Verfasser gekommen sein werden, wie das bei mündlicher Ueberlieferung nicht anders ist. Indem es für ihn galt, die empfangenen Stücke zusammenzusetzen, war seiner Kombination freier Spielraum gelassen. Größere Zusammenhänge werden wir ihm deßhalb garnicht entnehmen dürfen, nur einzelne Stücke, und bei diesen wird wiederum auch das zu beachten sein, daß ihr Berichterstatter, indem er schriftlich wieder zu geben hatte, was ihm mündlich gewiß nur kurz erzählt war, der Versuchung ausgesetzt war, die Begebenheiten auszuschmücken. Es ist Aufgabe der Kritik, bei Verwertung der Nachrichten der Passio alles dies zu berücksichtigen. Nur so wird das Geschichtliche und Wahrscheinliche allenfalls von dem Ungeschichtlichen gesondert werden können. Im übrigen verweise ich besonders auf das Kapitel des Textes, welches von dem Märtyrertode Adalberts in Preußen handelt wo ich von den für Beurteilung der Passio gewonnenen Maßstäben Gebrauch machen und eben dadurch, wie ich meine, ihre Richtigkeit noch mehr erweisen werde. Die Biographien des Kanaparius und Bruno scheinen in der allerältesten Zeit in Polen wenig verbreitet gewesen zu sein. Aber es ist ja doch auch durchaus möglich, daß der Verfasser unsrer Passio in einer gewissen Oberflächlichkeit an dem, was er auf dem bequemen mündlichen Wege erfahren konnte, hinlänglich Genüge fand und die Ergebnisse seiner Erkundigungen für so zufriedenstellend hielt, daß er nach anderen Nachrichten nicht mehr begehrte. W. v. Giesebrecht vermutete, daß die Schrift in Polen niedergeschrieben sei und im Jahre 1005, als Heinrich II. sich auf seinem Feldzuge gegen Polen in der Abtei Meseritz aufhielt (Thietmar VI, 20), von dort nach Deutschland gekommen sei. Der Abt Godehard von Tegernsee war Heinrichs II. Freund, und Giesebrecht erinnert daran, daß Heinrich es liebte, wertvolle Handschriften zu erwerben und an ihm nahestehende Stifter zu verschenken. Bei der von uns bezüglich der Zeit der Abfassung der

Passio dargelegten Anschauung können diese Ausführungen nicht in Betracht kommen, wohl aber halte ich es für möglich, daß sich im Jahre 1005 Beziehungen zwischen Tegernsee und polnischen Klöstern herstellten, die dann dazu führten, daß dieser oder jener deutsche Mönch nach Polen kam. Vielleicht ist unsere Passio das Geschenk eines solchen an sein heimatliches Kloster von Polen aus gewesen, eine Antwort auf gestellte Fragen. „Vielleicht ist sie von einem deutschen Mönche auch erst nach seiner Rückkehr in Deutschland geschrieben. In Polen ist sie jedenfalls auch bekannt gewesen. Eine Stelle derselben (c. 6: reliquum corpus amni prope fluenti immersere, inuidentes coruscantem populo lucere lucernam) hat dort zu weiterer phantastischer Sagenbildung Anlaß gegeben. Um so merkwürdiger ist es, daß sich in Polen bisher keine Handschrift der Passio gefunden hat. Ihr Titel in dem einzigen bisher entdeckten Manuskript ist erst von einer Hand des 15. Jahrhunderts hinzugefügt. Die Handschrift selbst hat Schriftzüge des Endes des X. oder des XI. Jahrhunderts, sodaß sie als eine dem Original ziemlich gleichzeitige Abschrift anzusehen ist. Sie für das Original selbst zu halten, haben gewisse Schreibfehler gehindert. Vgl. außer der bereits zitierten Literatur und den Einleitungen in den Ausgaben: F. A. Brandstäter, Wo erlitt der h. Adalbert den Märtyrertod, Altpr. Mtschr. 1. Bd. 1864, S. 330 ff.; H. Zeißberg, Die polnische Geschichtschreibung des Mittelalters, Leipzig 1873, S. 19 ff.; Wölfterling, Trium narrationum de martyrio S. Adalb. comparatio. Diss. Berolini 1874; R. F. Kaindl, Bemerkungen zur „Passio s. Adalperti martiris", in Deutsch. Ztschr. für Geschichtswissensch. IX. (1893) S. 108 ff.; Wattenbach, D.'s Geschichtsquellen ꝛc. I. (6. Aufl.) S. 353 f.

Die anderen Stücke der älteren Adalbertsliteratur sind vor allem folgende:

4. Die Legende „Tempore illo", herausgegeben von Kętrzyński in den MP. IV. (1884) p. 206 ss.; von Perlbach in den MG. Scr. XV, 2 (1888) p. 1177 ss. Sie ist verfaßt vor dem Jahre 1248. Dies ergiebt sich aus c. 10, wo eine polnische Fastensitte als bestehend vorausgesetzt wird, die 1248 aufgehoben ist. Da nach c. 20 der Verfasser glaubt, daß die Reliquien Adalberts in Gnesen seien, so erhellt als Zeitgrenze für die Abfassung rückwärts der Anfang des 12. Jahrhunderts. Denn erst zu dieser Zeit beginnt man in Gnesen zu behaupten, die Reliquien noch zu haben (Gallus III, 25), während man bis dahin auch in Polen nichts anderes wußte, als daß sie 1039 nach Böhmen entführt waren. Nach den altertümlichen Formen gewisser Namen urteilte Kętrzyński, daß die Legende schon im 12. Jahrh. entstanden sei. Die vorgeschrittene Sagenbildung weist wohl in den Anfang des 13. Jahrhunderts. Aus c. 20 ist deutlich zu ersehen, daß Ort der Abfassung Polen oder wenigstens ein Polen benachbartes Land war, wahrscheinlich aber Gnesen selbst. Der Verfasser hat hauptsächlich Bruno (vgl. z. B. c. 1. 2. 4. 5. 7 mit Bruno c. 1. 6. 11. 13. 15. 16. 23. 25) benutzt, außerdem Kanaparius, vielleicht auch Kosmas (vgl. c. 3 mit Kosmas I, 25). Die jüngeren Sagen über Adalberts Wirksamkeit in Ungarn, Polen, Pommern, Preußen und die Ueberführung seiner Reliquien nach Gnesen sind eingeflochten bzw. angehängt. Bis jetzt liegt nur ein Kodex von dieser Legende vor (mbr. No. 101 bibl. capit. Cracoviae S. XIV).

5. Die Miracula S. Adalberti „Post mortem vero ipsius", nach einer Münchener Handschrift herausgegeben von Pertz in den MG. Scr. IV. p. 613 ss. (nachgedruckt bei Migne, s. l. 137 col. 889 ss.); nach einer Danziger Handschrift verbessert, von Töppen in den SrP. II. (1863) p. 412 ss.; von Emler in den FrB. I. (1873) p. 305 ss.; unter Heranziehung noch von acht polnischen Handschriften von Kętrzyński in den MP. IV. (1884) p. 221 ss. Einen sie enthaltenden codex Upsalensis (olim Warmiensis) erwähnt Kolberg in den Analecta Warmiensia (Ztschr. für die Gesch. und Altertumskunde Ermlands, Braunsberg 1880, S. 24 ff.). Sie sind jedenfalls in ihrer vorliegenden Form nach Aufhebung der alten polnischen Fastensitte, d. i. nach dem Jahre 1248, geschrieben (c. 4). Ja, in c. 2 scheint der Verfasser auf das Jahr 1249 als auf ein ziemlich weit hinter ihm liegendes zurückzublicken. In c. 9 ist die Vita St. Stanislai von Vincentius, welche ca. 1260 entstand, benutzt. Wir werden sie Ende des 13. Jahrhunderts zuzuweisen haben. Infolge einer Bemerkung in c. 9 setzt sie Kętr. vor Krönung des Przemysław (1295). Abgesehen von c. 2 und einem Stücke von c. 8 und c. 9 sind diese Mirakula aus Nr. 4 geschöpft. In c. 2 ist der Verfasser m. E. selbständig. Wahrscheinlich lebte er in den polnisch-preußischen Grenzlanden. Nach ihrem Anfange muß man schließen, daß diese Mirakula ursprünglich zu einer größeren Vita gehörten. In fast allen Handschriften stehen sie oder die Stücke von ihnen hinter einer Lebensbeschreibung des heiligen Adalbert, die in der Regel „In partibus Germanie" anzufangen scheint und nach dem Codex Upsalensis (olim Warmiensis) von Kolberg in den Analecta Warmiensia (ZGAE. VII. S. 26 ff.) teilweise herausgegeben ist (vgl. auch MP. IV. p. 209). Ob in ihrer ursprünglichen Form beide Schriftstücke zusammen entstanden sind? Die genannte Vita ist eine Zusammenarbeitung von Kanaparius und Bruno. Vgl. besonders Kętrzyński, MP. IV. p. 221 ss.

6. Die Legende „Sanctus Adalbertus ex piis", herausgegeben nach einer Handschrift des Klementinums in Prag (S. XIV. fin. oder S. XV. in.) von Dobner in den Monumenta hist. Boemiae, II. Pragae 1768, p. 51 ss. Eine Abschrift ist in Brüssel (vgl. MG. Scr. IV. p. 581 n. 72). Die Schrift ist ein Kompendium aus Kanaparius. In dem Wunderanhang (Claruit autem sanctus) sind auch die Legende Tempore illo und die Mirakula benutzt. Jedenfalls ist sie nach Urbans IV. (1261—64) Tode verfaßt, und zwar, wie der Schluß ergiebt, von einem nationalgesinnten, antideutschen Polen.

7. Die Legende „Sanctus Adalbertus nobilis progenie", ebenfalls von Dobner (MB. II. p. 57 ss.) ediert aus derselben Handschrift wie Nr. 6 und in Abschrift gleichfalls in Brüssel vorhanden. Sie ist ein konfuses Gemisch der verschiedensten Bestandteile und enthält fast nur Sagen, die sich als Entstellungen von früheren erkennen lassen, daher auch anscheinend jünger als Pulkawas Chronik (Chron. Bohem. c. 25 bei Mencken, Scriptores rer. Germ. III. col. 1646 ss.), also wohl aus dem Ende des XIV. oder Anfang des XV. Jahrh. ca., wie die Handschrift der sie entnommen ist; entweder in Polen entstanden (Ab. Erzbischof von Gnesen) oder in einem Nachbarlande, vielleicht in Schlesien, jedenfalls nicht in Böhmen. Die Echtheit der Prager Reliquien wird in Frage gestellt.

8. Das Gedicht in Hexametern (leoninischen Versen) „Quatuor immensi", herausgegeben von Dobner (MB. II. p. 4 ss.) nach dem unter Nr. 1 schon erwähnten Kodex der erzbischöflichen Bibliothek in Prag (jetzt G. 5 bibl. capit. metrop. Prag.), unter Berücksichtigung auch des erwähnten Kodex in der öffentlichen Bibliothek zu Prag von Emler in FrB. I. (1873) p. 313 ss. und von Kolberg (in der Ztschr. für die Gesch. und Altertumskunde Ermlands, 7. Bd. 1881, S. 79 ff., 373 ff. und in der Sonderausgabe, betitelt: Des Papstes Silvester II. Lobgedicht auf den h. Adalbert 2c., Braunsberg 1882). Es ist dies Gedicht der Hauptsache nach eine poetische und um des Versmaßes und der Ausschmückung willen inhaltlich erweiterte Umschreibung der von Kanaparius verfaßten Vita. Bruno ist nur wenig benutzt (v. 451. 619. 653 ss. 900; cf. Bruno c. 12. 15. 21). Aber es fehlt nicht ganz an selbständigen Elementen (z. B. v. 600 Konstancia; v. 651 Pilsen). Daß das Gedicht älter sei als die Vita des Kanaparius, ist daraus nicht zu schließen. Der Name Konstancia wird wohl nach Gutdünken eingefügt und der Name Pilsen der Ueberlieferung (vgl. Pulkawa a. a. O. c. 24) entnommen sein. Durchaus glaubwürdige Namen der Vita des Kanaparius fehlen in dem Gedicht (z. B. Myzl v. 340; Gaudentius v. 454). Anderes macht seine spätere Entstehung noch evidenter. Otto III. wird in v. 447 als verstorben behandelt, Boleslaw von Polen in v. 947 als König bezeichnet. Für Sllavonia ist deutlicher Bohemia (v. 4) gesagt. Die von Otto II. an Adalbert vollzogene Investitur wird irrtümlich nach Mainz gelegt (v. 246 ss.). Als Ort der Hinmordung von Adalberts Brüdern wird Kurim anstatt Libice genannt (v. 894). Die Ungenauigkeit einer spätern Zeit ist besonders deutlich in vv. 374. 714 s. 799. 853. 900. 987. 1017. Vor allem hätte ein Zeitgenosse nie den Radla zum Bruder des böhmischen Herzogs gemacht (v. 619 s.). Die Ansicht Kolbergs, daß dies Gedicht von Silvester II. verfaßt sei und bei Abfassung der prosaischen Vita, die wir Kanaparius zuschrieben, zur Grundlage gedient habe (vgl. JGAG. VII. S. 79 ff.), muß deshalb als unhaltbar bezeichnet werden. Sie ist auch aus anderen Gründen wenig glücklich. Aber verfehlt war es auch, wenn Dobner Kosmas für den Verfasser des Gedichtes halten zu müssen glaubte (vgl. Kaindl, Zu Kosmas, MJöG. XVI. [1895] S. 349). Kosmas bietet I, 29 Zlbice. Der Verfasser ist offenbar ein Nichtslawe gewesen. Den Namen Wojtěch nennt er ein nomen plebeium (v. 96). In vv. 694 und 801 redet er von Salavus, Solavi. Daß er in Rom lebte, geht aus v. 1021 keineswegs hervor, da hier hic zu pater gehört und nur des Versfußes wegen nachgestellt ist. Um die Quantität der Silben hat sich der Verfasser nicht gekümmert (vgl. v. 148). Uebrigens ist Rom. hic anceps. Die böhmischen Lokalnamen verraten einen Verfasser, der in Böhmen bekannt war. Loserth (Hist. Ztschr. von Sybel, 40. Bd., S. 545) will die Abfassung in die 2. Hälfte des 14. Jahrh. oder in das 15. Jahrh. setzen. Rührt das in der „rager Handschrift G. 5 hinter dem Gedicht stehende, ebenfalls in leoninischen Versen verfaßte und für eine königliche Tafel bestimmte panegyrische Tischgebet von denselben Verfasser her wie unser Gedicht, so ist auch letzteres aus einer Zeit, in welcher Böhmen einen König hatte. Bei dem Gebet mit Kolberg an Boleslaw Chabry zu denken, liegt wenig nahe. Vielleicht war Dobner auf der rechten

fährte, wenn er das Gebet auf Wratislaw (1061—92) beziehen wollte, der 1086 durch Heinrich IV. die persönliche Königswürde erhielt. Mehr neige ich indeß anzunehmen, daß das Gebet unter Ottokar I. entstand. Unter ihm wurde Böhmen erbliches Königreich, und er ordnete die Angelegenheiten der Krone (exponens opere, quod postulat ordo coronae), indem er die Thronfolge nach dem Rechte der Erstgeburt einführte (quo nostro regi fit perpes gloria regni), 1216 seinen Sohn Wenzel von seinem Bruder Wladislaw von Mähren und den böhmischen Großen zum Nachfolger wählen und bereits bei seinen Lebzeiten 1228 krönen ließ (vivit par nobile regum). Seine Frau hieß Konstancia, und es wäre denkbar, daß aus Kourtoisie gegen sie (emunctae foeminae naris) der Name Konstancia in Quatuor immensi eingefügt wurde. Das Tischgebet nimmt Bezug auf einen Herrscher, der sich bereits bewährt hatte. Andererseits war ein Königsfest besonderer Art Anlaß seiner Abfassung. Ein solches würde auch die Umsetzung der Vita des Landesheiligen in Verse ausgezeichnet erklären. Besser noch als zum Jahre 1216 scheint das Gebet zum Jahre 1228 zu passen. Der Erzbischof von Mainz war zur Krönung in Prag anwesend (vosque sacerdotes, estis qui nobiliores). Das interessante Gebet verdient noch mehr beachtet zu werden. Ottokar I. und erst recht Wenzel begünstigten das Deutschtum.

9. Die Legende „Sanctus Adalbertus ex regno Bohemie", welche 1511 zu Krakau gedruckt ist, und zwar in einem Bande, betitelt: Vita beatissimi Stanislai Cracouiensis episcopi. Necnon; legende sanctorum Polonie, Hungarie, Bohemie, Morauie, Prussie et Slesie patronorum. In lombardica historia non contente. Nach Pertz (MG. Scr. IV. pag. 581) liegt schon aus dem Jahre 1507 ein Druck derselben vor (Cracoviae). Sie stimmt abgesehen von einigen Unterschieden im Anfang und ihrem Wunderbericht am Schluß fast ganz mit „In partibus Germaniae" überein, welche Legende zweifellos ihre Unterlage bildete. In dem Wunderberichte am Schlusse sind sowohl die Legende Tempore illo (c. 10) als auch die Mirakula (c. 4) benutzt, wie ein Vergleich der Stellen über die angeblich von Adalbert in Polen eingeführte eigenartige Fastensitte ergiebt. Auch Nr. 6 („Sanctus Adalbertus ex piis") scheint dem Verfasser vorgelegen zu haben. Am Ende des Druckbandes von 1511 vor dem Register steht mit einigen Abkürzungen der Vermerk: Finit feliciter vita beatissimi Stanislai Cracouiensis episcopi et polonorum prothomartyris mirifici: edita per egregium virum dominum Joannem Dlugosch canonicum cathedralis ecclesie Cracouiensis. Anno domini 1465. Et alie legende sanctorum: polonie: hungarie: bohemie: morauie: prussie: et slesie patronorum. Impressum Cracouie in edibus prouidi viri Joannis Haller. Anno partus virginalis: Millesimo quingentesimo undecimo: die Mercurii, vegesima quarta mensis Decembris. Zeißberg (Die polnische Geschichtschreibung des Mittelalters S. 267) hat richtig vermutet, daß diese Legende von Długoß nicht herrührt. Eine Abschrift existiert, wie es scheint, in Brüssel (MG. Scr. IV. p. 581 n. 72).

10. Die Legende (de translatione corporis S. Adalberti) „Hoc autem quod", die Ketrzynski nach der von ihm in Ryńst gefundenen Handschrift in der

Altpreuß. Mtschr. VII. (1870) S. 688 ff., nach einer zweiten Handschrift in den MP. V. (1888) p. 995 ss. herausgab, abgedruckt nach der ersten Ausgabe K.s von Waitz in den MG. Scr. XV, 2 (1888) p. 708. Sie will nur von den Schicksalen des Leibes Adalberts berichten. Obwohl ihr Verfasser sich dabei in erster Linie auf mündliche polnische Tradition beruft — Schriftliches will er auch gesehen haben —, scheint er doch ein Deutscher gewesen zu sein. Im Vordergrund seiner Erzählung steht Otto III., und diesem wird zugeschrieben, was sonst von Boleslaw Chabry berichtet wird. Die Legende ist selbständiger, aber ihre Nachrichten bieten nur Entstelltes und Wertloses. Offenbar ist sie späten Ursprunges.

11. Die Legende „Temporibus Boleslai ducis Boemorum", gleichfalls von Kętrzyński a. a. O. S. 690 ff. nach der genannten von ihm entdeckten Handschrift herausgegeben. Hauptquellen dieser Legende sind Kosmas und Bruno. Auch Kanaparius und anscheinend auch die Chronik des Pullawa (Chronicon Bohemicum bei Menden a. a. O.) sind benutzt. Sie ist ausführlicher bis zu Adalberts letzter Rückkehr aus Rom, dann kurz. Selbständigen Wert hat sie nicht.

12. Eine lateinische Notiz „Apud ecclesiam Wratislaviensem" über einen Stein in Breslau, auf dem der Sage nach Adalbert bei einem Besuch in der schlesischen Gegend gepredigt haben soll, gleichfalls von Kętrzyński a. a. O. S. 698 f. aus der Rhyńsker Handschrift veröffentlicht.

13. Der lateinische Hymnus in Sequenzenform „Woytiech sancti tam praeclari", desgleichen aus der Rhyńster Handschrift von Kętrzyński a. a. O. S. 699 ff. herausgegeben, verfaßt aller Wahrscheinlichkeit nach in der ersten Hälfte des 15. Jahrh. zur Zeit der Hussitenkriege (vgl. 26. Strophe) in Breslau (vgl. 21. Strophe).

14. Der lateinische Hymnus in Sequenzenform „Laudem dignam tam praeclari", enthalten in einer Handschrift der Kgl. Bibliothek zu Brüssel (Nr. 8941), nach einer von Ruelens hergestellten Abschrift herausgegeben von Kade im Neuen Archiv der Gesellsch. f. ält. deutsche Geschichtskunde X. (1885), S. 180 ff. Er ist nur eine veränderte und verkürzte Form von Nr. 13. Schon wegen der Lokalbeziehung (Str. 26) halte ich die Rhyńster Form für die ältere. Vier Strophen des Hymnus sind, wie Kade bemerkt, mitgeteilt bei Daniel, Thesaurus hymnologicus V, 154. Vgl. auch Kolberg, Anal. Warm. a. a. O. S. 52.

15. Der kurze Hymnus auf Adalbert „Hodiernae lux diei", nach Pertz (MG. Scr. IV. p. 581) enthalten im Kodex 7778 der Brüsseler Bibliothek (ex missali Cracoviensi descriptus), vollständig abgedruckt bei Boleluczky (Rosa Boëmica, Prag 1668, II. p. 98 ss.) und bei Kolberg (Analecta Warmiensia a. a. O. S. 48 f.) als Bestandteil eines Meßformulars für das Fest des h. Adalbert aus dem Missale der Metropolitankirche zu Prag vom J. 1522. Er ist offenbar in Böhmen entstanden.

16. Der Hymnus „Mane pueritiae" aus einer Prager Handschrift bei Boleluczky, II. p. 100 ss., auf Kanaparius beruhend und offenbar in Böhmen verfaßt.

17. Das Fragment einer deutschen Vita Adalberts in Versen „Ô der selen süzer gast", hergestellt nach der Vita des Kanaparius vom Ordenskaplan Nikolaus

von Jeroschin, der auch die Chronik Dusburgs in deutsche Verse gebracht hat. Das Fragment wurde entdeckt von Joh. Voigt und von demselben zum größten Teil mitgeteilt in den Neuen Preuß. Prov. Bl. VII. (1861) S. 329 ff., vollständig herausgeg. von E. Strehlke in den SrP. II. (1863) p. 423 ss. Die Abfassung erfolgte ca. 1327—1330 auf Veranlassung des Komthurs von Königsberg, Gottfrieds von Heimberg. Der Verfasser hat auch Adalberts Vita von Bruno gekannt.

18. Der Sermon „Vidi alterum angelum" im Quartband der Berliner Kgl. Bibliothek Nr. 77 Cod. membr. saec. 14 Anonimi sermones fol. 78, mitgeteilt von Kolberg, Analecta Warmiensia a. a. O. S. 36 ff. Nach Kolberg (S. 41) findet sich dieser Sermon auch im Brüsseler Kodex Nr. 8941. Kolberg vermutet, daß er samt den gleich folgenden Nummern des Brüsseler Kodex aus Polen stammt.

19. Der Sermon „Legitur de S. Adalberto", enthalten im Brüsseler Kodex Nr. 8941 (erwähnt von Pertz MG. Ser. IV. p. 581 n. 72 und von Kade im Neuen Archiv ic. X. S. 180), abgedruckt von Kolberg in den Analecta Warmiensia (a. a. O. S. 42 ff.).

20. Der Sermon „Egredere de terra", in demselben Brüsseler Kodex enthalten (von Pertz a. a. O. und Kade erwähnt), gleichfalls abgedruckt von Kolberg a. a. O. S. 44 ff.

21. Die Legende „Sanctus Adalbertus natione Bohemus" von Thomas Treter in seinem Werke De episcopatu et episcopis ecclesiae Varmiensis, Cracoviae 1685, p. 51 ss. (ex monumentis et annalibus Archivi Sedis Episcopalis Varmiensis atque ex Majorum traditione). Trotz ihres späten Ursprunges mag sie hier noch genannt werden, weil sie den Charakter der ermländischen Ueberlieferung zeigt, welche Hentschen und Pertz mit Recht ablehnten. Sie ist nicht viel mehr als eine Uebersetzung von Simon Grunau, Preuß. Chronik, Tract. IV, c. 2 § 2. 3 (Die Preuß. Geschichtschreiber des XVI. u. XVII. Jahrh., Bd. 1 Leipzig 1876 [herausgeg. von Perlbach], S. 109 ff.) und darum ohne jeden historischen Wert. Ueber Simon Grunau vgl. M. Töppen, Gesch. der Preuß. Historiographie, Berlin 1853, S. 122 ff.; P. Gehrke, Das Ebert Ferber-Buch, Ztschr. des Westpr. Geschichtsvereins, H. XXXI (Danzig 1892), S. 102 ff.

Vieles, dessen Besitz für uns wertvoller wäre, als der von Nr. 4—21, ging verloren, so z. B. der Bericht des Prager Propstes Williko über Adalbert (Bruno c. 8; cf. Kanap. c. 12. 19), jene Passio, deren der sogenannte Gallus (Chronic. Pol. I, 6) gedenkt, ferner die Quelle oder die Quellen, woraus Kosmas viele selbständige Nachrichten über Adalbert schöpfte (z. B. über die Grenzen der Herrschaft seines Vaters, über seine Beziehungen zu Strachkwas usw.). Möglicherweise kommt noch dies oder jenes wieder zum Vorschein.

Folgende handschriftlich vorhandenen Stücke sind m. W. noch nicht durch Druck bekannt gegeben, scheinen auch dessen nicht wert zu sein:

a) die Legende „Sanctus Adalbertus ortus fuit de Sclavonia" in einem Münchener Kodex (inter Inderstorfenses No. 242), erwähnt von Pertz MG. Scr. IV. p. 581;

b) die Legende „Othone tercio augustalibus fascibus" in dem Brüffeler Kodex Nr. 7773, erwähnt von Pertz MG. Scr. IV. p. 581 n. 72;

c) die Passio „Anno Ottonis III. quarto" (ex ms. Ultraiect. S. Salvatoris) ebenda und gleichfalls von Pertz l. c. p. 581 n. 72 erwähnt.

Eine Legenda translationis S. Adalberti wird im Fragmentum praebendarum eccl. S. Georgii in castro Pragensi (Cod. S. XIV.) erwähnt (Dobner, MB. VI. p. 842). Sie scheint nur ein Auszug aus Kosmas (II, 3—5) gewesen zu sein.

Höchst beachtenswert ist die bildliche Darstellung des Lebens Adalberts in achtzehn Feldern (mit dem Grabstichel ziselirtes Erzgußrelief) auf der alten aus dem 12. Jahrhundert stammenden Bronzethüre des Gnesener Domes. Teils interpretiert sie unsere besten Quellen, indem sie zeigt, wie dieselben im 12. Jahrhundert verstanden wurden, teils läßt sie klar erkennen, welche Erzählungen über Adalbert im 12. Jahrhundert in Polen vorherrschten. Polnische Literatur über dieses Kunstwerk findet man bei Zeißberg (a. a. O. S. 22) verzeichnet.

Abgesehen von der aufgeführten Spezialliteratur über Adalbert finden sich nun noch Nachrichten über ihn auch in sonstigen mittelalterlichen Geschichtswerken. Manche derselben sind sagenhaft oder aus den bereits erwähnten Quellen entlehnt. Manche aber sind auch wertvoller. Derselbe Bruno von Querfurt, welcher die Vita Adalberti schrieb, handelt von ihm auch gelegentlich in seiner Vita quinque fratrum, die im Winter 1008/9 verfaßt und erst neuerdings wieder zum Vorschein gekommen ist (MG. Scr. XV, 2, p. 709 ss.). Sind auch ihre Nachrichten über Adalbert weniger ausführlich, so haben sie doch, was ihre Glaubwürdigkeit anbetrifft, kein geringeres Gewicht, als diejenigen der von Bruno verfaßten Lebensbeschreibung Adalberts, mit denen sie sich übrigens mehr oder weniger decken. Es kommen dann weiter besonders in Betracht die Berichte in Thietmars in den Jahren 1012—1018 verfaßter Chronik (MG. Scr. III. p. 723 ss.): IV, 19. 28; VI, 7; VII, 41; die Prager Annalen, begonnen wahrscheinlich schon im Laufe des 11. Jahrhunderts (MG. Scr. III. p. 119 ss.; FrB. II. p. 376 ss.); noch mehr die Erzählungen des ältesten böhmischen Chronisten Kosmas in seiner Chronik, die in den Jahren 1110—1125 geschrieben ist (MG. Scr. IX. p. 1 ss.; FrB. II. p. 1 ss.), I, 9. 25—31. 34. 39. 42; II, 3—7. 87; auch die Zusätze, die ein Interpolator, allerdings wohl erst in der 2. Hälfte des 12. Jahrh., zu Ademars Hist. lib. III. c. 31 gemacht hat (MG. Scr. IV. p. 129 s.); dann die älteste Chronik Polens, der sogenannte Gallus, aus den Jahren 1109 ff. (MG. Scr. IX. p. 418 ss.; MP. I. p. 379 ss.). Thietmar hat wohl Kanaparius und Bruno einmal gelesen. Außerdem erzählt er nach Hörensagen und, soweit Otto III. in Betracht kommt, wohl auch nach Urkunden, Nachrichten und Aufzeichnungen aus der kaiserlichen Umgebung. Kosmas benutzte Kanaparius und stellenweise auch Bruno (vgl. Kaindl, Zu Kosmas, MJöG. 16. Bd. 1895, S. 349). Daneben hatte er aber noch andere, uns nicht mehr zugängliche Quellen, die wenigstens teilweise sehr zuverlässiger Art gewesen zu sein scheinen (vgl. oben). Ademars Interpolator giebt wohl ausschließlich die an ihn gelangte mündliche Ueberlieferung wieder. Der Verfasser der später einem gewissen Gallus zugeschriebenen alten polnischen Chronik hatte, wie schon bemerkt, einen liber de passione martiris vor sich, welcher auch von Ottos III. Zug nach Gnesen im Jahre 1000 erzählte (I, 6). Wie dieses Buch von Adalberts Passio in Polen entstanden sein wird, so wird der sog. Gallus wohl auch sonst nur polnische Tradition bieten. Von späteren Chroniken birgt unter vielem Unbrauchbaren auch einige beachtenswerte Nachrichten die erste Rezension des sogenannten Pulkawa, d. i. das Chronicon Bohemicum (c. 28—25), welches Mencken in seinen Scriptores rer. Germanic., praecipue Saxonic. III. (1730) p. 1618 ss. herausgegeben hat. Die teilweise besseren Lesarten aus den Fragmenten des Nyßster Kodex hat Krizyński bekannt gegeben in der APM. VII. (1870) S. 692 ff. Die Abfassung dieser Chronik fällt ins 14. Jahrh. Außer den älteren Quellen, Kanaparius, Bruno, Kosmas, sind in ihr besonders auch die Urkunden resp. Aufzeichnungen und Ueberlieferungen des Klosters Brewnow benutzt. Die spätere zweite Rezension (bei Dobner, MB. III. p. 63 ss.) läßt vieles von den Nachrichten der 1. Rezension über Adalbert fort. Ich zitiere unter dem Namen Pulkawa stets die erste Rezension. — Andere, sich zerstreut findende auf Adalbert Bezug nehmende Stellen mittelalterlicher Schriftsteller werden bei der Darstellung gelegentlich berücksichtigt werden.

Von Monographien bzw. Aufsätzen der neueren Zeit sind vor allem zu nennen: Matthias Bened. Bolelucsko, Rosa Boëmica sive vita St. Woytiechi agnomine Adalberti Pragensis episcopi, Pragae 1668 (diese Spezialschrift über den h. Adalbert enthält als Sammelwerk des 17. Jahrhunderts manches Interessante); Helwich, Exercitatio historica de vita s. martyris Adalberti, Regiom. 1698; Andr. Schott, Prussia christiana sive de introductione relig. christianae in Prussiam per martyros tentata, Gedani 1788; Tornwaldt, Das Leben Adalberts von Prag, Apostels der Preußen, in Ztschr. f. d. histor. Theol., 1853, S. 167 ff.; Pawlowski, St. Adalbert, Apostel der Preußen, und die Vorstadt St. Albrecht bei Danzig mit Bezug auf die Geschichte Danzigs, 1869; K. Lohmeyer, St. Adalbert, Bischof von Prag, der erste christliche Apostel und Märtyrer bei den Preußen, in Ztschr. f. Preußische Gesch. und Landeskunde, IX. Berlin 1872, S. 1 ff.; Mickiewicz, Vie de saint Adalbert, Paris 1876; Hipler, Der h. Adalbert, im Pastoralblatt für Ermland XXII. (1890), S. 42 ff.; Gundel, Bischof Adalbert von Prag, im Ev. Gemeindeblatt LI. (1896), S. 77 ff.; dann die Fest- und Volksschriften dieses Jahres: C. Heger, Zum Gedächtnis Adalberts, des ersten Apostels der Preußen, Festschrift zum neunhundertjährigen Todestage des Märtyrers, Königsberg 1897; Album Svatovojtěšské (Dr. Ant. Podlaha u. Ch. J. Sittler), Prag 1897; Ungenannt, Der h. Adalbert, zweiter Bischof von Prag und Landespatron von Böhmen, Prag 1897; Joh. P. Chrząszcz, Der h. Adalbert, Bischof und Märtyrer, Breslau 1897; J. Klinke, Jubiläums-Büchlein zur 900-jährigen Gedenkfeier des Martyriums des h. Adalbert, Posen 1897; B. Murawski, Kurzes Lebensbild des h. Adalbert, Apostels der Preußen, Gnesen 1897. Mehr oder weniger ausführliche Darstellungen des Lebens Adalberts finden sich auch in den größeren Geschichtswerken der Welt- und Kirchengeschichte und besonders in den Geschichtswerken über Böhmen, Polen, Preußen. Es würde zu weit führen, sie alle zu nennen. Aus älterer Zeit sind hervorzuheben die Annalen des Baronius (Ann. eccles. tom. X.

u. XI.); aus der neueren Zeit: Joh. Voigt, Gesch. Preußens, 1. Bd. Kgsbg. 1827, S. 244 ff. 650 ff.; Franz Palacky, Gesch. von Böhmen, 1. Bd. Prag 1836, S. 233 ff.; Rich. Roepell, Gesch. Polens, 1. Th. Hamburg 1840, S. 107 ff.; Ludw. Giesebrecht, Wendische Geschichten, 1. Bd. Berlin 1843, S. 261 ff.; Wenzel Wladiwoj Tomek, Geschichte der Stadt Prag, 1. Bd. Prag 1856, S. 10. 113 ff.; Max Büdinger, Oesterreichische Geschichte, 1. Bd. Lpzg. 1858, S. 319 ff.; B. Dudik, Mährens allgemeine Geschichte, 2. Bd. Brünn 1863, S. 51 ff.]; W. v. Giesebrecht, Geschichte der deutschen Kaiserzeit, 1. Bd. 5. Aufl. Leipzig 1881, S. 682 ff.; K. Lohmeyer, Geschichte von Ost- und Westpreußen, 1. Abth. Gotha 1880, S. 19 ff.; Th. Schiemann, Rußland, Polen und Livland bis ins 17. Jahrh., 1. Bd. Berlin 1886, S. 391 ff.; M. Manitius, Deutsche Geschichte unter den sächs. und salischen Kaisern, Stuttgart 1889, S. 223 ff.; K. Lamprecht, Deutsche Gesch., 2. Bd. Berlin 1892, S. 232 ff.; Alb. Hauck, Kirchengesch. Deutschlands, 3. Th. Lpzg. 1896, S. 245 ff. Unter diesen neueren Darstellungen ragen hervor die von Dudik, W. v. Giesebrecht, Lohmeyer, Hauck. Durch sie wurden die verdienstvollen älteren Leistungen mehr oder weniger antiquiert. Beachtenswertes findet sich in Kolbergs schon erwähnten Publikationen, ferner bei Hipler und Gundel. Das čechische Prachtwerk ASV. unterrichtet in sehr vollständiger und übersichtlicher Weise über die Adalbertserinnerungen, die Gedächtnisstätten, die Darstellungen in der Kunst, die böhmische Spezialliteratur u. s. w., und bezüglich der Erinnerungs- stätte bei Tenkitten hat mit warmem Herzen für die geschichtliche Vergangenheit seines Kirchspieles Herr Pfarrer Heger wertvolles Urkundenmaterial zusammengestellt. Die Detailuntersuchungen über Einzelheiten aus der Geschichte Adalberts, unter denen die von Loserth besonders hervorzuheben sind, werden gelegentlich genannt werden. Ihre Zahl ist nicht gering. Von neueren Gedichten über Adalbert lese ich zitiert: Fr. Furchau, Adalbert, der Preußen Apostel, Stralsund 1831; Ferd. Zerrmann, Das Kreuz am Baltenmeer in neun Gesängen, Mohrungen 1833. Eine dramatische Behandlung liegt vor von Marie Weizenmüller (Der h. Adalbert, ein Lebensbild in vier Akten, Essen 1897). Vgl. auch über die Adalbertsliteratur: Potthast, Wegweiser rc., 2. Bd. 2. Aufl. Berlin 1896, S. 1134 ff.; Finkel, Bibliografia historyi polskiej, I. S. 369 f. Polnische und ungarische Literatur verzeichnet das ASV. p. 43. 45.

²) In einem Briefe des Bischofs von Krakau vom Jahre 1150 ca. (Erben I. p. 125) heißt es: Nec modo in Ruthenia, quae quasi est alter orbis, verum etiam in Polonia ac Boemia vel communi appellatione Sclavonia, quae plures provincias continet. Auf einem alten Bilde aus dem Anfange des 11. Jahrhunderts (Giesebrecht, Gesch. d. deutschen Kaiserzeit 2. Bd.) erscheint neben der Germania, Gallia und Roma die Sclavinia als Vertreterin der slawischen Nachbarvölker im Osten Deutschlands. In der Translatio SS. Abundii et Abundantii (Mabill. Acta SS. O. S. B., VII. p. 847) wird von Otto III., der nach Polen ging, gesagt: in Sclavoniam pergit. Solcher Stellen ließen sich viele anführen. Vgl. MP. VI. p. 587.

³) Man kann erst schwanken, ob Sklavonien hier nicht den weiteren Sinn habe. Wie die Stelle lautet, wäre eine dem entsprechende Deutung wohl möglich.

Denn zu der Zeit, in welcher der Schriftsteller schrieb, am Ausgange des 10. Jahrhunderts, war in den slawischen Ländern nördlich vom sächsischen Erzgebirge zwischen Saale, Elbe und Oder eben erst durch Otto den Großen dem Christentum zwangsweise Eingang verschafft. Die Leute dieser Gegenden könnte der Biograph im Auge gehabt haben, indem er von solchen redete, die nur dem Namen nach Christen seien, und denen die Sache des Heils zur Sache der Gefahr werde. Er könnte daran gedacht haben, wie sie, trotzdem daß Bistümer in ihrer Mitte errichtet waren, nach Ottos des Großen Tode bald wieder zum größten Teil ins Heidentum zurückfielen. Andere Gegenden Sklavoniens im Osten Deutschlands waren um 999 vom Christentum überhaupt noch nicht berührt. Auf sie könnten die ersten Worte der angeführten Stelle sich beziehen. Böhmen beträfe dann erst der Schluß: „in jenen Gebieten nun, wo die christliche Religion in schönster Weise blühte". Thatsächlich war ja in der Zeit von 950—999 auf dem slawischen Gebiete im Osten Deutschlands das Christentum verhältnismäßig am meisten in Böhmen zu Hause, und die Worte: „Huius maxima pars infidelitatis errore praeventa creaturam pro creatore, lignum vel lapidem pro deo colunt" wollen auf den ersten Blick für das Böhmen dieser Zeit nicht mehr recht passend erscheinen. Dennoch entscheidet der ganze Zusammenhang dafür, daß der Name Sklavonien sich hier lediglich auf Böhmen bezieht. So ist es denn auch, so viel ich sehe, stets aufgefaßt. Vgl. E. Dümmler, De Bohemiae condicione Carolis imperantibus, Diss. hist., Halle 1854, p. 21; A. Frind, Kirchengesch. Böhmens, Bd. 1 Prag 1864, S. 25; A. Hauck, Kirchengeschichte Deutschlands, III. Leipzig 1896, S. 188.

⁴) Ueber die Urgeschichte Böhmens: F. Palacky, Gesch. v. Böhmen, I. Bd. Prag 1836; Paul Jos. Schafarik, Slawische Altertümer (1837), deutsche Ausgabe, I. Bd. Leipzig 1843, S. 382 ff.; II. Bd. Leipzig 1844, S. 410 ff.; Kaspar Zeuß, Die Deutschen und die Nachbarstämme, München 1837, S. 114 ff.; 171; 364 ff.; 471 f.; 641 f.; E. Dümmler, De Bohemiae condicione etc. p. 5 ss.; W. W. Tomek, Geschichte der Stadt Prag, I. Bd. Prag 1856, S. 3 ff.; Derselbe, Apologie der ältesten Geschichte Böhmens gegen die neueren Anfechter derselben, Prag 1863, in den Abhandlungen der Kgl. böhmischen Gesellschaft der Wissenschaften, 6. Folge 13. Bd. von den Jahren 1863 und 1864, Prag 1865; J. Loserth, Die Herrschaft der Langobarden in Böhmen, Mähren und Rugiland, ein Beitrag zur Frage über den Zeitpunkt der Einwanderung der Baiern, in MJöG. II. (1881) S. 355 ff.; A. Huber, Beiträge zur älteren Gesch. Oesterreichs, ebend. S. 367 ff.; Karl Müllenhoff, Deutsche Altertumskunde, II. Bd. Berlin 1887, S. 92 ff.; die Jahrbücher des fränkischen, ostfränkischen und deutschen Reiches; M. Büdinger, Oesterreichische Geschichte, I. Bd. Leipzig 1858, S. 1 ff.; 75 ff.; 300 ff.; B. Dudik, Mährens allgemeine Geschichte, I. Bd. Brünn 1860, S. 1 ff.; Alfons Huber, Geschichte Oesterreichs, I. Bd. Gotha 1885, S. 47 ff.; 155 ff.; Neuere böhmische Forschungen verzeichnet J. Kalousek in seinem Aufsatz „Ueber den Umfang des böhmischen Reiches unter Boleslaw II.", in den Sitzungsberichten der Kgl. böhm. Gesellsch. der Wiss. in Prag, Jahrgang 1883, S. 27.

⁵) Fredegarii chronic. IV. c. 48. 68. 75, Script. rer. Meroving. tom.

II. p. 144 ss. Vgl. über Samo Schafarik a. a. O. II. S. 416 f.; Tomek, Apologie ꝛc. S. 39 f.

⁶) Einhardi Annal. ad ann. 791 (MG. Scr. I. p. 177).

⁷) Div. imp. a. 817 c. 2 (MG. Leg. I. p. 198): Item Hludowicus volumus ut habeat Baioariam et Carentanos et Beheimos et Avaros atque Sclavos, qui ab orientali parte Baioariae sunt etc.

⁸) Kosmas, Chron. Boem. II, 8: Talem enim nobis legem instituit Pippinus, magni Karoli regis filius, ut annuatim imperatorum successoribus 120 boves electos et 500 marcas solvamus. Vgl. Einhardi vita Caroli M. c. 15 (MG. Scr. II. p. 451). Tomek, Apologie ꝛc. S. 47 f. vertheidigt m. E. mit Glück, daß thatsächlich Karls des Großen Sohn Pippin die Böhmen tributpflichtig machte.

⁹) Procopius, de bello Gothico III, 14 (ed. Dindorf vol. II.): τὰ γὰρ ἔθνη ταῦτα, Σκλαβηνοί τε καὶ Ἄνται, οὐκ ἄρχονται πρὸς ἀνδρὸς ἑνὸς, ἀλλ' ἐν δημοκρατίᾳ ἐκ παλαιοῦ βιοτεύουσι, καὶ διὰ τοῦτο αὐτοῖς τῶν πραγμάτων ἀεὶ τά τε ξύμφορα καὶ τὰ δύσκολα ἐς κοινὸν ἄγεται. Thietmar VI, 18 (MG. Scr. III. p. 812) von den Lutizen: Hiis autem omnibus, qui communiter Liutici vocantur, dominus specialiter non presidet ullus. Unanimi consilio ad placitum suimet necessaria discucientes, in rebus efficiendis omnes concordant.

¹⁰) Vgl. Schafarik a. a. O., II. S. 413 f.; Tomek, Apologie ꝛc. S. 38.

¹¹) Constantinus Porphyrogenitus, De administr. imp. (ed. Bekker), c. 30: οἱ δὲ Χρωβάτοι κατῴκουν τηνικαῦτα ἐκεῖθεν Βαγιβαρείας, ἔνθα εἰσὶν ἀρτίως οἱ Βελοχρωβάτοι· μία δὲ γενεὰ διαχωρισθεῖσα ἐξ αὐτῶν, ἤγουν ἀδελφοὶ πέντε, ὅ τε Κλουκὰς καὶ ὁ Λόβελος καὶ ὁ Κοσέντζης καὶ ὁ Μουχλὼ καὶ ὁ Χρώβατος, καὶ ἀδελφαὶ δύο, ἡ Τοῦγα καὶ ἡ Βοῦγα, μετὰ τοῦ λαοῦ αὐτῶν ἦλθον εἰς Δελματίαν. Dann heißt es weiter über die Verfassung in den neuen Wohnsitzen: ἀπὸ δὲ Χρωβάτων τῶν ἐλθόντων ἐν Δελματίᾳ διεχωρίσθη μέρος τι, καὶ ἐκράτησε τὸ Ἰλλυρικὸν καὶ τὴν Παννονίαν· εἶχον δὲ καὶ αὐτοὶ ἄρχοντα αὐτεξούσιον, διαπεμπόμενον πρὸς τὸν ἄρχοντα Χρωβατίας κατὰ φιλίαν . . . . διεμερίσθη οὖν ἡ χώρα αὐτῶν εἰς ζουπανίας ιά, ἤγουν ἡ Χλεβίανα, ἡ Τζένιζηρα, τὰ Ἤμοτα, ἡ Πλέβα, ἡ Πεσέντα, ἡ παραθαλασσία, ἡ Βρεβέρα, ἡ Νόνα, ἡ Τνήνα, ἡ Σίδραγα, ἡ Νίνα· καὶ ὁ βοάνος αὐτῶν κρατεῖ τὴν Κρίβασαν, τὴν Λίτζαν καὶ τὴν Γουτζηκά· καὶ ἡ μὲν εἰρημένη Χρωβατία, ἀλλὰ καὶ οἱ λοιποὶ Σκλαβῖνοι διάκεινται οὕτως.

c. 31: προστάξει οὖν τοῦ βασιλέως Ἡρακλείου (610—641) οἱ αὐτοὶ Χρωβάτοι καταπολεμήσαντες καὶ ἀπὸ τῶν ἐκεῖσε τοὺς Ἀβάρους ἐκδιώξαντες, Ἡρακλείου τοῦ βασιλέως κελεύσει ἐν τῇ αὐτῇ τῶν Ἀβάρων χώρᾳ, εἰς ἣν νῦν οἰκοῦσι, κατεσκήνωσαν· εἶχον δὲ οἱ αὐτοὶ Χρωβάτοι τῷ τότε καιρῷ ἄρχοντα τὸν πατέρα τοῦ Πόργα. Von den den Chorwaten stammverwandten Serben heißt es c. 32: ἐκεῖσε οὖν καὶ οὗτοι οἱ Σέρβλοι τὸ ἀπ' ἀρχῆς κατῴκουν. δύο δὲ ἀδελφῶν τὴν ἀρχὴν τῆς Σερβλίας ἐκ τοῦ πατρὸς διαδεξαμένων, ὁ εἷς αὐτῶν τὸ τοῦ λαοῦ ἀναλαβόμενος ἥμισυ εἰς Ἡράκλειον τὸν βασιλέα Ῥωμαίων προσέφυγεν, ὃν καὶ προσδεξάμενος ὁ αὐτὸς Ἡράκλειος βασιλεὺς παρέσχε τόπον εἰς κατασκήνωσιν ἐν τῷ θέματι Θεσσαλονίκης τὰ Σέρβλια, ἃ ἔκτοτε τὴν τοιαύτην προσηγορίαν παρείληφε.

[12]) Müllenhoff, Deutsche Altertumskunde, II. Bd. Berlin 1887, S. 90.
[13]) Vgl. Schafarik a. a. O., II. S. 443 ff.; Tomek, Apologie ꝛc. S. 20 f.
[14]) Kosmas I, 27.
[15]) Vgl. Tomek, Apologie ꝛc. S. 12. 23.
[16]) Ruodolf. Fuld. ad ann. 845 (MG. Scr. I. p. 564): Hludowicus 14 ex ducibus Boemanorum cum hominibus suis christianam religionem desiderantes suscepit et in octavis theophaniae baptizari jussit.
[17]) Ann. Fuld. ad ann. 895 (MG. Scr. I. p. 411): Mediante meuse Julio habitum est urbe Radisbona generale conventum; ibi de Sclavania omnes duces Boemaniorum, quos Zuentibaldus dux a consortio et potestate Baioaricae gentis per vim dudum divellendo detraxerat — quorum primores erant Spitignewo, Witizla — ad regem venientes et honorifice ab eo recepti, per manus, prout mos est, regiae potestati reconciliatos se subdiderunt. Vgl. Dümmler a. a. O. p. 6; Tomek, Apologie ꝛc. S. 8 ff. 64.
[18]) A. v. Gutschmid, Kritik der polnischen Urgeschichte des Vincentius Kadlubek, im Archiv für Kunde österr. Geschichts-Quellen, XVII (1857) S. 324. Wie G. urteilt Tomek, Apologie ꝛc. S. 15.
[19]) Anders sind Tomeks chronologische Berechnungen bezüglich der böhmischen Urzeit in seiner Apologie ꝛc. a. a. O. S. 42.
[20]) Abraham Jakobsens Bericht über die Slawenlande vom Jahre 965 ca., Geschichtschreiber der deutschen Vorzeit, 2. Gesamtausgabe, Bd. 33. S. 139: „Was das Land von Boreslaw (Boleslaw II. von Böhmen) betrifft, so streckt sich dieses der Länge nach von der Stadt Prag bis zur Stadt Krakau, eine Entfernung von drei Wochen." Der Sagenkreis der Krakauer Gegend hat sich in manchen Zügen mit dem böhmischen berührt.
[21]) Schafarik a. a. O., II. S. 420, bemerkt, daß als ursprüngliche Form nicht Krok, sondern Krak zu betrachten sei.
[22]) Kosmas I, 3.
[23]) Dalimili Boh. chronic. c. 2, FrB. III. p. 6 ss.; Kosmas I, 2.
[24]) Vgl. A. von Gutschmid a. a. O., S. 324. Von Přemysl handelt Kosmas I, 5—9, von Samo Fredegar a. a. O.
[25]) Hat Přemysl den Sinn von praemeditans, superexcogitans, „verschlagen" (Kosmas I, 5; A. v. Gutschmid a. a. O. S. 323), so fehlt es nicht an einer Erklärung, wie das böhmische Volk dazu kam, den fremden Namen Samo durch Přemysl zu ersetzen. Es heißt nämlich bei Fredegar a. a. O. c. 48 von Samo: Plures prilia contra Chunis suo regimini Winidi iniaerunt; suo consilio et utilitate Winidi semper Chunus superant.
[26]) Kosmas I, 10—13. Vgl. Tomek, Apologie ꝛc. S. 16. 53. Das von dem Kampf zwischen Neklan und Wlastislaw handelnde Gedicht in der sog. Königinhofer Handschrift, welches viele (vgl. Šafařík, Gesch. der slaw. Sprache u. Lit. S. 304) für ein Denkmal der ältesten Literatur Böhmens hielten, ist mit der ganzen Handschrift als Fälschung erkannt (vgl. Jos. Truhlař, Zur Beleuch-

tung des Handschriftenstreites in Böhmen, in MJöG. IX. 1888, S. 369 ff.; Pypin u. Spasovič, Gesch. der slaw. Literaturen, aus dem Russ. von Pech, 2. Bd. 2. Hälfte, S. 30 ff.).

²⁷) Nach Dalimil c. 16 war das Fürstentum der Lučaner dadurch entstanden, daß Mojen von Prag sein Land unter seine Söhne teilte. Tomek (Apologie ꝛc. S. 53) ist der Ansicht, daß der Lučanerfürst bereits unter der Oberhoheit der Prager Herzöge gestanden hatte, und sein Krieg gegen Neklan eine Auflehnung war.

²⁸) Tomek in der oft zitierten Abhandlung über die älteste Geschichte Böhmens (Apologie ꝛc. S. 8 f.) ist der Ansicht, daß die oberhoheitliche Stellung der Prager Herzöge schon vor Spytihněw vorhanden gewesen und nur durch Swatopluk vorübergehend beseitigt sei. Tomek beruft sich dafür auf Regino v. Prüm ad a. 890 (MG. Scr. I. p. 601): hactenus principem suae cognationis ac gentis super se habuerant. Wie Palacky identifiziert Tomek den Witizla mit Wratislaw, dem Bruder des Spytihněw, indem er eine Korrumpierung des Textes (uiutizla aus uratizla) annimmt.

²⁹) Gumpold, Vita Vencezlavi c. 2 (FrB. I. p. 148) von Spytihněw: quidam gentis illius progenie clarior ac potentia in cives eminentior, Zpuytignev nomine, principatus regimen sub regis dominatu impendens.

³⁰) Widukind II, 3 (MG. Scr. III. p. 438 s.): timensque sibi vicinum subregulum, eo quod paruisset imperiis Saxonum, indixit ei bellum. — Pergensque inde ad urbem subreguli, primo eam impetu cepit et usque in hodiernum diem solitudinem fecit. Es ist freilich auch angenommen, daß der subregulus ein außerböhmischer Fürst gewesen sei (Köpke-Dümmler, Otto d. Gr., Lpzg. 1876, S. 53).

³¹) Kosmas I, 19.

³²) Schon Tomek hat auf die politische Seite des Verhältnisses zwischen der Familie Adalberts und den Prager Herzögen die Aufmerksamkeit gelenkt. In neuerer Zeit hat besonders Loserth (Der Sturz des Hauses Slawnik, AföG., 65. Bd. Wien 1884, S. 19 ff.) in scharfsinniger Weise neues Licht darüber verbreitet. Indes vermag ich ihm nicht in allem beizustimmen. Er läßt m. E. die Selbständigkeit der Stellung der Slawnikinger zu weit gehen.

³³) Methodius hat einem heidnischen Häuptlinge an der Weichsel, der die Christen belästigte, sagen lassen: „Bonum tibi esset, fili, baptizari ultro in tua terra, ne captus invitus baptizeris in aliena et recorderis mei." (Pannonische Legende vom heiligen Methodius, in lateinischer Uebersetzung herausgegeben von E. Dümmler im Archiv für Kunde österreich. Geschichtsquellen, XIII. 1854, S. 161).

³⁴) Ruodolf. Fuld. ad ann. 845. Tomek (Apologie S. 54) ist der Ansicht, daß diese böhmischen Großen in Auflehnung gegen den Prager Herzog handelten. Recht wird er gewiß in der Annahme haben, daß es nicht lauter Stammwojwoden, sondern auch abhängige Župane waren, und manches Geschlecht durch mehrere Brüder vertreten war. Als Gegend der Herkunft dieser Häuptlinge sieht er das westliche und südliche Böhmen an und vermutet, daß ihr Verhalten dann für den Prager Herzog Anlaß war, ihr Gebiet in Beamtenžupen zu verwandeln.

[35]) Regino ad an. 890: Arnolfus rex concessit Zuendiboldo, Marahensium Sclavorum regi, ducatum Behemensium, qui hactenus principem suae cognationis ac gentis super se habuerant. Ann. Fuld. ad ann. 895: ibi de Sclavania omnes duces Boemaniorum, quos Zuentibaldus dux a consortio et potestate Baioaricae gentis per vim dudum divellendo detraxerat; ad ann. 897: His ita expletis contigit, ut gentis Behemitarum duces ad imperatorem Arnulfum, qui tunc (temporis) Radisbona urbe moratus est, devenerunt, offerentes ei munera regia, et sua suorumque fidelium suffragia contra eorum inimicos Marahabitas postulantes, a quibus tum saepe, ut ipsi testificati sunt, durissime comprimebantur. Vgl. Tomek a. O. S. 62.

[36]) Kosmas I, 10: Gostivit autem genuit Borivoy, qui primus dux baptizatus est a venerabili Metudio episcopo in Moravia sub temporibus Arnolfi imperatoris et Zuatopluk eiusdem Moraviae regis.

[37]) Ann. Prag. ad a. 894 (FrB. II. p. 376): Hoc anno baptizatus est Borivoi, primus christianus in Boemia, cum uxore sua Ludmila, ex qua natus est Wratiszlaus, pater sancti Wenceslai. Tomek hat den Beweis der Taufe Vořiwojs durch Methodius geführt a. a. O. S. 25 ff. Sagenhaft berichtet über den Uebertritt die Legenda SS. Cyrilli et Methudii c. 14 (FrB. I. p. 106 s.): Accidit autem, ut rex Swatopluk in quodam convivio ducem Boemiae Borziwoy sub mensa sua in detestationem suae perfidiae locaret, incongruum asserens debere cum Christicolis hominem gentilem edere, quem S. Methudius convertit ad fidem catholicam, praedicens ei ore prophetico, si baptizaretur, quod ipse et sui successores potentiores omnibus principibus et regibus fierent. Cuius verbis dux Borziwoy consentiens se petiit cum XXX suis numero baptizari. Quo baptizato, sacerdotibus secum receptis, Boemiam revertitur et uxorem suam S. Ludmilam cum multitudine gentis Boemiae procurat baptizari. Cf. Dalimil c. 23.

[38]) Gumpold, Vita Vencezlavi c. 7: Sed gentibus, ducatu ipsius per legem ac morum consuetudinem vetustam disponendis, rudis adhuc fidei doctrina nutantibus, dum per nefandas aditorum atque ararum furialium aedes proceres quoque ipsos diis libandum alienis frequentius in anno concursantes beatae indolis iuvenculus conspexisset, ad hanc scelerosam edendis sacrificiorum victimis communionem quamvis saepe rogatus, ... profana . . . aufugit consortia. Noch von den böhmischen Bauern seiner Zeit schreibt Kosmas I, 4: sicut hactenus multi villani velut pagani, hic latices seu ignes colit, iste lucos et arbores aut lapides adorat, ille montibus sive collibus litat, alius quae ipse fecit ydola surda et muta rogat et orat, ut domum suam et se ipsum regant. Er benutzt hier freilich, wie Manitius (M:JöG. VIII. Bd. 1887, S. 480) gezeigt hat, Verse des Sedulius. Indes sie möchten für die böhmischen Verhältnisse zutreffend gewesen sein. Vgl. Beiträge zur Geschichte Böhmens, Abt. I, Quellensammlung I. Bd., Das Homiliar des Bischofs von Prag (Saec. XII), herausgeg. von F. Hecht, Prag 1863.

³⁹) Dies geht aus den Vorwürfen hervor, die ihnen von Seiten der Griechen gemacht sind. Die von einem Schüler des Methodius aus Unterpannonien am Ende des 9. Jahrh. verfaßte sogenannte pannonische Legende vom heiligen Methodius (herausgeg. von E. Dümmler u. a. O.) läßt die deutschen Priester von damals in wenig günstigem Licht erscheinen. In der Vita SS. Cyrilli et Methodii c. 5 (FrB. I. p. 82) heißt es: *Ἐπεὶ καὶ τὸν Σφεντόπλικον, ὃς μετὰ 'Ρασισθλαβον ἦρξε Μοράβου, περιελθόντες ἀπάτῃ, βάρβαρον ἄνδρα καὶ τοῦ καλοῦ ἀνόητον, ὅλον τῆς δέξης ἑαυτῶν ἐποιήσαντο· τί γὰρ οὐκ ἔμελλεν ἐκεῖνος, ἀνδράποδον ἡδονῶν γυναικείων ὢν καὶ τῷ βορβόρῳ τῶν μυσαρῶν ἐγκυλιόμενος πράξεων, ἐκείνοις μᾶλλον διδόναι τὴν οἰκείαν γνώμην τοῖς θύραν αὐτῷ πρὸς τὰ πάθη πᾶσαν ἀνοίγουσιν, ἢ Μεθοδίῳ τῷ πάσης ἡδονῆς πικρίαν ψυχόλεθρον στηλιτεύοντι; "Ὅπερ γὰρ Εὐνόμιος ἐκεῖνος, ὁ τῆς τῶν 'Ανομοίων ἄρξας αἱρέσεως, ἔκυψε πρὸς τὸ μαθητὰς ἐπισπᾶσθαι πλείονας, τοῦτο δὴ καὶ τὸ Φράγγων ἔθνος ἀνόητον ἐπιπνόησε, τὸ τοῖς ἁμαρτάνουσι, φημί, πάντα συγχωρεῖν.* Vgl. den Brief Johanns VIII. an Kozel bei W. Wattenbach, Beiträge zur Geschichte der christlichen Kirche in Mähren und Böhmen, Wien 1849, S. 49.

⁴⁰) Hieraus schon geht hervor, daß der Standpunkt der Griechen, auf seinen religiösen Wert geprüft, ein höherer war als derjenige der deutschen Priester jener Zeit. Aus ihren Lebensbeschreibungen erhellt, daß sie an Freiheit des Geistes und Bildung des Herzens ihren germanischen Kollegen überlegen waren, was sich bei den rohen Angriffen, denen sie ausgesetzt waren, oft auch in beißendem Spott kundthat. Konstantin war ein feinsinniger griechischer Theologe, ein Verehrer des Pseudodionysius. Beide Brüder waren in gleichem Maße erfahren in den Dingen der Welt, wie ihr Herz der kontemplativen Richtung des griechischen Mönchtums ergeben war. Die sogenannte pannonische Legende läßt, als von einem Schüler des Methodius verfaßt, erkennen, welche Bildung diese Männer in ihrer Umgebung verbreiteten. Vor allem aber standen weltliche Zwecke bei ihnen mehr im Hintergrunde. Es war ihnen vor allem um ihr religiöses Ziel zu thun.

⁴¹) Tomek (a. a. O. S. 63 und in seiner Geschichte der Stadt Prag, 1. Bd. S. 8) meint dies.

⁴²) Boczek, Codex diplom. Moraviae I. p. 32; vgl. Schafarik a. a. O. II. S. 430. Der Name der Kapelle „St. Clemens" könnte dafür sprechen, daß die spätere Tradition etwas Wahres in sich trug. Auch in Königgrätz und Sadska sind Clemenskirchen, deren Gründung durch die Sage Methodius zugeschrieben wird.

⁴³) Vgl. Tomek, Geschichte der Stadt Prag, S. 8. Tomek beruft sich auf Dalimil c. 28, und dieser hat die Ansicht seiner Zeit (1314) gegeben. Daß seine Nachricht richtig ist, möchte vielleicht auch daraus hervorgehen, daß die Wahl Adalberts zum Bischofe in Lewy Hradec vollzogen wurde. Genaue Angaben über die ersten Kirchengründungen der Prager Herzöge standen in Schriften, die Kosmas noch vorlagen (I, 15) und wohl noch lange existierten. Bezeugt ist die Gründung der Clemenskirche in Lewy Hradec durch Bořiwoj auch in einer Vita S. Ludmilae (S. XIV) c. 3, FrB. I. p. 193.

⁴⁴) Vgl. Tomek, Gesch. der Stadt Prag, S. 8. 31. Wyšehrad war neben Prag die Hauptburg der Přemysliden, ja die ältere und ehrwürdigere. Daß

Bořiwoj hier, wenn er überhaupt das Christentum angenommen hat, eine Kirche gründete, erscheint von vornherein als selbstverständlich.

⁴⁵) Tomek, Geschichte der Stadt Prag, S. 8; Apologie ꝛc. S. 64. Dalimil c. 23: by andern kirchin unſir frawin vil hern ubir Prage by dem tor ꜩu hant an dem wege dovor (alte deutſche Ueberſeꜩung). Vita S. Ludmilae c. 4 (FrB. I. p. 193): predictus itaque pius dux cum honore de Morauia reuocatus (basilicam) in honore gloriose virginis Marie in urbe Praga, ut in exilio existens vouerat, fabricauit. Kosmas II, 50: Ipse autem Cosmas episcopus cum clero et magnifica processione suscipiens eum in porta civitatis ante templum sanctae Mariae. Gumpold (Vita Venceslavi c. 2) läßt die Marienkirche von Spytihněw erbaut sein: domos dei ad beatissimae eius genitricis Mariae sanctique apostolorum principis memorandam veneracionem construxit. Aber er hält auch Spytihněw für den ersten chriſtlichen Herzog in Böhmen. Man hat dieſe Marienkirche noch neuerdings mit der Teynkirche identifiziert. Wahrſcheinlich beruht dies darauf, daß Schafarik (a. a O. II, S. 435) Spytihněw als den Gründer der Teynkirche bezeichnet, ebenſo A. Frind (Die Kirchengeschichte Böhmens, S. 14).

⁴⁶) Gumpold, Vita Venceslavi c. 2. Vita Ludmilae et Venceslavi c. 3 (FrB. I. p. 205): que (civitas) Budec uocabatur, ubi ab antecedente fratre suo Spitigneo in honore principis apostolorum b. Petri consecrata inerat et inest ecclesia. Tomek, Apologie ꝛc. S. 37.

⁴⁷) Gumpold c. 3: frater eius aetate minor Wratizlav in principatum, se publico assensu eligente, successit, fraternamque ipse assecutus religionem, victorioso dei athletae beato martiri Georgio basilicam deo dicandam, christianae credulus veritati, erexit. Nicht unbeachtet iſt geblieben, daß der Kultus des heiligen Georg aus der griechiſchen Kirche herüberkam.

⁴⁸) Vgl. dazu beſonders W. Wattenbach, Die ſlawiſche Liturgie in Böhmen und die altruſſiſche Legende vom heiligen Wenzel, Abhandlungen der hiſtoriſch-philoſophiſchen Geſellſchaft in Breslau, 1. Bd. Breslau 1858, S. 203 ff.; Tomek, Apologie ꝛc. S. 35 f.

⁴⁹) Gumpold, Vita Venceslavi c. 4: Qui vero mirae claritatis ac amandae indolis, dum floridam iuventutis aetatem primum attigisset, patre adhuc vivo, ad litterarum disponi exercitia desiderans paternumque crebro flagitamine deflectens animum, eius transmissu in civitate Budec litteris addiscendis est positus. Cuius itaque ingenio celeri capacitate divinitus instructo, brevi studio librum psalmodialem ceteraque divinorum compluria perdidicit et solidius interiori memoria conexuit. Vgl. Vita Ludmilae et Venceslavi c. 3 (FrB. I. p. 205); Passio S. Uendezlavi (FrB. I. p. 183). Aus der letztgenannten Passio erhellt, was auch ohnehin vermutet werden könnte, daß es ſich nur um die Schule eines lateiniſchen Prieſters handelte, wie ſpäter Adalbert ſolche in Libice beſuchte. Die Stelle lautet: Cuius filius maior beatus Uendezlavus dei instinctu ab ineunte aetate semper desiderabat discere litteras, et optans pater eius desiderium animi ipsius perficere, misit eum in civitatem nuncupatam Budceam, ut ibi disceret psalterium

a quodam presbytero nomine Uenno. Tomek (Apologie S. 37) meint, daß erst unter Spytihněw nach Abschüttelung der mährischen Herrschaft das lateinische Kirchenwesen nach Böhmen eingeführt sei. Vgl. Hauck a. a. O., III. S. 189.

⁵⁰) Zur Zeit Wenzels unterrichtete in Budeč (vgl. vorige Anm.) der Presbyter Uenno. Ist Uenno gleich Benno, so war sein Name deutscher Bildung.

⁵¹) Altslawische Legende vom heiligen Wenzel (verf. nicht lange nach Wenzels Tode, in deutsch. Uebers. herausgeg. von W. Wattenbach in den Abhandlungen der historisch-philos. Gesellsch. in Breslau, 1. Bd. 1858, S. 234 ff.): „Und sie erzeugten einen erstgeborenen Sohn, und bei der Taufe gaben sie ihm den Namen Wenzeslaw. Und es erwuchs das Kind zu den Jahren, da man den Knaben die Haare abzuschneiden pflegte. Und der Fürst Wratislaw berief einen Bischof mit der ganzen Geistlichkeit, und nachdem sie die Liturgie abgesungen hatten in der Kirche der heiligen Maria, nahm der Bischof das Kind, stellte es auf die Stufen vor dem Altar, und segnete es mit den Worten: „Herr Jesu Christe, segne dieses Kind mit dem Segen, mit welchem Du gesegnet hast alle Deine Gerechten."" Und es schoren ihn andere Fürsten. Wir also glauben, daß durch den Segen dieses Bischofs und durch die rechtgläubigen Gebete das Kind zu wachsen begann, von der göttlichen Gnade gesegt." Klar ergiebt sich, daß der Bischof nicht zur Taufe herangezogen wurde. Daß die Firmelung so undeutlich gekennzeichnet wird, möchte darauf beruhen, daß der slawische Verfasser der Legende für den Ritus des Firmelns, wie er in der abendländischen Kirche zu Hause war, kein rechtes Verständnis hatte. Die Haarbeschneidung im vorgerückteren Knabenalter war slawische Sitte (Wattenbach a. a. O. S. 235). Tomek (Apologie S. 67) will aus ihrem Vollzuge an Wenzel schließen, daß der mitwirkende Bischof kein deutscher, sondern ein mährischer Bischof war, da man in Deutschland diese Sitte des Haarbeschneidens nicht kannte. Aber konnte sie irgendwie als kirchlich anstößig angesehen werden?

⁵²) Hieraus erhellt, daß Wratislaw nicht gegen den deutschen resp. lateinischen Kultus war, wie Tomek (Apologie S. 67) annahm. Vgl. Hauck a. a. O., III. S. 189.

⁵³) Altslaw. Legende a. a. O. S. 235: „Und es ließ ihn seine Großmutter Ludmila unterrichten in slawischer Schrift wie einen Priester, und sein Verstand wurde gut ausgebildet (oder: und er lernte sie gut verstehen)." Auf das Wort „Schrift" kommt es an. Die slawische Sprache lernten sicher auch die deutschen Priester in Böhmen. Die slawische Schrift interessierte nur solche Kleriker, die dem slawischen Kultus dienen sollten.

⁵⁴) Die altslaw. Legende a. a. O. fortfahrend: „Darauf aber sandte ihn Wratislaw nach Budeč, und der Knabe begann lateinische Schrift zu lernen und lernte gut." Die für die damalige Zeit sehr sorgfältige Erziehung Wenzels, die der eines zukünftigen Priesters fast gleich kam, sodaß er lateinische Bücher verstand „wie ein guter Bischof" und griechische oder slawische Bücher ohne Mühe aus dem Gedächtnis zitieren konnte (vgl. die altslawische Legende a. a. O. S. 235; Gumpold c. 4.), läßt erkennen, daß es an idealen Bestrebungen am Prager Hof in der Jugendzeit Wenzels nicht fehlte. Den höheren Unterricht an einer Kloster- oder Domschule

hat Wenzel u. W. nicht empfangen. Die Schriften über ihn melden von solchem nichts, und er war noch jung, als der Tod seines Vaters ihn den Regierungsaufgaben näher führte. War er vielleicht ursprünglich auf eigenen Wunsch zum Priesterstand bestimmt? Gumpold a. a. O. c. 4 sagt, daß er nimium se refutante zum Herzog gemacht sei.

⁵⁵) Kosmas I, 18: quia vir dei Wencezlaus, dum carne viguerat, nimio eum affectu coluerat utpote patrem spiritualem et benignissimum praesulem. Irrtümlicher Weise hält Kosmas Michael für den mit Wenzel befreundeten Regensburger Bischof. Michael wurde erst nach Wenzels Tode Bischof (942). Wenzels Freund war Tuto von Regensburg († 930).

⁵⁶) Altslaw. Legende a. a. O. S. 236: „Es kam aber der Tag des heiligen Emmeran (935 Sept. 22), dem der heilige Wenzeslaw sich geweiht hatte u. s. w.

⁵⁷) Altslaw. Legende a. a. O. S. 236: „Die Diener Gottes versammelte er aus allen Völkern." Vgl. Gumpold c. 7 u. 13; Passio Uendezlavi (FrB. I. p. 185): In tempore autem illo multi sacerdotes de provincia Bavariorum et de Svevia audientes famam de eo contluebant cum reliquiis sanctorum et libris ad eum.

⁵⁸) Altslaw. Legende a. a. O. S. 236; Gumpold, Vita Vencezlavi c. 15.

⁵⁹) Gumpold cc. 15. 16. Ein zweiter Weiheakt muß später unter Boleslaw I. erfolgt sein (Kosmas I, 18).

⁶⁰) Altslaw. Legende a. a. O. S. 236: „Kirchen aber hatte er sehr herrlich in allen Städten errichtet. Die Diener Gottes versammelte er aus allen Völkern; ohne Unterbrechung geschah der Gottesdienst an allen Tagen, so wie bei den großen Völkern, durch die Veranstaltung des guten und gerechten Herrschers Wenzeslaw."

⁶¹) Gumpold c. 7.

⁶²) Kosmas I, 15.

⁶³) Die altslawische Legende (a. a. O. S. 235) läßt Wenzel bei dem Tode seines Vaters achtzehn Jahre alt sein. Und doch sagt sie, daß er klein war und anstatt seiner seine Mutter regierte. Es muß ein Irrtum vorliegen. Wenzel wird noch unter 18 Jahren gewesen sein, als sein Vater starb.

⁶⁴) Die Vita Ludmilae (Diffudente sole) c. 7, FrB. I. p. 195 (S. XIV): Que Jezabelico spiritu inflamata nequissimis satellitibus accersitis, Tumia videlicet et Gumone, mandauit, ut consilium cordis eius, quod in necem sue socrus tractauerat, exsequerentur diligenter, ut ea videlicet occisa beatus princeps Wenczeslaus, qui eius custodie erat deputatus, facilius a Christi cultu diuerteretur, et sic per omnia, ut ante, cultus christianus tolleretur de terra. Vita SS. Ludmilae et Vencezlavi (Domino et ter beato) c. 3, FrB. I. p. 206 (S. XIII): Sed quoniam puericie uel adolescencie necdum perfecte florem mundauerat, inicio cuncti satrape prudenti consilio beate Ludmile, famule Christi, ducem ipsum rudem cum fratre suo Bolezlao educandos commiserunt. Dazu paßt, was die ältere, wertvollere Vita Ludmilae (Fuit iu provincia), FrB. I. p. 144 (S. XII) bietet: Tunc humani generis inimicus invidens, quod religiosa dei famula Ludmilla tot vigoribus polleret, consilium egit

principis mater cum consiliariis suis iniquis et exosam coepit habere socrum suam Ludmillam. Dicebat enim: *Ut quid mihi haec quasi domina?* Perdam eam et heres ero omnis substantiae ejus ac cum libertate regnabo; erat enim filius ejus Wenceslaus adhuc juvenis. Tunc honorabilis et devota dei famula Ludmilla, ut cognouit tale consilium, dixit ad nurum suam: *Ego regnare nolo, neque ullam potestatis tue portiunculam habere volo, sed rogo, ut concedas mihi libera mente deo servire, usque dum finiantur dies mei.* Haec dicens s. Ludmilla discessit a civitate Praga et venit in quoddam castellum, quod Tetyn nominatur. Vgl. Dalimil c. 25. Von Ludmila handelt W. W. Tomek, Ueber die h. Ludmila und Böhmen in ihrem Zeitalter, Časopis Českého Musea 1860.

⁶⁵) Gumpold cc. 11. 12. Ebenso durch den Mund der böhmischen Großen die kürzere altslawische Legende (lateinisch bei Wattenbach a. a. O. S. 239): Primum vero induxerant Venceslaum, ut expelleret matrem suam dicentes: *Occisura te est cum fratribus; illa enim antea occidit etiam aviam tuam Ljudmilam.*

⁶⁶) Wie Dümmler (De Bohemiae condicioue etc. p. 20 s.). Vgl. Wattenbach, Die slavische Liturgie in Böhmen ꝛc. a. a. O. S. 219 f.

⁶⁷) Altslaw. Legende a. a. O. S. 285: „Es waren aber beide klein, und ihre Mutter Dragomir befestigte das Reich und regierte ihr Volk, bis sie ihre Söhne erzogen hatte."

⁶⁸) Vgl. Hauck, K.-G. D. III, S. 192.

⁶⁹) Mehr als Gumpold (c. 11), Kosmas (I, 15), Dalimil (c. 25) kommt in Betracht die altslawische Legende, in der sie als Christin erscheint.

⁷⁰) Altslaw. Legende a. a. O. S. 238: „Da aber die Mutter vernommen hatte die Ermordung ihres Sohnes, eilte sie herbei und suchte ihn, und da sie ihn erblickt hatte, fiel sie an sein Herz, und weinend sammelte sie die Glieder ihres Sohnes. Nachdem sie sie aber gesammelt hatte, wagte sie nicht sie in ihr Haus zu bringen, sondern in des Priesters Kammer sie abwaschend, kleideten sie ihn und legten ihn mitten in die Kirche."

⁷¹) Gumpold c. 7.

⁷²) In der Passio S. Uendezlavi (FrB. I. p. 185): Interea uero mater eius ipsa, quae incredula dei, cum crudelissimis viris inito consilio dixerunt: *Quid facimus, quia (qui?) princeps debebat esse, perversus est a clericis et est monachus?*

⁷³) Altslaw. Leg. a. a. O. S. 285 f.: „Als aber auch sein Bruder heranwuchs und zu Verstande kam, da ging der Teufel ein in das Herz seiner (Wenzels) bösen Räte, so wie einst in den Verräter Judas. Denn es steht geschrieben: „„Jeder, der sich auflehnt gegen seinen Herrn, ist dem Judas ähnlich."" Jene aber redeten dem Wenzeslaw zu und sprachen: „„Boleslaw hat die Absicht dich zu töten, im Einverständnis mit der Mutter und mit seinen Mannen."" Böse Hunde, welche den Wenzeslaw überredet haben, seine Mutter ohne Schuld zu verstoßen." Vgl. die kürzere altslaw. Legende in lat. Uebersetzung bei Wattenbach a. a. O. S. 239.

[74]) Altſlav. Legende a. a. O. S. 236: „Aber der Teufel ſäete es dem Boleslaw ins Herz, und ſie reizten ihn auf gegen seinen Bruder, auf daß ſeine Seele nicht erlöſt würde in Ewigkeit". Die kürzere altſlav. Leg. ebendaſ. S. 239: Proceres vero miserunt ad fratrem eius dicentes: *Nisi nos audiveris et anteverteris occidendo fratrem tuum, te occidet; nos tecum stamus et te malumus.*

[75]) Vgl. die altſlav. Legende in vor. Anm. u. die kürzere altſlav. Legende a. a. O.: Et convenit cum eis Boleslaus persuasitque Venceslao, ut veniret ad festivitatem ecclesiae.

[76]) Vgl. vor allem die altſlav. Legende a. a. O. S. 236 ff.

[77]) Altſlav. Legende a. a. O. S. 237: „Und ſie töteten in dieſer Stadt (Alt= bunzlau) mit ihm auch einen gewiſſen Mſtina und andere Männer, und ſie ent= wichen eilig. Einige erſchlugen ſie, andere flüchteten nach allen Seiten durch die Lande. Und die Knechte zerbrachen ſeinen Leichnam, und die Diener Gottes be= raubten ſie und jagten ſie aus der Stadt und ihre Frauen gaben ſie anderen Männern zur Ehe. Und ſie vollbrachten jedes böſe Gelüſte, nachdem ſie ihren Herrn erſchlagen hatten". Gumpold c. 20: Succedente post hinc in regnum nimiae peruersitatis duce Bolezlavo, saevitiaque eius in catervas fidelium furente, non multo post beati viri necem, humana dum fruitur vita, clericos et amicos necnon servicio eius familiariter iunctos subita mortis sententia damnavit.

[78]) Altſlav. Legende a. a. O. S. 238.

[79]) Kosmas I, 17. Neue Boleslaws bezeugt auch die altſlawiſche Legende a. a. O. S. 288 f.

[80]) Kosmas I, 18.

[81]) Vgl. Hauck, K.-G.D. III. S. 196 f. Für eine frühere Zeit ſpricht die Nachricht von der Einweihung von St. Veit durch Michael (Kosmas I, 18).

[82]) Kosmas I, 27.

[83]) Dies Jahr hat ſchon Henſchen (Acta SS., Aprilis t. III, p. 176) angenommen. Nur Kombination führt auf dasſelbe. Gewiß iſt, daß Adalbert nach des Erzbiſchofs Adalbert von Magdeburg Tode (20. Juni 981) Magdeburg verließ (Kanaparius c. 6), und daß er neun Jahre an der Domſchule geweilt hatte (Bruno c. 6). Bruno, der ſelbſt ſpäter auf der Domſchule von Magdeburg war, muß die Dauer des Magdeburger Unterrichts genau gekannt haben. Er giebt eine Zahl (c. 6), wo Kanaparius ausdrücklich bekennt, nichts Genaues zu wiſſen. Kosmas, der von zehn Jahren und mehr redet (I, 25), kann gegenüber Brunos Ausſage nicht in Betracht kommen. Adalbert muß alſo 972 jedenfalls ſchon in vorgeſchrittenem Knabenalter geweſen ſein. Wahrſcheinlich iſt, daß der Beſuch des Biſchofs Adalbert (des ſpäteren Erzbiſchofs von Magdeburg) in Libice, von dem noch zu reden ſein wird, im Jahre 961 ſtattfand. Späteſtens fiel er ins Jahr 962. Bei Gelegenheit dieſes Beſuches wurde unſer Adalbert von dem Biſchofe geſtirmelt. Damals kann er nicht mehr ganz klein geweſen ſein. Berückſichtigen wir das alles, ſo werden wir auf 956 ca. als Geburtsjahr geführt. Weiter darf man jedenfalls nicht zurückgehen. Iſt er 956 geboren, ſo iſt er ſchon ohnehin ſpäter, als

sonst Sitte war, auf die Domschule gekommen. Als ihn Rilus zum ersten Mal. sah (989 wahrscheinlich), war Adalbert noch juvenis (Kanap. c. 15). Erst recht wird ihm Jugendlichkeit zur Zeit der Besteigung des Bischofsstuhles nachgesagt.

[84]) Kosmas I, 27. Ueber Slawniks Stellung und Herrschaft vgl. Tomek, Apologie ꝛc. S. 18 f.; von demselben, Ueber die Herrschaft der Slawnikiden in Časopis Českého Musea, IV. (1852) 41; Loserth, Der Sturz des Hauses Slawnik, Archiv f. österr. Gesch., 65. Bd. 1884, S. 19 ff.

[85]) Auch die Beraun trug in alter Zeit den Namen Mies. Tomek nimmt an, daß der Berg Osek mit dem St. Gallusberge bei Königsaal identisch sei, und daß mit Surina ein südlicher Zufluß der Mies (Beraun) westlich vom Osek (St. Gallus) gemeint sei (Apologie ꝛc. S. 18). Anders Boleluczký S. 34.

[86]) Vgl. Schafarik a. a. O., II. S. 445.

[87]) Bei Kosmas sind nur die Burgen genannt, aber es kann keinem Zweifel unterliegen, daß mit ihnen, da Grenzen angegeben werden sollten, die zu ihnen gehörigen Landschaften und Gaue bezeichnet werden sollten. Vgl. Tomek, Apologie ꝛc. S. 16 ff.

[88]) Bruno c. 1: qui tangit reges linea sanguinis, quem longe lateque iura dantem hodie tremuut populi, Heinrico regi accessit proximus nepos. Das Wort hodie läßt zunächst an Heinrich II. denken. Tomek (Apologie ꝛc. S. 68) vermutete, daß die Verwandtschaft der Slawnikinger mit Heinrich II. aus der Zeit des Herzogs Arnulf von Bayern gestammt habe, dessen Tochter Großmutter Heinrichs II. war. Loserth (Der Umfang des böhmischen Reiches unter Boleslaw II., MJöG. 2. Bd., S. 21) erneuerte die Ansicht, daß Bruno Heinrich I. im Auge gehabt habe, und interpretierte (Der Sturz des Hauses Slawnit, AföG. 65. Bd., S. 29): „vor welchem noch heute die Völker erzittern". Der Ausdruck nepos will auf Slawnik im Verhältnis zu Heinrich II. nicht passen, da er viel älter als dieser war. Wenn Loserth die Annahme, daß eine Schwester Heinrichs I. Slawniks Mutter gewesen sei, als irrig bezeichnete, so erkenne ich nicht die Gründe, welche für dies Urteil des angesehenen Gelehrten entscheidend gewesen sind. Hatte Bruno Heinrich I. im Auge, wird man jedenfalls als gewiß ansehen können, daß von den sächsischen Königen niemand Slawnik verwandtschaftlich näher stand als Heinrich I. Denn sonst hätte eben Bruno einen der Ottonen und nicht Heinrich I. genannt. Die ganze Reihe der Ottonen war ja bereits verflossen. An die Slawin, mit der Otto I. den nachmaligen Erzbischof Wilhelm zeugte, ist m. E. nicht zu denken. Sicheres über die Vermittelung der Verwandtschaft Slawniks mit Heinrich I. zu sagen, wird wohl unmöglich bleiben. Nur will noch betont werden, daß es sich um weibliche Verwandtschaft handelte. Hat man früher überhaupt Slawniks Geschlecht aus Sachsen stammen lassen (Boleluczky a. a. O. S. 8 ff.), so kann diese Ansicht als überwunden angesehen werden. Es heißt von Adalbert in der Passio primis Sclauorum natalibus, und Bruno (c. 26) nennt ihn geradezu Sclavus. Für die Auffassung, daß Bruno an Heinrich I. dachte, kann man sich noch auf Tempore illo c. 1 berufen, wo es von Slawnit heißt: ex predecessorum imperatorum cognatione. Die Gesta archiepiscop. Magdeb. (c. 10; MG. Scr. XIV. p. 383) nennen Wojtěch regie stirpis.

⁸⁹) Kanap. c. 1.
⁹⁰) Kosmas I, 27.
⁹¹) Bruno c. 1. Irrtümlich deutete man oratio rara dahin, daß Slawnik kurz angebunden gewesen sei. Oratio ist Gebet.
⁹²) Unter einigen Abweichungen in der Schreibweise wird Adalberts Mutter Střezislawa genannt bei Kosmas I, 28; Ann. Prag. ad. ann. 987; Pulkawa c. 23 (Menden, Scriptor. rer. Germ. III. col. 1642); in der Legende Sanctus Adalbertus ex regno Bohemie. Die Passio Adalperti c. 1 nennt sie Adilburc. Diesen Namen trug sie vielleicht bei den Deutschen, wie ihr Sohn bei ihnen nicht Wojtěch, sondern Adalbert hieß. Nach Kętrzyński wäre er Uebersetzung von Střezislawa gewesen. Kanap. c. 1 sagt von ihr: Hic accepit uxorem dignam generis sui; Bruno c. 1: mater claro ex genere Sclavorum erat nobilissima. Aus Brunos Zeugnis möchte wieder gewiß sein, daß sie eine Deutsche nicht war. In der altslawischen Legende vom heil. Wenzel (a. a. O. S. 235) heißt es von Wratislaws und Drahomiras Töchtern, Wenzels Schwestern: „Er hatte aber vier Schwestern, und sie gaben sie weg in verschiedene Fürstentümer und statteten sie aus." Später wird von Drahomira erzählt (S. 238), daß sie nach Wenzels Ermordung zu den Chorwaten (im Nordosten Böhmens) geflohen sei. Alles kombinierend, vermutete Loserth (a. a. O. S. 34 f.), daß Adalberts Mutter eine der Schwestern Wenzels gewesen sei, was übrigens unter anderen schon Boleluczky annahm. Nicht ganz durchsichtig sind mir die Verse bei Dalimil c. 32 (FrB. III. p. 65):

    Otec jeho jmě Slavnîk jměješe,
    Matka jeho Střezislava bieše,
    Sestřěnec kněziu zlickému bieše.

Die alte deutsche Uebersetzung lautet:

    Ein vatir der hiz Schlauich,
    Ein mutir hiez Struglawa.
    Slavonik waz von Zlicensi derpiet da,
    Des herczogen swager.

Darnach wäre Adalberts Mutter eine Schwester des Fürsten in der Gegend der Sazawa gewesen.

⁹³) Kanap. c. 1.
⁹⁴) Bruno c. 1. Er hat über sie wohl durch Radla sichere Nachricht gehabt (ajunt).
⁹⁵) Kosmas I, 28.
⁹⁶) Kanap. c. 5.
⁹⁷) Das ergiebt sich klar aus Kanap. 2 und Bruno c. 2.
⁹⁸) Diese fünf Brüder erwähnt Kosmas I, 29 (vgl. Pulkawa c. 23 bei Menden, III. p. 1642). Mit dem Namen Zebizlavo (Soběslaw) wird Soběbor bei Thietmar genannt (VI, 9).
⁹⁹) Oft erwähnt und zwar unter dem Namen Radim: Passio Adalperti c. 3; Thietmar IV, 28; Kosmas I, 34; II, 34 ꝛc.; unter dem Namen Gaudentius: Kanap. c. 9. 14. 16. 28. 29. 30; Bruno c. 28—30; und sonst.

¹⁰⁰) Bruno c. 28: Gaudentius ex parte patris caro et frater suus. Irrtümlicherweise bestritt Joh. Voigt (Gesch. Pr. I. S. 265) die Blutsverwandtschaft zwischen Adalbert und Gaudentius.

¹⁰¹) Kosmas I, 27.

¹⁰²) Kanap. c. 2.

¹⁰³) Bruno c. 1: Wogitiho puerulus, quod nomen interpretatum sonat: consolatio exercitus.

¹⁰⁴) Der Name Maria wurde im Mittelalter auf die hebräischen Wörter מר (stilla, Tropfen) und ים (Meer) zurückgeführt. Dann ersetzte man stilla durch stella (Stern). So kam Maria zu dem Namen „Stern des Meeres".

¹⁰⁵) Von den slawischen Burgen dieser Zeit sagt der Bericht Abraham Jakobsens c. 2 (Geschichtschr. d. deutsch. Vorzeit, 2. Ausg. XXXIII, S. 189): „Wenn sie (die Slawen) nämlich eine Burg errichten wollen, so suchen sie einen Wiesenboden, der reich an Wasser und Riedgras ist, und stecken da einen runden oder viereckigen Platz ab, nach der Form und dem Umfang, welchen sie der Burg geben wollen. Dann graben sie um denselben einen Graben und häufen die ausgegrabene Erde zu einem Wall auf, indem sie dieselbe durch Planken und Pfähle gefestigt in der Weise wie Pisé, bis die Mauer die gewünschte Höhe erreicht hat. Hiernach wird an der Seite, welche man dazu auserwählt, ein Thor abgemessen und von diesem aus eine hölzerne Brücke über den Graben gebaut." Diese Schilderung paßt durchaus auf das Terrain von Libice und die Spuren, die sich von der eigentlichen Stammburg der Slawnikinger erhalten haben. Die Mitteilung über den archäologischen Befund auf der Stätte derselben verdanke ich Herrn Prof. Dr. Josef Kalousek in Prag, durch dessen Freundlichkeit ich auch erfahre, daß in den Památky archaeologické a mistopisné wissenschaftliche Aufsätze bzw. Bemerkungen über Libice sich finden 1. von W. W. Tomek Bd. III. S. 101 f.; 2. von Franz Beneš Bd. VII. S. 249 ff.; 3. von J. Kalousek Bd. X. S. 599; 4. von J. L. Píč Bd. XIV. S. 472 u. 668. Bolelucký handelt von Libice Rosa Boëmica I. p. 804 ss., das ASV. auf S. 24 f. Das Bild von Libice bei Bolelucký spricht für die Richtigkeit der Ansicht Kalouseks u. a., daß das Libice der Slawnikinger zuletzt eine Doppelburg gewesen ist. In dem ASV. a. a. O. wird nach einer mir gelieferten Uebersetzung folgendes über Libice gesagt: „Auf einer weiten Ebene, auf dem rechten Ufer des Flusses Ciblina, unweit der Stelle, wo diese sich in die Elbe ergießt, liegt das Dorf Libice, der Geburtsort des heiligen Adalbert. Von dem heutigen Libice gegen Westen ist noch zu sehen ein ovaler Burghof, umgeben von einem Wall aus Thonerde, auf welchem Gras und Obstbäume wachsen. Auf dem Burghofe selbst sind jetzt Aecker, die „auf der Burg" genannt werden. Aus den hier gefundenen verkohlten Eichenbalken kann man schließen, daß die Befestigungen auf den Wällen aus Holz waren. Auch die übrigen Gebäude der Burg waren wahrscheinlich aus Holz. Nur die Fundamente werden wohl gemauert gewesen sein. Es sind hier Reste von Mauern gefunden worden. Allein in dieser Burg residierten die Slawnikinger nach allem nur im heidnischen Zeitalter. Nicht lange nach ihrem Uebertritt zum Christentum haben sie wahrscheinlich die alte Residenz verlassen und sich dort eine Burg gebaut, wo jetzt das Dorf

liegt, wofür noch jetzt Ueberreste von Gräben und Wällen zeugen. Diese Burg wird wohl folgendermaßen angelegt gewesen sein. Durch das westliche Thor kam man auf einen großen Schloßhof. Auf der östlichen Seite desselben stand die Kirche der heiligen Jungfrau Maria (1825 in ein Pfarrhaus umgebaut), auf der südlichen Seite das Herrenhaus, vermutlich auf der Stelle, welche die Tradition als Geburtsstätte des heiligen Adalbert bezeichnet, nämlich da, wo das Gut Nr. 3 steht. Hinter diesem ersten Burghof weiter gegen Osten lag der kleinere Schloßhof an der ehemaligen Kirche des heiligen Georg, an deren Stelle jetzt die Kirche des heiligen Adalbert steht. Von hier führte dann der Weg zu dem nahen östlichen Thor." Herr Prof. Kalousek bemerkt mir noch gütigst, daß auch im 14. Jahrhundert die Marienkirche aus Holz war, während die Georgskirche schon damals aus Stein war. Das Bild von Libice aus Boleluczkys Rosa Boëmica giebt eine bestimmtere Vorstellung von der Oertlichkeit (vgl. Taf. 2). Bei einer persönlichen Anwesenheit in Libice hatte ich auf der Stelle der Hauptburg den Eindruck, auf einem erhöhten Plateau zu stehen, während nach meiner Erinnerung die Wälle sich über dies nicht mehr sehr wesentlich erheben. Mit Libussa hat Libice nichts zu thun.

¹⁰⁶) Bruno c. 1.
¹⁰⁷) Kosmas I, 27.
¹⁰⁸) Bruno c. 4.
¹⁰⁹) Vgl. Köpke-Dümmler, Kaiser Otto der Große, Leipzig 1876, S. 321.
¹¹⁰) Der Wortlaut bei Bruno scheint mir dafür zu sprechen, daß der Bischof auf der Hinreise war: recordata est mater pueri, quia Pruzis episcopus gentium positus, cum idem Adalbertus per regnum patris iter ageret, deducit filium cum ungendis pueris, ut tunc primo cum crismate episcopus liniret. Im übrigen ging Adalbert nicht zu den Pruzi, sondern zu den Ruzi. Entweder war Bruno von seinen Gewährsmännern falsch unterrichtet, oder es haben die Abschreiber seinen Text verändert. Das letztere ist das Wahrscheinlichere.
¹¹¹) Bruno c. 4.
¹¹²) Kanap. c. 3; Bruno c. 4. Ueber das Unterrichtswesen jener Zeit vgl. Franz Ant. Specht, Geschichte des Unterrichtswesens in Deutschland von den ältesten Zeiten bis zur Mitte des 13. Jahrh., Stuttgart 1885.
¹¹³) Bruno c. 3: presbyterorum datur in manus. Es unterrichteten ihn also mehrere Presbyter.
¹¹⁴) Kanap. c. 3; Bruno c. 5. Den Unterricht empfing er freilich im Hause der Presbyter.
¹¹⁵) Kanap. c. 3.
¹¹⁶) Bruno c. 3.
¹¹⁷) Von dem Knaben, der sich der Teilnahme an dem Unterrichte Wojtěchs erst entzog, wird bei Bruno c. 3 gesagt, daß er nach seiner Besserung der papas seines kleinen Herrn gewesen sei, und zwar auch durch die ganze Zeit der wissenschaftlichen Studien, also in Magdeburg, und in c. 5 hören wir, daß Herr und Pädagog in der Magdeburger Schule zusammen saßen, wie sie beide auch zu Hause zusammen gelernt hatten. Es kann gar keinem Zweifel unterliegen, daß papas

hier den Pädagogen im Sinne des Altertums bezeichnet, den Mentor aus der Zahl der Sklaven bez. Hörigen, der reichen Knaben als Schutz und Führer beigegeben wurde und im Alter dem Schützlinge oft nicht weit voraus war. Dieser Sinn von papas wird bei Du Cange (Glossarium mediae et infimae latinitatis, VI. [1886] p. 144) reichlich belegt. Mabillons und Du Canges Unterscheidung von pappas und papas kann nicht in Betracht kommen. Auf Bruno c. 15 berufen sie sich ohne Recht. Papas nun ist in den Biographien Adalberts die immer wiederkehrende Bezeichnung von Rabla. Ueber das Verhältnis Rablas und Adalberts zu einander kann darnach nicht der geringste Zweifel bestehen. Es ergiebt sich auch sonst aus allem, daß dieselben ziemlich gleichalterig waren. Der einzige, der diesen Sachverhalt ungefähr richtig erkannte, ist W. von Giesebrecht gewesen. Immer wieder hat man es so dargestellt, als ob Rabla der Presbyter gewesen sei, der Adalbert unterrichtete, so Palacky, Gesch. v. Böhmen, I. S. 234; L. Giesebrecht, Wend. Geschichten, I. Berlin 1843, S. 262; H. Hüffer in der Uebersetzung von Kanaparius, Geschichtschreiber der deutschen Vorzeit, 2. Gesamtausg. Bd. XXXIV, S. 5; Dudit, Mährens allgem. Gesch. II. S. 52; Loserth, Der Sturz des Hauses Slawnik a. a. O. S. 30; und die Neuesten haben die Aussage der Aelteren wiederholt.

[118]) Bruno c. 23 in der kürzeren Rezension.

[119]) Das Prager Bistum existierte noch nicht. Es könnte sehr wohl sein, daß vor seiner Gründung das zu Magdeburg gehörige Bistum Meißen sich nach dem nordöstlichen Böhmen vorzuschieben suchte, und daß man hier eine Verbindung mit Meißen—Magdeburg lieber sah als mit Regensburg—Salzburg.

[120]) Von Otrik, dem magister scholarum in Magdeburg, handeln Kanap. c. 3. 6; Bruno c. 5. 6; Thietmar III, 8; IV, 19; VI, 26; Richeri hist. lib. III, c. 55—65 (MG. Scr. III. p. 619 ss.). Vgl. Büdinger, Ueber Gerberts wissenschaftliche und politische Stellung, Marburg 1851 (Dissert.), S. 54—60.

[121]) Bruno c. 5.

[122]) Kosmas I, 25 (cf. Kanap. c. 3). Ueber Magdeburg vgl. H. Rathmann, Gesch. d. Stadt Magdeb., Bd. I. 1800, S. 37 ff.; F. W. Hoffmann, Gesch. der Stadt Magdeburg, 1. Bd. Magdeburg 1845, S. 16 ff.; Köpke—Dümmler a. a. O. S. 63 ff.; 333 ff.; 419 f.; 445 ff.; Hauck, K.-G. D. III. S. 109 ff.; Specht a. a. O. S. 350 ff.

[123]) Daß seine Eltern ihn nach Magdeburg begleiteten, überliefern die Quellen nicht; der Künstler, der die Bronzethüren des Gnesener Domes im 12. Jahrh. herstellte, hat es angenommen; aber schwerlich mit Recht. Bei Kanap. c. 3 heißt es: Proinde pro discendis liberalibus studiis misit eum pater ad archiepiscopum Adalbertum. Und daß seine Mutter nicht mit in Magdeburg war, läßt sich daraus erkennen, daß er dort noch einmal gefirmelt wurde.

[124]) Kanap. c. 3.

[125]) Kanap. c. 3; cf. Bruno c. 4.

[126]) Bruno c. 6.

[127]) Bruno c. 4.

[128]) Bruno c. 5.

[129]) Es sind an den Domschulen vor allem in Gebrauch gewesen die grammatischen Schriften des Donat und Priscian, die Rhetorik und Philosophie betreffenden Schriften des Cicero, die von Boethius hergestellten Uebersetzungen der logischen Schriften des Aristoteles, die Isagoge des Porphyrius in lateinischer Uebersetzung mit den Erklärungen des Boethius, Bedas Lehrschriften zur Grammatik und Zeitrechnung, das Kompendium der artes liberales von Martianus Kapella, die Encyklopädien des Isidor von Sevilla und Rabanus Maurus (de universo), Vergil, Sedulius, Prudentius, Livius, Seneca, Kassiodor u. s. w. Vgl. Specht a. a. O., S. 81 ff.

[130]) Nach Kanap. 5 (Quadam die dum iret de scolis, unus, qui erat socius itineris, praetereuntem puellam humo prostravit) kann man zweifeln, ob Adalbert in der Schule selbst wohnte. Etwas später, zu Brunos Zeit, wohnten die Domschüler in einem von der Schule getrennten Hospiz (Thietmar VI, 58). So kann es schon zu Adalberts Zeit gewesen sein. Nach der Aachener Regel von 817 (c. 135) brauchten Unterricht (erudire) und Beaufsichtigung (custodire) der Domschüler nicht immer derselben Person übertragen zu werden. Bei Kanaparius gewinnt man den Eindruck, daß Adalbert ganz unter Otriks Händen war. Kanap. c. 3 vom Erzbischof in Magdeburg: et suo nomine Adalbertum appellans tradidit scolis. Die Eltern haben, wie es scheint, nur an Otrik gezahlt (Kanap. c. 4). Vgl. übrigens über die Domkapitel auch Hinschius, System des kathol. Kirchenrechts, II. Bd. S. 49 ff.

[131]) Specht a. a. O. S. 172 ff.; 179 ff.

[132]) Kanap. c. 4: Quin et magistro suo aurum et argentum et quaecumque oculis hominum dignissima erant offerentes, caro filio doctrinam magno precio emerunt. Es kann sich auch nur um Geschenke gehandelt haben.

[133]) Bruno c. 5; cf. Kanap. c. 3.

[134]) Bruno c. 5.

[135]) Bruno c. 5: Dicunt etiam tribus linguis pro una locutum, cum scope tergum verrunt, et ferientia flagella dolentem carnem frangunt. Auditoribus enim usus erat latialiter fari, nec ausus est quisquam coram magistro lingua barbara loqui. Unde admotis urentibus virgis primum *mi domine* garrit, iam cum increscit dolor, qui legem non habet, eodem verbo nunc Saxo, nunc Sclavus misericordiam clamat.

[136]) Specht a. a. O. S. 202 ff.

[137]) Bruno c. 5. 6.

[138]) Kanap. c. 4. 5.

[139]) Die Regel Benediks c. 4 verbietet unnütze oder zum Lachen reizende Worte. Man solle vieles und auch abgenötigtes Lachen nicht lieben (vgl. c. 6).

[140]) Kanap. c. 3. Vgl. Bened. Reg. c. 2.

[141]) Thietmar III, 8.

[142]) Vgl. Kanap. c. 5 über Adalberts Verhalten bei dem rohen Scherze eines seiner Schulkameraden.

[143]) Vgl. Reg. Ben. c. 4.

[144]) Thietmar III, 8.

¹⁴⁵) Man hält den Erzbischof Adalbert für den Fortsetzer der Chronik des Regino. Vgl. Wattenbach, Deutschlands Geschichtsquellen im Mittelalter, 1. Bd. 6. Aufl. Berlin 1893, S. 367.

¹⁴⁶) Kanap. c. 6; Bruno c. 6; Thietmar III, 8.

¹⁴⁷) Kanap. c. 6. Adalbert von Magdeburg starb am 20. Juni 981. Vgl. Thietmar III, 8.

¹⁴⁸) Kanap. c. 5: Quot annis studuit, incertum est; sed quia saecularis philosophiae sat scientissimus erat, novimus omnes.

¹⁴⁹) Kosmas I, 25: secum haud modicam librorum copiam referens.

¹⁵⁰) Specht a. a. O., S. 217.

¹⁵¹) Kanap. c. 6; Bruno c. 6.

¹⁵²) Kosmas I, 27; Ann. Prag. ad. ann. 981. Adalberts Mutter starb erst 987 (Kosmas I, 28; Ann. Prag.).

¹⁵³) Das ergeben wohl die Nachrichten über die Zerstörung Libices und das Ende der vier Brüder Adalberts dort: Kanap. c. 25; Bruno c. 21; Kosmas I, 29.

¹⁵⁴) Ueber das Jahr der Gründung des Bistums Prag siehe später!

¹⁵⁵) Kosmas I, 25. Kanap. sagt c. 6: sub sacrae civitatis Pragae episcopo arma christianae miliciae militaturus assumpsit. Dies heißt wohl, daß er in Prag die Priesterweihe empfing. Eigentlich war im früheren Mittelalter der Kleriker erst mit 30 Jahren der Priesterweihe fähig. Die Praxis aber machte häufig Ausnahmen (vgl. Hinschius, System des katholischen Kirchenrechts, 1. Bd. Berlin 1869, S. 18).

¹⁵⁶) Vgl. Tomek, Geschichte der Stadt Prag, 1. Bd. S. 12 ff.

¹⁵⁷) Abraham Jakobsens Bericht über die Slawenlande, deutsch herausgeg. von Wattenbach in den Geschichtschreibern der deutschen Vorzeit, 2. Ausg., Bd. XXXIII, S. 139 f. (Einleit. p. XII ss.). Die Reise Ibrahims wird von Westberg ins Jahr 965 gesetzt. Er war auf derselben am Hofe Ottos I.

¹⁵⁸) Kosmas II, 45.

¹⁵⁹) Vita Heinrici II. imp. c. 45, MG. Scr. IV. p. 694.

¹⁶⁰) Vgl. Tomek a. a. O., S. 12 ff.

¹⁶¹) Vgl. Conc. Aquisgran. (817) c. 117 und die erweiterte Regula Chrodegangi c. 13 (Mansi, Concil. coll. XIV. col. 332 ss.; Migne, Patrol. s. l. 89 col. 1065). Ich zitiere durchweg im folgenden unter Regula Chrodegangi die bezeichnete erweiterte Form (interpolata, bei Migne l. c. col. 1057 ss.), weil in dieser früh hergestellten Kompilation, bei welcher vor allem auch die Aachener Beschlüsse von 817 berücksichtigt sind, Chrodegangs Regel vornehmlich verbreitet sein wird. Die ursprüngliche Form ist nicht die bei Migne l. c. col. 1095 ss. abgedruckte des Labbeus, sondern die neuerdings von W. Schmitz herausgegebene (S. Chrodegangi Metensis episcopi [742—766] Regula canonicorum, Hannover 1889).

¹⁶²) Kosmas I, 22.

¹⁶³) Kosmas II, 17: quam videlicet ipse S. Wencezlaus construxerat ad similitudinem Romanae ecclesiae rotundam. Gumpold, Vita Vencezlavi

c. 16: aecclesia ad perfecti ornatus extremam manum perducitur, miroque metallorum fulgore decorata exornatur.

¹⁶⁴) Altſlaw. Legende a. a. O. S. 238 f.

¹⁶⁵) Vgl. Tomek a. a. O. S. 48 ff.; 58 ff.

¹⁶⁶) Kanap. c. 9. 12; Bruno c. 8.

¹⁶⁷) Kosmas II, 84. Vgl. Tomek a. a. O. S. 108.

¹⁶⁸) Daß er zur nächſten Umgebung Dethmars gehörte, ergiebt ſich daraus, daß er bei deſſen Tode zugegen war. Er ſelbſt hatte als Biſchof Kapellane um ſich (vgl. Kanap. c. 10). Noch heute iſt im Caeremoniale episcoporum den am Biſchofsſitze wohnenden Kanonikern, Pfarrern und Kuratgeiſtlichen vorgeſchrieben, den letzten Stunden des Biſchofs beizuwohnen. Vgl. Hipler, Paſtoralblatt für Ermland, XXII. S. 44.

¹⁶⁹) Kosmas I, 23.

¹⁷⁰) Kanap. c. 6.

¹⁷¹) Es iſt zu beachten, daß u. a. die erwähnte erweiterte Regel Chrodegangs das Schweigen von ſeiten der Biſchöfe gegenüber Vergehungen ihrer Herde als eine beſonders ſchwere Sünde hinſtellt: Moneo prudentiam tuam, ut peccantes arguas coram omnibus, ut timorem caeteri habeant; qui enim proximorum mala respicit, et tamen silentio linguam premit, eo mortis auctor fit, quo viros (quos) potuerat curare noluerit. Nos ergo, qui in periculoso ordine constituti sumus, attendamus, ne simus inutiles servi (c. 82).

¹⁷²) Schon dem Kinde wird Anmut nachgerühmt (Kanap. 2), und es möchte ſich nicht nur um einen überſchwenglichen Ausdruck für die Frömmigkeit der Geſichtszüge Adalberts handeln, wenn ihm ein engelhaftes Antlitz zugeſchrieben wird (Bruno, Vita quinque fratrum c. 11: pulchro loquente vultu vir angelicus; cf. Kanap. c. 30). Von ſolchem giebt allerdings das Bild am Brunnen in S. Bartolomeo all' isola zu Rom, welches man für die älteſte Darſtellung Adalberts anſieht (vgl. Taf. 4), keine Vorſtellung. Auch kann es bezweifelt werden, ob Adalbert je einen Bart trug, wie ihn das genannte Relief zeigt. Bei ſeinem Miſſionswerk in Preußen erſchien Adalbert raſiert, mit kurzgeſchorenem Haar und Tonſur und ſchrieb u. a. dieſem Umſtande zu, daß die Heiden an ihm ſolches Mißfallen fanden (Bruno c. 26). Wenn die Figur von St. Bartholomäi Adalbert klein erſcheinen läßt, ſo iſt darauf bei der Art des ganzen Kunſtwerkes kein Gewicht zu legen. Aber daß er von kleiner Statur war, ſagt der Interpolator von Wbemar, indem er zugleich bemerkt, daß Bruno von hohem Wuchs geweſen ſei (Hist. lib. III, 81, MG. Scr. IV. p. 129). Für ziemlich ſicher kann gelten, daß Adalbert brünett geweſen iſt. Bei Abraham Jakobſen a. a. O. S. 140 heißt es: „Eine bemerkenswerte Erſcheinung iſt, daß die Bewohner von Böhmen von dunkler Hautfarbe ſind und ſchwarze Haare haben. Der blonde Typus kommt unter ihnen nur wenig vor".

¹⁷³) Kanap. c. 6: qui his diebus deliciosus miles erat.

¹⁷⁴) Bruno c. 7: Moritur interea Boemie provincie episcopus; et si est, ut auditum, coram astantibus desperata voce testatur, quod ab nigris

17

spiritibus immundis ad tartareum chaos incaute portatur. Presens enim erat tunc Adalbertus, unus extrema videntium et verba morientis aure audientium; quem, ut ipse post abbati in monasterio dixit, visionis illius magnus horror invasit et ad primam salutem direxit. Exinde emendare mores, frena ponere animis, desideria carnis igne divini amoris excoquere cepit.

[175]) Kanap. c. 6; Kosmas I, 25.

[176]) Kanap. c. 7; Bruno c. 8; cf. Kosmas I, 25. Adalberts Wahl fand statt auf einem Landtage, zu welchem der Herzog und die Vertreter des Klerus und Volkes zusammentraten. Bruno c. 8: Conveniunt dux terre et maior populus; Kosmas I, 25: Dux Bolezlaus et eius optimates . . . *Te dignum omnis clerus, te universus idoneum episcopatu acclamat populus.* Erst Ende des 12. Jahrh. beanspruchte das Prager Domkapitel das ausschließliche Recht zur Wahl des Bischofs. Vgl. Tomek a. a. O. S. 77.

[177]) Vgl. Wilh. Giesebrecht, Jahrbb. des Deutschen Reichs unter Otto II., Berlin 1840, S. 83. Auf Juni 983 hatte Otto II. einen Reichstag in Verona angesagt. Er kam vom Süden Italiens, wo er sich das ganze Jahr 982 aufgehalten hatte. Vor 983 kann also Adalbert die Investitur nicht erhalten haben. Andrerseits ist er sicher schon 982 gewählt. Denn die Wahl fand statt an einem Sonntage (Kanap. c. 7). Auf Sonntag fiel der 19. Febr., welchen Kosmas angiebt, im Jahre 982.

[178]) Kosmas I, 26; Kanap. c. 8; Bruno c. 9.

[179]) Schon des öfteren ist auf die höchst interessante Charakteristik Ottos II. und seiner Regierung bei Bruno c. 9. 10 hingewiesen.

[180]) Kanap. c. 8: Kosmas I, 26. Der Kaiser war schon am 20. Juni in Mantua (vgl. Stumpf-Brentano, Die Reichskanzler, II. S. 74). Entweder fand Adalberts Weihe also nicht in Verona, sondern an einem anderen Ort statt, oder Brunos Nachricht c. 9, daß der Kaiser zugegen gewesen sei, ist falsch.

[181]) Widrici vita S. Gerardi episc. Tullensis (MG. Scr. IV. p. 495). Nach Bruno c. 9 ist Adalbert nach seiner Ueberschreitung der Alpen zuerst nach Verona gekommen, wo dann auch seine Bestätigung stattfand. In Pavia wird er also wohl erst später gewesen sein. Die Vita S. Gerardi berichtet auch, daß Gerhard, als er nach Rom weiter gezogen sei, dort des Kaisers Grab besucht habe. Otto II. ist aber erst am 7. Dez. 983 gestorben. Möglich, daß Widerich, der eine wenig zuverlässige Quelle ist, Verona mit Pavia verwechselt hat.

[182]) Vgl. Hinschius, System des kathol. Kirchenrechtes, I. S. 17 f. Die Passio Adalperti c. 1 sagt von Adalbert: donec pubeda vixdum episcopale in Praga conscendit culmen. Er war doch schon ca. 27 Jahre alt.

[183]) Kanap. c 8; Bruno c. 11; Kosmas I, 26. Die Zeremonie der Inthronisation schildert Kosmas in dem Bericht über die Einsetzung Dethmars (I, 23).

[184]) Kanap. c. 7; Bruno c. 8.

[185]) Bruno c. 11.

[186]) Kosmas I, 25; vgl. die Legende Tempore illo c. 3.

¹⁸⁷) Bruno c. 23 (kürzere Rezension): Ex huius (Radlae) ore audisse me fateor unam rem, quam satis amo. Ipsum sanctum asserit loquentem: *Numquam aliquid feci propter vanam gloriam. Nam ut non pulset, hoc est ultra hominem. Utrumque tamen a me miserrimo omnium retro posuit pedem, a me minimo gentium longe fugit in exilium.*

¹⁸⁸) Vgl. die Regula Chrodegangi interpol. c. 82.

¹⁸⁹) Die Einteilung der kirchlichen Einkünfte in vier Teile tritt im fünften Jahrhundert in Rom auf. Nach Vorgang (475) des Papstes Simplicius (c. 28 C. XII qu. 2), der auch nur eine bereits bestehende Observanz wahrte, hat sie Papst Gelasius (494) in einem Briefe an die Bischöfe in Lukanien, Bruttien und Sizilien, der in die Dekretalien-Sammlung des Dionysius Exiguus, die Hispana, Pseudoisidor und Gratians Dekret übergegangen ist, angeordnet (c. 27): Quatuor autem tam de reditu, quam de oblatione fidelium .... sicut dudum rationabiliter est decretum, convenit fieri portiones, quarum sit una pontificis, altera clericorum, pauperum tertia, quarta fabricis applicanda (Epistolae Rom. pontif. genuinae etc., ed. A. Thiel, Brunsb. 1868, p. 378; cf. p. 176; Dionysii Exigui collect. decret. pontif. Rom., Migne s. l. 67 col. 310; Collectio canonum S. Isidoro Hispal. ascripta, Migne s. l. 84 col. 806; Decret. Pseudo-Isid., ed. Hinschius p. 654; Decr. Grat. c. 27 C. XII qu. 2). Ein etwas anderer Modus der Einteilung, nämlich eine Dreiteilung, war in Spanien zu Hause. Nach einer bestehenden Observanz (vgl. c. 10 C. X qu. 1) setzte das erste Konzil von Bracara (a. 563) c. VII (de rebus ecclesiae) fest: Item placuit, ut de rebus ecclesiasticis tres aequae fiant portiones, id est episcopi una, alia clericorum, tertia in recuperatione vel in luminariis ecclesiae (Mansi, IX. col. 778). Auch diese Bestimmung ist von der Hispana (l. c. col. 566) und Pseudoisidor (ed. Hinschius p. 423) aufgenommen. Desgleichen hat der spanische Modus neben dem römischen im Decretum Gratiani (vgl. noch c. 1—3 C. X qu. 3) Berücksichtigung gefunden. Im Frankenreiche schwankte der Verteilungsmodus bei den einzelnen Einkünften. Die erweiterte Regula Chrodegangi c. 75 enthält in Bezug auf die Zehnten die Weisung: et ipsas decimas secundum auctoritatem canonicam coram testibus divident; et ad ornamentum ecclesiae primam eligent partem; secundam autem per manus fidelium ad usum pauperum et peregrinorum misericorditer cum omni humilitate dispensent; tertiam vero partem sibimetipsis soli sacerdotes reservent. Beachtenswert ist, daß Adalbert sich streng an die römische Bestimmung hielt. Möglich freilich bleibt, daß Kanaparius im Anschluß an römische Vorstellungen oder Wünsche von Adalbert etwas ausgesagt hat, wovon er genaue Kunde nicht hatte. Aber daß Adalberts Augen besonders nach Rom gerichtet waren, wird uns auch sonst entgegentreten. — Die Einkünfte des Prager Bistums flossen aus den Besitzungen und Privilegien, mit welchen Boleslaw es ausgestattet hatte, vor allem aber auch aus dem Recht der Erhebung des Zehnten. Kosmas I, 26: Huius tam praeclari pastoris Adalberti consilio et praedictae ac dilectae suae sororis abbatissae Mariae interventu dux Bolezlaus, quicquid praesul Pragensis usque hodie in suo possidet vel

obtinet episcopio, vel quicquid abbatissa optavit dari et fieri utilitatis in suo coenobio, gratuita utrique concessit pietate et canonum sacra confirmavit auctoritate. Bezüglich des Zehnten hatte Dethmar angeordnet, daß er in Gestalt von zwei Haufen zu fünfzig Garben von der Ernte geliefert werden sollte (Kosmas I, 40).

¹⁹¹) Aller Wahrscheinlichkeit nach ist dies ein naher Verwandter gewesen.

¹⁹²) Die Komplet war abends vor dem Schlafengehen. Um zwei Uhr nachts ungefähr erhob man sich zur Vigilie. Die Morgendämmerung brachte die Matutin. Die Prim war etwas nach sechs Uhr morgens, die Terz um neun Uhr vormittags, die Sext um zwölf Uhr mittags, die Non gegen drei Uhr nachmittags. Darauf folgte die Vesper vor Sonnenuntergang und dann eben die Komplet. Vgl. Regula Chrodeg. interpol. c. 15 ss. Man scheint auch häufigere freiwillige Vigilien empfohlen zu haben (Conc. Aquisgran. [817] c. 95; Reg. Chrodeg. interpol. c. 58).

¹⁹³) Die Inful ist die Bischofsmütze (mitra). Doch hat man mit Inful auch den Anzug des pontifizierenden Bischofs überhaupt bezeichnet.

¹⁹³) Reg. Chrodeg. interpol. c. 75. 45. 58. 23. 24. 26. 58. 61; cf. Conc. Aquisgr. (817) c. 141. 95. 184.

¹⁹⁴) Reg. Chrodeg. interpol. c. 15 ss.

¹⁹⁵) Reg. Chrodeg. interpol. c. 82.

¹⁹⁶) Reg. Ben. c. 48.

¹⁹⁷) Reg. Ben. c. 20. 49.

¹⁹⁸) Reg. Chrodeg. interpol. c. 44.

¹⁹⁹) Kanap. c. 12.

²⁰⁰) Vgl. Anm. 1.

²⁰¹) Die Zeitfolge der Ereignisse im Leben Adalberts wird im folgenden noch klarer werden. Indem ich hier schon einen Ueberblick gebe, soweit er bereits erwünscht ist, verweise ich auf das im Text und in den Anmerkungen noch Kommende. Adalberts erste Ankunft in Rom fiel in eine Zeit, als sich die Kaiserin Theophanu daselbst aufhielt (Kanap. c. 14; Bruno c. 12). Diese feierte bereits das Weihnachtsfest 988 in Rom und blieb daselbst bis Anfang 990 (Wilmans, Jahrbücher des Deutschen Reichs unter Otto III., Berlin 1840, S. 65, Anm. 6). Also kann Adalbert Ende 988 schon in Rom gewesen sein. Zwei Nachrichten sprechen dafür, daß seine Ankunft dort nicht später anzusetzen ist. Die Passio Adalperti c. 1 sagt, daß er fünf Jahre im Bischofsamt gewesen sei, als er zum ersten Mal von Prag nach Rom aufbrach, — das ergiebt als Zeit dieses Aufbruches 988, — und Bruno sagt (c. 14), daß Adalbert fünf Jahre in dem Kloster St. Alexius zu Rom zugebracht habe. Bruno hat freilich geirrt, wenn er bereits Adalberts ersten Aufenthalt im Kloster fünf Jahre währen ließ. Aber irgend welche Grundlage wird seine Angabe gehabt haben. Wahrscheinlich also kam ein Zeitraum von fünf Jahren heraus, wenn man den doppelten Aufenthalt Adalberts im römischen Kloster zusammenrechnete. Nimmt man dies an, so kommt man auch auf das Jahr 988 als Zeit des ersten Fortganges Adalberts von Prag. Der Erweis ist umständlich. Im Jahre 996 (Juli ca.) verließ Adalbert Rom für immer. Die Ermordung seiner Brüder in Libice, bei deren Geschehen

Adalbert Prag bereits fern war, fand Ende Sept. 995 statt. In dieser Zeit weilte sein ältester Bruder Soběbor schon im Heere Ottos III. auf dessen Feldzuge gegen die Slawen im Mecklenburgischen und hatte sich hier bereits über viele ihm und seinen Brüdern vom böhmischen Herzoge zugefügte Gewaltthätigkeiten zu beklagen (Kanap. c. 25; Bruno c. 21), die nur durch einen Waffenstillstand zur Ruhe gekommen waren, der bis zu Soběbors Rückkehr aus dem königlichen Feldzuge währen sollte (Bruno c. 21). Die Anfeindungen von seiten des Herzogs, die höchster Wahrscheinlichkeit nach mit Adalberts zweitem Fortgange von Prag in engstem Zusammenhange standen, müssen darnach schon längere Zeit vor der Katastrophe von Libice ihren Anfang genommen haben. So ist es wahrscheinlich, daß Adalberts zweiter Aufbruch von Prag mindestens schon im Anfange von 995, vielleicht schon 994 im Herbst stattfand. Auf seinen zweiten Aufenthalt in Rom hätten wir unter diesen Umständen ca. $1^1/_2$ Jahre zu rechnen. Für den ersten bleiben darnach $3^1/_2$ Jahre übrig. Seine erste Rückkehr von Rom aber fiel aller Wahrscheinlichkeit nach ins Jahr 992. In diesem Jahre ist ein Wechsel in den politischen Beziehungen Böhmens nachweisbar. In diesem Jahre gab Herzog Boleslaw ein Edikt, welches der kirchlichen Wirksamkeit Adalberts volle Freiheit verschaffen sollte. Das Datum des Anfanges des folgenden Jahres tragen die in Anm. 1 erwähnten herzoglichen Urkunden über die Stiftung und Privilegierung von Kloster Břewnow, die sicherlich mit Adalberts Rückkehr nach Prag Zusammenhang hatte (Erben, Regesta Bohemiae, I. p. 38 u.). Um meisten empfiehlt sich, Adalberts erste Rückkehr in den Herbst 992 zu setzen. Von hier ergiebt ein Zurückzählen von $3^1/_2$ Jahren das Frühjahr 989 als Zeit der Einkehr Adalberts in das römische Kloster. Nicht lange vor dieser Einkehr hatte er Rom zum ersten Mal betreten. Fest steht, daß seine Professio in der Osterzeit stattgefunden hat (Kanap. c. 16). Darnach muß er, weil der Professio ein Novizenjahr vorausging, auch um Ostern zuerst das Kloster aufgesucht haben. Traf er gegen Weihnachten 988 in Rom ein, so konnte er bis Ostern 989 seinen Besuch in Monte Kassino und bei dem heiligen Nilus bequem ausgeführt haben. Gerade böhmische Annalen bezeichnen denn auch als das Jahr der Professio Adalberts das Jahr 990, vor allem Kosmas I, 28 und die Prager Annalen (ad ann. 990). Dadurch empfängt die gegebene Berechnung ihre Bestätigung. Auch Kaindl (Bemerkungen zur Passio S. Adalperti mart. in Deutsch. Ztschr. f. Gesch., IX. Bd. 1893, S. 103 ff.) acceptiert die Angabe der Passio von einer fünfjährigen Dauer der ersten Prager Wirksamkeit Adalberts. Wenn er auch die andere Nachricht der Passio Adalperti c. 2 billigt, wonach Adalberts zweiter Aufenthalt in Prag kaum ein Jahr (eodem anno Romam regrediens) gedauert hätte, so kann ich ihm nicht beistimmen. Diese Angabe der Passio möchte aber dafür sprechen, daß Adalberts zweiter Aufenthalt in Prag nur von sehr kurzer Dauer war. Ganz falsch ist es, wenn die Passio Adalbert erst bei seinem zweiten Aufenthalt in Rom Mönch werden und dann noch drei Jahre dort bleiben läßt.

²⁰²) Kosmas II, 37.

²⁰³) Eine Kopie (S. XII) der Urkunde Heinrichs IV. aus dem Münchener Reichsarchiv ist bei Stumpf-Brentano, Die Reichskanzler, 3. Bd. S. 79 ff. ab-

gedruckt (vgl. 2. Bd. No. 2882). Ausführlichere Quelle über die ganze Sache ist allein Kosmas II, 37. Hier wird von Gebhard erzählt: replicat coram omnibus privilegium olim a sancto Adalberto episcopo, suo antecessore, confirmatum tam a papa Benedicto quam a primo Ottone imperatore. Die im weiteren von Kosmas gegebene Urkunde Heinrichs IV. ist dazu die Interpretation. In ihr heißt es: conquestus est, quod Pragensis episcopatus, qui ab initio per totum Boemiae ac Moraviae ducatum unus et integer constitutus et tam a papa Benedicto quam a primo Ottone imperatore sic confirmatus est. Es kann darnach gar keinem Zweifel unterliegen, daß in Kosmas' Worten die Ausdrücke confirmatum tam a papa Benedicto quam a primo Ottone imperatore ebenso zusammengehören, wie in der Urkunde Heinrichs IV., aus der sie herübergenommen sind. Folglich kann es sich nur noch fragen, wie olim a sancto Adalberto episcopo zu deuten ist. Zu confirmatum können diese Ausdrücke vom Autor schlechterdings nicht konstruiert sein, da confirmatum eben zu den folgenden Worten gehört. „Aus der Zeit Adalberts stammend" kann aber a sancto Adalberto auch nicht heißen. Denn zu dieser Auffassung paßt nicht die nähere Bestimmung olim. So bleibt allein die Annahme übrig, daß hinter Adalberto episcopo ein Wort ausgefallen ist. Wie die handschriftliche Situation ist, wird man wohl zu schließen haben, daß der Autor selbst den Ausfall beim Schreiben verschuldete. Nimmt man aber einen Ausfall an, so spricht manches dafür, die Fortlassung eines Wortes wie „beglaubigt" vorauszusetzen. Dann hat Kosmas sagen wollen, daß Gebhard ein von Adalbert hergestelltes Zeugnis über eine sowohl von Papst Benedikt VI. als auch von Kaiser Otto I. gegebene Bestätigung zu Mainz entrollt habe. Auch bei Vornahme der vorgeschlagenen Ergänzung bleibt die Ausdrucksweise des Kosmas höchst ungeschickt. Bezeichnete man aber die Aktion des Papstes und Kaisers im genaueren als ein Bestätigen, so muß vielleicht dieser Umstand derart hervorgehoben werden, daß darnach auch die Darstellung unseres Textes modifiziert werden müßte. Nach der Ueberlieferung des Kosmas (I, 22), die doch wohl zweifellos die in Böhmen zu seiner Zeit herrschende war, wurde der Prager Epistopat schon zur Zeit des Papstes Johann XIII. (965—972) vom Herzoge Boleslaw II. unter päpstlicher Genehmigung gegründet. Gewöhnlich nimmt man an, daß zwischen dieser Ueberlieferung und der Urkunde Heinrichs IV. sowie Kosmas' Bericht zu derselben ein Widerspruch obwalte, indem man meint, daß in letzteren die Stiftung des Prager Bistums Benedikt VI. und Otto I. zugeschrieben würde. Ist dies richtig? Liegt nicht auch der Urkunde Heinrichs, die sich an die von Gebhard dargebotene Vorlage hielt, und Kosmas' Bericht darüber die Anschauung zu Grunde, daß Hersteller des Bistums Boleslaw und Johann XIII. waren, und Benedikt VI. und Otto I. nur bestätigten, wie (fere eiusdem tenoris) Heinrich IV. bestätigte? Bielowski war der Meinung, Benedikt VI. und Otto I. hätten Wolfgangs Privileg bestätigt. Wie dem auch sein mag, was Adalbert anbetrifft, wird man festhalten können, daß ihm ein Zeugnis, eine Beglaubigung zugeschrieben wurde. Daß Adalbert bei der Gründung des Bistums Prag selbst irgendwie beteiligt gewesen sei, oder daß Gebhard derartiges behauptet habe, sagt Kosmas mit keiner Silbe. Ihm war bekannt, daß der erste Bischof von Prag

Dethmar war. Auf ein Bibinus haben schon Dudik (Mährens allgem. Gesch., II. S. 427), Tomek (Apologie ꝛc. S. 22) und J. Kalousek (Ueber den Umfang des böhmischen Reiches unter Boleslaw II., Sitzungsberichte der Kgl. Böhm. Gesellsch. d. Wissensch. in Prag, 1883 S. 31) die zitierte Stelle des Kosmas gedeutet und zur Begründung ihrer Ansicht u. a. auch darauf hingewiesen, daß Gebhard nur ein Dokument und nicht zwei (von Papst und Kaiser) entfaltet habe.

²⁰⁴) Kosmas II, 37 sagt ausdrücklich von dem Verhältnis der Urkunde Heinrichs IV. zu dem Privilegium, auf welches sich Gebhard berief: novum antiquo fere eiusdem tenoris addit privilegium et signo imperiali confirmat.

²⁰⁵) Die Grenzen des Prager Bistums werden in der Weise gegeben, daß die an der Grenze liegenden Zupen nacheinander genannt werden (vgl. Tomek, Apologie ꝛc. S. 16). Folgende Literatur bezieht sich auf den Gegenstand: Schafarik a. a. O., II. S. 443 ff. 377 ff. 404 ff. 595 ff. 487 f.; Tomek, Apologie ꝛc. a. a. O.; J. Loserth, Der Umfang des böhmischen Reiches unter Boleslaw II., MJfG. 2. Bd. 1881, S. 25; J. Kalousek, Ueber den Umfang des böhmischen Reiches unter Boleslaw II., Sitzungsberichte der Kgl. Böhm. Gesellsch. der Wissensch. in Prag, Jahrgang 1883, S. 26 ff. Nicht zugänglich waren mir W. W. Tomeks Untersuchungen über die Grenzen Böhmens in den ältesten Zeiten im Časopis Českého Musea 1855, 461 und über die alte Einteilung Böhmens in Zupen, ebenda J. 1858 und 1859; auch nicht H. Zirekels Abhandlungen über die alten Grenzstege und ihre Bedeutung im Časopis Českého Musea 1856 II. 114; III. 90 und seine Studien über die Einteilung Böhmens in Zupen (Gaue) und die älteste Kolonisation in den Památky arch., II. Bd.; Slovanské právo, 2. Bde. Über Kalousek berücksichtigt die Forschungen dieser letztgenannten Gelehrten. Er bezeichnet als auch noch in Betracht kommend seinen Aufsatz: Neuer Beweis für die Koincidenz der Zupen und Dekanate im alten Böhmen (Č. Č. M. 1874). Loserth identifiziert a. a. O. S. 25 Tugost mit dem Fichtelgebirge, den Chub mit der Eger, Moure mit Maira.

²⁰⁶) Eine Fälschung haben u. a. angenommen Dümmler, Piligrim von Passau, Lpzg. 1854, S. 174; Büdinger, Oesterr. Gesch., I. S. 314; Zeissberg, Miseko I., Archiv f. österr. Gesch., Bd. 38, S. 80 f.; J. Loserth, Der Umfang des böhmischen Reiches unter Boleslaw II. a. a. O. S. 23 ff.; Hauck, K.-G. Deutschlands, III. S. 199 ff. Die Echtheit vertraten besonders Tomek a. a. O. S. 21 f.; Kalousek a. a. O.

²⁰⁷) Auch Bretholz (Mähren und das Reich Herzog Boleslaws II. von Böhmen, Archiv f. österr. Gesch. 82. Bd. 1895, S. 137 ff.) urteilt, daß es dem Vorgehen Gebhards nicht an jeder Unterlage gefehlt haben werde. Aber in den Details seiner Ausführungen entwertet er diese Unterlage sehr. Er vermutet, daß die von Gebhard benutzte Grenzbeschreibung aus einer Vita des heiligen Adalbert stammte, deren Verfasser aus Adalberts Missionsgebieten Sprengelteile machte.

²⁰⁸) Es geht hervor aus einer Urkunde des Erzbischofes Willigis vom 28. April 976, abgedruckt bei Bocgel, I. p. 96 ss. Hier heißt es p. 97: Quapropter auctoritate ipsius, astipulantibus quoque assessoribus nostris venerabilibus

episcopis, Spirensi, Wormatiensi, Pragensi, Moraviensi, pro manifesto etc. Der Vermutung Dudiks, daß es sich um einen Weihbischof des Prager Sprengels gehandelt habe (Dudik a. a. O., II. 45 ff.), vermag ich mich nicht anzuschließen (vgl. Bretholz a. a. O. S. 155). Ebensowenig halte ich es für zulässig, bei Moraviensi einen Schreibfehler anzunehmen. Kosmas weiß durch Ueberlieferung von einem Bischof in Mähren vor Bischof Severus von Prag (Kosmas II, 21), von dem er glaubt, daß er Wracen geheißen habe. Wahrscheinlich ist dieser der in der Urkunde von 976 erwähnte gewesen. Beachtenswert ist, daß in dieser Urkunde der Bischof von Mähren als zu der Metropole Mainz gehörig auftritt. So völlig waren die Bestrebungen Piligrims von Passau, Mähren unter Erhebung des Passauer Bistumes zum Erzbistum seinem Stuhle untergeben zu machen, gescheitert. Daß das mährische Bistum wie das Prager eine Neugründung war, erhellt wie aus Piligrims Schreiben an den Papst Benedikt, so auch aus der Trennung von Salzburg.

²⁰⁹) Sie begegnet auch in einer Stelle des Granum catalogi praesulum Moraviae (Olmützer Bischofschronik aus dem Anfang des XV. Jahrhunderts) ad ann. 971: Tempore sancti Adalberti, Pragensis episcopi secundi, anno episcopatus sui tercio, Moraviensis episcopatus Pragensi episcopio Benedicti pape VII Othonisque imperatoris secundi confirmacione et pii Boleslai ducis Boemie consensu accedente usque ad tempora Severi episcopi Pragensis sexti et Vratislai ducis Boemie fuit unitus (Ausgabe von Loserth in dem Archiv für österr. Gesch., 78. Bd. (1892), S. 66). Indes diese Nachricht stellt sich deutlich als auf Grund von Kosmas II, 37 entstanden dar. Vgl. Dudik a. a. O., II. S. 46 f. 63. Auf die Notiz des sogenannten Hildegard von Hradisch bei Boczek, I. p. 140 darf man sich nicht mehr berufen. — Uebrigens will ich nicht unterlassen zu bemerken, daß der Verfasser des Granum, der in derselben Art wie wir das confirmatum in der schwierigen Kosmasstelle II, 37 verbindet, letztere im großen und ganzen kaum anders aufgefaßt haben kann, als daß Gebhard Dokumente (vor allem das kaiserliche) vorlegte, in welchen Papst und Kaiser auf Adalberts Vorstellungen längere Zeit verletzte Rechte des Prager Bistums bestätigten, die aus der Zeit seiner Gründung herrühren sollten. Man muß bedenken, daß in der von Kosmas zitierten Urkunde steht: Pragensis episcopatus, qui ab initio per totum Boemiae ac Moraviae ducatum unus et integer constitutus etc. Der Schreiber des Granum hat sich aller Wahrscheinlichkeit nach ein impetratum oder dergleichen bei Kosmas ergänzt (vgl. Kosmas I, 26, wo von einem durch Adalbert erwirkten Privileg die Rede ist, welches hier allerdings sonst nicht heranzuziehen ist). Vielleicht kommt man noch dazu, eine Auffassung der Kosmasstelle, wie sie das Granum an die Hand giebt, abgesehen von der unerlaubten Einführung Beneditts VII. und Ottos II. für Benedikt VI. und Otto I., für die passendste anzusehen. Einwendungen, wie sie Bretholz (a. a. O. S. 157) nicht ohne Gewicht gegen die Deutung auf ein Vidimus erhebt, würden sie nicht treffen. Das fere eiusdem tenoris bei Kosmas erschiene sehr zutreffend. Benedikt VII. und Otto II. lebten noch, als Adalbert den bischöflichen Stuhl bestieg. Aber auch in der Abschrift des Münchener Reichsarchivs heißt es a primo Ottone. Aus dieser Nennung Ottos I.

würde also gerade bei einer Deutung in der bezeichneten Weise nach Anleitung des Granum sich mit Bestimmtheit ergeben, daß es sich um eine Fälschung von seiten Gebhards handelte.

[210] Dudik a. a. O., S. 64.

[211] In Ungarn knüpfte Adalbert, wie sich später ergeben wird, erst in seiner zweiten Prager Periode Beziehungen an. Der mährische Bischof von 976 muß tot gewesen sein, als die Vereinigung seines Sprengels mit dem Prager erfolgte. — Nach dem Granum ging der Vereinigung eine zehnjährige Sedisvakanz in Mähren voraus. Zählen wir zu 976 zehn Jahre hinzu, kommen wir ins Jahr 986. Merkwürdiger Weise sagt das Granum, daß die Vereinigung im dritten Jahre der Amtsführung Adalberts stattgefunden habe.

[212] Bezüglich Mährens hat Bretholz a. a. O. angezweifelt, daß es politisch im 10. Jahrh. zu Böhmen gehörte. Indes, daß Mähren auf Grund einer alten, aus Adalberts Zeit stammenden Quelle von Kosmas I, 27 Moraviae regnum genannt wird, ist sicher kein Beweis dafür, daß es zu Adalberts Zeit von Böhmen unabhängig war. Nach Thietmar IV, 9 forderte Boleslaw von Böhmen von Miseko ein regnum sibi ablatum zurück, welches weder, als er es beherrschte, noch nunmehr, da es unter Polen stand, ein unabhängiges Land war. In der Bezeichnung regnum wirkte oft lediglich die Vergangenheit eines Landes nach, oder es kam damit seine nationale Sonderart zum Ausdruck. Daß Mähren jedenfalls nicht selbständig im 10. Jahrh. war, ergiebt sich aus Ibrahim-ibn-Jakub, der dieses Landes a. a. O. zwischen Böhmen und Ungarn nicht Erwähnung thut.

[213] Es ergiebt sich aus Ibrahim-ibn-Jakubs Zeugnis (vgl. Anm. 20). Desgleichen folgt aus Thietmar IV, 9 die Zugehörigkeit weiter Länderstrecken im Nordosten Böhmens zu diesem Reiche bis zu einem Zeitpunkte nicht lange vor dem Jahre 990. Kosmas hat nur geirrt, wenn er Boleslaw II. zum Eroberer dieser Gegenden machte (I, 33).

[214] Vgl. Kalousek, Ueber den Umfang des böhm. Reiches unter Boleslaw II. a. a. O., S. 33.

[215] Vgl. Kalousek a. a. O., S. 33 ff.

[216] So erzählt die lateinische Notiz (vgl. Anm. 1, Nr. 12) in der von Ketrzynski in Nyssk gefundenen Handschrift. Der Stein befindet sich noch heute im Breslauer Dom. Die Sage läßt ihn aus Oppeln stammen, wo Adalbert gepredigt haben soll. Vgl. Bzovius, Vita S. Ad. c. 31; Boleluczky, I. S. 260 ff.; E. Wahner, Ist der h. Adalbert in Oppeln gewesen? Oppeln 1868. Bezug auf den Breslauer Stein nimmt auch der in der genannten Handschrift stehende lateinische Hymnus (Anm. 1, Nr. 13) in seiner 20. und 21. Strophe. Vgl. die 21. Strophe der Brüsseler Handschrift im Neuen Archiv der Gesellschaft für ältere deutsche Geschichtskunde, X. (1885), p. 180 ff., welche auf ähnliche böhmische Sagen anspielt. Der Adalbertssteine, auf denen der Heilige, stehend, sitzend, liegend oder tastend, Spuren seines Körpers hinterlassen haben soll, giebt es merkwürdig viele. Vor allem sind sie in Böhmen vertreten. Vgl. Boleluczky, I. S. 228 ff.; ASV. S. 27 ff.

²¹⁷) Die Nachricht findet sich schon bei dem Interpolator von Ademar hist. lib. III, 31.

²¹⁸) Długosz, Hist. Pol. II, ad ann. 996 (Opera omnia, X. Cracoviae 1873, p. 150). Gemeint ist die kleine Kirche auf dem Markt in Krakau. D. weiß auch, daß Krakau damals schon seinen Erzbischof hatte, als Adalbert dort predigte.

²¹⁹) A. Frind, Kirchengeschichte Böhmens, I. S. 29.

²²⁰) Miseko hat Böhmen ein Reich genommen (Thietmar IV, 9). Ebenso hat Boleslaw Chabry nach seines böhmischen Oheims Tode (999) alsbald Eroberungen auf Kosten Böhmens gemacht (Kosmas I, 34). Böhmen war bald auf seine engeren Grenzen beschränkt. Es ist wahrscheinlich, daß zuerst die entfernteren Gebiete von Böhmen abgerissen wurden, dann erst Schlesien.

²²¹) Die Ueberlieferung des Kosmas in Bezug auf Böhmens Verhältnis zu Krakau ist nicht zuverlässig. Kosmas' Nachricht (I, 33), daß erst Boleslaw der Fromme die böhmische Herrschaft bis über Krakau hinaus ausgedehnt habe, ist unrichtig. Ebenso wird wohl auch die andere falsch sein, daß Krakau erst nach Boleslaws II. Tode verloren ging.

²²²) Außer ihm können in diesen Gegenden auch der Posener und Meißener Bischof missionierend gewirkt haben.

²²³) Palacky, Geschichte von Böhmen, 1. Bd. S. 236.

²²⁴) Bruno c. 16.

²²⁵) Ademars Interpolator (Histor. III, 31, MG. Scr. IV, p. 129) redet auch von einer Missionsthätigkeit Adalberts in Waredonia: Sanctus denique Adalbertus convertit ad fidem Christi quattuor istas provincias, quae antiquo paganorum errore detinebantur, scilicet Polliauam, Sclavaniam, Waredoniam, Cracoviam. Dudik (a. a. O. II. S. 68) wollte Wenedoniam lesen. Vermutlich bezeichnet Waredonia die Gegend an der Warthe.

²²⁶) Bruno c. 17.

²²⁷) Kanap. c. 11. Spätere böhmische Sagen über Adalberts bischöfliche Zeit in Böhmen finden sich bei Boleluczky, I. S. 154 ff.

²²⁸) Die Lehre der zwölf Apostel c. 1 (Texte und Untersuchungen zur Gesch. der altchristl. Lit. II, 1. S. 8).

²²⁹) Kosmas I, 21. 22. 23. 32.

²³⁰) Den Nachweis hiervon lieferte Loserth in den Studien zu Kosmas v. Prag (AfÖG. 61. Bd. (1880) S. 1 ff.).

²³¹) Kosmas I, 26.

²³²) Kosmas I, 22.

²³³) Thietmar IV, 9.

²³⁴) Das darf man vielleicht aus der erwähnten Vita quinque fratrum (c. 11; MG. Scr. XV, 2 p. 727) unseres Bruno, der ja über die böhmischen Verhältnisse genau unterrichtet war, entnehmen: et ex illa hora, qua eius insontes fratres capite truncarunt, in sua viscera irato ferro parcere nec sciunt nec queunt, obwohl dies offenbar vor allem auf die Ereignisse nach Boleslaws II. Tode geht. Wahrscheinlich erlitt Boleslaw auch seinen Schlaganfall erst nach 995.

²³⁵) Kosmas I, 33.

[236]) Kosmas I, 32.

[237]) Kanap. c. 12: sic alta petens, ut proximorum infirma non despiceret; sic infirmis proximorum congruens, ut alta petere non desisteret; sic discretionis artem servare novit, ut |esset in eo et iuste consulens misericordia et pie saeviens disciplina.

[238]) Kosmas I, 42.

[239]) Kosmas I, 34. 36. 37. 42; III, 4. 22—24. Vgl. Tomek, Gesch. der Stadt Prag, I. S. 60. 89. 113—116. 121—123. 132; Frind a. a. O., I. S. 27.

[240]) Tomek a. a. O. S. 113.

[241]) Der Bericht steht bei Kosmas II, 3. 4.

[242]) Kosmas II, 4 (MG. Scr. IX. p. 68 s): Tunc dux, extendens manum suam super sacram tumbam, sic orsus est ad populi turbam: *Extendite, fratres, simul vestras ad dominum dextras et ad meos attendite sermones, quos volo, ut vestrae fidei sacramento confirmetis. Ergo hoc meum proximum et primum sit decretum, ut vestra connubia, quae actenus habuistis ut lupanaria et ceu brutis animalibus communia, amodo iuxta canonum scita sint legitima, sint privata, sint insolubilia, ita duntaxat ut una vir coniuge et coniunx viro uno contenti vivant. Si autem coniunx virum aut vir coniugem spreverit, et rixa inter eos usque ad discidium efferbuerit, qui ex eis in priorem copulam legitime celebratam redire noluerit, nolo, ut secundum ritum nostrae terrae huius rei violator in servitutem redigatur, sed potius nostri inmutabilis decreti per angariam, qualiscunque sit persona, redigatur in Ungariam, et nequaquam liceat, ut pretio se redimat aut in hanc terram redeat, ne unius contagio oviculae totum Christi serpat per ovile. Severus episcopus dixit: Quicunque aliter fecerit, anathema sit. Eadem sententia sint plectendae virgines et viduae et adulterae, quae nomen bonum amisisse et pudorem corrupisse ac per scortum concepisse dinoscuntur. Nam cum liberum nubendi habeant arbitrium, cur committunt adulterium et conceptus suos obortivant, quod est pessimum scelus scelerum? Tunc dux subiungens inquit: Si vero mulier proclamaverit pari vice non amari, sed inclementer a viro suo affligi et profligari, detur inter eos iudicium dei, et qui inventus fuerit reus, solvat poenas rei. Similiter et de his, qui homicidiis infamantur, archipresbiter comiti illius civitatis nomina eorum ascribat, et comes eos conveniat; et si sunt rebelles, in carcerem rediyat, donec aut poenitentiam dignam agant, aut si negant, ignito ferro sive adiurata aqua, utrum culpabiles sint, examinentur; fratricidas autem et parricidas sive sacerdotum interfectores et huiusmodi capitalibus criminibus irretitos, archipresbiter assignet eos comiti vel duci, sive per manus et ventrem ferratos de regno eiciat, ut ad instar Cain vagi et profugi circueant terram. Severus episcopus dixit: Ista ducis deliberatio iusta sit anathemate firma. Nam ad hoc vobis ducibus mucro pendet in femore, ut manus vestras saepius lacetis peccatoris in sanguine. Iterum dux: Tabernam, inquit, quae est radix omnium malorum, unde prodeunt furta, homicidia, adulteria et cetera mala, et qui parat et qui paratam*

comparat, Severus episcopus dixit: *Anathema sit*. Et dux: *Qui, inquit, comprehensus fuerit huius violator decreti tabernarius, in medio foro ad palum suspensus et usque ad fastidium praeconis caesus depiletur; res tamen eius non infiscentur, sed potius tantum in terram proiiciatur, ne quis execrabili haustu polluatur. Potatores autem, si deprehensi fuerint, non prius de carcere exeant, quam in fiscum ducis unusquisque 300 nummos componat.* Severus episcopus dixit: *Quae dux iudicat, nostra auctoritas firmat.* Adhuc dux prosequitur dicens: *Fora autem dominicis diebus omnino ne fiant, interdicimus, quae ideo maxime in his celebrant regionibus, ut caeteris diebus suis vacent operibus. Si quis autem quam dominicis tam festis diebus publice ad ecclesiam feriari indictis in aliquo servili opere inventus fuerit, ipsum opus et, quod in opere est inventum, archipresbiter tollat iumentum, et 300 ducis in fiscum solvat nummos. Similiter et qui in agris sive in silvis suos sepeliunt mortuos, huius rei praesumptores archidiacono bovem et 300 in fiscum ducis solvant nummos: mortuum tamen in poliandro fidelium humi condant denuo. Haec sunt, quae odit deus, haec s. Adalbertus pertaesus, nos suas deseruit oves et ad exteras maluit ire docturus gentes. Haec ut ultra non faciamus, nostrae simul et vestrae fidei sacramento confirmamus.*

[243]) Bruno c. 11: Populus autem erat dure cervicis, servus libidinum factus; miscebantur cum cognatis, sine lege, cum uxoribus multis. Mancipia christiana perfidis et Judeis vendebant; dies festos confusa religione observant, dies vero ieiuniorum voluptatibus vacantes omnino non curant.

[244]) Kanap. c. 12: Ad ultimum cogitat, melius esse relinquere quam in coeco et sponte pereunte populo operam perdere. Quod maxime de tribus causis actum esse dicunt, qui huius rei ordinem ipso narrante comperierunt. Prima et velut principalis causa propter plures uxores unius viri; secunda propter detestanda coniugia clericorum; tertia propter captivos et mancipia christianorum, quos mercator Judaeus infelici auro emerat, emptosque tot episcopus redimere non potuit. Bruno erwähnt nicht ausdrücklich, daß Adalbert selbst diese Punkte als Gründe seines Fortganges von Prag bezeichnet habe. Im übrigen aber bestätigt er des Kanaparius Bericht.

[245]) Edictum Bolezlai ducis, herausgeg. von W. Wattenbach (Beiträge zur Geschichte der christl. Kirche in Mähren und Böhmen, Wien 1849, S. 51) ex codice S. Crucis: ANNO DOMINICE INCARNATIONIS DCCCC. LXXXXII. Domino Johanne . XV . Papa in sacratissima sede beati Petri apostoli. imperante Domino Ottone . III. Rege Augusto . ortante Dei nutu Domino episcopo . II . sancte Pragensis ecclesiae Adalberto monacho. Dux Bolezlaus presentibus omnibus primatibus suis dedit prefato episcopo secundum statuta canonum separare ea coniugia . que infra parentelam contra sacram legem coniuncta esse reperirentur . nec non etiam ecclesias per loco opportuna construendi . et decimas congregandi licenciam dedit.

[246]) Bruno c. 11: Ipsi clerici palam uxores ducunt, contradicentem

episcopum iniquo odio oderunt, et sub quorum tutela quique fuerunt, contra ipsum maiores terre excitaverunt. Die Zustände im böhmischen Klerus waren noch lange sehr traurige. Vgl. Tomek, Geschichte der Stadt Prag, I. S. 101 ff.

²⁴⁷) Kanap. 12: Admovet solvendae quaestiunculae socium elegantem virum Williconem. Hic honore praepositurae praeerat caeteris, hunc vir sanctissimus omnium consiliorum suorum participem fecit (cf. c. 19). Bruno c. 8: Willico quidam, bonus clericus et sapiens, visibile testimonium asserebat, quod nos legimus, cum ad abbatem nostrum hoc scripto filius mandaverat. Ipsum episcopus Adalbertus sue ecclesie praepositum habuit; post super cordis arida flante spiritu sancto, nobilem monachum mons Cassinus recepit.

²⁴⁸) Die Nachrichten über Strachkwas finden sich bei Kosmas I, 17 f. 29. 30. Ohne hinreichenden Grund hat Büdinger (Oest. Gesch., I. S. 322) die Verhandlung Adalberts mit Strachkwas für mythisch gehalten.

²⁴⁹) Kosmas I, 29: Nec transiliendum censeo, quod ab aliis praetermissum video. Vgl. Anm. 1.

²⁵⁰) Vgl. Anm. 245.

²⁵¹) In dem Zusatz einer Moskauer Handschrift (S. XV) zu der sogenannten pannonischen Legende vom h. Kyrill (FrB. I. p. 1 sq.) heißt es (MP. I. p. 90), viele Jahre nach Kyrill sei Adalbert zu den Mähren, Čechen und Polen gekommen, habe den rechten Glauben vernichtet, die slawische Schrift verworfen, die lateinische Schrift und den lateinischen Kultus eingeführt, von den orthodoxen Bischöfen und Priestern die einen getötet, die anderen vertrieben und schließlich bei seinem Missionsversuch in Preußen (Rußland) den Tod gefunden. Dieselbe Nachricht findet sich auch bei einem russischen Chronographen vom Jahre 1494 (in böhmischer Uebersetzung, wie mir Herr Prof. Dr. Kalousek gütigst mitteilt, herausgegeben im Časopis Č. Musea, 1843 S. 441). Wattenbach (Die slawische Liturgie in Böhmen a. a. O. S. 226 f.) bemerkt dazu: „Vielleicht hat sich hierin eine Tradition über die Bekämpfung der slawischen Liturgie durch Adalbert erhalten . . . . . . Unbegründet scheint es jedoch zu sein, wenn man später einige eigentümliche Observanzen im Krakauer Sprengel auf die einstmalige Herrschaft des griechischen Ritus zurückführen wollte, während sie doch nur Ueberbleibsel älterer Gewohnheiten der allgemeinen Kirche waren; und es kann auch jene russische Nachricht nur aus ähnlichen Schlüssen und Folgerungen hervorgegangen sein, ohne auf geschichtlicher Grundlage zu beruhen." Dudík a. a. O., II. S. 59 äußert: „Merkwürdig, daß sich diese Nachricht von Adalberts Streben, die slawische Liturgie in Mähren gänzlich zu beseitigen, bis in die späteste Zeit mit einer unbesiegbaren Zähigkeit erhalten hatte. Středovský, sich auf Mercurius, Pr. 2. pag. 27 berufend, sagt in seiner sonst höchst unkritischen Sacra Moraviae historia pag. 571: Ceterum eo tempore toto, quo moratus est in Moravia sanctissimus noster Antistes Adalbertus . . . peragrabat urbes et oppida . . . . examinabat ecclesiarum ritus, formare eos studens ad normam universalis Magistrae, sedis Romanae. Hactenus enim per potiores Moraviae ecclesias viguit in divinis officiis Slavonici idiomatis usus etc. Meinte Wattenbach

die russische Nachricht in ihrer Pointe bezüglich der Stellung Adalberts zur slawischen Liturgie nicht ohne weiteres von der Hand weisen zu sollen, so hat Dudík den bezeichneten Kern derselben als zuverlässige Kunde behandelt, und ebenso haben andere ihr erheblichen Wert zugeschrieben. Demgegenüber hat Herr Professor Dr. Kalousek, wie er mir auf eine Anfrage mitzuteilen die Liebenswürdigkeit hatte, im Sborník historický (1883) S. 105 und im Časopis Č. Musea (1888) S. 601 betont, daß die russische Nachricht zweifellos lange nach vollzogener Kirchenspaltung, vielleicht erst im 15. Jahrh. aufgekommen sei und deshalb keinen oder nur einen sehr geringen Glauben verdiene. Indem er auf Adalberts Nachfolger, die zumeist deutschen Ursprungs waren, verweist, schreibt er: „Es ist selbstverständlich, daß alle diese Bischöfe die lateinische Liturgie gegenüber der slawischen begünstigten. Doch haben diese lateinischen Bischöfe wohl auch die slawischen Priester geweiht; denn sonst hätte die slawische Liturgie nicht bis 1092 im Lande dauern können. Adalbert hat weder die lateinische Liturgie neu eingeführt, noch die slawische ausgerottet; denn jene bestand in Böhmen wenigstens seit 895, diese bis 1092." Man wird nicht umhin können, Kalousek in dem letzten Punkte vollständig Recht zu geben. Wie alles dafür spricht, daß die slawische Liturgie bis Böhmen vordrang, so erscheint auch gewiß, daß sie sich bis ans Ende des 11. Jahrh. vielfach in Böhmen im Gebrauch erhielt. Der Einsiedler Prokop, von Geburt ein Böhme aus der Gegend von Časlau, war in der slawischen Schrift wohl bewandert und führte in dem von ihm und Herzog Ulrich von 1032 ab begründeten Kloster Sazawa die slawische Kirchensprache ein (Mon. Sazav. contin. Cosmae, FrB. II. p. 240 ss.). Später noch hat Herzog Wratislaw II. (1061—92) im Namen seines Volkes Gregor VII. um Zulassung der slawischen Liturgie. Es wird gewiß unnatürlich bleiben, für das 10. Jahrhundert und dessen Ausgang eine Sache als nicht vorhanden oder ausgerottet in Böhmen anzunehmen, die dort vorher existierte und dort im 11. Jahrh. deutliche Lebenszeichen von sich giebt. Ausdrücklich wird Prokop von dem Mönche seines Klosters als geborener Böhme bezeichnet. Es erscheint mir deshalb auch Kalouseks Schluß kaum abweisbar, daß die böhmischen Bischöfe lange immer wieder auch slawische Priester geweiht haben. Aber nichts ergiebt, daß das Fortbestehen der slawischen Kirchensitte an manchen Orten etwas anderes als ein Notstand für sie war, an dessen Beseitigung zu arbeiten war. Ist es gewiß, daß vor und nach Adalbert die slawische Kirchensitte in Böhmen vertreten war, so ist es erst recht gewiß, daß die lateinische Geistlichkeit, besonders die deutsche, vor und nach Adalbert gegen die slawische Liturgie war. Gegen das Kloster Sazawa brach bald ein Sturm los, und Gregor VII., welcher denselben Kirchenkreisen entwuchs, welchen Adalbert mit seiner Gesinnung angehörte, beantwortete die Bitte Wratislaws II. mit einem runden Nein (1080). Mag also auch die russische Nachricht in ihrer vorliegenden Form sehr spät niedergeschrieben und mit falschen Elementen verknüpft sein, — was ihr immer wieder Freunde erwerben wird, ist das Plausibele, was ihrem Kern eigen ist. Derselbe kann bloß Vermutung eines Orthodoxen gewesen sein auf Grund des hohen Ansehens, welches der heilige Adalbert bei den römischen Katholiken Böhmens und Polens hatte. Er kann aber auch eine alte Tradition sein, die von slawischen Priestern einst nach

Rußland getragen war. Adalbert war in deutscher Kirchensitte erzogen. Sollte auch er slawische Priester hier und dort noch geduldet haben, so schließt das nicht aus, daß er bemüht war, einen lateinischen Klerus heranzubilden und wenigstens die neuen Kirchen nur mit lateinischen Priestern zu besetzen. Die Neigung zur Regularität, welche dem reformierten Mönchtum eigen war, tritt bei ihm aufs bestimmteste hervor. Sollte er wirklich das Lied Hospodine pomiluj uy besonders begünstigt haben, so war es vielleicht eine wohlgemeinte Abfindung, die er dem böhmischen Volke bot. Die russische Nachricht ist kein Beweis, aber sie paßt zu dem, was anderweitig geschlossen werden kann.

²⁶²) Vgl. Anm. 1.

²⁶³) Mit Recht erhebt Herr Professor Dr. Kalousek Einspruch gegen eine einseitige und übertriebene Ausgestaltung der Ansicht, welche von einer Reihe von Gelehrten in verschiedener Form vertreten ist, daß politische Faktoren bei Adalberts Konflikt mit dem böhmischen Volke im Spiel waren. Wie ich in meinen Ausführungen verstanden sein will, ergiebt der weitere Text. Es ist unzutreffend, wenn man meint, Adalbert wäre Agent deutscher oder polnischer Politik gewesen. Seine obersten Gesichtspunkte waren kirchliche und religiöse, und so waren auch, wie sich aus Kanaparius, Bruno, dem Edikt des Boleslaw und Kosmas' Mitteilungen über die Vorgänge in Gnesen im Jahre 1039 bestimmt ergiebt, die ersten Anlässe der Spannung zwischen ihm und seiner Herde kirchlicher Natur. Aber, wie ich im Texte auch deutlich zu machen glaube, es gab Punkte, an denen die kirchlichen Kundgebungen, Aeußerungen und Maßnahmen das politische Gebiet streiften; auch spricht nichts dafür, daß Adalbert seine persönlichen Beziehungen im Lande und nach außen von dem wechselnden Winde der böhmischen Politik abhängig machte. Wenn es Adalbert also auch selbst zunächst fern lag, Politik zu treiben, so schließt das nicht aus, daß seine Handlungen und sein Standpunkt politisch gedeutet wurden, und ihm, ob er wollte oder nicht, ein politischer Platz gegeben wurde. Daß dann alsbald die politischen Leidenschaften, zumal in bewegter Zeit, den Widerspruch gegen ihn verschärfen mußten, liegt auf der Hand. Zuletzt ist er m. E. gezwungen, auch selbst politische Berechnungen anzustellen. In diesen Grenzen meine ich Loserths Anschauungen beipflichten zu sollen. Vgl. Kalousek a. a. O.; Tomek, Apologie ꝛc. a. a. O. S. 25; Dudik a. a. O., II. S. 61. 72. Loserth, Der Sturz des Hauses Slawnik, AföG. 65. Bd. (1884) S. 19 ff. Gfrörers Ansicht (KG. III, 3 S. 1522) darf wohl für abgethan gelten.

²⁶⁴) Ueber Miseko handelt Zeißberg im AföG. 38. Bd. (1867) S. 25 ff. (Mißko I., der erste christliche Beherrscher der Polen).

²⁶⁵) Thietmar IV, 9 (MG. Scr. III. p. 771): regnum sibi ablatum. Cf. Annales Hildesh. ad ann. 990: Misacho et Bolizlawo. duces Sclavorum, gravibus inimiciciis inter se conflixerant. Ueber die Frage, ob der Feldzug Ottos III. und Mißkos von 986 sich gegen Böhmen richtete, vgl. Wilmans a. a. O. S. 38 f. 214.

²⁶⁶) MP. I. p. 224 ss.

²⁶⁷) Den Worten Slopans (Thietmar IV, 9) giebt Loserth u. a. O. S. 43 f. m. E. mit Unrecht Bezug auf die Slawnikinger.

²⁵⁸) Die Stelle bei Kanaparius (vgl. Anm. 244) spricht von captivi. Das können ja freilich auch gewöhnliche Gefangene gewesen sein, Missethäter, die zu Gefängnisstrafe verurteilt waren. Aber in erster Linie bezeichnet captivi Kriegsgefangene.

²⁵⁹) Vgl. Tafel 1. Ausgezeichnete größere Photographien der Thür hat das photographische Atelier von L. E. Make in Gnesen hergestellt.

²⁶⁰) Kanap. c. 12: In somnis quoque apparuit ei Dominus, suscitans eum et de lento sopore surgere iubens. Inquit ille: *Quis es tu tam imperiosae auctoritatis, vel cuius rei gratia quietem frangere iubes?* Respondit: *Ego sum Jesus Christus, qui venditus sum; et ecce iterum vendor Judaeis, et tu adhuc stertis.*

²⁶¹) Kanap. c. 12. 13. Die Loskaufung der Gefangenen (captivi) sah man überhaupt als Pflicht des Bischofs an. Vgl. Concil. Aquisgran. (817) I. c. 116, Mansi, XIV. col. 229.

²⁶²) Vgl. Anm. 201. Gewöhnlich ist 989 angenommen. So von Hentschen, Palacky, Dudik, Manitius.

²⁶³) Vgl. Frind a. a. O., I. S. 238. Ich sehe nicht, woraus Palacky (a. a. O., I. S. 289) und Dudik (a. a. O., II. S. 68) gefolgert haben, daß auch Willito und Rabla mit Adalbert Böhmen verließen. Der einzige von seiner Begleitung, der uns später namhaft gemacht wird, ist Gaudentius.

²⁶⁴) Daß Woltold von Meißen Adalbert in Prag vertreten hat, ergiebt sich klar aus Thietm. IV, 5. Er celebrierte am Ende der achtziger Jahre an einem Gründonnerstage in Prag das heilige Abendmahl, wohl ein hinreichender Beweis, daß Adalbert bei seinem ersten Fortgehen von Prag nicht den Bann über seine ganze Diöcese ausgesprochen hatte. Es will auch beachtet werden, daß Woltold ein naher Freund des Erzbischofs Willigis war. Vielleicht ist er der Mittelsmann zwischen diesem und dem böhmischen Herzoge gewesen.

²⁶⁵) Kanap. c. 12: plus etiam obesse sibi quam populo prodesse. Wenn die Passio Adalperti c. 1 als Grund, weshalb Adalbert den Bischofsstab niederlegen wollte, allein angiebt, daß die hohe Ehrenstellung eines Bischofes ihm zuwider gewesen sei, so schöpft ihr Verfasser hierbei offenbar nur aus Vermutung. Im Übrigen war ne forsitan se perdat, qui alium lucrari non potest eine Losung, die damals in den mönchischen Kreisen oft ausgesprochen wurde. Vgl. Bruno, Vita quinque fratrum c. 2.

²⁶⁶) Vgl. darüber besonders Thomassin, Discipline de l'église, II. Paris 1725, col. 1084 ss.; Hinschius, Kirchenrecht, III. Berlin 1883, S. 264 ff. und von älteren Schriftstellern Petrus Damiani, De abdicatione episcopatus und Apologeticus ob dim. episcop., Migne, Patrol. s. l. 145, col. 423 ss.

²⁶⁷) Vgl. Hinschius a. a. O. S. 268. 271. Erst Innocenz III. machte die hauptsächlichsten der Gründe namhaft, aus denen ein Rücktritt vom Bischofsamt gestattet sein sollte (c. 9. 10 X. de renunciatione I, 9). Sie wurden in die Verse zusammengefaßt: Debilis, ignarus, male conscius, irregularis — Quem mala plebs odit, dans scandala cedere possit. Liest man, was Innocenz über den Grund der malitia plebis ausführt, so kann es keinem Zweifel unter-

liegen, daß zwischen seiner Bestimmung und dem Falle Adalbert die engste Beziehung obwaltet. Die Stelle bei Innocenz lautet: Propter malitiam autem plebis cogitur interdum praelatus ab ipsius regimine declinare, (et) quando plebs adeo durae cervicis exsistit, et in rebellione sua ita pertinax invenitur, ut proficere nequeat apud ipsam, sed propter eius duritiam, quo magis [proficere] satagit, eo magis iusto iudicio deficere permittatur, dicente Domino per Prophetam: „*Linguam tuam adhaerere faciam palato tuo, quia domus exasperans est*", et Apostoli leguntur dixisse Judaeis: „*Ecce convertimur ad gentes, quia verbi Dei vos indignos fecistis*". Manche der hier gebrauchten Ausdrücke kommen auch bei Kanaparius und Bruno vor: declinare (Kanap. c. 18); durae cervicis (Kanap. c. 26; Bruno c. 11), und entsprechend dem Worte *Ecce convertimur ad gentes, quia verbi Dei vos indignos fecistis* ist Adalbert zu den Heiden gegangen. Ob sich schon vor Adalbert eine gewisse Theorie in der später deutlicher hervortretenden Richtung gebildet hatte? Wenn nicht, so ist erwiesen, daß Innocenz III. seine Bestimmung in spezieller Berücksichtigung des Falles Adalbert getroffen hat.

²⁶⁸) Gregor von Nazianz ist es doch von seiten seiner Gegner immer wieder zum Vorwurf gemacht, daß er das ihm aufgezwungene Bistum Sasima verließ. Der 15. Kanon von Nicäa verbot das Uebergehen von einem Bischofssitz zum anderen. Bei Pseudoisidor (ed. Hinschius p. 90) heißt es: et sicut vir non debet adulterare, ita nec episcopus ecclesiam suam, id est, ut illam dimittat, ad quam sacratus est, absque inevitabili necessitate aut apostolica vel regulari mutatione, et alteri ambitus causa coniungat (epist. Evaristi II).

²⁶⁹) Kanap. c. 22: In apostolica quoque sinodo canonum testimonia revolvens, coram omnibus se iusta petere clamat; peccatum esse, singulis aecclesiis maritatis, solam Pragam suo pastore viduari; iuste poscentibus benivolam aurem, viduae ecclesiae maritum suum praebere, libera mente postulans erat. Die kirchenrechtlichen Darstellungen erwecken oft den Schein, als ob erst Innocenz das Verhältnis zwischen Bischof und Herde mit der Ehe verglichen habe. Wie ersichtlich ist, hat es schon Willigis gethan. Vorher findet sich der Vergleich bei Pseudoisidor (ed. Hinschius p. 90 [Epist. Evaristi II]).

²⁷⁰) Die Bestimmung des Konzils von Saragossa (c. 6), welche die Hispana aufgenommen hat, ging auch in Pseudoisidor über (ed. Hinschius p. 345). Speziell gegen die Neigung der Bischöfe, ihr Amt mit dem Mönchsstande zu vertauschen, wendet sich Pseudoisidor in der epistol. Liberii (ed. Hinschius p. 495).

²⁷¹) Egilwardi monachi Vita S. Burchardi II, 10; III, 1 bei Mabillon, Acta SS. ord. S. Ben., III. p. 656. 659; vgl. Rettberg, KG. Deutschl., II. (Gött. 1848) S. 313 ff.; Hauck, KG. Deutschl., II. (1890) S. 45 f.

²⁷²) Vgl. über ihn besonders v. Giesebrecht, Gesch. der deutschen Kaiserzeit, I. S. 618 ff.; v. Ranke, Weltgesch., Textausg., III. S. 566 ff.; Hauck, KG. Deutschl., III. S. 418 ff.

²⁷³) Bei Kanap. heißt es c. 18: Hac itaque velut divina responsione animatus, cum ad futura sanctorum gaudia ardenti desiderio anhelaret, statuit secum etc. Wenn des Papstes Entscheidung velut divina responsio

genannt wird, so ist daraus nichts abzuleiten. Ein ähnlicher Ausdruck wird auch auf den Rat der Mönche von Monte Kassino c. 14 angewandt: quod consilium providus heros non secus quam divinitus datum accipiens. Bruno erwähnt merkwürdiger Weise die Befragung des Papstes gar nicht. Er aber läßt erkennen, wie man in wichtigen Dingen überhaupt eine Befragung geistlicher Autoritäten für das Gottwohlgefällige ansah: Legerat enim hoc periculum esse hominis, si non spiritualium maiorum adquiescoret consiliis (c. 13). Nach Thietmar (IV, 19) ging Adalbert nach Rom ad excusandum se apud apostolicum. Er setzte dabei voraus, daß Adalbert die Böhmen schon mit Bann belegt hatte. Um ersten kann die Passio Adalperti dahin gedeutet werden, daß man die Einholung einer Entscheidung des Papstes für notwendig zu halten begann: de hac gloria exui ambiens Romam pedetemptim aggressus est, ultra mare concupiscens exulari, sed ab apostolico retardatus est. Auch Kosmas' Darstellung ergiebt nicht unbedingt, daß er meinte, Adalbert habe zum Rücktritt der päpstlichen Erlaubnis bedurft.

[274]) Kanap. c. 13.

[275]) Vgl. über Johann XV. Watterich, Pontificum Rom. Vitae ab aequalibus conscriptae, I. Lipsiae 1862, p. 66 s.; 687 s.; Jaffé, Regesta pontif. Rom. (ad ann. 1198), Berol. 1851, p. 337 ss.; Acta Pontif. Rom. inedita, herausgeg. von Pflugk-Harttung, I. p. 9 s.; II. p. 52 s.; Mansi, XIX. (Venet. 1774) p. 82 ss.; Gerberti Acta concil. Remensis, MG. Scr. III. p. 658 ss.; Leonis abbat. epist., ibid. p. 686 ss.

[276]) Kanap. c. 13.

[277]) Vgl. Watterich a. a. O. S. 67: Iste exosos habuit clericos, propter quod et clerici eum odio habuerunt, et merito, quia omnia, quae habere et acquirere poterat, parentibus suis distribuerat. Vgl. Gerberti Acta concilii Remensis c. 27 (MG. Scr. III. p. 671).

[278]) Der erwähnte Legat des Papstes war Leo, der Abt des Klosters von St. Alexius in Rom, in welches Adalbert eingetreten ist. Seine Verteidigung des Papstes findet sich in dem in Anm. 275 erwähnten Briefe. Vgl. Gerberti Acta concilii Remensis c. 28 (MG. Scr. III. p. 671 ss.).

[279]) Egilward läßt Burchard von Würzburg und Megingoz ihre Wünsche bezüglich der Einsetzung eines Nachfolgers zu ihren Lebzeiten mit ihrem Alter und Krankheit begründen. Auch Damiani a. a. O. macht, wenn ihm seine sonst vorgetragenen Gründe anfechtbar erscheinen, hohes Alter geltend. Seine Rechtfertigungsschriften sind an sich ein Beweis, daß man einen Rücktritt vom Bischofsamt zu Gunsten des mönchischen Lebens für illegal anzusehen gewohnt war.

[280]) Damiani schreibt an den Papst Nikolaus II. (De abdicatione etc. l. c. col. 423): Quapropter ob remissionem omnium peccatorum meorum, quae nequiter perpetravi, cedo jure episcopatus et per hunc annulum (virgam enim tulistis) desperatae deinceps omni repetendi querela renuntio. —

[281]) Dies ist nicht nur daraus zu schließen, daß die Genugthuung nachher thatsächlich gegeben wurde (Bruno c. 15), sondern auch aus Pseudoisidor, epist. Evar. II (ed. Hinschius p. 90).

²⁸²) Kanap. c. 13: Hac itaque velut divina responsione animatus.
²⁸³) Kanap. c. 15 sagt er: cum ..... *episcopus esse desisterem*.
²⁸⁴) Kanap. c. 13: cum ad futura sanctorum gaudia ardenti desiderio anhelaret, statuit secum natale solum notioresque populos derelinquere. Vult pro Domino peregre proficisci atque velut sub alio sole inopem ducere senectam.
²⁸⁵) Ueber Adalberts Berührung mit Theophanu vgl. Kanap. c. 14; Bruno c. 12. Aus der Legende Tempore illo c. 2 ist zu ersehen, daß man meinte, das Bekanntwerden eines guten Werkes mindere seinen Wert.
²⁸⁶) Thietmar IV, 8.
²⁸⁷) Kanap. c. 13: Post hanc suae mentis deliberationem argentum pauperibus large distribuens, episcopalem cameram evacuat; c. 14: Deinde pueris remissis in patriam mutat habitum. Bis dahin also war er noch in bischöflicher Kleidung aufgetreten, obwohl er den Bischofsstab schon auf seiner Reise von Prag nach Rom, wie wir vermuteten, nicht mehr trug.
²⁸⁸) Kanap. c. 14.
²⁸⁹) Ueber Adalbert in Monte Kassino Kanap. c. 14; Bruno c. 13; Chron. mon. Casin. II, 17 (MG. Scr. VII. p. 640).
²⁹⁰) Kanap. c. 14: illius loci abbas et cum ipso admodum illustres viri; Chronic. mon. Casin. l. c.: a praedicto abbate et a nonnullis huius loci prioribus.
²⁹¹) Kanap. c. 14.
²⁹²) Vgl. Reg. Ben. c. 1.
²⁹³) Hieron. ep. 58 ad Paulinum c. 2, Migne, s. l. 22 col. 580: Non Jerosolymis fuisse, sed Jerosolymis bene vixisse laudandum est.
²⁹⁴) Die Legende Tempore illo c. 5.
²⁹⁵) Vita S. Nili §§ 84. 85 (Migne, s. g. 120 col. 142). Das hier von Manso gegebene Bild wird durch Kanaparius' Bericht in gewisser Weise bestätigt.
²⁹⁶) Von Prioren spricht wieder das Chron. mon. Casin. l. c.; vgl. Kanap. c. 15. Bruno, der Peinliches zu berühren gern vermeidet, verschweigt den Vorgang in Monte Kassino. Deshalb redet auch die Legende Tempore illo nicht davon.
²⁹⁷) Geb. zu Rossano in Kalabrien um 910, gest. 1005. Seine Vita bei Migne a. a. O. Es lebten damals viele griechische Mönche in Italien, und zwar nicht bloß auf byzantinischem Gebiet, sondern auch in Rom und Umgegend (vgl. Vita Nili §§ 90. 96; Bruno c. 17). Die Kirchenspaltung war noch nicht eingetreten.
²⁹⁸) Vita S. Nili § 91.
²⁹⁹) Kanap. c. 15.
³⁰⁰) Vita S. Nili § 91—93.
³⁰¹) Schon in seiner Jugend las Nilus gern die Lebensbeschreibungen der Heiligen des orientalischen Mönchtums. Vita § 2: Ἡδέα γὰρ ἀεὶ τῶν ἁγίων πατέρων τοὺς βίους, ἐκ νεότητος αὐτοῦ, Ἀντωνίου φημὶ δή, Σάββα τε καὶ Ἱλαρίωνος κτλ.
³⁰²) Von ihm sagt Kanaparius c. 13: Omnia dura et aspera pro

18*

dilecto Jesu dulcia sibi visa sunt; pro divite Christo angustam pauperiem pati, non tam labor quam ingens amor erat.

³⁰³) Kanap. c. 15: qui et usque hodie ita amore Christi ferventem non meminit se vidisse aliquem iuvenem.

³⁰⁴) Kanap. c. 15.

³⁰⁵) Kanap. c. 16. Bruno, Vita quinque fratrum c. 11.

³⁰⁶) Vgl. bes. Bruno c. 13.

³⁰⁷) Die Anfänge der Kirche von St. Bonifaz und St. Alexius gehören einer frühen Zeit an. Sie war ursprünglich nur dem Andenken des Märtyrers Bonifatius, welcher unter Diokletian gelitten haben sollte, geweiht. Seine Gebeine sollten in ihr beigesetzt sein. Später herrschte die Meinung, daß auch die Ueberreste des Asketen Alexius ihren Ruheplatz in ihr gefunden hätten. Benedikt VII. (974—983) übergab im Anfange seiner päpstlichen Regierung die Kirche dem von den Saracenen vertriebenen Metropoliten Sergius von Damaskus, welcher an ihr ein Kloster einrichtete. In dem Epitaph desselben wird ausdrücklich gesagt, daß das Kloster, welches er gründete, ein Benediktinerkloster war. Dasselbe ergiebt sich auch aus Kanaparius und Bruno. Wenn man aus Bruno c. 17 etwas anderes folgerte, geschah es mit Unrecht. Die in Betracht kommende Stelle lautet: Usus vero sibi maximus erat colloquia quaerere spiritualium et seniorum, qui crebro illic pro caritate abbatis plures confluxerant: Graeci inquam optimi veniunt, Latini similes militarunt. Superioribus quatuor pius Basilius, inferioribus quatuor magnus Benedictus dux sive rex erat. Inter quos medius incedens, Deum sitiens Adalbertus verba vito sumit et gluttit. Schon Baronius, Henschen, Pinius, Nerini schlossen hieraus, in dem Kloster von St. Bonifaz und Alexius hätten Basilianer und Benediktiner zusammen gelebt, und diese Ansicht aufnehmend, interpretierte Sackur (Die Cluniacenser, I. S. 332): „In der Abtei San Bonifazio und San Alessio lebten damals Griechen und Römer. Ihre Lebensweise war verschieden; nur vier befolgten die Regel des heiligen Basilius — sie galten für die Oberen, Vorgeschritteneren — die übrigen die des hl. Benedikt. Einen mittleren Weg schlug Adalbert ein." Das Mißverständnis liegt auf der Hand. Die Griechen lebten nicht in San Alessio, sondern kehrten dort häufig als Gäste ein. Superioribus — inferioribus heißt hier nicht Obere und Untere, sondern erstere und letztere. Und medius incedens hat nicht den Sinn, daß Adalbert eine Lebensweise, halb nach Basilius und halb nach Benedikt, geführt habe, sondern daß er in der Mitte der genannten Männer sich bewegt habe. Die Bedeutung der Stelle wäre nicht verkannt, wenn man auf das Folgende genügend geachtet hätte. Hier nennt Bruno ausdrücklich die quatuor Graeci und quatuor Latini, unter ihnen Nilus, der nie ein Glied des Klosters von St. Alexius gewesen ist, wohl aber dort als Gast verkehrt hat. Wenn man sich für die Meinung, in St. Alexius sei die Regel des Basilius der des Benedikt gleichberechtigt gewesen, auch auf Kanaparius beruft, welcher einmal (c. 15) sancti patris nostri Basilii sagt, so übersah man, daß diese Bezeichnung einfach aus Benedikts Regel (c. 73) herübergenommen und dadurch begründet ist, daß Basilius auch ein Mönchsheiliger war. Das Kloster von St. Bonifaz und Alexius ging

päter in die Hände der Prämonstratenser (1230) und im 15. Jahrhundert in die der Hieronymiten über. Vgl. über das Kloster Acta SS., Maii t. III. p. 279 s.; Julii t. IV. p. 243; Mabillon, Acta SS. ord. S. Ben., VII. p. 822 s.; Nerini, De templo et coenobio SS. Bonifacii et Alexii hist. monumenta, Romae 1752; ASV. p. 26; W. Giesebrecht, Röm. Mitteil. in Vall. Stud. XI. 13 ff.

[308]) Bruno c. 17: simplex Leo, psalmorum amicus et semper praedicare paratus. Mabillon, der von Leo l. c. p. 874 s. handelt, bestreitet gegen Baronius, daß hier der Abt Leo gemeint sei. Es handele [sich] bei Bruno um Gäste des Klosters. Im allgemeinen und besonders in Bezug auf die Griechen ist dies durchaus richtig. Aber es wird dadurch nicht ausgeschlossen, daß zwischen den Lateinern von Bruno auch Insassen des Klosters selbst genannt sind. Mabillon beachtete nicht, daß die Charakteristik Leos in dem Briefe Abbos von Fleury (Mabillon, Annal. ord. S. Ben. IV. p. 635) zu Leos Attributen bei Bruno ausgezeichnet paßt. Auch Abbo preist Leos Beredsamkeit. Aus diesem Briefe Abbos und Leos bereits genanntem eigenem Brief (MG. Scr. III. p. 686 ss.) kann man Leo noch etwas genauer kennen lernen. Nerini, der die Ansicht Mabillons teilte, identifizierte Leo simplex mit dem ehemaligen abbas Nonantulanus. Von dem Abt von St. Alexius handelt er p. 91 ss. Merkwürdig ist, daß Adalbert, obwohl er doch schon in Rom gewesen war, Leo und sein Kloster noch gar nicht kannte, sondern sich bei den Leuten auf der Straße darnach erkundigen mußte (Kanap. c. 16).

[309]) Reg. Ben. c. 58: Noviter veniens quis ad conversionem, non ei facilis tribuatur ingressus; sed, sicut ait apostolus, *„probate spiritus, si ex Deo sunt"* etc. Vgl. Grützmacher, Die Bedeutung Benedikts von Nursia und seiner Regel in der Geschichte des Mönchtums, Berlin 1892, S. 20 f.

[310]) Vgl. Bruno c. 14.
[311]) Kanap. c. 16.
[312]) Kanap. c. 16.
[313]) Kanap. c. 16: Sabbato sancto, quando baptizati catecumini criminalibus vinculis solvuntur, soluta est et ipsi capite pendens cuculla. Vgl. Dudík, II. S. 71; Hildem. expos. reg. S. Ben. Die neue Ausgabe der Uebersetzung des Kanaparius in den „Geschichtschreibern der deutschen Vorzeit" (XXXIV. S. 22) hält die falsche Wiedergabe von Hüffer fest: „Am Charsamstage, an dem die Katechumenen die Taufe und von den Banden der Sünde Befreiung erlangten, erlangte auch er die vom Haupte herabhängende Kutte."

[314]) So nahm Hüffer a. a. O. an.
[315]) Reg. Ben. c. 58.
[316]) Gewisse Rücksichtnahme auf priesterlichen Rang wird dem Abt freigegeben (Reg. Ben. c. 61. 62). Aber daß in den strengeren Klöstern je von den Bestimmungen bezüglich der Novizenzeit abgewichen sei, ist nach c. 58. 60 doch nicht wahrscheinlich.

[317]) Vgl. Anm. 201. Es setzen u. a. die Professio auch ins Jahr 990 Palacky (a. a. O. I. S. 239), Büdinger (a. a. O. I. S. 323) und Lohmeyer (a. a. O. S. 16). Dagegen nehmen Voigel (I. p. 101), Erben (l. c. I. p. 33) und Dudík (a. a. O. S. 69) dafür das Jahr 991 an. Im Jahre 990 fiel Gründonnerstag auf den 17. April.

³¹⁸) Kanap. c. 16; cf. Thietmar IV, 19.

³¹⁹) Vgl. Anm. 1. Der lateinische Wortlaut des Břewnower Zettels ist von uns im Anhange mitgeteilt. Er schließt sich genau an die Bestimmung an, welche die Regel Benedikts (c. 58) bezüglich der zu leistenden promissio giebt. Weil man aus dem Zettel sieht, wie die Regel Benedikts ausgeführt wurde, bleibt er interessant, auch wenn er gefälscht ist. Der Verfasser der sog. Chronik des Pulkawa (XIV. Jahrh.) muß ihn schon gekannt haben. Denn nach ihm offenbar berichtet er, daß Adalbert von dem Abte Augustin in den Mönchsstand aufgenommen sei (c. 24, ed. Mencken l. c. col. 1643).

³²⁰) Vgl. u. a. Büdinger a. a. O., I. S. 324; Lohmeyer a. a. O. S. 16.

³²¹) Dudik a. a. O., II. S. 69. 71.

³²²) Kanap. c. 16.

³²³) Bruno läßt c. 8 die Böhmen bei der Wahl Adalberts sagen: non habere meliorem, nec alium oportere esse suum episcopum quam indigenam Adalbertum, cuius nobilitas, divitie, alta sapientia et placabiles mores cum tanto honore concordarent.

³²⁴) Bruno c. 17.

³²⁵) Bruno c. 17: cum pro peccato negligentie veniam peteret. Vgl. Reg. Ben. c. 46 (32. 71).

³²⁶) Kanap c. 17; Bruno c. 17.

³²⁷) Kanap. c. 17. Bruno (c. 17) erzählt hier etwas anders als Kanaparius. Im Gedicht Quatuor immensi v. 600 wird die Frau Constancia genannt. Vgl. Anm. 1 auf S. 232 f. Hipler a. a. O. S. 58 meinte an die vornehme Römerin Constancia, die Tochter des Stephanus de Imizza, denken zu sollen, welche 992 dem römischen Kloster St. Gregor eine Schenkung machte (Mittarelli=Costadoni, Ann. Camald. ord. S. Ben., I. App. col. 112 ss.).

³²⁸) Bruno c. 14.

³²⁹) Bruno c. 17. Diese Geschichte von Ascherik ist oft ganz falsch aufgefaßt, auch von Kaindl (Beiträge zur ält. ungar. Gesch., Wien 1893, S. 69 f.). Sie trug sich zu, als Adalbert im Amt war, und suus homo ist der Diener Ascheriks. Von Rom ist mit keinem Wort die Rede.

³³⁰) Kanap. c. 17. Auch hier weicht Brunos Bericht (c. 17) von Kanaparius ab. Nach Bruno ist die Kranke eine an den Augen Leidende gewesen, deren Vater er nicht zu nennen vermag. Ueber die Vorgänge in Rom aber war Kanaparius doch sicher gut orientiert. Sollte hier nicht erhellen, daß Bruno Kanaparius vielfach nur nach ungefährer Erinnerung wieder gegeben hat?

³³¹) Kanap. c. 5.

³³²) Vgl. Anm. 1 und Anhang. Der Abt Leo von St. Alexius hat in der Verteidigung der Unbildung der Päpste in den weltlichen Wissenschaften geschrieben: Et quia vicarii Petri et ejus discipuli nolunt habere magistrum Platonem, neque Virgilium, neque Terentium, neque ceteros pecudes philosophorum, qui volando superbe, ut avis aerem, et emergentes in profundum, ut pisces mare, et ut pecora gradientes terram descripserunt: dicitis eos nec hostiarios debere esse, quia tali carmine imbuti non sunt. Pro qua re

sciatis, eos esse mentitos, qui talia dixerunt. Nam Petrus non novit talia, et hostiarius coeli effectus est (MG. Scr. III. p. 687).

³³³) Reg. Ben. c. 7. Die zitierte Stelle, Psalm 73, 22 f., ist hier falsch aufgefaßt.
³³⁴) Bruno c. 14.
³³⁵) Ben. Reg. c. 35.
³³⁶) Bruno c. 14; cf. Kanap. c. 17.
³³⁷) Kanap. c. 17: Sic se cunctis fratribus servire laetatur.
³³⁸) Kanap. c. 17; Bruno c. 14.
³³⁹) Bruno glaubte zu wissen, daß er nach dem vermeintlichen Wunder später nie mehr etwas zerbrochen habe: et postea, puto, nunquam aliam fregit (c. 17).
³⁴⁰) Kanap. c. 17.
³⁴¹) Reg. Ben. c. 7; cf. c. 46.
³⁴²) Bruno c. 14.
³⁴³) Die folgende Schilderung richtet sich ganz nach der Regel Benedikts, die, wie deutlich erhellt, zu Adalberts Zeit in St. Alexius sehr streng befolgt wurde. Magnus Benedictus dux sive rex erat (Bruno c. 17). Unwesentlichere Abweichungen von ihr, Berücksichtigung auch anderer Vorschriften, wie sie eine mönchisch-gesetzliche Richtung aus der heiligen Schrift ableiten oder aus den Vätern entnehmen konnte, gestattete sie selbst (c. 73). An solchen unbedeutenderen Modifikationen wird es auch in St. Alexius nicht gefehlt haben, doch entziehen sie sich unserer Kenntnis.
³⁴⁴) Reg. Ben. c. 8—18.
³⁴⁵) Reg. Ben. c. 16.
³⁴⁶) Reg. Ben. c. 41. 42; cf. c. 39.
³⁴⁷) Reg. Ben. c. 48.
³⁴⁸) Reg. Ben. c. 38.
³⁴⁹) Reg. Ben. c. 39. 40; cf. c. 36.
³⁵⁰) Reg. Ben. c. 22. 55.
³⁵¹) Reg. Ben. c. 4. 6. 7.
³⁵²) Reg. Ben. c. 7.
³⁵³) Bruno c. 17; Legende Tempore illo c. 7.
³⁵⁴) Vgl. S. 55 ff.
³⁵⁵) Vgl. Anm. 201.
³⁵⁶) Bruno c. 15; cf. Kanap. c. 18.
³⁵⁷) Passio c. 1; Kosmas I, 30.
³⁵⁸) Vgl. H. Zeißberg, Miseco I., AföG. Bd. 38, S. 98 f.
³⁵⁹) Ann. Hildesheim. ad ann. 992 (MG. Scr. III. p. 69). Vgl. Zeißberg a. a. O.
³⁶⁰) Vgl. Lojerth, Der Sturz des Hauses Slawnik, AföG. Bd. 65, S. 44.
³⁶¹) Passio Adalperti c. 1. Aehnlich berichtet Quatuor immensi v. 619 ss.
³⁶²) Kanap. c. 18: Archiepiscopus vero Mogontinus beati praesulis gregem sine pastore ire conspiciens, misit legatos cum litteris, per quos domnum apostolicum de sancti viri reditu interpellat. Cf. Bruno c. 15.
³⁶³) Bruno c. 15: Promittunt ex ore populi errata corrigere, que

deliquerunt solvare, desinere a malis, studium dare bonis ..... Sed facta sinodo, ratio obtinuit, quia gens sua plenam satisfactionem pollicens vocat, dimissum gregem contra voluntatem repetat..

³⁶³) Bruno c. 15: dimissum gregem contra voluntatem repetat. Amborum, pape et abbatis, imperio parens, fracto suo libitu flens episcopus ad episcopium redit. Vgl. Bruno, Vita quinque fratrum c. 11.

³⁶⁴) Corp. iur. can., c. 45 C. VII qu. I; c. 11 X. (de renunc.) I, 9.

³⁶⁵) Bruno c. 15: Abcessus sancti viri contrarius erat domno pape; Kanap. c. 18: Tum apostolicus non tam voluntate quam iure Dei permotus.

³⁶⁶) Vgl. Pseudoisidor ed. Hinschius p. 90 (ep. Evaristi II); p. 496 (epist. Liberii); Corp. iur. can., c. 11 C. VII qu. I; c. 46 C. VII qu. I.

³⁶⁷) Vgl. Anm. 364.

³⁶⁸) Die Stelle lautet: Brevnowensi monasterio a me et a uenerabili patre domino Adalberto Pragensi episcopo ex precepto domini Johannis pape laudabiliter constructo (Boczek, I. p. 101). Vgl. Anm. 1.

³⁶⁹) Auf die Urkunde nimmt Bezug eine andere des Herzogs Bretislaw vom 18. Oct. 1045 (bei Boczek, I. p. 121), welche im 12. oder 13. Jahrh. gefälscht ist. Der Verfasser der sogenannten Chronik des Pulkawa im 14. Jahrhundert hat die erstere allem Anschein nach schon in der uns vorliegenden Form gekannt. Vgl. über die Urkunden Dudik a. a. O., II. S. 76. 231.

³⁷⁰) Kosmas II, 7. Es ist darauf zu achten, daß in der Brewnower Urkunde von 993 ex precepto steht. So heißt es in den Worten des Papstes bei Kosmas II, 7: praecipimus. Der Papst befahl in beiden Fällen.

³⁷¹) Diese Nachricht bietet die Chronik des Pulkawa (c. 24, bei Mencken, III. col. 1644), deren Verfasser offenbar über Brewnow die mündliche und schriftliche Tradition des Klosters selbst benutzt hat. Kam der Abt Anastasius auch aus Rom, so brachte Adalbert dreizehn Mönche mit. Daß aber Anastasius von Geburt kein Italiener war, ergiebt sich aus Bruno c. 17. Denn es kann, wie später erhellen wird, kaum zweifelhaft sein, daß Anastasius mit dem Ascherik zu identifizieren ist, dessen Bruno a. a. O. gedenkt.

³⁷²) Vgl. Anm. 246.

³⁷³) Die erwähnte römische Synode und damit auch die Rückkehr Adalberts nach Böhmen setzen Henschen (Acta SS., April. III. p. 176), Jaffé (Reg. Pontif. Rom. p. 389) u. a. ins Jahr 994. Die Gründe, welche für das Jahr 992 sprechen, sind bereits angegeben (vgl. Anm. 201). Wenn wir aber die bezeichneten Ereignisse erst dem Herbst dieses Jahres zuwiesen, so war bestimmend, daß Herzog Mißeko von Polen erst im Mai 992 gestorben ist. Erst mit dem Regierungswechsel in Polen wird der Friede zwischen Böhmen und Polen sich mehr befestigt haben, wenn er ja auch ein zuverlässiger nie wurde. Vor Mitte des Sommers 992 werden also schwerlich die böhmischen Bemühungen um die Rückkehr Adalberts eingeleitet sein.

³⁷⁴) Bruno c. 15.

³⁷⁵) Quatuor immensi v. 651 s.:
Post iter emensum Plizenem ad menia ventum,
Istius terre manet hac nam terminus urbe.

Der gewöhnliche Weg von Italien nach Prag führte durch Bayern und das südwestliche Böhmen. Deshalb stoßen wir besonders im südwestlichen Böhmen auf Lokalsagen in Bezug auf den heiligen Adalbert. Vgl. Boleluczky, I. p. 228ss.; ASV. p. 27 s. Nur die Ueberlegung, daß Adalberts Reisen durch den Südwesten Böhmens gegangen sein müssen, wird Ursache ihrer Entstehung gewesen sein. Ob die Nennung Pilsens in Quatuor immensi eine sicherere Grundlage hat, steht dahin.

[376]) Chron. Boh. c. 24 (bei Mencken l. c.). Die Nachricht erscheint nicht unglaubwürdig, obwohl sie wohl nur der Břewnower Tradition entnommen wurde. Der sog. Pulkawa bemerkt noch, daß der Ort den Namen Kostelez (Koszczelecz) von Adalbert empfangen habe.

[377]) Kanap. c. 18.

[378]) Es ist nicht unmöglich, daß dieser Landtag schon stattfand, als Adalbert noch in Rom war, und daß die über denselben ausgestellte Urkunde Adalbert bereits in Rom vorgelegt wurde. Zu dieser Annahme neigt Lohmeyer a. a. O. S. 17.

[379]) Vgl. Anm. 245.

[380]) Chron. Boh. c. 24.

[381]) Wie schon bemerkt wurde, wird es in der sog. Stiftungsurkunde von Břewnow (Boczek, I. p. 101 ss.; Erben, I. p. 33 s.) nicht an Bestandteilen fehlen, die dem Original entnommen wurden. Vgl. Dudik a. a. O., II. S. 76.

[382]) Chron. Boh. c. 24 l. c.

[383]) Diesen Tag giebt das Chron. Boh. l. c. an.

[384]) Vgl. Chron. Boh. l. c. und die angeblich von Johann XV. herrührende Urkunde (Boczek, I. p. 104). Unter Břetislaw I. wurde eine zweite Kirche in Břewnow zu Ehren Adalberts erbaut (die Urkunde bei Boczek, I. p. 120 gilt allerdings, wie bemerkt, für unecht). Das Kloster hieß nun „Zu St. Benedikt und St. Adalbert". Seit Ausgang des 13. Jahrhunderts führt es den Namen St. Margareth, da ein angeblicher Arm dieser Heiligen in ihm niedergelegt wurde.

[385]) Anastasius ist oft (vgl. Palacky a. a. O., I. S. 240; Tomek a. a. O., S. 93; Dudik a. a. O., II. S. 76; Büdinger a. a. O., I. S. 325 u. a.) und noch neuerdings wieder von Kaindl (Beiträge z. ält. ung. Gesch., S. 21. 66 ff.) und im ASV. (p. 26) mit Radla identifiziert, m. E. ohne jeden genügenden Grund. Radla erschien 992 als Abgesandter aus Böhmen in Rom (Bruno c. 15). Daß er damals schon Mönch war, wird mit keinem Wort angedeutet. Im Gegenteil, er selbst hat später Bruno erzählt, daß ihm lange Adalberts Weg zu steil gewesen sei, und er Adalbert deshalb gemieden habe (Bruno c. 23). Ins Mönchstum trat 990 nur Gaudentius mit Adalbert ein. Im Jahre 995 sehen wir Radla als Kleriker in Libice (Bruno c. 21). Später weilte er in Ungarn (Bruno c. 23). Gegenüber Adalberts Aufforderung (am Ausgange des Jahres 996), ihn nach Preußen zu begleiten, verhielt er sich ablehnend. Damals war er allerdings schon Mönch (Bruno c. 23). Wahrscheinlich ist er es infolge der Katastrophe von Libice geworden. Nicht mit Radla, sondern mit jenem Kleriker Ascherik, der einst mit Adalbert haderte (Bruno c. 17) und, wie schon Giesebrecht (NPPrBl. 1860, 1 S. 59) hervorhob, von Radla durchaus zu unterscheiden ist, wird der Břewnower Abt Anastasius zu identifizieren sein. Der Name Ascherik (Ascrik) lehrt wieder

in der Passio Adalperti (c. 3). Es heißt hier von dem betreffenden Aschrik, daß er Abt eines von Adalbert auf seiner Reise nach Preußen gegründeten Klosters und später Erzbischof von Sobottin geworden sei. Daß dieser Aschrik mit dem ungarischen Erzbischof Ascricus oder Astricus (Vita Stephani maior c. 7. 8; Hartwich c. 9, MG. Scr. XI. p. 232 s.; Cronic. Ung. et Polon., MP. I. p. 500 ss.) identisch war, kann nicht wohl bezweifelt werden. In der Dedic. eccl. S. Petri Bab. (ann. 1012, MG. Scr. XVII. p. 636) ist von einem Aschericus Ungarorum archiepiscopus die Rede. Dieser ungarische Erzbischof Astrik, Astrik, Ascherik aber hieß auch Anastasius (vgl. Hartwichs Vita Stephani l. c.; Frankf. Synode von 1007, MG. Scr. IV. p. 796; Arnoldus, De S. Emm., MG. Scr. IV. p. 547). Nichts spricht dagegen, daß der Kleriker Ascherik, der einst gegen Adalbert sündigte und darauf eine Bußerschütterung erlebte, schon vor dem Jahre 993 Mönch und dann 993 Abt von Břewnow wurde. Dieselbe Person wäre so erst Abt von Břewnow, dann Abt eines andern Klosters im slawischen Osten und schließlich Erzbischof in Ungarn gewesen. Als Adalbert Böhmen wieder verließ, wird auch Ascheriks Bleiben in Břewnow unmöglich geworden sein. Der Name Sobottin ist noch nicht aufgehellt. Erzbischöflicher Sitz von Ungarn war Gran (Strigonium). Dort läßt die Vita maior Stephani den Astrik eingesetzt sein. Nach anderen Nachrichten wäre er Bischof von Kalocsa gewesen. Vielleicht liegt eine Verwechslung vor. Ausführlich bespricht die Sache Kaindl a. a. O. S. 75 ff. Von Anastasius handelt auch Ziegelbauer, Epitome hist. mon. Brevn., p. 60. 88; Nerini, De templo et coen. SS. Bon. et Alexii, p. 126; Giesebrecht, Gesch. der deutschen Kaiserzeit, I. S. 739. 857.

[386]) Diese zweite herzogliche Urkunde (Erben, I. p. 34 s.; Boček, I. 103 s.) findet sich im Chron. Boh. c. 24.

[387]) Chron. Boh. c. 24. Von dem Anonymus bei Bolelucký, II. p. 55 und im Verzeichnis der Břewnower Adalbertsreliquien bei Ziegelbauer (a. a. O. p. 124) werden zwei chirothecae, die das Kloster Břewnow von Adalbert herstammen ließ, erwähnt, während Piter (Thesaurus abscond., p. 85) unter den Břewnower Reliquien eine Chirotheka nicht mehr aufführt. — Die Nachricht von dem Bann Adalberts über alle, die das Kloster schädigen würden, findet sich auch in der ersten herzoglichen Urkunde.

[388]) Chron. Boh. c. 25.

[389]) Es ist mir ungewiß geworden, ob das Břewnower Kloster die angebliche päpstliche Urkunde wirklich noch im Original zu besitzen meint, oder sie nur noch in dem von Ottokar I. beglaubigten Transsumpt aufhebt. Nach einer Stelle bei Ziegelbauer (a. a. O. p. 19) glaube ich das letztere annehmen zu müssen. Andere Berichterstatter drücken sich aus, als ob das erstere der Fall wäre. Im 14. Jahrh. jedenfalls wurde das vermeintliche Original in Břewnow noch aufgehoben (Chron. Boh. c. 25), und eine zweite Stelle bei Ziegelbauer (a. a. O. p. 163) macht den Eindruck, daß es auch zu seiner Zeit noch existierte. Bei Ziegelbauer lautet das Datum der päpstlichen Urkunde: Datum Reate per manum Dominici episcopi Sabinensis, II Kalendas Junii, Indictione VI[ta], Incarnationis Dominicae anno DCCCCXCIII, Pontificatus nostri, Deo propitio, anno XV.

— 283 —

Mense VIII. Einen Widerspruch bildet hierin nur das Pontifikatsjahr. Johanns Pontifikat währte überhaupt nur zehn und ein halbes Jahr. Dürfte man das Pontifikatsjahr XV in VIII verbessern, so würde das Datum ohne Anstoß sein. Völlig konfus machten es die Emendationen von Voigel und Erben. Vgl. Dudik a. a. O., II. S. 76 f. Liegt die Urkunde leserlich nur noch im Transsumpt vor, könnte man annehmen, daß das Datum bei der Transsumierung entstellt wurde. Einen ähnlichen Schluß wie der Verfasser des Chron. Boh. zog Wilmans (a. a. O. S. 92) aus der Urkunde, indem er folgerte, daß Adalbert 993 noch in Rom war. Er las Adalberto . . . praesente. Auch die richtige Lesart Adalberto . . . referente schließt den Verdacht nicht aus, daß die Urkunde von jemand gefälscht wurde, welcher den Eindruck erwecken wollte, sie sei von Adalbert persönlich in Rom erwirkt. — Lit. über das Kloster Břewnow: Bolelucžky a. a. O., I. p. 879 ss.; Ziegelbauer, Epitome historica monast. Brevnov., Coloniae 1740; Piter, Thesaurus absconditus in agro seu monasterio Brzevonoviensi, Brunae 1762, p. 71. 132 ss.; Tomek, Gesch. der Stadt Prag, I. S. 93 ff. 467 ff.; ASV. p. 26 s.

[300]) In dieser Zeit werden gewiß manche Kirchengründungen von seiten Adalberts erfolgt sein. Die Ueberlieferung berichtet von solchen fast gar nicht. Einer schlichten Holzkirche, deren Weihung Adalbert zugeschrieben wurde, gedenkt das Chronicon domus Sarensis, FrB. II. p. 534, und eine Urkunde des Wyschraber Domkapitels von 1264 (vgl. Tomek a. a. O., S. 31. 265) lautet dahin, daß Adalbert die dem Evangelisten St. Johannes gewidmete Hofkapelle in Wyšehrad geweiht habe. Von beiden Kirchen existiert heute nichts mehr. Vgl. ASV. p. 29 s.

[301]) Kanap. c. 19; vgl. Bruno c. 16. Die Biographen hätten diese Geschichte von der Ehebrecherin nicht so ausführlich erzählt, wenn nicht durch sie in erster Linie Adalberts zweiter Fortgang von Prag veranlaßt wäre. Aber Hauck (KG. D., III. S. 251) hat recht, wenn er aus Kanap. c. 20 und Bruno c. 16 schließt, daß Adalbert in dieser Zeit auch noch andere schlimme Erfahrungen machte.

[302]) Bruno c. 16: quam in oratorio sancti Georgii retro altare abscondit, ut satisfactionem suaderet et vitam servaret. Vgl. über das Asylrecht Hinschius, Kirchenrecht, IV. S. 380 ff.

[303]) Kanap. c. 19: quia martyrii coronam exposcens erat . . . Inde totus ardore martyrii flagrans, non tardiore desiderio et cursu quam, qui fugit hostem, sponte venit in hostem. Bruno c. 16: Audivit sonitum armorum et minas verborum procaces, audivit episcopus letus, et si forte semper martirium optatum nunc miserante Deo inveniat, tacita cogitatione ruminat, dubio gaudio exultat.

[304]) Kosmas I, 42.

[305]) Tomek a. a. O. S. 113. Daß die Ehebrecherin aus dem Geschlechte der Wršowicen war, ist schon von Dobner vermutet.

[306]) Kosmas I, 29: Et quia tunc temporis dux non erat suae potestatis, sed comitum, comites versi in dei odium, patrum iniquorum

pessimi filii, valde malum operabantur facinus et iniquum. Vergleichen wir diese Worte mit den Ausdrücken Jaromirs über die Wrsowicen (I, 42), so möchte erhellen, daß Kosmas die Wrsowicen als Seele der Umtriebe gegen Adalberts Familie ansah. Von dem Schlaganfall Boleslavs berichtet Thietmar VII, 41. Wie er sich ausdrückt, will es scheinen, daß die Erkrankung nach der Zerstörung Libices eintrat und als Strafe für des Herzogs Verhalten aufgefaßt wurde.

³⁹⁷) Thietmar, der freilich Adalberts ersten und zweiten Fortgang von Prag nicht auseinander hält, schreibt IV, 19: cum sibi commissos ab antiquae pravitatis errore monitis divini precepti amovere nequivisset, omnes excommunicans, Romam ad excusandum se apud apostolicum venit. Vgl. Chron. Boh. c. 24 l. c. Daß Adalbert nicht freiwillig gegangen, sondern vertrieben sei (Hauck a. a. O. S. 251), wird durch nichts in den Quellen angedeutet, und die späteren Verhandlungen über seine Rückkehr widerlegen eine derartige Annahme. Zur Verständlichmachung des Konfliktes kann vielleicht auch noch eine Stelle bei Damiani (De abdicatione episc. c. 2) dienen: Quid referam Lugdunensem episcopum, vita et vocabulo Justum, qui commissum sibi pontificatus officium et laudabiliter rexit et non sine laude deseruit? Plane abreptitius quidam in tantam furiosae mentis prorupit insaniam, ut obvios quosque violentus impeteret, verberum collisione mactaret, plerisque membra praecideret, mortem postremo nonnullis inferret. Hic aliquando, plurimis insectantibus, ecclesiae fores irrupit seque tueri coepit. Nam tunc eum necessitas edocebat ad cor redire, cum iam cogebatur a vita discedere. Ecce sacerdos sanctus concitus ad ista prosiliit et ecclesiae confugium petenti se defensor obiecit. Ii vero, quorum propinqui vel exstincti fuerant, vel truncati, vehementer instabant et reum ad supplicia importuna constipatione quaerebant. Quid plura? Tandem ad hoc perventum est, ut pius pontifex satisdatione suscepta, ne reus mortis morti succumberet, quasi pro satisfactione victoriae, eorum hunc manibus tradidisset (f. traderet,); sed mox ut in eorum potestatem devenit, exstinctus interiit. Protinus vir Dei, tanquam si ipse huius homicidii auctor esset, pavefactus intremuit, ecclesiam dimisit et in Aegypti partibus postmodum eremiticam vitam duxit.

³⁹⁸) Bruno c. 21; Kanap. c. 25; Kosmas I, 29.

³⁹⁹) Bruno c. 21. Thietmar (VII, 41) sagt in Bezug auf den Schlaganfall Boleslavs, daß er Boleslaw getroffen habe ob inobedientiam Christi preconis. Vorher ist Adalbert erwähnt.

⁴⁰⁰) Gerade auch Adalbert hat man gehaßt. Kanap. c. 25: in odium sui nominis grande nefas peregerunt.

⁴⁰¹) Bruno c. 21; Kanap. c. 25.

⁴⁰²) Bruno c. 21: Ex quibus maior frater in servitium imperatoris profectus paganorum expugnationes adiuvit, ubi et cum Bolizlavo Polanorum duce gratiam amicitie promeruit. Quaerelas etiam imperatori fecit, quod dux Boemiorum Bolizlavus sine misericordia sibi suisque fra-

tribus plura mala fecisset. Huius usque in adventum et seros reditus relicti domi quatuor fratres pacem impetrarunt; ex parte ducis securitatem et sacramenta acceperunt. Obwohl hier zuletzt nicht das Plusquamperfektum steht, hat man doch anzunehmen, daß der Waffenstillstand bereits bei Soběbors Fortgang von Böhmen geschlossen wurde. Uebrigens sandte auch Boleslaw dem Könige unter Führung seines Sohnes Hülfstruppen (vgl. Ann. Hildesh. ad ann. 995; Wilmans a. a. O. S. 82).

⁴⁰³) Daß der Herzog selbst das Unternehmen gegen Libice leitete, geht klar aus Bruno c. 21 hervor, besonders aus den Worten: fefellit manus senioris. Sein Sohn war im Feldzuge Ottos III.

⁴⁰⁴) Vgl. Anm. 402. Später war die Erinnerung an die politischen Umstände, die einst verbitternd mitgewirkt hatten, geschwunden. Die Chronik des Pulkawa (c. 24) weiß nur von dem Bann Adalberts als Grund der Ermordung seiner Brüder.

⁴⁰⁵) Bezüglich der Zerstörung Libices steht der Bericht Brunos (c. 21; vgl. Vita quinque fratrum c. 11), welcher offenbar auf des Augenzeugen Radla Erzählung zurückgeht, in erster Linie. Nach ihm könnte man zweifeln, ob auch die Weiber und Kinder der Slawnikinger ermordet wurden. Kanaparius (c. 25) und Kosmas (I, 29) berichten es. Kosmas giebt im Widerspruch zu dem eigenen Text die falsche Nachricht, daß auch Soběbor in Libice umgekommen sei. Von ihm haben andere Geschichtschreiber sie übernommen. Zuerst sagt er richtig, daß vier Brüder Adalberts getötet seien.

⁴⁰⁶) Thietmar VI, 9: magnum hostibus gaudium, suis autem luctum ineffabilem reliquit. Eine vornehme, polnische Familie hat später ihren Stammbaum auf den Bruder Adalberts, welcher der Katastrophe von Libice entging und bei Boleslaw Chabry lebte, zurückgeführt. Irrtümischer Weise meinte man, der gerettete Bruder Adalberts sei Pořej gewesen. Długoß, Hist. Pol., II. ad ann. 993: Dat deinde (scil. Boleslaus Polonorum dux) promissis virtutem, et Poray Sancti Adalberti germano multas prossessiones, opes et haereditates in Polonico regno largitur, ac illum suo dominio et Polonorum militum nobilitati interserit, adiungit et implantat. Ex hoc autem uno surculo multiplex in Poloniae regno surrexit propago, et in magnum atque frequentem progenies viri Dei familiam, quae se de Rosis nominat, albam rosam in campo rubeo deferens et Poray proclama habens, evasit successionibus foecundis usque ad nostra tempora derivata. In Böhmen gab sich das mächtige Geschlecht der Rosenberge, das gleichfalls die Rose im Wappen führte (vgl. Palacky, II,1 S. 101 f.), verwandtschaftlichen Zusammenhang mit Adalbert. Von diesen genealogischen Phantasien kann man bei Boleluczky (I. p. 8. ss.) lesen.

⁴⁰⁷) Kanaparius sagt ja selbst, daß die Katastrophe in Libice geschah, als Soběbor im Feldzuge des deutschen Königs war, und er mußte doch, daß Otto III. im Jahre 996 erst in Rom und dann am Rhein weilte (c. 21—25). Allerdings die Tempora bei Kanaparius sprechen dafür, daß er der Meinung war, die Zerstörung Libices sei erst während Adalberts zweiter Rückreise von Rom er-

folgt. Jedenfalls hat er angenommen, daß Adalbert erst auf dieser Reise, und zwar erst nach seiner Trennung vom Kaiser die Nachricht von dem erhielt, was sich in Libice zugetragen hatte, und erst auf diese Weise bestimmt wurde, nach Polen abzulenken (c. 26).

⁴⁰⁸) Kosmas I, 29; Ann. Prag. ad ann. 995. Hinzukommt, daß der Feldzug Ottos III., an dem Soběbor teilnahm, eben im Jahre 995 stattfand. Vgl. Wilmans a. a. O. S. 82. Für das Jahr 995 haben sich u. a. auch Joh. Voigt, Büdinger, Tomek, Lohmeyer ausgesprochen, während Palacky das Jahr 996 bevorzugte.

⁴⁰⁹) Chron. Boh. c. 25.; vgl. Boleluczky, I. p. 310 ss. Im 14. Jahrh. scheint die sagenumsponnene Chirotheka in Libice gezeigt zu sein. Später machte man in Altbunzlau Anspruch, sie in Gestalt eines Handschuhs, der dort noch heute sich findet, zu besitzen. Boleluczky wollte wissen, daß sie erst nach Rom geholt und dann nach Altbunzlau geschenkt sei. Nach dem ASV. ist eine Chirotheka, die im Prager Dome aufgehoben wird, diejenige, an welche sich die Sage knüpfte. Der Prager und Altbunzlauer Handschuh werden in ihrem Zustande beschrieben im ASV. p. 20. Lichtdrucke sind beigefügt. Nach dem Urteil der Sachverständigen ist der angenähte feingearbeitete Rand des Altbunzlauer Handschuhes gothisch, das Alter der Handschuhe selbst unbestimmbar. Die Chirotheken, die man in Břewnow zeigte, haben mit der Prager und Altbunzlauer nichts zu thun. Die ermordeten Brüder Adalberts sind erst in Libice beigesetzt gewesen. Im Jahre 1216 sollen ihre Gebeine nach Prag gebracht sein (Canon. Prag. contin. Cosmae, Ann. ad ann. 1216, MG. Scr. IX. p. 170; FrB. II. p. 283).

⁴¹⁰) S. Stephani vita maior, MG. Scr. XI. p. 229 ss. Vgl. Wattenbach, Deutschlands Geschichtsquellen im MA., II. S. 210.

⁴¹¹) Thatsächlich hat schon Geisa das Christentum angenommen. Nicht nur die Vita Stephani, auch Thietmar (VIII, 3) berichtet, daß er Christ wurde. Die Gründe, aus denen sein Uebertritt mehr oder weniger bezweifelt ist (vgl. Dümmler, Piligrim v. Passau, Leipzig 1854, S. 40; Lohmeyer a. a. O. S. 20 f.), sind nicht überzeugend. Für die Richtigkeit der Nachricht von Geisas Christentum trat neuerdings auch Kaindl (Beiträge z. ält. ungar. Gesch., Wien 1893) ein.

⁴¹²) In der älteren Vita minor c. 2 (MG. Scr. XI. p. 226) heißt es bei Bericht über Stephans Regierungsantritt: Stephanus adhuc puer; in der Vita maior c. 5: postquam primum adolescentiae gradum transcendit; in der neuerdings wieder von Kaindl (Studien zu den ungar. Geschichtsquellen, III. u. IV. 1895, S. 39 ff.) in der Hauptsache für glaubwürdig erklärten Urkunde Stephans für Martinsberg (bei Florianus, Hist. Hung. font. domest. I., p. 99 ss.) in Bezug auf die erste Zeit der Regierung Stephans: in pueritia mea.

⁴¹³) Seit Dümmlers Bemerkungen in seiner Schrift Piligrim von Passau, S. 183, ist immer wieder angenommen, daß Stephan schon im Jahre 995 auf den Thron gekommen sei. Indes Dümmlers Berechnung stützt sich lediglich auf den Catalogus regum Hungaricorum bei Annales Posonienses (MG. Scr. XIX. p. 571 ss.), dessen Angabe (44 Regierungsjahre) den Annalen selbst (Geisa † 998) widerspricht, und auf eine Notiz der Vita maior Stephani (c. 9: König

im 5. Jahre nach Geisas Tod), die wiederum mit einer zweiten Nachricht (c. 5: Geisa † 997) eben der Schrift, in der sie sich findet, nicht übereinkommt. Was Dümmler über ein Zeugnis Hermanns von Reichenau sagt, ist nicht ganz durchsichtig. Hartwich setzt Stephans Krönung ins vierte Jahr nach Geisas Tod. Entscheidend ist Brunos Darstellung. Nach ihm (c. 23 in 2. Rezension) hat Adalbert, als er im Begriff war, in die Heidenwelt zu gehen, d. i. im Jahre 996, einen Brief an eine regierende ungarische Fürstin gesandt, welche von Bruno so charakterisiert wird, daß nur an die Gemahlin Geisas gedacht werden kann. Im Jahre 996 lebte also Geisa jedenfalls noch.

[414]) Vgl. Mailáth, Gesch. der Magyaren, I. Wien 1828, S. 31 ff. Nach den in Anm. 412 angeführten Stellen über Stephans Alter bei seinem Regierungsantritt will es mir unmöglich erscheinen, mit Kaindl (Beiträge ꝛc. S. 42) an der ungarischen Tradition festzuhalten, welche Stephan im Jahre 967 oder 969 geboren sein läßt.

[415]) Hermann von Reichenau (1013—1054), Chronicon (MG. Scr. V. p. 117 s.), ad ann. 995: Gisela Stephano regi Ungariorum, cum se ad fidem Christi converteret, quasi vere iuxta nomen suum fidei obses in coniugium data; Sigebert v. Gembloux, Chron. ad ann. 1010 (MG. Scr. VI. p. 354); Eckhard von Aura, Chronic. universale ad ann. 1001 (MG. Scr. VI. p. 192); Aegidius von Orbal, Gesta episc. Leodiensium, ad ann. 1024 Randbem. (MG. Scr. XXV. p. 69). Vgl. Dümmler, Piligrim, S. 167 f.; Büdinger, Oesterr. Gesch., I. S. 397; Kaindl a. a. O. S. 73 ff.

[416]) Vita minor c. 1 (MG. Scr. XI. p. 226): Qui cum iam senesceret resolutionemque sui corporis imminere sentiret, filio arce regni sublimando uxorem nobilissimam ex latissima Romanorum imperatorum prosapia derivatam duxit.

[417]) Bruno c. 16.

[418]) Daß Adalbert in Ungarn (Pannonien) war, wird auch von Kosmas (I, 31) bezeugt. Legendarisches über sein Wirken daselbst findet sich in Tempore illo (c. 7) und den Miracula S. Adalb. c. 3.

[419]) Mit Unrecht hat man bemerkt, daß Bruno bezüglich der Zeit des Besuches Adalberts in Ungarn keinen bestimmten Anhaltspunkt gebe. Der Zusammenhang, in welchem Bruno dieses Besuches gedenkt, läßt keinen Zweifel darüber, daß er ihn für jene Zeit melden wollte, in welcher Adalbert zum zweiten Male mit Böhmen brach. Ob es sich im genaueren um das Jahr 994 oder das Jahr 995 handelte, darüber kann man schwanken. Das Jahr 995 nahmen schon an Henschen, Joh. Voigt u. a. Palacky ließ, wie bereits bemerkt ist, Adalbert schon im Jahre 984 gelegentlich einer bischöflichen Reise durch die östlichen Gegenden des Prager Sprengels in Ungarn sein. Nach Dudik (a. a. O., II. S. 67. 74) berührte er Ungarn 992 auf seiner Rückreise von Rom nach Prag. Dudik beruft sich auf Dubravius, Hist. Boiemica, Basileae 1547, p. 46, bei dem er Benutzung einer älteren Quelle voraussetzt. Derselben Ansicht wie Dudik war bezüglich des Zeitpunktes auch Frind, KG. Böhmens, I. S. 65. Nach Kosmas und allen, die ihm gefolgt sind, ist Adalbert auf seiner Reise nach Polen oder von dort aus im Jahre

996 (oder 997) in Ungarn gewesen. Nach Entdeckung der Passio Adalperti ist diese Ansicht von denen wieder aufgenommen, welche die Nachricht der Passio von einer Klostergründung Adalberts vor seinem Zuge nach Preußen auf ein ungarisches Kloster bezogen. Nur bei Bruno sind wir auf sicherem Boden. Bezüglich des Jahres 992 aber läßt sich auch noch sagen, daß alles dafür spricht, daß damals Adalbert auf dem nächsten Wege nach Böhmen zurückreiste.

[420]) Vgl. Anm. 416. Später findet sich die Nachricht von Stephans Taufe durch Adalbert bei dem Annalista Saxo (S. XII) ad ann. 1038 (MG. Scr. VI. p. 682) und in polnischen Quellen.

[421]) Später hat man (Reza, De nobilibus advenis) auch erzählt, daß Adalbert Geisa getauft habe. Vgl. Endlicher, Rerum Hung. monum. Arpad. p. 124; Kaindl a. a. O. S. 59 f.

[422]) Bruno c. 16. 23.

[423]) Annal. Siles. compil., MG. Scr. XIX. p. 537.

[424]) Bruno c. 23.

[425]) Bruno c. 23. Vgl. über die Anfänge des Christentums in Ungarn auch Hauck, KG. D., III. S. 272 f.

[426]) Kanap. c. 20: Dilexerunt eum omnes, sed prae omnibus abbas suus, qui et post se totis cohortibus fratrum praefecerat illum (cf. Reg. Ben. c. 21. 65). Nerini (l. c. p. 106) meint, Adalbert sei Leos Stellvertreter in dessen Abwesenheit gewesen. Die Sage machte Adalbert zum Kapellan des Papstes (Chron. Boh. c. 25).

[427]) Bruno c. 17: Hoc Gregorius abbas, hoc erat Nilus pater, hoc Johannes bonus et infirmus, hoc simplex Stratus et super terram angelus unus, hoc ex Rome maioribus Dei sapiens Johannes, hoc silens Theodorus, hoc Johannes innocens, hoc simplex Leo, psalmorum amicus et semper praedicare paratus. Wenn Bruno die Männer, die er nennt, mit dem Ausdruck maiores dei bezeichnet, so kann gar kein Zweifel obwalten, daß diese Bezeichnung als Pendant zu vir, homo, servus dei (Mönch) Prioren und Aebte im Auge hat. Gewöhnliche Mönche haben auch schwerlich die Bewegungsfreiheit gehabt, welche Bruno bei den Personen, die er nennt, erkennen läßt. In Gregor ist der frühere Abt von Cerchiara in Kalabrien, später Abt eines St. Salvatorklosters zu Rom, vermutet (Sackur, Die Cluniacenser, I. S. 333). Ein jüngerer Abt Gregor wird neben dem Abt Johannes als Vorsteher des Klosters St. Gregor in Rom in einer Urkunde des Jahres 1003 erwähnt (Mittarelli = Costadoni, Annal. Camald. ord. S. Ben., I. App. col. 176 ss.). Doch erhellt nicht, daß er Grieche war.

[428]) Ueber die beiden Griechen Johannes und Stratus ist m. W. bisher keine bestimmte Vermutung ausgesprochen. Sollte nicht der Abt Johannes mit jenem unglücklichen Kalabresen Philagathus zu identifizieren sein, welcher sich 997 verleiten ließ (infirmus), sich zum Gegenpapst gegen Gregor V. aufzuwerfen, und so grausam dafür büßen mußte? Von ihm ist bekannt, daß er nicht nur Erzbischof von Piacenza war, sondern auch den Titel eines Abtes von Nonantula (Lombardei) führte (Mittarelli l. c., I. p. 47. 166 s. 214). Zu Nilus, seinem Landes-

manne, hatte er offenbar nähere Beziehungen, und nach der Vita Nili § 89 hat dieser ihn, als er von Philagathus' ehrgeiziger That hörte, gebeten: ἡσυχίᾳ πρὸς τὴν μοναχικὴν κατάστασιν ἀνακόμψαι. Allerdings fällt gerade in die Jahre 995 und 996 Philagaths Gesandtschaft nach Konstantinopel.

⁴²⁹) Gemäß dem in Anm. 427 Gesagten hat man diese Männer unter den Prioren und Aebten Roms zu suchen. Ein Abt Johannes stand viele Jahre an der Spitze des Klosters St. Gregor in Rom und muß ein sehr hohes Alter erreicht haben. Er begegnet in Urkunden von 962 bis 1003, wenn nicht gar bis 1025 (vgl. Mittarelli-Costadoni l. c., I. App. col. 71 ss.). Im Jahre 1003 hatte er einen jüngeren Abt neben sich. Es scheint mir nichts dem entgegen zu stehen, bei sapiens Johannes an diesen Abt von St. Gregor zu denken. Das Attribut sapiens kann ihm wegen seines Alters oder wegen seiner langjährigen Erfahrung gegeben sein. Ueber den Theodorus silens ließ sich bisher, soviel ich sehe, nichts ermitteln, und auch bezüglich des Johannes innocens ist es schwer, eine Vermutung zu äußern. Möglich ist es, daß damit unser oft genannter Kanaparius gemeint ist, über den die Miracula S. Alexii c. 2, MG. Scr. IV. p. 619 s. einige Mitteilungen machen. Abt freilich ist er ja erst später geworden, aber es scheint mir nicht ausgeschlossen zu sein, daß er längere Zeit Prior in St. Alexius gewesen ist, wenngleich auch Adalbert dort zuletzt Prior war. Teilgenommen hat er an den Zusammenkünften, die Bruno schildert, ja jedenfalls. Denn durch ihn hat Bruno von denselben gehört. Gegen die Annahme, daß Johannes Kanaparius gemeint ist, spricht allerdings, daß von Bruno unter den Gästen des Klosters zwei Insassen des Klosters selbst genannt sein würden.

⁴³⁰) Es ist schon in Anm. 308 bemerkt, daß es mehr als wahrscheinlich ist, daß hier der Abt Leo von St. Alexius gemeint ist. Die Ansicht, daß Bruno an den Exabt von Nonantula gedacht habe, findet man auch bei Mittarelli und Costadoni (l. c. p. 169).

⁴³¹) Erst bei einem richtigen Verständnis wird diese ganze Stelle interessant. Man sieht, in wie enger Fühlung damals die Häupter des Mönchtums in Rom mit einander standen, und wie lebendig ihr Austausch war.

⁴³²) Kanap. c. 20.

⁴³³) Ibid.

⁴³⁴) Ibid.

⁴³⁵) Cyprian, ep. 10, 5.

⁴³⁶) Stumpf-Brentano, II. S. 91; Wilmans a. a. O. S. 90.

⁴³⁷) Kosmas I, 28: Anno dominicae incarnationis 984 obiit Romae caesar Otto secundus. Huic imperatori Adalbertus, praesul Pragensis, adeo fuit familiaris et carus obsequiis, ut in pascha domini, quod celebravit rex Aquisgrani in palatio, coram omnibus episcopis hac eum officii celsitudine sublimaret, quo sibi coronam imponeret et maiorem missam celebraret, quod solum fas erat, ut archiepiscopus faceret. Post festum vero cum iam acciperet a caesare licentiam redeundi ad patriam, sevocat eum caesar in secretarium, et faciens suorum confessionem peccatorum, commendat se piis recordationibus eius orationum. Insuper dat ei pa-

ramenta, in quibus missam celebrarat in pascha, scilicet albam, dalmaticam, casulam, cappam et facitergium, que ea habeat sui ob memoriam. Quae usque hodie in Pragensi ecclesia honorifice habentur et dicuntur paramenta sancti Adalberti. An hohen Festtagen pflegten sich die Könige von dem ersten Geistlichen des Landes die Krone aufsetzen zu lassen.

⁴³⁶) Ueber die verschiedenen kirchlichen Gewänder unterrichten Honorius Augustodunensis, Gemma animae, I. c. 202 ss., Migne, s. l. 172 col. 605 ss.; Durandus, Rationale officiorum div., III. c. 1—18; Binterim, Denkwürdigkeiten der christkatholischen Kirche, IV, 1 S. 188 ff.; Bock, Geschichte der liturgischen Gewänder des Mittelalters, 3 Bde, Bonn 1859—1871. Kosmas sagt von den Gegenständen, die Adalbert vom Kaiser geschenkt erhalten haben sollte, daß es diejenigen gewesen seien, in denen Adalbert am Osterfeste vor dem Kaiser die Messe zelebriert habe. Er nennt sie in der Reihenfolge, in welcher diese Gewänder angelegt wurden. Die weiße Alba wurde unter den anderen Gewändern getragen. Die Dalmatika, welche nur den Bischöfen und Diakonen zustand, trug der Bischof unter der Kasula. Die Kasula war das hervorragendste Gewand des zelebrierenden Priesters. Das facitergium oder sudarium, auch mappula und später manipula genannt, welches am linken Arm getragen wurde, hatte wohl schon zu Adalberts Zeit bei den meisten nur noch symbolische Bedeutung. Alba, Dalmatika, Kasula, Manipel gehören noch heute zum Ornat des pontifizierenden Bischofs, wie Alba, Kasula, Manipel auch zu dem des zelebrierenden Priesters. Die Kappa, ein vorn offener, mantelartiger, mit caputium versehener Umhang, reichte bis zu den Füßen. Solche kommt auch in einer Sage vor, die in Bezug auf Adalbert erzählt wurde: Quodam ergo tempore, cum solito more missam celebraturus esset ante Deum (al. eum [i. a.]papam]), cum cappam, in qua erat, deposuisset, et circumspiciens neminem de suis adesse videret, vidit radium solis per fenestram procedere, et aestimans lignum fore, ibidem cappam suam appendit, quae miro modo sic appensa in solis radio permansit, quousque vir Dei officium missae complevit (Pultawa, Chron. Boh. c. 25, bei Menden, III. p. 1646). Aus diesen Worten erhellt sowohl, daß man die cappa bei der eigentlichen Meßhandlung ablegte, als auch das, was auch aus Kosmas' Worten zu erkennen ist, daß der Bischof, wenn er die Feier der Messe vorhatte, mit der Kappa bekleidet in der Kirche erschien. Wie die Kappa ursprünglich nicht zu den eigentlichen liturgischen Gewändern gehörte, so wurde sie auch nicht allein vom Bischof getragen. In Sonderheit gehörte sie zum Anzuge des Kantors. Aber was von allen genannten Gewändern gesagt werden muß, daß sie schon früh für die Bischöfe besonders kostbar hergestellt wurden, das gilt vor allem auch von der Kappa. Später vorwiegend Pluviale genannt, gab sie zu großem Prunk Anlaß.

⁴³⁷) Otto III. hielt sich zu Adalberts Lebzeiten in Aachen auf im Dezember 983 zu seiner Königskrönung, ferner, wie sich aus Urkunden ergiebt, 992 zwischen dem 31. März und 7. Mai (April 3. 8), 995 zwischen dem 31. März und 1. Mai bzw. 12. Juni (April 24) und in demselben Jahre zwischen dem 12. Nov. und 6. Dezember (Nov. 19), 996/97 zwischen dem 18. Dezember 996

und 18. April 997 (Febr. 8; März 25; April 9). Was die angegebenen Grenztermine anbetrifft, zwischen welche die Besuche in Aachen fallen, so sind zum mindesten noch Reisetage zuzuzählen bzw. abzuziehen. Ostern fiel 992 auf den 27. März, 995 auf den 21. April, 997 auf den 28. März. Oefters sehen wir Otto III. in der Nähe von Aachen, so am 27. Febr. 987 in Nimwegen, am 26. März 998 in Lüttich. Es ist also nicht ausgeschlossen, daß er noch öfters Aachen berührt hat, als urkundlich feststeht. Indes für Annahme eines Aufenthalts Ottos in Aachen am Ostertage können andere Jahre aus der Zeit des Lebens Adalberts als 987, 995, 997 nicht in Betracht kommen (987 fiel Ostern auf den 24. April). In die Osterzeit all dieser Jahre vermag man einen Besuch Adalberts in Aachen nicht zu legen. Im Jahre 997 war Adalbert auf der Reise nach Preußen, 995 im römischen Kloster oder auf dem Wege dahin über Ungarn. Höchstens könnte 987 in Betracht kommen. Aber damals war Otto noch sehr klein; auch ist es ganz zweifelhaft, ob er in diesem Jahre in Aachen Ostern feierte. Vgl. Stumpf-Brentano, II. S. 75 ff.

[440]) Heute zeigt man im Prager Dom als Adalberts-Reliquien, abgesehen von den angeblichen Resten der Gebeine des Heiligen, eine Kasula, eine Mitra, eine Chirotheka, einen Ritualkamm, zwei Ringe, darunter einen Pontifikalring, zwei Brustkreuze und ein Glied von einem Rosenkranz. Die Paramente, die Kosmas erwähnt, sind nicht mehr vorhanden. Denn die Kasula, welche heute als von Adalbert herrührend bezeichnet wird, soll von den meisten Kennern als ein Stoff des 12. oder 13. Jahrhunderts angesehen werden. Die gothische Mitra (ca. 1300) ist die Hülle der Reste eines romanisch gemusterten Seidenstoffes, der dem 10. oder 11. Jahrhundert zugeschrieben wird. Es befindet sich an ihm aus späterer Zeit die Inschrift: Infula S. Adalberti. Der Chirotheka ist schon gedacht (Anm. 409). Der geschnitzte elfenbeinerne Kamm gilt für sehr alt; man hält es für möglich, daß er aus der Zeit vor Adalbert ist. Desgleichen sieht man den einfacheren Ring für sehr alt an, während der Pontifikalring und die beiden Brustkreuze keinen ausgesprochenen Charakter haben. Ausführlich berichtet über die Prager Reliquien das ASV. p. 18 ss. Lichtdrucke sind beigegeben; auch Literaturangaben hinzugefügt. Es ist hier auch von anderen Adalberts-Reliquien in Böhmen und Mähren die Rede. Vgl. außerdem Boleluczky, I. S. 398. Eine angebliche Kasula (aurea) Adalberts ist auch einmal in Gnesen gezeigt. Vgl. Inventar. eccl. cathedr. Gnezn., MP. V. p. 952.

[441]) Vgl. Kosmas II, 5.

[442]) Kanap. c. 22.

[443]) Am 21. Mai war die Kaiserkrönung. Am 31. hielt sich Otto noch in Rom auf. Am 12. Juni ist er schon in Foligno. Vgl. Stumpf-Brentano, II. S. 91 f.; Wilmans a. a. O. S. 90 ff.

[444]) Kanap. c. 21.

[445]) Kanap. c. 22. Die Synode fand statt am 25. Mai in ecclesia beati Petri (vgl. Jaffé, Regesta pontif. Rom. p. 340).

[446]) Vgl. Bruno c. 18. Doch muß Adalbert sich nach der römischen Synode noch ca. 1½ bis 2 Monate in Rom aufgehalten haben. Denn die Zusammen-

funft Adalberts mit Otto III. in der Rheingegend hat erst im September 996 stattgefunden, während, wie bemerkt ist, die Synode am 25. Mai abgehalten wurde, und die Reise Adalberts von Rom zum Kaiser am Rhein nach Ranaparius (c. 28) nur knapp zwei Monate dauerte. Wahrscheinlich waren Adalbert und Otto erst am Ende des Septembers in Mainz zusammen. Ueber des Kaisers Reiseweg in dieser Zeit sind wir einigermaßen unterrichtet. Am 5. August weilte er noch in Pavia. Am 15. Sept. war er in seiner Pfalz Ingelheim bei Mainz. Am 31. Oktober und 1. November finden wir ihn in Bruchsal bei Speier, am 18. Dezember in Nimwegen. Im Februar 997 ist er in Aachen. Vgl. Stumpf-Brentano a. a. O. S. 92 f.; Wilmans a. a. O. S. 93.

[447]) Bruno c. 18: Post heс facta est synodus; et zelo iuris ductus Mogontitus archiepiscopus antiquam cantilenam cantat et episcopum sanctum a quiete monasterii ad relictos greges abstrahere parat. Assentit papa Gregorius, et semel susceptum impune non posse dimittere gregem, scripturarum voce testatur. *Sive velit, sive non velit, vir Dei eat,* sedentes episcopi inquiunt; *aliter vincula nectant anathematis.* Außer den in Anm. 366 angeführten kirchenrechtlichen Stellen dürfen vielleicht noch die Capitula Martini episcopi Bracarensis bei Pseudoisidor (ed. Hinschius p. 428) hier herangezogen werden, in denen es heißt c. VIII: Episcopum non liceat ante finem vitae alium in loco suo constituere successorem; si quis autem hoc usurpare tentaverit, talis constitutio irrita erit; c. XI: Si quis episcopus ab episcopo ordinatus noluerit agere sacerdotium neque consenserit in sibi commissa ecclesia ambulare, istum talem excommunicare oportet; quod si coactus contempserit, sanctum concilium quod placet de eodem determinet.

[448]) Kosmas (I, 80) berichtet, daß der Herzog nach der Zerstörung Libices an den Erzbischof von Mainz die Bitte gerichtet habe, doch entweder für Adalberts Rückkehr sorgen zu wollen oder einen andern Bischof für Prag zu bestellen. Da es deutlich ist, daß Kosmas das Bestreben hatte, von Boleslaw II. jeden ungünstigen Schein fern zu halten, und er außerdem die erste und zweite Rückkehr Adalberts nach Prag mit einander vermengt, verliert seine Nachricht an Wert. Aber möglich bleibt, daß in ihrem zweiten Teil ein richtiger Kern steckt.

[449]) Passio Adalperti c. 2: inibi sanctum virum inveniens, ut ad Saxoniam exiret, multipliciter et humiliter exoratus est. Cesaris petitionem haud renuens, voluntatem suam implevit. Translatio SS. Abundii etc., JGAG. 7. Bd. S. 517: Denique dum Dominus Otto Romam venisset, quid illic tantus vir faceret, inquisivit et eum ad se venire fecit et ei episcopatum restituere curavit, dicens non esse bonum suam sponsam relinquere et filios, quos ei Christus adoptaverat, orphanos deserere.

[450]) Bruno c. 18: At ille secretum petens ad papam ait: *Hostis quieti meae invidet, qui vos suo stimulo instigat, ut eo me redire compellatis, ubi animarum fructum non faciam, detrimenta autem mea immania sumam. Mitiga erumnam meam; defectui meo pone remedium; tristi abcessui meo da vel solatium unum. Si audiunt oves meae quam clamo*

vocem, vivens morior cum eis; si non, pietas tua mihi succurrat, ut vel verba vite eis spernentibus cum licentia tua vadam ad exteras et incultas gentes, que nesciunt nomen Dei, praedicare. Acquievit libens voluntati hominis Dei papa Gregorius, ut erat satis bonus, quantum permisit vaga iuventus.

[451]) Es ist zu vergleichen, was Innocenz III. später auseinandersetzte, um die Statthaftigkeit eines Rücktrittes vom Bischofsamte im Falle der malitia plebis zu begründen (Anm. 267). Die Aussage über Emmeran findet sich Vita Emmer. auct. Aribone I, 3, Acta SS., Sept. VI. p. 474.

[452]) Bruno c. 18.

[453]) Ueber Notker vgl. Hauck, KG. D., III. S. 324. 326. 336. 988.

[454]) Kanap. c. 23: bonum tempus.

[455]) Vgl. Anm. 446.

[456]) Nach Bruno zog Adalbert zusammen mit dem Kaiser über die Alpen, trennte sich dann von ihm, um nach Frankreich zu pilgern, und weilte erst nach seiner Rückkehr von dort einige Zeit am kaiserlichen Hofe. Kanaparius wird genauer unterrichtet gewesen sein, da im römischen Kloster Adalberts erste Reisedispositionen gewiß bekannt waren. Von dem Besuch von Paris und St. Maur berichtet nur Bruno (c. 19). Er kennzeichnet Adalberts Reise durch Frankreich als eine Pilgertour zu Fuß, die auch noch andere heilige Orte außer den genannten berührte. Wenn man vermutete, daß der Kaiser Adalbert auf dieser Pilgerreise begleitete, so geschah es im vollen Widerspruch zu den Quellen.

[457]) Bruno c. 19.

[458]) Kanap. c. 25. Wo sich nunmehr der Kaiser aufhielt, hören wir nicht. Wahrscheinlich weilte er noch in der Rheingegend, jedenfalls nicht weit ab von der Straße, die man zu wählen hatte, wenn man von Frankreich nach Polen wollte.

[459]) Man muß in Rechnung ziehen, daß Adalbert seine Reise durch Frankreich zu Fuß machte. So wenigstens berichtet Bruno.

[460]) Kanap. c. 23; Bruno c. 20.

[461]) Kanap. c. 23.

[462]) Kanap. c. 23; Bruno c. 20. Der Dienst des Schuhreinigens war eine von Cluny von neuem aufgebrachte Sitte mönchischer Selbstdemütigung. Vgl. Sackur, Die Cluniacenser, I. S. 161.

[463]) Bruno c. 20.

[464]) Ademar, Hist. III, 31, MG. Scr. IV. p. 129.

[465]) Kanap. c. 25.

[466]) Vgl. Kanap. c. 24; Bruno c. 20. Bruno giebt die ergänzende Mitteilung, daß es der Hof seines älteren Bruders, d. i. Sobêbors, war, den Adalbert im Traum sah. Wahrscheinlich also führte ihn sein Traum nach Libice. Indem Bruno der Meinung war, daß zur Zeit des Traumes die Katastrophe in Libice noch nicht stattgefunden hatte, verwirrte er seine Erzählung. Er stellt es so dar, als sei Adalberts Traum auch die Ankündigung des gewaltsamen Todes der vier Brüder in Libice gewesen. Zu dieser falschen Auffassung ist er offenbar

durch Kanaparius geführt, indem dieser den Schein erweckt, daß die Zerstörung Libices während Adalberts Reise stattfand. Wie der thatsächliche Sachverhalt war, ist nicht schwer zu erkennen. Da Adalbert im Traum nur zwei Betten sah, so ist klar, daß es sich nur noch um ihn und seinen ältesten Bruder Soběbor handelte, und daß die übrigen rechten Brüder schon tot waren, als Adalbert sein Traumgesicht hatte. Kanaparius redet richtig nur von einem Bruder. Das an Adalbert im Traum ergehende Wort lautet bei Kanaparius: Munus hoc auctentum filia sponsa tibi; bei Bruno: Munus hoc donat tibi filia regis. Nach dem weiteren Text bei Kanaparius kann nicht zweifelhaft sein, daß ursprünglich auch bei ihm regis gestanden hat. Es findet sich denn auch in der Rhmśler Handschrift.

⁴⁶⁷) Den Namen des Interpreten, des spätern Bischofs von Vercelli, giebt nur Bruno. Dies läßt schließen, daß er über das Wort des Bischofs genauer unterrichtet war. Daher zitiere ich die Auslegung nach Bruno.

⁴⁶⁸) Kanap. c. 25; 26: declinavit ad praefatum ducem.

⁴⁶⁹) Vgl. Anm. 201. 407. 408.

⁴⁷⁰) Bruno c. 23.

⁴⁷¹) Bruno c. 23: Ergo quem suo labori adiutorem Deus praeparavit, ducem Polanorum, Bolizlavum, rerum dubius petit. Cuius auxilio nuntios suos miserat ad populum sibi commissum et multocies contradicentem, interrogans, si eum recipere vellent. Interim cum Bolizlavo nuntiorum adventum expectat. Qui cum redirent, plenam contumeliis legationem referunt. Es ist hier auf den Wechsel der Tempora zu achten.

⁴⁷²) Kanap. c. 26: Ergo pro his sceleribus aditum sibi clausum esse putans, ille sanctissimus heros noluit frustrari adventum suum; sed declinavit ad praefatum ducem, quia sibi amicissimus erat, et si se recipere vellent, per eius missos explorare potuit.

⁴⁷³) Kosmas I, 30.

⁴⁷³ᵃ) Dabei will ich kein Gewicht legen auf die Bemerkung von Ademars Interpolator a. a. O.: et rogante ipso episcopo ordinatus est pro eo in urbe Pragin archiepiscopus, quem elegerat ipse, et libenter imperator assensit.

⁴⁷⁴) Kosmas' (I, 30) Darstellung besagt, daß Adalbert schon am Rhein auf Nachricht aus Böhmen wartete. Aber er läßt unrichtiger Weise die Boten auf Adalberts Bitte von Willigis nach Böhmen gesandt sein.

⁴⁷⁵) Vgl. Anm. 471. 472.

⁴⁷⁶) Lohmeyer a. a. O. S. 26,

⁴⁷⁷) Bruno c. 23 (2. Rezension). Manche böhmische Sagen, wie die von dem Hirten von Milavec, von den Fährleuten aus Neratovice u. a. (Boleluczky, I. S. 238 ff. 276 ff.; Miracula a Balbino excerpta, Acta SS., April. III. p. 200 ss.), welche Adalbert mehr oder weniger im Lichte der Nachsucht erscheinen lassen, sind nicht zu seinem Vorteil erfunden. Aber sie sind interessant, weil sie mit ihren Vorstellungen von Adalbert noch den Konflikt wiederspiegeln, der einst zwischen Adalbert und dem böhmischen Volke bestanden hatte.

⁴⁷⁸) Kanap. c. 26; vgl. Bruno c. 23.
⁴⁷⁹) Vgl. die Stiftungsurkunde von Bkřnow a. a. O., in welcher Strachkwas (Christian) als Datar figuriert. Seine Unterschrift kann als Bestandteil des Originals angesehen werden.
⁴⁸⁰) Kosmas I, 30: arripitur atroci daemonio.
⁴⁸¹) Kanap. c. 26.
⁴⁸²) Bruno c. 23. Das Echteste an diesen Worten ist: *Nolumus te*. Diesen Satz bezeugt Bruno auch in der Vita quinque fratrum (c. 11).
⁴⁸³) Vgl. Roepell, Geschichte Polens, S. 105 ff.; Schiemann, Rußland, Polen und Livland, I. S. 390 ff.
⁴⁸⁴) Vgl. Bretholz, Mähren und das Reich Herzog Boleslaws II. von Böhmen, AföG. 82. Bd., S. 139 ff.
⁴⁸⁵) Vgl. Brunos Brief an Heinrich II., MP. I. p. 227.
⁴⁸⁶) Thietmar VIII, 2.
⁴⁸⁷) Thietmar VI, 56.
⁴⁸⁸) MP. I. p. 226.
⁴⁸⁹) Vita quinque fratrum c. 6.
⁴⁹⁰) Kanap. c. 25.
⁴⁹¹) Vincentii magistri chron. Polon., II, 10 (MG. Scr. XXIX. p. 477 s.).
⁴⁹²) Passio Adalp. c. 3: et ad mestr.. (mostris Giesebrecht; mestr f. Bielowski) locum divertens, coenobium ibi construxit, monachosque quam plures congregans, Aschricumque abbatem eos ad regendum constituit, qui postea archiepiscopus ad Sobottin consecratus est. Die Deutung Giesebrechts (NPPrBl. 1860, 1 S. 55 ff.) acceptierte u. a. Waitz; die Deutung Bielowskis (MP. I. p. 154) Kętrzyński (APM. VI. [1869] S. 35 ff.). Kolberg (Lobgedicht ꝛc., S. 108) liest mestres und löst dies in menses tres auf.
⁴⁹³) Bielowski meinte zur Deutung des unleserlichen Wortes der Passio folgende Stelle aus c. 7 der Vita maior Stephani heranziehen zu sollen: Ascricus abbas cum suis honorifice susceptus, ad radicem Montis ferri (ferrei) coenobium sub titulo sancti patris Benedicti construxit (MG. Scr. XI. p. 282). Auf Grund dieser Stelle nahm er an, daß in der Passio eine Korruption aus montis ferrei vorliege, und das ungarische, in der Nähe von Fünfkirchen gelegene, später Pecsvarad genannte Kloster dasjenige war, welches Adalbert gründete. Kaindl (Deutsche Ztschr. f. Gesch., IX. S. 106) wies dem gegenüber darauf hin, daß die Gründung des Klosters Pecsvarad immer Aschrit und nicht Adalbert zugeschrieben werde. Auch will, wie bemerkt ist, die Annahme, daß Adalbert im Winter 996/97 noch Ungarn aufsuchte, weder mit den Zeit- und Raumverhältnissen noch mit Adalberts Brief an Rabla übereinkommen. Vor allem aber fällt ins Gewicht, daß in der Passio der Ort, wo Adalbert ein Kloster gründete, als eine Station erscheint auf dem Wege von Polen nach Preußen, d. h. mit anderen Worten von der Residenz des polnischen Herzogs nach Preußen. An einem späteren Orte werden wir Gelegenheit haben, hierauf zurückzukommen. Es wird dadurch m. E. auch unmöglich, die Vermutung W. Giesebrechts (NPPrBl.

1860. S. 55 ff.) festzuhalten, daß der Verfasser der Passio Meseritz im Auge hatte. Freilich begegnet die Abtei Meseritz schon im Jahre 1005 (Thietmar VI, 20). Indes, wenn Adalbert von der Residenz des polnischen Herzogs, d. i. Gnesen, über Meseritz nach Preußen gegangen wäre, hätte er einen völlig unverständlichen Umweg gemacht. Der Umstand, daß nach der Passio die Klostergründung von seiten Adalberts stattfand, als er nach Preußen weiterzog, macht es am wahrscheinlichsten, daß es sich um das östlich von Gnesen gelegene Tremessen handelte. Dies Kloster, welches zuerst 1145 urkundlich (Cod. dipl. maioris Pol., I. No. 11 S. 16 ff.), aber bereits als instauratum begegnet, hat früh behauptet, Adalberts Gebeine, als sie aus Preußen überführt wurden, eine Weile beherbergt zu haben. Es hat also jedenfalls seine Entstehung ins 10. Jahrhundert gelegt (cf. Długoß, l. c. ad ann. 1000) und sich auch besondere Beziehung zum heiligen Adalbert zugeschrieben. Noch heute glaubt man in Tremessen einen Arm (nach anderen Berichten eine Hand oder Arm mit Hand) Adalberts sowie den Meßkelch zu besitzen, welchen Adalbert auf seiner Reise nach Preußen mit sich führte. Die Adalbertskirche wird auch schon 1146 erwähnt (Cod. dipl. maioris Pol., I. No. 12). Allerdings ist das Kloster schon im Mittelalter im Besitz der Augustiner-Chorherren gewesen. Aber der Uebergang eines Klosters von einem Orden an einen andern hat im Mittelalter ja durchaus nicht zu den Seltenheiten gehört. Sind in der That Adalberts Gebeine bei ihrer Ueberführung nach Gnesen einige Zeit in Tremessen zurückgehalten, so würde das noch verständlicher werden, wenn dies Kloster von Adalbert gegründet war. Das mestr. . kann auf ungenauer Erinnerung des deutschen Verfassers der Passio an den schwierigen polnischen Namen beruhen, welcher im Mittelalter in sehr verschiedener Schreibweise begegnet und heute von den Polen Trzemeszno geschrieben wird. Man könnte vielleicht auch annehmen, daß mestr. . locum aus silvestrem locum entstanden sei.

[404] Man wird es nicht anders ansehen können, als daß mit Adalberts Fortgang von Prag auch sein kirchlicher Anhang in Böhmen stürzte. So werden über die junge Gründung in Břewnow schnell wirre Zeiten hereingebrochen sein.

[405] Joh. Bitter, Geschichtl. Merkwürdigkeiten der Stadt Gnesen und ihrer Kirchen, bearbeitet nach der 2. Ausgabe des „Przewodnik" des Kapitelsekretärs St. Cberczyl, Gnesen 1892, S. 60: „Ferner findet sich hier (in der Bibliothek des Gnesener Domes) das älteste Buch ganz Polens: eine Dekretaliensammlung, nach der Ueberlieferung vom h. Adalbert mitgebracht. Auf der ersten Seite ist im 11. Jahrhundert handschriftlich beigefügt die Antiphon des h. Adalbert und die Bezeichnung: Hic liber bti Adalberti episcopi et martyris." Auch ein altes romanisches Meßbuch (Missale) oder Evangeliar (Goldschrift, auf Pergament gemalt, mit Bildern in Deckfarben auf Goldgrund), die Evangelienperikopen für die Sonn- und Festtage enthaltend, welches im Archiv des Gnesener Domes aufgehoben wird, ist von der Tradition mit Adalbert in Zusammenhang gebracht und als ein Geschenk von ihm bezeichnet. Im ASV. wird die Ansicht ausgesprochen, daß es die Merkmale des 10. Jahrhunderts trage. I. Kohte bemerkt, daß es vermutlich aus dem 12. Jahrh. stamme, von M. Sokolowski der Prager Schule zugeschrieben werde. Der Ledereinband mit vergoldetem Silberbeschlag ist aus dem

16. Jahrhundert. Vgl. Bitter a. a. O. S. 31; ASV. p. 42 mit Tafel 12; J. Kohte, Verzeichnis der Kunstdenkmäler der Provinz Posen, IV. S. 97 ff. mit den Abbildungen 90—93.

[406]) Es mag auch erwähnt werden, daß die Legende Tempore illo (c. 3) Adalbert literarum legumque scientia nachrühmt, und jene strengere Fastensitte, die bis zum Jahre 1248 in Polen Geltung hatte, als eine Anordnung Adalberts angesehen wurde. Diese Fastensitte bestand darin, daß man schon die beiden Wochen vor Aschermittwoch kein Fleisch genießen durfte. Jakob von Lüttich, der nachmalige Papst Urban IV., hat sie als päpstlicher Legat 1248 auf der Synode zu Breslau aufgehoben. Dem Verfasser der Legende S. Adalb. ex piis gab dies zu bitterer Klage Anlaß: O gens misera, que propter ventris ingluviem statum tanti Patris et sui Apostoli dereliquit, sequens ritum theutonicorum in hac parte, quorum quia legem amplectitur, tandem tyrannidem eorundem sentiet, Domino juste permittente. Es ist dies geschrieben, als der deutsche Orden noch auf dem Gipfel seiner Macht stand. Die Einführung der erwähnten Fastensitte durch Adalbert wird in einer polnischen Sage geschildert, welche sich in Tempore illo c. 10 (cf. Miracula c. 4; Sanctus Adalbertus ex piis a. a. O.) findet. Man wird nicht verkennen können, daß die Polen Adalberts Wirksamkeit in ihrem Lande hauptsächlich als eine solche, die kirchliches Gesetz und kirchliche Ordnung brachte, aufgefaßt haben.

[407]) Vgl. Anm. 1 und den Anhang; Bitter a. a. O. S. 88 f. Das ASV. p. 42 macht noch andere polnische Sagenorte namhaft außer den genannten.

[407a]) Vgl. Anm. 1 und den Anhang. Zur Zeit des Verfassers der Explicatio cantici Adalberti von 1897 (Bolelucgty, II. p. 46) erzählten in Böhmen die alten Leute, Adalbert habe in einer Zeit der Teurung und kriegerischer Unruhen, als er und seine Verwandten von den Gegnern angefochten wurden, die böhmischen Gläubigen nach Libice zusammenberufen, das Lied Hospodine dort für sie gedichtet und selbiges in Gemeinschaft mit ihnen gesungen, um von Gott fruchtbare Zeiten und Frieden zu erflehen. Natürlich handelt es sich um nichts als Sage.

[408]) Bruno c. 24. Bruno warf zwar gerade an dieser Stelle, für welche der Name Gnesen sicher bezeugt ist, Gnesen mit Danzig zusammen. Aber diese Vermengung wäre sicher nicht eingetreten, wenn nicht Bruno bekannt gewesen wäre, daß Adalbert sich in Gnesen eine Zeit lang aufhielt. Später ist dann von den Polen sogar die Legende verbreitet und geglaubt, daß Adalbert Erzbischof in Gnesen gewesen sei. Sie begegnet in Tempore illo c. 11; in den Miracula c. 5; in S. Ad. nob. prog.; bei Dlugoß, Hist. Pol., II. ad ann. 997; auf einer Steinplatte des Gnesener Domes; und Pez (Thes. anecd. nov., VI. p. IX) hat aus Thietpalds Brief ihre Richtigkeit erkennen wollen, indem er sanctae Prissiensis ecclesiae cathedrae nur auf Gnesen beziehen zu können meinte. Es ist bekannt, daß das Erzbistum Gnesen erst im Jahre 999/1000 hergestellt wurde, und Gaudentius erster Erzbischof war.

[409]) Passio Adalp. c. 8. Daß die Kirche Maria geweiht war, erfahren wir von Kosmas II, 4. Von dem ursprünglichen Bau ist heute nichts mehr

übrig. Vgl. Bitter a. a. O. S. 14 ff.; J. Kohte, Verzeichnis der Kunstdenkmäler der Provinz Posen, IV. Berlin 1897, S. 73.

⁵⁰⁰) Bruno c. 24.
⁵⁰¹) Kanap. c. 27.
⁵⁰²) Kanap. c. 27. Vgl. den sogen. Gallus, Chron. I, 6, MP. I. p. 400.
⁵⁰³) Von dem Preußen, welcher Adalbert den ersten Stich gab, heißt es bei Bruno (c. 30): cuius frater a Polanis occisus erat. Die Hauptkämpfe zwischen Boleslaw Chabry und den Preußen werden erst in der Zeit nach Adalberts Tode stattgefunden haben. Długosz (l. c. ad ann. 1015) setzte sie ins Jahr 1015, Lukas David ins Jahr 1013. Doch entbehren diese Angaben der sicheren Grundlage. Vgl. Roepell a. a. O., I. S. 107.
⁵⁰⁴) Bruno c. 25.
⁵⁰⁵) Bruno c. 24.
⁵⁰⁶) Zur Geschichte Preußens kommen in erster Linie in Betracht: Joh. Voigt, Gesch. Preußens, 9 Bde, Kgsbg. 1827 ff.; Perlbach, Preußische Regesten bis zum Ausgange des XIII. Jahrh., in APM. XI. (1874) S. 5 ff.; Karl Lohmeyer, Gesch. von Ost- und Westpreußen, 1. Abt. Gotha 1880. Ueber die zahlreichen Aufsätze und Abhandlungen in den Zeitschriften vgl. O. Rautenberg, Ost- und Westpreußen, Ein Wegweiser durch die Zeitschriftenliteratur, Leipzig 1897.
⁵⁰⁷) Odyss. XV, 460; XVIII, 296. Chemische Untersuchung soll ergeben haben, daß der in Mykenä gefundene Bernstein von den nördlichen Bernsteinküsten herstammt.
⁵⁰⁸) Vgl. die Gerüchte und Meinungen über den Bernstein bei Plin. nat. hist. XXXVII, 30 ss.
⁵⁰⁹) Die erstere Ansicht bei W. Pierson, Elektron, Berlin 1869, S. 3; die letztere bei Phil. Cluverius, Germ. antiqu., III. (1615) p. 137. Im Zusammenhang mit den Altertumsfunden behandelt eingehend die Bernsteinfrage Olshausen (Der alte Bernsteinhandel der cimbrischen Halbinsel und seine Beziehungen zu den Goldfunden, in den Verhandlungen der Berl. Gesellsch. für Anthropologie, Ethnologie rc. 1890, S. 270 ff.; Der alte Bernsteinhandel und die Goldfunde, ebenda 1891, S. 286 ff.). Seine Ermittelungen bestimmen ihn, denen Recht zu geben, die den Eridanus mit der Elbe identifizierten (a. a. O. 1890, S. 287).
⁵¹⁰) Herodot. hist. III, 115: περὶ δὲ τῶν ἐν τῇ Εὐρώπῃ τῶν πρὸς ἑσπέρην ἐσχατιέων ἔχω μὲν οὐκ ἀτρεκέως λέγειν· οὔτε γὰρ ἔγωγε ἐνδέκομαι Ἠριδανὸν καλέεσθαι πρὸς βαρβάρων ποταμὸν ἐκδιδόντα ἐς θάλασσαν τὴν πρὸς βορέην ἄνεμον, ἀπ' ὅτευ τὸ ἤλεκτρον φοιτᾶν λόγος ἐστί, οὔτε νήσους οἶδα Κασσιτερίδας ἐούσας, ἐκ τῶν ὁ κασσίτερος ἡμῖν φοιτᾷ. τοῦτο μὲν γὰρ ὁ Ἠριδανὸς αὐτὸ κατηγορέει τὸ οὔνομα ὡς ἐστὶ Ἑλληνικὸν καὶ οὐ βάρβαρον, ὑπὸ ποιητέω δέ τινος ποιηθέν· τοῦτο δὲ οὐδενὸς αὐτόπτεω γενομένου δύναμαι ἀκοῦσαι, τοῦτο μελετῶν, ὅκως θάλασσά ἐστι τὰ ἐπέκεινα τῆς Εὐρώπης. ἐξ ἐσχάτης δ' ὦν δ τε κασσίτερος ἡμῖν φοιτᾷ καὶ τὸ ἤλεκτρον.
⁵¹¹) Vgl. Karl Müllenhoff, Deutsche Altertumskunde, 1. Bd. Berlin 1890, S. 408.

⁵¹²) Diodor. Sic. V, 23, ed. Bekker I. p. 436 s.: τῆς Σκυθίας τῆς ὑπὲρ τὴν Γαλατίαν καταντικρὺ νῆσος ἐστι πελαγία κατὰ τὸν ὠκεανὸν ἡ προσαγορευομένη Βασίλεια. εἰς ταύτην ὁ κλύδων ἐκβάλλει δαψιλὲς τὸ καλούμενον ἤλεκτρον, οὐδαμοῦ δὲ τῆς οἰκουμένης φαινόμενον . . . . τὸ γὰρ ἤλεκτρον συνάγεται μὲν ἐν τῇ προειρημένῃ νήσῳ, κομίζεται δὲ ὑπὸ τῶν ἐγχωρίων πρὸς τὴν ἀντιπέρας ἤπειρον, δι' ἧς φέρεται πρὸς τοὺς καθ' ἡμᾶς τόπους, καθότι προείρηται. Plin. nat. hist. IV, 94, ed. Sillig I. p. 316: Insulae conplures sine nominibus eo situ traduntur, ex quibus ante Scythiam quae appellatur Raunonia unam (al. Baunoma unam, Baunonia unam, Bannomanna) abesse diei cursu, in quam veris tempore fluctibus electrum eiciatur, Timaeus prodidit; ibid. IV, 95: Xenophon Lampsacenus a litore Scytharum tridui navigatione insulam esse immensae magnitudinis Baltiam (al. Balciam, Abalciam) tradit; eandem Pytheas Basiliam (al. Balisiam, Baletiam) nominat; ibid. XXXVII, 85: Pytheas Gutonibus (al. Guionibus, Gotonibus, Guttonibus, Guttis) Germaniae genti adcoli aestuarium oceani Mentonomon (al. oeconomon, Metonomon, maeonomon, metonidis, metuonidis) nomine spatio stadiorum sex milium; ab hoc diei navigatione abesse insulam Abalum (al. obalum, nabulum, nabalum); illo per ver fluctibus advehi (sucinum) et esse concreti maris purgamentum; incolas pro ligno ad ignem uti eo proximisque Teutonis (al. Teutenis, Teutonibus) vendere. Huic et Timaeus credidit, sed insulam Basiliam (al. Basilisiam, Baltheam, Balysiam, Baltiam) vocavit. Müllenhoff (a. a. O. S. 474) wollte für eandem Pytheas Basiliam nominat lesen: eandem Pytheas Abalum, Timaeus Basiliam nominat. Doch erscheint eine so umfangreiche Aenderung des überlieferten Textes unstatthaft. Hingegen hat Müllenhoff m. E. recht, wenn er meint, daß Pytheas in XXXVII, 35 auch da, wo heute der Name der Gutonen gelesen wird, von Teutonen geredet habe. Zeuß (Die Deutschen und die Nachbarstämme, S. 135) nahm an, daß Pytheas an beiden Stellen Gutonen erwähnt habe.

⁵¹³) Plin. nat. hist. XXXVII, 39: Mithridates in Germaniae litoribus insulam esse quam vocari Osericiam (al. Seritam, Oserietam, Cedron), cedri genere silvosam: inde defluere (sucinum) in petras.

⁵¹⁴) Joh. Voigt, Gesch. Preußens, I. S. 17 ff.

⁵¹⁵) Müllenhoff a. a. O.; Lohmeyer, Ist Preußen das Bernsteinland der Alten gewesen? APM. IX. (1872) S. 1 ff.; ders., Gesch. von Ost- und Westpr., S. 1 ff.

⁵¹⁶) Plin. nat. hist. IV, 97: Promontorium Cimbrorum excurrens in maria longe peninsulam efficit, quae Cartris appellatur. Tres et viginti inde insulae Romanorum armis cognitae; earum nobilissimae Burcana . . ., item Glaesaria a sucino militiae appellata, a barbaris Austeravia (al. Austrania) praeterque Actania (cf. XXXVII, 42). Vgl. G. M. Redslob, Thule, Lpzg. 1855, S. 26 ff.; Pierson a. a. O. S. 1; Müllenhoff a. a. O.; Olshausen a. a. O.

⁵¹⁷) Das Samland ist keine eigentliche Insel. Wenn Adam von Bremen es

einmal Insel nennt (Gest. Hamm. pont. IV, 18), so muß man bedenken, daß derselbe auch Kurland und Estland als Inseln bezeichnet hat. Auf Pregel und Deime darf man nicht rekurrieren. Pytheas' Insel war eine Seeinsel, die nur durch eine Seefahrt erreicht werden konnte, und zwar eine Insel unter mehreren. Auch der Ausdruck Aestuarium (ἀνάχυσις) bei Pytheas will auf die Ostseeküsten nicht passen, da die Ostsee keine Ebbe und Flut hat. Auf die Maßangaben ist kein Gewicht zu legen.

^{518}) Es ist kaum anzunehmen, daß er Pytheas selbst gelesen hat.

^{519}) Plin. nat. hist. XXXVII, 45: Sexcentis M. pass. fere a Carnunto Pannoniae abesse litus id Germaniae, ex quo invehitur (sucinum), percognitum nuper, vivitque eques Romanus ad id conparandum missus ab Iuliano curante gladiatorum munus Neronis principis, qui et commercia ea et litora peragravit, tanta copia invecta, ut retia coercendis feris podiumque tegentia sucinis nodarentur, arma vero et libitina totusque unius diei adparatus in variatione pompae singulorum dierum esset e sucino.

^{520}) Man war sich offenbar nicht ganz klar darüber, wie weit die preußische Fundstätte von der jütländischen entfernt war. Plinius hat die beiden Gegenden allem Anschein nach ziemlich dicht an einander gerückt (XXXVII, 42 ss.). Olshausen (a. a. O. 1890, S. 285 ff.) meint schließen zu sollen, daß auch der Bernstein der Nordseeküste über Pannonien befördert wurde. Vgl. über die Handelsstraßen auch A. Ulrici, Land und Volk der Aisten, in Ztschr. f. wiss. Geogr., III. (1882) S. 70 ff.

^{521}) Vgl. Lohmeyer, Gesch. von Ost- u. Westpr., S. 6.

^{522}) Plin. hist. nat. XXXVII, 43: Adfertur a Germanis in Pannoniam maxume.

^{523}) Die Meinung, daß Bernstein nur an einer Stelle gesammelt werde, scheint noch Pytheas oder einer seiner Ausleger (vgl. Diodor a. a. O.) verursacht zu haben. Indem Tacitus sie annahm, ergab sich ihm, daß nur bei den Aestiern Bernstein gefunden werde. Eine weitere Folge war, daß er die deutsche, an der Nordsee übliche Benennung des Bernsteins (vgl. Plin. XXXVII, 42) den Aestiern zuschrieb.

^{524}) Dies und das folgende enthält offenbar die Aussage, die Aestier hätten, bevor die Römer auf die Bernsteinküste derselben aufmerksam wurden, Handel mit Bernstein noch nicht getrieben, ja denselben überhaupt noch nicht beachtet. Auf Grund der bedeutenden Verbreitung des Bernsteins in der alten Welt und mancher Funde in Altpreußen wird die Richtigkeit dieser Aussage bestritten, und es fehlt nicht an solchen, welche die Tacitusstelle interpretieren: „und sie empfangen den Preis, über ihn, d. i. seine Höhe, verwundert."

^{525}) Tac. Germ. c. 45.

^{526}) Gewöhnlich nimmt man den Sinn von „Ostleute" an. Müllenhoff (a. a. O. II. S. 30) dagegen meint, daß die Germanen ihre Nachbarn wegen ihres friedfertigen, jeder Gewaltthat abgeneigten Charakters Aisteis oder Aistjus, d. i. nach got. aistan aestimare, revereri die Achtbaren, Ehrenwerten, genannt hätten.

— 301 —

⁶²⁷) Adam von Bremen (l. c. IV. c. 17) versteht unter Estland schon das heutige Estland. Müllenhoff (a. a. O. II. S. 26) ist der Ansicht, daß der Stamm der Aisten (Litauer-Letten-Preußen) einmal bis zum finnischen Meerbusen gesessen habe.

⁶²⁸) Cassiodori Variar. lib. V. ep. 2. Man hat es indes für möglich gehalten, daß dieser Brief nur eine gelehrte Stilübung gewesen sei.

⁶²⁹) Jordanes, De orig. actibusque Get. c. 23, MG. Auct. antiqu. V, 1 p. 89: Aestorum quoque similiter nationem, qui longissimam ripam Oceani Germanici insident, idem ipse prudentia et virtute subegit omnibusque Scythiae et Germaniae nationibus ac si propriis lavoribus imperavit.

⁶³⁰) Einhard, Vita Karoli M. c. 12, MG. Scr. II. p. 449: At litus australe Sclavi et Aisti et aliae diversae incolunt nationes.

⁶³¹) Er findet sich abgedruckt SrP. I. p. 732 ss.; MP. I. p. 11 s.

⁶³²) Ueber Truso und Wislamük, Wislemüt oder Wislemüta vgl. besonders F. Neumann, Ueber die Lage von Wulfstans Truso, Wislemund und Witland usw., in APPrBl. 1854, 2 S. 290 ff.; Kolberg, Wulfstans Seefurt, ZGAE. VI. (1875) S. 1 ff.; Anger, Ueber die Lage von Truso usw., APM. XIV. (1877) S. 613 ff.; Müllenhoff a. a. O., II. S. 13.

⁶³³) Vgl. a. a. O. S. 141: Brus.

⁶³⁴) MP. I. p. 149: Pruzze für das Land.

⁶³⁵) Kanap. c. 27 (Pruzzi; Pruzzia); Bruno c. 24 (Pruzi); Brunos Brief an Heinrich II. (Pruzi); Annal. Quedlinb. (Pruci); Thietmar IV, 19 (Pruci); Passio S. Ad. c. 3 (Pruze für das Land). Es erscheint mir eigentlich auch kaum zweifelhaft, daß der sog. bayerische Geograph (866—890) mit Bruzi die Preußen gemeint hat (vgl. MP. I. p. 11; Schafarit a. a. O., II. S. 673 ff.). Wie bemerkt wurde, ist Prissionsis in Thietpalds Brief nicht auf Preußen zu beziehen. Ganz und gar nicht kommt das geographische Verzeichnis in Betracht bei Pez, Thes. etc. I. p. 417. Vgl. über weitere Formen des Namens der Preußen: Lohmeyer, Handschriftliche Ueberlieferung des Namens Preußen, in Wissensch. Monatsblättern, herausgeg. von O. Schade, VII. S. 7 ff.

⁶³⁶) Zeuß a. a. O. S. 670; Müllenhoff a. a. O., II. S. 14. 349.

⁶³⁷) So Lohmeyer (a. a. O. S. 8), welcher im Anschluß an Prätorius den Namen Preußen von der Wurzel, die auch in dem litauischen Worte protas (Einsicht, Verstand) enthalten ist, ableitet und meint, daß die Preußen sich im Verhältnis zu anderen Völkern als die Verständigeren bezeichnet hätten. Die etymologische Erklärung des Prätorius (Deliciae Prussicae, im Auszuge herausgeg. von W. Pierson, Berlin 1871, S. 5) billigten auch Bender (Ueber den Namen Preußen, ZGAE. I. S. 392 f.) und Pierson (a. a. O. S. 104). Zeuß (a. a. O. S. 671) fand in Prus eine slawische Wurzel, dieselbe wie in dem Adjektivum prisnyj (= germanus, proximus, domesticus). Die Slawen hätten die Aisten Nächste, Verwandte genannt. Nach H. W. (APPrBl. X. (1865) S. 368), dem Beckherrn (APM. XXXIII. [1896] S. 359 ff.) zustimmt, kommt der Name Preußen von dem polnischen proca = Schleuder her. Die Erklärung „bei den

— 302 —

Russen" (Joh. Voigt a. a. O., I. S. 672) oder „am Ruß" (Friedrich der Große) ist allgemein aufgegeben. Die Form Borussi ist eine ganz späte (16. Jahrh.). Die ältesten Zeugen des Namens bieten, wie wir sahen: Brūs, Pruzzi, Pruzi Pruci (für das Land Pruzze, Pruze, Pruzzia, Prucia). Dann kommt auch Prutheni auf, und man hat gemeint, daß diese Form der einheimischen am nächsten gestanden habe, Pruzi hingegen polonisiert sei. Sowohl hiergegen indes wie auch gegen die Ableitung des Namens Preußen von der Wurzel, die in dem litauischen protas begegnet, spricht, wie ich von kundiger Seite höre, die Adverbial= form prūsiskai im preußischen Katechismus von 1561 und die litauische Form des Namens der Preußen. Letztere lautet, der zitierten preuß. Adverbialform ganz entsprechend, Prūsas, Prūsai (Plur.), also fast identisch mit den Formen der ältesten Zeugen. Eine nähere Erklärung des Namens halten die Sprachforscher für mehr oder weniger unsicher.

⁵³⁸) Das kürzere Wörterverzeichnis von 1524 findet sich bei Simon Grunau (III, 2 § 2), abgedruckt bei Neſſelmann, Sprache der alten Preußen, Berlin 1845. Das längere und ältere, das sogenannte Elbinger Vokabular, gab nach der ein= zigen (Elbinger) Handschrift, in welcher es existiert, zuerst Neſſelmann heraus in der APM. V. (1868) S. 465 ff. unter dem Titel: Ein deutsch=preußisches Voka= bularium aus dem Anfange des 15. Jahrhunderts. Neuerdings sind von der intereſſanten Elbinger Handschrift Lichtdrucke hergestellt: Das Elbinger deutsch= preußische Vokabular, 17 Tafeln in Lichtdruck, herausgegeben von A. Bezzenberger und W. Simon, Kgsbg. 1897. Während die Elbinger Handschrift aus dem Ende des XIV. oder Anfang des XV. Jahrhunderts ist, nimmt man an, daß das Vokabular selbst schon gleich im Anfange der Ordenszeit als Hülfsmittel für gerichtliche Verhandlungen aufgesetzt ist. Die samländischen Katechismen von 1545 und 1561 sind abgedruckt bei Neſſelmann, Sprache der alten Preußen.

⁵³⁹) Vgl. Müllenhoff a. a. O., III. S. 164.

⁵⁴⁰) In eigenartiger Weise vertrat diese Ansicht Th. Poesche (Die Arier, Jena 1878).

⁵⁴¹) A. Bezzenberger, Bemerkungen zu dem Werke von A. Bielenstein über die ethnologische Geographie des Lettenlandes (Tiré du Bulletin de l'Académie Impériale des Sciences de St.-Pétersbourg, N. S. IV (XXXVI), Petersb. 1895, S. 498 ff.

⁵⁴²) Claudius Ptolemaeus, Geogr. III, 5, 21. Daß Ptolemäus die Galinden und Sudiner als östlich von der Weichsel in der Nähe des südöstlichen Winkels der Ostsee wohnhaft bezeugt waren, unterliegt keinem Zweifel. Im übrigen ist seine Völkerkarte an dieser Stelle in Unordnung geraten. Vgl. Müllen= hoff a. a. O., II. S. 16 ff.

⁵⁴³) Die Galinder an den masurischen Seen und die Sudauer oder Jadwinger östlich davon bis zur Memel.

⁵⁴⁴) Geogr. III, 5, 20.

⁵⁴⁵) Jordanes, De orig. actibusque Get. c. 4. 17.

⁵⁴⁶) Plin. nat. hist. IV, 100: Amnes clari in oceanum defluunt Gut= talus, Vistillus sive Vistla, Albis, Visurgis, Amisius, Rhenus, Mosa.

⁵⁴⁷) Aehnlich urteilt Müllenhoff a. a. O., II. S. 4.

⁵⁴⁸) Ad. Bezzenberger, Die litauisch-preußische Grenze, in APM. XIX. (1882) S. 651; Ders., Ueber die Verbreitung einiger Ortsnamen in Ostpreußen, in APM. XX. (1883) S. 123 ff.

⁵⁴⁹) Töppen, Historisch-komparative Geographie von Preußen, S. 18 ff., und Atlas dazu, Taf. 1.

⁵⁵⁰) Joh. Sembrzycki, Die Nord- und Westgebiete der Jadwinger und deren Grenzen, in APM. XXXVIII. S. 76 ff.

⁵⁵¹) Bei Ankunft des Ordens war Kulm polnisch. Ketrzyński (Das Culmerland und die Südgrenze von Pomesanien, in APM. XXIII. S. 138 ff.) aber glaubt aus einer Nachricht, die er aus der 2. Hälfte des XI. Jahrh. stammen läßt, doch folgern zu müssen, daß ursprünglich auch das Land zwischen Ossa und Drewenz preußisch gewesen ist und zu Pomesanien gehört hat. Bezüglich der Landschaft Löbau wird nicht bezweifelt, daß sie erst ganz preußisch war. Vgl. im übrigen Lohmeyer a. a. O. S. 11; auch Müllenhoff a. a. O., II. S. 13.

⁵⁵²) Dusburg, Cron. III, 3, SrP. I. p. 51 s. Etwas anders zählte vorher (S. XIII) die Landschaften das sog. dänische Lagerbuch (Lib. cons. Dan., bei Langebek, Scr. rer. Dan., VII. p. 543) und eine Urkunde von 1268 (vgl. Töppen a. a. O. S. 7 f.

⁵⁵³) Vgl. Adam v. Bremen, Gest. Hammenb. pontif. IV, 18 (Adam hatte seine Nachrichten aus Dänemark); Saxo, Gest. Dan. VI, MG. Scr. XXIX. p. 54 etc.; Joh. Voigt a. a. O, I. S. 297 ff.

⁵⁵⁴) Arabische Münzen sind in Preußen in großer Zahl gefunden. Möglich wäre es ja, daß dieselben nur durch Zwischenhandel nach Preußen gelangten. Vgl. Lohmeyer a. a. O. S. 14.

⁵⁵⁵) Adam v. Bremen l. c., I, 62.

⁵⁵⁶) Dusb. III, 5. Jedoch ergiebt das Elbinger Vokabular, daß die alten Preußen schon vor Ankunft des Ordens eine siebentägige Woche hatten.

⁵⁵⁷) Dusb. III, 5. Sie sahen ja die Schriftzüge auf den Münzen, wie richtig bemerkt ist.

⁵⁵⁸) Benno Martiny, Milch- und Molkereiwesen bei den alten Preußen, APM. IX. (1872) S. 336 ff.; vgl. Otto Hein, Altpreußische Wirtschaftsgeschichte bis zur Ordenszeit, in Ztschr. für Ethnologie 1890, S. 146 ff.

⁵⁵⁹) Adalb. Bezzenberger, Die Bildung der altpreußischen Personennamen, APM. XIII. (1876) S. 385 ff.

⁵⁶⁰) Vgl. Matthäus Prätorius a. a. O. S. 123.

⁵⁶¹) Adam v. Bremen l. c., IV, 18.

⁵⁶²) Jordanes l. c., c. 5: post quos ripam Oceani item Aesti tenent. pacatum hominum genus omnino.

⁵⁶³) Dusb. III, 5.

⁵⁶⁴) Dusb. III, 5.

⁵⁶⁵) Dusb. III, 5.

⁵⁶⁶) Ueber die ostpreuß. Gräberfunde vgl. O. Tischler, Ostpreußische Grab-

hügel, Königsberg 1887; Katalog des Prussia-Museums in Königsberg, Teil I. (1893) u. II. (1897) von A. Bezzenberger.

⁵⁶⁷) Dusb. III, 5.

⁵⁶⁸) E. Beckherrn, Bewaffnung und Ausrüstung der heidnisch-preußischen Krieger und einige andere Gegenstände des preußischen Heerwesens, APM. XXXIII. S. 359 ff. Beckherrn geht auf die Bronzethüre nicht ein. Das Brustwams der auf derselben dargestellten preußischen Krieger scheint die Brunje sein zu können.

⁵⁶⁹) Kanap. c. 28.

⁵⁷⁰) Bruno c. 25.

⁵⁷¹) Kanap. c. 28.

⁵⁷²) Bezzenberger, Ueber das litauische Haus, APM. XXIII. (1886) S. 34 ff.

⁵⁷³) A. a. O. S. 141.

⁵⁷⁴) Chron. Albrici monachi trium fontium ad ann. 1207, MG. Scr. XXIII. p. 887.

⁵⁷⁵) Vgl. Anm. 538.

⁵⁷⁶) Preuß. Urkundenbuch, Polit. Abth., Bd. I. H. 1, Kgsbg. 1882, No. 218 S. 158 ff.

⁵⁷⁷) Vgl. Beckherrn a. a. O.

⁵⁷⁸) Kanap. c. 28.

⁵⁷⁹) Vgl. Dusb. III, 5 über den Kriwen. Genau genommen, betrifft diese Stelle nur die litauischen Nadrauer. Aber sie und die alten Preußen sind, was die religiösen Sitten und Gebräuche anbetraf, gewiß in der Hauptsache eins gewesen. Eine Strophe aus Feuer kommt in dem altpreußischen Gedicht „Die Brautklage" vor (bei Luk. David, Preuß. Chronik, herausgeg. von E. Hennig, I. Kgsbg. 1812, S. 134; vgl. Pierson, Ein altpreuß. Gedicht, APM. VII. S. 179).

⁵⁸⁰) Dusb. III. 5. Für bufonem wäre nach Prätorius (a. a. O. S. 37) bubonem zu lesen, da die Kröte zu seiner Zeit in Litauen keine besondere Beachtung fand. Vgl. indes Lemke, Ueber Frosch- und Krötenaberglauben in Ostpreußen, Verhandl. der Berl. Gesellsch. für Anthropologie ꝛc., 1883, S. 346. — Oliverus Scholasticus, Hist. reg. terrae sanctae, SrP. I. p. 241: Nam gens Livonum, Estonum, Prutonum variis erroribus delusa, ignorans dei filium et incarnati verbi mysterium, numina gentilium colebat, Dryades, Amadryades, Oreades, Napeas, Humides, Satyros et Faunos. Sperabat enim super lucos, quos nulla securis violare praesumit, ubi fontes et arbores, montes et colles, rupes et valles venerabantur, quasi aliquid virtutis et auspicii reperiri possit in eis, nunc autem sanam doctrinam secuta... Statuta Provincialia Concilii Rigensis (1428) c. 27 bei Jacobson, Gesch. der Quellen des Kirchenrechts des Preußischen Staats, I. Bd. 1837, Anhang S. 39: nonnulli.... rustici et incole in provincia nostra Lyvonie .... a naturalibus effectibus et vilioribus creaturis, scilicet a tonitruo, quod deum suum appellant, et arboribus, in quibus confidunt, incrementum rerum suarum temporalium ac infelicem suam expectant felicitatem.

⁵⁸¹) Jüngere Hochmeisterchronik c. 100 (SrP. V. p. 65). Es ist möglich, daß der Verfasser nur in Mißverständnis von Dusburg (III, 5) berichtet.

⁵⁸²) Umfangreiche preußische Götterverzeichnisse finden sich in der Vorrede der evangelischen Bischöfe Georg von Polenk und Paul Speratus zu den sogenannten Constitutiones synodales evangelicae von 1530; ferner in dem Sendschreiben des Joh. Maeletius an Sabinus, De sacrificiis et idolatria veterum Borussorum, Livonum aliarumque vicinarum gentium, separat herausgegeben von dem Sohn des Verfassers, Hieronymus Maeletius, Regiom. 1563 (nach einer früheren schlechten Ausgabe abgedruckt in den Acta Borussica, II. p. 401 ss. und in den Script. rer. Livon., II. p. 389 ss.); und in der Schrift des Hieronymus Maeletius, Warhafftige Beschreibung der Sudawen auff Samland, sambt ihren Bock heyligen und Ceremonien, Königsberg ca. 1561 oder 1562. Die Vorrede zu den Constitutiones synodales von 1530 existiert nur handschriftlich, und zwar in einer Kopie des 17. Jahrh. im Königl. Staatsarchiv zu Königsberg, Bolzsche Sammlung No. 17 (4.). Einen Auszug aus ihr veröffentlichte Jos. Bender in seiner Abhandlung „Zur altpreuß. Mythologie und Sittengesch.", APM. IV. (1867) S. 98. Tschackert (Urkundenbuch zur Reformationsgesch. des Herzogtums Preußen, I. Lpzg. 1890, S. 166 ff.; vgl. II. S. 285, No. 700) urteilt, daß Verfasser der Vorrede Paul Speratus war. Ueber das literarische Verhältnis der drei genannten Schriftstücke giebt Mierzyński in seiner Schrift Co znaczy Sicco (Lemberg 1891) eine kritische Auseinandersetzung.

⁵⁸³) Vgl. Anm. 576.

⁵⁸⁴) Collatio Episcopi Varmiensis facta coram Summo Pontifice per dominum Andream, plebanum in Danczk, bei A. Mierzyński, Mythologiae Lituanicae Monum., II. p. 144 s.

⁵⁸⁵) Vgl. Prätorius a. a. O. S. 22 ff.

⁵⁸⁶) Kanap. c. 27.

⁵⁸⁷) Kanap. c. 28: simulacra surda et muta.

⁵⁸⁸) Vgl. Anm. 580. Laurentius Blumenau, Hist. de ord. Theuton., SrP. IV. p. 49: Ipsi namque prisco gentilitatis errore imbuti, omnem ornatum celi atque terre adorantes, nonnullas silvas, ubi litare consueverant, adeo sacras esse arbitrabantur, ut nec ligna incidere nec vetustate quidem deiectas arbores inibi abducere permittebant.

⁵⁸⁹) Dusb. III, 5: Fuit autem in medio nacionis huius perverse, scilicet in Nadrowia, locus quidam dictus Romow, trahens nomen suum a Roma, in quo habitabat quidam dictus Criwe, quem colebant pro papa, quia sicut dominus papa regit universalem ecclesiam fidelium, ita ad istius nutum seu mandatum non solum gentes predicte, sed et Lethowini et alie naciones Lyvonie terre regebantur. Tante fuit autoritatis, quod non solum ipse vel aliquis de sanguine suo, verum eciam nuncius cum baculo suo vel alio signo noto transiens terminos infidelium predictorum a regibus et nobilibus et communi populo in magna reverencia haberetur. Fovebat eciam prout in lege veteri iugem ignem . . . . . Circa istos mortuos talis fuit illusio dyaboli, quod cum parentes defuncti ad dictum Criwe papam venirent, quaerentes, utrum tali die vel nocte vidisset aliquem domum suam transire, ille Criwe et disposicionem mortui in vesti-

bus, armis, equis et familia sine hesitacione aliqua ostendebat et ad maiorem certitudinem ait, quod in superliminari domus sue talem fixuram cum lancea vel instrumento alio dereliquit. Post victoriam diis suis victimam offerunt et omnium eorum, que racione victorie consequuti sunt, terciam partem dicto Criwe presentarunt, qui combussit talia. Ueber den Kriwen äußert sich ausführlich und aufklärend A. Mierzyński a. a. O., II. S. 19 ff.

⁵⁰⁰) Dusb. III, 4: Galindite creverunt et quasi germinantes multiplicati sunt et roborati nimis et impleverunt terram suam, sic quod eos non potuit ammodo sustinere. Unde sicut Pharao ad opprimendum populum Israëliticum dixit obstetricibus: *Si masculus natus fuerit, interficite ipsum, si femina, reservate*, ita ergo istis videbatur consultum, quod, quicquid nasceretur sexus feminini, occideretur, et masculi ad bellum servarentur. Et dum hoc edicto non proficerent, quia mulieres videntes eleganciam nascencium conservabant occulte eas, idcirco de communi consilio et consensu, ut omnis materia nutriendi pueros tolleretur, omnium uxorum suarum ubera preciderunt. Super quo contemptu et detestabili facto mulieres indignate accesserunt ad quandam dominam, que secundum ritum ipsorum sacra et prophetissa reputabatur, ad cuius imperium huius terre facta singula regebantur, petentes sibi super hoc negocio salubriter provideri. Que compaciens sexui suo, convocatis ad se pocioribus tocius terre, ait ad eos: *Dii vestri volunt, ut omnes sine armis et ferro vel aliquo defensionis adminiculo contra cristianos bellum moveatis*. Quo audito statim obediunt, et omnes, qui ad bellum habiles fuerant, ad viciniorem cristianorum terram loto animo sunt profecti ....

⁵⁰¹) Vertrag von Christburg a. a. O. S. 161: Promiserunt eciam, quod inter se non habebunt de cetero Tulissones vel Ligaschones, homines videlicet mendacissimos histriones, qui quasi gentilium sacerdotes in exequiis defunctorum ve tormentorum infernalium promerentur, dicentes malum bonum et laudantes mortuos de suis furtis et spoliis, immundiciis et rapiniis ac aliis viciis et peccatis, que, dum viverent, perpetrarunt; ac erectis in celum luminibus exclamantes, mendaciter asserunt, se videre presentem defunctum per medium celi volantem in equo, armis fulgentibus decoratum, nisum in manu ferentem et cum comitatu magno in aliud seculum procedentem. Offenbar waren diese Priester, indem sie den Gefallenen ein herrliches Los nachsagten, darauf aus, zum Kampfe für den alten Glauben und die Freiheit zu begeistern.

⁵⁰²) Kanap. c. 30: Prosilit e furibundo agmine igneus Sicco, et totis viribus ingens iaculum movens, transfixit eius penetralia cordis. Ipse enim sacerdos idolorum et dux coniuratae cohortis velut ex debito prima vulnera facit. Vgl. Bruno c. 33.

⁵⁰³) Mierzyński, Co znaczy Sicco, Lemberg 1891. Wie Hartknoch (Sel. dissert. hist. [1679], p. 150 s.), dem u. a. schon Joh. Voigt (a. a. O., I. S. 607) und Pierson (a. a. O. S. 79) sich anschlossen, bringt auch M. den Sitto

in Zusammenhang mit den späteren Sigonoten. In einigen Handschriften des Kanaparius findet sich auch die Schreibweise Siggo. Hipler (Pastoralblatt für Ermland, XXII. S. 67) wollte in Sicco das Vergrößerungswort von sicarius sehen. Sicco kam, wie sich aus den MG. ergiebt, auch als Eigenname vor. So findet sich denn auch im Wolfenbütteler Kodex (S. XI) die Glosse: proprium nomen. Prätorius (a. a. O. S. 41) leitet den Namen Sigonoten, den er Zygenotten schreibt, von zigas = Ordnung ab. Nach Bezzenberger (Altpreußisches, in APM. XV. S. 124 ff.), welcher damit Joh. Voigt zustimmt, ist signot der „Gesegnete" oder der „Segner", von derselben Wurzel wie preuß. signât (lit. zegnóti) = segnen. Als Bestätigung für die Richtigkeit dieser letzteren Erklärung möchte anzusehen sein, daß in den Quellen, die sich auf das preußische Heidentum beziehen, immer von sanctificare, heiligen die Rede ist im Sinne von segnen, weihen, für die Götter bestimmen, opfern. Darnach hätten wir die Sigonoten als solche anzusehen, die nach dieser Funktion benannt waren. Hängt aber das Wort Sigonot mit signât zusammen, so möchte Sikko mit Sigonot in keinerlei Beziehung stehen. Denn es spricht alles dafür, daß das Wort signât aus der Kirchensprache bezw. von dem deutschen Worte Segnen herzuleiten, also erst nach Adalbert aufgekommen ist. Ueber die Etymologie des Wortes Sikko Sicheres zu sagen, wird wohl unmöglich bleiben. Wer weiß überhaupt, ob es, wie es überliefert ist, eine richtige Form darstellt. Es wäre doch denkbar, daß die Begleiter Adalberts das zu Grunde liegende preußische Wort entstellten. Die Annahme, daß es die appellative Bezeichnung eines preußischen Priesters sein sollte, bleibt unter allen Umständen frei. Sie wird nicht nur durch die Verbindung, in der das Wort Sikko auftritt, nahe gelegt, sondern auch durch die ganze Schilderung der Hinrichtung Adalberts. Die Ermordung von Fremdlingen zu Ehren der Götter ist ja eine Sache, die unendlich oft auf heidnischem Gebiet vorgekommen ist, und daß die Preußen zu solchen Thaten wohl disponiert waren, beweisen die Menschenopfer, die sie später im Kampf mit dem Orden nach den Schlachten vorzunehmen pflegten. Zweck derselben war, Unglück zu beschwören und die Gunst der Götter zu sichern. Vgl. auch Lohmeyer, JPGL. IX. S. 35, der sich gegen die Erklärung von Sicco durch signât ausspricht.

[504]) Prätorius a. a. O. S. 41 ff.

[505]) Michael von Samland, Articuli per Prutenos tenendi et erronei contra fidem abiiciendi (1425), bei Jacobson a. a. O., Anh. S. 126 ff.: Item omnino prohibeatur eis, ne cantaciones vel divinaciones in cerevisia vel pullis vel aliis quibuscunque modis exerceant, sub pena privacionis ecclesiastice sepulture.

[506]) Dusb. III, 91 (1261): Post hanc cedem Nattangi, volentes victimam diis offerre, miserunt sortem inter Theutonicos ibi captos . . . ligatus super equum suum est crematus. Cf. III, 338 (1320); Cronica nova Prut. c. 147 (1389). Collatio Episcopi Varm. l. c.: Ex eo patet, quod multi fratres, aliqui incarcerati, aliqui mutilati, aliqui imposuti eculeis, sedentes super equos, igne sanctificati sunt diis hostium.

[507]) Cronica nova Prutenica c. 92, SrP. II. p. 583: Quendam fratrem

captivatum alligabant ad arborem et lanceolis suis multis vulneribus occisum diis obtulerunt.

⁵⁹⁸) Heinrich v. Hervord, SrP. I. p. 243: Prepositum de Bernow, hominem corpore grossum et pinguem, vinciunt, caput inter crura detorquentes, dorsum eius gladiis aperiunt, profluvium sanguinis attendunt, de exitu belli per ipsum divinare cupientes. Breve Chronicon Silesiae, SrP. I. p. 249: quibusdam guttura preciderunt et divinaciones suas exercuerunt.

⁵⁹⁹) Vgl. Anm. 589 und Laurentius Blumenau (1457), Hist. de ord. Theuton., SrP. IV. p. 49.

⁶⁰⁰) Vertrag von Christburg a. a. O. S. 161: promiserunt, quod ipsi vel heredes eorum in mortuis comburondis vel subterrandis cum equis sive hominibus vel cum armis seu vestibus vel quibuscunque aliis preciosis vel etiam in aliis quibuscunque ritus gentilium de cetero non servabunt. Dusb. III, 5: Prutheni resurrectionem carnis credebant, non tamen, ut debebant. Credebant enim, si nobilis vel ignobilis, dives vel pauper, potens vel impotens esset in hac vita, ita post resurrectionem in vita futura. Unde contingebat, quod cum nobilibus mortuis arma, equi, servi et ancille, vestes, canes venatici et aves rapaces et alia, que spectant ad miliciam, urerentur. Cum ignobilibus comburebatur id, quod ad officium suum spectabat. Credebant, quod res exuste cum eis resurgerent et servirent sicut prius. Vgl. Laurentius Blumenau a. a. O. Nach Mag. Vincentius, IV, 19, MP. II. p. 423 glaubten die Preußen an Seelenwanderung.

⁶⁰¹) Dusb. III, 5. Vgl. Wulfstaus Bericht a. a. O; ferner die Landesverordnungen unter Paul v. Rusdorf (1427) und die Frauenburger Festsetzungen von 1445 (Töppen, Akten der Ständetage Preußens, I. S. 469; II. S. 664), sowie die Schilderungen der preußischen Feste bei Prätorius, denen zur Bestätigung dient, was von dem Brauch des Zutrinkens *kailspatskails, ains par antros* bei den Preußen bekannt ist (vgl. Bezzenberger, Altpreußisches, in APM. XV. S. 124 ff.).

⁶⁰²) Dusb. III, 5: Si homicidium committitur inter eos, nulla potest composicio intervenire, nisi prius ille homicida vel propinquus eius ab occisi parentibus occidatur.

⁶⁰³) Vertrag von Christburg a. a. O. S. 162; promiserunt..., quod nullus filium suum vel filiam quacunque de causa per se vel per alium abiciet de cetero vel occidat, publice vel occulte, vel ab alio talia quoquomodo fieri consentiet vel permittet.

⁶⁰⁴) Albertus Magnus, In octo lib. Politic. Aristot. comment. VII,14 (Operum tom. IV, Lugd. 1651): De reservatione autem et alimento generatorum, id est natorum, sit lex, gentilium scilicet, nullum orbatum nutrire. Orbati sunt, qui cum defectu membrorum nascuntur, qui a praedictis Sclavis statim interficiuntur, sicut etiam decrepiti senes, inutiles ad labores. Et causa est: quia bonum reputant interficere eum, qui in

miseria vivit, ut absolvatur a miseria. Et hoc est, quod dicitur in lib Elench.: Bonum est mactare patres. Bonum enim dicunt, quod pium reputant. Et hunc ritum hodie servant habitantes in confinibus Saxoniae et Poloniae, sicut ego oculis meis vidi, qui fui nuncius Romanae curiae ad partes illas filiis demonstrantibus mihi sepulchra patrum, quos ita occiderant. Mit Recht schließt Mierzyński (a. a. O. II. S. 16), daß hier vor allem die Preußen gemeint seien. Vgl. Lukas David, Preuß. Chronik, 1. Bd. S. 137 f.

[605]) Dusb. III,5: Secundum antiquam consuetudinem hoc habent Prutheni adhuc in usu, quod uxores suas emunt pro certa summa pecunie. Unde servat eam sicut ancillam, nec cum eo comedit in mensa et singulis diebus domesticorum et hospitum lavat pedes. Gegen die Vererbung der Frauen schritt der Vertrag von Christburg ein.

[606]) Honorius III. (1218), Preuß. Urkundenbuch, Polit. Abt., 1. Bd. 1. H., S. 20 Nr. 29: In Pruscie partibus populus est a fide prorsus exorbitans et plus quam bestiali deditus feritati, qui, ut ea faciant, que non conveniunt, inter alia multa, que de ipsorum immanitate feruntur, quotcumque feminini sexus mater pariat, perimunt preter unam, tamquam domino velint in propagatione humani generis obviare; passim et sine verecundia plures eorum prostituunt filias et uxores ac captivos immolant diis suis.

[607]) Dusb. III, 5: Prutheni raro aliquod factum notabile inchoabant, nisi prius missa sorte secundum ritum ipsorum a diis suis, utrum bene vel male debeat eis succedere, sciscitantur.

[608]) 3 Mos. 19, 26. 31; 20, 6. 27; 5 Mos. 18, 10 ff.

[609]) Sabini Poemata, Lips. 1558, Elegiarum lib. V,5.

[610]) Vgl. Anm. 582.

[611]) Vgl. über die beiden Maeletius (Małecki) Joh. Sembrzycki, Die Lycker Erzpriester Joh. und Hieron. Maletius ꝛc., in APM. XXV. S. 629 ff.; und P. Tschackert, Urkundenbuch ꝛc., 3. Bd. S. 265.

[612]) Lukas David, Preuß. Chronik, 1. Bd., S. 117 ff. Der Opferpriester (Waideler) hieß Baltin Supplit, welcher Familienname noch heute im Samland verbreitet ist. Lukas David stützt sich übrigens nur auf das Zeugnis eines „glaubwirdigen und zu Gott im rechten Glauben bekarten Preußen". Doch wird man diesem wohl wirklich in der Hauptsache glauben dürfen. Die Aussage, daß der Hochmeister Albrecht seine Zustimmung zu dem Opfer gegeben habe, kann auf Unwahrheit oder Mißverständnis von seiten der Boten beruhen, die an den Hochmeister geschickt waren.

[613]) Töppen, Die letzten Spuren des Heidentums in Preußen, APPrBl. 1846, 2, S. 210 ff.

[614]) Vgl. H. F. Jacobson a. a. O., I, 2 S. 24 und Anhang S. 12; Tschackert a. a. O., I. S. 10 ff.; II. S. 126 (No. 371); S. 141 f. (No. 416. 417).

[615]) Vgl. Anm. 582.

⁶¹⁶) Richter, Die evangel. Kirchenordnungen des 16. Jahrh., II. (Weimar 1846) S. 807.

⁶¹⁷) Von Abhandlungen über das preußische Heidentum und seine Geschichte sind vor allem zu nennen: Töppen, Gesch. des Heidentums in Preußen (APrBl. 1846, 1 S. 297 ff.); derselbe, Die letzten Spuren des Heidentums in Preußen (ebenda 1846, 2 S. 210 ff.); ders., Nachträge zur Gesch. des Heidentums in Preußen (ebenda S. 471 f.); Jos. Bender, Zur altpr. Mythologie und Sittengesch. (APM. II. 1865. S. 577 ff.; IV. 1867. S. 1 ff.). Die meisten Quellenstellen bis zum Ende des 15. Jahrh. und sorgfältige Besprechungen derselben giebt A. Mierzyński in seinen Mythologiae Lituanicae Monumenta, I. (Warszawa 1892); II. (1896).

⁶¹⁸) Vgl. die Landesordnungen der Hochmeister Ulrich von Jungingen (1408), Paul von Rusdorf (1427), Konrad von Erlichshausen (1444 und 1445) bei Töppen, Akten der Ständetage Preußens, I. S. 117. 469; II. S. 617. 664; die Articuli per Prutenos tenendi et erronei contra fidem abiiciendi von Bischof Michael von Samland (1425 ca.) bei Jacobson l. c. I, 1 Anhang S. 126 f.; Statuta Provincialia Concilii Rigensis a. 1428 congregati, ebenda S. 20 ff.; das Gesetz des Bischofs Nikolaus von Samland (1442), ebenda S. 129.

⁶¹⁹) Diese Jahreszahl steht fest, indem Kanaparius (c. 30), Bruno (c. 34), die Quedlinburger Annalen, Thietmar (IV, 19), Kosmas (I, 31) ꝛc. als Todestag Adalberts den 23. April (9. kal. Mai), bzw. den Georgstag angeben, und einige dieser Zeugen (Kanap. c. 30; Bruno c. 30; Kosmas I, 31) zugleich bemerken, daß der Todestag Adalberts ein Freitag gewesen sei. Auf einen Freitag fiel der 23. April im Jahre 997. Dies Jahr ergiebt sich auch aus dem Itinerar Ottos III. Ausdrücklich bezeugt ist es durch die Prager Annalen, die Vita maior Stephani (c. 5) ꝛc., während bei manchen Schriftstellern auch falsche Angaben (996 bei Kosmas, den Quedlinburger Annalen u. a.; 998 in den Annal. Cracov. vet.) vorkommen.

⁶²⁰) Reg. Innoc. III. lib. IX, 175 (Migne, s. l. 215 col. 1009 ss.): Cum enim ad partes illas pro quibusdam fratribus liberandis, qui ab ipsis paganis tenebantur alligati vinculis, accessisset, et dominus terre illius ipsum recepisset benigne ac dimisisset liberos eius fratres, demonstrans eidem nihilo minus beati martyris Alberti sepulcrum, elevatis oculis vidit, quod regio illa alba esset ad messem.

⁶²¹) Christburger Vertrag a. a. O. S. 162: Promiserunt etiam illi de Pomezania, quod infra proximum Pentecosten ecclesias edificabunt in locis inferius nominatis . . . quintam in Chomor Sancti Adalberti.

⁶²²) Daß Gottfried von Łekno seine Mission in Pomesanien trieb, ergiebt sich deutlich aus dem Chronic. Albrici. Hier heißt es ad ann. 1207 (l. c.): Abbas Godefridus de Luckina in Polonia cum monacho suo Philippo Wisselam fluvium, paganos dividentem et christianos, transivit, et Pruthenis paulatim predicare incipiens, ducem Phalec ad fidem convertit et postmodum fratrem eius regem Sodrech. Monachus Philippus ibi martirizatus est; et abbas Godefridus primus fuit episcopus regionis illius, et

post eum fuit quidam episcopus nomine Christianus. Die Landschaft Kulm kann nicht in Betracht kommen, da sie polnisch war. Die Urkunde von 1250 findet sich im Preuß. Urkundenbuch, Pol. Abt., a. a. O. S. 172.

⁶²³) Joh. Voigt, Gesch. Pr., I. S. 279; Quandt, Pommerns Ostgrenzen, Baltische Studien XV. (1853) S. 207 ff.

⁶²⁴) Schmitt, Zur Adalbertsfrage, APM. XII. S. 534. S. meinte, die Steuerhebestelle bzw. das Domanium des Kriwen sei vom Orden Adalbert gewidmet Von einem Domanium und einer Steuerhebestelle des Kriwen ist nichts bekannt.

⁶²⁵) Vgl. Perlbach, Zur Gesch. der ältesten preuß. Bischöfe, APM. IX. S. 550 ff.; Kolberg, Lobgedicht ꝛc., S. 132.

⁶²⁶) Tempore illo c. 13. 17.

⁶²⁷) Vita S. Stanislai minor c. 19: per Pomeraniam navigio in Pruziam transiens.

⁶²⁸) Miracula S. Ad. c. 2: In loco autem, in quo caput martiris gentilis reposuerat, extitit olim ecclesia in honore ipsius martyris consecrata, et ipsa nec non et locus in reverencia habebatur, illicque facta pulchra miracula referuntur. Während es mir höchst wahrscheinlich ist, daß diese Kirche die von Chomor St. Adalberti war, zweifele ich, ob sie oder Chomor St. Adalberti in Zusammenhang zu bringen ist mit der antiqua ecclesia, welche in dem Privilegium des Pomesaniers Bute von 1303 (abgedruckt bei Kreutzfeld, Eine Meinung über den Adel der alten Preußen, Kgsbg. 1784, S. 45 f.; vgl. Töppen, Geogr. von Pr., S. 12) erwähnt wird, und ob eine andere von Schmitt geäußerte Vermutung auf sicherer Grundlage ruht. Dieser (Gesch. des Stuhmer Kreises, Thorn 1868, S. 8 und u. a. a. O. S. 583 f.) bemerkt, daß die katholische Pfarrkirche von Postige bei Komerau in Visitationsakten von 1669 auf einen wüsten Grund „Altkirch" Anspruch mache. In ihm vermutet er den Platz der alten Kirche von Chomor St. Adalberti. Ein Altkirch befindet sich noch heute zwischen Postige und Buchwalde. Andere haben die zitierte Stelle der Mirakula auf die St. Albrechtskirche bei Danzig beziehen wollen, da diese Kirche ecclesia S. Adalberti ad quercum genannt wurde. Sie hielten also die Lesart Pomeranis für die richtige. Indes die schwierigere Lesart hat den Vortritt. Es liegt näher anzunehmen, daß man aus Pomezanis Pomoranis machte, als daß das Umgekehrte geschah. In gewisser Beziehung ist übrigens Pomeranis das Schwierigere. Denn ein preußischer Pommer ist für das Mittelalter eine contradictio in adiecto. Wenn Kolberg bekannt giebt, daß in der Brüsseler Handschrift von Vidi alterum angelum einmal Pomozaniam oder Pomezaniam stehe, wo der Berliner Kodex Pomoraniam hat, und daß der Brüsseler Kodex in Legitur de S. Adalb. an einer entsprechenden Stelle Pometaniam biete, so mag Nachlässigkeit der Schreiber vorliegen. An diesen Stellen paßt nur Pomeraniam. Schließlich sei noch ausdrücklich in Erinnerung gerufen, daß das 2. Kapitel der Mirakula zu den wenigen selbständigen Partien derselben gehört. Nimmt man hinzu, daß der Verfasser sich auf die Nachkommen des vornehmen Pomesanen geradezu beruft,

so möchte keinem Zweifel unterliegen, daß er seine Erzählung von diesen selbst hatte. Töppen, SrP. II. p. 413; Kolberg, JGNE. VII. S. 42; Lobgedicht ꝛc., S. 131 ff.

⁶²⁹) Miracula c. 2: Circa idem tempus Prutenus quidam nobilis ex Pomezanis quorumdam causa negociorum venit in Sambiam, terram scilicet in Pruscie partibus specialem, in qua ab incolis beatus martyr Adalbertus martyrium consummavit. Die Urkunde Siegfrieds findet sich abgedruckt im Cod. dipl. Warm., I. p. 217 No. 122 und bei Gebser und Hagen, Der Dom zu Königsberg, I. (1835) S. 61 ff.: Nostre enim dyocesis terram Sambiam in predicacione fidei christiane per martirium aspersione preciosi sui sanguinis consecravit. Das Zeugnis Adams von Bremen, welcher IV, 18 von den Semben oder Pruzzen erzählt, daß sie Adalbert getötet hätten, wird mit Recht in den Hintergrund gestellt, da bei ihm der Name Semben in einem weiteren Sinn als Bezeichnung des ganzen Preußenvolkes gebraucht wird. Indes es will doch beachtet sein, daß er in erster Linie von jenen Semben redet, die ihm auf der See Bedrängten zur Hülfe kamen, also von den Semben an der Meeresküste.

⁶³⁰) Schmitt, Zur Adalbertsfrage, a. a. O. S. 531. Daß man im Orden die Schriften des Kanaparius und Bruno kannte, dafür ist Nikolaus von Jeroschin der Beweis.

⁶³¹) Sehr gute Uebersetzungen der Vita des Kanaparius und der Passio, bei denen indes Einzelheiten doch auch verbesserungsfähig sind, liegen von Hüffer bzw. Wattenbach vor in den „Geschichtschreibern der deutschen Vorzeit", 2. Ausg. Bd. XXXIV. Die Passio ist außerdem von Kolberg (Lobgedicht ꝛc., S. 107 ff.) übersetzt. Auf diese Uebersetzungen ist Rücksicht genommen. Der Text der Passio, sofern er sich auf die Oertlichkeiten bezieht und den Fortschritt der Handlung giebt, ist folgender:

c. 3. Saxonica tellure in brevi recedens, in Polaniam regionem cursum direxit, et ad mestr. . (mestris G.; mestr f. B.) locum divertens, coenobium ibi construxit, monachosque quamplures congregans, Aschricumque abbatem eos ad regendum constituit, qui postea archiepiscopus ad Sobottin consecratus est; in quo loco aliquantisper moratus est. Post hec videlicet sumpto baculo paucis se comitantibus latenter quasi fugam moliens Pruze se intulit regioni. Urbi quoque Cholinun appropinquans, venerat in quoddam nemus civitati propinquum, satis venustum, in quo erat planities iocunda; eodemque die vigilia erat sancti Georgi martiris.

. . . . c. 4. Lucifero excussa nocte assurgente astro, qui tunc erat canendus, insegnis insistebat imno. Prius enim quam quintam oroscopos tangeret umbram, sacrum celebrabat officium, eoque finito abstracta tantum casucula reliquo episcopalis vestimenti ornamento indutus, comitatu cum parvo urbem, que Cholinun vocatur, inpavidus adiit. Erat enim ante introitum porte illius profundum specus, longitudinis non parvae, ita tenebrosum, quod is, qui foris et intus erat, non videri, sed audiri ab altero potuit . . . . Urbanus custos: „Quenquam intromitti *noster mos non est,"* respondere fertur, *„sed regrediens in eminenti, qui urbi praeminet, te ostende cumulo, ut quis sis prius videaris; tunc demum primate iubente intrandi licentia haud tibi denegabitur."* Haec dicenti athleta domini oboediens, in praemonstrata se videndum praesentavit altitudine.

c. 5. Viso sancti domini vultu custodum unus terribiliter mirum alto clamore vociferavit, atque mox more irascibilium apum quasi tumultuantis populi, quicquid virorum ac mulierum inerat, concurrere. Improbi quoque facto agmine unanimiter circumvallantes sanctum dei, quis sive unde esset, ammirati sunt. . . . .

c. 6. Woihtalic almus maioris triumphi gloriam sibi esse paratam agnoscens, regrediebatur; memoriam defunctorum vigilias canendo celebrans, orationes usque ad dicendas pervenit . . . . . Bugussa vero subdiaconus suus retro respiciens, octo viros post se properantes contemplavit, quod mox pio praesuli palam fecit. Ille molliter ridens, ab inceptis non obticuit orationibus, subitoque in illum irruens ex illis unus extensa dolatura capitali eum martirisavit sententia. . . . .
. . . .
Trucidatores nefandi elevato capite fixere illud in altum sudem; reliquum corpus amni prope fluenti inmersere. . . . .
. . . .
Ast ubi homines nefandi velle suum in sanctum dei perfecere, notae urbis claustro sese intulere.

c. 7. Viatoris cuiusdam, ut fertur, gressus (iuxta W.) semitam fluentis amnis, quo haec contingebant, situs erat, qui caput fixum cernens de sude depositum sua abdidit in pera Pulslaique ad civitatem, Ohnazina vocitatam, concitato cucurrit tramite. . . . .

c. 8. Mira res et inaudibilis: sex dies corpus almum in flumine, cui inmerserant, requievit; septimo autem die piscino more defluit ad ripam, ubi inveniebatur.

[633]) Hier und im folgenden übersetze ich entsprechend dem Sprachgebrauch des früheren Mittelalters urbs, civitas in der Regel mit Burg.

[633]) Diese Stelle wird man bei der Frage nach den Verfassungsverhältnissen im alten Preußen nicht übersehen dürfen.

[634]) F. A. Brandstäter, Wo erlitt der h. Adalbert den Märtyrertod, APM. I. (1864) S. 141 ff.

[635]) W. Kętrzyński, Hat der h. Adalbert seinen Tod im Culmerlande gefunden, APM. VI. (1869) S. 35 ff.

[636]) W. Giesebrecht, Eine bisher unbekannte Lebensbeschreibung des h. Adalbert, APrBl. V. (1860) S. 55 ff.

[637]) L. Giesebrecht, Wendische Geschichten, I. S. 290 f.

[638]) Bübinger, Österr. Gesch., I. S. 329; Dudík a. a. O., II. S. 83; Müllenhoff a. a. O., II. S. 14.

[639]) Töppen, SrP. I. p. 236.

⁶⁴⁰) E. Titius, Wo liegt Cholinun? Eine Untersuchung über die Todesstätte des h. Adalbert (Progr. der höheren Bürgerschule in Culm, 1870).
⁶⁴¹) F. W. F. Schmitt a. a. O.
⁶⁴²) Cod. diplom. Pruss., II. p. 36.
⁶⁴³) Kolberg, Lobgedicht ꝛc., S. 134 ff.
⁶⁴⁴) Vgl. Hipler a. a. O. S. 67.
⁶⁴⁵) Die Uebersetzungen legen den Text der MP. zu Grunde. Was die Brunos Bericht beigefügten Varianten anbetrifft, ist zu bemerken, daß S. die Ausgabe des Surius bezeichnet, H. die Ausgabe von Henschen (Cod. Prag.), P. die Ausgabe von Pertz (Admont.).

Der lateinische Wortlaut derjenigen Stellen, die für Feststellung des historischen Verlaufes besonders in Betracht kommen, ist folgender (MP.):

Kanaparius.	Bruno.
27... Dux vero cognita voluntate eius dat ei navem et ipsam pro pace itineris terdeno milite armat. Ipse vero adiit primo urbem Gyddanyze (Gyddanyze Guelf. S. XI, Stuttg. S. XII; danyze glossa Guelf. S. XI; Gesdon Cas. 145 S. XI, Cas. 110 S. XII; Gyddanyze Brux. S. XII; Ginadic S. Cruc., Admont⸗, Claustron. S. XII, Vindob., Zwettl. S. XIII; Gnesdon Admont⸗ S. XII, Vall. H. 25 S. XVI; Gnesdoni Laurent. Flor. S. XIV. XV; Gidanic Prag. S. XIV; Gydanik Kielc. S. XIV; Gdansko Rynsc. S. XV; Gdansk Upsal. S. XV; Gnesdam Vall. G. 99 S. XV; Gidanie Canisius; Gedanum Bzovius), quam ducis latissima regna dirimentem maris confinia tangunt. Ibi . . baptizabantur . . . . Ibi . . . . immolat Christum . . . . 28. Postera autem die salutatis omnibus inponitur carinae et pelago et tollitur ab eorum oculis, numquam postea videndus. Hinc nanticum iter velocissimo cursu peragens, post paucos marinum litus egreditur, et reversa est navis cum armato custode. Ipse autem pro praestitis beneficiis gratiam vectoribus et vectorum domino agens, re-	24... Quem monet, ut se adiuvet; videns videat, quomodo in terram Pruzorum navigio maris iter (navigio se S.) exponat propter quaerendas animas et scindere vomere Dei incultas gentes . . . . Est in parte regni civitas magna Gnezne (Gnezne Koenigsw. S. XII. XIII; Gnezan Admont. S. XII; Gnezdem Prag. S. XIV; Gnesna Surius), ubi sacro corpori placuit (nunc sacro corpori requiescere placuit P.), ubi mille miraculis fulget, et, si corde veniunt, recta petentibus salutes currunt. Ibi ergo, quia in via sua erat, cuius longo tempore silentium exercuit, missam celebrat . . . . Baptizat populum grandem nimis, inde nullas moras nectit, navem ascendit, quam ne prophanus quis tangere praesumat, dux sollicitus multo milite armaverat. Post non multos dies carina secante terga maris Deum nescientibus illabuntur Pruzorum terris. Festinantes vero naute sanctum onus deponunt, et nocturno auxilio remeantes, securam fugam capiunt. Rapit iter homo Dei plenus, iacturus retia sua super horrisonum mare . . . .

mansit ibi cum geminis fratribus;
. . . .
Tunc magna fiducia Christum praedicantes, intrant parvam insulam, quae curvo amne circumvecta, formam circuli adeuntibus monstrat . .

Transiens vero in aliam partem fluminis, stetit ibi sabbato. Vespere autem facto dominus villae divinum heroa Adalbertam transduxit in villam . . . .

infrendunt dire dentibus in eum. *Magnum sit tibi*, inquiunt, *quod hucusque inpune venisti; et sicut celer reditus spem vitae, ita tibi parvae morae necis dampna creabunt. Nobis et toto huic regno, cuius nos fauces sumus, communis lex imperat et unus ordo vivendi* . . . Ipsa vero nocte in naviculam inponebantur et retro ducti manserunt quinque dies in quodam vico.

30. Jam exsurgente purpureo die coeptum iter agunt et Davitico carmine viam sibi adbreviant et dulcis vitae gaudium continuo appellant Christum. Inde nemora et feralia lustra linquentes, sole ascendente ad meridiem campestria loca adierunt. Ibi fratre Gaudentio missam celebrante sanctus ille monachus communicavit et post sacram communionem pro alleviando labore

Ergo miles Dei cum duobus sociis intraverat parvum locum, qui circumlabente unda fluminis imitatur insule vultum. Ibi aliquos dies steterunt, et fama volans paganorum auribus adduxit, habere se hospites ignoto habitu et inaudito cultu.

25. Primum ex improviso homines numero non plures parva nave veniunt, dant saltum ad terras . . et hospites quaerunt . . . . Foras proiecti, veniunt in mercatum, ubi confluxerat unda populorum . . . Manus tamen non iniciunt, sed furorem dictant et verba districto severitatis (et districtae severitatis nuncium P.) ad aures hospitum mittunt: . . . . *Exeuntes exite de finibus nostris; si citius non retro pedem ponitis, crudelibus penis afflicti, mala morte peribitis.* Illis (Illi P.) vero, qui in ingressu regni positi (positus P.) bonos hospites eo loci dimiserunt (dimisit P.), mortem minantur . .
26. . . . . . Ergo viso consilio meliora sperans, conceptum merorem gaudii gladio occidit, egressurus regionem malam, accensis animis movet gressus . . . .
28. . . Interea ipse Adalbertus in terra pagana cum sociis suis carpit iter secus littora maris . . . .
30. Igitur sexta feria Gaudentius, sancto viro duplex germanus, cum scandens sol tres horas complesset, missarum sollemnia in leto gramine celebrat. Post parum obsonii recumbentes accipiunt, ut in fortitudine cibi positum vigorem fessa membra resumerent, et viam longam sine labore reparati pedes citius minarent (minorarent?). Pulsa fame recreati surgunt et pergere

itineris pauxillum obsonii accepit. Et dicto versu et sequenti psalmo surgit de gramineo cespite et, quantum iactus est lapidis vel missus sagittae, progressus, loco resedit. Hic cepit eum somnus; et quia diutini itineris fessus erat, pleno cornu profudit eum sopori fera (sera?) quies. Ad ultimum pausantibus cunctis affuit paganicus furor. . . . . . .

incipiunt et non longe ab eo loco, cibum ubi sumunt, invalescente lassitudine caput ponunt et vexata corpora somno iudulgent. Dormitaverunt omnes et dormierunt: adest sonitus armorum, fulgurans hasta, sonans clyppeus et gladius acutus. Cuius frater a Polanis occisus erat, zelo ductus barbarus venit, nec non cum quo, qui exultant in rebus pessimis, conspiravere penitentia ducti, quia eos prius dimiserunt (venit; cum quo, qui exultant in rebus pessimis, conspiravere poenitencia ducti, quia dimiserant P.), impetu tunc (impetu magno ydolatrae P.) appropinquarunt. Nec mora; equos dimittunt. volatili pedum fuga accurrunt . . . .

32. Aiunt, qui in illo agone fuerunt, nec unum verbum fecisse pallidus episcopus. nisi, quando ligatum ad montis supercilium ducunt, ubi septem lanceis pulchra viscera forant . . . .

⁸⁴⁶) Für secarunt wird necarunt zu lesen sein. Von dem secare handelt c. 34.

⁸⁴⁷) Wenn Bruno c. 24 sagt, Adalbert sei im Begriff gewesen, seine Reise über das schrecklich brausende Meer zu werfen, so gab zu diesem Bilde offenbar auch nur der Umstand Anlaß, daß Adalbert am Meeresufer ausgestiegen war. Ganz willkürlich ist es, bei der von Bruno c. 28 erzählten Brandungsscene an ein anderes Gewässer als das Meer zu denken. Ueber eine Welle am Haff oder Drausensee erschrickt niemand so leicht.

⁸⁴⁸) Thietmar IV, 19: corpus pelago mersere.

⁸⁴⁹) Vgl. auch Ketrzyński a. a. O. S. 40.

⁸⁵⁰) Wenn bei Kanaparius eine Gnesen bezeichnende Lesart die ursprüngliche gewesen wäre, wie Kolberg (Lobgedicht ic., S. 128 f.) nachzuweisen sucht, so bliebe unbegreiflich, wie in die besten Handschriften anstatt des Namens der bekannten polnischen Hauptstadt der Name des damals noch mehr unbekannten Danzig geriet. Auch Ginadic beziehe ich wie Gibanic, Gidanic, Gedanum auf Danzig. Weil der Name der Stadt fremdartig war, entstellten ihn die Abschreiber. Kolberg hat den Handschriften, welchen er den Vorzug giebt, ein größeres Vertrauen nicht zu erwerben vermocht. Man ließ sie mit Recht im Hintergrunde stehen. Es scheitert aber Kolbergs Ansicht bezüglich der von Kanaparius genannten Stadt geradezu daran,

daß sie mit der näheren geographischen Angabe des Kanaparius in keiner Weise zu vereinigen ist. Diese macht es durchaus deutlich, daß Kanaparius Danzig meinte. Hätten also die Lesarten, auf die Kolberg so viel Gewicht legt, wirklich eine größere Bedeutung, so müßte man annehmen, daß sie Bezeichnungen von Danzig und nicht von Gnesen sein sollten. Auf Quatuor immensi darf man sich gar nicht berufen. Uebrigens ist m. E. die betreffende Stelle in diesem Gedicht von Kolberg unrichtig ausgelegt. Die in ihr enthaltene Umschreibung des Kanaparius ist, richtig aufgefaßt, gar nicht unzutreffend.

651) Vgl. Bruno c. 24 mit Kan. c. 27. Man könnte geneigt sein, cuius longo tempore silentium exercuit auf via sua zu beziehen. Indes Adalbert hatte ja mit dem Herzoge über seine Reise und die Art ihrer Ausführung verhandelt. — Mit Unrecht hielt Pierson (a. a. O. S. 75) die nähere Bestimmung Gnesens bei Bruno für einen späteren Zusatz. Sie trägt ganz die Stilfärbung, welche Brunos Schriften eigen ist.

652) Der Wasserweg war doch gewiß auch der bequemste Weg. Auf der Gnesener Bronzethüre findet sich eine Darstellung der Landung in Danzig.

653) Gundel a. a. O. S. 79. — Die Samländer haben in Kriegszeiten oft Landungen an ihrer Küste befürchtet, z. B. im Kriege mit Polen 1520. Vgl. Lukas David, Pr. Chr., I. S. 117 ff. — Gundel hat neuerdings einen zweiten Aufsatz in der APM. (XXXIV. S. 458 ff.) veröffentlicht, „Die Wege Adalberts, des Bischofs von Prag, im Preußenlande", worin die von ihm geäußerten Ansichten noch einmal verteidigt werden.

654) Die Legende Tempore illo redet einmal (c. 9) von einem custos portus.

655) Panzer, Die Verbindung des frischen Haffs mit der Ostsee in geschichtlicher Zeit, APM. XXVI. S. 259 ff.

656) Dieses alte Tief hat noch bestanden im 16. Jahrhundert. Seit Ausgang des 14. Jahrhunderts aber suchten sich die Wasser auch einen Durchgang bei Pillau zu bilden, der seit Ende des 15. Jahrh. offen blieb. Was das Tief bei Lochstädt anbetrifft, so mag in vorgeschichtlicher Zeit, als noch die Memel ihre Wassermassen ins Pregelbett schickte und noch zwischen dem Camstigaller und Kahlholzer Haken eine Landverbindung bestand, auf welche gleiche Erdschichten auf beiden Seiten hindeuten sollen, ein solches Tief vorhanden gewesen sein. In geschichtlicher Zeit ist es nicht nachweisbar. Die Behauptung, daß es bis in die Ordenszeit bestanden habe, taucht erst spät auf. Der Name Lochstädt hat mit dem Tief nichts zu thun. Er rührt von dem Preußen Laukstiete her, welcher einst bei Lochstädt ansässig war. Ursprünglich hieß die Burg Lochstädt Witlandsort. Es wäre dankbar hinzunehmen, wenn die Bodenuntersuchungen bei Lochstädt einmal so gründlich vorgenommen würden, daß man über die Frage, ob hier überhaupt je die Wasser einen Durchgang hatten, zu völliger Klarheit käme. Daß, solange die Oeffnung zwischen Kahlholz und Camstigall besteht, der Strom nicht in den Winkel bei Lochstädt ging, scheint durchaus ausgeschlossen. Panzers Nachweis in Bezug auf die Lage des alten Tiefes wird bestätigt durch die Landkarte von Hennenberger aus dem Jahre 1576.

⁵⁵⁷) Es kommt der Wortlaut des Admont. in Betracht.

⁵⁵⁸) Tempore illo c. 13; cf. Mirac. c. 6.

⁵⁵⁹) Kanaparius (c. 28) und Bruno (c. 24. 34) sprechen in dieser Beziehung ganz unmißverständlich (gegen Hipler a. a. O. S. 64) Thietmar scheint allerdings mehrere Begleiter angenommen zu haben (IV, 19). Indes er war nur oberflächlich unterrichtet. Der Künstler der Gnesener Bronzethüre läßt Adalbert von drei Personen in langen Kleritergewändern umgeben sein. Wert ist auch darauf nicht zu legen.

⁵⁶⁰) Daß bei transire an ein Uebersetzen zu Schiff gedacht wurde, kann nicht wohl bezweifelt werden. Auch die Ausdrücke amnis, flumen verraten größere Dimensionen. Vor allem aber fällt in aliam partem ins Gewicht. Hätte der Verfasser das gegenüberliegende Ufer im Auge gehabt, hätte er gewiß ripam gesagt, wie schon Gundel (a. a. O.) in anderem Zusammenhange richtig bemerkt hat.

⁵⁶¹) Vgl. Panzer a. a. O. Wulfstan sah also das Haff (Estenmeer) gewissermaßen nur als Durchgangssee an. Der altpreußische Name des Haffs war, wie das Elbinger Vokabular ergiebt, mary.

⁵⁶²) Abgedruckt im Cod. diplom. Pruss., I. p. 113 (No. 116); besser bei Panzer a. a. O. Die Aufzählung der Ortsnamen der drei Anteile von Samland geht in dieser Urkunde, soviel ich sehe, im großen und ganzen von Osten nach Westen, um allemal mit der Nehrung, Witlandsort und einer Insel zu schließen.

⁵⁶³) Der Verfasser von Tempore illo hat gemeint, ausführlicher von einem preußischen Gastfreunde Adalberts reden zu dürfen (c. 13; cf. Mirac. c. 6).

⁵⁶⁴) Gundel, welcher die Camstigaller Landzunge für den inselartigen Ort hält, den Adalbert betrat, meint (a. a. O.), daß diese den von Süden herankommenden Wanderern die Form eines Kreises gezeigt habe. Es wird nicht leicht sein, an Ort und Stelle davon eine Anschauung zu gewinnen. Aber durchaus möglich ist es, daß Kanaparius den inselartigen Ort beschrieben hat, wie er zeigte, wenn man ihn von der Landseite aus betrat, und mit Recht hebt Gundel hervor, daß man aus Kanaparius nicht zu folgern braucht, die Form der Insel sei ein vollständiger geometrischer Kreis gewesen.

⁵⁶⁵) Das Wasser hat an den Südufern des Samlandes eine sehr geringe Tiefe. Einer Insel ex transverso civitatis, über deren Lage bezw. Identifizierung noch gestritten wird, gedenkt die genannte Urkunde von 1258. Gebauer (NPPrBl. 1849, 2 S. 356; 1850, 2 S. 191 f.) glaubt unter der civitas die Stadt verstehen zu dürfen, welche nach den Verhandlungen von 1242—46 die Lübecker in portu Lipce (= Pregel) zu bauen beabsichtigten. Er nahm an, daß die Stadt der Lübecker thatsächlich eine Zeit bestanden habe, und berief sich dafür auch auf das Gründungsprivilegium der Stadt Fischhausen von 1305 (Cod. dipl. Pruss., II. p. 58 ss.), in welchem von einer antiqua civitas die Rede ist, die entweder in östlicher oder westlicher Richtung eines Winterweges durch den im Osten von Fischhausen sich ausbreitenden Sumpf gelegen haben muß. Töppen (NPPrBl. 1851, 2 S. 280 f.), welcher gegen Gebauers Deutungen Protest erhob, wollte in dem Privileg von Fischhausen entweder einen Hinweis auf einen älteren Teil von Fischhausen selbst oder auf die Königsberger Altstadt sehen. Die insula

ex transverso civitatis identifizierte er (NPPrBl. 1850, 2 S. 173. 182) mit der Insel, die einst von dem heutigen Pregellauf und dem alten Mündungsarm desselben, der sich bei Hafestrom ins Haff ergoß, gebildet wurde. Dabei bezog er civitatis auf Königsberg. Dies letztere lag von der Mündungsinsel doch etwas weit ab. Auch bleibt bei Töppens Auffassung merkwürdig, daß die Teilungsurkunde, die erst von Osten nach Westen ging, auf einmal zum Pregel zurücksprang. Indes es ist wohl selbst nicht unmöglich, daß mit insula ex transverso civitatis eine der Pregelinseln in oder dicht bei Königsberg gemeint wurde. Eine gleichfalls zur Diöcese des samländischen Bischofs gehörige Insel Nestland begegnet uns in einer früheren (März-) Urkunde des Jahres 1258 (Cod. dipl. Pruss., I. p. 112 No. 115; vgl. Töppen, Geogr. von Pr., S. 132). In dem allen sieht man wenig klar. Aber gewiß möchte sein, daß Joh. Voigt (I. S. 677 ff.) zu große Veränderungen in der Gestaltung des südlichen Ufers des Samlandes für die geschichtliche Zeit angenommen hat. Die Verbindung zwischen Camstigall und Kahlholz hat sicher der prähistorischen Zeit angehört.

⁶⁶⁶) Tempore illo c. 15; cf. Mirac. c. 7.

⁶⁶⁷) Die Angaben bei Kanaparius (sole ascendente ad meridiem) und Bruno (cum scandens sol tres horas complesset) kommen auf dasselbe hinaus. Gemeint ist die Zeit nach der Terz. Aufgang der Sonne war am 23. April 997 28 Min. vor 5 Uhr (wahre Ortszeit). Es ist S. 189 „halb fünf" zu lesen. Vor Sonnenaufgang hielten sie die Matutin, später die Prim. Sie haben im Gehen gebetet.

⁶⁶⁸) Die Tötung Adalberts durch Speere erhellt aus Kanaparius und Bruno. Die Erzählung der Passio, Adalbert sei mit dem Beil enthauptet (vgl. Bronzethüre), ist wohl lediglich dadurch verursacht, daß die Preußen Adalberts Haupt nach seiner Tötung abtrennten. Daß es sieben Wunden waren, die Adalbert beigebracht wurden, wird auch in Brunos Vita quinque fratrum c. 11 gesagt. Thietmar IV, 19 schreibt: cuspide perfossus. Will man der Siebenzahl eine rituelle Bedeutung nicht zuschreiben, so wird man schließen dürfen, daß der Priester, welcher Adalberts Ermordung leitete, sechs Helfer mitgebracht hatte, so daß auf jeden der drei Fremden zwei zur Ueberwältigung gerechnet waren. Die Angabe der Passio, daß Adalbert von acht Leuten verfolgt sei, ist ohne Wert.

⁶⁶⁹) Vgl. Anm. 1.

⁶⁷⁰) Vgl. Kolberg, Lobgedicht ꝛc., S. 180.

⁶⁷¹) Cholinum erscheint in der Passio als ein Ort, von einem Walle umgeben, den ein höherer Hügel überragte.

⁶⁷²) Thietmar IV, 19: corpus pelago mersere, beatum caput sude conviciando figentes.

⁶⁷³) Prätorius a. a. O. S. 33 f.: „Der greulichste und schimpflichste Tod ist den alten Preußen gewesen ins Wasser geworfen zu werden. Das merket man an einigen der jetzigen Nadrauer, die so sehr sich nicht scheuen, an dem Galgen zu henken, als daß sie sollen in ein Gesümpf oder Wasser nach ihrem Tode geworfen werden. Daher auch die christlichen Priester zur Bezeichnung der Verdamnis das Wort perklantits gebraucht, eigentlich in einen Morast werfen, von Klana eine morastige Pfütze."

⁶⁷⁴) Pierson, Elettron, S. 77.

⁶⁷⁵) v. Kętrzyński a. a. O. (APM. VI. S. 85 ff.) dachte an Kallen. Perlbach (Die Todesstätte des h. Adalbert, APM. IX. S. 594) wies bestätigend darauf hin, daß in einer Urkunde von 1826 (Matric. Fischhus. p. 39 im Kgsb. Staatsarchiv; vgl. SrP. I. p. 116 n. 2) ein zwischen Medenau und Fischhausen gelegenes forum Pruthenicum erwähnt werde.

⁶⁷⁶) Dusburg III, 98 (SrP. I. p. 103): quibusdam cedentibus ad villam, que quondam Calige, modo Sclunien dicitur.

⁶⁷⁷) Urkunde von 1331 ca., in den NPBrBl. 1851, 1 S. 284 ff.; vgl. Cod. dipl. Pruss., IV. No. 121.

⁶⁷⁸) Vgl. v. Kętrzyński a. a. O. S. 52.

⁶⁷⁹) Villa Choline im Lüneburgischen, heute verschollen, in Possess. Swerin. (Lehne der Grafen von Schwerin [S. XIII]), abgedr. im Vaterländ. Archiv des hist. Vereins f. Niedersachsen, 1838. S. 98; Kolin in Böhmen, Kollin in Posen und Pommern. Daß die Konsonanten Ch und K von den mittelalterlichen Schriftstellern vertauscht sind, beweist Chomor, Komor in den Urkunden von 1249 und 1250. Es scheint deshalb nicht ausgeschlossen, daß Cholinun zusammenhängt mit dem polnischen koł, čech. kůl = Pflock, Pfahl (kole Pflockwerk, kolina schwacher Pfahl im Poln.). Schon Schmitt (a. a. O.) deutete Cholinun in dem Sinn von Pfahlburg. Wallanlagen wurden meistens noch mit Pfählen befestigt. Das Thor in der Höhle von Cholinun ist jedenfalls als Gitterthor vorgestellt. Sonst wäre es thöricht gewesen zu sagen, daß die innerhalb und außerhalb des Thores Stehenden sich wegen der großen Finsternis nicht hätten sehen können. Uebrigens soll selbstverständlich nicht gesagt werden, daß Cholinun eine polnische Kolonie gewesen sei, sondern daß es ein preußischer Platz war, für welchen vielleicht die Polen ihren eigenen Namen gebildet hatten. Der Handel von Polen und Pommern nach Preußen ist im 10. Jahrhundert gewiß schon ein viel lebhafterer gewesen, als man zunächst denkt. Und wenig beachtet ist es bisher, daß die Nachrichten über Adalbert dafür sprechen, daß dieser Handel hauptsächlich zu Schiff von Danzig aus und auf dem Wege der Frischen Nehrung getrieben ist. Die Frische Nehrung müßte daraufhin gewiß noch mehr untersucht werden. Wie die Kurische Nehrung lange die Verbindung mit Memel vermittelte, so spricht schon die Natur der Sache dafür, daß man auch in der Frischen Nehrung einen sehr direkten und vielleicht den sichersten Weg nach dem Hauptlande von Preußen sah. Auf diesem Wege sich eventuell aus Preußen zurückziehen zu können, darauf scheint Adalbert gerechnet zu haben, und der viator der Passio (c. 7) ist allem Anschein nach jemand gewesen, der von Preußen über die Nehrung nach Pommern wollte.

⁶⁸⁰) Nach Kanaparius könnte es scheinen, als sei Adalbert nur einen Tag in Danzig gewesen (postera die). Aber es können dem Tauftage daselbst doch einige Tage des Aufenthalts schon vorausgegangen sein.

⁶⁸¹) Spätere Sage über Adalberts Aufenthalt in Danzig findet sich in Tempore illo c. 12. 13; Mir. c. 5. Ueber die alte Adalbertskirche (ad quercum) bei Danzig, die urkundlich zuerst 1236 genannt wird, vgl. Pawlowski, St. Adal-

bert, Apostel der Preußen, und die Vorstadt St. Albrecht bei Danzig, 1868; Joh. Heise, Die Bau- und Kunstdenkmäler der Prov. Westpreußen, I. Danzig 1884—87, S. 79 ff. Die erste Anlage des jetzigen Baus setzt man in das XIV. Jahrhundert.

[682]) Vita quinque fratrum c. 13: Verbum in principio, in cuius manu est anima omnis viventis, cum eum vicit clemencia, ut ferret nostra crimina: *Tristis est*, inquit, *anima mea usque ad mortem*. Et ut certa amittantur: qui novo martyrio misera tempora beavit, sanctus Israelita, vere bonus Adelbertus, cum audire et occidere dedignati Pruzi eum a finibus expellerent suis, pro infortunio illo cepit infinita tristicia laborare et, quare, ne eos lucrari posset, imprudenter veniret, se ipsum increpare. Testimonio illorum, qui secum fuere, numquam mestos animos deiecit, donec post tergum venire non sponte sua maliciam iubente Deo verterunt ei in optimam partem.

[683]) Irrtümlich schreibt Thietmar (IV, 19) den Traum Adalbert selbst zu.

[684]) Dies bezeugt auch Thietmar (IV, 19: absque omni gemitu).

[685]) Ademars Interpolator (MG. Scr. IV. p. 129 s.) scheint sagen zu wollen, daß Adalbert am 9. Tage nach seiner Ankunft in Preußen getötet wurde. Darnach wäre er Donnerstag d. 15. April in Preußen gelandet. Aber Ademars Interpolator ist eine wenig zuverlässige Quelle. — Schließlich möchte ich nicht unerwähnt lassen, daß mir bei der Vergleichung des Textes der Vita Brunos in den MP. die Berührung zwischen den Ausdrücken auffiel am Schlusse von c. 25 und in c. 30. Dort heißt es Illis vero, qui in ingressu regni positi bonos hospites eo loci dimiserunt, mortem minantur, hier penitentia ducti, quia eos prius dimiserunt. Wenn hiermit die ursprünglichsten Texte gegeben wären, und auf diese Berührung der Ausdrücke Gewicht gelegt werden müßte, so würde sich ergeben, daß Adalbert nicht von denen verfolgt und getötet wurde, welche ihn am weiteren Eindringen in Preußen hinderten, sondern von denen, welche ihn zuerst durchgelassen hatten, d. h. nicht von den Bewohnern des Marktfleckens oder Burgortes, sondern von denen, zu deren Ortschaft Adalbert zuerst gelangt war. Man würde auch bei solcher Sachlage noch immer anzunehmen haben, daß der Marktflecken oder Burgort in den nördlichen Ufergegenden des Frischen Haffes lag, weil Adalbert sonst nicht nach seinem Ausgangspunkt zurückgebracht, sondern wahrscheinlich zu einem südlicheren Punkte der Nehrung befördert sein würde; aber in dem Umstande, daß seine Verfolger zu Pferde eintrafen, würde keine Nötigung mehr liegen, zu folgern, daß der Ort, wo er landete, nördlich vom Tief lag. Die Reiter wären eben aus dieser Landungsgegend gekommen, zu der Adalbert zurückgeführt war, und von der aus er südwärts ging. Wenn ich die im Text gegebene Darstellung festhalte, so bestimmt mich dazu nicht bloß, daß eine Deutung der Stelle in c. 30 auf die Bewohner des Marktfleckens oder Burgortes in allen Fällen zulässig bleibt und immer der erste Gedanke sein wird, sondern auch der Umstand, daß wir es in den MP. mit einem zusammengesetzten Texte zu thun haben. Das prius in c. 30, welches dem Text der MP. besonders seine Färbung giebt und sonst durchweg fehlt, scheint zwar in der Königswarter Hand-

schrift zu stehen; in c. 25 aber bietet sie Illi — positus — dimisit, und zwar ebenso wie Surius (der nur esse permisit für dimisit hat) und Pertz. Warum Bielowski an dieser Stelle sich von der Königswarter Handschrift entfernte und der Prager folgte, ist nicht ganz klar. Bei der Lesart Illi — positus — dimisit hört die nahe Berührung zwischen c. 25 und c. 30 auf, und Pertz, noch mehr Surius lassen eigentlich nur die Beziehung von c. 30 auf die Bewohner des Marktfleckens oder Burgortes zu. Selbst aber wenn Bielowski den ursprünglichsten Text hergestellt hätte, und c. 30 auf c. 25 zurückzubeziehen wäre," würde ich immer annehmen, daß der Ort, wo man Adalbert im Anfang durchließ, nördlich vom Tief lag. Denn südlich vom Tief auszusteigen wurde Adalbert, wenn er nach Preußen hineinwollte, durch nichts empfohlen, und die Berichte über Adalberts Seefahrt lassen schließen, daß die Stelle, wo er preußischen Boden betrat, in größerer Entfernung von Danzig sich befand.

[680]) Ganz und gar nicht hat er den Namen der zweiten Person Bruno nennen wollen (vgl. Bruno c. 27), so daß man geschlossen hat, dieser sei es gewesen, den Kanaparius in dem andern Linnentuch erblickte. Nach Quatuor immensi v. 1029 hatte sich Kanaparius selbst gesehen.

[687]) Kanap. c. 29; vgl. Bruno c. 28.

[688]) Bruno c. 34.

[689]) Thietmar IV, 19. Erst vom 9. April 998 ab ist Otto wieder in Rom nachweisbar, wo er auch den Mai hindurch blieb (vgl. Stumpf-Brentano a. a. O., II. S. 94 ff.). Nach den Annal. Magdeb. (MG. Scr. XVI. p. 159) war Otto in Deutschland, als die Botschaft von Adalberts Ende eintraf.

[690]) Vita quinque fratrum c. 11.

[691]) Mabillon, Ann. ord. S. Ben., IV. p. 121.

[692]) Passio c. 7; vgl. Thietmar IV, 19 u. a. Die Sage von den Kriegsabsichten Boleslaws findet sich in Sanctus Ad. nob. prog.

[693]) Vgl. Töppen, SrP. II. p. 413. Die Sage findet sich Tempore illo c. 17; Mirac. c. 1; Chron. Boh. c. 25; Sanctus Ad. nob. prog.; auch im Hymnus Laudem dignam (Str. 28). Nach Hoc autem quod sahen die Schiffer nachts eine Feuersäule vom Himmel bis zu dem im Wasser treibenden Leibe Adalberts. Aehnliches erzählt schon der Cod. Cas. 145 der Vita des Kanaparius.

[694]) Chron. Boh. l. c.

[695]) Grunau IV, 2, 2; Treter a. a. O.; Laudem dignam Str. 27. Bruno erzählt ein ähnliches Wunder vom h. Dionysius (c. 19). Bekanntlich sind derartige Sagen im Anschluß an alte Bilder entstanden, welche enthauptete Märtyrer mit dem Kopf in der Hand darstellten.

[696]) Passio c. 8; Kanap. c. 30 im Cod. Cas. 145 u. a. Es ist möglich, daß man in der Nähe der Körperteile Adalberts einen Adler gesehen hat. Adler sind am Ostseestrande nicht selten.

[697]) Mirac. c. 8. Nach den Mirakula stellte sich der Körper dabei wunderbarer Weise als ganz leicht dar. Nach S. Ad. nob. prog. hingegen vermochte nur ein dem Herzog teuerer Ring ihn aufzuwiegen.

⁶⁹⁸) **Grunau** a. a. O.; Treter a. a. O.

⁶⁹⁹) Tempore illo c. 18; Mirac. c. 8; Ann. S. Crucis Pol. (S. XIII) ad ann. 1001 (MG. Scr. XIX. p. 678); Chron. Polono-Siles. S. XIII ex. (ibid. p. 558); Chron. imp. et pontif. Bavar. (MG. Scr. XXIV. p. 224); **Długoß, Hist. Pol.**, II. ad ann. 1000. Es wurde der 20. Oktober als Tag der Translation von Tremeffen nach Gnefen angenommen (vgl. Długoß). Als Jahr gab man in neuerer Zeit 999 an, Długoß das Jahr 1000.

⁷⁰⁰) Bruno c. 24. 31.

⁷⁰¹) Chron. med. monast. (ca. 1050) c. 19 (MG. Scr. IV. p. 92). Es sind doch Unterschiede, wenn von dem Missethäter der Passio berichtet wird, daß er Fesseln an den Schienbeinen hatte, und ihm in Gnesen beide Fesseln absprangen, von dem Missethäter des Chron., daß er eiserne Ringe an den Armen hatte, und ihm in Gnesen nur einer dieser Ringe abfiel.

⁷⁰²) Damiani, Vita Romualdi c. 27. Aehnlich dachten bei anderer Gelegenheit die Pommern. Vgl. Ebbonis vita Ottonis ep. Bab. II, 1 (MG. Scr. XII. p. 842).

⁷⁰³) Ebbonis vita Ottonis II, 15 (l. c. p. 853).

⁷⁰⁴) Galli chron. II, 6.

⁷⁰⁵) Der Hymnus Woytiech sancti tam praeclari. Die böhmischen Sagen über Adalbert findet man in den Acta SS., April. III. p. 200 ss. (in einer Zusammenstellung des Balbinus); bei Boleluczky, I. p. 154 ss. 228 ss.; im ASV. p. 27 ss.

⁷⁰⁶) Kolberg a. a. O., S. 139 f. Schon im August ist eine Adalbertskirche gegründet.

⁷⁰⁷) Bruno, Vita quinque fratrum c. 7: Hic est Otto, monachorum pater, episcoporum mater, humilitatis et clemenciae filius, religionis et karae fidei albus famulus.

⁷⁰⁸) Thietmar IV, 28.

⁷⁰⁹) Nur dies ergeben die deutschen Quellen, unter denen vor allem die Vita quinque fratrum (c. 2), die Annal. Quedlinb. und Thietmar zu nennen sind. Die polnischen Quellen suchen bei dieser Gelegenheit ihren Herzog zu noch größeren Ehren kommen zu lassen. Gallus I, 6: imperator ad sanctum Adalbertum orationis ac reconciliationis gratia simulque gloriosi Bolezlawi cognoscendi fama introivit. Vincentius Kadłubek II, 10: Ideoque imperator Otto Rufus desiderio experiendi ea, quae fama de Boleslao diffuderat, Poloniam ingreditur, quasi beato martiri Adalberto votivam exhibiturus reverenciam. Eine in mancher Hinsicht besonders zutreffende Darstellung, die nur durch eine Verwechslung von Polen und Böhmen getrübt wird, findet sich in den Annal. Hildesh. contin. ad ann. 1000 (MG. Scr. III. p. 92): Gaudentium fratrem beati Adalberti in principali urbe Sclavorum Praga ordinari fecit archiepiscopum licentia Romani pontificis, causa petitionis Bolizlavonis Boemiorum ducis, ob amorem pocius et honorem sui venerandi fratris digni pontificis et martiris. Ueber Ottos III. Besuch bei Bolesław handelt Zeißberg, Zeitschrift f. die österr. Gymn., 1867, S. 813 ff.

⁷¹⁰) Hier war Otto Ende Januar und Anfang Februar.

⁷¹¹) Ann. Hildesh. contin. l. c.; Vita Meinwerci episc. Patherbr. (MG. Scr. XI. p. 109).

⁷¹²) Nur diese drei Bistümer nennt Thietmar, der zweifellos genau orientiert war. Anders die Annal. Hildesh. l. c.: Ibique coadunata sinodo episcopia septem disposuit (vgl. Vita Meinwerci l. c.). Es ist kein Grund einzusehen, warum Thietmar nicht mehr Bistümer genannt haben sollte, wenn thatsächlich mehr als drei eingerichtet wären. Thietmar interessierte sich für die Macht der deutschen Kirche bis hin zu dem Bereich der griechischen Kirche. Er hätte es gewiß auch deutlicher gemacht, wenn die Bistümer Colberg, Krakau, Breslau schon vor dem Jahre 1000 bestanden hätten.

⁷¹³) Gall. I, 6. Dementsprechend berichten dann Mag. Vincent. II, 10; Vita S. Stan. minor c. 20; maior I, 2; Ann. S. Cruc. Polon.; Mirac. Ad. c. 9; Annal. Polon.; Annal. Sandivogii. Auch der Interpolator Ademars und Quatuor immensi (v. 908) nennen Boleslaw König.

⁷¹⁴) Damiani, Vita Romualdi c. 28.

⁷¹⁵) Annal. Quedlinb. ad ann. 1025 (MG. Scr. III. p. 90). Vielleicht hat Otto die Absicht gehabt, Boleslaw zum Könige zu machen. Bruno schreibt in der Vita quinque fratrum c. 8: Cuius (Ottonis) mortem nullus maiore luctu planxit quam Bolizlao, cui multa bona pre ceteris facere rex puer frustra in desiderio habebat, scilicet apud quem sancti viri Benedictus et Johannes in herémo stetere. Zeißberg (a. a. O. S. 338 ff.) macht es wahrscheinlich, daß der Sage von Boleslaws Krönung durch Otto III. die Erhebung des Herzogs zum römischen Patricius zu Grunde liegt, mit welcher die Verleihung eines goldenen Reifens verbunden war.

⁷¹⁶) Gallus I, 6: Et tanta sunt illa die dilectione couniti, quod imperator eum fratrem et cooperatorem imperii constituit et populi Romani amicum et socium appellavit. Insuper etiam in ecclesiasticis honoribus, quidquid ad imperium pertinebat, in regno Poloniae vel in aliis superatis ab eo vel superandis regionibus barbarorum suae suorumque potestati concessit, cuius pactionis decretum papa Silvester sanctae Romanae ecclesiae privilegio confirmavit. Ueber die Besetzung der polnischen Bischofsstühle vgl. Ign. de Czapski, De iure patronatus quod vocant regium, Dissert. Berol. 1869, p. 80 ss.; auch Zeißberg a. a. O. S. 326.

⁷¹⁷) Adem. hist. III, 31 (interpol.). Erst Heinrich II. hat die Aachener Kirche vollendet und dotiert (vgl. Lacomblet, Urkundenbuch für die Gesch. des Niederrheins, I. p. 88 s. (No. 142—44); Aegidii Aureaev. gesta episcop. Leod., II. ad ann. 1024, MG. Scr. XXV. p. 69). Ueber die Aachener Kirche handelt auch Kolberg, JGAG. XI. S. 521 f.

⁷¹⁸) De translatione SS. Abundii et Abundantii l. c. Ueber eine schon 999 (Aug.) unter Ottos III. Beteiligung im Sabinergebirge begründete Adalbertskirche machte W. v. Giesebrecht Mitteilungen in den Balt. Studien, XI. (1845) S. 12 f. Er handelt hier (S. 10 f.) auch von der Kirche auf der Tiberinsel (S. Bartolo-

meo all' isola), von deren ursprünglichem Bau nur wenig erhalten ist. Ueber den alten Brunnen in ihr vgl. Anm. 722.

⁷¹⁹) Bruno, Vita quinque fratrum c. 2: stetere fratres in illa heremo, ubi rex Otto, homo bonae voluntatis, suo sancto precioso Christi martyri Adalberto rotundum oratorium columnis marmoreis pulcherrime construxit, in cuius opere centum libras expendit. Damiani (Vita Romualdi c. 30) redet von einem Kloster, das Otto III. gebaut habe. Aus Bruno erhellt, daß der Kaiser allerdings die Absicht gehabt hat, ein solches am Eingange der Einsiedlereinöde zu errichten. Man hielt es für zweckentsprechend, Klöster in der Nähe von Einöden anzulegen, damit die Insassen des Klosters Gelegenheit hätten, zum Einsiedlerleben überzugehen, und andrerseits die Einsiedler am Kloster einen Stützpunkt und Sammelort hätten. Aus Bruno aber geht deutlich hervor, daß der Klosterbau, den Otto plante, nicht zur Vollendung kam. Heremum perdidit et monasterium non fecit. Nur die erwähnte Kirche ist vollendet und in Gegenwart des Kaisers geweiht. Möglich, daß in der Zeit nach Otto auch noch ein Kloster zu ihr hinzugekommen ist. Damiani hätte wohl sonst nicht so bestimmt von einem solchen gesprochen. Ein Anonymus des 18. Jahrhunderts hat Spuren desselben nicht mehr entdecken können. Hingegen bemerkt er in Bezug auf seine Zeit, daß eine Kirche S. Alberto noch am Orte stehe. Die alte war es nicht mehr. Vgl. Migne, s. l. 144 col. 981.

⁷²⁰) Daß Bolesław Otto um Entsendung von Mönchen nach Polen gebeten hat, teilt Damiani mit, Vita Rom. c. 28: Interea Romualdo in Pereo adhuc habitante Busclavus rex preces imperatori direxit, ut sibi spirituales viros mitteret, qui regni sui gentem ad fidem vocarent. Ueber Ottos Gedanken unterrichtet Bruno in der genannten Vita quinque fratrum. Hier heißt es c. 2: Huius rei gratia fratres ex heremo, qui essent ferventes spiritu, in Sclavoniam dirigere gloriosus cesar cogitavit, ut, ubi pulchra silva secretum daret, in christiana terra iuxta terminum paganorum monasterium construerent, essentque tripla commoda querentibus viam Domini, hoc est noviter venientibus de seculo desiderabile cenobium, maturis vero et Deum vivum sicientibus aurea solitudo, cupientibus dissolvi et esse cum Christo evangelium paganorum. Bruno erzählt ferner c. 3, daß er zu Benedikt gesagt habe: *Imperator hoc nimium vult, ut precedas ante eum in regionem Sclavorum; in ea, quam nosti, adhuc stat sentencia sua.* Und schließlich, wo er von Ottos Tod spricht, bemerkt Bruno c. 7: Et divina clementia suam infirmitatem confortante meliora volebat, qui etiam tria maxima bona, quorum unum ad salutem sufficit, monachicum habitum, heremum et martyrium toto desiderio ardebat. Ganz bestimmt hören wir hier, daß die strengen Mönche jener Zeit das Höchste in einem Dreifachen sahen, im Mönchsgewande, im Einsiedlerleben und im Märtyrertum. Zugleich vernehmen wir, daß Otto III. daran gedacht hat, seinerseits auch diese Stufenleiter zur Vollkommenheit zu erklimmen. Gewiß war der Weg von den begeisterten Stimmungen des Kaisers bis zur Verwirklichung seiner Träume weit, aber man sieht hier besonders klar, welche Gedanken ihn zeitweise erfüllten. Fast möchte man schließen,

daß hinter den Wünschen, durch den Märtyrertod zur höchsten Stufe der Herrlichkeit zu gelangen, der andere, die Kirche im heidnischen Lande zu begründen, zurücktreten mußte. Indes man verlor doch bei aller Schwärmerei durchaus nicht die praktischen Gesichtspunkte aus dem Auge. Scherzweise redete Benedikt vor seiner Abreise Bruno schon *donne episcope* an (c. 4). An welches Land man dachte, sagt Bruno deutlich, wenn er später (c. 10) bei Erwähnung seines der Verabredung mit Benedikt zuwiderlaufenden Abstechers nach Ungarn bemerkt: Et dimissis Pruzis, quo propter novum sanctum Adelbertum occisum iustior me causa duxisset... Auch zu den übrigen Bemerkungen des Textes in diesem Zusammenhange sind zu vergleichen Damiani und die Vita quinque fratrum. Interessant ist, daß Benedikt offenbar wegen der von Adalbert gemachten Erfahrungen beschloß, in weltlicher Kleidung das Missionswerk unter den Heiden zu betreiben. Als Ort, wo die fünf Brüder umkamen, hat die Tradition Kazmierz in Großpolen bezeichnet. Aber die Ueberlieferung über die fünf Brüder ist früh eine sehr getrübte gewesen. Erst Brunos Vita quinque fratrum hat wieder zuverlässige Nachrichten gebracht. Ihr Herausgeber Kade vermutet, daß Benedikt und Johannes in oder bei Meseritz ihren Tod fanden.

[721]) Cronic. Ung. et Polon. c. 7 (MP. I. p. 505); Chronic. Albrici (MG. Scr. XXIII. p. 779); Aegid. Aureaevall. l. c. Später erbaute Kirchen, die Adalbert geweiht wurden, findet man erwähnt in den Acta SS., April. III. p. 180; dann bei Schott, Prussia christiana p. 72 ss. Die böhmischen Adalbertskirchen nennt das ASV. auf p. 35 ss., eine Reihe der polnischen p. 42, die bedeutendsten ungarischen p. 44. Ein Verzeichnis von Adalbertskirchen in den Diöcesen Ermland, Kulm, Gnesen-Posen, Breslau giebt Pohl, Illustrierter Hauskalender 1897, S. 88 f. Alle Adalbert zu Ehren erbauten Kirchen sind stets an Ansehen und Glanz in der katholischen Welt überragt von denjenigen, die auf den Ruhm Anspruch machen, daß sie seine Gebeine in sich beherbergen, dem Dom von St. Veit in Prag und der Kathedrale von Gnesen. Lit. über den ersteren findet sich verzeichnet im ASV. Ueber den Gnesener Dom und seine Kunstdenkmäler vgl. J. Kohte, Verz. der Kunstdenkm. der Prov. Posen, IV. S. 73 ff.; Ehrenberg, Geschichte der Kunst im Gebiet der Provinz Posen, Ztschr. für Bauwesen, Jahrg. XLIII. (1893) Sp. 257 f.

[722]) Chronic. mon. Casın. II, 32 (MG. Scr. VII. p. 648). Bezüglich des Freskogemäldes heißt es bei Kolberg in der JGWG. VII. S. 386: „Das Bild des h. Adalbert befand sich auch unter den Fresken, welche Abt Otto (1105 bis 1107) in jener Kirche (St. Stephan in Monte Kassino) auf Azurgrund in Lebensgröße darstellen ließ. Sie sind, nachdem ein Erdbeben vor langer Zeit die Wände zertrümmert, in neuester Zeit wiederhergestellt"; und in der Schrift „Lobgedicht" 2c. S. 141: „Abt Otto (1105—1107) ließ das Bild desselben mit den Heiligen des Benediktiner-Ordens nach dem Kalendarium al fresco malen. Diese Fresken, durch ein Erdbeben beschädigt, sind heute wiederhergestellt und bilden ein Unikum selbst in Italien." In der JGWG. VII. S. 391 bemerkt dazu Kolberg, daß der Bibliothekar von Monte Kassino M. a Caplet O. S. B. ihm die Notizen über das Freskenbild des h. Adalbert zugesandt habe. Auf Grund dieser be-

stimmten Angaben hielt ich mich für verpflichtet, im Texte des Freskenbildes Erwähnung zu thun. Neuerdings in stand gesetzt, in Monte Kassino selbst Erkundigungen einziehen zu lassen, erhielt ich den Bescheid, daß dort alle Nachforschungen nach dem Bilde vergebens gewesen seien, und dort von einem al fresco des h. Adalbert niemand etwas zu erzählen wisse. Das ASV. nennt dasselbe auch nicht. Ich muß dahingestellt sein lassen, wie die Sache sich verhält. Was den Brunnen in St. Bartholomäi in Rom (S. Bartolomeo all' isola) anbetrifft, so erwähnt denselben von Rumohr in seinen Italienischen Forschungen (1. T., Berlin 1827, S. 298), allerdings nicht ohne unrichtige Wiedergabe der Inschrift. Ausführlicher handelt von ihm W. Giesebrecht in seinem Briefe an seinen Onkel (Römische Mitteilungen zur Geschichte des Wendenlandes, in den Baltischen Studien, XI. 1845. S. 10 ff.), zugleich bemerkend, daß die besten Nachrichten über die Kirche S. Bartolomeo all' isola sich fänden bei Casimiro Memorie istoriche delle Chiese e Conventi de' Frati Minori. Auch das ASV. (p. 38) berücksichtigt die römische Adalbertskirche. Wenn Giesebrecht a. a. O. geneigt ist, als den Bischof, der am Brunnen abgebildet ist, nicht Adalbert, sondern den h. Paulinus anzusehen, so möchte er mit solcher Vermutung schwerlich im Recht sein. Da es nicht bezweifelt werden kann, daß an der einen Seite des Brunnens Otto III. als Stifter der Kirche abgebildet ist, wird es für gewiß gelten können, daß der neben ihm auf der Epistelseite dargestellte Bischof Adalbert sein sollte, mit dem des Kaisers Andenken eng verbunden war. Das ASV. läßt den Brunnen aus einer Zeit bald nach des Kaisers Tode stammen. Für das XI. Jahrh. könnte das sprechen, was Giesebrecht veranlaßte, den Bischof des Brunnens mit Paulinus zu identifizieren. Indes Herr Dr. Georg Stuhlfauth vertritt in Mitteilungen, welche er mir zur Verfügung zu stellen in diesen Tagen die Liebenswürdigkeit hatte, die Ansicht, daß der Brunnen erst aus der 2. Hälfte des XII. Jahrh. stamme. Im XII. Jahrh. ließ ihn auch Giesebrecht entstanden sein, allerdings schon im Beginn desselben. Es wird vielen lieb sein, die interessanten Ausführungen von Herrn Dr. Stuhlfauth unverkürzt zu vernehmen. Er schreibt: „Der Brunnen in S. Bartolomeo all' isola mit dem Bilde des heil. Adalbert ist ein Marmorzylinder von 0,74 m Höhe (ohne die besonders gearbeitete, 0,07 m hohe quadratische Basis, deren Seiten 0,55 m lang sind), 0,32 m in innerem Durchmesser und einer oberen Randbreite von 0,16 m. Er steht als Aufsatz, wie man ihn in gleicher oder ähnlicher Weise besonders häufig in Pompeji, aber auch z. B. in Florenz begegnet, über einem tiefen Brunnenschachte in der Mitte auf der zweiten der sechs zum Chore hinaufführenden Stufen, und zwar so, daß mit Rücksicht auf ihn aus der 3. Stufe ein Halbkreis ausgeschnitten ist. Die ursprüngliche Verwendung des Marmors ergibt sich schon, ohne daß man die Analogien heranzuziehen braucht, aufs deutlichste daraus, daß an der Innenkante des oberen Randes ziemlich dicht nebeneinander mehr oder weniger tiefe Einkerbungen oder Rillen ausgeschliffen sind, herrührend von den Stricken, mit denen man die Schöpfgefäße in das ehemals unten zu fassende Wasser hinabließ und heraufzog. Jetzt ist die Oeffnung des Brunnens vergittert mit vier schmalen, sternartig sich kreuzenden eisernen Leisten, die in der Mitte durch einen kräftigen

Rietnagel mit einander verbunden und mit ihren Enden in der Horizontalfläche des oberen Randes des Marmorzylinders eingelassen und befestigt sind. Im übrigen trägt diese obere, in Reliefhöhe nach außen übertragende Randfläche inschriftliche Angaben (stellenweise mehrere Zeilen), welche indes so stark abgeschliffen sind, daß nur noch wenige Worte gelesen werden können. Unten hat der Zylinder einen dicken Wulst; darüber stehen, den Ecken der quadratischen Unterlage entsprechend, vier korinthisierende Säulen, die mit den auf ihnen ruhenden flachen Spitzbogen die Außenfläche des Zylinders in vier gleiche Abteilungen oder Arkaden zerlegen. Der sich verjüngende Schaft der Säulen ist von links unten nach rechts aufwärts spiralförmig geriefelt, und zwar derjenige der beiden dem Langhause zugekehrten Säulen in seiner ganzen Länge, derjenige der beiden dem Chore zugewendeten nur in der unteren Hälfte, während die obere Hälfte hier, wie ein Blick auf die Abbildung (Taf. 4) ohne weiteres lehrt, von in einander gefügten Blättern bedeckt ist. Bemerkenswert erscheint vielleicht auch, daß alle Säulenschäfte, abgesehen von dem zur Rechten des heil. Adalbert (vgl. die Abbildung), aus einer Blätterhülle herauswachsen. Ein passendes vegetabiles Ornament füllt, auf den Kapitellen stehend, die Zwickel zwischen den unteren Ansätzen der die Spitzbogen bildenden Balken, die ihrerseits selbst ornamental gehalten sind. — Jede der vier Arkaden umschließt eine bärtige Figur. Die vordere, auf das Langhaus gerichtete Arkade enthält die Figur Christi, weniger erkennbar an dem lang herabfallenden Haare als an dem Kreuznimbus, der sein Haupt umrahmt. Er hat, nach rechts schreitend, das linke Bein vorgesetzt, ist jedoch im übrigen vollkommen dem Beschauer zugewendet. Auf der Linken trägt er ein aufgeschlagenes Buch (das Evangelium), die Rechte hat er sprechend vor die Brust erhoben. Links von seinem Kopfe liest man den Anfang der den Zylinder umkreisenden Inschrift: +OS, rechts neben demselben: PV. Die vollständige Inschrift lautet: +Os putei sancti circumdant orbe rotanti, und bezieht sich eben darauf, daß die vier Relieffiguren — sancti — die Oeffnung eines Brunnens umgeben. Gehen wir nach rechts weiter, so folgt in der Arkade auf der rechten Seite ein Bischof in dem vollen Ornat der damaligen Zeit, Adalbert (s. die Abb.), der erste Titelheilige der Kirche. In der Rechten hält er den Bischofsstab, auf der Linken einen (Evangelien-) Kodex, dessen Außenseite mit einem Kreuze geschmückt ist. Links von dem Griffe des Stabes ist eingemeißelt: TE, zwischen diesem Griffe und dem Kopfe des Heiligen: I, rechts neben seinem Kopfe: SCI. In der dritten, der Tribuna zugekehrten Arkade steht ein gekröntes Haupt, der Stifter der Kirche, Otto III., der in den ersten Jahren des 11. Jahrhunderts die Kirche zu Ehren des hl. Adalbert von Prag († 997) begründete. Der Kaiser mit seinem langen Haupthaare ist, wie bemerkt, mit der Krone geschmückt. Ihr Reif ist dicht mit Bohrlöchern besetzt, die möglichenfalls mit farbigen Steinchen oder dergl. gefüllt waren. Aus einer länglichen Vertiefung in dem Marmor erkennt man auch, daß der Kaiser unter dem Halse mitten auf der Brust irgend einen besonderen, jetzt fehlenden, wahrscheinlich von Menschenhand herausgebrochenen Schmuck (wohl aus Metall) trug, der in den auch noch sichtbaren kleinen Löchern befestigt gewesen sein muß. In seiner Rechten hat der Kaiser ein hohes Szepter, auf der Linken trägt er eine kleine, oben spitz zulaufende Marmorplatte mit leicht eingeritzter Zeichnung, die Fassade der von ihm gestifteten Kirche und damit diese selbst andeutend. Ueber diesem Attribut des Kaisers ist auf dem Reliefgrunde zu lesen:

CIR
OV̄DAN..

An der linken, dem Bilde Adalberts entgegengesetzten Seite des Zylinders ist endlich dargestellt St. Bartholomäus mit langem Haare und langem spitzem Barte, wie Christus mit vorgesetztem linkem Beine nach rechts schreitend, doch im übrigen in Stellung en face; auch ihm ist, wie Christus, ein Buch auf die linke Hand gegeben, während er in der rechten ein Messer trägt zur Andeutung der Art seines Martyriums (vgl. Th. Hoepfner, Die Heiligen in der christl. Kunst, Leipzig 1893, S. 22). Rechts neben seinem Kopfe endigt die ganze Inschrift mit den Worten:

ORBE
ROTAN
TI

(die O sind eckig, wenn auch nicht ganz scharf). — Was nun die Entstehungszeit dieses Brunnens angeht, so steht aus einem maßgebenden äußeren Grunde (Gründung der Kirche) fest, daß man mit Ansetzung derselben nicht über die ersten Jahre des 11. Jhdts. zurückgehen darf. Denn wie die Darstellung des hl. Adalbert bezeugt, und wie sich namentlich aus dem Folgenden weiter ergeben wird, ist daran, daß er aus einem anderen Baue oder dergl. übernommen wurde, nicht zu denken. Im übrigen bleibt die Wahl zwischen dem 11. und 12. Jhdt. Muß aber schon geurteilt werden, daß die Spitzbogen eher in das 12. als in das 11. Jahrhundert weisen, so kommt eine andere Einzelheit hinzu, die noch mehr von bestimmender Bedeutung ist, nämlich die Tracht des Bischofs Adalbert. Ueber der bereits zur Alba gewordenen Tunika und der schon in älterer Zeit üblichen Planeta (Casula) trägt er das Pallium in der Form, die für den römischen Bekleidungsritus gerade des 12. Jhrhdts. charakteristisch ist (vgl. H. Grisar S. I., Das römische Pallium und die ältesten liturgischen Schärpen, in Stephan Ehses, Festschrift zum elfhundertjährigen Jubiläum des Deutschen Campo Santo in Rom, Freiburg i. Br. 1897, S. 83 ff.: 92 ff.; ausdrücklich sei bemerkt, daß Gr. im Texte S. 92 die Fresken von S. Clemente, die mehrere der ältesten Beispiele der neuen Form des Palliums liefern, dem 11. oder der ersten Hälfte des 12. Jhdts. zuweist, dagegen unter die Reproduktion des einen Papstes — Nr. 6 der Lichtdrucktafel — „s. XII" setzt: letzteres gewiß richtiger! Leider hat Gr. unsere Darstellung nicht einmal erwähnt, und doch scheint sie gerade wegen ihrer vollen Deutlichkeit gewiß einer besonderen Würdigung wert). Zu einer noch näheren Datierung gelangen wir schließlich, wie ich meine, mit Hilfe einer Reihe von Thatsachen, die uns über den Pozzo selbst etwas hinausführen. Schon längst ist bemerkt worden, daß der an sich überaus plumpe und ausdruckslose Stil- und Formencharakter der Reliefs unseres Marmorzylinders aufs engste verwandt ist mit demjenigen, den die Reliefs (Passion, Auferstehung und Triumph Christi) des berühmten Osterleuchters von S. Paolo fuori le mura zeigen (vgl. Antonio Nibby, Roma nell' anno 1838, 2 Bde., Roma 1839. 1841, Bd. I. S. 127; Mariano Armellini [der aber stark von Nibby abhängig und zuweilen weniger genau ist], Le chiese di Roma dal secolo IV al XIX, 2. Aufl., Roma 1891, S. 621. Eine allerdings ganz ungenügende Abbildung des Osterleuchters und seiner Reliefs gibt der Stich in Ciampini, Vetera monimenta, 2 Bde., Rom 1690. 1699, Bd. I Taf. XIV). In Wirklichkeit mag die Arbeit des Osterleuchters etwas sorgfältiger sein, ein Eindruck, der übrigens auch durch die bessere Erhaltung bedingt sein kann; nichtsdestoweniger bleibt, wie ich mich überzeugen konnte, jene Beobachtung vollkommen bestehen und damit auch die gleichfalls bereits gezogene Schlußfolgerung, es möchte hier derselbe Meister thätig gewesen sein wie dort. Den Meister, dem der Osterleuchter seine Entstehung verdankt, kennen wir aber aus der an letzterem sich findenden Inschrift (welche bisher stets ungenau kopiert worden ist): + EGO NICONAVS DE ANGILO · CVM PETRO BASSALLETTO HOC OPVS CÖPLEVI· (es steht nicht da: NICOLAVS, auch nicht ein vollkommen ausgebildetes N an Stelle des L, sondern es sind zwei senkrechte Haften und das untere Drittel des schrägen Verbindungsbalkens; zu lesen ist also jedenfalls N und nicht L; doch ist das offenbar nur ein Schreibfehler. Ueber dem O des letzten Wortes ist der Querbalken im Original weggebrochen; er war aber, wie auch die Art des Bruches noch andeutet, gewiß vorhanden). Dieser Nicolaus de Angelo (in der Inschrift deutlich Angilo), der zusammen mit seinem Gehilfen Petrus Bassallettus (Armellini, a. a. O. S. 621, nimmt irrtümlicherweise beide Personen zu einem einzigen Meister „Niccolò di Angelo Bassalletto" zusammen!) den Osterleuchter meißelte (die Künstlerfamilie der Bassalletti war dann besonders im 13. Jhdt. thätig; vielleicht ist unser Petrus ihr Begründer; vgl. Frothingham in G. B. de Rossi, Bullettino di archeologia cristiana, 1883. S. 110; das hier genannte Ms. der Barberini'schen Bibliothek ist Cod. Barb. XXX. 67; ferner de Rossi ebda. 1892 S. 146 ff.), ist sehr wahrscheinlich kein anderer als der Sohn des einen (Namens Angelus) jener vier Brüder, die, Söhne des Paulus marmorarius, nach der noch vorhandenen Inschrift i. J. 1148 das Tabernakel von S. Lorenzo arbeiteten (vgl. C. Schnaase, Geschichte der bildenden Künste, 8 Bde., Düsseldorf 1866—1879, Bd. 7 S. 75 f. 250). Damit kommen wir für ihn selbst bereits in die zweite Hälfte des 12. Jhdts. Allem Anschein nach erscheint er auch wieder in jenem Nicolaus, der mit seinem Sohne i. J. 1170 den Altar der Kathedrale in Sutri arbeitete, und außerdem in dem Nicolaus Angeli, der laut Inschrift wohl gelegentlich der unter Alexander III. (1159—1181) vorgenommenen Restaurationen dem alten Portikus von S. Giovanni in Laterano seinen Mosaikenschmuck gegeben hatte (vgl. Ciampini, De sacris aedificiis, Romae 1693, Tab. I; dazu Frothingham in De Rossi, Bullettino, 1882. S. 171 f.; ich bemerke hier, daß, wie längst bekannt, die als Cosmaten bezeichneten Künstler des Mittelalters das Geschäft des handwerksmäßigen Architekten, Bildhauers, Mosaizisten ıc. in einer Person zu vereinigen pflegten). Von ganz besonderer und ausschlaggebender Bedeutung für unseren vorliegenden Fall ist aber, daß wir aus den in der Bibl. Vallicelliana in Rom bewahrten Erinnerungen des Kardinals Tarugi wissen, daß Nicolaus de Angelo i. J. 1180 in der alten Krypta von S. Bartolomeo all' isola gearbeitet hat. Aus derselben Zeit stammen auch, wie De Rossi mit Recht annimmt (vgl. seine Mosaici cristiani e saggi dei pavimenti delle chiese di

Roma anteriori al secolo XV etc., fasc. XVI), die jetzt nur noch in einem Brustbilde Christi erhaltenen, i. J. 1557 bei der großen Tiberüberschwemmung zerstörten Mosaiken, mit denen die Fassade von S. Bartolomeo all' isola geschmückt war. Wir glauben darnach sagen zu können, daß unser Marmorzylinder bei Gelegenheit von Restaurationen und Verschönerungsarbeiten am Ende des 12. Jhdts., rund i. J. 1180, von demselben Nicolaus de Angelo gefertigt ist, der nach handschriftlichem Zeugnis in eben dem genannten Jahre in der Krypta von S. Bartolomeo all' isola selbst als Architekt und Bildhauer thätig war, der, als Mosaizist von dem Bildschmucke des alten Portikus der Lateranbasilika her bereits bekannt, wohl auch die Herstellung des der nämlichen Periode angehörenden Mosaikenzyklus an der Fassade von S. Bartolomeo all' isola übernommen hatte, der i. J. 1170 den Altar in Sutri und, wohl etwas später, mit seinem »Gehilfen den Osterleuchter von St. Paul vor den Mauern gemeißelt hat. Ist unsere Annahme richtig, so wird zweifelsohne auch das Bild des hl. Adalbert von des genannten Meisters Hand herrühren. Es ist also rund i. J. 1180 entstanden, nicht älter als das letzte Viertel des 12. Jahrhunderts." — Ich möchte noch hinzufügen, daß das Pallium an dem Relief allerdings so deutlich ausgearbeitet ist, daß an aurifrisiae nicht zu denken ist. Von der Verleihung des Palliums, welches von den Päpsten freilich auch oft an einfache Bischöfe als Auszeichnung gegeben wurde, ist in Bezug auf Adalbert sonst nichts bekannt. Vielleicht muß man urteilen, daß der Künstler annahm, Adalbert sei wie Bruno als Erzbischof unter die Heiden gegangen, oder, er sei erster Erzbischof in Gnesen gewesen. Um 1200 ist ja in Polen die letztere Meinung nachweisbar. Müßte man sie bei dem Künstler voraussetzen, so würde das zur Bestätigung der Ansicht führen, daß der Brunnen erst im 12. Jahrhundert hergestellt wurde.

[733]) Erläut. Preußen, II. Rgsbg. 1725, S. 79; vgl. Preuß. Sammlung, III. Danzig 1749, S. 133 ff. Auf der einen Seite der Münze ist das Bild eines Fürsten, auf der andern das Adalberts. Ersterer ist in ganzer Figur, auf einem Throne sitzend, mit einer Krone auf dem Haupte und einem Schwert auf den Knien dargestellt, von letzterem ist nur das Gesicht, umgeben von einem viereckigen Kranz von Perlen oder Blutstropfen, abgebildet. Es scheinen unter dem Gesicht Adalberts auch abgeschlagene Hände angedeutet zu sein. Die Umschriften u altertümlichen Buchstaben lauten Bulezlaus und St. Adalbertus. Ueber den gegenwärtigen Aufbewahrungsort der seltenen Münze, die mit mehreren gleichartigen unweit von dem Dorfe Gembice im Posenschen in einer Urne mit Asche beim Pflügen gefunden sein soll und sich im Jahre 1725 in dem Münzkabinet des Dr. Brahne in Danzig befand, habe ich nichts ermitteln können. In der Münzsammlung des städtischen Gymnasiums in Danzig ist sie nicht. Im ASV. (p. 43) wird bemerkt, daß Wladyslaw I. (1080—1102), Boleslaw III. (1102—1139) und andere polnische Fürsten Münzen mit dem Bilde des heiligen Adalbert geprägt hätten. Da Boleslaw III. zu der Grabstätte Adalberts in Gnesen, welche von dieser Zeit ab wieder auftritt, pilgerte und gegen den Heiligen außerordentliche Devotion bewies, so möchte man vermuten, daß er die erwähnte Münze herstellen ließ. Aber Boleslaw III. hat den Königstitel nicht geführt, sodaß die Krone zu

ihm nicht zu passen scheint. Nur Kenner vermögen hier auf Grund der Schriftzüge und des ganzen Gepräges, sowie dessen, was sonst über die alten polnischen Münzen feststeht, ein Urteil zu fällen. Das Gepräge und die Schriftzüge werden sich aber genau nur an dem Original ersehen lassen. Zweiseitige Münzen und Denkmünzen sollen in der ältesten Zeit in Polen nicht nachweisbar sein. Als ein Werk, welches vielleicht Bestimmteres erkennen läßt, wurde mir von kundiger Seite bezeichnet der Catalogue de la collection des médailles et monnaies polonaises du comte E. Hutten-Czapski, I—III. St. Pétersbourg 1871—1880; IV. Cracovie 1891. Von den böhmischen Denaren mit dem Bilde Adalberts, wie sie in der Zeit von Wladislaw I. (1109—1125) bis Ottokar I. (1192) angefertigt sind, handelt das ASV. p. 47 s. Eine Lichtdrucktafel (15) mit sechs Abbildungen ist beigefügt.

[724]) Vita quinque fratrum c. 11.

[725]) Kosmas II, 3. 4. 5. Kosmas erzählt, daß unter den aus Polen nach Böhmen geschleppten Gefangenen auch sein Ahnherr (atavus), ein Priester, gewesen sei. Die Ueberreste der fünf Mönchsbrüder, die in Polen ihr Ende fanden, dürfen nicht verwechselt werden mit den Ueberresten der vier in Libice ermordeten leiblichen Brüder Adalberts, welche im Jahre 1216 nach Prag übertragen sein sollen (vgl. Canon. Prag. contin. Cosm., Annal. ad aun. 1216, FrB. II. p. 283). Von den ersteren sagt man (ASV. p. 23), daß sie teils nach Altbunzlau (unter Bretislaw an das von ihm gegründete Kollegiatstift; vgl. Ann. Grad. et Opatov. ad ann. 1039), teils nach Olmütz (Christin) gegeben (vgl. Granum catal. praes. Morav., l. c. p. 66 ss.), dann aber nach Prag zurückgekommen seien, und zwar die Altbunzlauer Reliquien 1217, die Olmützer unter Karl IV. Ich kann nicht leugnen, daß sich mir die Jahre 1216 und 1217 in Verdacht erregender Nähe befinden. 1346 fand man die Reste der fünf Brüder in dem Bleikasten, der Adalberts angebliche Asche enthielt. Sind die polnischen Brüder und Adalberts rechte Brüder vielleicht schon früh verwechselt? In Libice bezeichnete man, wie Boleluczky vermerkt, die Gruft der St. Georgskirche (heute St. Adalbert) als diejenige, in der einst die Brüder Adalberts geruht hätten. Es wurde auch noch ein Grabdenkmal zu seiner Zeit gezeigt. Vgl. ASV. p. 25.

[726]) Kosmas II, 6. 7. Bretislaws Feldzug gegen Polen hat auch Heinrich III. nicht passiv mit angesehen. Nach wechselvollem Kampfe stand er 1041 mit einem Heere vor den Thoren Prags. In dem Vergleich, der zu stande kam, ist eine Zurückgabe der Gnesener Reliquien nicht gefordert.

[727]) Gallus, Chron. I, 19; III, 25. Es sind also Adalberts Gebeine schon vor 1127 wieder in Gnesen gezeigt, während Dlugoß (Hist. Pol., IV. ad an. 1127) berichtet, daß die ossa Adalberts im Jahre 1127 von dem Gnesener Erzbischof Jakob von Juin aus der Verborgenheit hervorgezogen und wieder öffentlich ausgestellt seien. Die älteren auf Polen bezüglichen Nachrichten melden zum Jahre 1127 nur, daß Adalberts Haupt wiedergefunden sei. Die Reliquienfrage hat eingehend unter Benutzung der ältesten polnischen und böhmischen Quellen Dr. Jos. Kalousek behandelt in einem Aufsatze des Pokrok (April 1880), von dem ich indes leider keine Einsicht nehmen konnte. Ich darf annehmen, daß mir in meinen

Ausführungen kein wesentliches Moment der alten Quellen entgangen ist. Neuerdings äußerte sich zum Reliquienstreit Kolberg, ZGAE. XI. S. 524 f.

⁷²⁸) Canon. Wissegrad. ad ann. 1127 (FrB. II. p. 205). Nur diese böhmische Quelle nennt ausdrücklich Gnesen. Im übrigen gedenken der inventio capitis S. Adalberti im Jahre 1127 auch polnische Quellen, nämlich Annal. Cracov. compil. (MG. Scr. XIX. p. 589); Ann. Pol. (ibid. p. 624); Ann. Sandivogii (MG. Scr. XXIX. p. 425).

⁷²⁹) Tempore illo c. 20.

⁷³⁰) Sanctus Ad. nob. prog. (vgl. Anm. 1).

⁷³¹) Dlugoß, Hist. Pol., II. ad ann. 1038. Der Catalog. archiep. Gnesnens. (MP. III. p. 392) berichtet nur, daß der Leib Adalberts von Boleslaws I. Zeit ab in Gnesen geruht habe.

⁷³²) Darauf ist gar kein Gewicht zu legen, daß die Passio (c. 8), wie es scheint, sagen will, daß der Leib Adalberts bereits am 7. Tage nach dem Morde von den Boten Boleslaws gefunden sei.

⁷³³) Tempore illo c. 18.

⁷³⁴) Gallus, Chron. I, 6; Vita Stanisl. min. c. 20; Ann. S. Crucis Pol. ad ann. 1001; Mirac. Ad. c. 9; vgl. Ademars interpol. III, 31; Chron. imp. et pontif. Bav. (l. c. p. 223).

⁷³⁵) Ademars interpol. l. c.

⁷³⁶) De translat. Abund. etc. l. c. Nach den Annal. Siles. compil. war ein Arm Adalberts in Rom deponiert. Wie bemerkt ist, macht auch Trenneßen auf einen Arm (mit Hand?) Anspruch.

⁷³⁷) Nach der Legende Hoc autem quod. Adalbertsreliquien verschiedener Art werden erwähnt in den Notae Tegernseenses (MG. Scr. XV, 2 p. 1067): den Notae S. Emmerammi (ibid. p. 1097); den Dedicationes Ranshofenses (ibid. p. 1108); den Dedicat. eccles. dioec. Brix. (ibid. 1111); den Notae dedicat. S. Eucharii (ibid. p. 1278); den Tituli Luneburg. (MG. Scr. XXIII. p. 398); den Notae Zwifaltenses (MG. Scr. XXIV. p. 829). Vgl. auch Kolberg, ZGAE. XI. S. 524 ff.

⁷³⁸) Mon. Sazaw. ad ann. 1143 (FrB. II. p. 261); vgl. denf. ad ann. 1142 und Vincent. Prag., Annal. ad ann. 1142 (FrB. II. p. 412 s.), auch Tomek, Gesch. der Stadt Prag, I. S. 143.

⁷³⁹) Mirac. c. 2. Ueber die Aachener Reliquie vgl. Kolberg, ZGAE. XI. S. 521 ff.

⁷⁴⁰) Bericht über den Fund von 1880 giebt Jos. Schindler, Die Reliquien des h. Adalbert (Theol.prakt. Quartalschrift, XXXIII. Linz 1880, S. 437 ff.). Vgl. Les reliques de S. Adalbert, évêque de Prague et martyr, apôtre de la Prusse et patron de la Bohême, par l'abbé A. C., Revue des questions historiques, XXIX. Paris 1881, p. 533 ss.; ASV. p. 15 s. Die Inschrift des Erzbischofs Ernst von Pardubitz lautet nach Schindler folgendermaßen: Anno Domini MCCCXLVI. Die XI. Mense Ianuarii Ego Arnestus Primus Archiepiscopus Pragensis in presencia Serenissimi Principis Domini Karoli, Marchionis Moravie nec non Primogeniti Domini Joannis Regis

Bohemie, qui ipsam Ecclesiam Pragensem in Archiepiscopalem aput sedem apostolicam erigi procuravit, aperiri feci hanc capsam repertam in tumba beati Adalberti Episcopi et Martyris, in qua una cum reliquis in ea reconditis erat carta tenore infra scripti: *Hinc sunt cineres Scti Adalberti Episcopi et Martyris et panniculi, qui circa ossa fuerunt, et quinque fratrum et sunt reliquie plurimorum Sanctorum, quorum nomina ignoramus, que pridie Calendas Octobris sunt recondite.* Diese Inschrift fand sich in doppeltem Exemplar vor. Die eine Tafel (aus Blech), in der man das Original vermutete, war schon sehr mitgenommen. Die andere (aus Blei) ist wahrscheinlich bei der Uebertragung der Reliquien im Jahre 1396 nach der älteren hergestellt, weil diese sich schon damals schadhaft zeigte. Von dieser Uebertragung giebt eine dritte Platte (aus Blei) Nachricht, die sich bei dem Bleikasten fand, folgenden Wortlautes: Anno Domini millesimo trecentesimo nonagesimo sexto in festo Sti Adalberti dominica die Jubilate, que fuit dies vigesima secunda mensis Aprilis, translata est hec capsa cum corpore seu reliquiis Scti. Adalberti Episcopi et Martyris, Patroni regni Bohemie predicti, de antiqua ecclesia in istud medium nove ecclesie Pragensis cum reliquiis Sanctorum quinque Fratrum et multis aliis reliquiis aliorum Sanctorum, quorum nomina ignoramus. Schindler bemerkt, daß die 1880 in dem Bleikasten gefundenen Stoffreste ein uralter Seidenstoff von rötlicher Farbe seien, und ist geneigt, darin den von Kosmas II, 4 erwähnten anzunehmen.

[741]) Böhmische Quellen (neben Kosmas): Ann. Prag., Ann. Boh., Ann. Grad. et Opatov. ad ann. 1039 (FrB. II. p. 377. 381. 389); polnische Quellen: Galli chron. I, 19; Ann. capituli Cracov., Annal. Cracov. brev., Calend. Cracov. notae hist., Ann. Posnan. ad ann. 1038; Ann. Pol., Ann. Cracov. compil., Ann. Sandivogii ad ann. 1037 (MP. I. p. 416; MG. Scr. XIX. p. 586. 663; MP. VI. p. 649; MG. Scr. XXIX. p. 470; XIX. p. 620. 587; XXIX. p. 425); deutsche Quellen: Ann. Saxo ad ann. 1039 (nach Kosmas); Ann. Magdeb. ad ann. 1034 (MG. Scr. VI. p. 683; XVI. p. 170).

[742]) Galli chron. I, 19.

[743]) Später (1331) haben einmal die Gnesener Domgeistlichen nachweislich die Reliquien, als ein feindlicher Ueberfall in Aussicht stand, versteckt. Vgl. Cronica nova Prutenica (Wigand von Marburg) c. 17, SrP. II. p. 480, eine Stelle, die also auch noch beweist, daß man im 14. Jahrh. Adalberts Leib in Gnesen zu haben behauptete (Gneznam, ubi requiescit S. Adalbertus).

[744]) Bruno c. 34; Passio c. 7. 8; Thietmar IV, 19.

[745]) Der Bischof Reinbern von Colberg ist zwar etwas abergläubisch gewesen — er meinte das Meer mit Weihwasser von den Dämonen reinigen zu müssen —, aber sonst ein tüchtiger Mann. Thietmar (VII, 52) rühmt ihn sehr. Wann Colberg einging, ist unbekannt. Ueber Bruno vgl. Anm. 1, über Heinrich von Olmütz den Canon. Wissegrad. (FrB. II. p. 235), der bemerkt, daß es besser sei, über Heinrichs Reise zu den Preußen zu schweigen, da seine Bemühung vergeblich gewesen sei.

[746]) Gregor VII., ep. 73 (1075), Migne, s. l. 148 col. 423.

⁷⁴⁷) Vgl. Kolberg a. a. O. S. 136; Anal. Warm., ZGAE. VII. S. 48 ff.

⁷⁴⁸) Ueber die Geschichte dieser Kapelle unterrichtet Heger in seiner Festschrift. Simon Grunau (IX, D. 3, 1) erzählt, die Kapelle sei von dem samländischen Bischof Johannes I. Clare († 1844) erbaut. Joh. Voigt (I. S. 663 f.) meinte aus dem Entwurf einer alten Anordnung im Königlichen Staatsarchiv zu Königsberg (abgedruckt bei Heger S. 77 ff.) mit der Ueberschrift „Die Kirche zu Sanct Albrecht wie die soll versorget werden vnnd auch Jre Diener vnnd wie viel der sein sollen" folgern zu müssen, daß der hierin verfügende Ordensmarschall Ludwig von Lanse der Gründer der Kirche gewesen sei, und ihre Erbauung in die Jahre 1422—1424 fiel. Kolberg (Lobgedicht 2c., S. 137) wies darauf hin, daß in einer Originalurkunde des Domkapitul. Archivs in Frauenburg vom 6. Okt. 1417, gegeben zu Fischhausen, ein Johannes Stäm S. Adalberti prope Lochstete Sambiensis Dioecesis Ecclesiae plebanus als Zeuge vorkomme, und glaubte die Nachricht als eine gut verbürgte ansehen zu dürfen, daß in einer Urkunde des Archivs zu Königsberg schon im Jahre 1375 ein vicarius S. Adalberti angeführt werde. Er vermutete, daß bereits zur Zeit Kanuts des Großen eine Kirche von den Dänen errichtet, später von den Heiden zerstört und im Beginn der Ordenszeit wiederhergestellt sei. Schubert (Kulturhist. Entw. der Prov. Preußen, in der Festgabe „Die Provinz Preußen", Königsberg 1863, S. 6) bemerkt, daß in den nordischen Sagas über Adalbert berichtet werde, welcher Notiz noch näher nachzugehen ist. Bezüglich des von Joh. Voigt herangezogenen Schriftstückes hob Kolberg hervor, daß sich nach Joh. Voigts Mitteilungen nicht erkennen lasse, daß es sich in den Jahren 1422—24 um mehr als um eine Benefizien-Stiftung mit Gottesdienstordnung gehandelt habe. Heger suchte die Angabe Grunaus mit der Ansicht Joh. Voigts in der Weise auszugleichen, daß er annahm, der samländische Bischof Johannes II. (1417—1425) sei der Gründer der Kirche, Ludwig von Lanse der Stifter der Pfarrstelle gewesen. Entscheidend erscheint die päpstliche Urkunde vom Jahre 1431 (abgedruckt bei Heger S. 81 f.), welche die Adalbertskapelle für eine Reihe von Festen mit großem Ablaß ausstattete. In ihr heißt es: ecclesia S. Adalberti martiris et pontificis prope castrum Lochstete Sambiensis dioecesis, que, ut accepimus, in honorem Dei eiusque gloriose Virginis matris Marie ac dicti sancti fundata est, welche Bemerkung im ganzen Zusammenhange durchaus den Eindruck macht, daß die Gründung der Kirche noch nicht weit in der Vergangenheit zurücklag. Hegers Vermutung kann das Richtige (es handelte sich indes bei der Stiftung Ludwigs von Lanse um mehrere geistliche Stellen) getroffen haben. Möglich aber bleibt auch, daß die Kirche schon einige Jahre vor 1417 erbaut und eine vorläufige Anordnung betreffs ihrer Bedienung (vielleicht durch den Pfarrer von Lochstädt) getroffen war, die dann durch die Bestimmungen Ludwigs von Lanse abgelöst wurde. Die von Kolberg erwähnte Urkunde von 1417 scheint zu dieser Annahme zu nötigen. Bezüglich der Nachricht über das Jahr 1375 muß man nähere Angaben abwarten. Vielleicht ist eine andere Adalbertskirche gemeint. Daß die Gründung der Kapelle bei Tenkitten im Anfange des 15. Jahrhunderts, bezw. ihre Auszeichnung und Hebung durch Stiftungen und Privilegien mit der Niederlage des Ordens bei Tannenberg

Zusammenhang hatte, ist eine Vermutung, welche bei der Art mittelalterlich-katholischen Denkens so nahe liegt, daß es merkwürdig ist, daß sie noch nicht geäußert wurde. Die Polen gingen 1410 (SrP. III. p. 488) mit dem Liede „Bogarodzica" in die Schlacht, und nach dem großen Siege soll Wladyslaw Jagiello eine Wallfahrt zu dem Grabmale Adalberts in Gnesen unternommen haben. Der Hülfe des mächtigen himmlischen Schutzpatrons schrieben die Polen ihre Erfolge zu.

[749]) Ueber die Geschichte der Dome zu Königsberg vgl. Gebser und Hagen, Der Dom zu Königsberg in Preußen, 2 Bde., Kgsbg. 1833. 1835; ferner den während des Druckes dieser Schrift erschienenen 5. Band der „Bau- und Kunstdenkmäler der Provinz Ostpreußen" von Adolf Boetticher. B. macht es wahrscheinlich, daß der Bau des zweiten Doms schon vor 1333 begonnen wurde.

[750]) Im Jahre 1504 hatte der vorletzte Hochmeister, Friedrich von Sachsen, der Adalbertskapelle bei Tenkitten einen geschnitzten Altarschrein geschenkt, dessen Thürflügel auf der Außenseite vier bildliche Darstellungen aus der Geschichte Adalberts tragen. Er befindet sich heute in der Marienburg. Bgl. über die Adalbertskapelle bei Tenkitten auch Hagen, Becker, Gebauer, Ueber die St. Adalberts-Kapelle in Tenkitten, NPPrBl. 1848, 1 S. 256 ff.

[751]) Vgl. Anm. 172.

[752]) Bruno c. 26. — Zu den Tafeln bleibt übrig zu bemerken, daß die Gnesener Bronzethüre teils nach den besten Viten Adalberts, teils nach der Sage Darstellungen folgender Scenen bietet: A. auf dem linken Flügel von unten nach oben 1. Die Freude der Mutter und die Taufe des Kindes; 2. Darbringung des kranken Kindes am Altar der Marienkirche in Libice; 3. Uebergabe des Knaben an Erzbischof Adalbert (oder den magister scholarum?) in Magdeburg; 4. Gebet Adalberts nach Dethmars Tode vor einer Prager Kirche (nach Kanap. c. 6); 5. Die Investitur Adalberts durch Otto II. in Verona; 6. Austreibung eines Teufels durch Adalbert (freie Dichtung); 7. Adalberts Traum in Prag; 8. Adalbert vor Herzog Boleslaw dem Frommen, die Befreiung von Gefangenen nachsuchend; 9. Das Wunder mit der Weinkanne im Kloster von St. Bonifaz und Alexius in Rom; B. auf dem rechten Flügel von oben nach unten 10. Landung Adalberts mit drei Begleitern in Danzig (aus der Reihenfolge der Bilder ergiebt sich, daß es sich um Danzig und nicht um Preußen handelt; daß sich in Preußen mehrere Personen zur Taufe stellten, berichten selbst die Legenden nicht); 11. Taufe von heidnischen Pommern in Danzig; 12. Verhandlung Adalberts mit den Preußen; 13. Zelebrierung der Messe durch Adalbert vor den Augen von preußischen Kriegern, während einer der Begleiter Adalberts den Bischofsstab hält (vgl. Tempore illo c. 15; Mirac. c. 7); 14. Enthauptung Adalberts mit dem Beil (vgl. Passio c. 6); 15. Bewachung des Leichnams und Hauptes, welches auf einen von den Aesten befreiten Baum gesteckt ist, durch einen Adler (vgl. Cod. Cas. 145; Passio c. 8; Tempore illo c. 16; Mirac c. 8); 16. Abwägung der Körperteile Adalberts bei Ankauf derselben durch Boleslaw (vgl. Mirac. c. 8; S. Ad. nob. prog.); 17. Uebertragung nach Polen; 18. Beisetzung in Gnesen in Gegenwart des Herzogs und eines Bischofs. Von dem alten romanischen Bau des

Gnesener Domes, zu welchem die Bronzethüre ursprünglich gehörte, ist sie der einzige Rest. J. Kohte (a. a. O. S. 86) bemerkt u. a. über die Thür: „Die beiden hohl gegossenen Löwenköpfe, mit Ringen im Maule, sind in den Feldern 4 und 15 nachträglich angesetzt; unter dem linken Kopfe sind Reste von Buchstaben bemerkbar. Die umlaufenden Friese jedes Flügels bedeckt ein Rankenornament, in welches sich Menschengestalten, Kentauren und Tiere mischen. Das Metall des linken Flügels hat eine mehr kupferartige, das des rechten eine mehr messingartige Färbung. Beide Flügel sind etwa 1 cm dick gegossen. Der linke Flügel ist 3,28 m hoch und 0,86 m breit, der rechte ist 3,23 m hoch und einschließlich der Schlagleiste 0,84 m breit. Beide Flügel drehten sich ursprünglich nach antiker Art in Zapfen. Der Verschluß wurde durch einen auf der kunstlosen Innenseite vorgezogenen Holzbalken bewirkt. Die Erzthür des Gnesener Domes tritt in die Reihe der noch erhaltenen romanischen Erzthüren der Dome zu Hildesheim, Augsburg und Nowgorod. Ihr Ursprung ist in das 12. Jahrhundert zu verlegen, ihre Herstellung vermutlich nach dem Beispiele der letztgenannten Thür auf sächsische Künstler zurückzuführen." Vgl. dazu C. Schnaase, Gesch. der bild. Künste, 2. Aufl. V. S. 609; VII. S. 626; ferner Gesch. der deutschen Kunst, II. Plastik (W. Bode), Berlin 1887, S. 22 ff.; Ehrenberg, Geschichte der Kunst im Gebiet der Provinz Posen, a. a. O. Sp. 257 f. Unsere Heliogravüre der Bronzethüre ist nach einer photographischen Platte des photographischen Ateliers von L. E. Matz in Gnesen hergestellt. Bezüglich der Adalbert betreffenden Kunstdenkmäler, von denen in dieser Schrift nur die ältesten berührt sind, sei noch einmal auf das ASV. verwiesen, welches sie unter Beifügung von zahlreichen Abbildungen und Lichtdrucken in sehr weitgehendem Maße berücksichtigt. — Zu der zweiten Tafel vgl. Anm. 1 (S. 237) und Anm. 105, zu der vierten Tafel, deren Heliogravüre nach einer von Herrn Dr. Georg Stuhlfauth freundlichst in Rom veranlaßten photographischen Aufnahme verfertigt wurde, vgl. die Anmerkungen 172 und 722. Auf der Karte der dritten Tafel ist die ältere Gestaltung des Landes und der Gewässer, soweit man darüber etwas weiß oder vermuten kann, verzeichnet. Dabei ist zu Grunde gelegt die Karte Töppens, Tafel 1 seines Atlas zur Historisch-komparativen Geographie von Preußen. Wo es geraten erschien, sind Aenderungen und Ergänzungen vorgenommen. Für unsern Fall unwichtige Namen blieben fort. Die geographischen Namen, die bereits zu Adalberts Zeit oder früher genannt werden, sind schwarz unterstrichen. — Eine Uebersicht über Adalberts Leben und ihn betreffende Daten giebt nachfolgende Zeittafel, in welcher die Zahlen, die für mehr oder weniger gesichert gelten können, fett gedruckt sind:

956 ca.	Geboren in Libice; bei der Taufe Wojtěch genannt; Vater der böhmische Fürst Slawnit, ein Verwandter Heinrichs I.; Mutter Střeziglawa oder Adilburc aus vornehmstem slawischem Geschlechte;
961, spätestens 962	in Libice von dem Missionsbischofe Adalbert, dem nachmaligen Erzbischof von Magdeburg, gefirmelt;
972—981	auf der Domschule in Magdeburg unter Erzbischof Adalbert und Magister Otrik; 972 von ersterem zum zweiten

	Mal gefirmelt und Adalbert genannt; zuletzt wahrscheinlich in Magdeburg Subdiakon;
981	Adalbert von Magdeburg † (20. Juni); Slawnik †;
981—982	Kleriker in Prag;
982, Januar 2	Dethmar, erster Bischof von Prag †;
„ , Februar 19 (Sonntag)	Adalbert wird in Lewý Hradec auf einem böhmischen Landtage unter Boleslaw II. zum Bischof von Prag erwählt;
983, Juni 3	in Verona von Otto II. investiert;
„ , „ 29	von Willigis von Mainz konsekriert; um diese Zeit Zusammenkunft mit dem Abt Majolus von Cluny und dem Bischof Gerhard von Toul;
983, Spätsommer—988, Herbst	in bischöflicher Wirksamkeit in Prag und in dem Sprengel von Prag;
987	Adalberts Mutter †;
988, Herbst	Zuspitzung des Konfliktes in Böhmen; Abgang Adalberts nach Rom;
988/89, Winter	Adalbert verzichtet auf sein Bischofsamt in die Hände des Papstes Johann XV.; Berührung mit der Kaiserin-Mutter Theophanu; Aufbruch zur Pilgerreise nach Jerusalem; Besuch in Monte Kassino und bei dem heiligen Nilus in Balleluce; auf dessen Rat Rückkehr nach Rom und
989, Frühjahr	Eintritt ins Kloster von St. Bonifaz und St. Alexius in Rom unter Abt Leo; darauf ein Jahr Noviziat;
990, April 17 (Gründonnerstag)	Ablegung der Professio im genannten Kloster; darauf Aufenthalt von 2½ Jahren daselbst;
992, Herbst	der Bruder Boleslaws des Frommen, der Mönch Christian, und Radla, Adalberts einstmaliger Jugendgefährte und Hofmeister, erscheinen in Rom als böhmische Gesandte mit Briefen des Metropoliten Willigis, um Adalberts Rückkehr nach Prag zu bewirken; Böhmen sagt Satisfaktion zu; Adalbert wird von einer römischen Synode unter Papst Johann XV. nach Prag zurückbeordert; Johann XV. verleiht ihm von neuem Stab und Ring; vorher oder nachher Landtag in Böhmen, auf welchem Herzog Boleslaw II. die Sperre gegen Adalbert aufhebt und ihm freie Ausübung seiner bischöflichen Befugnisse ermöglicht;
992—993	Erbauung des Klosters Břewnow bei Prag;
993, Januar 14	Weihe des Klosters durch Adalbert; Anastasius oder Ascherik (Aschrik, Ascrit, Astrik) wird Abt;
994, Ende oder 995, Anfang	Verletzung des Asylrechtes in Prag; Verhängung des Bannes von seiten Adalberts; zweiter Fortgang Adalberts aus Böhmen; Besuch in Ungarn; darnach Rückkehr ins Kloster zu Rom; Adalbert wird hier Prior oder Propst;

995	lebhafterer Verkehr mit den griechischen und römischen Mönchshäuptern; Feindseligkeiten zwischen Boleslaw dem Frommen und Adalberts Brüdern; Waffenstillstand; Sobêbor, Adalberts ältester Bruder, welcher Otto III. auf seinem Feldzuge gegen die nördlichen Wenden begleitet, beschwert sich bei diesem über Boleslaw den Frommen und schließt Freundschaft mit Boleslaw Chabry von Polen;
„ , September 27	Boleslaw der Fromme erscheint mit einem Heere vor Libice;
„ , „ 28 (Wenzelstag)	Kampf; Eroberung der Burg; Hinrichtung der vier Brüder Adalberts;
996, April	Johann XV. †; Gregor V. Papst;
„ , Mai (Ende)	Verkehr mit Otto III. in Rom;
„ , Mai 25	eine römische Synode befiehlt auf Willigis' Betreiben Adalbert bei Strafe des Bannes Rückkehr nach Prag; Gregor V. giebt ihm die Erlaubnis, falls die Böhmen seine Aufnahme verweigern sollten, als Missionar unter die Heiden zu gehen;
„ , Juli—September	Reise von Rom nach Mainz in Gemeinschaft mit Bischof Notker von Lüttich;
„ , Ende September	Zusammenleben mit Otto III.;
„ , bis Mitte November	Pilgerreise durch Frankreich, Besuch von Tours, Paris, Fleury, St. Maur; Rückkehr zum Kaiser;
„ , Anfang Dezember	Aufbruch zu Boleslaw Chabry von Polen;
996/97, Winter	in Polen; am Ausgange des Winters Aufbruch nach Preußen; unterwegs Gründung eines Benediktinerklosters in Polen (wahrscheinlich Tremessens); Anastasius von Bkewnow wird nunmehr Abt dieses polnischen Klosters;
997, April (Anfang)	Adalbert reist weiter; kurze Missionswirksamkeit in Danzig;
„ , „ (gegen Mitte)	Seereise von Danzig zur preußischen Küste;
„ , April 17 (Sonnabend)	man befiehlt Adalbert in einem preußischen Orte von jedem weiteren Vordringen abzustehen und das Land wieder zu verlassen; in der Nacht zum 18. April Rückführung in die Gegend der Landung;
„ , „ 18—22	Verweilen in einem preußischen Dorfe in der Landungsgegend;
„ , „ 22	Antritt des Rückmarsches nach Pommern am Meeresufer;
„ , „ 23 (Vormittags)	Meßfeier auf einem Felde in der Nähe eines Waldes; nach der Feier Frühstück; Adalbert und seine Genossen schlummern ermüdet ein und werden von heidnischen Preußen überfallen; Tötung Adalberts auf einem nahen

22*

	Hügel; der Körper wird zerschnitten, das Haupt auf einen Pfahl gesteckt; ein Wanderer bringt in den folgenden Tagen Nachricht von dem Geschehenen zu Boleslaw von Polen, wohl das Haupt Adalberts als Wahrzeichen mit sich führend;
997	Erwerbung der in Preußen verbliebenen Ueberreste Adalberts durch Boleslaw (vermutlich noch im Mai); wahrscheinlich zuerst Niedersetzung derselben in Tremessen;
"	Beisetzung in der von Miseko erbauten Marienkirche in Gnesen (nach späterer Annahme am 20. Oktober);
999	Heiligsprechung Adalberts durch Silvester II.; ein Mönch von St. Alexius verfaßt eine Biographie des Heiligen; Otto III. läßt im Sabinergebirge eine Kirche zu Ehren des Erzengels Michael, des h. Benedikt und Adalberts bauen; Konsekration des Gaudentius zum Erzbischof von Gnesen;
1000, März	Otto III. in Gnesen; Synode daselbst und Einrichtung des Erzbistums, sowie der drei Suffraganbistümer Colberg, Krakau, Breslau;
1000—1001	Adalbertskirchen in Aachen, Rom, Pereum, Gran;
1001	die Mönche Benedikt und Johannes aus der Niederlassung des h. Romualdus in Pereum gehen nach Polen, in der Absicht, von dort aus später Adalberts Werk in Preußen fortzusetzen;
1003	Bruno von Querfurt wird vom Papst zum Missionserzbischof (archiepiscopus gentium) ernannt, damit er Benedikt und Johannes folge; Ermordung Benedikts und Johannes' in dem von ihnen angelegten Kloster in Polen (mit drei anderen Klosterinsassen);
1004, Anfang September	Soběbor, Adalberts ältester Bruder, kommt um auf der Prager Brücke; Bruno schreibt in Ungarn sein Leben Adalberts, das er später auch in zweiter Rezension herausgiebt;
1006	Gaudentius †;
1006—1025	Abfassung der Passio Adalperti durch einen mit den polnischen Verhältnissen und der polnischen Ueberlieferung vertrauten deutschen Mönch;
1009	Bruno von Querfurt stirbt den Märtyrertod in Preußen;
1039	die Böhmen unter Herzog Břetislaw rauben in Gnesen Reliquien, die sie für Adalberts Ueberreste halten, ferner die Ueberreste des Gaudentius und der fünf Mönchsbrüder;
" , August 24	Einzug mit den Reliquien in Prag;
1113	Boleslaw III. von Polen besucht als Büßer das Adalberts-

	grab in Gnesen, von dem in dieser Zeit die Polen zu behaupten beginnen, daß es die echten Gebeine Adalberts noch enthalte bezw. wieder aufgenommen habe;
1127	angebliche Auffindung des Hauptes Adalberts in Gnesen;
1143	angebliche Wiederauffindung des Hauptes Adalberts in Prag (nach dem Brande von 1142);
1206	ein preußischer Häuptling in Pomesanien zeigt Gottfried von Petno ein Grabmal, in dem angeblich Ueberreste von Adalbert geruht haben sollten;
1249, Februar 7	Erwähnung von Chomor S. Adalberti in Pomesanien;
1302, Januar 11	Bischof Siegfried von Samland gedenkt in einer Urkunde, betreffend den fertig gewordenen Adalbertsdom in Königsberg, des Märtyrertodes Adalberts auf samländischem Boden;
1346, Januar 11	Besichtigung und neue Beisetzung der Ueberreste, die in Prag für diejenigen Adalberts galten, durch den ersten Prager Erzbischof, Ernst von Pardubitz;
1396, April 22	Ueberführung derselben Ueberreste in die Gruft des neuen Veitsdomes in Prag, über welcher später nach Zerstörung des vorderen Teiles des Domes durch eine Feuersbrunst (1541) eine besondere Kapelle errichtet wurde, die im 17. und 18. Jahrh. erneuert wurde;
1880, März 15	Wiederauffindung derselben Ueberreste in der bezeichneten Gruft der Adalbertskapelle in Prag bei Abbruch der letzteren; Ueberführung in den Prager Dom, der nach Vollendung seines Ausbaues auch die alte Adalbertsgruft wieder umschließen wird, in der dann die Reliquien von neuem beigesetzt werden sollen.

Nachtrag.

Erst während des Druckes dieser Schrift wurde mir das neueste Heft der ZGAE. (XI. H. 3) bekannt. Es findet sich darin 1) S. 490 ff. eine Untersuchung von Kolberg, Ein Brief des h. Adalbert von Prag an Bischof Milo von Minden aus dem Jahre 993 und die Passio S. Gorgonii martyris; 2) S. 528 ff. ein Aufsatz von Hipler, Das dem h. Adalbert zugeschriebene Marienlied Boga rodzica. Auf S. 540 ff. äußert sich H. auch zu dem böhmischen Liede Hospodine pomiluj ny. Ich nehme davon Anlaß, die literarischen Stücke, welche von Adalbert herrühren bzw. ihm zugeschrieben oder mit ihm in Zusammenhang gebracht sind, im Anhange vollständig zusammenzustellen, während ursprünglich nur die Homilie Adalberts beigefügt werden sollte. Auch einen Abdruck des Briefes Thietpalds lasse ich folgen. Es wird auf diese Weise Anm. 1 dieser Schrift noch ergänzt.

Anhang.

I.
Die angebliche Professio Adalberts.¹)
990, April 17.

Ego adalbertus promitto stabilitatem meam et conuersionem morum meorum et obedienciam iuxta regulam sancti benedicti coram deo et omnibus sanctis eius et abbate augustino presente.

II.
Praefatio, Prologus und Epilogus
der Passio S. Gorgonii martyris in der Königswarter Handschrift.²)
993 (?).

Incipit prefatio Adelberti episcopi in passionem sancti. Domno Miloni sanctę Mindonensis ęcclesię pastori, confratri et coepiscopo nostro, Adelbertus suus salutem in domino.

II. — 13. in passione S. Gorgonii martiris K. — 14. Domino K. — 15. salutem in domino fehlt bei K.

---

¹) Nach dem Lichtdruck im ASV. und dem Faksimile bei Boleluczky a. a. O. Die Orthographie des angeblichen Autographums ist beibehalten. Nur die Abkürzungen sind aufgelöst. Auf dem dahinter geklebten Zettel findet sich folgender Vermerk: Anno domini MCCCC ego frater uenceslaus sacristanus, uidens professionem sancti adalberti nimia uetustate demolitam posse irrecuperabiliter deperire, obbituminaui in aliam literam pergamenam et hoc propria manu scripsi, ut futuris dubitantibus omnis ambiguitas mentis procul polleretur. Vgl. S. 219 f.

²) Diese Stücke sind entnommen dem 2. Bande (p. 337 ss.) der Pergamenthandschrift Legendae Sanctorum (20. D. 22) in dem Fürstlich von Metternich'schen

Suauissima uobis sanctę caritatis adiunctione conexus et consacerdotalis amicicię uos federe complexus, gratum quid uestrę paternitati et amicabile uellem offerre, ut eo tenacius pactum caritatis quasi glutine compactum inter nos iugiter ualeat per-

1. connexus K. — 3. tenatius M.

Museum zu Königswart in Böhmen, aus deren erstem Bande Bielowski die ältere Rezension der Vita Adalberts von Bruno herausgab, und welche, aus dem Benediktinerkloster Ochsenhausen in Württemberg stammend, in dem 12. oder 13. Jahrhundert geschrieben ist. Bei einem Besuche des Königswarter Museums ist Kolberg auf diese Stücke aufmerksam geworden, von denen die praefatio, einen Brief eines Bischofs Adelbert darstellend, noch unbekannt war, während Prolog und Epilog zusammen mit der Passio Gorgonii selbst aus einer anderen Handschrift schon von den Bollandisten (Acta SS., Sept. III. p. 328 ss.) herausgegeben waren. Kolberg legte seinen Fund in JGAG. XI. S. 490 ff. (Ein Brief des h. Adalbert von Prag an Bischof Milo von Minden aus dem Jahre 993 und die Passio S. Gorgonii martyris) vor. Auf meine Bitte hatte der Königswarter Museumsdirektor, Herr Alb. Leuchtweiß Ord. Praed., die Freundlichkeit, die Partien der Handschrift, welche Kolberg veröffentlichte, für mich photographieren zu lassen. Auch bestätigte er mir, daß sie in der Handschrift von derselben Hand geschrieben seien, welche die Vita Adalberts von Bruno niedergezeichnet hat. Nach den mir übersandten Photographien (M) ist obiger Text gegeben. Die Abkürzungen sind aufgelöst. Eigennamen und von solchen abgeleitete Adjektiva sind auch, wo das MS. Minuskelbuchstaben hat, mit großen Anfangsbuchstaben gedruckt. Sonst ist die Orthographie der Handschrift in allem Wesentlichen bewahrt. Die Interpunktion ist modernisiert. Unter dem Text werden die Lesarten Kolbergs (K), die sich bei Vergleich der Handschrift als irrtümlich herausstellten (von bloßen Aenderungen der Orthographie sehe ich ab), beigefügt, desgleichen bei Prolog und Epilog die abweichenden Lesarten, welche die Ausgabe von Suystenus in den Acta SS. im Texte bzw. in den Anmerkungen aus Antwerpener (Mus. Boll.) Handschriften (O. Ms. 19 [hieraus der Text des Suystenus = S]; † Ms. 74; P. Ms. 19) bietet. Photographien der Passio selbst habe ich mir zu meinem Bedauern aus Königswart nicht erbeten, weil es ursprünglich nicht meine Absicht war, auch die Passio abzudrucken. Wenn ich sie dennoch im Texte der Acta SS. folgen lasse, so werden sich die Gründe, die mich dazu bestimmen, sogleich erkennen lassen. Nach Kolbergs Aussage deckt sich der Text der Passio in den Acta SS. von einigen abweichenden Lesarten abgesehen völlig mit dem der Passio in der Königswarter Handschrift. Bei dem Verhältnis des Textes von Prolog und Epilog der Passio in der Königswarter Handschrift zu dem Text in den Acta SS. bezweifele ich nicht die Richtigkeit der Aussage Kolbergs. — Kolberg hat die Ansicht ausgesprochen, daß der in der praefatio redende Bischof Adelbert der heilige Adalbert sei, und er schreibt diesem letzteren nicht bloß den die praefatio bildenden Brief an Milo (Bischof von Minden 969—996, April 18)

manere. Caritas enim non minus quam inter duos poterit haberi. Caritas, quę non operatur, nec uiget nec uiuit nec uere caritatis nomen habere debet. Unde queso, si quod mee rusticitatis opusculum uestrę caritati offeram, ne repulsionem

2. non fehlt in der Handschrift. In ihr ist über operatur von derselben Hand, welche die ganze Handschrift geschrieben hat, nec übergeschrieben. — 3. si quid K. —

zu, sondern auch den Prolog und den Epilog (translatio). Daß die Arbeit des Verfassers der praefatio sich nicht auf diese selbst beschränkte, ergiebt sich ziemlich deutlich daraus, daß er ein opusculum rusticitatis suae ankündigt. Diese Bezeichnung bloß auf die praefatio zu beziehen, ist kaum möglich. Vielmehr muß man wahrscheinlich annehmen, daß der Verfasser der praefatio auch die Passio selbst überarbeitet und erweitert hat. Während nämlich die Passio, die er an Milo schickte, durchaus nicht als kurz zu bezeichnen ist, bemerkt er von der Passio, die er vorfand, daß sie breuiter succinctam sei, und fügt weiter hinzu: Quam tamen passionis eorum breuitatem maximam nobis estimabimus prolixitatem. Diese Stelle, die Kolberg nicht richtig gelesen hat, während sie auf der Photographie durchaus deutlich ist, sagt zwar zunächst nur, daß man auch bei der Kürze der Passio alles Wichtige daraus erfahre; vielleicht aber haben wir hier zugleich eine Andeutung davon zu finden, daß Bischof Adelbert sich alsbald daran machte, die kurze Passio aus ihrem eigenen Inhalt heraus prolixior zu gestalten. Vergleicht man die Passio, die er Milo schickte, mit dem, was über Gorgonius bei Eusebius (HE. VIII, 1, 4; 6, 5), Rufin (HE. VIII, 1. 6), Ado von Bienne † 874 (Martyrolog., V. Id. Sept.), Usuardus (Martyrolog. von 875, V. Id. Sept.) erzählt wird, so wird man in dieser Meinung, daß der an Milo schreibende Adelbert kürzere Nachrichten über Gorgonius weiter ausführte, nur bestärkt. Besonders machen sich die Reden und Gebete der Märtyrer als Zuthat kenntlich. Der Fund Kolbergs hat also, wenn er auf Adalbert von Prag als Verfasser zurückgehen sollte, eine viel größere Bedeutung für die Geschichte des Heiligen, als Kolberg selbst annahm, und eben der Umstand, daß auch die Passio möglicherweise von Adalbert überarbeitet ist, bestimmt mich, auch sie im folgenden abzudrucken. In der That spricht manches dafür, daß der in der praefatio redende Bischof unser Adalbert gewesen ist, wenngleich ich nicht alle Ausführungen, die Kolberg, um seine Ansicht zu stützen, vorbringt, als Beweismomente anerkennen kann. Am meisten fällt ins Gewicht, daß wir in dem ganzen opusculum dieselbe Begeisterung für die Märtyrer und ihr Los, dieselbe mönchisch-asketische Deutung des laborare pro deo, dieselbe Geringschätzung weltlicher Weisheit und weltlicher Herrlichkeit finden, wie sie uns bei Adalbert von Prag entgegengetreten ist, und daß eine auffallende Verwandtschaft des Stils und der Stimmung obwaltet zwischen dem ganzen opusculum, welches für Milo bestimmt war, besonders seinem Prolog und Epilog, sowie den Reden und Gebeten der Märtyrer einerseits und der auf Adalbert zurückgehenden Partie der Homilie über den h. Alexius, sowie den Aussprüchen, welche

fatuitati meę debitam in prima fronte offensionis incurram.
Non enim eloquentię rhetoricę donum offero, sed rusticanę
simplicitatis offam caritatiue sumendam apporto. Inter nos
quidem sermo fuit de gestis sancti Gorgonii, si quid illius

2. rethoricę M. — 3. officia ſtatt offam K; sumenda K. — 4. quidam K.

die Viten des Kanaparius und Bruno Adalbert in den Mund legen, andrerſeits.
An Adalbero II. von Metz, Adalbero II. von Verdun, Adalbero von Rheims,
Adalbero von Laon, Adalbero von Brescia, Otbert von Verona zu denken, liegt
gewiß wenig nahe, zumal da bei den meiſten der Genannten die Namensform
Adalbert nicht nachweisbar iſt. Wir wiſſen von ihnen nicht, daß ſie von einem
derartigen Intereſſe und einer ſolchen Stimmung, wie ſie in dem opusculum
entgegentreten, beherrſcht geweſen ſind. Am erſten kann außer dem Prager Biſchof
der Magdeburger Erzbiſchof († 981) in Betracht kommen. Weder die Ueberſchrift,
die ja erſt viel ſpäter beigefügt ſein kann, noch der Umſtand, daß der Brief den
Mindener Biſchof als confrater und coepiscopus bezeichnet, hindern anzunehmen,
daß ein Erzbiſchof der Verfaſſer war. Indes es iſt doch das, was Kolberg gegen
eine Annahme der Abfaſſung durch Adalbert von Magdeburg vorbringt, nicht ganz
ohne Gewicht. Der Meinung, daß Adalbert von Prag Verfaſſer des ganzen opusculum war, ſehe ich kein Hindernis im Wege ſtehen. Nimmt man aber an, daß
Adalbert von Prag der Autor war, ſo kann die Abfaſſung ſeiner Schrift, wie Kolberg
richtig ausgeführt hat, nur in die Zeit der zweiten biſchöflichen Wirkſamkeit in
Prag geſetzt werden. Der Epilog verrät deutlich einen Verfaſſer, der Rom kannte
und für Rom ein beſonders warmes Herz hatte. In ihm iſt die Berührung mit
der Homilie Adalberts ganz beſonders fühlbar. Vor 989 könnte ihn alſo Adalbert
von Prag nicht geſchrieben haben. Andrerſeits aber hätte unſer Adalbert auch
gewiß nicht zu einer Zeit, in der er außer Amt war, Milo als coepiscopus bezeichnet. Die Bücher, die er durchblätterte, mag er von ſeinen Reiſen
nach Prag (vielleicht für Bſconow) mitgebracht haben. Gerade in jener Homilie
Bedas über den engliſchen Abt Benedikt, die Adalbert in ſeiner Homilie benutzte,
heißt es von Benedikt: quamdiu sospes erat corpore, pro gloria sanctae dei
ecclesiae et maxime pro huius monasterii pace, honore et quiete semper
laborare perstabat. Toties mare transiit, nunquam, ut est consuetudinis
quibusdam, vacuus et inutilis rediit, sed nunc librorum copiam sanctorum, nunc reliquiarum beatorum martyrum Christi munus venerabile
detulit, nunc architectos ecclesiae fabricandae, nunc vitrifactores ad
fenestras eius decorandas ac muniendas, nunc cantandi et in ecclesia per
totum annum ministrandi secum magistros adduxit, nunc epistolam
privilegii a domino papa missam, qua nostra libertas ab omni ex-
trinseca incursione tutaretur, apportavit, nunc picturas sanctarum histo-
riarum, quae non ad ornatum solummodo ecclesiae, verum etiam ad
instructionem intuentium proponerentur, advexit, videlicet ut, qui litera-

martyrii alicubi posset inueniri. Dubitatio etiam uobis adhesisse mihi uidebatur, quorum martyrum collega uel socius haberetur. Unde uestre causa sollicitus plures paginas percucurri et deo propitiante quasi ex optato aperto libro kalendario v. kal. Sept. natalem sanctorum Dorothei et Gorgonii

3. vestri K; wahrscheinlich ist hinter uestre ein Hauptwort ausgefallen (paternitatis?). — 4. domino statt deo K. — 4/5. kalendari K.

rum lectione non possent, opera domini et salvatoris nostri per ipsarum contuitum discerent imaginum. Wo sich Milo und Adalbert gesehen und Beziehungen angeknüpft hatten, bleibt ungewiß. Vielleicht kannte Adalbert Milo, der älter als er war, schon von seiner Magdeburger Zeit her. Kolberg nimmt an, daß er ihn 993 beim Kaiser in oder bei Magdeburg gesehen habe. Und daß Adalbert als Bischof einmal in Magdeburg gewesen ist, folgt allerdings ziemlich bestimmt aus Bruno (c. 17). Adalbert kann aber Milo auch irgendwo auf seiner Reise von Rom nach Prag im Jahre 992 getroffen haben. Handelt es sich in dem allen auch nur um Möglichkeiten, da ein sicherer Beweis, wie die Dinge liegen, nicht geführt werden kann, so wird man doch nicht umhin können, zuzugeben, daß die Annahme, Adalbert von Prag sei Verfasser des an Milo übersandten opusculum gewesen, eine große Wahrscheinlichkeit für sich hat. Jedenfalls erkennen wir aus diesem opusculum des ausgehenden 10. Jahrhunderts, in welcher Weise sich damals das Interesse für die Märtyrer kundthat, das Adalbert ganz besonders beherrschte. Die gefühlsinnigen, begeisterten, fast schwärmerischen Reden und Gebete der Märtyrer sind als Erzeugnisse des 10. Jahrhunderts sehr bemerkenswert. Drollig ist, daß der Bischof Milo, als er das, was er von dem Bischof Adelbert erhalten hatte, nach Gorze weiterschickte, so that, als ob er die Passio Gorgonii aufgefunden habe, und Adelberts in keiner Weise erwähnte. Daß sein Brief jünger ist als der Adelberts und diesem nachgebildet ist, ergiebt schon ein flüchtiger Blick. Gewöhnlich scheint nachher die Passio Gorgonii mit dem Brief Milos verbreitet zu sein. Er lautet bei Mabillon, dessen Text die abweichenden Lesarten einer von Finke verglichenen Pariser Handschrift (Cod. Lat. 5594 fol. 9 ss. Vgl. Finke, Westfalica aus der Pariser und Eichstädter Bibliothek, Ztschr. des Vereins für Gesch. u. Altertumskunde Westfalens, XLVII. 1889. S. 209 ff.) beigefügt sind (P), folgendermaßen: Sanctae Gorziensis ecclesiae venerabili abbati Immoni et cuncto monachorum coenobio sibi commisso Milo episcopus, servorum Dei famulus (debitas in Christo cum oramine preces *add*. P). Quod me quidem olim vestrae regionis fines ingressum non solum honorifice suscepistis, verum etiam omnem humanitatem speciali dilectione mihi generaliter exhibuistis, si opere, sicut volo, dignas grates vobis rependere nequeo, solum id, quod valeo, eo studiosius devota mente facere desidero, quo me in aliquo huiuscemodi negotio defecisse cognoscor. Nam, licet in divina pagina legatur, quod exhibitio operis probatio sit verae dilectionis, tamen

sollemnitatem offendi. Quorum passionem, licet breuiter succinctam, auidius arripiebam uestręque caritati dirigere destinabam. Quam tamen passionis eorum breuitatem maximam nobis estimabimus prolixitatem. Explicit prefatio. Incipit prologus.

Magnum summopere studium in perquirendis sanctorum martyrum passionibus nobis est habendum, quia preciosa est in conspectu domini mors eorum. Non enim eis obest, si a nobis nesciantur, sed pro maximo nobis damno reputabitur, si fideliter et utiliter a nobis minime perquirantur. Scimus qui-

4. perplexitatem ſtatt prolixitatem K. — 7. martyrum fehlt bei S; est vor in fehlt bei K. — 8. sanctorum für eorum K; vgl. Pf. 116, 15; eis fehlt bei S. — 10. perquirantur S.

---

cogente necessitate, quandocumque facultas bonae operationis defecerit, si voluntas integrae devotionis permanserit, nullum ex hoc detrimentum caritas habebit, quia, si quid defuerit ex operatione, id totum implet caritas pro bona voluntate. Igitur, ut praefatus sum, non meis meritis, sed gratia fraternae caritatis honorabiliter a vobis susceptus, tanta detentus sum familiaritate, ut omnino me non hospitem, sed quasi unum ex ipsis fratribus esse putarem. Unde (dum *add.* P) inter ipsa sacra eloquia vestra, quae mihi videbantur quodam modo afflatu (flatu P) Spiritus sancti ignita et quasi ex ipso fonte salutaris scientiae salientia, passionem et miracula sanctissimi ac beatissimi communis patris (patroni P) nostri Gorgonii vos non habere corde tenus doleretis, idque, sicut dignum erat, gravibus suspiriis aegre toleraretis, ego quoque super hoc non minori cura sollicitus, mecum tacitus cogitavi, quid de hac re fieri potuisset. Et cum adhuc praedictam sancti martyris passionem non haberem (habui P), pro communi nostra utilitate quaerere proposui, sicubi potuisset inveniri, idque ne deleretur oblivione, tenaci (potius *add.* P) memoriae commendavi. Post haec itaque, cum reversus venissem ad patriam, plurimas librorum percucurri paginas et favente Domino quasi exoptato citius reperi, quod prius me non habere vehementer extimui, scilicet v. idus Septembris sanctorum martyrum Gorgonii et Dorothei solemnitatem per singulos annos fuisse natalem, quorum quoque passionem, sub eodem kalendarum numero inventam, brevi quidem sermone succinctam, sed a me avidius acceptam, vestrae caritati dirigere destinavi (destinabam P), ut eo tenacius vestra dilectio, quasi glutino fidei ad unguem usque perducta, inter nos iugiter valeat permanere, quo ego, vobis sanctae caritatis dulcedine copulatus, sed et singularis amicitiae foedere complexus, gratum quid vobis et amicabile videar obtulisse. Mabillon, Ann. O.S.B., III. p. 605 s.

dem illos temporalia pro deo tormenta pertulisse sicque expleto
sui certaminis agone diuina suffragante clementia ad celestem
gloriam transmigrasse, quia secundum sacrę scripturę testimonium fulgebunt iusti sicut sol in regno patris eorum.
5 Auditores quippe diuini eloquii, in quo dicitur: *nolite timere eos,
qui occidunt corpus, animam autem non possunt occidere*, deo
se ad hoc animante, nulla temporalis uitę supplicia timuerunt
subire. Sancti igitur martyres sic a nobis sunt uenerandi, ut
interuentibus eorum glorię, quam perceperunt, mereamur con-
10 sortes inueniri. Certamina quidem eorum, dum a fidelibus
leguntur, incitamenta fidei prestant, et ne a uia dei descisca-
mus, exemplis suis animos nostros tangunt et monent, ne pro
deo laborare pigrescamus.

Incipit passio sancti Gorgonii.

15 Diocletiano igitur in rebus bellicis agente . . . .
. . . . . . martyrium illorum apud clementiam diuinam existat.

Interiectis dehinc aliquot annorum curriculis beati Gorgonii
corpus ad Romanam urbem transfertur positumque uia Latina
inter duas lauros honorabiliter et religiose ueneratur. Magnum
20 quippe in sanctis martyribus suis fidelibus patrocinium pre-
parauit, qui post ingressum uitę ęternę corpora eorum ita
diuisit, ut unus patrocinetur Grecię, alter sanctę Romanę
ęcclesię. Sed licet corpora eorum sint diuisa, utriusque tamen
patrocinia, cum ad unius tumulum accubuerimus, presentia
25 sunt et coniuncta. O uere mirabilem deum in sanctis suis,
qui tanta beneficia prestat seruis suis. Dorotheus in Grecia
exoratur, ut subueniat, et Gorgonius Romę positus cum collega
suo se exhibet, ut subueniat, et cum Romani deflent ad tumu-

---

2. agonis certamine für certaminis agone S. — 4/5. Matth. 13, 43; 10, 28.
— 6. domino statt deo K. — 8. ergo statt igitur K. — 9. interventionibus
S, K. — 10. siquidem S. — 11. incitamentum S. — 12. admonent S. —
12/13. pro Dei labore pigrescant S. — 15. So lautet der Anfang der Passio, wie
mir Herr Leuchtwciß mitteilt. — 18. urbem fehlt im Text von S, steht aber in
† Ms. 74 und P. Ms. 19. — 19. duas S, K; duos M; et religione K; et
gloriose S. — 20. fidelibus Christus patrocinium S. — 21. ita fehlt bei
S, steht aber † Ms. 74 und P. Ms. 19. — 25. dominum statt deum K. —
26. quia statt qui K. — 27. interveniat für subueniat S; et sanctus Gorg. S.

lum Gorgonii, non abest consensus et auxilium Dorothei. Post
hoc iterum longo interuallo temporum reliquię sancti Gorgonii
per Grodegangum venerabilem ęcclesię Metensis episcopum
transferuntur ad Gorziense cenobium. Inde postea crescente
christiana religione pars earundem reliquiarum in Saxoniam
attribuitur, ubi idem beatus Gorgonius cum collega suo
Dorotheo genti Saxonum et ęcclesię Mindonensi patrocinatur.
Ubi subuenientibus sanctorum martyrum meritis laudatur
deus deorum in Syon, qui uiuit et regnat per omnia secula
seculorum, amen.

III.
Passio S. Gorgonii.¹)

2. Diocletiano igitur in rebus publicis agente tam saeva
in christianos tempestas exorta est, ne quis se auderet profiteri christianum, ne suppliciis intolerabilibusque tormentis
succumberet. Pater quidem filium, frater fratrem, si illius
sectae inueniretur, velut inimicum manifesta inquisitione pro-

1. sancti Gorgonii S; beati Dorothei S. — 1'2. Post haec S. — 4.
crescente in Saxoniae partibus christiana S. — 5. Saxonia K. — 6. sanctus
Gorgonius S; cum collega suo Dorotheo fehlt bei S. — 7. patrocinatur regnante
Domino nostro Jesu Christo, qui cum Patre et Spiritu sancto vivit et
gloriatur Deus per omnia saecula saeculorum. Amen. S.
III. — 13. in rebus bellicis Königsm. MS. — 14. in christianos fehlt im
Königswart. MS.; tum saeva christianis P. Ms. 19; ut non aliquis se profiteri
auderet etc. † Ms. 74, P. Ms. 19. —

¹) Nach der Ausgabe des Surysenus aus dem Codex O. Ms. 19 („musei
nostri"), Acta SS., Sept. III. p. 340 ss., unter geringen Veränderungen der
Schreibweise und Interpunktion. S. berücksichtigte in Anmerkungen auch
die Codd. † Ms. 74 und P. Ms. 19 („musei nostri"). Die Kapitelzahlen des
Surysenus sind beibehalten. Ado von Vienne schreibt von Gorgonius (Martyrolog., V. Id. Sept., Vet. Rom. martyrol. et Adonis Vienn. martyrol., rec. op.
Horib. Rosvveidi, Par. 1645): Passio beatorum martyrum Dorothei et
Gorgonii apud Nicomediam sub Diocletiano imperatore. Horum prior
Dorotheus magister in officiis, quae intra palatium exhibebantur, erat
cubiculi regii praepositus, habens secum officio, fide et magnanimitate

debat, et ideo quisque, prout poterat, se in speluncis aut latibulis abscondebat nec parenti aut alicui proximorum christicolam se esse confiteri praesumebat. Eo namque tempore Diocletiano in orientis partibus commorante eadem tem-
5 pestas in christianos apud Nichomediam solito gravior exarsit, et quarumcumque civitatum habitatores ad perquirendos christianos, ubicumque invenirentur, imperatoria maiestas velut ignis exurens inflammavit. Tunc beatus Gorgonius clam et abscondite christianus cum consorte suo Dorotheo diutius
10 latere non valens, velut coeleste sidus emicuit, et quid intus ageret, luce manifestius aperuit. Erat quidem regii cubiculi praepositus et magister in officiis, quae intra palatium exhibebantur. Cui beatus Dorotheus in eodem officio fide et magnanimitate non impar strenue et non segniter obsequebatur.

15 3. Erant quoque Dei cultores eximii et ad viam veritatis docendam praedicatores et testes idonei; nam intra palatium velut magna luminaria lucebant omnesque pene cubiculi ministros, ut in fide Dei vigilanter ac libere persisterent, salutaribus monitis erudiebant[1]), ut in illis impleri videatur illud
20 Davidicum: *Ecce quam bonum et quam iocundum habitare fratres in unum*[2]). Diocletianus igitur in servos Dei velut leo

parem Gorgonium. Quorum institutionibus optimis omnes paene cubiculi ministri in fide Dei vigilanter et libere persistebant. Hi denique cum viderent quemdam martyrem crudelibus atque immanibus suppliciis cruciari, constanter et libere aiunt: *Cur, imperator, in hoc solo punis sententiam, quae in nobis omnibus viget? Ut quid in illo crimen ducitur, quod a nobis omnibus confitetur? Haec nobis fides, hic cultus et unanimis eademque sententia.* Quos ille cum in medium nihilominus venire iussisset, iussit eos appendi et flagellis toto corpore laniari, et visceribus iam palle nudatis iubentur aceto et sale perfundi. Cumque etiam hoc tormenti genus constanter et fortiter tolerassent, craticula prunis substrata poni iubetur in medio ibique, quod reliquum fuerat in verberibus absumpti corporis, superponi et non ad subitum, sed sensim paulatimque succendi. Ad ultimum laqueo appensos iussit necari. Interiecto tempore beatus Gorgonius Romam transfertur positusque est venerabiliter via Latina inter duas lauros. Compleverunt autem martyrium suum quinto Idus Septembris. Der Cat. cod. hag. bibl. reg. Brux. führt MSS. der Passio auf.

[1]) Adalbert hat Aehnliches am Kaiserhof gethan. Vgl. Bruno c. 20. [2]) Pf. 133, 1.

rugiens, in consistorio palatii iussit sibi solium parari et confessores, qui in vinculis et in carceribus habebantur, suis aspectibus praesentari. Statuas etiam vel effigies deorum suorum iussit apponi, quibus thura deberent incendi. Sed sancti martyres spem suam in Domino ponentes et eius machi- 5 nas quasi stercora despicientes, constanter clamabant, dicentes: *Dii gentium daemonia, Dominus autem coelos fecit.*

4. Ad haec Diocletianus indignatus quosdam eorum taureis iussit et plumbatis caedi, quosdam vero suspensos ungulis lacerari, alios vivos decoriari. Unum tamen, quem constantius 10 et fortius suae vesaniae resistentem videbat, hunc prae caeteris crudelioribus suppliciis cruciari praecipiebat. Tunc beatus Gorgonius constanter et libere prorupit in hanc vocem, dicens: *Cur, imperator, crudelius et saevius in hoc solo punis sententiam, quae viget in omnibus nobis? Ut quid in illo crimen dicitur,* 15 *quod a nobis firmiter confitetur? Haec nobis fides, hic cultus et unanimis eademque sententia. Hactenus, imperator, tibi militavimus; iam nunc permitte, ut Deo serviamus, cuius creatura sumus. Hactenus tui eramus; iam deinceps, velis, nolis, Dei erimus. Ipsi militiam devovimus et militiae illius* 20 *signaculum accepimus. Tolle militiae tuae cingulum, ut absolute sequamur Christum regem nostrum. Resipisce, miser, ab hac, qua teneris, insania, ne perducaris ad aeterna tormenta. Haec enim supplicia, quibus Dei servos affligis, finem habent: illa vero aeternaliter permansura nullum finem inveniunt.* 25

5. Igitur ad beati viri Gorgonii constantissimam professionem Diocletianus mente confunditur, et, quo se verteret, nescius, rabidissima ira succenditur. Anxie tamen secum deliberat, quid de viro sibi tam familiari, quippe infra palatium nutrito, agere debeat. Aegre siquidem talem virum perdendum 30 esse disposuit, quem disciplina morum et generis nobilitas adornavit. Tunc ad se deductum cum consorte suo Dorotheo blanditiis, ut ad sua sacra redeant, demulcebat et ampliores illis militiae honores accumulandos esse promittebat. Sed beati viri respectu mentis intimae Deo suspirantes, illius se clementiae 35

26. ad hanc sancti viri constantissimam † Ms. 74 und P. Ms. 19. —

committebant, dicentes: *Fiat misericordia tua, Domine, super nos, quemadmodum speravimus in te.* Et beati martyres, conversi ad imperatorem, dixerunt: *Noli, imperator, frustra errare, ut contingat nobis a via Dei declinare; non enim ab illo deficiemus, cui nos militaturos esse destinavimus. Tu nobis temporalem et corporalem nobilitatem opponis, aeternos vero fasces et generositatem, qua animae nobilitantur, quoniam, quid sint, ignoras, postponis. Absint blanditiae tuae, absint minae tuae. Nusquam enim aberit, qui regni sui participatum in simplicitate sibi servientibus promittit.*

6. Tunc iracundia repletus, Diocletianus iussit eos custodiae mancipari et catenis vinctos carceralibus tenebris includi, quousque secum decerneret, quid de eis agere deberet. In crastinum iussit iterum imperator pro tribunali iudiciariam sibi sedem construi et quaestionarios ac carnifices cum diversis suppliciorum instrumentis adsisti. Tunc beati viri, Gorgonius et Dorotheus, deducuntur ad medium et, ut suae saluti consulant, admonentur. *Consulite,* inquit imperator, *vitae vestrae et nobilitati, quia aut gloriose vivere aut ignobiliter debetis mori. Si vivere disponitis, plurimos honores adepturi, inter regni proceres semper gaudebitis. Si vero mori eligitis, non qualicumque, sed pessima morte peribitis. Nam si perstiteritis in contumacia vestra, procul dubio vindicanda erit deorum iniuria.* Tunc sanctus Gorgonius respondit pro ambobus: *Christus, qui nos ad suam fidem vocavit, ne deficiamus in tormentis, sua nos gratia confortabit. Tu vero, fili diaboli, fac opera patris tui. Christus stat ante ianuam, qui nos perducet ad aeternam gloriam. In brevi quidem transibit tormentorum tuorum poena, sed aeternaliter permanebunt promissa laborum nostrorum praemia.*

7. Tunc iussit eos in eculeo appendi et flagris et ungulis toto corpore laniari, et visceribus iam pelle nudatis iubentur aceto et sale perfundi. Inter haec sancti martyres, laeto vultu ad Dominum suspicientes, dixerunt: *Gratias tibi agimus, Domine Iesu Christe, qui nos in tormentis dignatus es confortare. Iam tibi toto corde suspiramus, quia citius nos te*

visuros esse speramus. Tua visio, qua angeli gaudent in te aspicere, aeterna satietas et aeterna vita est, quia temporalis haec, quae transibit, egestas et mors est dicenda potius quam vita. Videns itaque Diocletianus beatorum martyrum Gorgonii et Dorothei laetitiam et exultationem, maximam coepit habere anxietatem et indignationem, quia sui carnifices sanctos martyres laniando deficiebant, ipsique, inter tormenta laetiores effecti, in Christi laudibus exultabant.

8. Tunc coepit anxie cogitare, qua eos posset poena multare. Constanter quidem ac fortiter tormentorum genera, quae ingerebantur, tolerabant et, quasi nihil doloris sentirent, in Domino gaudebant. Acetum nudatis visceribus infusum pro Christo sustinebant, quem in cruce suspensum aceto pro se potatum credebant. Sal crudis visceribus aspersum non dolebant, quia sale coelestis sapientiae se imbutos esse sciebant. Ad ultimum igitur a carnificibus deliberato concilio craticula prunis subterstrata ponitur, et, quod reliquum fuerat verberibus et ungulis absumptorum corporum, supponitur, et non ad subitum, sed sensim paulatimque succenditur, ut martyrii labor tanto fieret crudelior, quanto fuerat inter moras incendii prolixior.

9. Tunc sancti martyres, laeto ad Dominum animo conversi, dixerunt: *Gloria tibi, Domine, quia nos famulos tuos tibi hostiam vivam dignatus es efficere*[1]). *Vapor fumi de nostris ad te corporibus ascendens nos tibi reconciliet et in paradisi sedibus nos numero servorum tuorum associet, ut, quos passionibus imitamur, eorum conventibus interesse mereamur. Beati igitur, Domine, qui habitant in domo tua, quia te laudabunt in aeterna secula. Accipe, Domine, sacrificium passionis nostrae, et ut suavis odor ascendat in conspectu divinae maiestatis tuae. Tuum, Domine, si perstiterimus, nostrum vero, si in tormentis casum fecerimus. Memento, Domine, fragilitatis nostrae et misericordiae tuae et conforta nos in hac passione*[2]). *Erigat*

---

[1]) Vgl. die Ausdrücke bei Kanap. c. 24. 27.
[2]) Vgl. Bruno c. 28, wo Adalbert dieselben Gedanken in etwas anderer Form ausspricht. — Der Wörterschatz der Passio deckt sich in vielem mit dem der Viten Adalberts.

nos, Domine, dextera tua et protegat nos contra diaboli tentamenta. *Exurge, Domine, adiuva nos et propter nomen tuum libera nos.* Facta autem hac oratione omnis prunarum calor refriguit, et facies beatorum martyrum quasi candor solis
5 emicuit, visumque est omnibus, quasi in florido lecto iacerent [1] nihilque doloris ac mali sentirent. Iterum beati martyres, Gorgonius et Dorotheus, ad solita precum et gratiarum munia conversi, dixerunt: *Salvasti nos, Domine, de affligentibus nos et confudisti omnes, qui oderant nos. Confundantur, Domine,*
10 *omnes iniqua agentes, quia tu salvas omnes in te sperantes* [2]).

10. His dictis de craticula eriguntur, et fideles quique astantes, qui adhuc timore latuerant, passionis eorum certamine ad meliora opera incitantur et confortantur. Iterum vero sancti martyres, psallentes Deo, dixerunt: *Bonum est sperare*
15 *in Domino, quam sperare in principibus* [3]). Tunc Diocletianus, constantia martyrum devictum se dolens nihilque amplius in eos praevalere perpendens, data sententia Gorgonium et Dorotheum rebelles culturae deorum et imperatoriae iussioni laqueo suspensos iussit interimi. Qui a carnificibus extracti
20 et ad locum certaminis educti, orationis faciendae moras ab ipsis obtinuerunt sicque, ad Deum conversi, dixerunt: *Gratia et gloria tibi, Domine Iesu Christe, qui nos usque ad hanc horam dignatus es confortare. Nunc vero toto corde anhelamus et quam citius tuae maiestatis gloriam videre desideramus.*
25 *Perfice, Domine, cursum nostrum, quia in manus tuas commendamus spiritum nostrum.* Expleta autem oratione surgentes et fidelibus christianis, qui astiterant, osculum pacis et salutis

---

[1]) Vgl. Kanap. c. 24 und Bruno c. 20 von Adalberts Traum.

[2]) Vgl. Kanap. c. 26. Ueberall im Stil des 10. Jahrh. Psalmenanklänge.

[3]) Pf. 118, 9. — Man könnte sich erinnern der Konflikte Adalberts mit Boleslaw II. trotz des letzteren Verlprechungen im J. 992. Ueberhaupt, ist die Passio in ihrer vorliegenden Form von Adalbert von Prag verfaßt, so beleuchten ihre Aussprüche die Situation von 993—994 in der interessantesten Weise. Es würde fast unnatürlich sein, nicht an Anspielungen zu denken. Sie ist der Hymnus auf eine Gesinnungstüchtigkeit, Märtyrerfreudigkeit und Himmelssehnsucht im Kampf mit der gottfeindlichen Welt, wie sie Adalbert in den Konflikten seines Lebens zu bewähren suchte, genau den ihm eigentümlichen Anschauungen und Idealen entsprechend.

offerentes¹), a carnificibus ligantur et, laqueorum nodis appensi, crudeliter interimuntur.

11. Post quorum felicem obitum Diocletianus infelix iussit canibus proiici devoranda corpora eorum. *Ne sibi,* inquit, *christiani in corporibus illudant et ex illis sibi nobis insultando* ⁵ *martyres faciant, canum morsibus corpora eorum laniata dispereant, et per omnes plateas numquam in unum colligenda canes et lupi distrahant.* Sed longe aliter evenit, quam ille truculentus tyrannus suae malitiae praeluserit. Nam in sequenti nocte fideles christiani corpora eorum a canibus et lupis in- ¹⁰ tacta rapuerunt et condigno honore sepelierunt. Ubi ad laudem et gloriam Christi praestantur innumera beneficia, et in daemoniacis aliisque infirmis patrocinantibus eisdem martyribus divina fiunt miracula, ut omnibus liquido patefiat, quanti meriti martyrium eorum apud clementiam divinam existat. ¹⁵

IV.

Die Homilie Adalberts.²)

995 ca.

In natali Sancti Alexii confessoris.

Lectio sancti evangelii secundum Mattheum: *In illo tempore* ²⁰ *dixit Symon Petrus ad Iesum: domine, ecce nos reliquimus omnia et secuti sumus te: quid ergo erit nobis?* et reliqua. Omilia Venerabilis Adelberti Episcopi et Martiris:

---

12. gloriam nominis Christi Königsw. MS. —
IV. — 21. Simon B; domine fehlt bei B. — 22. Matth. 19, 27. — Adalberti H.

---

¹) Vgl. Kanap. c. 19 über das Verhalten, welches Adalbert beobachtete, als er in Prag den Märtyrertod erwartete.

²) Der Text der Homilie ist entnommen dem Cod. CIX der Bibliothek von Monte Kassino. Das Kloster hatte die Freundlichkeit, eine Abschrift herstellen zu lassen. Diese hat Herr Dr. Georg Stuhlfauth noch einmal mit der Handschrift für mich gefälligst verglichen, sodaß eine große Genauigkeit in der Wiedergabe der letzteren erreicht sein möchte. In der Handschrift sind auch die Eigennamen, abgesehen von der Überschrift, klein geschrieben. Die Satzabteilung in ihr ist nicht immer an-

Audiens a domino Petrus, quia dives difficile intraret in regnum cęlorum, sciensque se cum suis condiscipulis ad integram mundi fallentis sprevisse delicias, voluit agnoscere, quid vel ipsi vel cęteri mundi contemptores pro maiori mentis virtute maioris premii sperare deberent. Et
5 respondens domino ait: *Ecce nos reliquimus omnia et secuti sumus te: quid ergo erit nobis?* Ubi sollerter intuendum est, quod non solum se omnia reliquisse, sed dominum sequi gloriatur. Quia stultum profecto est iuxta Platonem et Diogenem et quosdam alios philosophos vitae quidem huius divitias calcare, et non haec pro eterna adipiscenda vita,
10 sed pro inani agere mortalium laude captanda. Stultum presentes labores

---
4. maiore B. — 6. quid ergo erit nobis fehlt bei B; solerter B, H; est fehlt bei B. — 7. sed et dominum B. — 8. filosophos M.

---

gemessen. In diesen Beziehungen sind im obigen Texte Veränderungen vorgenommen. Sonst aber ist in ihm die Orthographie der Handschrift, wo Abweichungen nicht ausdrücklich angegeben sind, in allem Wesentlichen beibehalten. Eine Beschreibung der Handschrift findet man in der Bibliotheca Casinensis, cura et studio monachor. ord. S. Ben. abbat. Montis Casini, t. II (ex typogr. Casinensi 1875) p. 470 ss. Im übrigen verweise ich auf Anm. 1 dieser Schrift (S. 219). Dort ist in der Wiedergabe der Ueberschrift Adelberti zu lesen. Was wörtlich oder wenigstens dem Sinn nach aus Bedas Homilie über Benediktus Biskopius herübergenommen ist, ist im obigen Texte klein gedruckt. Bis zu der Stelle, wo die Rede auf den heiligen Alexius kommt, liegt, abgesehen von einigen abweichenden Lesarten, die unter dem Text angeführt sind, in dem klein Gedruckten eine wörtliche Uebereinstimmung mit Bedas Homilie vor. Am Schluß unserer Homilie sind die Gedanken Bedas, sofern sie aufgenommen sind, oft freier wiedergegeben, wie sich aus den Anmerkungen erkennen läßt. Beachtenswertere Abweichungen von Bedas Text sind groß gedruckt. Von Bedaausgaben sind bergliechen die Baseler (Tom. VII, Basilene 1563, col. 462 ss. = Bb). die Kölner (Tom. VII. Coloniae Agrippinae 1688, col. 332 ss. = Bk), die englische von Giles (Bedae opera omnia [12 tt. Londini 1843 ss.], V. p. 179 ss. = Bg), die von Migne (Patrol. s. l. 94 col. 224 ss. = Bm). Giles giebt in Bd. VI p. 439 ss. einige Varianten aus einem Kodex von Boulogne-sur-mer (= Cod. Bononiensis). Auch Migne fügt dem Text einige Varianten (= Bm²) bei, die sich aber größtenteils decken mit Giles' Varianten. Das den Texten von Basel, Köln, Giles, Migne Gemeinsame bezeichne ich mit B (Bb + Bk + Bg + Bm = B). Nicht immer bestätigt die unserm Texte zu Grunde liegende Abschrift des Cod. Cas. CIX die Textform der Ausgabe des 2. Teiles der Homilie von Pinius in den Acta SS. (Jul. t. IV p. 257 s.) und diejenige der vollständigen Ausgabe der Homilie von Hipler, die beide gleichfalls auf Cod. Cas. CIX beruhen. Die Abweichungen des Textes Pinius und des Hiplerschen Textes sind unter den Zeichen P und H angegeben. Unwesentlichere Unterschiede in der Orthographie sind nicht berücksichtigt. Unsere Abschrift wird in den Anmerkungen mit M bezeichnet.

ultro absque spe future subire quietis et pacis. Perfectus autem ille est, qui abiens vendit omnia, que habet, et dat pauperibus ac veniens sequitur Christum. Habebit enim thesaurum non deficientem in celis. Unde bene interrogante Petro dixit talibus Iesus: *Amen dico vobis, quod vos, qui secuti estis me, in regeneratione, cum sederit filius hominis in sede maiestatis sue, sedebitis et vos super sedes duodecim, iudicantes duodecim tribus Israel.* In hac quippe vita pro suo nomine laborantes in alia premium sperare docuit in regeneratione, cum videlicet in vitam inmortalem fuerimus resurgendo regenerati, qui in vitam caducam fueramus mortaliter geniti. Et iusta prorsus retributio, ut, qui hic pro Christo humanae gloriam celsitudinis neglexerant, illic a Christo glorificati singulariter indices cum eo humanae conversationis assideant, et, qui a sequendis eius vestigiis nulla ratione poterant avelli, usque ad fastigium iudiciarie potestatis illum sequendo perveniant. Nemo autem putet duodecim tantum apostolos, quia Iuda prevaricante Mathias electus est, tunc esse iudicaturos, sicut nec duodecim solae sunt tribus Israel iudicandae. Alioquin tribus Levi, quae tertia decima est, iniudicata recedit, et Paulus, qui tertius decimus est apostolus, quia pro Iuda prevaricante Mathias electus est, iudicandi sorte privabitur, cum ipse dicat nobis: *Nescitis, quoniam angelos iudicabimus? quanto magis secularia?* Sciendum namque est, omnes, qui ad exemplum apostolorum sua reliquerunt omnia et secuti sunt Christum, iudices cum eo esse venturos, sicut etiam omne mortalium genus esse iudicandum. Quia enim duodenario saepe numero solet in scripturis universitas designari, per duodecim sedes apostolorum omnium numerositas iudicantium, per tribus Israel universitas eorum, qui iudicandi sunt, ostenditur. Unde notandum, quod duo sunt ordines electorum in iudicio futuri, unus iudicantium cum domino, de quibus hoc loco memoratur, qui reliquerunt omnia et secuti sunt illum, alius iudicandorum a domino, qui non quidem omnia sua pariter reliquerunt, sed de his tamen, quae habebant, cotidianas dare helemosinas pauperibus Christi curabant. Unde audituri sunt in iudicio: *Venite, benedicti patris mei,*

1. Matth. 19, 21. — 4. Matth. 19, 28. — 6. duodecim vor tribus fehlt bei H. — 7. suo M, eius B. — 8. docuit id est in bei B. — 9. caducam mortaliter eramus geniti B. — 10. cristo M. — 11. neglexerunt B, H; cristo M; a Christo iudices glorificati singulariter cum B. — 12. qui a Bm, H, quia M, Bb, Bk, Bg. — 14. iudicare Bm, iudiciariae H; iudicariae Bm, H, perveniant M; usque ad bis perveniant fehlt bei Bb, Bk, Bg. — 15. pro Iuda B. — 19. nobis fehlt bei B, H; 1 Kor. 6, 3. — 21. omnis Bb, Bk, Bg; qui über der Zeile von späterer Hand. — 22. cristum M; ot secuti sunt Christum fehlt bei H; esse vor venturos von späterer Hand über der Zeile, fehlt bei B, H. — 24. per B, H, pro M. — 25. et per duodecim tribus B, H. — 27. in hoc loco H. — 28. memorat B; iudicatorum B. — 80. quotidianas dare eleemosynas Christi pauperibus B, H; cristi M. — 31. Unde et B.

possidete paratum vobis regnum a constitutione mundi; esurivi enim, et dedistis mihi manducare; sitivi, et dedistis mihi bibere, et caetera. Quorum et in superioribus huius lectionis dominus meminit, cum principe quodam interrogante, quid boni faciendo vitam posset habere
5 perpetuam: *Si vis*, inquit, *ad vitam ingredi, serva mandata; non homicidium facies, non adulterabis, non facies furtum, non falsum testimonium dices, honora patrem et matrem, et diliges proximum tuum sicut te ipsum.* Ergo, qui mandata domini servat, ad vitam aeternam intrabit. Qui autem non solum mandata servat, verum etiam consilium domini, quod
10 de contemnendis mundi divitiis ac usibus tribuit, non solum vitam ipse percipiet, sed etiam vitam aliorum cum domino iudicabit. Atque ita fit, ut in iudicio, ut diximus, duo sint ordines bonorum. Sed et reproborum duos ibi futuros ordines domino narrante comperimus, unum eorum, qui fidei christianae misteriis initiati opera fidei exercere contempnunt, quibus
15 dicendum in iudicio testatur: *Discedite a me, maledicti, in ignem aeternum, qui paratus est diabolo et angelis eius; esurivi enim, et non dedistis mihi manducare*, et cetera; alterum eorum, qui fidem et misteria Christi vel nunquam susceperunt, vel suscepta per apostasiam prodiderunt, de quibus dicit: *Qui autem non credit, iam iudicatus est, quia non credidit in*
20 *nomine unigeniti filii dei*. Qui, quoniam nec verbo tenus Christum colere voluerunt, nec verba saltem eius, quibus arguantur in iudicio, merentur audire, sed ob hoc tantum veniunt in iudicium, ut cum eis, qui iudicantur, peccatoribus in damnationem mittantur aeternam. Verum tamen his cum timore et pavore debito paulisper commemoratis ad laetissima potius
25 domini salvatoris nostri promissa convertamus auditum. Videamus, quantae gratiae ac pietatis, quod non aeternae tantummodo vitae premia suis sequacibus, sed et presentis munera pollicetur eximia. *Et omnis*, inquit,

---

1. Matth. 25, 34 ff.; praeparatum B, H. — 4. quid B, H, quod M; vitam possideret aeternam B, vitam possit habere perpetuam Bm². — 5. Matth. 19, 17 ff. — 6. non adulterabis fehlt bei B, findet sich in M, Bm², Cod. Bon.; facies vor furtum fehlt bei B, findet sich in M, Bm², Cod. Bon. — 7. vel honora B. — 8. ad vitam ingreditur aeternam B. — 10. pro contemnendis divitiis mundi B, de contemnendis etc. Bm²; ac usibus M, a luxibus B, ac luxibus Bm²; non solum M, non tantum H; tribuit, sequitur, non tantum vitam B. — 11. de vita aliorum B. — 13. unus eorum Bk, H. — 15. dicendum fehlt bei B, steht in Bm², Cod. Bon; Matth. 25, 41 ff. — 16. praeparatus B. — 18. suscepere B, H; susceptam B; deseruere für prodiderunt B, perdiderunt H. — 19. Joh. 3, 18; credit für credidit B. — 21. coarguantur B; in fehlt bei Bg, Bm, steht bei Bb, Bk, Bm², Cod. Bon. — 22. sed ad hoc B, H. — 23. tamen fehlt bei B, H. — 24. debito M, Bm², Cod. Bon., debite B. — 25. domini et salvatoris B, H; promissa fehlt bei H. — 26. et für ac bei H; Videamus quae tantae gratiae pietatis, non aeternae B; videamusque quantae gratia pietatis Bm², Cod. Bon; quod fehlt bei B.

qui reliquit domum vel fratres aut sorores aut patrem aut matrem aut uxorem aut filios aut agros propter nomen meum, centuplum accipiet et vitam aeternam possidebit. Qui enim terrenis affectibus sive possessionibus pro Christi discipulatu renuntiaverit, quo plus in eius amore profecerit, eo plures inveniet, qui se interno suscipere affectu et suis gaudeant 5 sustentare substantiis, eiusdem nimirum professionis vitaeque consortes, quem pro Christo pauperem factum in suis domibus agrisque recipere et maiori prorsus quam uxor, parens, frater aut filius carnalis devotione karitatis refovere delectentur. Centuplum namque quod ait, non numerum amantium in Christo fidelibus, sed universitatem perfectionemque, qua 10 per caritatem sibi invicem serviunt, ostendit. Huius rei et in nobis, fratres carissimi, sepe exemplum sumpsimus, cum alicubi pro rerum necessitate digredientes cuncta nobis monasteriorum habitacula quasi propria patere cognovimus. Cunctos in nostrum obsequium sincerissima devotione pronos aspeximus, et maxime in beatae memoriae patre nostro 15 Alexio, cuius hodie venerandam assumptionis diem debita sollempnitate recolimus, totum lectionis huius tenorem videmus perfectissime esse completum. Derelictis enim omnibus secutus est Christum, quando spretis omnibus, patre videlicet et matre nec non sponsa cum carnali amore atque servis et ancillis universaque substantia, marinis 20 fluctibus nimio cum labore superatis, Edessam Syriae tandem pervenit ad urbem, ubi perfectam vivendi normam longo usu didicit et despecto mundo, iniuriis opprobriisque, fame et siti, frigore atque nuditate mortificato corpore, Christum totis desideriis sequebatur. Sciebat enim ipsum in evangelio dixisse: *Nisi* 25 *quis renuntiaverit omnibus, que possidet, et secutus me fuerit, non potest meus esse discipulus.* Cumque haec dominica precepta diuturno tempore ibidem exequeretur, divina voce manifestatur hominibus, ac, ne vanae gloriae incurreret culpam,

---

1. Matth. 19, 29; reliquerit B, H; aut matrem fehlt bei Bk, H. — 4. pro Christi B, H, pro fehlt in M; amore M, Bm², Cod. Bon., amorem B, H. — 6. eius für eiusdem B; professionibus B. — 7. qui pro H, qui se pro B, Quem pro M. — 8. maiore Bm, H, maiorem Bb, Bk, Bg. — 9. charitatis B, H. — 10. in Christo et servientium pro Christo fidelibus B, amantium in Christo fidelium H. — 11. chraitatem B, H; sibi fehlt bei B, H; ostenditur B; Huius M, P, Cuius B, H. — 11/12. in nobis ipsis, fratres charissimi B. — 17/18. esse completum M, compleri B; enim über der Zeile von der ursprünglichen Hand. — 22. formam für normam bei B. — 23. obpropriisque M. — 25. Luf. 14, 26 f. — 29. ac über der Zeile von der ursprünglichen Hand.

inde abscedere disposuit ac sic, dum Tharsum causa occultandi proficisceretur, (sed) deo volente vi ad patriam reversus est. Cumque a patre pro paupere susceptus esset, ut audistis, in domo propria ut peregrinus manebat. O quanta constantia
5 quantaque eius fuit patientia. Quis enim narrare poterit, quantas temptationes quantosve fluctus in sui sacratissimi pectoris archano pertulerit, dum patrem pro se tanto merore affici conspiceret, sciret etiam matrem nocte dieque in fletu et gemitu perdurare? Videbat insuper servos proprios deliciis
10 abundare vestibusque pretiosis indutos incedere et se ab omnibus contemptui haberi. Tolerabat ad haec opprobria irrisionesque eorum et, quasi iam mortuus saeculo, solo tantum spiritu Christo vivebat. Nam quomodo ipse, adhuc fragili circumdatus corpore, haec tot incommoda sufferre valeret, nisi
15 divino amore eius cor intus accensum arderet? Sed ista omnia divina agebantur providentia, ut ei accresceret gloria, et nos exemplum patientiae illius ad eadem sectanda instrueret. Nosse etenim convenit fraternitatem vestram, quantam gloriam per patientiam apud deum promeruisset, ut
20 divina voce homo dei sit appellatus, et eius oratio pro scelere totius Romani populi accepta esse diceretur. Magni etenim meriti est, fratres mei, hominem dei divina voce appellari, quoniam, cum prophetae filii hominis et non homines dei ab eodem domino sunt appellati, iste quasi quodam privilegio
25 homo dei est nominatus. Sicut ipse singulari pre ceteris dimicavit certamine, ita speciali vocabulo a domino meruit nuncupari. Cum enim carnales nuptias amore divino inflammatus contempsit, dominico meruit thalamo copulari atque inter illa innocentum agmina agnum sequentia connumerari, qui cantant canticum

---

1/2. inde bis reversus est von der ursprünglichen Hand am unteren Rande unter dem Texte. — 1. Tharsum M, P, Tarsum H. — 2. sed (sub rasura) fehlt bei P, H; via für vi bei H. — 7. arcano P, H, archana M. — 16. prudentia für providentia P, H. — 17. exempla M, exemplo P, H. — 25. pro für pre H. — 27 ss. uxorem prorsus accipere, ex qua filios habere posset, castitatis amore contempsit, malens ad illa centum quadraginta quatuor millia electorum pertinere, qui cantant B. — 28 ss. Offenb. 14, 1 ff.

novum ante sedem dei et agni. Hi sunt enim, qui cum mulieribus non sunt coinquinati; virgines enim sunt et secuntur agnum, quocumque ierit. Merito homo dei, id est templum dei, hospes Christi, habitaculum spiritus sancti effectus est. Iure dictus est pro Roma orando exaudiri, qui in Roma singularem studuit ducere vitam. Et bene ei congruit sermo dominicus, qui dicit: *Qui dimiserit uxorem aut filios propter nomen meum, centuplum accipiet et vitam aeternam possidebit.* Quod enim pro Christo dimisit, hoc centuplum accepit, quia nimirum centuplo maius ei fuit meritum castitatis inter continentes propter fructum spiritus, quam inter lascivientes quondam propter desiderium carnis. Filios etiam, quos carnaliter tunc habere despexit, nunc centuplum accipere meruit spirituales. Centenarius quippe numerus, ut sepe dictum est, perfectionem figurate denuntiat. Nos namque, licet nec servi appellari digni, filii tamen eius sumus, quia nos in hanc suam domum sub monastica professione pius apud deum intercessor congregavit. Nos sumus eius filii, quos diversis carnaliter editos parentibus in unam sanctae professionis familiam spiritaliter non cessat coadunare. Nos sumus filii eius, si iter virtutum eius imitando tenemus, si non a patientia, qua in se ostendit, torpendo deflectimus. Unde necesse est, fratres karissimi, ut tanquam boni filii et tanto parente digni

1. agni, quod nemo potest dicere nisi illi: Hi enim sunt etc. B; Illi sunt H. — 2. virgines enim sunt fehlt bei B. — 3. abierit für ierit B; hospes H, ospes M. — 6 ss. cui manifesto miraculo Dominus, quod fidelibus suis promisit, adimplevit: quia omnis, qui reliquerit domum vel fratres aut sorores aut patrem aut matrem aut uxorem aut filios aut agros propter nomen meum, centuplum accipiet in hoc tempore et in saeculo futuro vitam aeternam B. — 8 ss. Uxorem si dimisisset pro Christo, et hoc centuplum acciperet, quia (Uxorem namque dimittere pro Christo et in hoc centuplum accipere est, quia Bb, Bk) nimirum (animarum statt nimirum Bb) centuplum maius esset tunc meritum charitatis inter continentes propter fructum spiritus, quam inter lascivientes quondam propter desiderium carnis. Filios quos carnaliter habere despexit, centuplum accipere meruit spirituales (spiritales) B. — 12. spiritales P, H. — 13. significat für denuntiat B. — 18 ss. Nos namque sumus filii eius, quos in hanc monachicae devotionis domum (monachiam demum Bb, Bk) pius provisor induxit B. — 16 ss. Nos sumus bis coadunare fehlt bei Bb, Bk, Bg; filii eius, quos diversis carnaliter editos parentibus in unam sanctae professionis familiam spiritaliter fecit aggregari Cod. Bon., Bm. — 19. si non a semita regulari, quam docuit, torpendo deflectimus B. — 19. quam in se P, H. — 20. charissimi B, H.

exempla illius sanctissimae vitae sequi curemus. Non nos a vestigiis tanti patris sequendis ulla animae vel carnis inlecebra revocet, quatinus et ipsi, qui carnales affectus substantiamque reliquimus terrenam, qui uxores ducere ac filios carnaliter procreare angelicae conversationis amore
5 fastidivimus, a rege caelesti virtutum spiritalium merito et in presenti centuplum accipere de societate sanctorum et in saeculo venturo vitam possidere mereamur aeternam. Quod ut optinere possimus, toto mentis affectu eius patrocinia imploremus, cuius natalicia celebramus. Dat nobis fiduciam haec implorandi, qui eum
10 pro Roma orantem[1]) se exaudire promisit. Ipse enim, qui nos admonuit orationem eius querere, per eius merita nos exaudire dignetur, qui trinus in personis et unus in substantia vivit et regnat deus in saecula saeculorum. Amen.

V.

15 **Aus einem Briefe Adalberts an die Gemahlin des Herzogs Geisa von Ungarn.**
996.

Papatem meum, si necessitas postulat et usus, tene; si non, propter Deum ad me mitte eum.[2])

---

1 ss. exempla ac praecepta illius in omnibus servare curemus, neque ulla nos a vestigiis tanti ductoris (doctoris Bm²) sequendis animae etc. B. — 3. effectus P. — 5. augescente (augente Bb, Bk) spiritualium (spiritalium) virtutum merito für a rege bis merito B. — 7 ss. mereamur aeternam praestante gratia redemptoris nostri, qui vivit et regnat cum patre in unitate spiritus sancti Deus per omnia saecula saeculorum. Amen. B. — 18. deus fehlt bei P, H. —
V. — 18. Papatem meum necessitas etsi usus postulat, tene H. — 19. eum H, B, meum P. —

---

[1]) Diese Stelle beweist ganz besonders deutlich, daß die Homilie in Rom gehalten ist. Alexius soll zum Gebet für Rom aufgefordert werden.

[2]) Diese Worte, sowie die unter VI mitgeteilten aus dem Briefe Adalberts an Nabla, finden sich in der kürzeren und späteren Regension der Vita Adalberts von Bruno (c. 23). Sie sind von uns abgedruckt aus den MP.(B) unter Beifügung der Abweichungen in den Acta SS. (H) und MG. (P). Wie weit die Worte getreu sind, läßt sich nicht feststellen. Vielleicht sind sie nur eine von Bruno

VI.
Aus einem Briefe Adalberts an Radla.
996.

Si potes cum bona licentia, bene; si non, vel fuga fugiens, tempta venire ad eum, qui te desiderio concupiscit, Adalbertum tuum.

VII.
Der Brief des Thietpaldus.[1]

Digni fluoris rore madenti, sanctae Prissiensis ecclesiae cathedrae praesidenti Adalperto, unicae sibi dilectionis episcopo, Thietpaldus, spiritu pauperum etsi extimus, aspersionem sanguinis Christi, et quicquid illud est, quod egregius praedicator cum Christo in Deo absconditum esse testatur.

Novi, praesul verende, nihil sanctitatem vestram philosophicae compilationis a mei pauxillitate exigere; sed si qua in re sunt, simplici potius veritate cudere velle, minime recordans, quia stultam fecit Deus sapientiam mundi huius[2]), postquam exsiccavit fluvios Ethan. Prae dulcitudine enim decem chordarum Davidis intromittensque Dei, quantum ex me, suis, pene oblitus sum totidem categoriarum Aristotelis. Quocirca elegi abiecta quasi et mediocria, cui ad unguem labra non maduere Pegaseo fonte,[3]) Domino meo praesentare magis, quam, in quibus tantum inhonestius caderem, scrupulosius insudare. Si fatuus dicor remordens circuitum, gratias ago,

---

VII. — 14. venerande B.

formulierte Wiedergabe der Pointe der beiden Briefe Adalberts. Jedenfalls war Bruno von Radla unterrichtet. An die herzliche Form Adalbertum tuum erinnert das Adelbertus suus im Briefe an Milo von Minden.

[1]) Aus Bern. Pez, Thesaurus anecdotorum nov., VI. col. 131 s. (ex cod. Tegerns. coaevo). Vgl. MP. (B) I. p. 150, ferner S. 221 oben.

[2]) 1 Kor. 1, 20.

[3]) Vgl. Persii sat. prolog. Der Stil von Otrifs Schüler ist von dem Stil Thietpalds sehr verschieden.

et id quidem merito, dummodo refocillatum me fatear furfure Platonis et te patrem cognoscam satiatum super ferculum Salomonis. Quid plura? Inprimis vos valere et in omnibus prospere agere meum pro certo sciatis gaudere, quia, ut decet in Domino, ex vestrae commoditatis vel, quod absit, ineptiae, utcunque se habeat, cumulo meum commodum vel iufortunium specto. De voluntaria vero servitutis meae in vos qualitate quid opus est verbis, cum ultra omnem vestrae subiectionis clericum vel clientem iuxta maiorem rerum mearum facultatem me in omni loco (non) possitis habere promptiorem simul et devotiorem.

VIII.

Das böhmische Adalbertslied in der ältesten bekannten Form.[1]

Hospodyne pomyluy ny
Jesu Christe pomyluy ny
ty spase wsseho mira
spasizz ny y uslyss
hospodyne hlassy nassye
day nam wssyem hospodyne
zyzzn a mir w zemy
krles krles krles.

---

4. qua für quia B.

[1] Nach dem Faksimile der Břewnower Handschrift von 1397 (jetzt in der Prager Universitätsbibliothek, Sign. III. D. 17) im ASV. Der Handschrift von 1397 liegt eine ältere Aufzeichnung, die in Břewnow aufgehoben wurde, zu Grunde. Aus der Verwendung des Wortes mir in verschiedenem Sinn (Welt, Friede) hat man schließen wollen, daß die Verse 4—7 ein späterer Zusatz zu einem sehr alten Grundstock seien. In dem ASV. p. 33 wird, um mit der Tradition zu vermitteln, dieser Zusatz (wenigstens v. 6 und 7: die Bitte um Frieden und Segen der Heimat) Adalbert zugeschrieben. Vgl. Hipler, ZGAE. XI. S. 540 ff. und oben S. 116 f., 220 f.

IX.

Das polnische Adalbertslied in der ältesten bekannten Form.[1]

Bogv rodzicza dzewicza
bogem slawena maria
U twego syna gospodzina
matko swolena maria
Siszczi nam spwczi nam
kyrieleyson

IX. — 8. Sziszczi F; spwcz inam H. —

[1] Der Text ist gegeben, wie Nit. Bobowski (Die polnische Dichtung des XV. Jahrhunderts, Inaugural-Differt. Breslau 1883, S. 18) die von Wislocki in der Jagiellonischen Bibliothek zu Krakau aufgefundene Handschrift (auf der Vorderseite des Rückdeckels der Handschrift 1619 BB. II. 33, Papiercoder fol.) liest. Bobowski hält daran fest, daß diese Handschrift des Liedes (zum wenigsten ihre Vorlage) die älteste unter den bekannten sei (S. XV. med.), wenngleich er (S. 16) Wislocki und Nymarkiewicz entgegentritt, welche die Entstehung dieser Handschrift vor das Jahr 1407 (Nymarkiewicz: ca. 1400) setzten. Das Faksimile (F), welches Nymarkiewicz seiner Untersuchung (vgl. oben Anm. 1) beigefügt hat, läßt an einigen Stellen eine andere Schreibweise erkennen, als sie Bobowski bietet. Die Abweichungen sind samt Hiplers (H) von Bobowski sich entfernender Schreibung (Das dem h. Adalbert zugeschriebene Marienlied Boga rodzica, ZGAG. XI. S. 528 ff.) unter dem Texte beigefügt. Große Anfangsbuchstaben sind nur gesetzt, wo sie die Handschrift bietet, welche den Text unter den musikalischen Noten fortlaufen läßt. Aus der kunstvollen Gestalt der Strophen, durch welche sich diese älteste bekannte Form des polnischen Liedes von dem böhmischen sehr wesentlich unterscheidet, kann man mit Sicherheit schließen, daß sie, wie sie ist, nicht vor dem 13. oder 14. Jahrhundert entstanden ist (vgl. Nehring, Ueber den Einfluß der altcechischen Literatur auf die altpolnische, im Archiv für slavische Philologie, I. S. 81; Hipler a. a. O. S. 547). Daß es sich um Umbildung einer älteren Fassung handelte, wird kaum anzunehmen sein. Die Ansicht, Adalbert habe das Lied verfaßt, begegnet bestimmt ausgesprochen, soweit man es bis jetzt hat feststellen können, zuerst in dem ersten Drucke des Liedes (auf dem ersten Blatt der Laskischen Gesetzessammlung, Krakau bei Joh. Haller 1506). Es ist indes doch wahrscheinlich, daß sie sich schon früher eingebürgert hatte. Die Cechismen des Liedes werden aus der Beeinflussung der altpolnischen Literatur durch die böhmische erklärt (vgl. Nehring a. a. O.). Die Verbindung der ersten und zweiten Strophe zu einer fortlaufenden Anrede an Maria wird beanstandet, wie denn Bobowski und Hipler die 2. Strophe später entstanden

Twego dzela krzcziczela
boszicze
Vslisz glosi naplen misli
czlowecze
5   Slisz modlitwø yøsz nosimi
O dacz raczi gegosz prosimi
a na swecze zbozni pobith
posziwocze raski przebith
kyrieleyson.

4. czloweze F. — 5. Slysz F; modlitwą H; yąsz H; nasimi F. —
6. dacz F; prasimi F. — 7. zbazni F.

sein laffen als die erste. Hiplers Ueberfetzung der obigen alten Form des Liedes lautet folgendermaßen: „Gottesgebärerin, Jungfrau, bei deinem Sohne, dem Herrn, zur Mutter auserkorene Maria, erwirke uns Erlösung der Sünden! Kyrie eleison! 2. Deines schreienden Geschöpfes Rufen höre, o neugeborener Gott! Laß in Erfüllung gehen die Gedanken der Menschen! Erhöre das Gebet, das wir darbringen! O wolle gewähren, um was wir bitten: wie auf Erden gottgefälligen Wandel, so nach dem Leben Aufnahme ins Paradies! Kyrie eleison!" Wir folgten einem Kenner des Polnischen, welcher Twego dzela krzcziczela übersetzte: „den Erlöser deiner Geburt". Doch gehören die zitierten Worte zu den strittigsten im ganzen Texte. — Vgl. S. 116, 220 f. Außer den erwähnten Abhandlungen von Nehring, Bobowski und Hipler ist von deutscher Litteratur über das Lied noch zu nennen Nehrings Rezension der Arbeiten von Nymarkiewicz und Pilat (Pieśń „Bogarodzica". I. Sep.-Abdr. aus den Denkschriften der Krakauer Akademie der Wissenschaften, T. IV. der philolog. Abt., 1879) in dem Archiv f. slav. Philolog., IV. (1880) S. 326 ff. Bei Pilat findet sich die ausführlichste Aufzählung und Besprechung der Texte des Liedes.

1897.

Druck von Trowitzsch & Sohn, Berlin SW.

Von dem Verfasser vorliegender Schrift erschien früher:

EINE VERSCHOLLENE URKUNDE

DES

ANTIMONTANISTISCHEN KAMPFES.

DIE BERICHTE DES EPIPHANIUS ÜBER DIE
KATAPHRYGER UND QUINTILLIANER

UNTERSUCHT.

LEIPZIG.
DRUCK UND VERLAG VON FR. RICHTER.
1891.